建纬律师文库

# 房屋建筑和市政基础设施项目工程总承包管理办法理解与适用

主　编　朱树英
副主编　曹　珊　韩如波

法律出版社
LAW PRESS·CHINA
北京

# 规范市场各主体责任　促进新模式健康发展

（代序）

2019年12月23日住房和城乡建设部、国家发展改革委联合印发了《房屋建筑和市政基础设施项目工程总承包管理办法》（以下简称《管理办法》），自2020年3月1日起施行。

《管理办法》分为4章，包括总则、工程总承包项目的发包和承包、工程总承包项目实施、附则，共28条，主要内容涵盖了目前工程总承包市场所普遍关心和关注的问题，如工程总承包概念适用，更强调由市场主体结合项目特定情况选择是否适用工程总承包的施工组织实施方式，同时依据《政府投资条例》的规定，要求政府投资项目原则上在初步设计审批后进行工程总承包发包；在工程总承包发包方式及招标文件编制上，完善了工程总承包项目招标文件的主要内容和业主应在招标前完成前期工作的要求；在工程总承包单位的资质资格条件方面，基于工程承包模式与设计施工深度融合的高效特征，强调应具备相应的设计和施工资质，并对设计施工资质相互申请作出了鼓励和引导规定；在工程总承包的风险分配方面，结合国内工程总承包发展的需要，强调合理分配风险，并列举了由发包人承担风险的5种具体情形；在工程总承包合同价格形式方面，区分了政府投资项目和企业投资项目，可以根据项目实际情况采取适宜的计价方式，同时基于工程总承包项目固定总价的国际惯例，强调采用总价合同的，除合同约定可以调整的情形外，合同总价一般不予调整；在工程总承包的项目管理方面，更强调总承包单位的项目管理机构、制度和体系、能力建设的要求，同时明确了工程总承包项目经理应具备的条件，并对项目经理在其他工程总承包项目或施工总承包项目任项目负责人的限制作出了明确规定；在工程总承包单位的分包方式上，结合招标投标法律规定，明确除暂估价以外项目总承包单位可以采取直接发包的方式进行分包；在工程总承包的质量安全工期责任方面，基于工程总承包负总责的角度，明确了工程总承包商的质量、安全、工期责任并强调分包不免除总承包商的责任；同时根据工程总承包项目监督管理的需要，明确了工程总承包单位及项目经理的法律责任。

《管理办法》出台有效规范和统一了目前地方工程总承包的政策性文件在工程总承包发包阶段、资质要求、联合体投标、计价方式、关于前期设计服务企业是否可以参加工程总承包招标、工程总承包的再发包、发承包双方风险分配、工程总承包项目固定总价的审价与审计等方面规定不健全或冲突的问题。《管理办法》的落地将极大地促进我国工程总承包实践的规范化，为走出国门适用“一带一路”国家战略实施，提升国内企业工程总承包项目管理和风险管理能力，促进工程总承包的健康发展有着积极的意义。

《管理办法》制定历时2年多的时间，2017年7月25日国务院住建部市场监督管理司设计处委托中国石油和化工勘察设计协会召开了“关于进一步推进房屋建筑、市政行业工程总承包专题研究启动会”，会议确定由上海市建纬律师事务所负责《房屋建筑和市政基础设施工程总承包管理办法(草案)》的起草工作。2017年7月26日，建纬事务所组建了《房屋建筑和市政基础设施工程总承包管理办法(草案)》的起草课题组，由我担任组长、副主任曹珊和主任助理韩如波任副组长，建纬总所部分高级合伙人和13家分所的相关有工程专业资格和背景的合伙人或资深律师共57人参加。课题组分8个小组，组长分别由总所主任、副主任、主任助理和有关分所主任担任。同时课题组成立了立法调研小组，对工程总承包目前国内法律、法规、政策性文件的规定及制定工程总承包统一立法的必要性进行初步立法调研。2017年9月4日，课题组向住建部市场司提交了《房屋建筑和市政基础设施工程总承包管理办法(草案)》初稿，草案共9章71条，分别为：总则(4条)、一般规定(7条)、工程总承包的发包(15条)、工程总承包的再发包和专业分包(7条)、合同备案与施工许可管理(9条)、合同履约(7条)、监督管理(9条)、法律责任(10条)、附则(3条)。经过对草案的多次研讨论证，2017年11月26日住建部公开了《房屋建筑和市政基础设施项目工程总承包管理办法(征求意见稿)》，在征求社会各界意见后进一步完善，并经住建部或国家发改委共同讨论，于

2019年5月17日住建部和国务院发展管理委员会联合发布《房屋建筑和市政基础设施项目工程总承包管理办法(征求意见稿)》,又经过多次的专家讨论完善,于2019年12月23日《房屋建筑和市政基础设施项目工程总承包管理办法》正式发布。

在起草上述《管理办法》的同时,上海市建纬律师事务所就《房屋建筑和市政基础设施项目工程总承包管理办法理解与适用》的编写工作一直与《管理办法》的起草、讨论、修订同步进行,编写小组于2018年1月2日启动编写工作,其间先后于2018年5月、2018年7月、2019年6月、2019年9月等多次全面修订,在《管理办法》正式发布后,编写组立即又于2020年1月 和2020年3月进行了2次全面细致修订工作,有20多名专业律师参与期间编写和修订工作,经过全体编写律师的不懈努力,最终就《管理办法》每个条款共有5个部分,包括:条文主旨、条文解析、理解与适用、实践中注意的问题、案例评析的体系。在对每个条款进行解析基础上,辅之以实践中注意问题和案例评析,本书是一本非常实用的,切实贴近工程总承包实践的指导用书,也可以作为工程总承包项目实战管理和监督管理的辅导用书。

因工程总承包模式在国内尚处于培育和推广阶段,加之水平有限,难免有疏漏之处,敬请各界同仁批评指正。

**朱树英**

**上海市建纬律师事务所主任**

**2020年3月于上海**

# 目　　录

## 第一部分 | 文本及导读



## 第二部分 | 条文解析及适用

## 第三部分 | 新旧衔接及企业应对

## 附　录｜政策法规

PART

# 1

# 第一部分

# 文本及导读

# 住房和城乡建设部、国家发展改革委关于印发《房屋建筑和市政基础设施项目工程总承包管理办法》的通知

（建市规〔2019〕12号　2019年12月23日）

各省、自治区住房和城乡建设厅、发展改革委，直辖市住房和城乡建设（管）委、发展改革委，北京市规划和自然资源委，新疆生产建设兵团住房和城乡建设局、发展改革委，计划单列市住房和城乡建设局、发展改革委：

为贯彻落实《中共中央国务院关于进一步加强城市规划建设管理工作的若干意见》和《国务院办公厅关于促进建筑业持续健康发展的意见》（国办发〔2017〕19号），住房和城乡建设部、国家发展改革委制定了《房屋建筑和市政基础设施项目工程总承包管理办法》。现印发给你们，请结合本地区实际，认真贯彻执行。

中华人民共和国住房和城乡建设部

中华人民共和国国家发展和改革委员会

2019年12月23日

## 房屋建筑和市政基础设施项目工程总承包管理办法

### 第一章　总　　则

**第一条**　为规范房屋建筑和市政基础设施项目工程总承包活动，提升工程建

设质量和效益，根据相关法律法规，制定本办法。

**第二条** 从事房屋建筑和市政基础设施项目工程总承包活动，实施对房屋建筑和市政基础设施项目工程总承包活动的监督管理，适用本办法。

**第三条** 本办法所称工程总承包，是指承包单位按照与建设单位签订的合同，对工程设计、采购、施工或者设计、施工等阶段实行总承包，并对工程的质量、安全、工期和造价等全面负责的工程建设组织实施方式。

**第四条** 工程总承包活动应当遵循合法、公平、诚实守信的原则，合理分担风险，保证工程质量和安全，节约能源，保护生态环境，不得损害社会公共利益和他人的合法权益。

**第五条** 国务院住房和城乡建设主管部门对全国房屋建筑和市政基础设施项目工程总承包活动实施监督管理。国务院发展改革部门依据固定资产投资建设管理的相关法律法规履行相应的管理职责。

县级以上地方人民政府住房和城乡建设主管部门负责本行政区域内房屋建筑和市政基础设施项目工程总承包（以下简称工程总承包）活动的监督管理。县级以上地方人民政府发展改革部门依据固定资产投资建设管理的相关法律法规在本行政区域内履行相应的管理职责。

## 第二章 工程总承包项目的发包和承包

**第六条** 建设单位应当根据项目情况和自身管理能力等，合理选择工程建设组织实施方式。

建设内容明确、技术方案成熟的项目，适宜采用工程总承包方式。

**第七条** 建设单位应当在发包前完成项目审批、核准或者备案程序。采用工程总承包方式的企业投资项目，应当在核准或者备案后进行工程总承包项目发包。采用工程总承包方式的政府投资项目，原则上应当在初步设计审批完成后进行工程总承包项目发包；其中，按照国家有关规定简化报批文件和审批程序的政府投资项目，应当在完成相应的投资决策审批后进行工程总承包项目发包。

**第八条** 建设单位依法采用招标或者直接发包等方式选择工程总承包单位。

工程总承包项目范围内的设计、采购或者施工中，有任一项属于依法必须进行招标的项目范围且达到国家规定规模标准的，应当采用招标的方式选择工程总承包单位。

**第九条**　建设单位应当根据招标项目的特点和需要编制工程总承包项目招标文件，主要包括以下内容：

（一）投标人须知；

（二）评标办法和标准；

（三）拟签订合同的主要条款；

（四）发包人要求，列明项目的目标、范围、设计和其他技术标准，包括对项目的内容、范围、规模、标准、功能、质量、安全、节约能源、生态环境保护、工期、验收等的明确要求；

（五）建设单位提供的资料和条件，包括发包前完成的水文地质、工程地质、地形等勘察资料，以及可行性研究报告、方案设计文件或者初步设计文件等；

（六）投标文件格式；

（七）要求投标人提交的其他材料。

建设单位可以在招标文件中提出对履约担保的要求，依法要求投标文件载明拟分包的内容；对于设有最高投标限价的，应当明确最高投标限价或者最高投标限价的计算方法。

推荐使用由住房和城乡建设部会同有关部门制定的工程总承包合同示范文本。

**第十条**　工程总承包单位应当同时具有与工程规模相适应的工程设计资质和施工资质，或者由具有相应资质的设计单位和施工单位组成联合体。工程总承包单位应当具有相应的项目管理体系和项目管理能力、财务和风险承担能力，以及与发包工程相类似的设计、施工或者工程总承包业绩。

设计单位和施工单位组成联合体的，应当根据项目的特点和复杂程度，合理确定牵头单位，并在联合体协议中明确联合体成员单位的责任和权利。联合体各方应当共同与建设单位签订工程总承包合同，就工程总承包项目承担连带责任。

**第十一条**　工程总承包单位不得是工程总承包项目的代建单位、项目管理单位、监理单位、造价咨询单位、招标代理单位。

政府投资项目的项目建议书、可行性研究报告、初步设计文件编制单位及其评估单位，一般不得成为该项目的工程总承包单位。政府投资项目招标人公开已经完成的项目建议书、可行性研究报告、初步设计文件的，上述单位可以参与该工程总承包项目的投标，经依法评标、定标，成为工程总承包单位。

**第十二条** 鼓励设计单位申请取得施工资质，已取得工程设计综合资质、行业甲级资质、建筑工程专业甲级资质的单位，可以直接申请相应类别施工总承包一级资质。鼓励施工单位申请取得工程设计资质，具有一级及以上施工总承包资质的单位可以直接申请相应类别的工程设计甲级资质。完成的相应规模工程总承包业绩可以作为设计、施工业绩申报。

**第十三条** 建设单位应当依法确定投标人编制工程总承包项目投标文件所需要的合理时间。

**第十四条** 评标委员会应当依照法律规定和项目特点，由建设单位代表、具有工程总承包项目管理经验的专家，以及从事设计、施工、造价等方面的专家组成。

**第十五条** 建设单位和工程总承包单位应当加强风险管理，合理分担风险。

建设单位承担的风险主要包括：

（一）主要工程材料、设备、人工价格与招标时基期价相比，波动幅度超过合同约定幅度的部分；

（二）因国家法律法规政策变化引起的合同价格的变化；

（三）不可预见的地质条件造成的工程费用和工期的变化；

（四）因建设单位原因产生的工程费用和工期的变化；

（五）不可抗力造成的工程费用和工期的变化。

具体风险分担内容由双方在合同中约定。

鼓励建设单位和工程总承包单位运用保险手段增强防范风险能力。

**第十六条** 企业投资项目的工程总承包宜采用总价合同，政府投资项目的工程总承包应当合理确定合同价格形式。采用总价合同的，除合同约定可以调整的情形外，合同总价一般不予调整。

建设单位和工程总承包单位可以在合同中约定工程总承包计量规则和计价方法。

依法必须进行招标的项目，合同价格应当在充分竞争的基础上合理确定。

# 第三章 工程总承包项目实施

**第十七条** 建设单位根据自身资源和能力,可以自行对工程总承包项目进行管理,也可以委托勘察设计单位、代建单位等项目管理单位,赋予相应权利,依照合同对工程总承包项目进行管理。

**第十八条** 工程总承包单位应当建立与工程总承包相适应的组织机构和管理制度,形成项目设计、采购、施工、试运行管理以及质量、安全、工期、造价、节约能源和生态环境保护管理等工程总承包综合管理能力。

**第十九条** 工程总承包单位应当设立项目管理机构,设置项目经理,配备相应管理人员,加强设计、采购与施工的协调,完善和优化设计,改进施工方案,实现对工程总承包项目的有效管理控制。

**第二十条** 工程总承包项目经理应当具备下列条件:

(一)取得相应工程建设类注册执业资格,包括注册建筑师、勘察设计注册工程师、注册建造师或者注册监理工程师等;未实施注册执业资格的,取得高级专业技术职称;

(二)担任过与拟建项目相类似的工程总承包项目经理、设计项目负责人、施工项目负责人或者项目总监理工程师;

(三)熟悉工程技术和工程总承包项目管理知识以及相关法律法规、标准规范;

(四)具有较强的组织协调能力和良好的职业道德。

工程总承包项目经理不得同时在两个或者两个以上工程项目担任工程总承包项目经理、施工项目负责人。

**第二十一条** 工程总承包单位可以采用直接发包的方式进行分包。但以暂估价形式包括在总承包范围内的工程、货物、服务分包时,属于依法必须进行招标的项目范围且达到国家规定规模标准的,应当依法招标。

**第二十二条** 建设单位不得迫使工程总承包单位以低于成本的价格竞标,不得明示或者暗示工程总承包单位违反工程建设强制性标准、降低建设工程质量,不得明示或者暗示工程总承包单位使用不合格的建筑材料、建筑构配件和设备。

工程总承包单位应当对其承包的全部建设工程质量负责，分包单位对其分包工程的质量负责，分包不免除工程总承包单位对其承包的全部建设工程所负的质量责任。

工程总承包单位、工程总承包项目经理依法承担质量终身责任。

**第二十三条** 建设单位不得对工程总承包单位提出不符合建设工程安全生产法律、法规和强制性标准规定的要求，不得明示或者暗示工程总承包单位购买、租赁、使用不符合安全施工要求的安全防护用具、机械设备、施工机具及配件、消防设施和器材。

工程总承包单位对承包范围内工程的安全生产负总责。分包单位应当服从工程总承包单位的安全生产管理，分包单位不服从管理导致生产安全事故的，由分包单位承担主要责任，分包不免除工程总承包单位的安全责任。

**第二十四条** 建设单位不得设置不合理工期，不得任意压缩合理工期。

工程总承包单位应当依据合同对工期全面负责，对项目总进度和各阶段的进度进行控制管理，确保工程按期竣工。

**第二十五条** 工程保修书由建设单位与工程总承包单位签署，保修期内工程总承包单位应当根据法律法规规定以及合同约定承担保修责任，工程总承包单位不得以其与分包单位之间保修责任划分而拒绝履行保修责任。

**第二十六条** 建设单位和工程总承包单位应当加强设计、施工等环节管理，确保建设地点、建设规模、建设内容等符合项目审批、核准、备案要求。

政府投资项目所需资金应当按照国家有关规定确保落实到位，不得由工程总承包单位或者分包单位垫资建设。政府投资项目建设投资原则上不得超过经核定的投资概算。

**第二十七条** 工程总承包单位和工程总承包项目经理在设计、施工活动中有转包违法分包等违法违规行为或者造成工程质量安全事故的，按照法律法规对设计、施工单位及其项目负责人相同违法违规行为的规定追究责任。

## 第四章　附　　则

**第二十八条** 本办法自 2020 年 3 月 1 日起施行。

# 助力工程总承包规范化发展驶上快车道

## ——解读《管理办法》的五大核心内容和七大关注亮点

住房和城乡建设部、国家发展改革委联合印发《房屋建筑和市政基础设施项目工程总承包管理办法》(以下简称《管理办法》),自 2020 年 3 月 1 日起施行。《管理办法》的制定酝酿已久。早在 2016 年 2 月,中共中央、国务院即印发《关于进一步加强城市规划建设管理工作的若干意见》,明确提出深化建设项目组织实施方式改革,推广工程总承包制。2017 年 2 月国务院办公厅印发《关于促进建筑业持续健康发展的意见》(国办发〔2017〕19 号),再次提出要加快推行工程总承包。据此,住建部市场监管司组织专家力量起草了《房屋建筑和市政基础设施项目工程总承包管理办法》,会同国家发改委一同论证颁布。

《管理办法》的出台,符合党和国家对工程总承包事业发展的要求,符合我国"一带一路"国家发展政策的根本需求,推动解决工程总承包已有政策与实践之间的诸多问题,利于统一解决国内各地方关于工程总承包的政策性规定存在的矛盾冲突。总体上讲,《管理办法》的落地将极大地促进我国工程总承包实践的规范化,为促进工程总承包的健康发展有着积极的意义。

### 一、聚焦《管理办法》五大核心内容

《管理办法》分为 4 章,包括总则、工程总承包项目的发包和承包、工程总承包项目实施、附则,共 28 条,主要规定了五大核心内容:

(一)明确了工程总承包范围

《管理办法》的适用范围为房屋建筑和市政基础设施项目工程总承包活动及其监督管理,工程总承包范围为设计、采购、施工或者设计、施工等阶段总承包,工

程总承包单位对质量、安全、工期和造价等全面负责。

（二）明确了工程总承包项目发包和承包的要求

《管理办法》规定，建设单位应当根据项目情况和自身管理能力等，合理选择工程建设组织实施方式，建设内容明确、技术方案成熟的项目。采用工程总承包方式的企业投资项目，应当在核准或者备案后进行工程总承包项目发包；采用工程总承包方式的政府投资项目，原则上应当在初步设计审批完成后进行工程总承包项目发包。企业投资项目的工程总承包宜采用总价合同，建设单位和工程总承包单位应当加强风险管理，并在合同中合理约定风险分担内容。

（三）明确了工程总承包单位条件

《管理办法》要求，工程总承包单位应当同时具有与工程规模相适应的工程设计资质和施工资质，或者由具有相应资质的设计单位和施工单位组成联合体。工程总承包单位应当具有相应项目管理能力、财务和风险承担能力，以及与发包工程相类似的设计、施工或者工程总承包业绩。

为促进设计与施工融合，培育具有工程总承包能力的企业，鼓励设计单位申请取得施工资质，鼓励施工单位申请取得工程设计资质。已取得工程设计综合资质、行业甲级资质、建筑工程专业甲级资质的单位，可以直接申请相应类别施工总承包一级资质，具有一级及以上施工总承包资质的单位可以直接申请相应类别的工程设计甲级资质，完成的相应规模工程总承包业绩可以作为设计、施工业绩申报。

（四）明确了工程总承包项目实施要求

《管理办法》规定，建设单位可以委托勘察设计单位、代建单位等项目管理单位，对工程总承包项目进行管理。工程总承包单位应当具有工程总承包综合管理能力，设立专业性项目管理组织，配备相应专门技术人员，加强设计、采购与施工的协调。政府投资项目所需资金应当按照国家有关规定确保落实到位，不得由工程总承包单位或者分包单位垫资建设，政府投资项目原则上不得超过经核定的投资概算。

（五）明确了工程总承包单位的责任

《管理办法》要求，工程总承包单位应当对其承包的全部工程质量、安全、工期和造价全面负责，分包不免除其责任。工程总承包单位、工程总承包项目经理依法承担质量终身责任。

## 二、盘点《管理办法》七大关注亮点

### 亮点一:落实“总包负总责”的制度

《建筑法》规定,建筑工程总承包单位按照总承包合同的约定对建设单位负责;分包单位按照分包合同的约定对总承包单位负责。总承包单位和分包单位就分包工程对建设单位承担连带责任。《建设工程质量管理条例》进一步规定,建设工程实行总承包的,总承包单位应当对全部建设工程质量负责;建设工程勘察、设计、施工、设备采购中的一项或者多项实行总承包的,总承包单位应当对其承包的建设工程的质量负责。总承包单位依法将建设工程分包给其他单位的,总承包单位与分包单位对分包工程的质量承担连带责任。《建设工程安全生产管理条例》也有类似规定。而《管理办法》第3条规定,总承包单位对工程的质量、安全、工期和造价等全面负责。该条规定就是落实前述法律法规规定的“总包负总责”的制度。结合上位法的规定和实践中工程总承包所体现的问题,《管理办法》还通过以下条款进一步落实该制度。

质量方面,第22条规定,“建设单位不得迫使工程总承包单位以低于成本的价格竞标,不得明示或者暗示工程总承包单位违反工程建设强制性标准、降低建设工程质量,不得明示或者暗示工程总承包单位使用不合格的建筑材料、建筑构配件和设备。工程总承包单位应当对其承包的全部建设工程质量负责,分包单位对其分包工程的质量负责,分包不免除工程总承包单位对其承包的全部建设工程所负的质量责任。工程总承包单位、工程总承包项目经理依法承担质量终身责任”。

安全方面,第23条规定,“建设单位不得对工程总承包单位提出不符合建设工程安全生产法律、法规和强制性标准规定的要求,不得明示或者暗示工程总承包单位购买、租赁、使用不符合安全施工要求的安全防护用具、机械设备、施工机具及配件、消防设施和器材。工程总承包单位对承包范围内工程的安全生产负总责。分包单位应当服从工程总承包单位的安全生产管理,分包单位不服从管理导致生产安全事故的,由分包单位承担主要责任,分包不免除工程总承包单位的安全责任”。

工期方面,第24条规定,“建设单位不得设置不合理工期,不得任意压缩合理工期。工程总承包单位应当依据合同对工期全面负责,对项目总进度和各阶段的进度进行控制管理,确保工程按期竣工”。

造价方面,第16条规定,“企业投资项目的工程总承包宜采用总价合同,政府投资项目的工程总承包应当合理确定合同价格形式。采用总价合同的,除合同约定可以调整的情形外,合同总价一般不予调整。建设单位和工程总承包单位可以在合同中约定工程总承包计量规则和计价方法。依法必须进行招标的项目,合同价格应当在充分竞争的基础上合理确定”。

**亮点二:注重工程总承包商的条件和工程总承包项目经理能力的“单位+人员”最强机制**

建立“单位+人员”最强机制表明中共中央国务院关于建筑业与国际接轨以及持续健康发展的指导思想正式落地。中共中央、国务院《关于进一步加强城市规划建设管理工作的若干意见》第9条指出,“深化建设项目组织实施方式改革,推广工程总承包制”;国务院办公厅《关于促进建筑业持续健康发展的意见》(国办发〔2017〕19号)第3条指出,“加快推行工程总承包。装配式建筑原则上应采用工程总承包模式。政府投资工程应完善建设管理模式,带头推行工程总承包。加快完善工程总承包相关的招标投标、施工许可、竣验收等制度规定”。根据以上指导意见,结合工程总承包项目投资规模较大、建设期较长,且承包商要负责设计、采购、施工,对工程质量和安全等要承担相对传统施工总承包模式下更严格的责任等特点,《管理办法》设立的工程总承包“单位+人员”制度,单位方面:设定工程总承包设计施工“双质资”制度;人员方面:强化对项目经理任职条件和在职情况的约束。对于变革我国传统的工程设计和施工相分离的“两张皮”、防控质量安全事故和责任边界不明带来的种种弊端具有重要的现实意义。

工程总承包商资质方面,《管理办法》第10条第1款规定,“工程总承包单位应当同时具有与工程规模相适应的工程设计资质和施工资质,或者由具有相应资质的设计单位和施工单位组成联合体。工程总承包单位应当具有相应的项目管理体系和项目管理能力、财务和风险承担能力,以及与发包工程相类似的设计、施工或者工程总承包业绩”。当前,我国设定工程总承包设计施工“双质资”制度,并非脱离现实可行性和市场可操作性的美好理想，而是事实上已经具备现实的市场条件。《管理办法》第12条设立了设计、施工资质互认制度。该条规定，“鼓励设计单位申请取得施工资质，已取得工程设计综合资质、行业甲级资质、建筑工程专业甲级资质的单位，可以直接申请相应类别施工总承包一级资质。鼓励施工单位申请取得工程设计资质，具有一级及以上施工总承包资质的单位可以直接申请相应类别的工程设计甲级资质。完成的相应规模工程总承包业绩可以作为设计、施工业绩申报”。

需要指出的是，完成了对相关资质企业收购的企业，若被收购的企业仍是独立法人，则不能认为已经符合《管理办法》的“双资质”规定，就不属于承揽工程总承包项目应当具有的资质条件，还必须继续完成“合二为一”，通过兼并或重组方式合成一个具有“双资质”的独立法人。当然，按照《管理办法》第10条的规定，即便暂时缺乏条件实现“双资质”的有关设计施工企业，也可以通过联合体模式涉足工程总承包，在联合经营过程中逐步实现设计施工“双资质”。

工程总承包项目经理资格方面，第20条规定：“工程总承包项目经理应当具备下列条件：(一)取得相应工程建设类注册执业资格，包括注册建筑师、勘察设计注册工程师、注册建造师或者注册监理工程师等；未实施注册执业资格的，取得高级专业技术职称；(二)担任过与拟建项目相类似的工程总承包项目经理、设计项目负责人、施工项目负责人或者项目总监理工程师；(三)熟悉工程技术和工程总承包项目管理知识以及相关法律法规、标准规范；(四)具有较强的组织协调能力和良好的职业道德。工程总承包项目经理不得同时在两个或者两个以上工程项目担任工程总承包项目经理、施工项目负责人。”对该条款的理解需要注意3点：(1)上述4项要求属于强制标准，不满足上述要求的人员不能担任工程总承包项目经理；(2)工程总承包项目经理仅能在一个项目上任职；(3)上述要求导致短期内工程总承包项目经理将成为稀缺资源。

虽然符合工程总承包的设计或施工相应资质条件的企业，本身都有数量不少的项目经理，有不少还是具有相当经验的项目经理，他们在设计或施工领域都具有现成的管理经验。从《管理办法》规定本身而言可以担任工程总承包项目的项目经理。但《管理办法》的规定是项目经理的最低要求，这些项目经理一旦担任工程总承包项目经理，也就要求他们同时具有“双资质”前提下的设计和施工的相应管理、控制能力，也即既懂设计要求又懂施工管理的双重能力，这对当下绝大部分转岗担任工程总承包的项目经理而言，无疑是一个跨界、跨行业的新挑战、新考验和新要求。因此短时间内，企业如何尽快培养一批切实具有管理工程总承包项目能力的项目经理，将成为抢占工程总承包市场的关键之一。

### 亮点三：区分企业投资项目和政府投资项目适用的回避原则

对于市场主体较为关注的“项目前期咨询服务企业能否在该项目后期工程总承包项目中投标”的问题，《管理办法》区分了政府投资项目和企业投资项目。所谓政府投资项目，即《政府投资条例》第9条规定的“政府采取直接投资方式、资本金注入方式投资的项目”，对于政府投资项目采取审批制，因为涉及财政预算资金的使用，关系国家利益，所以对于财政投资项目采取严格的立项制度，要对项目建议书、可行性研究报告和初步设计等前期文件进行审批；所谓企业投资项目，即《企业投资项目核准和备案管理条例》第2条规定的“企业在中国境内投资建设的固定资产投资项目”，对于企业投资项目分情况采取核准制和备案制。在这个基础上《管理办法》对企业投资项目尊重市场主体的选择和投资自主权，不过多约束。但对政府投资项目，基于国家利益保护，为了避免不正当竞争和利益输送，确定了前期咨询服务企业原则上不得同时从事该项目的工程总承包。《管理办法》第11条第2款规定，“政府投资项目的项目建议书、可行性研究报告、初步设计文件编制单位及其评估单位，一般不得成为该项目的工程总承包单位。政府投资项目招标人公开已经完成的项目建议书、可行性研究报告、初步设计文件的，上述单位可以参与该工程总承包项目的投标，经依法评标、定标，成为工程总承包单位”。

因为工程前期咨询单位自工程立项决策阶段就已介入工程项目，掌握大量基础资料，并且对业主需求、当前方案的优劣、项目风险、项目可得利润等重要信息都具有其他投标单位所不具有的信息优势。如果允许前期咨询单位进行工程投标，那么就违反了招投标活动必须具备的公平竞争的基本原则，破坏公平竞争的市场环境。此外，由于存在信息优势，前期单位的中标概率明显大于一般投标人，随之而来的就是虚高标的额的道德风险，很可能会发生前期单位为了得到更多的后期承包利益，通过不适宜的工程方案制订或其他手段，抬高工程总造价，借此取得不正当利益。政府投资项目采用的是预算资金，代表的是国家、社会利益，虚高造价将会对国家、社会利益造成损害。但当招标人处在公开前期咨询服务成果的特定条件下时，可以投标作为例外，因为公开了前期文件，就消除了前期单位的信息优势，使所有投标人处于同一起跑线，招投标市场的公平就可以得到保证；而且即使前期单位虚增造价，在其他投标单位掌握足够信息的前提下，也可以通过技术分析与市场竞争，使虚高的造价回到正常水平。故《管理办法》允许前期咨询单位以公开前期文件为前提，参与工程总承包活动。

**亮点四：充分体现质量第一、提高效益的原则**

质量是建设工程的生命。从国际经验来看，工程总承包本身就有保证工程质量的特点。我国的《建筑法》《建设工程质量管理条例》等对建设工程的质量有明确规定。《管理办法》全面对接上位法，确立了工程总承包"质量第一"的原则。

1. 从概念角度，第3条强调了工程总承包单位对工程的质量、安全、工期和造价等全面负责的工程建设组织实施方式。同时，第4条确立了工程总承包"保证工程质量和安全"的基本原则。

2. 从资质管理角度，《管理办法》确立了"单位 + 人员"的最强机制，通过严格，加强对工程总承包商和项目经理的资格监管能更好确保工程总承包项目保质保量实施。

3. 明确要求工程总承包单位应当建立与工程总承包相适应的组织机构和管理制度，应当设立项目管理机构，设置项目经理，配备相应管理人员；从机构、制度、人员三方面保证工程质量。

4. 明确规定建设单位不得迫使工程总承包单位以低于成本的价格竞标，不得明示或者暗示工程总承包单位违反工程建设强制性标准、降低建设工程质量，不得明示或者暗示工程总承包单位使用不合格的建筑材料、建筑构配件和设备。工程总承包单位应当对其承包的全部建设工程质量负责。工程总承包单位、工程总承包项目经理依法承担质量终身责任。

工程总承包模式相对于传统的施工总承包在工期、计价、责任主体等方面有其特征和优势，高效原则是工程总承包模式的主要特征之一，《管理办法》在以下几个角度进行了体现：

1. 从概念和承包内容角度，通过第3条首先强调了工程总承包模式应同时包括设计和施工，这符合国际设计施工总承包模式的惯例，能较好体现设计施工的融合，提高建设效率，更易发挥行业上下游联动效应，突出整合优势，有利于实现工程总承包的目标。传统设计施工分离的模式，设计单位与施工单位均与建设单位产生合同关系，直接对建设单位负责，这导致一方面建设单位的协调工作量大、周期较长、效率低下，另一方面由于设计单位和施工单位的诉求不同，往往难以达成一致意见，导致建设周期拉长、成本推高。工程总承包模式将设计单位和施工单位合二为一，直接面对建设单位，因立场不同导致的利益冲突减少，协调效率更高。

2. 在发包阶段上，通过第 7 条规定建设单位完成项目审批、核准或备案程序即可以进行发包，相对于传统施工总承包模式下，发包阶段前延，有利于设计、施工工期的融合，合理科学提高建设效率。

3. 通过加强对工程总承包组织机构及项目管理职能的规范（《管理办法》第 18 条、第 19 条），在项目建设过程中更能发挥设计、采购、施工的融合。

4. 通过《管理办法》第 21 条明确了除暂估价形式外工程总承包单位可以采用直接发包的方式进行分包，这对减少制度性交易成本也起到了积极作用。

**亮点五：关切发承包之间风险分配原则**

《管理办法》制定过程中通过大量调研，充分认识到了市场主体对发承包之间风险分配问题的关切，并在《管理办法》中予以了引导和考虑。

《管理办法》第 15 条规定："建设单位和工程总承包单位应当加强风险管理，合理分担风险。建设单位承担的风险主要包括：（一）主要工程材料、设备、人工价格与招标时基期价相比，波动幅度超过合同约定幅度的部分；（二）因国家法律法规政策变化引起的合同价格的变化；（三）不可预见的地质条件造成的工程费用和工期的变化；（四）因建设单位原因产生的工程费用和工期的变化；（五）不可抗力造成的工程费用和工期的变化。具体风险分担内容由双方在合同中约定。鼓励建设单位和工程总承包单位运用保险手段增强防范风险能力"。

对此，应当注意以下三个方面：

1. 发承包人的风险承担约定原则上不应突破《管理办法》的限制

风险的分配应当基于总承包人在缔约时对工程项目的了解可能性之上，总承包人对工程项目的了解的可能性越高，承包商的风险责任越大；反之，承包商就不应该分配过多的风险责任。

从国内的工程实践来看，我国目前的工程招标工作中，发包人很难提供足以让承包人对工程准确了解的工程资料，同时也很难施行承包人现场复核的制度，尤其是我国现行《招标投标法》严格限定招标人与投标人的标前接触行为，也进一步限制了承包人在缔约之前对工程进行足够的了解。据此，如果总承包人对工程项目在缔约时缺乏足够的了解，不能全方位评价工程成本及不可预见因素，将项目履约风险过多地分配给总承包人是不公平的，也不利于合同的稳定履行，因此，《管理办法》制定时结合我国实际情况，作出了切合国内实际的规定。

2.《管理办法》规定的风险承担并非必然不可改变，但应当支付相应对价

《管理办法》第 15 条第 2 款规定的风险分担可以通过合同约定分配，但这种分配必须附加前提条件，即发包人应当支付足够的风险对价。

《合同法》的基本原则是等价有偿，如果发包人将自身应当承担的风险通过合同转嫁给承包人，那么其应当支付相应对价；否则就破坏了等价有偿的基本原则，破坏市场公平，如果发包人强制要求承包人承担过多的风险，则可能显失公平，让承包人有权在一年之内主张撤销合同。

3.《管理办法》未列明的其他风险，双方当事人也可在合同中自行约定，但也应注意计取相应对价

此外，《管理办法》第 9 条规定，“推荐使用由住房和城乡建设部会同有关部门制定的工程总承包合同示范文本”，考虑到《建设项目工程总承包合同示范文本（试行）》（GF－2011－0216）需要根据这些年工程总承包模式发展的经验和立法进展而进行完善，住建部已经启动了相应示范文本的修订工作，将会更为充分地完善市场主体的风险分配，更好地体现市场主体的权利义务约定和权利保护。

**亮点六：工程总承包法律责任全面对接现有法律体系**

针对目前建筑工程相关法律中尚缺乏对工程总承包单位法律责任的具体规定这一实际问题，《管理办法》给出了明确规定。《建筑法》《招标投标法》《建设工程质量管理条例》《建设工程安全生产管理条例》等对建筑市场违法责任的处罚集中在业主、勘察、设计、施工、监理等五方主体，关于转包，《建筑法》第 28 条规定，“禁止承包单位将其承包的全部建筑工程转包给他人，禁止承包单位将其承包的

全部建筑工程肢解以后以分包的名义分别转包给他人”。关于违法分包,《建筑法》第 29 条规定,“建筑工程总承包单位可以将承包工程中的部分工程发包给具有相应资质条件的分包单位;但是,除总承包合同中约定的分包外,必须经建设单位认可。施工总承包的,建筑工程主体结构的施工必须由总承包单位自行完成。建筑工程总承包单位按照总承包合同的约定对建设单位负责;分包单位按照分包合同的约定对总承包单位负责。总承包单位和分包单位就分包工程对建设单位承担连带责任。禁止总承包单位将工程分包给不具备相应资质条件的单位。禁止分包单位将其承包的工程再分包”。此外,《建筑工程施工发包与承包违法行为认定查处管理办法》(建市规〔2019〕1 号)对转包、违法分包等情形有细致的规定。关于上述违法行为的法律责任,《建筑法》及相关行政法规有明确规定。

但是,针对工程总承包模式,目前尚缺乏对总承包商法律责任的相应规定,因此《管理办法》第 27 条规定“工程总承包单位和工程总承包项目经理在设计、施工活动中有转包违法分包等违法违规行为或者造成工程质量安全事故的,按照法律法规对设计、施工单位及其项目负责人相同违法违规行为的规定追究责任”。全方面对接现有法律体系,使对工程总承包中的违法行为查处有法可依。

**亮点七:两部委联合制定,共同推进**

《管理办法》由住建部和发改委联合制定,共同推进。在对工程总承包项目监督管理上,第 5 条规定,“国务院住房和城乡建设主管部门对全国房屋建筑和市政基础设施项目工程总承包活动实施监督管理。国务院发展改革部门依据固定资产投资建设管理的相关法律法规履行相应的管理职责。县级以上地方人民政府住房和城乡建设主管部门负责本行政区域内房屋建筑和市政基础设施项目工程总承包(以下简称工程总承包)活动的监督管理。县级以上地方人民政府发展改革部门依据固定资产投资建设管理的相关法律法规在本行政区域内履行相应的管理职责”。即在国家层面,由住建部负责对全国房屋建筑和市政基础设施项目工程总承包活动实施监督管理,由国家发改委负责从固定资产投资建设角度进行监督管理。在地方层面,由县级以上住建部门对本行政区域内的房屋建筑和市政基础设施项目工程总承包活动实施监督管理,由县级以上发改部门从固定资产投资建设角度进行监督管理。

## 三、《管理办法》对各参与方的积极影响和应注意的问题

对于行政监管部门而言，《管理办法》有利于改变之前我国工程总承包立法不足且缺乏可操作性的现状。在国家层面上，我国法律、行政法规目前对工程总承包仅作原则上的一般性规定，并没有对发包与承包、项目实施、法律责任等一系列问题进行系统的规定；在地方层面上，各省市根据中央层面的政策性规范文件曾制定省级、地市级的规范性文件，互相之间以及与中央政策文件之间的矛盾冲突之处并不鲜见。上述情况严重阻碍行政监管部门对于工程总承包活动的监督管理。《管理办法》的发布和正式施行，有利于解决工程总承包现有立法相互矛盾冲突的问题，有利于确保工程总承包行政监管的一致性和公平性。

但是，《管理办法》由住建部和国家发改委联合发布，所适用的范围为房屋建筑和市政基础设施项目。现实中的工程总承包项目类型远不止于此，其他部门也有针对工程总承包模式的规范文件，比如，原铁道部的《铁路建设项目工程总承包办法》，交通运输部的《公路工程设计施工总承包管理办法》。行政监管的条块分割仍然存在，工程总承包如果要取得更进一步的发展，后续更高层级的工程总承包立法势在必行。

对于建设单位而言，《管理办法》有利于其更加有序地开展工程总承包招标、签约和项目管理工作。之前，由于缺乏具体规定，对于工程总承包方式的适用项目、发包阶段和条件、发包方式、招标文件编制、工程总承包单位条件、投标文件编制期限、评标委员会组成、发承包双方的风险分担、合同价格形式、工程总承包单位的组织机构和项目管理、工程总承包项目经理条件、质量安全工期保修责任、法律责任等一系列问题，建设单位一直处于摸索的状态，到底什么样的做法合法、什么样的做法合适，都是要面临、要解决的难题。《管理办法》发布和正式施行后，对上述一系列问题都有了相应的规定，今后建设单位开展招标、签约和管理工作有了切实的依据。

但是，《管理办法》毕竟着眼于大方向，立足于原则性的问题，现实当中的项目千差万别，《管理办法》面对建设单位多种多样的需求，不可能事无巨细全部包办，这就凸显出了合同示范文本和招标标准文件的重要性。早在 2011 年，相关部门就发布了《建设项目工程总承包合同示范文本（试行）》和《标准设计施工总承包

招标文件》,距今已近10年,工程总承包发展日新月异,《管理办法》即将施行,而现状却对应着旧的文本,这应当引起建设单位,特别是缺乏专业力量的建设单位的注意。

对于工程总承包单位而言,《管理办法》有利于其维护自身合法权益、保证工程质量安全。由于目前建设工程市场的现实情况,建设单位相对于工程总承包单位处于强势的地位,随意压缩工期、要求垫资施工、干扰正常管理工作等情况造成了工程总承包单位合法权益的流失、争议纠纷的多发甚至产生重大安全质量事故。对此,《管理办法》进行了一系列规制。以随意压缩工期和要求垫资施工这两大工程总承包单位的"痛点"为例,《管理办法》分别在第24条和第26条专门作了规定。通过对建设单位可能出现的违法违规行为进行限制,《管理办法》凸显了维护工程总承包单位合法权益、保证工程质量安全、培育工程总承包市场的立法目的。

但是,工程总承包单位同时应当意识到,即使《管理办法》通过一系列条款保障其权益,作为市场主体,承担高利润所对应的高风险仍然是题中之意。《管理办法》第15条既规定建设单位承担五类风险,又强调"具体风险分担内容由双方在合同中约定"。以目前市场竞争的残酷程度,很难保证建设单位不把更多的风险通过合同条款的形式转嫁给总承包单位,这是总承包单位在承揽工程和洽商合同时要反复权衡和考虑的重要因素。

对于咨询单位而言,如果参与到工程总承包项目的前期阶段,则可能因《管理办法》作出的禁止性规定而不能参与到工程总承包项目实施阶段。具体而言,《管理办法》第11条作出了区别性的禁止规定:对于存在直接利益冲突的单位禁止成为工程总承包单位;对于存在间接利益冲突的单位有条件允许成为工程总承包单位。

《管理办法》第11条第1款明确规定,"工程总承包单位不得是工程总承包项目的代建单位、项目管理单位、监理单位、造价咨询单位、招标代理单位"。即存在直接利益冲突的单位禁止成为工程总承包单位。代建单位、项目管理单位、监理单位、造价咨询单位是建设工程监督管理单位,负有对项目质量、工期、造价、安全的监督责任,如果其同时成为工程总承包单位,显然会陷入既当球员又当裁判的情形中,导致工程建设全面失控。招标代理单位对工程招投标活动具有极大影响力，如果允许其担任工程总承包单位，会破坏招投标活动的公平公正。因此，上述单位均属于直接利益冲突，不应成为工程总承包单位。

对于间接利益冲突单位，《管理办法》第 11 条第 2 款规定，“政府投资项目的项目建议书、可行性研究报告、初步设计文件编制单位及其评估单位，一般不得成为该项目的工程总承包单位。政府投资项目招标人公开已经完成的项目建议书、可行性研究报告、初步设计文件的，上述单位可以参与该工程总承包项目的投标，经依法评标、定标，成为工程总承包单位”。即对政府投资项目，为了避免因前期单位的信息优势而破坏公平竞争，损害国家、社会和第三人利益，要以公开前期文件为前提，前期咨询单位方可参与工程总承包项目投标。

## 四、结语

工程总承包模式是国际上广泛采用的成熟的建设工程模式，其本身具有精简招标程序、减少管理层级、化解项目风险、统一权利责任、提升推进效率、降低工程造价、缩短建设工期、保证工程质量等优点。但在我国的工程实践中也暴露出立法滞后、各地矛盾、权责不明、监管不足等弊端，《管理办法》在总结我国工程总承包实践中的经验和教训的基础上适时出台，聚焦痛点难点问题，致力体制机制创新。《管理办法》明确工程总承包的概念、范围、总承包单位条件、项目实施要求、法律责任等重点内容，结合我国实际情况创造性地提出了“总包负总责”制度、“双资质”模式、“单位＋人员”机制、有所区分的回避制度、发承包风险分配原则等，着力解决工程总承包中的造价、质量、安全、工期等问题。《管理办法》的出台，将有力推动我国工程总承包的法治化和专业化，对助力工程总承包优化升级、促进建筑业持续健康发展将产生深远影响。

PART

# 2

# 第二部分

# 条文解析及适用

# 第一章　总　　则

**第一条　【制定目的和制定依据】**

**为规范房屋建筑和市政基础设施项目工程总承包活动，提升工程建设质量和效益，根据相关法律法规，制定本办法。**

## 条文主旨

本条结合我国房屋建筑和市政基础设施项目工程总承包实践的现实情况，就《管理办法》的制定目的和制定依据作出了具体规定，对《管理办法》的其他条文具有指导性作用。

## 条文解析

第一，规范房屋建筑和市政基础设施项目工程总承包活动是《管理办法》制定的立足点，提升工程建设质量和效益是进行工程总承包管理的根本目的。

第二，《管理办法》的规范层级为规范性文件，其制定应符合上位法的规定，故其制定依据应为相关法律法规。

## 理解与适用

### 一、规范房屋建筑和市政基础设施项目工程总承包活动是制定《管理办法》的立足点

《管理办法》制定的首要目的是规范房屋建筑和市政基础设施项目工程总承

包活动。关于工程总承包,我国目前在国家层面尚缺乏高层级的法律规范,国家与地方关于工程总承包的政策性规定也存在矛盾冲突,为顺应建筑业“放管服”改革、“一带一路”与企业“走出去”发展战略,加快工程总承包方面的立法建设成为当务之急。

(一)国家层面缺乏高层级的统一的工程总承包法律规范

在法律法规层面,关于工程总承包有限的几个条款主要集中在《建筑法》、《合同法》、《招标投标法实施条例》与《建设工程质量管理条例》中,且对于工程总承包的内容也是以概念阐述与原则性规定为主。

在法律的层面,我国关于工程总承包的规定主要是《建筑法》第 24 条和第 29 条、第 55 条的规定,以及《合同法》第 272 条的规定。《建筑法》第 24 条①规定了“建筑工程的发包单位可以将建筑工程的勘察、设计、施工、设备采购一并发包给一个工程总承包单位”;第 29 条②规定了“禁止总承包单位将工程分包给不具备相应资质条件的单位”;第 55 条③规定了“建筑工程实行总承包的,工程质量由工程总承包单位负责”。《合同法》第 272 条④规定了“发包人可以与总承包人订立建设工程合同,也可以分别与勘察人、设计人、施工人订立勘察、设计、施工承包

---

① 《建筑法》第 24 条规定:“提倡对建筑工程实行总承包,禁止将建筑工程肢解发包。建筑工程的发包单位可以将建筑工程的勘察、设计、施工、设备采购一并发包给一个工程总承包单位,也可以将建筑工程勘察、设计、施工、设备采购的一项或者多项发包给一个工程总承包单位;但是,不得将应当由一个承包单位完成的建筑工程肢解成若干部分发包给几个承包单位。”

② 《建筑法》第 29 条规定:“建筑工程总承包单位可以将承包工程中的部分工程发包给具有相应资质条件的分包单位;但是,除总承包合同中约定的分包外,必须经建设单位认可。施工总承包的,建筑工程主体结构的施工必须由总承包单位自行完成。建筑工程总承包单位按照总承包合同的约定对建设单位负责;分包单位按照分包合同的约定对总承包单位负责。总承包单位和分包单位就分包工程对建设单位承担连带责任。禁止总承包单位将工程分包给不具备相应资质条件的单位。禁止分包单位将其承包的工程再分包。”

③ 《建筑法》第 55 条规定:“建筑工程实行总承包的,工程质量由工程总承包单位负责,总承包单位将建筑工程分包给其他单位的,应当对分包工程的质量与分包单位承担连带责任。分包单位应当接受总承包单位的质量管理。”

④ 《合同法》第 272 条规定:“发包人可以与总承包人订立建设工程合同,也可以分别与勘察人、设计人、施工人订立勘察、设计、施工承包合同。发包人不得将应当由一个承包人完成的建设工程肢解成若干部分发包给几个承包人。总承包人或者勘察、设计、施工承包人经发包人同意,可以将自己承包的部分工作交由第三人完成。第三人就其完成的工作成果与总承包人或者勘察、设计、施工承包人向发包人承担连带责任。承包人不得将其承包的全部建设工程转包给第三人或者将其承包的全部建设工程肢解以后以分包的名义分别转包给第三人。禁止承包人将工程分包给不具备相应资质条件的单位。禁止分包单位将其承包的工程再分包。建设工程主体结构的施工必须由承包人自行完成。”

合同”。

在行政法规的层面,主要是《招标投标法实施条例》第 29 条的规定,以及《建设工程质量管理条例》第 26 条的规定。《招标投标法实施条例》第 29 条第 1 款规定:“招标人可以依法对工程以及与工程建设有关的货物、服务全部或者部分实行总承包招标。以暂估价形式包括在总承包范围内的工程、货物、服务属于依法必须进行招标的项目范围且达到国家规定规模标准的,应当依法进行招标。”《建设工程质量管理条例》第 26 条第 3 款规定:“建设工程实行总承包的,总承包单位应当对全部建设工程质量负责;建设工程勘察、设计、施工、设备采购的一项或者多项实行总承包的,总承包单位应当对其承包的建设工程或者采购的设备的质量负责。”

在部门规章和规范性文件层面,交通运输部制定和印发了《公路工程设计施工总承包管理办法》(交通运输部令 2015 年第 10 号)、交通部印发了《关于开展公路工程项目设计施工总承包试点工作的通知》(交公路发〔2006〕702 号)和原铁道部印发了《关于印发〈铁路建设项目工程总承包办法〉的通知》(铁建设〔2006〕221 号)。但交通部的规定又仅仅适用于公路新建、改建、扩建工程和独立桥梁、隧道的设计施工总承包,原铁道部的规定仅仅适用于铁路建设项目,并不针对除公路工程和铁路工程以外的其他专业领域。

由于以上法律、行政法规、部门规章和规范性文件的相关规定仅是原则上的一般性规定,并没有对工程总承包的发包和承包、工程总承包项目实施、监督管理、法律责任等问题作出系统的、详细的规定,因此工程总承包在法律层面上严重缺乏可操作性。除了上述少数法律、行政法规、部门规章和规范性文件中零星个别规定以外,其他均为政策性文件规定。目前,最主要的政策性文件包括:原建设部于 2003 年 2 月 13 日发布的《关于培育发展工程总承包和工程项目管理企业的指导意见》(建市〔2003〕30 号)、住建部于 2016 年 5 月 20 日发布的《关于进一步推进工程总承包发展的若干意见》(建市〔2016〕93 号)和国务院办公厅于 2017 年 2 月 21 日发布的《关于促进建筑业持续健康发展的意见》(国办发〔2017〕19 号)。但是政策性文件大多是从宏观角度进行的一种愿景式的倡导或者立法的前瞻性引导,缺乏可操作性,难以对实践进行有力的规制,尤其是在发生事故需要追究法律责任时,不能作为依法处理的依据。

### （二）国家与地方关于工程总承包的政策性规定存在矛盾冲突

近年来，随着国家对工程总承包模式的进一步推广，各地都在顺势而为，积极出台各项有关工程总承包的管理规定。然而，由于欠缺强制性、规范性的法律、法规及国家部门规章，地方上主要根据中央的各有关政策文件制定地方性的规范性文件。因为缺乏上位法的规制基础，导致各地在实践操作中与中央政策或其他省市规定之间存在矛盾冲突。具体来说，在工程总承包发包阶段和条件、企业资质要求、联合体投标要求、项目计价方式、前期设计服务企业是否可以参加工程总承包招标、总承包项目分包及专业分包、发包人与工程总承包企业之间的风险分配原则、项目固定总价的审价与审计等问题上，均存在规定不明或矛盾冲突的情况。

以工程总承包单位的资质要求为例，国家和地方层面出台的文件中对工程总承包单位的资质要求不甚统一。国家层面，我国现行的《建筑业企业资质标准》中分为施工总承包、专业承包和施工劳务三个序列，并没有专门针对工程总承包企业的资质管理要求。而国家出台的政策性文件中一般要求工程总承包企业具备设计资质和施工资质中任意一项，如住房城乡建设部《关于进一步推进工程总承包发展的若干意见》第 2 点关于"工程总承包企业的基本条件"中规定"工程总承包企业应当具有与工程规模相适应的工程设计资质或者施工资质"。地方层面，关于工程总承包单位的资质要求大体上可以分为以下三类：第一类，大部分地方实行"单资质"要求，允许仅具有设计或施工资质的企业作为工程总承包单位，如《上海市工程总承包试点项目管理办法》中规定工程总承包企业应当具备与发包工程规模相适应的工程设计资质（工程设计专项资质和事务所资质除外）或施工总承包资质。第二类，部分地方实行"双资质"要求，如天津市城乡建设委员会在《关于天津市建设项目推行工程总承包试点工作有关事项的通知》中规定，工程总承包企业应同时具有与工程相适应的工程设计资质和施工资质，或具有与工程相适应资质的设计企业与施工企业组成的联合体。第三类，个别地方将工程总承包项目的承接主体扩大到开发商、项目管理公司等，如深圳市住房和建设局关于印发《EPC 工程总承包招标工作指导规则（试行）》的通知中规定，具有工程总承包管理能力的企业，可以是设计、施工、开发商或其他项目管理单位。

工程总承包单位资质要求的不甚统一也使各地在联合体投标的要求上各不相同。大部分地方规范性文件中明确了工程总承包联合体模式，比如，湖北、天津等省市均允许采用联合体方式承揽工程总承包项目。但也有个别地方明确禁止采用联合体方式承揽工程总承包项目，如吉林省住房和城乡建设厅发布的《关于进一步明确工程总承包管理有关事项的通知》规定，工程总承包项目应由符合条件的设计或施工总承包企业中的一家承揽，不得采用联合体方式承揽。

从上述规定中可以看出，自国家提出鼓励工程总承包模式以来，虽然各地方建设行政主管部门纷纷制定适用于本地区的管理规范，但诸多规范之间不一致甚至冲突的现象十分明显。这种不一致甚至冲突的现象，一方面，使工程总承包项目的招标单位、承包商等参与主体对于管理规范的适用无所适从；另一方面，部分地方规定的合理性也值得探讨与思考。比如，我国实行的是建筑业企业资质管理制度，我国已经建立起由建设行政主管部门对从事建筑经营活动的施工、勘察、设计和监理企业进行审查，以确认其承担业务的范围并发放相应资格证书的市场准入制度。如果将工程总承包项目承接主体的资质要求过度放宽无疑是对我国建筑业企业资质管理制度的重大突破。深圳市在 2016 年发布的《EPC 工程总承包招标工作指导规则（试行）》中的先行探索，在设置投标条件时可淡化资质管理，实行能力认可，在工程实施时回归资质管理，由有相应资质的单位分别承担设计、施工任务。该规定可以肯定其本身是对于资质管理现状的反思，也是对于资质管理创新的引导。但是与传统的设计、施工平行发包模式相比，工程总承包模式在发包时仅确定发包项目的规模、范围、功能和一些主要性能指标，尚无确定的施工图设计文件，甚至有些工程在可研阶段招标时尚无方案或初步设计文件，放宽资质要求不利于项目设计和施工的质量、安全及项目功能和业主要求的实现。此外，开发商、项目管理公司作为工程总承包商时对设计、施工和采购单位的管理相比以设计为龙头、施工为核心的工程总承包管理模式较为薄弱。而且项目管理公司的注册资金和资产规模相对于动辄几十亿投资的施工项目，其偿债能力和风控能力明显不够，江西“11·24”丰城电厂安全事故，主要原因就是总承包商的某设计院缺乏施工管理和风险管控能力，完全依托施工单位自我管理导致事故发生。因此，笔者认为，对于建筑业企业资质管理制度的逐步放宽，甚至在某些领域逐步取消资质管理是大势所趋，但在放宽和取消的过程中应当还是以行业的健康、有序发展为前提。

在国家未对工程总承包发包阶段和条件、企业资质要求、联合体投标要求、项目计价方式等方面作出明确规定前，工程总承包单位在项目实施过程中除了要遵守国家层面的要求，还需注意各地的地方性规定。这导致工程总承包单位在不一致甚至是相互冲突的管理规定中无所适从，因此对于工程总承包项目出台国家层面统一的管理规定是非常有必要的。

（三）顺应建筑业“放管服”改革、“一带一路”与企业“走出去”发展战略，加快工程总承包方面的立法建设成为当务之急

近年来，国家提出要进一步深化建筑业“放管服”改革，加快产业升级，促进建筑业持续健康发展，打造“中国建造”品牌。这客观上要求工程建设管理系统化、科学化、市场化，建筑行业自传统的设计、采购、施工等环节分开的承包制度，向集约型的工程总承包制度进行转变。因此，工程总承包模式的快速推进，便成了行业改革转型的重点之一。同时，“一带一路”与企业“走出去”发展战略所涉及的基础设施工程建设，大部分涉及与国际工程建设相接轨的工程总承包模式。而对工程总承包模式和国际通行的工程总承包合同文本的不熟悉、不了解，国内缺乏工程总承包立法的现状，在一定程度上限制了国内优秀工程总承包企业的成长，不利于国内企业参与实施海外工程项目的竞争及项目管理能力的提升。因此，在当前国内建筑业改革要求和国际工程总承包项目建设的发展需求下，有必要加快我国国内自身的工程总承包立法，以培育工程总承包市场，培养优秀的工程总承包企业。

随着我国工程总承包行业的快速发展，目前工程总承包的实践发展需求已远超过现行已有的立法规范体系，存在无法可依、无章可循的尴尬现状。因此，在当前形势下，鉴于工程总承包的特定历史情形，加快工程总承包方面的立法建设成为当务之急。国务院办公厅在 2017 年 2 月 21 日印发的《关于促进建筑业持续健康发展的意见》中，明确提出要“加快完善工程总承包相关的招标投标、施工许可、竣工验收等制度规定”；住房和城乡建设部于 2016 年 5 月发布的《关于进一步推进工程总承包发展的若干意见》以及 2017 年 4 月发布的《建筑业发展“十三五”规划》中，也明确提出要“进一步完善建筑市场法律法规体系”“完善（工程总承包）相关配套政策”“推进各项制度措施落实，明确管理部门，依据职责加强对房屋建筑和市政工程的工程总承包活动的监督管理”。《管理办法》的出台是国家完善工程总承包立法及相关配套政策，指导和推进房屋建筑、市政行业工程总承包事业

发展的有力举措。

## 二、提升工程建设质量和效益是制定《管理办法》的根本目的

由于历史发展和监管政策的原因,在按类别条块化分割管理的体制下,我国房屋建筑和市政基础设施建设领域长期沿用传统的设计、施工平行发包模式,与工程总承包模式的总体要求不相适应,导致房建和市政领域的工程总承包发展缓慢,市场份额较小,直接影响到建筑企业的经济效益以及综合服务能力的提升。在传统的建设模式下,建设单位通过招标分别将设计和施工发包给设计单位和施工单位完成,建筑工程项目的实施"按部就班",前一个阶段结束后,后一个阶段才能开始。这种模式存在业主统筹协调难度大、建设周期时间长、控制风险和投资难度大、建筑资源消耗高、生产效率低、责任主体多、质量安全风险大等问题。而在工程总承包模式下,从事工程总承包的企业按照与建设单位签订的合同,对工程项目的设计、采购、施工等实行全过程的承包,并对工程的质量、安全、工期和造价等全面负责。与传统发包方式相比,工程总承包可以有机整合各类资源,形成社会化大生产;项目管理专业化,有效降低工程风险,提升工程建设质量;设计、采购、施工深度融合和合理交叉,提高建设效率,提升建设效益;提高总体建设水平,培育工程总承包龙头企业。

(一)确立工程总承包"质量第一"的原则

《管理办法》全面对接《建筑法》《建设工程质量管理条例》等上位法对建设工程的质量的明确规定,确立了工程总承包"质量第一"的原则。

1. 从概念角度,《管理办法》第3条强调了工程总承包单位对工程的质量、安全、工期和造价等全面负责的工程建设组织实施方式。同时,第4条确立了工程总承包"保证工程质量和安全"的基本原则。

2. 从资质管理角度,《管理办法》确立了"单位+人员"的机制,通过加强对工程总承包商和项目经理的资格监管,更好地确保工程总承包项目保质保量实施。

3.《管理办法》明确要求工程总承包单位应当建立与工程总承包相适应的组织机构和管理制度,应当设立项目管理机构,设置项目经理,配备相应管理人员,从机构、制度、人员三方面保证工程质量。

4.《管理办法》明确规定建设单位不得迫使工程总承包单位以低于成本的价格竞标,不得明示或者暗示工程总承包单位违反工程建设强制性标准、降低建设工程质量,不得明示或者暗示工程总承包单位使用不合格的建筑材料、建筑构配件和设备。工程总承包单位应当对其承包的全部建设工程质量负责。工程总承包单位、工程总承包项目经理依法承担质量终身责任。

(二)高效原则是工程总承包模式的主要特征

工程总承包模式相对于传统的施工总承包在工期、计价、责任主体等方面有其特征和优势,高效原则是工程总承包模式的主要特征之一,《管理办法》主要体现在以下 4 个角度:

1. 从概念和承包内容角度,通过第 3 条首先强调了工程总承包模式应同时包括设计和施工,这符合国际设计施工总承包模式的惯例,能较好体现设计施工的融合,提高建设效率,更易发挥行业上下游联动效应,突出整合优势,有利于实现工程总承包的目标。

2. 在发包阶段上,第 7 条规定企业投资项目完成项目核准或备案程序即可以进行发包,政府投资项目在完成初步设计审批后进行发包,相对于传统施工总承包模式下,发包阶段前延,有利于设计、施工工期的融合,合理科学提高建设效率。

3. 通过加强对工程总承包组织机构及项目管理职能的规范(《管理办法》第 18 条、第 19 条),在项目建设过程中更能发挥设计、采购、施工的融合。

4. 通过《管理办法》第 21 条明确了除暂估价形式外工程总承包单位可以采用直接发包的方式进行分包,这对减少制度性交易成本也起到了积极作用。

住建部在 2016 年 5 月发布的《关于进一步推进工程总承包发展的若干意见》中明确提出,该意见的制定是为了深化建设项目组织实施方式改革,推广工程总承包制,提升工程建设质量和效益,以及大力推进工程总承包,有利于提升项目可行性研究和初步设计深度,实现设计、采购、施工等各阶段工作的深度融合,提高工程建设水平;有利于发挥工程总承包企业的技术和管理优势,促进企业做优做强,推动产业转型升级,服务于“一带一路”倡议的实施。因此,《管理办法》的制定有利于进一步推进房屋建筑和市政基础设施领域工程总承包事业的发展,提升工程建设质量和效益,推动产业转型升级。

## 三、《管理办法》的效力层级为规范性文件

《管理办法》由住建部与国家发改委共同制定与印发，其全称为《住房和城乡建设部 国家发展和改革委关于印发房屋建筑和市政基础设施项目工程总承包管理办法的通知》（建市规〔2019〕12 号）。根据我国《立法法》等相关法律法规规定，法律法规具体包括“法律”“行政法规”“地方性法规”“自治条例和单行条例”“规章”。除此之外，“规范性文件”是一类《立法法》没有规定却在法律实践中会对公民、法人和其他组织的权利与义务产生重大影响的法律文件。根据《管理办法》制定和印发的主体，其不属于“法律”、“地方性法规”或“自治条例和单行条例”中的一类不存在争议，对于《管理办法》属于部门规章还是规范性文件，存在不同的认识，而厘清《管理办法》的效力层级有利于准确地理解与适用《管理办法》。

一般认为，“规范性文件”是指行政主体为实施法律和执行政策，在法定权限内制定的除行政立法以外，涉及公民、法人和其他组织权利义务，具有普遍约束力，在一定期限内反复适用的公文的总称，简称为“规章以下的规范性文件”或“规章以外的规范性文件”。[①] 由于《立法法》等法律对其缺乏应有的规范，因此，理论界和实务界对于此类“规范性文件”的范围、效力等级等问题存在不同的认识。尽管如此，“规范性文件”与相应立法主体制定的“规章”存在区别这一点还是毋庸置疑的。首先，在我国法律体系中，与一般规范性文件不同，规章是一类具有明确的法律渊源地位并且受到法律严格规范的权威法律文件。《立法法》对于规章的立法权限以及备案程序都作了基本的规定，《行政许可法》《行政处罚法》《行政强制法》也对规章的立法保留事项存在特殊的规定，而国务院和具有规章制定权的其他行政机关制定的一般规范性文件显然无法适用这些规定。其次，《行政复议法》允许对规章之外的“国务院部门的规定”在行政复议时提出附带性审查，这也说明法律对于规章与规章制定机关制定的其他“规定”进行区别对待的态度。最后，规章与一般行政规范性文件在制定程序和名称上由不同的行政法规予以规范。规章的制定程序由《规章制定程序条例》予以规范，规章的名称一般只使用“规定”和“办法”；而对于一般行政规范性文件的制定程序则主要由 2012 年《党

① 参见汪君：《行政规范性文件之民事司法适用》，载《法学家》2020 年第 1 期。

政机关公文处理工作条例》(中办发〔2012〕14 号)予以规定,其一般使用“决议”“决定”“命令”“公告”“通知”“意见”等名称。从上述法律规定可以看出,规章与规章制定机关制定的规范性文件之间无论是在规范内容,还是在制定程序和名称方面都存在比较明显的区别。

《管理办法》的效力层级为规范性文件而不是部门规章。首先,《管理办法》的名称——《住房和城乡建设部、国家发展和改革委关于印发房屋建筑和市政基础设施项目工程总承包管理办法的通知》,从名称上来看,使用的是“通知”,并非规章名称一般使用的“规定”“办法”,如《建筑业企业资质管理规定》《建设工程勘察设计资质管理规定》《工程监理企业资质管理规定》等。其次,从制定程序来判断,《规章制定程序条例》第 27 条第 1 款规定,“部门规章应当经部务会议或者委员会会议决定”,我们看到在《建筑业企业资质管理规定》等部门规章的文首均载明规章的发布通过部常务会议审议通过,这也是与《管理办法》的一大区别。最后,从命令序号来判断,《规章制定程序条例》第 30 条规定:“公布规章的命令应当载明该规章的制定机关、序号、规章名称、通过日期、施行日期、部门首长或者省长、自治区主席、市长、自治州州长署名以及公布日期。部门联合规章由联合制定的部门首长共同署名公布,使用主办机关的命令序号。”一般住建部制定或主办制定的部门规章命令序号为“住房城乡建设部令第 × 号”,并由住建部部长署名公布,而《管理办法》的命令序号为“建市规〔2019〕12 号”,并且未经部门首长署名公布。因此,从规章与规章制定机关制定的规范性文件在制定程序、名称等方面的区别来看,《管理办法》的效力层级应为规范性文件,而不是部门规章。

虽然《立法法》并没有规定规范性文件,但是,在我国规范性文件也并非凭空而出。《宪法》确认国务院可以“根据宪法和法律,规定行政措施,制定行政法规,发布决定和命令”;国务院“各部、各委员会根据法律和国务院的行政法规、决定、命令,在本部门的权限内,发布命令、指示和规章”。因行政规范性文件本身即为各种决定和命令的表现形式,《宪法》中的有关条文被学界认为是行政主体制定行政规范性文件职权之来源。行政规范性文件之所以具有约束力,在于其所据以制定的一般规范,而一般规范之所以具有约束力,在于其最终依据为基础规范。[①]

① 参见汪君:《行政规范性文件之民事司法适用》,载《法学家》2020 年第 1 期。

《管理办法》的效力依据在于其上位行政法规《建设工程质量管理条例》《建设工程安全生产管理条例》《招标投标法实施条例》等，而《建设工程质量管理条例》等行政法规的效力依据在于《建筑法》等有关基本法律，而《建筑法》之所以有效，在于其根据《宪法》制定。低级规范的创造由高级规范决定，高级规范又由另一更为高级的规范决定，最终构成法律秩序的统一体。法律秩序的统一性和规范等级体系，为行政规范性文件找到了法律秩序上的归属，同时也为其提供了效力依据：从宪法到法律，再到行政法规和规章，直至行政规范性文件，一级一级的演绎，使行政规范性文件自然具有了规范意义上的强制力。

## 四、制定《管理办法》的主要依据

《管理办法》是住建部和国家发改委共同制定的规范性文件，其制定应当符合宪法、法律、行政法规和国务院有关决定、命令的规定。因此，《管理办法》制定的主要依据包括：

《建筑法》第 24 条、第 29 条、第 55 条；《合同法》第 272 条；《建设工程质量管理条例》第 26 条、第 27 条；《建设工程安全生产管理条例》第 24 条；《招标投标法实施条例》第 29 条；中共中央、国务院《关于进一步加强城市规划建设管理工作的若干意见》(中发〔2016〕6 号)；国务院办公厅《关于促进建筑业持续健康发展的意见》(国办发〔2017〕19 号)。

## 五、《管理办法》由住建部与发改委联合制定

《管理办法》由住建部和发改委联合制定，共同推进。《管理办法》第 5 条规定："国务院住房和城乡建设主管部门对全国房屋建筑和市政基础设施项目工程总承包活动实施监督管理。国务院发展改革部门依据固定资产投资建设管理的相关法律法规履行相应的管理职责。县级以上地方人民政府住房和城乡建设主管部门负责本行政区域内房屋建筑和市政基础设施项目工程总承包(以下简称工程总承包)活动的监督管理。县级以上地方人民政府发展改革部门依据固定资产投资建设管理的相关法律法规在本行政区域内履行相应的管理职责。"

根据《建筑法》第 6 条规定："国务院建设行政主管部门对全国的建筑活动实施统一监督管理。"《建设工程质量管理条例》第 4 条规定："县级以上人民政府建

设行政主管部门和其他有关部门应当加强对建设工程质量的监督管理。”国务院办公厅关于印发《住房和城乡建设部主要职责内设机构和人员编制规定》的通知(国办发〔2008〕74号)规定,住建部的主要职责包括:“(六)监督管理建筑市场、规范市场各方主体行为。指导全国建筑活动,组织实施房屋和市政工程项目招投标活动的监督执法,拟订勘察设计、施工、建设监理的法规和规章并监督和指导实施,拟订工程建设、建筑业、勘察设计的行业发展战略、中长期规划、改革方案、产业政策、规章制度并监督执行,拟订规范建筑市场各方主体行为的规章制度并监督执行,组织协调建筑企业参与国际工程承包、建筑劳务合作。”因此,由住建部制定发布的《管理办法》是应有之义。

在发改委的职能配置与内设机构中,发改委的主要职责包括:“(六)负责投资综合管理,拟订全社会固定资产投资总规模、结构调控目标和政策,会同相关部门拟订政府投资项目审批权限和政府核准的固定资产投资项目目录。安排中央财政性建设资金,按国务院规定权限审批、核准、审核重大项目。规划重大建设项目和生产力布局。拟订并推动落实鼓励民间投资政策措施。”①因此,对于工程总承包活动有关投资的事项,须由发改部门依据投资项目审批、核准、备案的相关法律法规履行相应监督管理职责。

## 实践中应注意的问题

### 一、《管理办法》之民事司法适用

关于《管理办法》的民事司法适用,最高人民法院有关司法解释明确规范性文件可以作为裁判说理依据:1989年10月28日,最高人民法院于《民法通则》生效实施后发布《关于人民法院制作法律文书如何引用法律规范性文件的批复》②[法(研)复〔1986〕31号]指出,国务院各部委、地方各级人民政府发布的命令、指示,

---

① 中华人民共和国国家发展和改革委员会职能配置与内设机构,载中华人民共和国国家发展和改革委员会网:https://www.ndrc.gov.cn/fzggw/bnpz/,最后访问时间:2020年3月6日。

② 《关于人民法院制作法律文书如何引用法律规范性文件的批复》现已失效,被最高人民法院《关于废止1980年1月1日至1997年6月30日期间发布的部分司法解释和司法解释性质文件(第九批)的决定》于2013年1月18日起废止。

可以在办案时参照执行，但不要引用；随后，该批复被最高人民法院 2009 年 10 月 26 日公布之《关于裁判文书引用法律、法规等规范性法律文件的规定》（法释〔2009〕14 号）取代，并于第 6 条明确规章以下的规范性文件，“根据审理案件的需要，经审查认定为合法有效的，可以作为裁判说理的依据”。由此观之，司法实践及最高人民法院关于裁判文书引用规范均认可规范性文件可以作为民事裁判说理之依据。因此，形式方面，即规范性文件仅可作为裁判说理依据出现在民事裁判中；实质方面，即适用行政规范性文件需有“审理案件的需要”；程序方面，需“经审查认定为合法有效”后，方可在民事裁判中适用行政规范性文件，即法官有对规范性文件进行审查之义务。

《管理办法》在民事司法适用中还应当注意，规范性文件毕竟是公权主体于公共管理范围内所发布的公法性文件，民事领域以“意思自治”自成一体，《管理办法》中有关承发包双方风险分担、限制建设单位权利的条款若在司法实践中获得适用，还需理论基础支撑。

## 二、《管理办法》在行政案件中的适用

以《行政诉讼法》和最高人民法院《关于适用〈中华人民共和国行政诉讼法〉的解释》（法释〔2018〕1 号）为基础，将行政法规、规章与规范性文件的地位分别区分为“依据”、“参照”与“引用”。其中，“依据”是指在行政法规有具体规定的情况下，法院应当直接适用，而不得拒绝适用。其适用的原则是不予审查，无条件适用。“参照”是指“对符合法律、行政法规规定的规章，法院要参照审理。对不符合或不完全符合法律、行政法规原则精神的规章，法院可以有灵活处理的余地”，其适用的原则为有条件适用。而“引用”则是指以对规范性文件的合法性审查为前提，对于合法有效的可以予以适用，违法无效的则不予适用。归纳上述三个概念的内涵可以发现，三者的根本区别在于法院有没有对该规范进行审查的权力以及能否选择适用。就行政法规而言，法院不可以审查，也不可以选择适用。对于规章，法院可以部分审查，选择适用。而至于规范性文件，则可以完全审查，也可以选择适用。《管理办法》作为规范性文件，人民法院在审理行政案件中，可以完全审查，也可以选择适用。

## 案例评析

### 江西丰城发电厂"11·24"冷却塔施工平台坍塌特别重大事故①

江西丰城电厂三期扩建工程位于江西省丰城市西面石上村铜鼓山，总投资额76.7亿元，拟建两台100万千瓦超临界燃煤机组，两台机组按原计划应于2017年年底、2018年年初分别投产发电。整个项目采用了工程总承包方式发包，由中南电力设计院有限公司担任工程总承包商，工程项目参建单位关系见图1。

丰电三期扩建工程中包含新建两座高168米、直径135米的双曲线型自然通风冷却塔。2016年6月18日，项目建设由土建施工进入安装阶段。2016年11月24日早晨7时40分许，项目现场发生了冷却塔施工平台整体坍塌的特别重大事故。73名正在平台施工作业的劳务工人，最小23岁、最大53岁，转瞬之间均命丧工程总承包项下的分包施工过程中，另致地面施工人员两人受伤，事故直接经济损失高达10,197.2万元。根据国家安监总局官网发布的国务院江西丰城发电厂"11·24"冷却塔施工平台坍塌特别重大事故调查组的事故调查报告，调查组在报告中指出本项目工程总承包单位中南电力设计院有限公司存在下列问题：

1.管理层安全生产意识薄弱，安全生产管理机制不健全

工程总承包单位中南电力设计院有限公司对安全生产工作不重视，未按规定设置独立安全生产管理机构和安全总监岗位，频繁调整安全生产工作分管负责人。作为以勘察设计为主业的企业，在经营业务延伸到工程总承包后，对工程总承包安全生产管理的重要性认识不足，安全生产管理机制不完善，安全生产考核制度有效性不强。

2.对分包施工单位缺乏有效管理

履行总承包施工管理职责缺位，未按规定要求施工单位项目部将筒壁工程作为危险性较大分部分项工程进行管理。对筒壁工程施工方案审查不严格，未发现筒壁工程施工方案中存在的重大缺陷。

---

① 参见《江西丰城发电厂"11.24"冷却塔施工平台坍塌特别重大事故调查报告》，载应急管理部网站：https://www.mem.gov.cn/，最后访问时间：2020年3月6日。

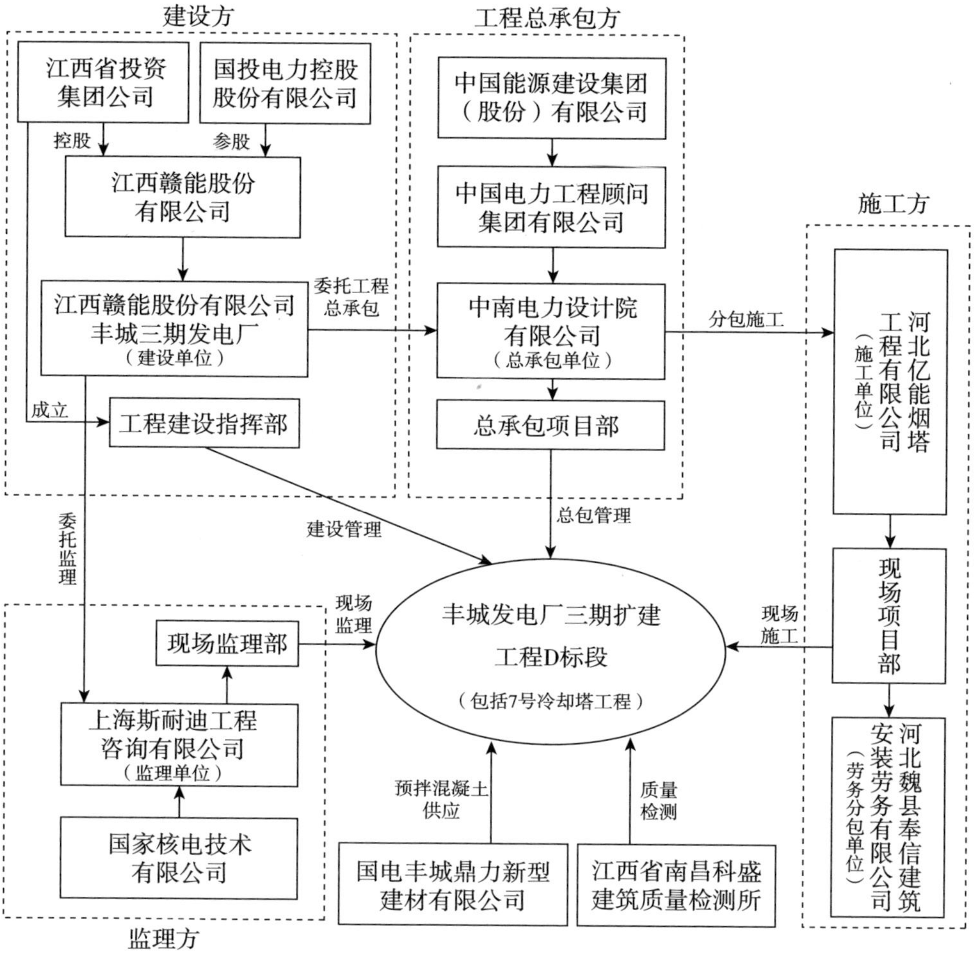


**图1 工程项目参建单位关系**

3. 项目现场管理制度流于形式

项目经理每月常驻施工现场时间不满足合同规定要求。项目部未按规定现场见证筒壁工程拆模作业，未对拆模作业进行验收，未严格执行施工现场混凝土浇筑申请的相关审核规定。

4. 部分管理人员无证上岗，不履行岗位职责

公司及项目部部分人员未取得相应岗位资格证书，工程部、质量安健环部相关人员没有冷却塔施工管理相关工作经验，不具备满足岗位需要的业务能力，对相关业务要求不了解，对施工现场隐患整改情况不掌握。

事故调查组对参建各方和人员的处理建议须经国务院批准，追究本次事故相关企业责任人的相应责任、作出企业停业整顿、吊销施工总承包资质及安全生产许可证等须有国家法律和国务院相关条例的法律、法规依据，而对工程总承包企业作出工程总承包停业整顿一年的行政处罚，以及罚款2000万元，其法律依据又是什么呢？当出现事故需要追究责任的时候，我们自然地遇到了工程总承包立法滞后的明显困惑和亟待立法的强烈要求。对此，调查组在报告最后一部分给出7条“事故防范措施建议”，其中有两条涉及工程总承包，分别为“进一步健全法规制度，明确工程总承包模式中各方主体的安全职责”和“夯实企业安全生产基础，提高工程总承包安全管理水平”：

1. 进一步健全法规制度，明确工程总承包模式中各方主体的安全职责

各相关行业主管部门要及时研究制定与工程总承包等发包模式相匹配的工程建设管理和安全管理制度，完善工程总承包相关的招标投标、施工许可（开工报告）、竣工验收等制度规定，为工程总承包的安全发展创造政策环境。要按照工程总承包企业对工程总承包项目的质量和安全全面负责，依照合同约定对建设单位负责，进一步明确工程总承包模式下建设、总承包、分包施工等各方参建单位在工程质量安全、进度控制等方面的职责。要加强对工程总承包市场的管理，督促建设单位加强工程总承包项目的全过程管理，督促工程总承包企业遵守有关法律法规要求和履行合同义务，强化分包管理，严禁以包代管、违法分包和转包。

2. 夯实企业安全生产基础，提高工程总承包安全管理水平

各建筑业企业要准确把握工程总承包内涵，高度重视工程总承包工程安全生产管理的重要性，保障安全生产投入，完善规章规程，健全制度体系，加强全员安全教育培训，按照工程总承包企业对工程总承包项目质量和安全全面负责的原则，扎实做好各项安全生产基础工作。各建筑业企业特别是以勘察设计业务为主业的企业，要高度重视企业经营范围扩大、产业链延伸后所带来的安全生产新风险，要根据开展工程总承包业务的实际需要，及时调整和完善企业组织机构、专业设置和人员结构，形成集设计、采购和施工各阶段项目管理于一体，技术和管理密切结合，具有工程总承包能力的组织管理体系。要高度重视从事工程总承包业务的项目经理及施工技术、质量、安全管理等方面的人才队伍建设，完善企业总部职能部门、项目部的专业管理人才配备，加强项目管理人员的业务培训，为开展工程

总承包业务提供人才支撑。

这两条都直指当前的工程总承包法规制度尚存在缺陷，不适应相关承包模式迅猛发展的趋势，亟待制定和修订，具体表现为：国家层面缺乏高层级的统一的工程总承包法律规范、国家与地方关于工程总承包的政策性规定存在矛盾冲突和缺乏专门的针对工程总承包违法行为的处罚措施。在当前国内建筑业改革要求和国际工程总承包项目建设的发展需求下，有必要加快我国国内自身的工程总承包立法，以培育工程总承包市场，培养优秀的工程总承包企业。

**第二条 【适用范围】**

**从事房屋建筑和市政基础设施项目工程总承包活动，实施对房屋建筑和市政基础设施项目工程总承包活动的监督管理，适用本办法。**

## 条文主旨

本条开宗明义地阐明了《管理办法》的适用范围，即市场主体从事房屋建筑和市政基础设施项目工程总承包活动，以及主管机关实施对上述工程总承包活动的监督管理时，均适用《管理办法》。其限定了《管理办法》全篇的适用范围，是后续条文的重要基础。

## 条文解析

《管理办法》的性质为规范性文件，其制定的首要目的是规范市场主体从事房屋建筑和市政基础设施项目工程总承包活动。同时，规范性文件作为行政机关执行法律、法规、规章，履行行政管理职能的重要方式，在政府管理中发挥着不可替代的作用。行政机关必须在法定权限范围内行使职权，不得超越法定职权范围行使法律没有授予的权力，这也是依法行政原则的根本要求之一。因此，行政机关对房屋建筑和市政基础设施项目工程总承包活动进行监督管理也应适用《管理办法》。

## 理解与适用

### 一、对《管理办法》适用范围中“房屋建筑工程”和“市政基础设施工程”的理解

本条规定明确了《管理办法》的适用范围，具体包括房屋建筑与市政基础设施项目工程总承包活动及其监督管理。作为规范性文件的理解释义，应当释明该适用范围中“房屋建筑工程”和“市政基础设施工程”的内涵及外延，清楚理解上述概念的重要意义在于可以正确适用规范性法律文件的规定。

根据《国民经济行业分类》(GB/T 4754－2017)建筑业分为以下4类：房屋建筑业(包括住宅房屋建筑、体育场馆建筑、其他房屋建筑业)；土木工程建筑业(包括铁路、道路、隧道和桥梁工程建筑，水利和水运工程建筑，海洋工程建筑，工矿工程建筑，架线和管道工程建筑，节能环保工程施工，电力工程施工，其他土木工程建筑)；建筑安装业(包括电气安装、管道和设备安装、其他建筑安装业)；建筑装饰、装修和其他建筑业(包括建筑装饰和装修业、建筑物拆除和场地准备活动、提供施工设备服务、其他未列明建筑业)。根据《国民经济行业分类》(GB/T 4754－2017)，房屋建筑业从具体的施工活动对象而言，包括住宅房屋建筑、体育场馆建筑和其他房屋建筑业。关于何种工程应当纳入房屋建筑工程的范围，还可以参考《房屋建筑和市政基础设施工程施工招标投标管理办法》(2001年6月1日建设部令第89号发布，根据2018年9月28日住房和城乡建设部令第43号修正)，该办法第2条第2款规定：“本办法所称房屋建筑工程，是指各类房屋建筑及其附属设施和与其配套的线路、管道、设备安装工程及室内外装修工程。”笔者认为，参照《房屋建筑和市政基础设施工程施工招标投标管理办法》,《管理办法》中的“房屋建筑工程”应当从广义角度理解，包括各类房屋建筑、其附属设施、与其配套的线路、管道、设备安装工程及室内外装修工程。根据全国人大法工委在《建筑法》释义中的解释，“房屋建筑”是指具有顶盖、梁柱和墙壁，供人们生产、生活等使用的建筑物，包括民用住宅、厂房、仓库、办公楼、影剧院、体育馆、学校校舍等各类房屋；“附属设施”是指与房屋建筑配套建造的围墙、水塔等附属的建筑设施；“配套的线路、管道、设备的安装活动”是指与建筑配套的电气、通讯、煤气、给水、排水、空气调节、电梯、消防等线路、管道和设备的安装活动。

另外需要特别注意的是，房屋建筑工程主要针对的是房屋建筑及其附属设施，因此桥梁、水利枢纽、铁路、港口工程以及不是与房屋建筑相配套的地下隧道等工程通常不被视为房屋建筑工程的范畴之内，但在《管理办法》中还包括了市政基础设施工程，因此对于市政基础设施工程的定义理解亦显得有所必要。

根据《房屋建筑和市政基础设施工程招标投标管理办法》第 2 条第 3 款的规定，“本办法所称市政基础设施工程，是指城市道路、公共交通、供水、排水、燃气、热力、园林、环卫、污水处理、垃圾处理、防洪、地下公共设施及附属设施的土建、管道、设备安装工程”。笔者认为，参照《房屋建筑和市政基础设施工程招标投标管理办法》，《管理办法》中的“市政基础设施工程”应当包括，在城市区、镇（乡）规划建设范围内设置、基于政府责任和义务为居民提供有偿或无偿公共产品和服务的各种建筑物、构筑物、设备等，城市生产生活配套的各种公共基础设施建设都属于市政工程范畴，如常见的城市道路、城市桥梁、城市公共广场、地铁、城市供排水、城市供气供热、生活垃圾，如与生活紧密相关的各种管线：雨水、污水、上水、中水、电力、电信、热力、燃气等，还有城市园林等的建设，都属于市政基础设施工程的范畴。

## 二、《管理办法》适用于房屋建筑和市政基础设施项目工程总承包活动

长期以来，由于法规政策不完善，导致市场主体在参与工程总承包项目招标投标、合同履行等过程中存在诸多的不确定性，无法满足工程总承包发展的要求，本次发布的《管理办法》对房屋建筑和市政基础设施项目工程总承包活动中的总承包方式、发包条件、项目招标要求、工程总承包单位的资质条件、项目投标主体的范围、项目中的风险分担、总承包单位的安全责任等内容进行了明确，具体包括：

### （一）工程总承包的方式

《管理办法》第 3 条规定：“本办法所称工程总承包，是指承包单位按照与建设单位签订的合同，对工程设计、采购、施工或者设计、施工等阶段实行总承包，并对工程的质量、安全、工期和造价等全面负责的工程建设组织实施方式。”明确工程总承包应当同时包含设计和施工内容，应采用设计—采购—施工总承包（EPC）和设计—施工总承包（D－B）两种模式，而原建设部 2003 年 2 月 13 日发布的《关于

培育发展工程总承包和工程项目管理企业的指导意见》(建市〔2003〕30号)中所提到的设计－采购总承包(E－P)、采购—施工总承包(P－C)等非典型总承包模式排除在《管理办法》规定的工程总承包方式之外。

(二)工程总承包的发包条件

《管理办法》规定,建设单位应当根据项目情况和自身管理能力等,合理选择工程建设组织实施方式,建设内容明确、技术方案成熟的项目适宜采用工程总承包方式。采用工程总承包方式的企业投资项目,应当在核准或者备案后进行工程总承包项目发包;采用工程总承包方式的政府投资项目,原则上应当在初步设计审批完成后进行工程总承包项目发包,但其中按照国家有关规定简化报批文件和审批程序的政府投资项目,应当在完成相应的投资决策审批后进行工程总承包项目发包。

(三)工程总承包项目的招标要求

《管理办法》第8条明确,工程总承包项目范围内的设计、采购或者施工中,有任一项属于依法必须进行招标的项目范围且达到国家规定规模标准的,应当采用招标的方式选择工程总承包单位。《管理办法》同时明确,分包项目除暂估价形式包括在总承包范围内的工程、货物、服务分包外,工程总承包单位可以采用直接发包的方式进行分包。

(四)工程总承包单位的资质条件

《管理办法》要求工程总承包单位应当同时具有与工程规模相适应的工程设计资质和施工资质,或者由具有相应资质的设计单位和施工单位组成联合体。工程总承包单位应当具有相应项目管理能力、财务和风险承担能力,以及与发包工程相类似的设计、施工或者工程总承包业绩。

为了促进设计与施工融合,培育具有工程总承包能力的企业,鼓励设计单位申请取得施工资质,鼓励施工单位申请取得工程设计资质。已取得工程设计综合资质、行业甲级资质、建筑工程专业甲级资质的单位,可以直接申请相应类别施工总承包一级资质,具有一级及以上施工总承包资质的单位可以直接申请相应类别的工程设计甲级资质,完成的相应规模工程总承包业绩可以作为设计、施工业绩申报。

(五)工程总承包项目投标主体的限制范围

《管理办法》第11条规定,工程总承包项目的代建单位、项目管理单位、监理单位、造价咨询单位、招标代理单位不得参与工程总承包项目的投标，政府投资项目在招标人公开已经完成的项目建议书、可行性研究报告、初步设计文件的情况下，前述单位可以参与该工程总承包项目的投标。

（六）工程总承包项目中风险合理分担原则

工程总承包项目通常为交钥匙工程，发包人在招标过程中，为将自身风险转嫁给承包人，常常会利用自身的优势地位，要求承包人以固定价格完成合同约定的项目，并承担项目实施过程中的一切风险或大部分风险，加重了承包人的风险，造成承包人风险过重权利失衡，导致发承包双方在结算过程中发生争议。

《管理办法》第 15 条明确了建设单位应承担的风险，包括主要工程材料、设备、人工价格与招标时基期价相比，波动幅度超过合同约定幅度的部分；因国家法律法规政策变化引起的合同价格的变化；不可预见的地质条件造成的工程费用和工期的变化；因建设单位原因产生的工程费用和工期的变化；不可抗力造成的工程费用和工期的变化。该规定有利于平衡建设单位与工程总承包单位之间的利益。

《管理办法》第 16 条进一步明确了企业投资项目的工程总承包宜采用总价合同，除合同约定可以调整的情形外，合同总价一般不予调整。该规定不仅避免了承包人以不合理的低价进行投标，促进招标投标的公平化、规范化，而且有利于减少建设单位与工程总承包单位就合同总价是否需要调整而产生的纠纷。

（七）工程总承包单位的责任

《管理办法》要求，工程总承包单位应当对其承包的全部工程质量、安全、工期和造价全面负责：

1. 工程质量责任

《管理办法》第 22 条明确了工程总承包单位应当对其承包的全部建设工程质量负责，分包单位对其分包工程的质量负责，分包不免除工程总承包单位对其承包的全部建设工程所负的质量责任。工程总承包单位、工程总承包项目经理依法承担质量终身责任。

2. 安全生产责任

《管理办法》第 23 条规定了工程总承包单位对承包范围内工程的安全生产负总责。分包单位应当服从工程总承包单位的安全生产管理，分包单位不服从管理导致生产安全事故的，由分包单位承担主要责任，分包不免除工程总承包单位的安全责任。

3. 工期责任

《管理办法》第 24 条明确了工程总承包单位应当依据合同对工期全面负责，对项目总进度和各阶段的进度进行控制管理，确保工程按期竣工。

4. 保修责任

《管理办法》第 25 条规定，建设单位与工程总承包单位应当签署工程保修书，在保修期内，工程总承包单位应当根据法律法规规定以及合同约定承担保修责任，工程总承包单位不得以其与分包单位之间保修责任划分而拒绝履行保修责任。

《管理办法》对于工程总承包项目的发包、承包以及实施进行了详细的规定，弥补了我国工程总承包领域的立法不足，体现了住建部、发改委严格把控工程总承包项目的质量，深入推进责任集中化，支持鼓励企业同时取得设计、施工等多种资质，以及合理分配风险、平衡各方利益的目的。

## 三、《管理办法》同时适用于房屋建筑和市政基础设施项目工程总承包活动的监督管理

《管理办法》的名称是《住房和城乡建设部、国家发展和改革委关于印发〈房屋建筑和市政基础设施项目工程总承包管理办法〉的通知》，其为“管理办法”而非实施办法或开展办法，从立法的初衷来看，是相关管理部门对工程总承包的实施活动进行监督管理，保证工程的质量安全以及投资的合法合规，所以《管理办法》中的一些条款是从管理者的角度实施对工程总承包活动的监督管理。

《管理办法》第 5 条规定：“国务院住房和城乡建设主管部门对全国房屋建筑和市政基础设施项目工程总承包活动实施监督管理。国务院发展改革部门依据固定资产投资建设管理的相关法律法规履行相应的管理职责。县级以上地方人民政府住房和城乡建设主管部门负责本行政区域内房屋建筑和市政基础设施项目工程总承包（以下简称工程总承包）活动的监督管理。县级以上地方人民政府发展改革部门依据固定资产投资建设管理的相关法律法规在本行政区域内履行相应的管理职责。”

《管理办法》第 27 条规定：“工程总承包单位和工程总承包项目经理在设计、

施工活动中有转包违法分包等违法违规行为或者造成工程质量安全事故的，按照法律法规对设计、施工单位及其项目负责人相同违法违规行为的规定追究责任。”

目前，建筑工程相关法律中尚缺乏对工程总承包单位法律责任的具体规定这一实际问题。《建筑法》《招标投标法》《建设工程质量管理条例》《建设工程安全生产管理条例》等对建筑市场违法责任的处罚集中在业主、勘察、设计、施工、监理等五方主体。但是，针对工程总承包模式，目前尚缺乏对总承包商法律责任的相应规定，《管理办法》作为规范性文件，其约束力的扩大主要依靠行政部门在相关管理上的嵌入，即在实践层面完善配套的行政管理，因此《管理办法》27 条规定：“工程总承包单位和工程总承包项目经理在设计、施工活动中有转包违法分包等违法违规行为或者造成工程质量安全事故的，按照法律法规对设计、施工单位及其项目负责人相同违法违规行为的规定追究责任。”由此全方面对接现有法律体系，使对工程总承包中的违法行为查处有法可依。

根据《建筑法》《建设工程质量管理条例》《住房和城乡建设部主要职责内设机构和人员编制规定》等法律法规的规定，住建部的主要职责包括监督管理房屋建筑和市政基础设施项目的建筑市场、规范市场各方主体行为。因此，国务院住房和城乡建设主管部门对全国房屋建筑和市政基础设施项目工程总承包活动实施监督管理；县级以上地方人民政府住房和城乡建设主管部门负责本行政区域内房屋建筑和市政基础设施项目工程总承包活动的监督管理。

对于工程总承包活动有关投资的事项，须由政府投资主管部门依据投资项目审批、核准、备案的相关法律法规履行相应监督管理职责，《管理办法》总则第 5 条“监督管理部门”对此明确规定。我们在看工程总承包项目的争议纠纷时，可以很明显地发现有关工程价款的争议纠纷占很大的比例，其中又有相当数量是因为实际造价突破固定总价的情况，这反映了对于工程总承包项目的投资控制尚需加强，特别是政府投资的工程总承包项目，政府投资主管部门有相应的严格规定。《政府投资条例》第 23 条明确规定：“政府投资项目建设投资原则上不得超过经核定的投资概算。因国家政策调整、价格上涨、地质条件发生重大变化等原因确需增加投资概算的，项目单位应当提出调整方案及资金来源，按照规定的程序报原初步设计审批部门或者投资概算核定部门核定；涉及预算调整或者调剂的，依照有关预算的法律、行政法规和国家有关规定办理。”国家发展和改革委员会关于印发《中央预算内直接投资项目概算管理暂行办法》的通知(发改投资〔2015〕482号)第13条规定:“项目初步设计及概算批复核定后,应当严格执行,不得擅自增加建设内容、扩大建设规模、提高建设标准或改变设计方案。确需调整且将会突破投资概算的,必须事前向国家发展改革委正式申报;未经批准的,不得擅自调整实施。”第24条又规定:“因代建方、工程咨询单位、评估单位、招标代理单位、勘察单位、施工单位、监理单位、设备材料供应商等参建单位过错造成超概算的,项目单位可以根据法律法规和合同约定向有关参建单位追偿;国家发展改革委商请资质管理部门建立不良信用记录,纳入国家统一的信用信息共享交换平台,作为相关部门资质评级、延续的重要参考。”

由于工程总承包项目中政府投资项目占比较多且工程总价固定,因此有必要加强估算、概算等阶段的投资计算、审核及报批工作,政府投资主管部门对工程总承包活动投资事项进行监管也是大势所趋。《管理办法》“总则”第5条“监督管理部门”对此进行了明确规定,国务院投资主管部门依据投资项目审批、核准、备案的相关法律法规履行相应监督管理职责。

## 实践中应注意的问题

除房屋建筑和市政基础设施项目工程总承包活动以外,其他项目工程是否可以适用《管理办法》?

目前,我国已开展工程总承包的行业除房屋建筑和市政基础设施项目工程外,还包括铁路、公路、机场、港口、矿井、水路以及通讯线路等专业建筑工程的建造及其安装活动。但需要注意的是,《管理办法》所明确的直接适用范围仅为“房屋建筑和市政基础设施项目工程总承包活动”。这主要是根据制定部门的主要职责范围来确定的,《管理办法》的制定和实施的主体是住建部和国家发改委。根据我国建设工程管理的体制,住建部的职权包括对全国的房屋建筑活动实施监督管理、指导城市市政公用设施建设以及制定相关政策和规定。[①] 因此,由住建部制定

① 参见国务院办公厅《关于印发〈住房和城乡建设部主要职责内设机构和人员编制规定〉的通知》(国办发〔2008〕74号),住建部的主要职责包括:“(六)监督管理建筑市场、规范市场各方主体行为。指导全国建筑活动,组织实施房屋和市政工程项目招投标活动的监督执法……”

发布的《管理办法》适用范围为“房屋建筑和市政基础设施项目工程总承包活动”是应有之义。

对于铁路、公路、机场、港口、矿井、水路以及通讯线路等专业建筑工程的建造及其安装活动是否可以参照适用《管理办法》？住建部2019年印发的《关于印发〈建筑工程施工发包与承包违法行为认定查处管理办法〉的通知》（建市规〔2019〕1号）第18条明确规定：“房屋建筑和市政基础设施工程以外的专业工程可参照本办法执行。省级人民政府住房和城乡建设主管部门可结合本地实际，依据本办法制定相应实施细则。”但是，在《管理办法》中并未明确房屋建筑和市政基础设施工程以外的专业工程是否可以参照适用。笔者认为，可以有条件地参照适用。

一方面，作为《管理办法》的上位法《建筑法》第2条规定：“在中华人民共和国境内从事建筑活动，实施对建筑活动的监督管理，应当遵守本法。本法所称建筑活动，是指各类房屋建筑及其附属设施的建造和与其配套的线路、管道、设备的安装活动。”全国人大法工委在《建筑法》释义解释原因时称：“……由于房屋建筑涉及千家万户和社会各个方面，实际中存在的问题也比较突出，针对性强，管理体制上也比较顺。至于铁路、公路、机场、港口、矿井、水库、通信线路等各项专业建设工程的建筑活动，可以依照本法规定的有关原则，根据各专业建筑活动的特点，由国务院另行制定具体适用办法……”虽然《建筑法》将铁路、公路、机场、等专业建筑工程的建造及其安装活动建筑活动排除在其适用范围之外，但是《建筑法》的第81条同时规定：“本法关于施工许可、建筑施工企业资质审查和建筑工程发包、承包、禁止转包，以及建筑工程监理、建筑工程安全和质量管理的规定，适用于其他专业建筑工程的建筑活动，具体办法由国务院规定。”作为与《建筑法》配套施行的行政法规《建设工程质量管理条例》，第2条也规定：“凡在中华人民共和国境内从事建设工程的新建、扩建、改建等有关活动及实施对建设工程质量监督管理的，必须遵守本条例。本条例所称建设工程，是指土木工程、建筑工程、线路管道和设备安装工程及装修工程。”对于《建筑法》适用范围这一看似矛盾的安排，是否除了“房屋建筑及其附属设施的建造和与其配套的线路、管道、设备的安装活动”以外的其他专业建筑工程的建筑活动就完全排除在《建筑法》之外了？笔者认为不然，根据全国人大法工委的释义，因专业建筑工程的特性应由国务院另行制定具体办法,其主要建筑活动还应适用《建筑法》。因此,笔者认为房屋建筑和市政基础设施工程以外的专业工程可以有条件地参照适用《管理办法》。

另一方面,如前所述,鉴于铁路、公路、机场、港口、水库、大坝、电信线路等专业建设工程各有特点,在技术及质量上有特殊要求,各有主管部门,其他建设工程的主管部门也有就其监管行业的总承包活动制定了相关规定,如原铁道部的《铁路建设项目工程总承包办法》(铁建设〔2006〕221 号)以及交通部《公路工程设计施工总承包管理办法》(交通运输部令 2015 年第 10 号)、《关于开展公路工程项目设计施工总承包试点工作的通知》(交公路发〔2006〕702 号)等,同样地,这些规定也仅直接适用于该主管部门监管范围内的建设工程项目。如果其他行业项目招标人参照《管理办法》进行招标的,并不被禁止。另外,笔者注意到,《管理办法》是住建部联合国家发改委制定和印发的,有发改委的参与,不排除其他专业工程在日后立法或规范时参照《管理办法》。

## 案例评析

近年来,随着国家对工程总承包模式的推广,各地也积极出台各项有关工程总承包的管理规定,工程总承包模式得到了积极的推广和应用,随着项目数量的增加,随之而来的是工程总承包项目相关的纠纷案件数量也在增加。相较于传统的建设工程设计合同纠纷、建设工程施工合同纠纷、建设工程分包合同纠纷等,工程总承包项目相关的纠纷呈现出多样化、复杂化的趋势。

为了解我国法院在管辖及裁判工程总承包项目相关纠纷案件中突出的争议焦点、裁判思路及法律适用问题,笔者对人民法院就工程总承包项目相关的纠纷案件作出的裁判文书进行了检索搜集,并进行了可视化分析。

一、检索条件

关键词:工程总承包合同

检索时间:2020 年 3 月 8 日之前

案由:建设工程勘察合同纠纷、建设工程设计合同纠纷、建设工程施工合同纠纷、建设工程分包合同纠纷、建设工程价款优先受偿权纠纷

裁判文书数量:2015 份

二、大数据分析

（一）案件数量年度分布

根据 Alpha 案例库统计显示，截至 2020 年 3 月 8 日，各级人民法院作出的工程总承包项目相关的纠纷案件法院裁判文书共 2015 份。从图 2 可以看出，近些年来工程总承包项目相关的纠纷案件呈增长趋势。

**图 2　各年份案件数量统计**

（二）地域分析

从地域分布来看（详情见图 3），当前案例主要集中在江苏省、四川省、湖北省，分别占比 12.21%、6.90%、5.96%。其中江苏省的案件量最多，达到 246 件。

**地域分析可视化**

全文：工程总承包合同

案由：建设工程勘察合同纠纷、建设工程设计合同纠纷、建设工程施工合同纠纷、建设工程分包合同纠纷、建设工程价款优先受偿权纠纷

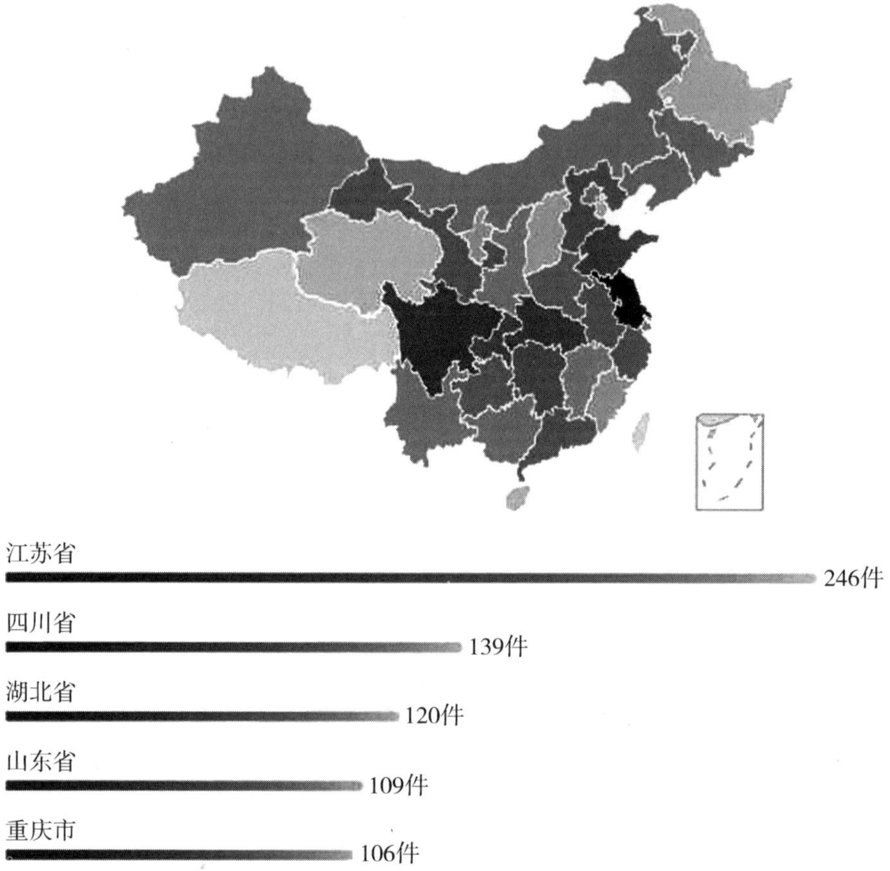


注：此处显示该条件下案例数量排名前五的省份。

**图3　各地域案件数量统计**

（三）案由分类分析

与传统勘察、设计、采购、施工等环节各自为阵的单一发承包模式有别，工程总承包强调多环节的统筹，将本属于各承包商单独负责的部分有机统一。以勘察、设计、采购、施工这4个环节为例，若分开来由发承包各方单独建立合同关系，则完全属于互不相干的各自合同类型之内。当发生诉讼纠纷时，也皆有相应的案由可兹对照，分别为：建设工程勘察合同纠纷、建设工程设计合同纠纷、买卖合同

纠纷、建设工程施工合同纠纷。而当统一起来成为一份工程总承包合同,仅建立于发包人与一个总承包人之间时,该当如何理解其合同性质?若发生诉讼纠纷时,具体该当适用哪类民事案由以及法院管辖如何确定?

在笔者检索的2015份裁判文书中,建设工程施工合同纠纷共有1787份,占比88.68%;建设工程分包合同纠纷共有219份,占比10.87%;另有建设工程设计合同纠纷和建设工程价款优先受偿权纠纷(详情见图4)。除此之外,实践中,笔者也发现法院将工程总承包合同归类为更广层面的建设工程合同,也有法院认为工程总承包合同归属为承揽合同,但较难获得认可。

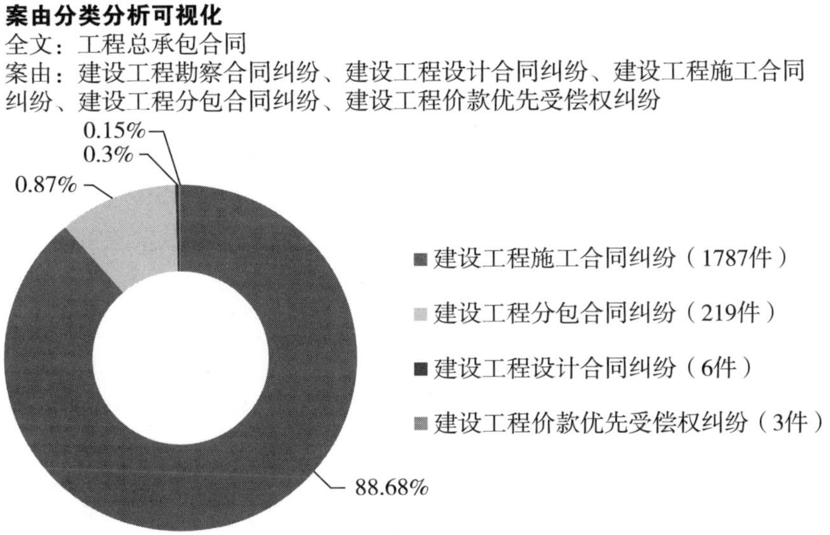


**图4 案由分类统计**

(四)程序分类

从程序分类统计可以看到当前的审理程序分布状况。一审案件有1102件,二审案件有808件,再审案件有94件,执行案件有8件(详情见图5)。

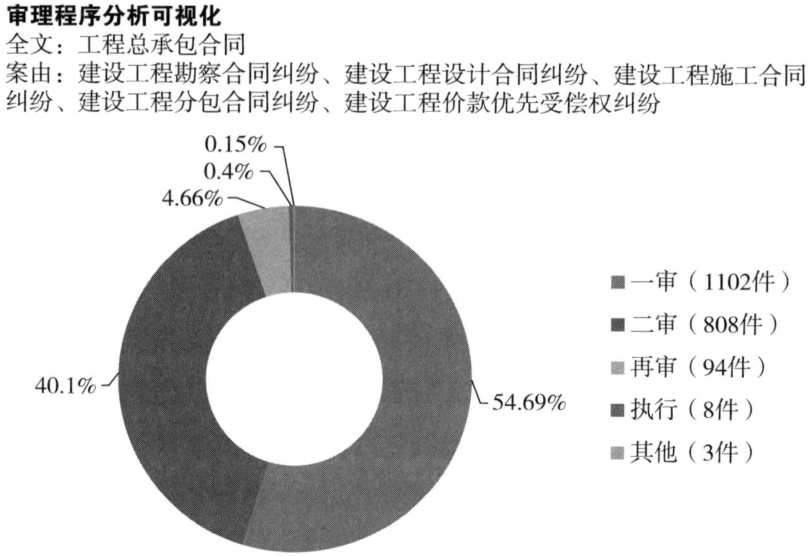


**图5　审理程序统计**

（五）审理结果分析

通过对二审裁判结果（详情见图6）的可视化分析可以看到，当前条件下维持原判的有493件，占比为61.01%；改判的有260件，占比为32.18%；其他的有38件，占比为4.70%。通过对再审裁判结果（详情见图7）的可视化分析可以看到，当前条件下维持原判的有67件，占比为71.28%；改判的有23件，占比为24.47%；提审/指令审理的有2件，占比为2.13%。据此可见，法院对工程总承包项目相关案件的二审（再审）改判率是非常高的。

**二审裁判结果分析可视化**

全文：工程总承包合同

案由：建设工程勘察合同纠纷、建设工程设计合同纠纷、建设工程施工合同纠纷、建设工程分包合同纠纷、建设工程价款优先受偿权纠纷

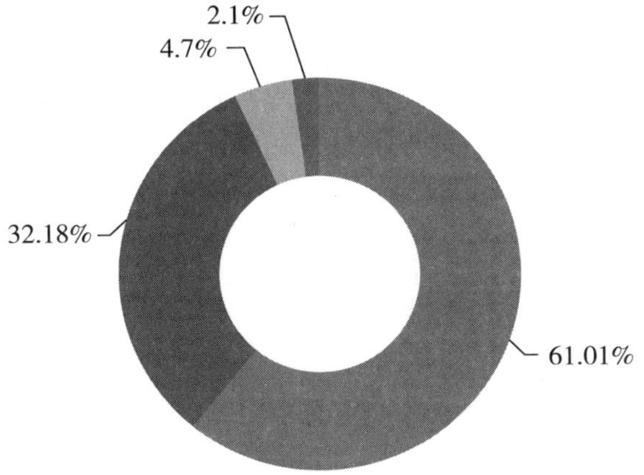


**图 6　二审裁判结果统计**

**再审裁判结果分析可视化**

全文：工程总承包合同

案由：建设工程勘察合同纠纷、建设工程设计合同纠纷、建设工程施工合同纠纷、建设工程分包合同纠纷、建设工程价款优先受偿权纠纷

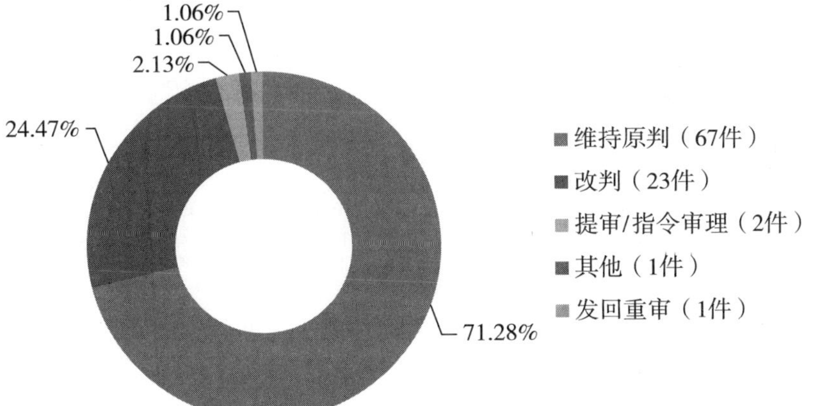


**图 7　再审裁判结果统计**

（六）实体法条分析

在筛选的裁判文书中被援引的高频法条分别是：

1. 最高人民法院《关于审理建设工程施工合同纠纷案件适用法律问题的解

释》(法释〔2004〕14号)第17条:“当事人对欠付工程价款利息计付标准有约定的,按照约定处理;没有约定的,按照中国人民银行发布的同期同类贷款利率计息。”

2. 最高人民法院《关于审理建设工程施工合同纠纷案件适用法律问题的解释》(法释〔2004〕14号)第2条:“建设工程施工合同无效,但建设工程经竣工验收合格,承包人请求参照合同约定支付工程价款的,应予支持。”

3.《合同法》第107条:“当事人一方不履行合同义务或者履行合同义务不符合约定的,应当承担继续履行、采取补救措施或者赔偿损失等违约责任。”

4.《合同法》第60条:“当事人应当按照约定全面履行自己的义务。当事人应当遵循诚实信用原则,根据合同的性质、目的和交易习惯履行通知、协助、保密等义务。”

5. 最高人民法院《关于审理建设工程施工合同纠纷案件适用法律问题的解释》(法释〔2004〕14号)第18条:“利息从应付工程价款之日计付。当事人对付款时间没有约定或者约定不明的,下列时间视为应付款时间:(一)建设工程已实际交付的,为交付之日;(二)建设工程没有交付的,为提交竣工结算文件之日;(三)建设工程未交付,工程价款也未结算的,为当事人起诉之日。”

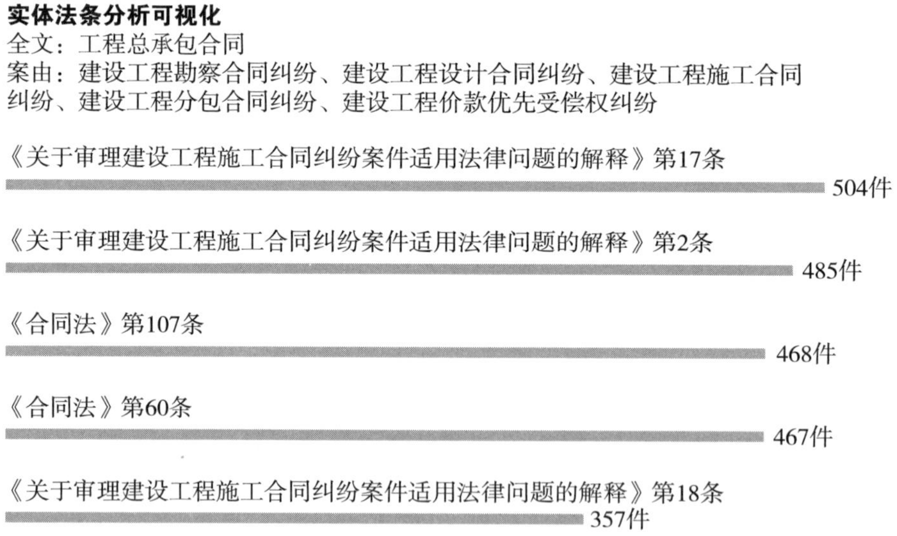


图8 实体法条援引统计

三、典型案例与焦点法律问题分析

笔者发现法院审理的工程总承包项目相关纠纷中，法院归纳的案件争议焦点涉及的法律问题主要包括：

（一）工程总承包企业的资质问题

**[案例一]浙江西子联合工程有限公司与唐山市丰南区凯恒钢铁有限公司建设工程施工合同纠纷案**

一审：河北省唐山市中级人民法院（2015）唐民初字第40号

二审：河北省高级人民法院（2015）冀民一终字第398号

**基本案情：**浙江西子联合工程有限公司具有火力发电乙级设计资质，西子成套公司系是设备材料供应商，两者作为联合体，从发包人唐山市丰南区凯恒钢铁有限公司处中标了唐山市丰南区凯恒钢铁有限公司35MW节能发电总承包工程。唐山市丰南区凯恒钢铁有限公司主张浙江西子联合工程有限公司不具备电力工程施工总承包资质，且将施工工作违法分包，合同无效。

**裁判观点：**首先，从事建设工程施工总承包的单位必须具有施工资质，而我国法律并未要求从事建设工程总承包的单位必须具备设计、施工等多项资质；其次，西子公司的资质证书明确记载其具有电力行业（火力发电）专业乙级工程设计资质，可从事资质证书许可范围内相应的建设工程总承包业务，也就是说其具有工程总承包的资质；最后，根据《建筑法》第29条，建筑工程总承包单位可以将部分工程发包给具有相应资质的分包单位，只有施工总承包的，建筑工程主体结构的施工才必须由总承包单位完成，且本案双方合同第4章亦约定了“承包方负责合同项目内施工单位的选择”。综上，合同有效。

**[案例二]上海环境工程设计研究院有限公司与山东巨润建材有限公司建设工程施工合同纠纷案**

一审：菏泽市中级人民法院（2013）菏民三初字第53号

二审：山东省高级人民法院（2015）鲁民一终字第115号

**基本案情：**2010年7月7日，上海环境工程设计研究院有限公司与山东巨润建材有限公司签订《山东巨润建材有限公司浮法一、二、三、四线玻璃熔窑烟气改良氧化镁法脱硫除尘系统商务合同》1份，约定山东巨润建材有限公司（甲方）负责原有设施必要的拆除和本项目的土建工程的施工,提供土地勘查报告;上海环境工程设计研究院有限公司(乙方)负责系统设计及全套设备(合同中另有约定的除外)和钢结构、非钢结构供货以及安装、调试直到达标,通过甲方的环保验收;乙方对工程的性能达到合同要求负责,并应当地环保部门要求提供相应的技术资料等,配合甲方通过当地政府环保验收。后因工程支付问题产生争议,双方引发诉讼。

**裁判观点:**上海环境工程设计研究院有限公司的工程设计资质证书显示其业务范围为:环境工程(水污染防治工程、大气污染防治工程、固体废物处理处置工程)专项甲级,可从事资质证书范围内的相应工程总承包、工程项目管理和相关的技术与管理服务。案涉工程为大气污染防治工程,属于上海环境工程设计研究院有限公司资质证书规定的业务范围。原审法院认定上海环境工程设计研究院有限公司"可以从事资质证书许可范围内的建设工程总承包业务以及项目管理和相关的技术与管理服务"正确。

**[案例评析]**从上述两个判例中,我们看到法院并未规定从事建设工程总承包的单位必须同时具备设计、施工等多项资质,但随着此次《管理办法》的出台,要求工程总承包单位应当同时具有与工程规模相适应的工程设计资质和施工资质,或者由具有相应资质的设计单位和施工单位组成联合体,将对工程总工程总承包企业的资质问题产生深远的影响。

(二)工程总承包项下的分包问题

**[案例]中国江苏国际经济技术合作集团有限公司、新疆中泰矿冶有限公司建设工程施工合同纠纷案**

一审:新疆维吾尔自治区高级人民法院(2015)新民一初字第7号

二审:最高人民法院(2019)最高法民终346号

**基本案情:**中国电力工程顾问集团中南电力设计院有限公司(以下简称中南公司)与新疆中泰矿冶有限公司(以下简称中泰公司)签订《总承包合同》,成为案涉中泰化学阜康100万吨/年电石项目动力站工程的总承包人,承包模式为EPC总承包。因中南公司仅负责工程设计而不具备施工资质,其与中泰公司作为联合招标人,共同对案涉A标段1#、4#机组主体及部分辅助工程土建和安装工程进行招标,后二公司共同与工程中标方中国能源建设集团江苏省电力建设第三工程有限公司(以下简称电建三公司)签订《施工合同》,将案涉A标段工程交由电建三公司施工。案涉工程的招标人及《施工合同》的主体均包括中泰公司。而后,电建三公司与中国江苏国际经济技术合作集团有限公司(以下简称中江公司)签订《分包合同》,约定由中江公司承建"中泰化学阜康100万吨/年电石项目动力站工程——1#、4#机组及部分附属项目建筑工程施工项目"。中江公司认为电建三公司存在违法分包的情形,双方签订的《分包合同》应认定无效。

**裁判观点:**电建三公司系于发包人中泰公司处取得施工承包权利,为案涉A标段工程的施工总承包方,不属于《建设工程质量管理条例》第78条第2款第4项规定的"分包单位将其承包的建设工程再分包"的情形。《施工合同》中合同通用条件第3条,三方对案涉工程分包约定:经中泰公司与中南公司同意,电建三公司可以分包部分工程。电建三公司作为施工总承包方与中江公司签订《分包合同》,将案涉A标段工程中机组及部分附属项目建设工程分包给中江公司,系经业主中泰公司及工程总承包方中南公司同意,不属于《建设工程质量管理条例》第78条第2款第2项规定的"未经建设单位认可,承包单位将其承包的部分建设工程交由其他单位完成"的情形。本案案涉工程为电石项目动力站工程,工程的主体为机组设备的采购与安装,中江公司承接的工程范围为A标段工程项目中的土建工程,并非主体工程,中江公司亦具备相应的施工资质,不属于《建设工程质量管理条例》第78条第2款第1项、第2项规定的情形。综上,电建三公司与中江公司所签《分包合同》,并未构成《建设工程质量管理条例》第78条第2款规定的"违法分包"的情形,亦无证据证明其存在《合同法》第52条规定的情形,合法有效。

**[案例评析]**在上述案例中,涉及的核心问题是"工程总承包方将工程分包给施工方,施工方是否有权再分包"。最高人民法院在本判决中认定,在工程总承包(EPC)中,总承包方将"设计"或"施工"分包给第三方,如果建设单位参与第三方的合同签署,第三方存在认定为"施工总承包方"的可能,从而认定再分包有效。当然最高人民法院个案判决,并不必然具有普遍实用性,也并不必然可以得到相关行政部门的认可。

（三）工程总承包模式下的联合体问题

**[案例]贵州省冶金建设公司、四川省冶金设计研究院建设工程施工合同纠纷案**

一审：四川省凉山彝族自治州中级人民法院(2014)川凉中民初字第156号

二审：四川省高级人民法院(2015)川民终字第664号

**基本案情：**2011年1月23日，四川华硅冶金设备有限公司（以下简称华硅公司）、四川省冶金设计研究院（以下简称川冶设计院）、贵州省冶金建设公司（以下简称贵冶公司）签订的《联合体协议书》载明：华硅公司、川冶设计院、贵冶公司自愿组成德铁公司环保技改搬迁项目总承包联合体，共同参加德昌铁合金（集团）有限责任公司环保技改搬迁项目一期工程标段施工投标。诉讼过程中，关于华硅公司与唐勇、王善池签订的《土建工程施工承包合同》是否约束贵冶公司、川冶设计院的问题产生分歧。

**裁判观点：**关于华硅公司与唐勇、王善池签订的《土建工程施工承包合同》是否约束贵冶公司、川冶设计院的问题，基于《联合体协议书》的约定，华硅公司与唐勇、王善池签订案涉工程施工合同，其代表的仍然是由华硅公司、川冶设计院、贵冶公司所组成的"联合体"，其法律后果理应由"联合体"承担。贵冶公司、川冶设计院上诉主张，华硅公司与唐勇、王善池签订的合同违反《总承包合同》禁止分包的约定，不属于履行"联合体"成员的授权行为，贵冶公司、川冶设计院不应承担其相应法律后果。因《总承包合同》约束华硅公司、川冶设计院、贵冶公司，因此华硅公司是否违反《总承包合同》的约定对外签订案涉工程施工合同，并不能排斥其代表"联合体"的对外行为，贵冶公司、川冶设计院所主张的该内容仅为其法律后果内部承担的责任划分依据。故基于《联合体协议书》的授权，华硅公司与唐勇、王善池签订的案涉《土建工程施工承包合同》对贵冶公司、川冶设计院具有约束力。

**[案例评析]**在设计单位与施工单位联合体总承包中，联合体成员依据联合体协议对发包人承担连带责任没有争议，但联合体是否对分包商承担连带责任的规定尚不明晰，各地法院在实际审判中也存在不同的观点。观点一：依据合同的相对性原则，联合体的成员与分包商签订的合同应由签订该合同的联合体成员单独承担，其他成员与该合同不存在法律关系，不承担连带责任；观点二（如上述案例

中）：认为联合体成员对外签订的分包合同应属于以联合体的名义对外实施的行为，其法律责任由联合体成员共同承担。联合体形式的总承包经营模式存在一定的局限性和风险性，随着本次《管理办法》的出台，笔者相信在工程总承包模式下，联合体承包仅是目前市场环境体制下的过渡手段，总承包企业自身具备双资质将会是大势所趋，是市场经济发展的必然要求。

（四）工程总承包项下的优先受偿权的价款范围问题

**[案例]赤峰光大光伏农业发展有限公司、山东电力建设第三工程公司建设工程施工合同纠纷案**

一审：内蒙古自治区高级人民法院（2016）内民初56号

二审：最高人民法院（2017）最高法民终894号

**基本案情：**2014年9月，赤峰光大光伏农业发展有限公司（以下简称光大公司）在未进行招投标的情况下，与山东电力建设第三工程公司（以下简称电建公司）签订名为《光大公司一期10MWp设施农业光伏发电示范项目EPC总承包合同》（以下简称《光伏发电EPC合同》），约定由电建公司总承包光大公司一期10MWp设施农业光伏发电项目，总承包范围包括工程设计、设备采购、建筑、安置、调试等。2014年11月，同样在未进行招投标的情况下，光大公司与电建公司签署了《光大公司66kV线路工程EPC总承包合同》（以下简称《线路工程EPC合同》）约定由电建公司作为总承包，负责光大公司66kV线路工程范围内的工程设计、采购、施工、调试、工程移交试生产和性能保证；光大公司负责施工过程中的对外协调工作。

2016年6月30日，电建公司向光大公司提交工程竣工验收申请表，载明：其已按合同要求完成了10MWp光伏并网发电项目工程，经公司三级自检验收合格，请予以竣工验收。后附竣工验收签证，光大公司在竣工验收签证上盖章。2016年10MWp光伏发电项目正式投入运营。因2份EPC合同项下发生工程价款结算纠纷，电建公司提起诉光大公司，请求确认《光伏发电EPC合同》《线路工程EPC合同》无效；判令光大公司支付价款106，087，757.64元及利息；电建公司对涉案工程具有优先受偿权。

**裁判观点：**第一，法院认为，涉案项目属于必须进行招标的项目。根据相关司法解释,建设工程施工合同涉及的建设工程必须进行招标而未招标或者中标无效的,应当根据《合同法》第52条第5项的规定,认定无效。第二,法院认为,建设工程未经竣工验收,发包人擅自使用的,以转移占有建设工程之日为竣工之日。涉案工程虽未按合同约定经电力主管部门、审计部门、环保、消防、质监等行政主管部门进行综合验收,但光大公司已于2016年6月30日接收了涉案工程且实际投入使用,应认定为已经竣工。据此,合同约定的支付条件应已成就。第三,法院认为,电建公司作为涉案工程承包人,主张对涉案工程享有优先受偿权的请求符合《合同法》第286条的规定,应当予以支持。

[**案例评析**]关于优先受偿权适用的价款范围,最高人民法院《关于建设工程施工合同司法解释(二)》第17条规定与发包人订立建设工程施工合同的承包人享有优先受偿权,但对于建设工程勘察、设计合同下的勘察费、设计费是否适用优先受偿权未予明确规定。在EPC工程总承包合同中,由于总承包人统一负责设计、采购和施工,因此EPC工程总承包合同的价款构成更加复杂,包括设计费、设备采购费、建筑安装费等。鉴于此,EPC合同全部价款是否可适用优先受偿权,存在一定的模糊性。在本案中,最高人民法院不仅认可了优先受偿权对案涉EPC合同的适用,而且并未将设计费、咨询费从优先受偿范围中扣除。因此,本案对确定EPC合同优先受偿权的适用范围具有积极的参考价值。

四、总结

工程总承包模式本身具有精简招标程序、统一权利责任、提升建设效率等优势,随着"一带一路"倡议的提出,工程总承包模式成为我们国家推动传统建筑业转型升级、建筑业走向更广阔市场的重要支撑。但与此同时,工程总承包模式因法规政策不完善,导致工程总承包项目招标投标、合同履行等过程中存在诸多不确定性。这些工程总承包发展过程中的问题在司法实践中的体现是,近几年工程总承包相关的纠纷案件呈增长趋势。从上述案例的评析中,我们也可以看到,对于工程总承包企业的资质问题、工程总承包项下的分包问题、工程总承包模式下的联合体问题等,司法实践中尚未形成主流的评判标准,工程总承包项目的发包人、承包人对项目的招投标管理、合同管理等也处于初步探索阶段,实务中并未形成标准化、体系化、流程化的管理模式。而本次《管理办法》的出台使许多问题有了解决结果。例如,资质许可方面,对于已经取得设计和施工双资质的企业,按照

《管理办法》可以独立承接工程总承包项目，而对于单资质的施工/设计企业，在《管理办法》出台后，可以通过组建联合体、自行申请相应资质等途径承接工程总承包业务。另外，虽然《管理办法》明确了工程总承包项目中的联合体模式，但是随着“双资质”的推行，《管理办法》也为工程总承包项目承接主体如何在建筑市场增速放缓以及建筑业改革进程中提高自身竞争力指明了发展的方向。

《管理办法》对工程总承包单位资质条件的修改、允许前期咨询单位参与后续工程总承包项目的投标等内容，必将推进工程总承包进入规范化的发展轨道，并会对今后工程总承包单位的业务开展产生深远的影响。

---

**第三条　【工程总承包的定义】**

**本办法所称工程总承包，是指承包单位按照与建设单位签订的合同，对工程设计、采购、施工或者设计、施工等阶段实行总承包，并对工程的质量、安全、工期和造价等全面负责的工程建设组织实施方式。**

---

## 条文主旨

本条是对工程总承包的内容的规定，核心内容在于：一是对工程总承包承包范围的定义；二是工程总承包单位对质量、安全、工期、造价等负总责的规定。

## 条文解析

工程总承包模式虽然在国际工程中已经被广泛采用，但在国内尤其是在房屋建筑与市政基础设施项目工程中并未得到规范的发展，由于多年以来一直沿用传统的 DBB（设计—招标—建造）模式，“工程总承包”尚属于一个全新的概念，因此在目前推广工程总承包之际，工程总承包的内容范围是首要需要明确的问题。首先，从字面含义上来讲，“工程总承包”属于一种工程项目组织实施方式，在现阶段并非一个明确的法律概念，且实践中尚未形成共识，需从国家层面进行引导和规范；其次，国家推行工程总承包是对完善工程建设组织模式、提升工程建设质量和效益的一种尝试，因此对于工程总承包模式的监督管理与传统模式相比存在一定的创新举措，哪类模式适用《管理办法》需要进行明确；最后，在现阶段发承包市场较为复杂的情形下，明确工程总承包的内容范围可以有效引导这一模式的发展走向，实现提升工程建设质量和效益根本目的。

## 理解与适用

### 一、上位法对于工程总承包的规定

如前所述，在我国现行的法律法规中，对工程总承包的规定体现在《建筑法》第 24 条、《合同法》第 272 条第 1 款和第 2 款、《建设工程质量管理条例》第 26 条第 3 款、《招标投标法实施条例》第 29 条第 1 款等法律法规之中。但是以上法律相关条文中均未单独、明确地给出工程总承包的定义，与工程总承包的定义联系较为紧密的包括《建筑法》第 24 条中的“……建筑工程的发包单位可以将建筑工程的勘察、设计、施工、设备采购一并发包给一个工程总承包单位，也可以将建筑工程勘察、设计、施工、设备采购的一项或者多项发包给一个工程总承包单位……”以及《合同法》第 272 条中的“发包人可以与总承包人订立建设工程合同，也可以分别与勘察人、设计人、施工人订立勘察、设计、施工承包合同……”

### 二、《管理办法》中工程总承包范围的定义未包括勘察阶段

本条款将《管理办法》所规制的工程总承包限定为“承包单位按照与建设单位签订的合同，对工程设计、采购、施工或者设计、施工等阶段实行总承包”，即主要是两种形式：设计、采购、施工总承包，设计、施工总承包或者包含设计、施工阶段的其他工程总承包形式。将前述的《建筑法》第 24 条、《合同法》第 272 条等法律规定与本条款的规定进行对比可以发现，本条款中工程总承包单位承包的范围不包括“勘察”阶段。

《建设工程勘察设计管理条例》第 2 条规定，建设工程勘察是“根据建设工程的要求，查明、分析、评价建设场地的地质地理环境特征和岩土工程条件，编制建设工程勘察文件的活动”。在实践当中，勘察单位是建设工程五方责任主体之一，勘察是建设工程基本程序中不可或缺的工作阶段之一，是后续设计、施工工作开展的基础。

由于工程总承包模式下，一般采用固定价格合同，但因为地质条件差异及地下埋藏物对工程设计方案及工程造价有重大影响，如果在工程承发包阶段承包人尚未全面了解地质条件的前提下便约定合同，则该报价难以具有准确性，特别是在发包人市场的大环境下，承包人往往难以在报价中充分考虑因承担不利地质条件风险的合理的风险费用。因此，当出现不利地质条件时，极有可能导致承包人难以按照合同约定的价格完成工程，从而阻碍工程的顺利进行而引发纠纷。所以，在目前尚在推进工程总承包模式的前提下，为保障合同参与方对工程总承包合同的可履行性，不宜将勘察工作列入总承包范围。

由发包人首先完成相应阶段的地质勘察工作也有利于工程发包，否则各工程总承包单位为了能合理报价，要在是否能顺利承接工程尚未明确的前提下便需投入大量人力物力去完成地质勘察工作，投标成本太大，不利于工程总承包模式的推进。当然，该定义也未排斥在总承包范围内增加勘察阶段，只是目前阶段不鼓励。

## 三、《管理办法》所定义的工程总承包范围应当包含设计、施工两个阶段，主要包括设计、采购、施工总承包和设计、施工总承包等形式

1984 年，原国家计委、原城乡建设环境保护部即联合发布了《关于印发〈工程承包公司暂行办法〉的通知》，其第 7 条规定："工程承包公司的主要任务是，在国家计划指导下，接受建设项目主管部门或建设单位的委托，对建设项目的可行性研究、勘察设计、设备询价与选购、材料订货、工程施工和竣工投产，实行全过程的总承包或部分承包。并负责对各项分包任务进行综合协调管理和监督工作。工程承包公司要与项目主管部门或建设单位密切配合，搞好工程建设和生产准备工作，必要时可吸收建设单位部分力量，在工程承包公司统一组织下，参加工程建设的有关工作，以利于建设和生产的衔接。"虽然该条款并未直接说明总承包，而是采用了工程承包的概念，但工程承包公司的业务范围"对建设项目的可行性研究、勘察设计、设备询价与选购、材料订货、工程施工和竣工投产"，与此后的《合同法》《建筑法》的规定并不相悖，也符合业界对于工程总承包的认知。

实践当中的工程总承包模式是繁复多样的，包括 DB 模式即设计、施工总承包、EP 模式即设计采购总承包、PC 模式即采购施工总承包、EPC 模式即设计采购

施工总承包,以及由 EPC 模式发展来的变种:EPCM 模式即设计、采购、施工、管理总承包,EPCS 模式即设计、采购、施工、监理总承包,EPCA 模式即设计、采购、施工、咨询总承包等,其中最有代表性的就是 EPC 模式即设计、采购、施工总承包。但是,《管理办法》对于工程总承包的定义并非大而全,涵盖之前所出现的各种类型的总承包模式,而是有明确的规制对象,即《管理办法》规制的工程总承包至少应当包含设计、施工两个阶段的模式,具体为:“本办法所称工程总承包,是指承包单位按照与建设单位签订的合同,对工程设计、采购、施工或者设计、施工等阶段实行总承包……的工程建设组织实施方式。”

这是因为工程总承包模式的核心特征在于设计、施工的深度融合,如果缺少设计或者施工阶段,采用这一模式的意义将大打折扣,从工程总承包的具体优势进行一一分析:(1)精简招标程序的优势来自不需要对设计、施工分别招投标,减少了招投标费用和程序;(2)减少管理层级的优势来自可以对设计、施工等阶段统一管理,降低管理成本,提高经济效益,优化了发承包双方的资源调配;(3)提升推进效率的优势来自发挥设计的主导作用,由总包方从一开始就对项目进行全面设计优化,统筹安排,充分发挥设计、采购、施工各阶段的合理交叉和协调,不断总结、调整从而找出最优方案,确保实现工程施工安全可靠、质量优良、工期合理的合同目标,由此提升了投资效益;(4)降低工程造价的优势来自因设计深度不够、施工组织不当等引起的其他所有费用调整都由总包方承担,不得额外索取、要求因变更增加的费用,从而提高工程投资的稳定可控;(5)缩短建设工期的优势来自总包方发挥整合和协调的作用,通过对设计、施工的统筹安排,能够使工作效率显著提高,从而缩短建设工期,初步设计审查后施工图设计过程中即可提前组织施工单位进场开展三通一平等施工准备工作,通过科学合理组织安排,保障项目设计、施工有序衔接,缩短建设工期;(6)保证工程质量的优势来自工程总承包可以实现设计、施工、竣工验收全过程的质量控制衔接,很大程度上消除质量不稳定的因素,设计、施工在总承包方内部进行,设计和施工人员可以随时相互沟通和对接,有效克服以往设计、施工分离从而造成相互制约或脱节的矛盾,有效避免施工环节由于没有完全理解设计意图而造成的错误和问题,且针对工程建设的重点、难点问题,总包方可以主动组织设计和施工人员提前对接,施工人员的合理建议将纳入设计方案中,设计人员将对施工组织全过程进行配合和指导,确保项目建设质量。由此可见，设计和施工阶段的结合是工程总承包模式发挥优势的基础，缺少了设计或者施工阶段，工程总承包是不能充分体现其特点的，其本质将与原来的 DBB 模式趋同，从而很大程度上失去了实践和推广的意义。

因此，对于所规制的工程总承包范围的定义，本条的表述为“本办法所称工程总承包……”而并不是思维定式中常可能出现的“工程总承包是指……”从文字理解的角度出发，本条只是对该办法自身所要管理的范围作出了规制，即《管理办法》适用于同时包含设计、施工两阶段的工程总承包模式，但是并不能由此得出其他并未包含在本定义范围内的工程总承包模式，如采购、施工模式，设计、采购模式，施工、运营模式等不属于工程总承包的结论。通过本条，只能得出这些模式不属于本办法规制的范围。

实际上，类似于《管理办法》第 3 条的文字表述是一种较为常见的立法技术。由于日常语言中许多词语的含义过于宽泛，而法律的词句表述又有清晰明确的要求，因此在立法时就需要通过单独的限定表述来明确特定词语具体的含义。以工程行业立法当中经常涉及的“设计”一词为例，《建设工程勘察设计管理条例》第 2 条规定：“本条例所称建设工程设计，是指根据建设工程的要求，对建设工程所需的技术、经济、资源、环境等条件进行综合分析、论证，编制建设工程设计文件的活动。”该条款就限定了《建设工程勘察设计管理条例》中“设计”这个概念的范围，但不能反过来依据这个条款认为其他类型的“设计”活动不能称为设计。通过这一举例，对立法过程中词语定义的表述会有更加直观的认识，就工程总承包的立法而言，明确工程总承包范围的定义是后续具体条款的前提和基础，但此前国家和地方立法中关于工程总承包范围的规定却是不尽相同的。

除了《建筑法》第 24 条的规定外，住建部《关于培育发展工程总承包和工程项目管理企业的指导意见》（建市〔2003〕30 号）第 2 条规定，工程总承包的主要模式包括设计采购施工（EPC）、交钥匙总承包（TK）、设计—施工总承包（DB）、设计—采购总承包（EP）、采购—施工总承包（PC）。

住房城乡建设部《关于进一步推进工程总承包发展的若干意见》第 1 条第 2 款：“工程总承包是指从事工程总承包的企业按照与建设单位签订的合同，对工程项目的设计、采购、施工等实行全过程的承包，并对工程的质量、安全、工期和造价等全面负责的承包方式。工程总承包一般采用设计—采购—施工总承包或者设计—施工总承包模式……”

《建设项目工程总承包管理规范》(GB/T 50358－2017)第2.0.1款中对工程总承包的定义是依据合同约定对建设项目的设计、采购、施工和试运行实行全过程或若干阶段的承包。

就地方规定而言,《上海市工程总承包试点项目管理办法》第2条规定:“本办法所称工程总承包,是指从事工程总承包的企业(以下简称工程总承包企业)按照与建设单位签订的合同,对工程项目的勘察、设计、采购、施工等实行全过程的承包,并对工程的质量、安全、工期和造价等全面负责的承包方式。”

由此可见,在《管理办法》出台之前,无论是工程行业还是法律行业,对于工程总承包的定义实际上是互有出入的,例如,工程总承包模式中是否必须包含设计和施工两阶段、是否包含试运行、是否包含运营等一系列问题。也有部分学者和专家提出,鉴于管理工作重要性的日益突出,工程管理同样应该纳入广义的工程总承包的概念之内,如“E＋PMC”模式即设计、项目管理总承包,“CM＋E”模式即设计、阶段管理总承包等包含管理工作的承包。此外,结合之前的行业认知和操作惯例,业界也普遍认可勘察、设计、施工、采购4个阶段的自由组合均可以称为工程总承包,并不一定硬性要求工程总承包必须同时包含设计与施工。

由此,从行业习惯和推广发展的角度而言,认为其他模式不属于工程总承包的理解不符合现行的行业观念。最重要的是,《建筑法》第24条也并未要求工程总承包必须包含施工与设计,《管理办法》作为下位法,不宜对上位法的定义作出限制。所以,《管理办法》采用了常见的立法技术,关于工程总承包范围定义的第3条表述为“本办法所称工程总承包……”而并不是大包大揽的“工程总承包是指……”从而避免了与上位法可能的冲突以及业界在实践过程中的争议。

归根结底,《管理办法》第3条并不是限定工程总承包模式仅指同时包括设计与施工的模式,其本意在于明确《管理办法》的适用范围是同时包括设计与施工的工程总承包模式。

## 四、《管理办法》要求工程总承包单位对质量、安全、工期、造价所负的全面责任

本条款概括地指出了工程总承包单位应对工程的质量、安全、工期、造价等负

全面责任，所谓“全面”即针对工程总承包范围内的全部工作内容，包括自行完成的部分，也包括分包给第三人的部分。具体如下：

1. 在质量管理方面，传统发承包模式中，设计与施工责任脱离，对于质量问题容易出现设计人与施工人相互推诿；而工程总承包模式中，工程总承包单位应当对其承包的全部建设工程质量负责，并按合同约定承担设计责任，分包不免除工程总承包单位对全部建设工程所负的质量责任，承包人最终所交付的工程质量应当符合业主要求或国家强制性标准。《管理办法》具体对应条款主要是第22条：“建设单位不得迫使工程总承包单位以低于成本的价格竞标，不得明示或者暗示工程总承包单位违反工程建设强制性标准、降低建设工程质量，不得明示或者暗示工程总承包单位使用不合格的建筑材料、建筑构配件和设备。工程总承包单位应当对其承包的全部建设工程质量负责，分包单位对其分包工程的质量负责，分包不免除工程总承包单位对其承包的全部建设工程所负的质量责任。工程总承包单位、工程总承包项目经理依法承担质量终身责任。”

2. 在工期控制方面，工程总承包商可以直接分包合同范围内的设计、施工或采购，无须再行招投标，大大节约了传统模式下的分阶段均招标的招标周期；因工程总承包模式下可以分阶段审查施工图纸分阶段进行施工，此举可大幅度缩短工程建设周期，提高经济效益。工程总承包单位应当对项目总进度和各阶段的进度进行管理，通过设计、采购、施工、试运行各阶段的协调、配合与合理交叉，科学制定、实施、控制进度计划，确保工程按期竣工。同时，工程总承包商不得配合建设单位不合理、任意压缩合理工期，合理工期是工程质量、安全的重要保障。《管理办法》具体对应条款主要是第24条：“建设单位不得设置不合理工期，不得任意压缩合理工期。工程总承包单位应当依据合同对工期全面负责，对项目总进度和各阶段的进度进行控制管理，确保工程按期竣工。”

3. 在安全管理方面，工程总承包单位对工作范围内的安全生产负总责。顾名思义，工程总承包单位是工程总承包项目总的承包单位，与传统设计、施工分开的承包模式相比，工程总承包模式下，设计、采购、施工等环节均在工程总承包单位的承包范围内。在此情形之下，工程总承包单位理所当然地对其承包范围内的全部安全生产工作负责。《管理办法》具体对应条款主要是第23条：“建设单位不得对工程总承包单位提出不符合建设工程安全生产法律、法规和强制性标准规定的要求，不得明示或者暗示工程总承包单位购买、租赁、使用不符合安全施工要求的安全防护用具、机械设备、施工机具及配件、消防设施和器材。工程总承包单位对承包范围内工程的安全生产负总责。分包单位应当服从工程总承包单位的安全生产管理，分包单位不服从管理导致生产安全事故的，由分包单位承担主要责任，分包不免除工程总承包单位的安全责任。”

4. 在造价控制方面，较传统的施工总承包模式，“低中标，勤签证，高索赔”的经营策略难再有效适用，设计工作属于工程总承包商的承包范围，因工程总承包单位设计深度不够、设计错误或工程总承包单位及其设计分包原因的设计变更，属于工程总承包的责任，将无法向建设单位索赔。工程总承包单位应当要完成从“按图施工”向“按约施工”的思维转变，承包人在满足发包人要求的前提下，要严格按照合同价款的约定进行限额设计，努力通过设计优化实现更多的盈利。《管理办法》具体对应条款主要是第 19 条规定：“工程总承包单位应当设立项目管理机构，设置项目经理，配备相应管理人员，加强设计、采购与施工的协调，完善和优化设计，改进施工方案，实现对工程总承包项目的有效管理控制。”第 26 条规定：“建设单位和工程总承包单位应当加强设计、施工等环节管理，确保建设地点、建设规模、建设内容等符合项目审批、核准、备案要求。政府投资项目所需资金应当按照国家有关规定确保落实到位，不得由工程总承包单位或者分包单位垫资建设。政府投资项目建设投资原则上不得超过经核定的投资概算。”

## 实践中应注意的问题

1. 对于发包人而言，采用工程总承包模式时，重心是在前期工作，应充分研究自身对工程项目的范围、功能、标准等各方面需求。其相比较于施工总承包模式，在工程实施过程中应当正确履行业主管理职责，不宜过多干涉总包单位的工程实施，避免将工程总承包模式在实施过程中变形走样，导致责任划分不清。

2.《管理办法》规定工程总承包商的承包范围中应包含设计、施工阶段，而条文中的“等”，是指在设计、施工或者设计、采购、施工阶段之外，建设单位也可以根据项目特点和实际需要，按照风险合理分担原则增加试运行、管理等其他阶段。

3. 需要注意的是，按照《建设项目工程总承包管理规范》（GB/T 50358 -

2017)第 2.0.1 条规定工程总承包(engineering procurement construction,EPC) contracting/design - build contracting 依据合同约定对建设项目的设计、采购、施工和试运行实行全过程或若干阶段的承包,工程总承包包括设计采购施工(EPC)/交钥匙工程总承包、设计—施工总承包(D - B)、设计—采购总承包(E - P)和采购—施工总承包(P - C)等方式。但按照《管理办法》关于工程总承包的内容,设计—采购总承包(E - P)和采购—施工总承包(P - C)等未同时包含设计—施工阶段的模式,故不属于《管理办法》所规定的工程总承包。

4. 本条规定了总包方应对工程总承包项目的质量、安全、工期、造价、环境保护负总责,并且就分包工程承担连带责任。对此,住房和城乡建设部《关于进一步推进工程总承包发展的若干意见》第 2 条第 11 款作出了更加详细的说明,具体规定为:"工程总承包企业的义务和责任。工程总承包企业应当加强对工程总承包项目的管理,根据合同约定和项目特点,制定项目管理计划和项目实施计划,建立工程管理与协调制度,加强设计、采购与施工的协调,完善和优化设计,改进施工方案,合理调配设计、采购和施工力量,实现对工程总承包项目的有效控制。工程总承包企业对工程总承包项目的质量和安全全面负责。工程总承包企业按照合同约定对建设单位负责,分包企业按照分包合同的约定对工程总承包企业负责。工程分包不能免除工程总承包企业的合同义务和法律责任,工程总承包企业和分包企业就分包工程对建设单位承担连带责任。"因此,工程总承包单位建立的与工程总承包相适应的组织机构和管理制度越健全,其形成项目设计管理、采购管理、施工管理、试运行以及质量、安全、工期、造价、环境保护等工程总承包综合管理能力越全面,其在承包工程总承包项目时越易于发现、管理和解决其中的风险和问题,承担责任的概率就越小,反之亦然。

## 案例评析

**[实例]未将勘察阶段纳入工程总承包定义范围的重要原因之一在于工程总价的控制**

京津高速公路,是北京市和天津市之间直通的第二条高速公路,是交通运输部规划建设的连接京津两大直辖市南、北、中三条高速公路中的北通道,是国家高速公路网的组成部分、首都放射干线公路之一，北京段编号为S15，天津段编号为S30。京津高速公路采取建设—经营—转让（Build - Operate - Transfer，BOT）方式建设，起点为北京朝阳区五环路化工桥（西直河），终点位于天津市滨海新区东疆港，全长共147公里，主干道设计为双向八车道，路宽在城际高速公路中是极为少见的。京津高速公路是2008年北京奥运会的重点工程，全线计划于2008年7月16日开通。

按BOT投融资方式发包的本工程项目，合同计价采取固定总价方式。由于是2008年北京奥运会的配套工程，京津高速公路的投资建设周期十分紧张，由于前期勘探点跨度大，整个项目的勘察工作其实并不到位。在地质情况并不清楚的情况下，项目即进行发包，工程开工后发生了重大的设计变更。按原定设计要求，该高速公路的路基须挖深1米，在硬土上开始作路基。但施工单位在实际施工过程中，发现了勘察工作中未能发现的古河道，长度达5.4公里，挖到1米深度后地下仍是淤泥。由于无法按原定设计要求继续施工，施工单位即向设计单位提出交涉，设计单位指示继续挖至硬土层，结果挖到5米深度才到硬土层。由此，施工过程中的土方量大大超出原设计土方量；而且，设计单位为确保工程质量，针对事先并不了解的地质情况，要求施工单位继续购买符合要求的新土，按设计要求的比例与干石灰现场搅拌后分层填入设计要求的标高，这同样导致了项目成本的提高。之所以会出现上述这么大的变更，根本原因在于发包人未在项目施工前按步骤完成前期的工程勘察工作，设计单位所依据的勘察成果未显示工程的基础深度影响范围内有古河道。由于工程发生重大设计变更，工程成本突破了发承包双方之前约定的总价，施工单位在继续施工的同时提出高达5000多万元变更增加的工程价款。

**[实例评析]**工程总承包模式的优势之一在于总价的确定，一般除了法定原因及发承包双方通过合同约定的特殊情形，不得调整合同额。这对于发承包双方而言都是可取的，对于建设单位而言，有利于其控制投资额度、规避资金风险，对于总承包单位而言，有利于其优化设计环节、加强施工管理。但项目能够总价固定有一个基本的前提，那就是项目开展后续设计、施工阶段的基本情况是明确、清晰的，这其中当然也就包括了勘察阶段工作应当了解到的情况。如果勘察工作未能依法依规进行或者后续设计、施工工作缺乏勘察成果作为依据，对项目的地质、地

理、水文等情况缺乏认识，导致在施工阶段才发现超出预计的情况，将很有可能对原先约定的总价造成较大的甚至于根本性的影响，在发包人和总包人之间产生纠纷争议几乎是必然。由于工程总承包模式常应用于大型市政基础设施项目，此类项目或占地面积巨大，或为线性工程，存在施工前未能预见情况的可能性较一般的建筑工程项目也大一些，勘察阶段工作成果的准确性更为重要，稍有不慎就有可能突破固定总价。由此，只有完成相应阶段的勘察工作才能计算较为合理的合同总价，进而明确采用工程总承包的模式。对此，《管理办法》除了第3条，在第9条第1款也进行了相应的规定，“建设单位应当根据招标项目的特点和需要编制工程总承包项目招标文件，主要包括以下内容：……（五）建设单位提供的资料和条件，包括发包前完成的水文地质、工程地质、地形等勘察资料，以及可行性研究报告、方案设计文件或者初步设计文件等……”

**［案例］包含设计、采购、施工、试运行等阶段的总承包为《管理办法》所指的工程总承包**

西安陕鼓动力股份有限公司（一审原告，以下简称陕鼓公司）与成渝钒钛科技有限公司（一审被告，以下简称成渝公司）工程总承包合同纠纷案

案　　号：（2014）川民初字第110号

审理法院：四川省高级人民法院

裁判类型：一审民事判决

**裁判要点：**发承包双方所签《总承包合同》系双方当事人真实意思表示，且不违反法律、行政法规的强制性规定，应为有效。双方均应严守合同，履行各自合同义务。

**案情摘要：**2011年5月23日，陕鼓公司与成渝公司签订了合同编号为001265－08－11－0014号的《威远钢铁有限公司钒资源综合利用项目炼铁BPRT工程总承包合同》（以下简称《总承包合同》），其中约定陕鼓公司以EPC模式总承包成渝公司新建炼铁BPRT系统主生产线和与之配套的相应公辅设施的设计、设备成套提供、建造及相关服务项目，合同金额为121,700,000元。在履行《总承包合同》过程中，截至2015年11月27日，成渝公司向陕鼓公司付款尚余60,200,000元未予支付。陕鼓公司依约履行了合同义务，完成了设计、设备成套提供、建造、试运行、交付等各阶段工作。就试运行和交付阶段而言：

2012年11月20日，陕鼓公司向监理单位马鞍山迈世纪工程咨询有限公司（以下简称迈世纪公司）提交《风机72小时试运转工程报验申请表》，载明：陕鼓公司已完成了备用风机72小时试运转工作，申请对该工程予以审查和验收，迈世纪公司在该申请表上签署了“符合设计及规范要求，同意进入下道工序”的意见；同日，陕鼓公司、成渝公司签字确认了《风机验收报告》，迈世纪公司于同月27日签字确认了《风机验收报告》，载明：“备用风机机组实际运行状况完全满足技术协议书所要求的考核指标，以合格的产品移交给用户。”

2013年3月28日，陕鼓公司向迈世纪公司提交《威远钢铁有限公司BPRT工程报验申请表》，要求对2#BPRT系统进行审查和验收，迈世纪公司在该表上签署了“符合设计及规范要求”的意见。同日，陕鼓公司、成渝公司、迈世纪公司共同签字确认了《2#考核验收报告》，载明：“2#BPRT机组实际运行状况完全满足技术协议书所要求的考核指标，机组制造及安装质量合格并移交给用户。”

2013年5月3日，陕鼓公司向监理单位迈世纪公司出具《威远钢铁有限公司BPRT工程报验申请表》，要求对1#BPRT装置进行审查和验收，迈世纪公司在该表上签署了“符合设计及规范要求”的意见。同日，陕鼓公司、成渝公司、迈世纪公司共同签字确认了《1#考核验收报告》，载明：“1#BPRT机组实际运行状况完全满足技术协议书所要求的考核指标，机组制造及安装质量合格并移交给用户。”

2013年5月7日，成渝公司、陕鼓公司、成渝钒钛科技有限公司炼铁厂（使用人）共同形成《工程完工报告》，载明：开工时间2012年3月1日；完工时间2013年5月6日；发包、使用、承包单位验收意见：工程施工已全部完成，符合技术协议的相关要求，机组性能优良，达到了项目的预期目标，设备全部移交业主使用。

工程已交付成渝公司使用至今，但成渝公司未能按照合同约定付款，经多次催要，成渝公司尚欠付陕鼓公司6020万元合同价款。陕鼓公司遂向四川省高级人民法院提出诉讼请求，请求判令：（1）成渝公司向陕鼓公司支付合同欠款6470万元；（2）成渝公司承担相应违约责任。后变更诉讼请求为：（1）成渝公司向陕鼓公司支付合同欠款人民币6020万元；（2）成渝公司承担相应违约责任，从每笔款项应付未付之日起，按中国人民银行同期贷款基准利率计算至付清之日止（其中，已付款迟延支付利息1,167,948.19元）。成渝公司辩称，对基于《总承包合同》项下欠付陕鼓公司6020万元本金无异议，但陕鼓公司要求成渝公司承担违约责任理由不能成立。

四川省高级人民法院认定原告陕鼓公司的诉讼请求基本成立。依照《合同法》第107条、第174条，参照最高人民法院《关于审理买卖合同纠纷案件适用法律问题的解释》第24条的规定，判决如下：一、成渝公司向陕鼓公司支付合同欠款60,200,000元。二、成渝公司向陕鼓公司支付迟延支付款的逾期利息1,167,948.19元。三、成渝公司向陕鼓公司支付未付款的逾期利息，以未付款数额为基数、按照中国人民银行同期贷款基准利率标准、从应付未付之日起计算至付清之日止（其中，1290万元自2013年8月4日起计算；1440万元自2013年11月4日起计算；1920万元自2014年2月4日起计算；1370万元自2014年6月30日起计算）。四、前述三项，成渝公司应于本判决生效之日起10日内给付。一审判决后，原被告双方均未提起上诉。

**[案例评析]**本案所涉工程总承包项目范围是新建炼铁BPRT系统主生产线和与之配套的相应公辅设施的设计、设备成套提供、建造及相关服务，作为典型的工业项目工程总承包，包含了大量的试运行阶段工作。根据《管理办法》第3条，包含了设计、采购、施工和试运行等阶段的承包，由于涵盖设计和施工两阶段，同样符合工程总承包的定义。根据《房屋建筑和市政基础设施工程施工招标投标管理办法》第2条，房屋建筑工程是指"各类房屋建筑及其附属设施和与其配套的线路、管道、设备安装工程及室内外装修工程"，市政基础设施工程是指"城市道路、公共交通、供水、排水、燃气、热力、园林、环卫、污水处理、垃圾处理、防洪、地下公共设施及附属设施的土建、管道、设备安装工程"，其中很多类型涉及试运行的环节。因此，虽然《管理办法》第3条并未直接指出试运行，但包含试运行的设计、采购、施工、试运行等阶段的总承包同样纳入了规制范围。

---

**第四条　【工程总承包的基本原则】**

**工程总承包活动，应当遵循合法、公平、诚实守信的原则，合理分担风险，保证工程质量和安全，节约能源，保护生态环境，不得损害社会公共利益和他人的合法权益。**

---

## 条文主旨

本条是对房屋建筑和市政基础设施项目工程总承包活动具有统领作用的原则性规定，反映了目前对工程总承包活动对“合理分担风险”“工程质量和安全”“节约能源与保护生态环境”等方面的重视。

基本原则在实施过程中具有指导条文解释和条文推理、补充条文漏洞、强化相关文件的调控能力；作为确定行使自由裁量权合理范围的依据，可以防止由于适用不合理的规则而带来的不良后果等功能。在工程总承包项目实施过程中，因风险分担、质量、安全、环境保护及其他事项出现问题、发生纠纷时，若《管理办法》无可适用的相关具体规则条文，应按照本条款的基本原则进行解释和适用。

## 条文解析

本条规定了《管理办法》下的总承包活动所应遵循的基本原则。除工程总承包作为典型的民商事活动应遵循的“合法、公平、诚实守信”及“不得损害社会公共利益和他人的合法权益”等一般性民法原则外，进一步结合房屋建筑和市政基础设施项目工程总承包活动的特点，规定了“合理分担风险原则”、“工程质量和安全原则”以及“节约能源与保护生态环境原则”。

## 理解与适用

### 一、对合法、公平、诚实守信原则的理解

合法原则、公平原则、诚实信用原则是民法的一般原则，也是所有民事主体从事民事活动都必须遵守的基础原则。《管理办法》旨在规范市场主体参与工程总承包的民事活动，因而在总则中对这一原则进行了特别强调。

《管理办法》中的许多条款明确地体现了合法、公平、诚实守信的原则，这也符合一直以来国务院以及住建部对工程总承包活动的指导方向。《关于推进建筑业发展和改革的若干意见》第2条第3款规定：“进一步开放建筑市场。各地要严格执行国家相关法律法规，废除不利于全国建筑市场统一开放、妨碍企业公平竞争的各种规定和做法。全面清理涉及工程建设企业的各类保证金、押金等，对于没

有法律法规依据的一律取消……”以及第2条第6款规定:“推进建筑市场监管信息化与诚信体系建设……各级住房城乡建设主管部门要进一步加大信息的公开力度,通过全国统一信息平台发布建筑市场和质量安全监管信息,及时向社会公布行政审批、工程建设过程监管、执法处罚等信息,公开曝光各类市场主体和人员的不良行为信息,形成有效的社会监督机制。各地可结合本地实际,制定完善相关法规制度,探索开展工程建设企业和从业人员的建筑市场和质量安全行为评价办法,逐步建立‘守信激励、失信惩戒’的建筑市场信用环境……”上述规定则是合法原则、公平原则和诚实信用原则的具体体现。

## 二、对合理分担风险原则的理解

工程建设活动的长期性、复杂性、专业性、高投入性都决定了工程建设活动的高风险性,工程总承包活动应合理分担风险。相关主管部门多次强调要构建合理的风险分担机制,例如,住房城乡建设部《关于进一步推进工程总承包发展的若干意见》第2条第12款规定:“……工程总承包企业和建设单位应当加强风险管理,公平合理分担风险。工程总承包企业按照合同约定向建设单位出具履约担保,建设单位向工程总承包企业出具支付担保。”

但在《管理办法》出台之前,工程总承包的法律法规缺乏对工程总承包承发包双方的风险分配的指导性具体规定。由于缺乏风险分配的相应规范,实践中往往出现本应由发包人承担的风险,发包人通过主导招标及签约阶段的优势将风险转移给工程总承包商。

《管理办法》第15条要求建设单位和工程总承包单位应当加强风险管理,在招标文件、合同中约定公平、合理分担风险。并就约定风险分担时可以参照的因素进行了详细的规定。这有利于规范工程总承包双方的权利义务,减少变更或索赔过程中的纠纷,促进工程总承包模式的健康发展。

## 三、对保证工程质量和安全原则的理解

百年大计,质量第一,保障工程质量是建设工程活动必须坚持的行为准则。《建筑法》《建设工程质量管理条例》等法律法规都分别对建设活动参与主体的质量安全责任进行了规定。国务院《关于促进建筑业持续健康发展的意见》第4条

第5项规定:“严格落实工程质量责任。全面落实各方主体的工程质量责任,特别要强化建设单位的首要责任和勘察、设计、施工单位的主体责任……”而住房和城乡建设部《关于推进建筑业发展和改革的若干意见》第3条第11款、第12款等也提到了要落实工程质量责任,完善工程质量监测制度的内容。

工程总承包是建筑业中重要的市场活动,其开展过程中能否保证质量安全将影响到我国建筑业的未来发展。然而近年来随着工程总承包活动越来越广泛地开展,因工程总承包带来的安全事故也屡见不鲜,例如,造成73名工人死亡的江西丰城发电厂EPC总承包工程冷却塔施工平台坍塌重大事故就是其中惨痛的教训。对此,国务院江西丰城发电厂“11·24”冷却塔施工平台坍塌特别重大事故调查组的事故调查报告中就明确指出,该项目工程总承包单位中南电力设计院有限公司作为以勘察设计为主业的企业,在经营业务延伸到工程总承包后,存在“对工程总承包安全生产管理的重要性认识不足,安全生产管理机制不完善,安全生产考核制度有效性不强”和“履行总承包施工管理职责缺位”等重要问题。显然,没有具体的工程总承包安全生产管理规范的规制,没有明确的工程总承包中各方主体的安全职责的划分,是造成73条人命惨剧的主要“诱因”。调查组对此次事故提出了“应进一步健全法规制度,明确工程总承包模式中各方主体的安全职责”和“夯实企业安全生产基础,提高工程总承包安全管理水平”等事故防范措施建议,要求工程总承包企业进一步加强对于安全生产的意识,构建起完善的安全管理体系,提高自身的安全管理水平。

根据《安全生产法》第28条的规定,我国实行建设项目安全设施“三同时”制度,新建、改建、扩建工程项目的安全设施,必须与主体工程同时设计、同时施工、同时投入生产和使用。《建设项目安全设施“三同时”监督管理办法》进一步规定了贯穿项目建设全过程的安全监管要求,包括应在可行性研究阶段进行项目安全预评价或综合分析;在初步设计阶段应编制安全设施设计并进行审查;施工阶段在施工组织设计过程中应编制安全技术措施以及危险性较大分部分项工程的专项施工方案;在竣工投入生产或使用前,应对安全设施进行竣工验收,对特定的高危工程还应进行安全设施验收评价,并编制建设项目安全验收评价报告等。《建设工程安全生产管理条例》则落实了我国的建设工程项目安全生产责任制度,就建设单位、勘察单位、设计单位、施工单位、工程监理单位及其他与建设工程安全生产有关的单位应依法承担的安全生产责任进行了具体规定。以上法律法规均体现了主管部门对工程安全原则的高度重视。

因此,《管理办法》针对目前工程总承包市场的迫切需要,明确了对总承包工程质量的要求,并对工程总承包质量安全进行了具体规定。例如,第22条、第23条分别从建设单位、工程总承包单位、分包单位的角度规定相应主体的质量安全责任,强调了工程总承包单位对工程质量安全全面负责。上述规定都体现了《管理办法》的立法目的,反映了主管机关对于总承包工程质量与建设安全的高度重视以及稳扎安全督导、坚持质量第一的方针。

## 四、对节约能源与保护生态环境原则的理解

节约能源与保护生态环境是我国的基本国策,事关人民群众根本利益。近年来在立法层面上,节约能源与环境保护的相关法律法规也在逐渐完善。例如,2017年出台的《民法总则》第9条中就首次创设了绿色原则:民事主体从事民事活动,应当有利于节约资源、保护生态环境。同年,实施了19年的《建设项目环境保护管理条例》进行了较大的修改。住房和城乡建设部《关于推进建筑业发展和改革的若干意见》也着重强调了绿色环保将作为建筑工程行业发展的重要方向,第4条第18款规定:"提升建筑设计水平。坚持以人为本、安全集约、生态环保、传承创新的理念,树立文化自信,鼓励建筑设计创作……"第20款规定:"提升建筑业技术能力。完善以工法和专有技术成果、试点示范工程为抓手的技术转移与推广机制,依法保护知识产权。积极推动以节能环保为特征的绿色建造技术的应用……"根据《环境影响评价法》和《建设项目环境影响评价分类管理名录》的相关规定,根据建设项目可能造成的环境影响大小,应当编制环境影响报告书、环境影响报告表、环境影响登记表等文件对环境影响进行分析评价。若建设项目的环境影响评价文件未依法经审批部门审查或者审查后未予批准的,建设单位不得开工建设。

建筑节能是建筑业在节约能源及保护生态环境问题上的工作重心之一。所谓建筑节能是指在建筑的设计、规划、建设、改造及使用中,实施节能标准,采用节能型设备、建筑技术、材料、工艺、提高取暖供热和保温隔热性能、空调制热制冷效率,加强建筑能耗系统的运行管理。在确保室内居住环境质量、不影响人们感觉

舒适度的前提下，尽量减少建筑能耗。在2016年修正的《节约能源法》中以一个独立章节的篇幅规定了关于“建筑节能”的相关规定。例如，第35条规定：“建筑工程的建设、设计、施工和监理单位应当遵守建筑节能标准。不符合建筑节能标准的建筑工程，建设主管部门不得批准开工建设；已经开工建设的，应当责令停止施工、限期改正；已经建成的，不得销售或者使用。建设主管部门应当加强对在建建筑工程执行建筑节能标准情况的监督检查。”第40条规定：“国家鼓励在新建建筑和既有建筑节能改造中使用新型墙体材料等节能建筑材料和节能设备，安装和使用太阳能等可再生能源利用系统。”除此之外，根据《固定资产投资项目节能审查办法》的相关规定，对于政府投资项目，建设单位在送项目可行性研究报告前，需取得节能审查机关出具的节能审查意见；对于企业投资项目，建设单位需在开工建设前取得节能审查机关出具的节能审查意见。未按规定进行节能审查或节能审查未通过的项目，建设单位不得开工建设，已经建成的不得投入生产、使用。上述法律法规和评价制度亦体现了我国对节约能源与保护生态环境原则的重视。

在工程总承包活动中，应发挥设计、采购、施工各方密切配合的优势，在保证施工质量和安全的前提下，通过建筑设计的改良和技术的改造，鼓励采用建筑信息模型技术（BIM）；减少不可再生能源的消耗，有效利用太阳能资源；减少建筑外围结构的能量损失，以更好地保持建筑室内温度；节约建筑材料和能源，最大限度地减少建筑废物和污染物的施工排放；积极发展应用外墙节能新技术、门窗节能新技术，降低建筑设施运行的耗能，从而改变我国建筑业一直以来存在的“高能耗低产出”的低效发展模式，通过节约能源减少排放，减少对环境的破坏，实现保护生态环境的目的。

## 实践中应注意的问题

法律是由法律原则和法律规则构成的。其中法律规则占了绝大多数，而原则的数量较少，尤其是许多实践性较强的规定和文件，往往因为种种原因并不在或很少在条文中明确其适用的法律原则。然而，法律原则绝不是无足轻重的，在某种程度上，其意义甚至大过于法律规则。仅以实践为例，因法律规则往往具有明确的假设和结论，其文义较为封闭，适用范围较窄，并且立法活动本身有滞后性的特点，就使某些纠纷无法在现有的规则中找到明确适用依据。此时，就需要通过法律原则来作出符合立法本意的评判。

例如，本条下的保护生态环境原则就是法律的热点问题，但同样也是在法律规范相对不完善的领域或缺乏对应的法律规则时，司法裁判中就会引用法律原则。在新疆临钢资源投资股份有限公司（以下简称临钢公司）与四川金核矿业有限公司（以下简称金核公司）特殊区域合作勘查合同纠纷案中（案号：（2015）民二终字第167号），临钢公司与金核公司签订了《合作勘查开发协议》，约定由临钢公司向金核公司支付3500万元合作补偿款，双方共同设立项目公司，并在符合条件时将金核公司探矿权过户至项目公司名下。临钢公司向金核公司实际支付3500万元后，以合作勘查作业区位于新疆塔什库尔干野生动物自然保护区为由通知解除该协议，金核公司回函拒绝。金核公司提起诉讼，请求确认临钢公司解除该协议行为无效；临钢公司反诉请求解除该协议，金核公司返还合作补偿款3500万元并赔偿损失。新疆维吾尔自治区高级人民法院一审判决临钢公司解除合同行为无效，双方继续履行《合作勘查开发协议》，驳回临钢公司的反诉请求。最高人民法院二审认为，案涉探矿权位于新疆塔什库尔干野生动物自然保护区范围内，该自然保护区设立在先，金核公司的探矿权取得在后，基于《合作勘查开发协议》约定，双方当事人均知道或者应当知道在自然保护区内不允许进行矿产资源的勘探和开发。该协议将对自然环境和生态造成严重破坏，损害环境公共利益。故协议依法应属无效，金核公司收取的3500万元合作补偿款应予返还。

由此可见，进行工程总承包活动的各方，除应注意不违反《管理办法》的各项具体规定及其他相关法律、条例的禁止性规定外，也要对"合法、公平、诚实守信原则"、"合理分担风险原则"、"工程质量安全原则"以及"节约能源与保护生态环境原则"等各项原则予以严格遵守。

## 案例评析

**[案例一]工程总承包合同损害公共利益的，属于无效合同**

青海盛天农科开发有限公司（一审被告、上诉人，以下简称盛天公司）与西安奥耐唐恺电气有限公司（一审原告、被上诉人，以下简称奥耐公司）建设工程合同

纠纷案

案　　号:(2019)青民终102号

审理法院:青海省高级人民法院

裁判类型:二审民事判决

**裁判要点:**工程总承包合同中损害社会公共利益的,合同应属无效合同。我国实行社会主义公有与集体所有的土地制度,在我国人口众多耕地偏少的现实情况下,农业用地属于最基本、最稀缺的资源,其规划、使用与不特定大多数人的切身利益密切相关,属于社会公共利益的范畴。案涉《EPC总承包合同》中约定工程系非法占用农用地修建光伏设施,因此案涉《EPC总承包合同》及相关合同附件亦应属无效。

**案情摘要:**2017年8月29日,盛天公司与奥耐公司签订《EPC总承包合同》,约定盛天公司将其20MW屋顶分布式光伏发电项目发包给奥耐公司施工,承包范围是温室大棚及温室连栋大棚建设、光伏支架供货安装等;承包方式是《15兆瓦EPC总承包》站内部分,不含外线与送出;工期预计开工时间2017年9月5日,竣工时间2017年12月15日;合同总价10,982万元,合同签订60天之内盛天公司向奥耐公司付至合同总价的50%作为工程款;进场之前奥耐公司需支付施工保证金500万元,盛天公司在确定奥耐公司进场无误后,盛天公司向奥耐公司支付第一笔款项时同时退回交纳的保证金。奥耐公司分别于2017年9月4日、5日、13日、19日给盛天公司共计支付施工保证金500万元。同年9月初,奥耐公司进场施工,由于盛天公司未按约定支付工程进度款,奥耐公司在10月底停工,该公司于2017年11月5日、8日、9日、14日、15日、23日、2018年4月11日、5月24日、25日将催款函及工作联系单发至盛天公司,要求盛天公司按照合同约定支付工程进度款,确保项目顺利实施,截至2017年11月22日,盛天公司未支付工程进度款,奥耐公司迫于资金压力,于2017年11月23日开始对大棚、电站、地面电站施工全面停工处理,由此造成后续问题,奥耐公司不承担责任,同时要求盛天公司退还合同保证金500万元。盛天公司虽在2017年11月10日、16日复函,承诺在2017年11月13日开始支付工程款,但实际并未支付。2018年7月16日,盛天公司与奥耐公司经协商形成结算明细,内容为“保证金500万元,实际支付;保证金利息40万元,月息1分,从2017年11月至2018年6月共8个月;施工费用1080

万元，含地面电站基础和支架、大棚基础、接地及电站 SVG、箱变基础；管理费 183 万元，按照保证金（含利息）及施工费用总额 15% 取费；设备采购费用 1,105,248.6 元，按照采购总金额 ×10% 实际付款统计；设计费用 63 万元，合同签订 35 万元，追加 28 万元；违约金 59,295.75 元，按照合同约定实际发生费用总额千分之三取费；总计19,824,544.35元”。

后奥耐公司向一审法院起诉请求：判令解除双方签订的《EPC 总承包合同》；判令盛天公司支付工程款 14,365,248.6 元及违约金 59,295.75 元、返还奥耐公司施工保证金 500 万元及利息 40 万元，总计 19,824,544.35 元，并由盛天公司承担本案诉讼费用。

对于奥耐公司解除合同的诉讼请求，一审法院认为：奥耐公司与盛天公司签订的《EPC 总承包合同》，系双方当事人真实意思表示，且未违反相关法律规定，合法有效，双方当事人均应按约履行。因盛天公司长期拖欠工程款，其行为显已构成违约。奥耐公司根据最高人民法院《关于审理建设工程施工合同纠纷案件适用法律问题的解释》第 9 条第 1 项的规定，要求与盛天公司解除合同符合法律规定，应予支持。

二审法院认为：我国实行社会主义公有与集体所有的土地制度，在我国人口众多耕地偏少的现实情况下，农业用地属于最基本、最稀缺的资源，其规划、使用与不特定大多数人的切身利益密切相关，属于社会公共利益的范畴。根据本院到青海省西宁市大通县自然资源局所作的《调查笔录》，可以证实案涉工程拆除原因系盛天公司非法占用农用地修建光伏设施，非盛天公司所述因案涉工程建设在高压线缆下方而被拆除。盛天公司未经批准擅自占用农用地修建光伏设施的行为，违反了《土地管理法》（2004 年）第 43 条第 1 款，任何单位和个人进行建设，需要使用土地的，必须依法申请使用国有土地和第 44 条第 1 款，建设占用土地，涉及农用地转为建设用地的，应当办理农用地转用审批手续的规定，损害了社会公共利益，其与奥耐公司签订的《EPC 总承包合同》及相关合同附件的标的即属违法，根据《合同法》第 52 条第 4 项、第 5 项关于损害社会公共利益和违反法律、行政法规强制性规定的合同应属无效的规定，案涉《EPC 总承包合同》及相关合同附件亦应属无效。一审法院认定案涉《EPC 总承包合同》属有效合同并解除该合同属认定事实不清，适用法律错误，本院对此予以纠正。

[**案例评析**]本案中两级法院对于合同是否应当解除的观点不一致。一审法院未对合同有效性主动进行审查,而是基于被告明显违反合同主要义务,而作出了支持原告解除合同的诉请的判决。二审法院则根据最高人民法院《关于民事诉讼证据的若干规定》第15条的规定,主动向当地自然资源局调查取证,从而发现原合同中侵害社会公共利益的事实,并据此主动认定合同无效。对此反映出实践中当工程总承包合同中确实存在无效事由时,双方当事人发生争议诉至法院,即使均主张合同有效的情况下,法院仍可能对合同效力进行主动审查并作出合同无效的判决。合同效力将影响合同中违约金等条款的效力,会对当事人的利益产生直接影响,未避免此类风险,签订工程总承包合同时应当避免侵害社会公共利益及其他法律规定的将导致合同无效的事由。

**[案例二]工程款还款协议书违背诚实信用原则,法院判令突破还款协议约定直接偿还工程款**

通州建总集团有限公司(一审原告、反诉被告、被上诉人,以下简称通州建总)与内蒙古兴华房地产有限责任公司(一审被告、反诉原告、上诉人,以下简称兴华公司)建设工程施工合同纠纷案

案　　号:(2016)最高法民终字第484号(公报案例)

审理法院:最高人民法院

裁判类型:二审民事判决

**裁判要点:**当事人应当遵循诚实信用原则,按照约定全面履行自己的义务,这是合同履行所应遵循的基本原则,也是人民法院处理合同履行纠纷时所应秉承的基本理念。在债权人与债务人达成以物抵债协议、新债务与旧债务并存时,确定债权是否得以实现,应以债务人是否按照约定全面履行自己义务为依据,若新债务届期不履行,致使以物抵债协议目的不能实现的、债权人有权请求债务人履行旧债务,且该请求权的行使,并不以以物抵债协议无效、被撤销或者被解除为前提。

**案情摘要:**2005年6月28日,兴华公司与通州建总签订《建设工程施工合同》,兴华公司将呼和浩特市供水大厦(此后也被当事人称为"供水财富大厦"或"财富大厦")工程的施工任务发包给通州建总。约定:一、工程内容:土建与安装

工程总承包(双方另有约定及专业设备安装除外)。二、工程承包范围:呼和浩特市供水大厦工程图纸的全部工作量(双方另有约定除外)。三、合同工期:2005年7月8日开工,2006年11月30日竣工。……五、合同价款:暂定6000万元(以工程决算为准)。合同专用条款第6条第23项:本工程结算以施工图加工程签证为依据,套用2004年内蒙古自治区《建筑工程消耗量定额及基础价格》、内蒙古自治区《装饰装修工程消耗量定额及基础价格》和2004年内蒙古自治区《安装工程消耗量定额及基础价格》(12册),取费执行2004年内蒙古自治区《建设工程费用计算规则》及配套的相关文件。结算时土建、安装按照国家规定工程取费类别取费,措施项目费、各项规费按规定计取。

2005年7月1日,兴华公司制作《招标文件》,对供水大厦土建工程以邀请招标方式进行招标,《招标文件》第26.5条规定:本次招标只报土建工程费率。2005年7月12日,通州建总制作《投标文件》进行投标,投标报价费率24.56%。2005年7月14日,兴华公司及招标代理机构向通州建总发出《中标通知书》,确定通州建总为中标单位。同日,兴华公司给呼和浩特市建设工程招投标管理办公室及其他投标人分别发出《中标确认书》及《中标结果通知书》。2005年7月18日,呼和浩特市建设工程招投标管理办公室在《建设工程项目招标中标通知书》上签署备案意见。该通知书载明中标内容:见招标文件;中标价格:24.56%。2005年7月28日,双方签订《建设工程施工合同》并在呼和浩特市建设工程招投标管理办公室备案。该合同约定:一、工程名称:呼和浩特市供水大厦;工程内容:土建与安装工程总承包(甲乙双方另有约定及专业设备安装除外)。二、工程承包范围:呼和浩特市供水大厦工程图纸的全部工程量(双方另有约定的除外)。三、合同工期:开工日期2005年7月18日,竣工日期2006年11月20日。……五、合同价款:暂定价5040万元,中标费率24.56%。专用条款第23条约定:本工程结算以施工图加工程签证为依据,套用2004年内蒙古自治区《建筑工程消耗量定额及基础价格》、内蒙古自治区《装饰装修工程消耗量定额及基础价格》和2004年内蒙古自治区《安装工程消耗量定额及基础价格》(12册),取费执行2004年内蒙古自治区《建设工程费用计算规则》及配套的相关文件。结算时土建、安装按照国家规定工程取费类别取费,措施项目费、各项规费按规定计取。

合同签订后,通州建总进场施工完毕,涉案工程没有进行竣工验收,兴华公司于2010年年底投入使用。

2011年9月17日,通州建总向兴华公司报送了《弱电安装人工费预(决)算书》,报价584,135元。兴华公司法定代表人陈英于2011年10月12日批示:"同意下浮10%结算。"此外,对于增补项目中其他项目的工程款结算,兴华公司法定代表人陈英在通州建总报送的《机房更改工程预(决)算书》上签署同意付款15万元的时间是2012年1月12日,在通州建总报送的《A区一层新增钢结构工程预(决)算书》上签署同意付款6万元的时间是2011年6月13日,在通州建总报送的《空调机组供电安装工程预(决)算书》上签署同意付款95,000元的时间是2011年5月23日。通州建总于2011年12月16日编制了《增补项目结算汇总表》。

2012年1月13日,兴华公司(甲方)与通州建总呼和浩特分公司第二工程处(乙方)签订《房屋抵顶工程款协议书》1份,约定:"就乙方承揽施工甲方的供水财富大厦工程,将协商用该楼盘A座9层房屋抵顶工程款一事达成协议如下:一、抵顶房屋位置:呼和浩特市新华东街以南/丰州路以西路口转角处,财富大厦A座9层。……双方抵顶房屋协议价为7500元/平方米,计1095万元。二、乙方用通州建总集团有限公司呼和浩特分公司拥有的产权房,坐落在呼和浩特市东洪桥蒙荣中心嘉园2号楼2单元的3套住宅进行置换……总价合计1,527,450元……乙方扣除置换住宅楼价1,527,450元,抵顶工程款计9,422,550元,结算时互相补办手续并签订正式合同……"二审中,兴华公司认可财富大厦A座9层尚未办理房屋所有权首次登记及任何转移登记。

二审法院认为:关于供水财富大厦A座9层抵顶工程款是否应计入已付工程款中的问题是本案争议焦点。首先,以物抵债,系债务清偿的方式之一,是当事人之间对于如何清偿债务作出的安排,故对以物抵债协议的效力、履行等问题的认定,应以尊重当事人的意思自治为基本原则。一般而言,除当事人明确约定外,当事人于债务清偿期届满后签订的以物抵债协议,并不以债权人现实地受领抵债物,或取得抵债物所有权、使用权等财产权利,为成立或生效要件。只要双方当事人的意思表示真实,合同内容不违反法律、行政法规的强制性规定,合同即有效。本案中,兴华公司与通州建总呼和浩特分公司第二工程处于2012年1月13日签订《房屋抵顶工程款协议书》,是双方当事人的真实意思表示,不存在违反法律、行政法规规定的情形，故该协议书有效。

但当事人应当遵循诚实信用原则，按照约定全面履行自己的义务，这是合同履行所应遵循的基本原则，也是人民法院处理合同履行纠纷时所应秉承的基本理念。据此，债务人于债务已届清偿期时，应依约按时足额清偿债务。在债权人与债务人达成以物抵债协议、新债务与旧债务并存时，确定债权人应通过主张新债务抑或旧债务履行以实现债权，亦应以此作为出发点和立足点。若新债务届期不履行，致使以物抵债协议目的不能实现的，债权人有权请求债务人履行旧债务；而且，该请求权的行使，并不以以物抵债协议无效、被撤销或者被解除为前提。本案中，涉案工程于2010年年底已交付，兴华公司即应依约及时结算并支付工程款，但兴华公司却未能依约履行该义务。相反，就其所欠的部分工程款，兴华公司试图通过以部分房屋抵顶的方式加以履行，遂经与通州建总协商后签订了《房屋抵顶工程款协议书》。对此，兴华公司亦应按照该协议书的约定积极履行相应义务。但在《房屋抵顶工程款协议书》签订后，兴华公司就曾欲变更协议约定的抵债房屋的位置，在未得到通州建总同意的情况下，兴华公司既未及时主动向通州建总交付约定的抵债房屋，也未恢复对旧债务的履行即向通州建总支付相应的工程欠款。通州建总提起本案诉讼向兴华公司主张工程款债权后，双方仍就如何履行《房屋抵顶工程款协议书》以抵顶相应工程款进行过协商，但亦未达成一致。而从涉案《房屋抵顶工程款协议书》的约定看，通州建总签订该协议，意为接受兴华公司交付的供水财富大厦A座9层房屋，取得房屋所有权，或者占有使用该房屋，从而实现其相应的工程款债权。虽然该协议书未明确约定履行期限，但自协议签订之日至今已4年多，兴华公司的工程款债务早已届清偿期，兴华公司却仍未向通州建总交付该协议书所约定的房屋，亦无法为其办理房屋所有权登记。

综上所述，兴华公司并未履行《房屋抵顶工程款协议书》约定的义务，其行为有违诚实信用原则，通州建总签订《房屋抵顶工程款协议书》的目的无法实现。在这种情况下，通州建总提起本案诉讼，请求兴华公司直接给付工程欠款，符合法律规定的精神以及本案实际，应予支持。

**[案例评析]** 建设工程领域，因发包人资金困难等问题，以部分建设工程作为欠付工程款充抵是较为常见的情形。一般情况下，双方当事人就偿还工程款达成一致后，工程款还款协议若不违反法律、行政法规的强制性规定，则为有效合同，

双方当事人应当依照还款协议中的约定对工程款进行偿付。以本案《房屋抵顶工程款协议书》为例，一般情况下原告仅能要求被告将协议书中约定的不动产交付原告以偿工程款。本案特殊性在于，二审法院认定被告在签订《房屋抵顶工程款协议书》时就未遵循诚实信用原则，从未准备按照约定全面履行自己的义务。兴华公司更是曾欲单方面变更协议约定的抵债房屋的位置，可见其违反了诚实信用的原则。因此，通州建总签订《房屋抵顶工程款协议书》的目的无法实现，法院在未判决该协议无效或解除的情况下，并未要求兴华公司交付协议约定不动产以偿工程款，而是径行判决被告直接支付工程欠款，体现了法院审判过程中对于守约方的保护。

**第五条 【行政主管部门的监督管理职责】**

**国务院住房和城乡建设主管部门对全国房屋建筑和市政基础设施项目工程总承包活动实施监督管理。国务院发展改革部门依据固定资产投资建设管理的相关法规履行相应的管理职责。**

**县级以上地方人民政府住房和城乡建设主管部门负责本行政区域内房屋建筑和市政基础设施项目工程总承包（以下简称工程总承包）活动的监督管理。县级以上地方人民政府发展改革部门依据固定资产投资建设管理的相关法规在本行政区域内履行相应的管理职责。**

## 条文主旨

本条规定了对房屋建筑和市政基础设施项目工程总承包活动监督管理的主管部门为住房和城乡建设主管部门以及国务院投资主管部门，并以此保证了《管理办法》具体实施的效果以及权威性。

## 条文解析

本条明确了国务院住房城乡建设主管部门（住房和城乡建设部）对全国范围内、县级以上地方人民政府住房城乡建设主管部门对地方范围内的房屋建筑和市政基础设施项目工程总承包活动有监督管理的责任；国务院发展改革部门和县级以上地方人民政府发展改革部门依据固定资产投资建设管理相关法律法规履行相应的管理职责。

## 理解与适用

### 一、关于住房和城乡建设部及县级以上住房城乡建设主管部门享有监督管理权的依据

《建筑法》第 6 条规定："国务院建设行政主管部门对全国的建筑活动实施统一监督管理。"《建设工程质量管理条例》第 4 条规定："县级以上人民政府建设行政主管部门和其他有关部门应当加强对建设工程质量的监督管理。"第 43 条规定，国务院建设行政主管部门对全国的建设工程质量实施统一监督管理。县级以上地方人民政府建设行政主管部门对本行政区域内的建设工程质量实施监督管理。

根据国务院的部门职责分工，住房和城乡建设部的职责包括承担规范住房和城乡建设管理秩序的责任。起草住房和城乡建设的法律法规草案，制定部门规章。依法组织编制和实施城乡规划，拟订城乡规划的政策和规章制度，会同有关部门组织编制全国城镇体系规划，负责国务院交办的城市总体规划、省域城镇体系规划的审查报批和监督实施，参与土地利用总体规划纲要的审查，拟订住房和城乡建设的科技发展规划和经济政策。监督管理建筑市场、规范市场各方主体行为。指导全国建筑活动，组织实施房屋和市政工程项目招投标活动的监督执法，拟订勘察设计、施工、建设监理的法规和规章并监督和指导实施，拟订工程建设、建筑业、勘察设计的行业发展战略、中长期规划、改革方案、产业政策、规章制度并监督执行，拟订规范建筑市场各方主体行为的规章制度并监督执行，组织协调建筑企业参与国际工程承包、建筑劳务合作。研究拟订城市建设的政策、规划并指导实施，指导城市市政公用设施建设、安全和应急管理。

### 二、关于住房和城乡建设部及县级以上住房城乡建设主管部门享有监督管理权的范围

住房和城乡建设部享有对全国的房屋建筑活动实施统一监督管理以及指导

城市市政公用设施建设的权力，县级以上人民政府住房城乡建设主管部门享有本行政区域内的监督管理权。

在现有管理模式下，地方住房城乡建设主管部门的监督管理主要包括：拟订监督管理建筑市场、规范市场各方行为的规章制度并监督执行，负责建筑市场工程报建、招投标监督管理与施工图设计文件审查的监督管理，负责建设市场各类企业资质、从业人员执业资格的管理以及从业单位与人员市场行为的诚信管理，负责房屋建筑和市政工程（除交通工程）的施工许可管理，负责建设市场管理信息平台的建设、运行管理；负责建筑市场的稽查工作等工作。因《管理办法》目前对总承包活动中各参建单位行为具体的监督检查的内容、颁发施工许可证、办理竣工验收备案制度及建立信用管理机制等工作未作具体的规定，因此参与工程总承包活动的各方仍应依照现有的相关法律法规的规定从事建设活动，可以预见的是未来将会有更为详细的配套文件明确上述问题。

## 三、关于国务院发展改革部门及县级以上地方人民政府投资主管部门负有监督管理职责的依据

根据国务院的部门职责分工，国务院发展改革部门即国家发展改革委的职责包括承担规划重大建设项目和生产力布局的责任，拟订全社会固定资产投资总规模和投资结构的调控目标、政策及措施，衔接平衡需要安排中央政府投资和涉及重大建设项目的专项规划；安排中央财政性建设资金，按国务院规定权限审批、核准、审核重大建设项目、重大外资项目、境外资源开发类重大投资项目和大额用汇投资项目；指导和监督国外贷款建设资金的使用，引导民间投资的方向，研究提出利用外资和境外投资的战略、规划、总量平衡和结构优化的目标和政策；组织开展重大建设项目稽察；指导工程咨询业发展等。

当前，国务院投资主管部门履行其相应监督管理职责主要表现为以审批、核准、备案等形式对工程总承包项目的立项和实施进行监督。根据国务院《关于投资体制改革的决定》、《预算法》、《政府投资条例》、《中央预算内直接投资项目管理办法》、国家发展改革委《关于印发审批地方政府投资项目有关规定（暂行）的通知》等规定，目前对于政府投资的工程总承包项目由各级发展改革部门实行审批制。根据《企业投资项目核准和备案管理条例》《企业投资项目核准和备案管理

办法》等规定，对于企业不使用政府投资建设的工程总承包项目，区别不同情况由各级发展改革部门实行核准制和备案制，并根据《企业投资项目事中事后监管办法》进行事中事后监督管理。

根据国家发展改革委公布《行政审批事项目录》，工程总承包项目中涉及的须经国家发展改革委审批的事项包括：中央投资项目招标代理机构资格认定，工程咨询单位资格认定，固定资产投资项目节能评估和审查，企业、事业单位、社会团体等投资建设的固定资产投资项目核准，政府出资的投资项目审批，重要行业、重要领域、重大项目、重点地区和基本建立现代企业制度特大型企业集团（不含外商投资企业）的发展建设规划，专项发展建设规划审批等。《政府核准的投资项目目录（2016 年本）》亦规定了应由国家发展改革委核准与备案的建设项目范围。

根据《地方各级人民政府机构设置和编制管理条例》第 9 条规定，地方各级人民政府可以根据履行职责的需要适时设立调整下属行政机构。县级以上地方人民政府发展改革部门即地方发展和改革委员会根据地方政府的工作安排，承担相应监督管理职责，一般包括拟订地方固定资产投资总规模和投资结构的调控目标、政策及措施，衔接平衡需要安排地方政府性资金和涉及重大项目的专项规划；组织提出年度重大项目计划草案，组织编制地方建设财力和政府性建设基金投资计划；按权限审批、核准、备案需要综合平衡的固定资产投资项目；负责审核并上报由国务院或国家发展改革委审批或审核的投资项目；审批地方建设财力等政府性资金项目；引导社会资金用于固定资产投资的方向；组织开展重大建设项目稽察；负责地方固定资产投资项目信息化管理；协调推进实施《招标投标法》等。

## 实践中应注意的问题

国务院发展改革部门及县级以上地方人民政府投资主管部门享有监督权的依据主要来自国务院《关于投资体制改革的决定》、《预算法》、《政府投资条例》、《中央预算内直接投资项目管理办法》、国家发展改革委《关于印发审批地方政府投资项目有关规定（暂行）的通知》、国家发展改革委公布《行政审批事项目录》。需要注意的是，上述法律法规及规范性文件中规范性程序性的条款大多为规范主管部门管理方式，不属于强制性条款。若工程总承包合同违反《建筑法》等法律，将可能导致合同无效;若部分条款违反上述法律法规,却不一定导致合同无效。

以国务院制定的《政府投资条例》为例,其制定目的是充分发挥政府投资作用,提高政府投资效益,规范政府投资行为,激发社会投资活力;其法律地位是国务院制定的条例。从该条例的内容可以看出,其主要规范政府部门和相关工作人员的行为,并未对合同的效力作出规定,不宜被作为主张合同约定违法的依据。例如,该条例第12条"经投资主管部门或者其他有关部门核定的投资概算是控制政府投资项目总投资的依据。初步设计提出的投资概算超过经批准的可行性研究报告提出的投资估算10%的,项目单位应当向投资主管部门或者其他有关部门报告,投资主管部门或者其他有关部门可以要求项目单位重新报送可行性研究报告"的规定,仅规范政府相关职能部门在初步设计投资概算和可行性研究报告方面的行为,并不涉及招投标,更不涉及合同的效力和履行问题。该条例第23条"政府投资项目建设投资原则上不得超过经核定的投资概算。因国家政策调整、价格上涨、地质条件发生重大变化等原因确需增加投资概算的,项目单位应当提出调整方案及资金来源,按照规定的程序报原初步设计审批部门或者投资概算核定部门核定;涉及预算调整或者调剂的,依照有关预算的法律、行政法规和国家有关规定办理"的规定,只是说明因客观原因确需增加投资概算的,项目单位应当提出调整方案及资金来源,并不能说明增加投资需解除合同,重新招投标。

## 案例评析

**[案例]对工程总承包招投标活动有异议的,可以向主管关机关投诉,主管关机关必须听取被投诉人的陈述和申辩**

四川美富特环境治理有限责任公司(以下简称美富特公司)与仁寿县发展和改革局等招标投诉处理决定一审行政诉讼案

案　　号:(2018)川1402行初154号

审理法院:四川省眉山市东坡区人民法院

裁判类型:一审行政判决

**裁判要点:**各省及地方住房城乡建设主管部门及各地方发展改革部门是工程总承包招标投标活动的监督管理部门,应从投标人的财务状况、设计能力、施工能力、信誉状况等方面综合考察投标人工程总承包能力，为招标人公平合理择优选择有实力的投标人提供评审依据。对招投标结果有异议的，可以向住建主管部门或政府投资主管部门投诉。相关部门在投诉处理过程中，行政监督部门应当听取被投诉人的陈述和申辩，对此应当理解为如若行政监督部门作出对被投诉人不利的投诉处理结果，则必须听取被投诉人的陈述和申辩。

**案情摘要**：2018年5月7日，第三人鑫龙水务作为招标人，第三人山东天马作为招标代理机构，共同发布《文林工业园区工业污水处理厂一期一区EPC总承包项目招标公告》及《文林工业园区工业污水处理厂一期一区EPC总承包项目招标文件》，该招标文件第一章"招标公告"中第3.2条载明接受联合体投标，组成联合体的单位不超过3家，并提供联合体协议书；第4条"招标文件的获取"载明于2018年5月10日9时至2018年5月14日23时59分，在眉山市公共资源电子交易服务平台会员系统凭CA密匙购买招标文件；第5条"投标文件的递交"载明截止时间为2018年5月30日9时30分。招标文件第二章投标人须知前列表1.4.3载明限制投标的情形(15)仅半年内在所有招投标和合同履行过程中被监督部门行政处罚的。

原告美富特公司于2018年5月28日，与上元天骄、第六设计院共同签订了《联合体协议书》，约定由该三个公司组成联合体共同参加该项目投标；美富特公司为牵头人，代表联合体全体成员负责本招标项目设计文件编制和合同谈判活动，并代表联合体提交和接收相关资料、信息及指示，并处理与之有关的一切事务，负责合同实施阶段的主板、组织和协调工作；联合体对外承担连带责任等职责。

2018年5月30日，第三人中建八局与电子工程设计院、绿岛环保共同签订了《联合体协议书》，约定三个公司自愿组成联合体，共同参加该项目投标；中建八局为牵头人，代表联合体全体成员负责本招标项目设计文件编制和合同谈判活动，并代表联合体提交和接收相关资料、信息及指示，并处理与之有关的一切事务，负责合同实施阶段的主板、组织和协调工作；联合体对外承担连带责任等职责。

2018年5月30日，原告美富特公司、第三人中建八局分别参加了文林污水处理厂项目的投标。9时30分，在眉山市公共资源交易中心对该项目进行了开标、评标，评标委员会由招标人在"四川省评标专家库"随机抽选评标专家7人，评标委员会根据评审结果，推荐中标候选人第一名为中建八局，第二名为美富特公司，并于6月1日在全国公共资源交易平台（四川省）等依法将中标候选人予以公示。

2018年6月5日，原告美富特公司向二被告仁寿发改局、仁寿住建局及第三人鑫龙水务递交请求重新评审的申请函，6月8日、6月11日，鑫龙水务分别两次作出《关于文林工业园区工业污水处理厂一期一区（EPC总承包）异议回复的函》，告知原告该项目评标专家是严格依据本项目招标文件独立评审，专家对其评审结果负责。原告不服，于6月12日向仁寿发改局投诉。二被告于6月15日收到投诉书，并于当日立案。二被告对该项目投标全过程进行了审查、核实，电话听取了中建八局的意见，于2018年7月9日共同作出了418号《投诉处理决定》，告知原告"所反映的被投诉人受到的行政处罚不属于招投标及其会同履行中的行政处罚，不受投标限制。评标委员会对该项目所有投标人提供的业绩只要满足数量和属于工业污水处理类似性质的都予以认可，经评审第一名、第二名、第三名投标人业绩均得满分，投标人所提供的业绩与招标文件对业绩的要求相符。投诉处理机关认为：中建八局不存在限制投标的情形；所提供的业绩与招标文件对业绩的要求相符。根据《工程建设项目招标投标活动投诉处理办法》第20条第1项的规定，投诉处理机关决定驳回投诉"，并告知原告复议及诉讼权利。418号《投诉处理决定》送达了美富特公司、鑫龙水务。原告美富特公司收到后不服，向本院提起诉讼，请求撤销二被告作出的418号《投诉处理决定》。庭审中，原告当庭增加一项诉讼请求：确认第三人中建八局不具备文林工业园区工业污水处理厂项目一期一区EPC总承包项目招标文件中要求的条件，不具备投标人资格，判令撤销第三人中建八局第一中标候选人资格。根据最高人民法院《关于适用〈中华人民共和国行政诉讼法〉的解释》第70条规定，起诉状副本送达被告以后，原告新增诉讼请求的不予准许，对原告新增诉讼请求当庭予以驳回。原告当庭放弃对第三人中建八局不符合招标公告业绩要求的投诉。

法院认为，本案争议焦点主要有三：一、原告主体是否适格？二、第三人中建八局是否存在招标文件所规定的限制投标情形？三、二被告作出的《投诉处理决定》程序是否合法？

关于争议焦点一，《行政诉讼法》第25条第1款规定，行政行为的相对人以及其他与行政行为有利害关系的公民、法人或者其他组织，有权提起诉讼。原告与其他两个公司组成联合体共同参加案涉项目的投标，因对中标第一候选人不具备投标资格而向二被告投诉，在二被告作出《投诉处理决定》后不服提起诉讼。虽然另外两家联合体成员单位表示放弃权利，但原告作为联合体成员之一且是牵头人，其认为投诉处理结果对自己的权益产生影响，可以以自己的名义单独提起诉讼，故原告主体适格。

关于争议焦点二，《招标投标法》第53条、第54条、第58条、第59条、第60条以及《招标投标法实施条例》第67条、第68条、第69条、第74条、第75条、第76条规定了对投标人与他人串通投标、弄虚作假骗取中标、非法转包分包、不按照招标文件订立合同、不履行招标合同等扰乱招投标市场秩序应如何处罚。案涉招标项目的招标文件所规定的限制投标情形应与《招标投标法》《招标投标法实施条例》所规定的上述扰乱招投标市场秩序的情形一致，即必须要和招投标活动以及招标合同履行相关的行政处罚。而第三人中建八局近半年内所受到的行政处罚均是因噪声夜间施工扰民等环境污染、未取得施工许可证、违反建设工程安全管理规定等，所受到的行政处罚，与案涉招标项目的招标文件所规定的限制投标情形无关，应当不受该限制投标情形的限制。

关于争议焦点三，《工程建设项目招标投标活动投诉处理办法》第16条规定了在投诉处理过程中，行政监督部门应当听取被投诉人的陈述和申辩，对此应当理解为如若行政监督部门作出对被投诉人不利的投诉处理结果，必须听取被投诉人的陈述和申辩。本案中，二被告在投诉处理过程中，通过电话告知了中建八局，可视为符合该条规定。最高人民法院《关于适用〈中华人民共和国行政诉讼法〉的解释》第96条规定，有下列情形之一，且对原告依法享有的听证、陈述、申辩等重要程序性权利不产生实质损害的，属于《行政诉讼法》第74条第1款第2项规定的“程序轻微违法”：……（二）通知、送达等程序轻微违法；《行政诉讼法》第74条第1款第2项规定，行政行为程序轻微违法，但对原告权利不产生实际影响的，判决确认违法但不撤销行政行为。《工程建设项目招标投标活动投诉处理办法》第21条第1款规定，负责受理投诉的行政监督部门应当自受理投诉之日起30日内，对投诉事项作出处理决定，并以书面形式通知投诉人、被投诉人和其他与投诉处理结果有关的当事人。本案中，二被告于2018年6月15日收到原告提交的投诉申请后，于当日受理。经二被告对招投标全过程进行审查、核实，依法在《工程建设项目招标投标活动投诉处理办法》第 21 条规定的 30 日内作出第 418 号《投诉处理决定》,并于 2018 年 7 月 9 日送达原告方委托代理人,及第三人鑫龙水务,但未向被投诉人即第三人中建八局送达,其属于程序轻微违法。

[**案例评析**]各省及地方住房城乡建设主管部门及各地方发展改革部门是工程总承包招标投标活动的监督管理部门,《工程建设项目招标投标活动投诉处理办法》第 16 条规定了在投诉处理过程中,行政监督部门应当听取被投诉人的陈述和申辩,对此应当理解为如若行政监督部门作出对被投诉人不利的投诉处理结果,则必须听取被投诉人的陈述和申辩。工程总承包企业在参与招投标过程中如果对招投标结果存在异议,可以向该地方住房城乡建设主管部门进行投诉,相应主管部门有义务依据《工程建设项目招标投标活动投诉处理办法》第 21 条第 1 款规定对投诉事项进行审查,并作出相应处理。对于主管部门处理结果不满的当事人和利益相关人都可以向法院就该处理提出行政诉讼。

# 第二章　工程总承包项目的发包和承包

**第六条　【工程总承包方式的适用项目】**

**建设单位应当根据项目情况和自身管理能力等，合理选择工程建设组织实施方式。**

**建设内容明确、技术方案成熟的项目，适宜采用工程总承包方式。**

## 条文主旨

本条文共两款，第 1 款规定明确指出对于某一项目是否采用工程总承包的模式，建设单位应当根据项目的具体情况和建设单位自身的管理能力等合理进行选择。

第 2 款规定了适宜采用工程总承包模式的项目情形，有明确的建设内容、成熟的技术方案等。

## 条文解析

本条第 1 款旨在明确赋予建设单位自主决定是否采用工程总承包模式的权利，并且给出建设单位决定是否采用工程总承包模式的参考范围，即根据项目情况和建设单位自身的管理能力决定。本条未对特定类型项目强制性要求必须采用工程总承包的模式，而是将是否采用工程总承包模式交由建设单位和市场决定，并提示建设单位结合项目具体情况和自身管理能力“合理”选择实施方式，避免不问项目情况、不结合实际盲目推进工程总承包模式。

本条第 2 款对于适于工程总承包模式的项目条件从建设内容、技术方案两个基本方面作出了规定,实践中项目具体情况与发包人特定需求会有不同,还可能存在其他条件需要在工程总承包项目发包时明确。例如,住房与城乡建设部《关于进一步推进工程总承包发展的若干意见》(建市〔2016〕93 号)规定发包条件包括:建设规模、建设标准、投资限额、工程质量和进度要求等;北京市《关于在本市装配式建筑工程中实行工程总承包招投标的若干规定(试行)》(京建法〔2017〕29 号)规定了在前期可研阶段发包的,工程项目的建设规模、建设标准、功能需求、技术标准、工艺路线、投资限额及主要设备规格等均应确定;上海市《工程总承包试点项目管理办法》(自 2017 年 1 月 1 日起施行)第 5 条规定了在前期可研阶段发包的,工程项目的建设规模、设计方案、功能需求、技术标准、工艺路线、投资限额及主要设备规格等均应确定。

## 理解与适用

### 一、项目具体情况及建设单位自身的管理能力是建设单位确定是否采用工程总承包模式的重要考虑因素

工程总承包是国际通行的建设项目组织实施方式,也是国家积极推广的项目建设模式。实施工程总承包可以提高工程项目建设管理水平,有效控制建设投资、加快建设进度、提高工程质量和效益;可以促进设计与施工深度融合,激发工程建设科技创新;可以规范建筑市场秩序,有效遏制违法发包和转包、违法分包、挂靠等违法违规行为;可以推进大型勘察设计、施工企业的结构调整和资源整合,加快与国际接轨向工程公司转型升级。一方面,各级建设行政主管部门和建筑业企业要正确对待,提高认识,把工程总承包作为优先的建设工程组织实施方式加以推广;另一方面,工程总承包模式并非适用于所有工程项目建设,建设单位应当根据自身管理能力以及工程项目的规模和复杂程度等合理选择建设项目组织实施方式。有些项目规模大、工程复杂、不确定因素多,或者国内设计、施工等方面缺少经验,如果采用总承包方式建设,建设单位和总承包单位都面临较大的风险,无法有效控制投资,建设单位可以合理选择建设项目组织实施方式,不一定采用工程总承包建设方式。

结合 FIDIC 对于 EPC 模式和 DB 模式适用项目和范围,工程总承包模式更适

用于标准化较强、有明确验收标准或可以明确使用功能要求的项目，且基于 FIDIC 体系项目管理模式，相对于传统的施工总承包模式，业主在 DB 模式和 EPC 模式下，基于对承包商的信任和固定价格、固定期限的要求，会给承包商更多更大的自主管理权，业主相对不会事无巨细对承包商进行严格管理，因此对业主的自身项目管理能力要求不高，这类情况下的业主可以选择采取工程总承包方式。相反，如果项目标准化不强而个性化要求较高、业主有较强或丰富的项目能力并有意对承包商进行较为严格的监督管理的，业主需要在过程中进行变更并能接受价格调整的，则可以考虑仍然采取传统的施工总承包方式。即使如此，不论是实践情况的需求还是《管理办法》的规定，工程总承包模式仍然对建设单位的自身管理能力提出了要求，建设单位具体应主要关注以下三点：

（一）应关注项目前期咨询阶段的管理工作

《管理办法》第 9 条规定，“建设单位应当根据招标项目的特点和需要编制工程总承包项目招标文件，主要包括以下内容：……（四）发包人要求，列明项目的目标、范围、设计和其他技术标准，包括对项目的内容、范围、规模、标准、功能、质量、安全、节约能源、生态环境保护、工期、验收等的明确要求；（五）建设单位提供的资料和条件，包括发包前完成的水文地质、工程地质、地形等勘察资料，以及可行性研究报告、方案设计文件或者初步设计文件等……”这对建设单位的项目前期咨询阶段的管理工作提出了很高的要求。因此，在工程总承包项目的前期工作阶段，建设单位即应与有相应能力的咨询单位合作，初步确定设计标准、投资估算等关键要素，使后续的设计、施工、试运行等阶段的工作从开始就建立在符合需求、经济合理的基础之上。

（二）应关注项目管理的人员队伍建设和管理措施落实

建设单位应加强人员培训和队伍建设，进行有针对性的学习。当建筑行业有新的法规政策出台或者新材料、新技术推广时，可以适时对管理人员进行宣贯培训。应根据自身情况和项目特点进一步提升专业化水平，建立与设计、施工、试运行等阶段相对应的项目管理机构职能部门，并在管理工作开展过程中采取如下措施：技术方面，从优化角度进行方案探讨和审核，甄别设计变更和施工变更的目的真实性，掌握设计、采购、施工及项目管理方面的信息，对总承包商的履约行为进行管理和控制；经济方面，围绕质量和工期目标合理控制工程造价，在招标投标阶段合理确定标底及合同价，在合同签订时细化材料、设备的质量目标，在设计阶段推行限额设计和优化设计，在采购中严格审查与检验；沟通方面，加强与使用单位的沟通，确保建设目标和使用目标的有机结合，对总包人、分包人及咨询单位的合理化建议适时采纳。

（三）应避免超越权限直接影响总包人依法依约履行合同

由于当前工程总承包市场的竞争十分激烈，建设单位在发承包双方中处于强势的地位，这有利于实现其进行工程项目建设的目标，但是仍应避免管理工作超越权限，从而直接影响总包人依法依约履行合同，造成项目的质量、安全等方面的隐患。对此，《管理办法》有一系列的规定，主要包含在第22条“质量责任”、第23条“安全责任”、第24条“工期责任”等条款中。上述条款中涉及建设单位的表述主要包括了“不得迫使”“不得明示或暗示”“不得对”“不得设置”，可见现实情况当中建设单位滥用管理权限的情况并不新鲜，应当引起重视。

## 二、对于适合采用工程总承包的项目类型，政策法规已有指引性的规定，对此建设单位可以结合实际情况进行参考

工程总承包模式相对于传统的施工总承包模式，承包商承包范围包含了设计阶段，承包范围向前延伸，而且国际惯例通常采取固定总价。而发包阶段相对前延，发包时没有传统模式下的标准工程量清单，因此为了避免因承包范围、计价及结算发生争议，本款要求发包人发包时应建设内容明确、技术方案成熟，这有助于双方风险管理，减少过程中变更及争议。虽然本条文规定并未建议特定类型项目原则上或者优先使用工程总承包模式，但是建设单位仍可以结合以下政策性文件，根据项目情况和自身管理能力等综合进行考虑：

1. 国务院办公厅《关于促进建筑业持续健康发展的意见》（国办发〔2017〕19号）第3条第3款规定：“……装配式建筑原则上应采用工程总承包模式。政府投资工程应完善建设管理模式，带头推行工程总承包……”第7条第16款规定：“……加快推进建筑信息模型（BIM）技术在规划、勘察、设计、施工和运营维护全过程的集成应用，实现工程建设项目全生命周期数据共享和信息化管理，为项目方案优化和科学决策提供依据，促进建筑业提质增效。”

2. 国务院办公厅《关于大力发展装配式建筑的指导意见》（国办发〔2016〕71

号)第2条第10款规定:"……装配式建筑原则上应采用工程总承包模式,可按照技术复杂类工程项目招投标……"

3.住房和城乡建设部《关于进一步推进工程总承包发展的若干意见》(建市〔2016〕93号)第1条第3款规定:"优先采用工程总承包模式。建设单位在选择建设项目组织实施方式时,应当本着质量可靠、效率优先的原则,优先采用工程总承包模式。政府投资项目和装配式建筑应当积极采用工程总承包模式。"

不管工程总承包发包是处于何种阶段,也不管其后续采用哪种发包方式(直接发包或招标发包),建设工程的建设内容、技术方案等条件均对工程总承包合同中的主要条款有巨大影响,只有建设内容明确、技术方案成熟的项目,发承包双方才有可能对合同标的有较为客观的认识,发包人才可以根据项目的基本情况制作相应的发包文件或招标文件,承包人也可以经过充分踏勘现场、核对发包文件中的基础资料和相应数据、风险、自身成本等之后,进行充分报价。这样发包方可以获得有竞争力的价格,承包方也能在优化设计之后,获得预期利润,使双方权利义务更加明确,风险范围更加清晰,交易处于比较稳定的状态。若上述发包条件不具备,容易因后期对图纸、投标报价、责任承担、价格调整等一系列履约问题产生争议。因此,发包方在实际操作过程中应当严格遵守本条对于发包条件的规定,以便减少双方后期争议,控制履约风险。

## 实践中应注意的问题

《管理办法》第6条第2款指出"建设内容明确、技术方案成熟的项目,适宜采用工程总承包方式",国务院办公厅《关于促进建筑业持续健康发展的意见》(国办发〔2017〕19号)、国务院办公厅《关于大力发展装配式建筑的指导意见》(国办发〔2016〕71号)则明确了装配式建筑和政府投资项目等类型应当积极采用工程总承包方式。但是,现实当中的项目类别和具体情况千差万别,建设单位首先要面对的问题是在项目开展到哪个具体阶段就需要判别是否符合"建设内容明确、技术方案成熟"的要求,从而决定是否采用工程总承包模式。实践当中,对此可以根据项目投资的特点,分为企业投资项目和政府投资项目分别进行判定。

## 一、对于企业投资项目，在项目核准或者备案或者之前的阶段即可以进行建设内容是否明确、技术方案是否成熟的研判

《企业投资项目核准和备案管理条例》第3条规定，“对关系国家安全、涉及全国重大生产力布局、战略性资源开发和重大公共利益等项目，实行核准管理……对前款规定以外的项目，实行备案管理……”。第6条规定：“企业办理项目核准手续，应当向核准机关提交项目申请书；由国务院核准的项目，向国务院投资主管部门提交项目申请书。项目申请书应当包括下列内容：(一)企业基本情况；(二)项目情况，包括项目名称、建设地点、建设规模、建设内容等；(三)项目利用资源情况分析以及对生态环境的影响分析；(四)项目对经济和社会的影响分析。企业应当对项目申请书内容的真实性负责……”第13条规定：“实行备案管理的项目，企业应当在开工建设前通过在线平台将下列信息告知备案机关：(一)企业基本情况；(二)项目名称、建设地点、建设规模、建设内容；(三)项目总投资额；(四)项目符合产业政策的声明。企业应当对备案项目信息的真实性负责……”从以上规定可以看出，在核准和备案工作阶段，建设单位至少应当将前期工作做到符合相应阶段要求的程度，这是企业投资项目前期工作深度的一般要求。

《管理办法》第7条则规定，采用工程总承包方式的企业投资项目，应当在核准或者备案后进行工程总承包项目发包。这本身就是要求对于企业投资项目应当在核准或者备案阶段进行建设内容是否明确、技术方案是否成熟的研判，从而明确后续采取何种类型的发包方式。

## 二、对于政府投资项目，在项目初步设计或者之前的阶段即可以进行建设内容是否明确、技术方案是否成熟的研判

在《管理办法》之前公布和施行的《政府投资条例》对于政府投资项目进行了全面的规制，其中也包括了项目的前期实施工作，其第9条第1款规定：“政府采取直接投资方式、资本金注入方式投资的项目(以下统称政府投资项目)，项目单位应当编制项目建议书、可行性研究报告、初步设计，按照政府投资管理权限和规定的程序，报投资主管部门或者其他有关部门审批。”第11条规定：“投资主管部门或者其他有关部门应当根据国民经济和社会发展规划、相关领域专项规划、产

业政策等，从下列方面对政府投资项目进行审查，作出是否批准的决定：……（三）初步设计及其提出的投资概算是否符合可行性研究报告批复以及国家有关标准和规范的要求……”第12条第1款又进一步强调：“经投资主管部门或者其他有关部门核定的投资概算是控制政府投资项目总投资的依据。”

由此，政府投资项目的投资在初步设计阶段即应确定并明确建设内容是否明确、技术方案是否成熟，是否能够采用工程总承包方式发包。因而《管理办法》第7条有相应的规定，采用工程总承包方式的政府投资项目，原则上应当在初步设计审批完成后进行工程总承包项目发包。

其他类型的政府投资项目也有类似的规定，以政府投资为最主要来源的铁路和公路项目为例，原铁道部《铁路建设项目工程总承包办法》（铁建设〔2006〕221号）第5条规定：“建设项目必须按规定完成初步设计，初步设计文件达到要求并按初步设计批复修改、补充后，方可进行工程总承包招标。”交通运输部《公路工程设计施工总承包管理办法》（交通运输部令2015年第10号）第5条第3款规定：“公路工程总承包招标应当在初步设计文件获得批准并落实建设资金后进行。”可见，对于政府投资项目至迟在初步设计阶段即应明确建设内容是否明确、技术方案是否成熟，进而选择工程总承包或者其他契合项目实际情况的发承包模式。

## 案例评析

**［实例］建设内容不明确、技术方案不成熟的项目不适宜采用工程总承包模式**

福州地铁1号线（Fuzhou Metro Line 1）是福州地铁第1条建设开通运营的地铁线路，于2016年5月18日开通南段（三叉街站—福州火车南站站），2017年1月6日开通北段（象峰站至三叉街站）。福州地铁1号线起于象峰站，途经新店、鼓台核心区、仓山、东部新城等组团，连接城北商务中心、福州火车站、省政府、台江商务中心、仓山城市副中心、福州南站、南台岛东部行政商务中心等重要结点，止于福州火车南站站，大致呈南北走向。

该地铁线路的车站建设均为超长、超大深基坑，绝大部分采用明挖法，围护结构采用多种形式，如地下连续墙加多道内支撑、挖孔桩加多道内支撑、挖孔桩加预应力锚杆、喷锚等。明挖基坑遇到的风险有巨厚淤泥层、富水砂层和花岗岩残积土层等不良地质体,该地铁线路的隧道建设情况较为复杂。福州盆地的基底由花岗岩、岩脉、部分凝灰岩、凝灰熔岩及其风化形成的残积土等组成,覆盖其上是第四纪河—海相沉积层。在线路各区间范围内,上覆的第四纪沉积物土层种类多,路线经过的不良工程地质体包括淤泥层、软硬不均地层、孤石、断裂带、富水砂层等。

正是由于复杂的地质、水文情况,该项目可行性研究方案预计工程总投资280亿元左右,建设期5年;但工程通车时,实际投资超过400亿元,建设期8年有余。仅以处理隧道掘进过程中的孤石为例,即采取了以下技术措施:

1. 选用配置能专门破碎花岗岩孤石的盾构机;加密地质勘探钻孔,有针对性地查明花岗岩孤石的分布范围。

2. 在花岗岩球状风化地段,对盾构机的刀具刀盘要求做到勤检查、勤更换,检查要彻底要全面;采用压气作业,快速更换刀具,降低因花岗岩残积土及全风化岩遇水崩解泥化带来的换刀风险。

3. 实时监控土仓温度、掘进速度、刀盘扭矩转速和贯入度,减少施工中因刀具偏磨与崩断造成的风险。

[**实例评析**]该项目虽然属于政府投资项目,但采用的是传统的DBB模式,原因就在于项目特点决定着并不适合采用工程总承包。所谓DBB模式,即设计—招标—建造模式(Design - Bid - Build),它是一种在国际上比较通用且应用最早的工程项目发包模式之一。该模式由业主委托建筑师或咨询工程师进行前期的各项工作(如进行机会研究、可行性研究等),待项目评估立项后再进行设计。在设计阶段编制施工招标文件,随后通过招标选择承包商,而有关单项工程的分包和设备、材料的采购一般都由承包商与分包商和供应商单独订立合同并组织实施。在工程项目实施阶段,工程师则为业主提供施工管理服务。这种模式最突出的特点是强调工程项目的实施必须按照设计—招标—建造的顺序进行,只有一个阶段全部结束另一个阶段才能开始。

DBB模式的优点主要是参与项目的业主、设计机构(建筑师/工程师)、承包商三方在合同的约定下行使各自的权利,履行各自的义务,这种模式的设计宗旨是期望通过明确划分项目参与三方的权、责、利来提高项目效益。由于受利益目标和市场竞争的驱动,业主更愿意寻找信得过、技术过硬的咨询设计机构,这种需求推动了设计咨询公司产生和发展。由于长期而广泛地在世界各地采用DBB模式,经过大量工程实践的检验和修正,该模式的管理思想、组织模式、方法和技术都比较成熟,项目参与各方对该模式的运行程序都比较熟悉;在该模式中,业主可以自由选择咨询设计人员,对项目的设计程序和质量要求进行控制,可以自由选择监理人员对项目实施过程进行监督。

DBB 模式在我国的表现形式即是传统的五方模式,如果项目由于建设内容不明确、技术方案不成熟而不适宜采用工程总承包模式,可以结合具体情况采用 DBB 模式。

**[案例]设计方案较难确定或多次变更的项目不属于"建设内容明确、技术方案成熟的项目",采用工程总承包模式可能产生纠纷争议**

中交第一航务工程勘察设计院有限公司(一审原告、一审反诉被告、二审上诉人,以下简称中交一航院)、中交第四航务工程局有限公司(一审原告、一审反诉被告、二审上诉人,以下简称四航局)、中交广州航道局有限公司(一审原告、一审反诉被告、二审上诉人,以下简称航道局)与海南如意岛旅游度假投资有限公司(一审被告、一审反诉原告、二审被上诉人,以下简称如意岛公司)建设工程合同纠纷纠纷案

案　　号:(2017)琼民终 54 号

审理法院:海南省高级人民法院

裁判类型:二审民事判决

**裁判要点:**中交一航院、四航局、航道局组成的中交联合体虽在一审、二审以及二审庭审结束后提交了大量证明其存在损失的证据,但依据损失各自承担的原则,中交联合体不能据此向如意岛公司主张赔偿损失。一审有关中交联合体的各项支出及损失承担的认定恰当,对中交联合体的上诉请求,二审法院不予支持。

**案情摘要:**如意岛公司为了准备如意岛填岛工程项目的招标文件,与中交一航院于 2013 年 9 月 26 日签订《海口市东海岸如意岛项目填岛方案设计咨询服务合同》,将本项目的填岛方案设计咨询服务委托给中交一航院,设计咨询服务费用总计 110 万元。中交一航院提供该服务应获得的 110 万元费用因其后来参加本项目的总承包投标而转为投标担保金。

2013 年 11 月 20 日,中交一航院、四航局、航道局签订《联合体协议书》。该协

议书约定:三单位自愿组成一航院—广航局—四航局联合体,共同参加海口市如意岛项目填岛EPC总承包工程的投标。联合体各成员单位内部的职责分工如下:中交一航院负责本项目范围内的设计工作,包括初步设计和施工设计;四航局负责本项目围堤、船闸、水闸、码头及水工结构物方面全部内容;航道局负责本项目疏浚吹填方面全部内容。工程开工后三方共同组建现场项目部进行项目管理,中交一航院负责现场技术服务工作;四航局和航道局负责按招标文件及合同书的要求组织开展工程实施,并确保工程质量、安全和进度满足相关要求;中交一航院作为联合体牵头人负责按招标文件及合同书的要求办理工程款收款事宜,并及时支付给联合体其他成员单位。

2014年1月10日,如意岛公司组织进行了"海口市如意岛EPC总承包工程"招标。随后,中交联合体(承包商)与如意岛公司(业主)商定总承包合同,并签订了作为总承包合同组成部分的《合同协议书》。该协议书约定:业主愿将海口如意岛填岛工程东标段的设计、采购、施工、安装、技术、服务、质量保修、任何缺陷的修补以及执行其他所有为建设该项目而需要的辅助行为等,即EPC总承包工作交由承包商实施。

如意岛公司于2014年2月13日给中交一航院发出《关于如意岛填岛初步设计、施工图设计的出图要求》,要求提交初步设计图纸及计算书文件(报批稿)和施工图设计图纸(软基处理和基础部分)及计算书文件(报批稿)的日期分别为2014年2月25日和2014年3月5日;提交初步设计图纸及计算书文件(审查后定稿)和施工图设计图纸(软基处理和基础部分)及计算书文件(审查后定稿)的日期分别为2014年3月5日和2014年3月15日。

因中交一航院未按2014年2月13日书面要求提交设计成果,如意岛公司于2014年3月24日给原告发出《关于确定如意岛填岛设计计划的函》,要求中交联合体针对所涉标段的设计(初设、施设)作出详细的计划安排。中交一航院回函表示,为推动设计工作,计划在4月15前最大限度提交一版初设报告。

2014年4月30日,如意岛公司向中交联合体发出《关于海口如意岛项目设计变更专项汇报问题》,要求如对投标阶段确认的方案进行设计变更且涉及成本调整应向业主专项汇报,否则对于发生的任何费用调整均由EPC承包方承担。

2014年5月4日,如意岛公司向中交联合体发出《动工令》,要求于5月6日开始挤密砂桩试桩施工。双方于同日召开如意岛项目开工前相关工作安排的专题会，将本次挤密砂桩试验段动工，视为本案项目开工。中交一航院于2014年6月完成并向如意岛公司提交初步设计成果。

2014年6月6日，初步设计评审会形成如下原则性意见：在边界条件未变的情况下，初步设计调整所导致的工程量调整不得突破投标方案对应的工程量；当边界条件变化且导致工程量发生较大变化时，应提供具体的说明，并应明确阐述变化的原因、调整的依据和对应的工程量；要求调整图纸完成时间为2014年6月12日。

2014年6月12日，中交一航院根据初步设计提出的工程总造价为33.5亿余元。

2014年6月16日至2014年6月17日，双方召开项目初步设计评审及合同谈判会，因承包商与设计顾问咨询单位在地基处理方法、沉箱护底结构设计和堤顶高程确定等几项关键技术处理和造价问题上无法形成统一意见，如意岛公司要求中交一航院在重点考虑降低工程造价的方案，深入开展优化结构设计工作，并提出具体的优化成果。中交一航院对初步设计进行优化后于2014年6月29日将工程总价款调整为27.9亿余元，仍超出合同暂定总价1.5亿余元。如意岛公司不接受该造价。双方继续谈判。

2014年7月5日，中交一航院在谈判纪要中表示：接受可以大幅降低成本的地基处理方案；不接受设计施工图单独委托；应依据甲方提出的（东西标段）总体成本控制（50.5亿元）努力设计和实施。

2014年7月21日，如意岛公司发出《关于确定合同总价推进施工进度的函》，要求中交联合体于收到本函7日内尽快确认按原中标价格施工并如期推进项目，否则将依据法律规定以及合同规定行使解约权并追究原告的相关法律责任。

2014年9月4日，如意岛公司发出《终止合同的通知》，通知中交联合体解除本案总承包合同。中交联合体收到该通知后于同年9月15日向如意岛公司发出《律师函》，指出如意岛公司解除合同无事实和法律依据，要求如意岛公司立即组织相关部门和人员对承包商提交的设计方案进行审定，并在10日内提出审定意见，否则视为对相关设计方案无异议。中交联合体从2014年10月起将其现场人员和设备陆续撤出，并于2016年1月13日提起了要求赔偿损失的诉讼。随后如意岛公司提出了关于承包商违约给业主造成损失的反诉请求。

一审法院认为:如意岛公司单方解除不符合法律规定或合同约定,其单方解除合同是导致本案合同不能继续履行的直接原因。为此,如意岛公司应当就中交联合体已经实际履行合同的部分,按合同约定支付相关费用。对如意岛公司提出请求中交联合体赔偿因拖延履行合同造成其损失的反诉请求,依法不予支持。中交联合体的其他诉讼请求,不予支持。一审法院判决:一、如意岛公司于本判决生效之日起10日内向作为联合体牵头人的中交一航院支付价款11,845,383元;二、驳回中交联合体其他诉讼请求;三、驳回如意岛公司的反诉请求。

二审法院认为:一审查明的事实有相应的证据予以佐证,予以确认。本案系合同纠纷,案件二审的争议焦点为如意岛公司解除合同的行为是否构成违约以及合同解除后各方法律责任应如何承担之问题。如意岛公司与中交联合体经合理、充分协商但未能就合同总价款达成一致,双方之前所订立的合同文件的合同目的无法实现,在合同已无法实际履行的情况下,如意岛公司单方解除涉案合同文件符合法律规定,不构成违约。一审法院有关如意岛公司解除合同不符合法律规定的认定不当,应当予以纠正。二审法院判决:一审判决认定事实清楚,部分说理虽欠妥但处理结果适当,根据当时的《民事诉讼法》第170条第1款第1项的规定,判决驳回上诉,维持原判。

[**案例评析**]本案中,发承包双方就海口如意岛填岛工程东标段的设计、采购、施工、安装、技术、服务、质量保修、任何缺陷的修补以及执行其他所有为建设该项目而需要的辅助行为等签订了EPC总承包合同,然而在履约过程中却因工程项目的建设内容、技术方案多次进行协调、磋商和谈判。比如,在2014年6月6日的初步设计评审会上形成了如下原则性意见:当边界条件变化且导致工程量发生较大变化时,应提供具体的说明,并应明确阐述变化的原因、调整的依据和对应的工程量;在2014年6月16日至2014年6月17日双方召开的项目初步设计评审及合同谈判会上,因承包商与设计顾问咨询单位在地基处理方法、沉箱护底结构设计和堤顶高程确定等几项关键技术处理和造价问题上无法形成统一意见,如意岛公司要求中交一航院在重点考虑降低工程造价的方案,深入开展优化结构设计工作,并提出具体的优化成果。以上都表明本项目在进行工程总承包发包时建设内容并不明确、技术方案也不成熟,根本并不适合工程总承包模式,因此最终合同解

除，发承包双方久历讼争，这从实践上支持了《管理办法》第6条的规定。

**第七条　【工程总承包发包前应当完成的程序和条件】**

**建设单位应当在发包前完成项目审批、核准或者备案程序。采用工程总承包方式的企业投资项目，应当在核准或者备案后进行工程总承包项目发包。采用工程总承包方式的政府投资项目，原则上应当在初步设计审批完成后进行工程总承包项目发包；其中，按照国家有关规定简化报批文件和审批程序的政府投资项目，应当在完成相应的投资决策审批后进行工程总承包项目发包。**

## 条文主旨

本条是对工程总承包发包阶段和条件的一般规定，是为了规范建设单位进行工程总承包发包前应当履行的基本建设审批程序而制定；明确了建设工程发包前应当完成的工作；并结合我国工程实际，以不同的投资类型的行政管理要求为基础，制定了不同的发包阶段和对设计阶段的要求。

## 条文解析

该条文是以国务院《关于投资体制改革的决定》（国发〔2004〕20号）（以下简称《投资体制改革的决定》）、《企业投资项目核准和备案管理条例》（以下简称《企业投资条例》）及《政府投资条例》出台为基础，并以住建部有关政策规定为依据的。

本条文根据投资项目类型的不同，规定了不同投资项目的发包阶段，主要包括两层含义：

1. 建设单位完成项目审批、核准或备案程序是项目进行工程总承包发包的前提，应严格区分企业投资项目和政府投资项目。企业投资项目发包是时间节点应当在核准或备案后，具体应当是核准或是备案，应严格按照《企业投资条例》及相关规定执行；而政府投资项目应进行区分，原则上应当在初步设计审批完成后进行工程总承包项目发包，例外情形是按照国家有关规定简化报批文件和审批程序的政府投资项目，应当在完成投资决策审批后进行工程总承包项目发包。

2. 应深刻理解企业投资项目和政府投资项目发包阶段不同的内在逻辑。对于政府投资项目，要求在完成初步设计后发包，除了为和上位法《政府投资条例》的相关规定保持一致外，更是从投资控制角度的考量。当项目完成初步设计后，项目的投资概算也相应确定，此时发包对于控制政府投资项目的资金投入、避免严重超概有重要意义。而对于企业投资项目，为响应企业"放管服"的大政方针，对企业投资项目从事前监管向事中事后监管延伸，通过核准或备案进行项目形式审查。但企业自身宜从提高投资效益、把控投资风险角度出发，在项目具备实质发包条件后再进行发包。

## 理解与适用

### 一、理解本条规定的前提是理解我国建设工程体制中政府投资与企业投资两大类型的区别，并厘清投资审批制度中"审批""核准""备案"三者适用的差异

#### （一）我国工程建设领域的投资体制改革史就是政府投资与企业投资逐步分离、逐步区分的历史

中华人民共和国成立初期，我国实行计划经济体制，几乎所有的工程建设项目均由政府或集体组织审批、拨款、建设。

1979 年 8 月，为了提高基本建设项目的投资效益，国务院批准了《关于基本建设投资试行贷款办法的报告》，开始在基本建设领域进行"拨改贷"的试点，打破了基本建设由政府财政无偿拨款的计划经济模式。该报告的发布标志着我国工程领域投资体制开始了市场经济改革的探索。其后，我国又逐步探索了利润留成制度、国有施工企业经济责任制、工程招投标制度、国家基本建设大中型项目可行性论证制度、基本建设项目"包干经济责任制"、建设前期工作"项目经理制"等，都是为提高政府投资建设的效益而采取的措施。此后，我国又积极探索投资建设两级（中央和省级）管理制度，逐步向地方政府下放项目审批权限。

在企业投资项目简政放权方面，我国也进行了有益探索。尤其是在 2001 年，国家计委宣布，对于部分城市基础设施、不需要国家投资的农林水利项目、地方和

企业自筹资金建设的社会事业项目、房地产开发建设项目、商贸设施项目5大类投资项目，投资总额在国务院审批限额（2亿元）以下的基本建设项目，不必报国家计委审批，按“谁投资，谁决策”的原则，地方政府出资的由地方计划部门审批，企业出资的由企业自主决策。

随后，在2003年，中共十六届三中全会审议通过的《中共中央关于完善社会主义市场经济体制若干问题的决定》指出深化投资体制改革的方向是：“……进一步确立企业的投资主体地位，实行谁投资、谁决策、谁收益、谁承担风险。国家只审批关系经济安全、影响环境资源、涉及整体布局的重大项目和政府投资项目及限制类项目，其他项目由审批制改为备案制，由投资主体自行决策，依法办理用地、资源、环保、安全等许可手续。对必须审批的项目，要合理划分中央和地方权限，扩大大型企业集团投资决策权，完善咨询论证制度，减少环节，提高效率。健全政府投资决策和项目法人约束机制。国家主要通过规划和政策指导、信息发布以及规范市场准入，引导社会投资方向，抑制无序竞争和盲目重复建设……”

2004年7月以后，经国务院批准的投资体制改革方案以《投资体制改革的决定》名义颁布，我国投资体制进入继续深化改革的新阶段，该决定奠定了目前我国投资审批制度中“审批”“核准”“备案”三者分离的基本框架。

从上述历史政策变迁可见，我国建设工程领域投资就是政府投资与企业投资逐渐分离；政府投资愈加规范，企业投资愈加自由的过程。

（二）“审批”“核准”“备案”三者适用的范围

1.“审批制”“核准制”“备案制”的适用项目范围

2004年7月16日发布的《投资体制改革的决定》是我国投资领域里程碑式的重要文件，奠定了目前现行的投资审批制度框架。

《投资体制改革的决定》第2条明确了要建立健全投资项目三级审核制度：（1）政府投资项目采用审批制，需要取得主管部门的相关审批方能立项实施；（2）列入《政府核准的投资项目目录》的企业投资项目需经有关政府部门核准后方能立项实施；（3）对于《目录》以外的企业投资项目，企业自主决定实施，仅需向有关部门备案即可。

2.政府投资项目和企业投资项目的界定

国务院于2004年发布的《投资体制改革的决定》，将固定资产投资划分为政府投资和企业投资两个领域并实行不同的管理制度。党的十八大以来，特别是2014年党的十八届四中全会作出《全面推进依法治国若干重大问题的决定》以后，国家加快了在固定资产投资领域的法治建设速度。2016年，《企业投资条例》制定出台。《企业投资条例》明确了政府对企业投资一律不再实行审批制，而是实行核准制和备案制。2019年，《政府投资条例》的制定和颁布，使企业投资和政府投资领域的法治化建设最终确立完成，全社会投资管理和监管都纳入了依法治理中。《政府投资条例》第2条规定："本条例所称政府投资，是指在中国境内使用预算安排的资金进行固定资产投资建设活动，包括新建、扩建、改建、技术改造等。"但需注意的是，并非资金来自政府投资的项目全部属于政府投资项目。所谓政府投资项目，仅为《政府投资条例》第9条定义的"政府采取直接投资方式、资本金注入方式投资的项目"。对于政府投资项目采取审批制，因为涉及财政预算资金的使用，关系国家利益，所以对于财政投资项目采取理严格的立项制度，要对项目建议书、可行性研究报告和初步设计等前期文件进行审批。所谓企业投资项目，即《企业投资项目核准和备案管理条例》第2条规定的"企业在中国境内投资建设的固定资产投资项目"，对于企业投资项目分情况采取核准制和备案制，对企业投资项目的核准制适用于重大项目和限制类项目，对其他项目则均实行备案制。

从上述规定可见，政府投资项目与企业投资项目的区分在于资金来源和建设单位的主体性质，对于政府投资项目，不论建设单位是否为政府部门本身，只要是政府采取直接投资方式、资本金注入方式投资的项目，即为政府投资项目，当然包括使用了上述投资方式的PPP项目。对于企业投资项目，企业在中国境内投资建设的固定资产投资项目，无论企业是国有企业还是民营企业，资金来自国有资金还是私人资金，均属于企业投资项目。

## 二、建设工程项目"审批""核准""备案"程序的相关要求

### （一）未履行"审批""核准""备案"程序的法律后果

1. 政府投资项目未批先建或审批内容存在瑕疵的法律后果

《政府投资条例》第34条规定，"项目单位有下列情形之一的，责令改正，根据具体情况，暂停、停止拨付资金或者收回已拨付的资金，暂停或者停止建设活动，对负有责任的领导人员和直接责任人员依法给予处分：（一）未经批准或者不符合

规定的建设条件开工建设政府投资项目;(二)弄虚作假骗取政府投资项目审批或者投资补助、贷款贴息等政府投资资金;(三)未经批准变更政府投资项目的建设地点或者对建设规模、建设内容等作较大变更;(四)擅自增加投资概算;(五)要求施工单位对政府投资项目垫资建设;(六)无正当理由不实施或者不按照建设工期实施已批准的政府投资项目。”

可见,政府投资项目未经审批、虚假审批以及超过审批范围未经再次审批擅自变更的,将面临暂停、停止拨付资金或者收回已拨付的资金以及主管人员、直接责任人员处分的法律后果。

2. 简化报批文件和审批程序的政府投资项目本质上依然属于政府投资项目,应当经过审批,只是审批程序可以简化

《政府投资条例》第 13 条规定,“对下列政府投资项目,可以按照国家有关规定简化需要报批的文件和审批程序:(一)相关规划中已经明确的项目;(二)部分扩建、改建项目;(三)建设内容单一、投资规模较小、技术方案简单的项目;(四)为应对自然灾害、事故灾难、公共卫生事件、社会安全事件等突发事件需要紧急建设的项目。前款第三项所列项目的具体范围,由国务院投资主管部门会同国务院其他有关部门规定”。

简化报批文件和审批程序的政府投资项目的审批程序的理解需要注意两点:(1)简化程序的政府投资项目本质上依然属于政府投资项目,依然需要履行审批程序,只是相关程序可以相应简化;(2)由于《政府投资条例》刚刚施行,简化项目的具体范围和简化后的操作实际要求目前还无具体规定,在相关规定出台后,应当再次研究。

3. 应核准的企业投资项目未经核准的法律后果

《企业投资条例》第 18 条规定,“实行核准管理的项目,企业未依照本条例规定办理核准手续开工建设或者未按照核准的建设地点、建设规模、建设内容等进行建设的,由核准机关责令停止建设或者责令停产,对企业处项目总投资额 1‰以上 5‰以下的罚款;对直接负责的主管人员和其他直接责任人员处 2 万元以上 5 万元以下的罚款,属于国家工作人员的,依法给予处分。以欺骗、贿赂等不正当手段取得项目核准文件,尚未开工建设的,由核准机关撤销核准文件,处项目总投资额 1‰以上 5‰以下的罚款;已经开工建设的,依照前款规定予以处罚;构成犯罪

的，依法追究刑事责任”。

可见对于应核准的企业投资项目而言，未核准的法律责任较为严格，除了罚款以外，还可能面临停工、停产乃至刑事处罚。

4. 应备案的企业投资项目未经备案的法律后果

《企业投资条例》第 19 条规定，“实行备案管理的项目，企业未依照本条例规定将项目信息或者已备案项目的信息变更情况告知备案机关，或者向备案机关提供虚假信息的，由备案机关责令限期改正；逾期不改正的，处 2 万元以上 5 万元以下的罚款”。

可见，对于应备案的企业投资项目而言，未备案的法律后果较为宽松，通常只承担限期改正和罚款的法律责任。

（二）采用“审批”“核准”“备案”的项目对于设计阶段的要求

1.“审批”“核准”“备案”程序对于设计阶段的程序要求

（1）采用“审批制”的政府投资项目应当完成初步设计文件后发包

《管理办法》本条规定，工程总承包项目必须完成初步设计后才可进行发包，其上位法依据在于《政府投资条例》第 9 条第 1 款规定，“政府采取直接投资方式、资本金注入方式投资的项目（以下统称政府投资项目），项目单位应当编制项目建议书、可行性研究报告、初步设计，按照政府投资管理权限和规定的程序，报投资主管部门或者其他有关部门审批”。住建部《关于进一步推进工程总承包发展的若干意见》（建市〔2016〕93 号）规定，建设单位可以根据项目特点，在可行性研究、方案设计或者初步设计完成后，按照确定的建设规模、建设标准、投资限额、工程质量和进度要求等进行工程总承包项目发包。因此，此前很多政府投资项目在可研或方案设计阶段完成后进行发包。由于我国对政府投资项目必须进行概算控制，而概算编制需要具备初步设计，故工程总承包合同中不得不约定概算审定程序，但概算审定程序又特别容易与工程总承包的“固定总价”模式发生冲突，对工程总承包的健康发展不利。

同时，从投资控制角度上讲，项目前期工作是极为重要的基础性工作，包括从项目筹划到开工建设前的一系列准备工作，主要有课题调研、项目规划编制、项目建议书、可行性研究报告、初步设计、初步概算等工作。项目前期工作是项目实施成功与否的关键。项目实施中的很多纠纷问题产生，是因项目前期工作深度不够、财政概算预算不足造成的。政府投资项目一般应遵循“估算控制概算、概算控制预算,预算控制决算”的原则,但经常由于项目前期工作深度不够、前期文件瑕疵等导致“决算超预算,预算超概算,概算超估算”的情况发生。将政府投资项目的发包流程后延至初步设计完成后,此时项目的概算编制工作业已完成(详情见图9),项目投资的控制依据更加充分。这样有利于政府部门科学决策,有利于合理制定项目概算费用,也有利于建筑市场公平竞争。

| 工程建设流程 | 财务控制流程 |
| --- | --- |
| 项目建议书和可行性研究阶段 | 投资估算 |
| 初步设计阶段 ← 概算审定程序 | 设计概算 |
| 施工图设计阶段<br>招投标阶段<br>合同履行阶段<br>竣工验收阶段 | 预算造价<br>标底<br>合同价<br>结算价、决策价 |

**图9　概算审定程序在工程建设和财务控制流程中的位置**

(2)采用“核准制”的企业投资项目应当完成项目申请书后发包

《企业投资条例》第6条规定,“企业办理项目核准手续,应当向核准机关提交项目申请书;由国务院核准的项目,向国务院投资主管部门提交项目申请书。项目申请书应当包括下列内容:(一)企业基本情况;(二)项目情况,包括项目名称、建设地点、建设规模、建设内容等;(三)项目利用资源情况分析以及对生态环境的影响分析;(四)项目对经济和社会的影响分析。企业应当对项目申请书内容的真实性负责。法律、行政法规规定办理相关手续作为项目核准前置条件的,企业应当提交已经办理相关手续的证明文件”。

可见,采用“核准制”的企业投资项目在发包前仅需完成较为粗略的概念性设计即可,仅需初步明确项目名称、建设地点、建设规模、建设内容等工程内容,明确对于资源、环境、经济、社会的影响,对于具体的设计阶段,并无明确要求。

(3)采用“备案制”的企业投资项目应当完成项目申请书后发包

《企业投资条例》第13条规定,“实行备案管理的项目,企业应当在开工建设前通过在线平台将下列信息告知备案机关:(一)企业基本情况;(二)项目名称、建设地点、建设规模、建设内容;(三)项目总投资额;(四)项目符合产业政策的声明。企业应当对备案项目信息的真实性负责。备案机关收到本条第一款规定的全部信息即为备案;企业告知的信息不齐全的,备案机关应当指导企业补正。企业需要备案证明的,可以要求备案机关出具或者通过在线平台自行打印"。

可见,采用"备案制"的企业投资项目仅需在"开工前"进行备案即可,对于发包前应当完成的设计,并没有明确要求。

2. 工程项目对发包前应完成的设计阶段的实质要求

从上述相关规定来看,除了采用核准制的政府投资项目明确需要在发包前完成初步设计之外,其他类型项目对于发包前的设计阶段并无程序上的硬性要求。但这并不意味着其他类型的项目对发包阶段的设计进展毫无要求。

等价有偿是合同的基本原则。在传统的施工总承包模式下,发包人提供的是具体的施工图纸,施工承包人的义务是按图施工,只要承建的工程最终符合图纸要求,施工承包人的合同义务便已完成。施工图纸的特点是明确具体,大到建筑结构,小到砌砖勾缝图纸都是明确具体的,争议较少,故承发包人之间对于合同对价的范围基本上可以达成共识,双方对自己应当承担的成本、风险和收益是有相对明确的判断的。工程总承包模式则不同,在工程总承包模式下,发包人提供的是 the Employer's Requirements①,即发包人提出对其欲取得的建设工程的相关需求(所提供的正式文件即"需求清单"),而工程总承包人的义务是实现发包人的"需求清单"的需求,如工程总承包人最终完成的建设工程未能实现发包人的需求,则构成违约。这种"需求清单"或者"发包人要求"相对于图纸而言是模糊的,双方当事人对于合同的对价理解是可能存在歧义的,例如,某住宅项目,"发包人要求"注明"精装修",那么如何理解"精装修"就存在争议,故双方对自己应当承担的成本、风险和收益并不明确,亦起争议。

而工程总承包模式根据《管理办法》第 16 条及工程管理实务,一般采用固定总价合同,如果合同目的并不清晰,显然无法明确合同造价所对应的工程内容,易起争议。故结合工程实践而言,发包人必须将设计完成到一定程度,明确基本参

① 国内工程惯例中通常将其翻译为"雇主要求"或"发包人要求",2019 年 12 月 3 日国家发改委公布的《中华人民共和国招标投标法(修订草案公开征求意见稿)》中引入了一个新的词汇——"需求清单",该词汇更符合 the Employer's Requirements 在中文语境下的意义。

数和基本要求之后，工程总承包模式的“固定总价”才能具有基本的对价基础。进言之，发包人完成的设计阶段越靠前，即越模糊，承包人可能承担的风险就越大，相应的合同价格就越高；发包人完成的设计阶段越靠后，即越明确，承包人可能承担的风险就越低，相应的合同价格就越低，但相应的发包人自身要完成的设计义务及设计方面的支出亦越高。

据此，发包人发包之前应当完成的设计阶段应当结合项目实际具体界定，其完成的设计阶段应当满足承发包双方对合同对价、风险范围、收益水平均有可预见性为准，避免项目失控，通常可以参照如下标准选择：

可行性研究是指在项目建议书被批准后，通过市场分析、技术分析、财务分析和国民经济分析对项目的技术可行性与经济合理性进行的综合评价。在可行性研究阶段，发包人要求及项目实际情况并不明晰，无法明确工程价款及风险的可预见范围，容易导致履约过程超出预期，导致工程履约争议，最终对工程建设造成不利影响。目前，部分地区允许在可研批复后进行工程总承包发包，但均设置了较为严苛的条件。例如，《上海市工程总承包试点项目管理办法》（自 2017 年 1 月 1 日起施行）规定，只有重点产业项目、标准明确的一般工业项目、采用装配式或者 BIM 建造技术的中、小型房屋建筑项目等 7 种项目且工程项目的建设规模、设计方案、功能需求、技术标准、工艺路线、投资限额及主要设备规格等均已确定的情况下，才可以在项目审批、核准或者备案手续完成阶段进行工程总承包的发包。因此可研阶段的工程总承包发包条件要求较为苛刻，只有部分具有特殊需求或工艺简单在可研阶段即可明确各项指标的项目才可在此阶段进行工程总承包的发包。与此相对，在此阶段发包的项目具有较大的不确定性，工程总承包单位承接此类项目应当优先考虑足够的风险预留款项，避免利益受损。

方案设计阶段是指在项目实施之前，在确认的建设边界范围内系统性地对项目的整体布局、平面组合、空间形体、功能布置、建筑材料、主体结构等内容进行设计，是设计工作的最初阶段，为初步设计、施工图设计奠定基础。在该阶段，一些小型、简易或高度可控的项目，已经可以明确工程价款及工程风险，如地质条件较好的宿舍、小型安置房、简易公路、小型管线工程等，上述类型的特点是建设单位要求通常非常明确、少有争议，外部其他因素影响较小，方案阶段即可明确价款及风险范围，因此可以选择在方案阶段即进行工程总承包的发包工作。

一些大型项目或技术复杂、影响较大的项目，则仍然需要进一步扩大设计或深化设计，才能基本确定项目指标，对这种规模较大、技术较复杂、不确定因素过多的项目就不适宜在方案设计完成后进行发包，应当进一步深化设计后，在初步设计阶段进行工程总承包的发包。初步设计阶段建设项目各项要求、技术经济指标已经较为详细明确，且具有较为详细的地质初勘报告作为参考，其价款范围可控，风险范围可以预计，符合工程总承包发包的评价标准。

所以，一个工程项目选择哪个阶段进行工程总承包的发包是要结合项目特点，分析具体到哪个阶段可以确保工程总承包人对工程价款及风险范围具有合理的预见，才可以选择这个阶段进行发包；但可以预见，至少是应当完成可行性研究报告阶段才具备进行工程总承包发包的基本条件。

## 实践中应注意的问题

### 一、对于政府投资项目应严格按照《政府投资条例》规定在初步设计完成后发包

《政府投资条例》对政府投资“决策—计划安排—项目实施—监督管理”整个流程作出了全方位、多层面的引导与制约。区别于企业投资项目，政府投资项目特点为：利用的是预算安排的资金，主要投向于公共领域、非经营性的固定资产建设项目，投资方式包括直接投资、资本金注入等。因政府投资项目资金来源、投资方向等构成因素的特殊性，其对国家利益和社会公共利益的影响重大，故项目从决策阶段即受到严格的监管，以确保资金得到合理使用，提高项目效益、控制项目风险。如《政府投资条例》第 9 条、第 13 条、第 21 条等明确规定，政府投资项目中，项目单位应加强项目前期工作，保证前期工作的深度达到规定的要求，编制项目建议书、可行性研究报告、初步设计，并报投资主管部门或者其他有关部门审批，对于相关政府投资项目可以按照有关规定简化需要报批的文件和审批程序，若拟对建设地点、建设规模、建设内容进行变更，需报原审批部门审批。

《管理办法》依照《政府投资条例》规定，将政府投资项目发包“门槛”提高到完成初步设计，以确保工程总承包项目建设要求明确，并从源头开始控制项目投资；即便项目适用简化报批情形，亦需等待完成相应的投资决策审批后才能进行

发包。若违背审批要求,未经批准即开工建设或擅自变更已批准的建设内容,则项目单位可能遭受暂停拨付资金、收回已拨付资金,暂停或停止建设活动等处罚。同时,政府投资项目的资金使用应经审批并进行相关审计,过早发包极易发生超概或带来潜在工程质量、安全风险和价款纠纷。

工程总承包单位接受发包时,应当关注项目发包主体、资金来源等,对于政府投资项目,应当审查发包单位是否完成初步设计,是否已履行审批手续。对总承包单位而言,需知悉并理解发包前的项目调研、报批等事项是由发包单位负责的,应尽量避免前期审批相关负担与风险不合理地分配到承包单位自身。此外,考虑到若项目未依法办理前置审批手续,可能将被责令暂停、终止建设,政府投资项目中甚至可能停止发放资金或撤回已发放资金,故工程总承包单位亦应当注意审查并监督发包单位办理审批相关程序,避免发生前述问题影响项目执行或进展的风险;同时与发包方协商,做好适当的应对安排与机制。

另如前所述,政府投资项目受严格的监管,决策审批制度从源头上控制了项目的投资、实施,如出现建设地点、建设规模、建设内容的变动,或需增加投资概算,均需报原审批部门审批。鉴此,若项目实施过程中涉及项目变动,总承包单位除关注履行工程签证手续等事项外,亦需监督发包人将变更情况及时报审批部门审批,并索要审批部门出具的同意变更的文件,避免批建不符,影响自身索赔依据或出现争议。

此外,总承包单位参与项目投标过程中,首要任务即在于关注招标文件,作出合理的投标决策。投标时的报价、项目实施方案,不仅影响能否中标,亦决定了后续项目实施的成败。鉴于此,总承包单位在招投标全程都需谨慎把控。首先,应当研究、分析发包方所提供的基础资料及要求条件。如存在因招标人本身技术水平有限,或其有意模糊、掩饰相关问题,导致招标文件存在错误、缺陷或不解,投标单位应当及时进行要求招标单位进行技术澄清。其次,投标人在研究招标文件的同时,应当调研建设单位资金情况、竞争对手情况等,对中标可能性进行科学分析,合理评估。最后,投标人应当在充分熟悉、掌握项目基本情况与业主需求的基础上,制定可行、合理的报价与实施方案,同时亦需注意投标文件编制技巧,不宜过分细化与作出过多承诺,避免中标后的实施过程中,陷自身于被动局面。

## 二、对于企业投资项目虽无法律明确限制，仍应审慎判断，在具备实质发包条件后再行发包

在形式上，从《企业投资条例》第 6 条可推知，核准制的企业投资项目在发包前需完成较为粗略的概念性设计，以明确项目对资源、环境、经济、社会的影响，而备案制项目则无上述要求。因此，仅从通过核准和备案的角度看，企业投资项目对发包阶段的设计进度无实质性限制。

但是，企业投资项目是企业自主进行固定资产投资的活动，投入的是企业的自有资金或融资，企业自身需要承担投资风险并获得投资回报。因此，发包阶段项目本身的实质发包条件是否具备，直接影响到企业投资项目的风险大小和收益高低。如果企业在项目设计尚未明确、投入资金量尚不清晰的情况下过早发包，可能导致项目成本超出预期，为企业带来巨大的资金风险。因此，本条虽对企业投资项目的实质发包条件未作明确要求，但企业应当基于自身实际情况审慎决策，在具备实质发包条件之后再进行发包。

而作为工程总承包单位，虽然企业投资项目相比政府投资项目因程序违法带来的法律风险较小，但是也应重视核准类项目的违规发包可能造成的罚款、责令停工停产甚至刑事处罚风险。此外，应当重视发包单位过早发包带来的项目不清、报价不准的风险，避免总承包单位因盲目投标带来项目建设的困难和经营性损失风险。

## 三、对于政府采用投资补助、贷款贴息方式投资的项目采用工程总承包模式时，不应作为政府投资项目对待

《政府投资条例》第 6 条规定，政府投资资金按项目安排，以直接投资方式为主；对确需支持的经营性项目，主要采取资本金注入方式，也可以适当采取投资补助、贷款贴息等方式。而根据第 9 条的定义，其中只有采取直接投资方式、资本金注入方式投资的项目称为政府投资项目。由此可见，采用投资补助和贷款贴息方式的项目原则上并不属于政府投资项目不适用本条。此外，投资补助和贷款贴息方式中，政府并不直接投资，资金主要来源是企业投资，尤其是采用贷款贴息的项目，政府的投资比例极小，且采用投资补助和贷款贴息方式的政府投资项目通常

是地方政策引导性的项目，如新农村建设、农业新技术扶持等，此种模式下，是希望通过引导社会企业资本进入特定领域，实现社会利益再分配，拉动落后地区经济等目的。如果采用严格的行政管理模式，将可能打击社会资本的积极性。因此，上述项目也不宜采用政府投资项目的管理方式。《政府投资条例》第14条规定，“采取投资补助、贷款贴息等方式安排政府投资资金的，项目单位应当按照国家有关规定办理手续”。而《中央预算内投资补助和贴息项目管理办法》对此类项目的管理也有明确规定，项目采用申报和审核方式进行管理。

## 案例评析

**[案例]初步设计审批属于行政管理范围，不属于民事案件审理范围，不影响民事法律行为效力**

福建鼎建路桥建设有限公司（原告，以下简称鼎建公司）与龙海市隆教畲族乡新厝村民委员会（被告，以下简称新厝村委会）建设工程合同纠纷案

案　　号：(2018)闽0681民初2212号

审理法院：龙海市人民法院

裁判类型：一审民事判决

**裁判要点：**政府投资项目，实际施工工程量超出主管部门审批的初步设计范围的，发包人以超出部分未经审批为由主张抗辩工程价款支付的，不予支持。

**案情摘要：**2014年3月20日，龙海市发展和改革局对隆教乡新厝村“富美乡村”道路改造工程项目作出批复，同意新厝村委会作为业主单位对隆教乡新厝村“富美乡村”道路改造工程进行建设，建设规模及内容为对村内道路进行改造，项目总投资398.21万元。

2014年4月17日，鼎建公司中标该项目，中标价为人民币2,893,290.83元，工期180日历天，质量要求合格标准。

2014年7月28日，新厝村委会与鼎建公司签订《建设工程施工合同》，合同签订后，鼎建公司进场施工。2015年11月23日，经监理单位及建设单位新厝村委会盖章确认，隆教乡新厝村“富美乡村”道路改造工程交工验收，质量评定为合格。

2016年8月23日，经新厝村委会委托的福建正茂工程造价咨询有限公司对

隆教乡新厝村“富美乡村”道路改造工程进行结算审核，并提出《建设工程结算审核意见书》：工程送审价值3,785,471.72元，核减201,590.31元，核定价值3,583,881.41元。

新厝村委会已付鼎建公司工程款2,868,768.24元。

原告鼎建公司诉请判令被告支付原告工程款715,113.17元及利息。原告诉称：涉案工程完工的工程造价为3,785,471.72元。2016年8月23日经第三方结算审核最终涉案工程价款为3,583,881.41元。在工程完工且结算审核完成后，被告至今仍拖欠715,113.17元未予支付，其行为已违反双方合同约定，构成严重违约行为。因此，被告除了应支付原告上述工程款项外，还应按银行同期同类贷款利率支付利息。

被告新厝村委会辩称：新厝村委会尚未付清工程款是因相关手续不齐全。鼎建公司在招投标中以2,893,290.83元中标。合同履行过程中，有增加合同外项目，核定工程总造价为3,583,881.41元，也即增加投资690,590.58元，明显超过中标金额5%，根据《漳州市政府投资项目管理程序规定》第52条规定，“政府投资项目应当严格按照批准的初步设计进行建设。在政府投资建设项目实施中严禁通过施工洽商或补签其他协议等方式变更设计方案、提高建设标准、增加建设内容。对因水文、地质等原因确需变更设计的，及在现场施工中发生的核增核减项目，累计增加投资达到中标金额5%的，应当提供相关依据，并经原设计单位编制变更设计说明，在实施前按照原审批程序报原审批部门审批”。由于作为施工单位的鼎建公司在未取得原设计单位编制变更设计说明，也未取得原审批机关龙海市发展和改革局审批，也未经新厝村民代表大会或者村民大会对新增加项目和投资依照民主议定程序表决之前，就进行项目变更和施工，导致乡政府经管站根据《漳州市政府投资项目管理程序规定》的相关规定，认为报送材料手续不全而不予批准支付工程款。

法院认为：《漳州市政府投资项目管理程序规定》是漳州市政府对建设单位的行政管理，不影响建设单位与承建单位的合同效力。建设工程承包合同案件应以当事人的约定和相关民事法律规定作为认定依据。原告鼎建公司与被告新厝村委会签订的《建设工程施工合同》系当事人真实意思表示，未违反法律强制性规定，合法有效，双方当事人应依合同约定履行权利义务。原告鼎建公司依约进场施工，现工程已经验收合格，交工验收超过2年，双方合同约定的付款期限已经届满。故，原告鼎建公司请求被告新厝村委会支付拖欠工程款715,113.17元，合法有据，应予支持。被告新厝村委会辩解理由不能成立。至于合同外增加工程量未经设计单位变更设计说明也未经审批部门批准的问题，属于行政管理范畴，不属本案审理范围。原告鼎建公司与被告新厝村委会签订的《建设工程施工合同》真实有效，双方当事人应依合同约定履行合同义务。原告鼎建公司依约进场施工，所完成工程经交工验收合格。合同约定的付款期限现已届满，鼎建公司请求新厝村委会支付拖欠工程款715,113.17元，合法有据，予以支持。

[**案例评析**]我国虽然推行市场经济已有数十年，但我国市场运行中，行政管理的思维还是较重，并未形成完全的市场经济思维，尤其是政府投资项目中，行政管理手段往往实质上影响合同履行。本次《政府投资条例》中关于项目发包前应当完成的行政审批的内容通常属于行政管理的内部要求，仅对行政系统内部管理发生效力，通常不直接影响民事法律行为的效力。

---

**第八条　【发包方式】**

**建设单位依法采用招标或者直接发包等方式选择工程总承包单位。**

**工程总承包项目范围内的设计、采购或者施工中有任一项属于依法必须进行招标的项目范围且达到国家规模标准的，应当采用招标的方式选择工程总承包单位。**

---

## 条文主旨

本条第1款对工程总承包的发包方式进行了规定，在采用工程总承包的模式进行发包时，仍然适用《招标投标法》《招标投标法实施条例》《必须招标的工程项目规定》等相关规定，针对依法必须招标的工程应当依法进行招标，对于非依法必须招标的工程，可由发包人（建设单位）自行选择是否采用招标方式选定承包人，若发包人对非必须招标项目决定不采用招标方式的，可以通过直接发包形式选定承包人。

本条第2款是关于应当通过招标方式确定工程总承包单位的项目范围，《招标投标法》《招标投标法实施条例》等相关法律法规是针对勘察、设计、施工、监理、工程有关的重要设备、材料采购及服务等某一单项内容招标，因此设计、采购、施工的必须招标规模标准存在不同的规定。但工程总承包同时包含了设计、采购、施工等多项内容，在多项工程内容招标标准不一致的情况下，实践中对于工程总承包项目如何把握招标范围和标准存在不同理解，因此本条款对依法必须招标的工程总承包项目的范围进行进一步说明，即当“设计、采购或者施工”中其中存在一项属于依法必须招标的，整个工程总承包项目应当通过招标方式选定承包人。

## 条文解析

根据《建筑法》第 19 条：“建筑工程依法实行招标发包，对不适于招标发包的可以直接发包。”而工程总承包系将建筑工程的设计、施工、设备采购全部或其中几项发包给一个工程总承包单位完成的承包模式，工程总承包发包性质仍属于工程发包，其发包方式与《建筑法》规定的工程发包方式一致，包括“依法必须招标”及“直接发包”两种方式。

在住房和城乡建设部《关于进一步推进工程总承包发展的若干意见》（建市〔2016〕93 号）中对工程总承包商的选定即发包方式进行了规定，工程总承包企业的选择。建设单位可以依法采用招标或者直接发包的方式选择工程总承包企业。

本条第 1 款就工程总承包项目承包人的选定方式沿用了上述规定，包括“依法必须招标”和“直接发包”两种发包方式。因为《招标投标法》及实施条例并未直接规定工程总承包模式必须招标的范围和标准，所以工程总承包项目的发包方式，关键要看建设项目范围内的设计、施工、采购本身是否属于我国招标投标法律、行政法规以及国务院发改委相关文件规定的必须招标的范围和标准，如果其中一项必须招标，则建设单位应当就工程总承包项目进行招标发包。如果不属于必须招标的项目，建设单位可以选择采用招标方式发包，也可以直接发包。

本条第 2 款是关于工程总承包中依法必须招标范围的进一步说明。工程是否属于必须招标的范围是工程发包方式确定的基本条件，依法必须招标但未进行招标而签订合同的，合同将存在效力性风险。虽然工程总承包涉及设计、施工、采购多项内容，但多项内容的承包人为同一承包主体，对工程设计、施工及设备采购全面负责，且发包人与承包人之后将签订的工程总承包合同为一份合同，该合同的标的为“工程设计—施工—采购”或“工程设计—施工”的整体，即便该合同标的在实际履行过程中是可以区分开的，但若因为其中一项内容需要进行招标而单独分离出来，势必影响整个合同标的的完整性，并将工程总承包全面负责的内容割裂开来，这与工程总承包发包的初衷相悖。同时，工程总承包发包的设计、施工、设备采购中任意一项属于依法必须进行招标的项目，将该单一承包内容吸收的工程总承包项目必然满足《招投标法》规定的必须招标条件，应当依法进行招标，不得因为合并发包而对于其他发包内容免予招标或者在对某一项内容（如施工）进行招标后，再以补充协议的形式增加设计、采购等发包内容。

## 理解与适用

本条对工程总承包发包方式及必须进行招标方式发包的工程范围进行了规定，该条文的核心仍然是依法必须进行招标项目的确定。只有明确区分依法必须招标的范围，发包人才能正确采用发包方式，确保工程总承包发包行为的合法性。

### 一、依法必须招标的项目

根据《招标投标法》第 3 条规定：“在中华人民共和国境内进行下列工程建设项目包括项目的勘察、设计、施工、监理以及与工程建设有关的重要设备、材料等的采购，必须进行招标：（一）大型基础设施、公用事业等关系社会公共利益、公众安全的项目；（二）全部或者部分使用国有资金投资或者国家融资的项目；（三）使用国际组织或者外国政府贷款、援助资金的项目。前款所列项目的具体范围和规模标准，由国务院发展计划部门会同国务院有关部门制订，报国务院批准。法律或者国务院对必须进行招标的其他项目的范围有规定的，依照其规定。”

《必须招标的项目规定》（国家发展和改革委员会令第 16 号，以下简称发改委令第 16 号文）相比《工程建设项目招标范围和规模标准规定》（国家发展计划委员会令第 3 号，已失效，以下简称原国计委令第 3 号文）修改了必须招标的范围，主要体现在：

首先，从资金使用性质上看，《必须招标的项目规定》将使用预算资金的项目明确为200万元人民币以上,并且该资金占投资额10%以上的项目。

其次,从"关系社会公共利益、公众安全"的项目范围上来看,2018年6月6日发布并实施的《必须招标的基础设施和公用事业项目范围规定》第2条规定:"不属于《必须招标的工程项目规定》第二条、第三条规定情形的大型基础设施、公用事业等关系社会公共利益、公众安全的项目,必须招标的具体范围包括:(一)煤炭、石油、天然气、电力、新能源等能源基础设施项目;(二)铁路、公路、管道、水运,以及公共航空和A1级通用机场等交通运输基础设施项目;(三)电信枢纽、通信信息网络等通信基础设施项目;(四)防洪、灌溉、排涝、引(供)水等水利基础设施项目;(五)城市轨道交通等城建项目。"

上述规定取消了民间资本投资较多的成片开发的商品住宅项目、科教文卫体和旅游项目、市政工程项目、生态环境保护项目,且删除了原国计委令第3号文"其他基础设施项目"和"其他公用事业项目"的兜底条款,避免这一范围在执行中被任意扩大,此外,针对水利和城建项目必须招标的范围也有所缩减。

最后,从必须招标项目的规模标准来看,《必须招标的项目规定》对依法必须招标项目的规模标准比之前提高了一倍,《必须招标的项目规定》第5条规定:"本规定第二条至第四条规定范围内的项目,其勘察、设计、施工、监理以及与工程建设有关的重要设备、材料等的采购达到下列标准之一的,必须招标:(一)施工单项合同估算价在400万元人民币以上;(二)重要设备、材料等货物的采购,单项合同估算价在200万元人民币以上;(三)勘察、设计、监理等服务的采购,单项合同估算价在100万元人民币以上。同一项目中可以合并进行的勘察、设计、施工、监理以及与工程建设有关的重要设备、材料等的采购,合同估算价合计达到前款规定标准的,必须招标。"

结合前述规定,目前只有当工程总承包项目的类型属于《招标投标法》第3条并属于发改委令第16号文所规定的项目范围,且同时满足发改委令第16号文第5条所规定的规模标准的,属于依法必须招标项目,除此之外的项目属于非依法必须招标项目,可由发包人自行选择发包方式。

## 二、可以不进行招标的项目

对于一些特殊的建设项目,招标投标法律法规也已明确将其排除在"必须招标的建设项目”范围之外。如《招标投标法》第66条规定,“涉及国家安全、国家秘密、抢险救灾或者属于利用扶贫资金实行以工代赈、需要使用农民工等特殊情况,不适宜进行招标的项目,按照国家有关规定可以不进行招标”。《招标投标法实施条例》第9条第1款规定:“除招标投标法第六十六条规定的可以不进行招标的特殊情况外,有下列情形之一的,可以不进行招标:(一)需要采用不可替代的专利或者专有技术;(二)采购人依法能够自行建设、生产或者提供;(三)已通过招标方式选定的特许经营项目投资人依法能够自行建设、生产或者提供;(四)需要向原中标人采购工程、货物或者服务,否则将影响施工或者功能配套要求;(五)国家规定的其他特殊情形。”《建设工程勘察设计管理条例》第16条规定,“下列建设工程的勘察、设计,经有关主管部门批准,可以直接发包:(一)采用特定的专利或者专有技术的;(二)建筑艺术造型有特殊要求的;(三)国务院规定的其他建设工程的勘察、设计”。

## 实践中应注意的问题

1. 工程总承包项目属于应当必须招标但未进行招标或者中标无效的,工程总承包合同存在效力性风险

根据最高人民法院《关于审理建设工程施工合同纠纷案件适用法律问题的解释》第1条规定:“建设工程施工合同具有下列情形之一的,应当根据合同法第五十二条第(五)项的规定,认定无效:……(三)建设工程必须进行招标而未招标或者中标无效的。”然而在实践中,关于工程总承包合同的性质争议较大,工程总承包合同是建设工程合同无疑义,但在司法实践中是按施工合同还是承揽合同来处理,以及工程总承包合同能否直接适用上述司法解释第1条的规定尚无定论,但结合司法实践以及目前关于工程总承包立法层面的空缺现状,工程总承包项目应当必须招标但未进行招标或者中标无效的,仍很大程度上存在合同无效的风险。最高人民法院《关于审理建设工程施工合同纠纷案件适用法律问题的解释》主要起草人冯小光法官在《回顾与展望——写在〈最高人民法院关于审理建设工程施工合同纠纷案件适用法律问题的解释〉颁布实施三周年之际》中认为:“《解释》为审理施工合同纠纷案件的司法解释,适用于建设工程总承包、专业分包工程、劳务

分包合同纠纷案件,原则上不适用勘察、设计、监理、装饰装潢等类合同引发的纠纷案件”。[①]

2. 法律法规规定必须“公开招标”的项目应当公开进行招标,如需采用“邀请招标”形式的,招标人应按照相关规定履行相应审批手续,否则将承担相应的法律责任

根据《招投标法》之规定,工程招标分为公开招标和邀请招标,国务院发展计划部门确定的国家重点项目和省、自治区、直辖市人民政府确定的地方重点项目不适宜公开招标的,经国务院发展计划部门或者省、自治区、直辖市人民政府批准,可以进行邀请招标。根据《招投标法实施条例》第 8 条规定:“国有资金占控股或者主导地位的依法必须进行招标的项目,应当公开招标;但有下列情形之一的,可以邀请招标:(一)技术复杂、有特殊要求或者受自然环境限制,只有少量潜在投标人可供选择;(二)采用公开招标方式的费用占项目合同金额的比例过大。有前款第二项所列情形,属于本条例第七条规定的项目,由项目审批、核准部门在审批、核准项目时作出认定;其他项目由招标人申请有关行政监督部门作出认定。”第 64 条规定:“招标人有下列情形之一的,由有关行政监督部门责令改正,可以处 10 万元以下的罚款:(一)依法应当公开招标而采用邀请招标……”

3. 实践中,工程所在地或企业基于地方或内部管理需要可能存在不同的招标范围和规模标准,将原本依法不属于必须招标的项目纳入了必须招标的范围或通过招标程序发包,此类非必须招标项目采取招标程序发包的,应当符合招标投标相关法律要求

发改委令 16 号文删除了原国计委令第 3 号文中省、自治区、直辖市人民政府根据实际情况,可以规定本地区必须进行招标的具体范围和规模标准,但不得缩小本规定确定的必须进行招标的范围的规定,这意味着未来全国适用统一的招标标准,不再赋予地方另行调整招标标准的权力,但新政策的落实尚需一定的过渡期间,过渡期内仍可能存在新老政策衔接的问题,企业在进行工程总承包的发承包时,仍需关注工程所在地相关具体规定,并及时与有关招投标管理部门沟通对接,明确招标事宜。

---

① 冯小光:《回顾与展望——写在〈最高人民法院关于审理建设工程施工合同纠纷案件适用法律问题的解释〉颁布实施三周年之际》,载《民事审判指导与参考》(2008 年第 1 集 · 总第 33 集),法律出版社 2008 年版,第 79 页。

另外，部分单位尤其是国有企事业单位或大型集团公司等，基于企业内部风控的管理需要，可能另行制定企业在进行工程、货物、服务采购时的内部管理文件。企业需要根据不同的规模标准进行招标或竞争性谈判等，要求企业内设机构或子公司在法定必须招标的基础上遵循有关内部管理文件（企业内部有关招标的管理规定通常高于法定必须招标规模标准），此类规定因属于企业内部管理模式，不属于平等民事法律主体之间的民事法律行为，不属于招标投标相关法律法规及《管理办法》所调整的范围。但需要注意的是，该种情况下即便不属于法定必须招标的范围，若企业自愿实施招标的，有关招投标程序仍应适用《招标投标法》《招标投标法实施条例》等相关法律法规的规定，企业应注意有关招标投标流程的合法合规性，避免发生中标无效的法律后果或其他违法违规情况。

## 案例评析

**［案例一］工程总承包项目依法属于必须招标范围的，建设单位应当通过招标选择工程总承包单位**

北京蓝图工程设计有限公司（原告，以下简称北京蓝图公司）与新疆大黄山鸿基焦化有限责任公司（被告，以下简称大黄山鸿基焦化公司）、新疆大黄山鸿基焦化有限责任公司阜康焦化分公司（被告，以下简称大黄山鸿基焦化阜康分公司）建设工程施工合同纠纷案

案　　号：（2019）新民初16号

审理法院：新疆维吾尔自治区高级人民法院

裁判类型：一审民事判决

**裁判要点：**案涉工程项目内容包括煤气综合利用项目填平补齐技术改造工程设计、采购、施工及开车任务，使用国有资金投资，根据《招标投标法》第3条、《工程建设项目招标范围和规模标准规定》相关条款的规定必须进行招标。而北京蓝图公司与大黄山鸿基焦化公司就案涉项目签订《新疆大黄山鸿基焦化有限责任公司煤气综合利用项目填平补齐技术改造工程总承包合同》并未履行招投标程序，依据最高人民法院《关于审理建设工程施工合同纠纷案件适用法律问题的解释》第1条之规定，案涉合同违反法律、行政法规的强制性规定，应认定为无效合同。

**案情摘要**:2012年11月9日,北京蓝图公司与大黄山鸿基焦化公司签订《新疆大黄山鸿基焦化有限责任公司煤气综合利用项目填平补齐技术改造工程承包合同》,约定由北京蓝图公司作为总承包方负责对大黄山鸿基焦化公司的煤气综合利用项目填平补齐技术改造工程在项目设计、原材料及设备采购、施工、安装等方面进行EPC工程总承包。

该合同签订后,北京蓝图公司遂组织进行施工。大黄山鸿基焦化公司、大黄山鸿基焦化阜康分公司在上述合同履行过程中,均认可被告大黄山鸿基焦化公司、大黄山鸿基焦化阜康分公司向原告北京蓝图公司现金支付工程款41,194,000元,以债权债务转让协议方式,新疆宜化化工有限公司向原告以货款抵工程款11,160,000元,新疆嘉宜实业有限公司向原告以货款抵工程款19,270,151.67元,以上合计被告向原告已支付工程款71,624,151.67元(41,194,000元+11,160,000元+19,270,151.67元)。北京蓝图公司陆续完成所有工程项目并将工程交付大黄山鸿基焦化公司使用,北京蓝图公司也向大黄山鸿基焦化公司移交了相关竣工资料及经济签证单。

2015年9月10日,北京蓝图公司将所有工程结算书提交给大黄山鸿基焦化公司,但双方对结算事宜存在较大分歧,未能就结算达成一致。由此,北京蓝图公司按照单方核算的造价167,317,086元作为暂定造价计算工程款诉至法院。

原告诉讼请求:1.判令大黄山鸿基焦化公司、大黄山鸿基焦化阜康分公司支付所欠工程款95,692,934.33元;2.判令大黄山鸿基焦化公司、大黄山鸿基焦化阜康分公司支付所欠工程款利息24,302,018元(95,692,934.33元×5.75%÷12个月×53个月,2015年1月1日暂时计算至2019年5月31日),上述合计:119,994,952元;3.案件受理费由大黄山鸿基焦化公司、大黄山鸿基焦化阜康分公司承担。

新疆维吾尔自治区高级人民法院一审[①]认为:案涉《新疆大黄山鸿基焦化有限责任公司煤气综合利用项目填平补齐技术改造工程总承包合同》内容为煤气综合利用项目填平补齐技术改造工程,合同价款为7800万元。《招标投标法》第3条规定,在中华人民共和国境内进行下列工程建设项目包括项目的勘察、设计、施工、监理以及与工程建设有关的重要设备、材料等的采购,必须进行招标:(一)大

① 截至本文编写之日(2020年3月3日),本案尚未从公开渠道查询到二审判决文书。

型基础设施、公用事业等关系社会公共利益、公众安全的项目;(二)全部或者部分使用国有资金投资或者国家融资的项目;(三)使用国际组织或者外国政府贷款、援助资金的项目。前款所列项目的具体范围和规模标准,由国务院发展计划部门会同国务院有关部门制订,报国务院批准。法律或者国务院对必须进行招标的其他项目的范围有规定的,依照其规定。依据案涉合同签约时仍然有效的《工程建设项目招标范围和规模标准规定》第2条规定,关系社会公共利益、公众安全的基础设施项目的范围包括:(一)煤炭、石油、天然气、电力、新能源等能源项目;(二)铁路、公路、管道、水运、航空以及其他交通运输业等交通运输项目;(三)邮政、电信枢纽、通信、信息网络等邮电通讯项目;(四)防洪、灌溉、排涝、引(供)水、滩涂治理、水土保持、水利枢纽等水利项目;(五)道路、桥梁、地铁和轻轨交通、地铁和轻轨交通垃圾处理、地下管道、公共停车场等城市设施项目;(六)生态环境保护项目;(七)其他基础设施项目。第7条规定,本规定第2条至第6条规定范围内的各类工程建设项目,包括项目的勘察、设计、施工、监理以及与工程建设有关的重要设备、材料等的采购,达到下列标准之一的,必须进行招标:(一)施工单项合同估算价在200万元人民币以上的;(二)重要设备、材料等货物的采购,单项合同估算价在100万元人民币以上的;(三)勘察、设计、监理等服务的采购,单项合同估算价在50万元人民币以上的;(四)单项合同估算价低于第(一)、(二)、(三)项规定的标准,但项目总投资额在3000万元人民币以上的。案涉工程项目内容包括煤气综合利用项目填平补齐技术改造工程设计、采购、施工及开车任务,使用国有资金投资,总投资额超过3000万元,根据以上规定必须进行招标。而北京蓝图公司与大黄山鸿基焦化公司就案涉项目签订《新疆大黄山鸿基焦化有限责任公司煤气综合利用项目填平补齐技术改造工程总承包合同》并未履行招投标程序,依据最高人民法院《关于审理建设工程施工合同纠纷案件适用法律问题的解释》第1条,"建设工程施工合同具有下列情形之一的,应当根据合同法第五十二条第(五)项的规定,认定无效:(一)承包人未取得建筑施工企业资质或者超越资质等级的;(二)没有资质的实际施工人借用有资质的建筑施工企业名义的;(三)建设工程必须进行招标而未招标或者中标无效的"之规定,案涉合同违反法律、行政法规的强制性规定,应认定为无效合同。鉴于建设工程的特殊性,虽然案涉合同无效,但原告的劳动和建筑材料已经物化在涉案工程中,且涉案工程已由被告实际控制及管理,综合本案案情,依据最高人民法院《关于审理建设工程施工合同纠纷案件适用法律问题的解释》第2条的规定,建设工程施工无效合同参照有效合同处理,应当参照合同约定来计算涉案工程价款。

**[案例评析]**本案工程为包括设计、采购、施工的EPC工程总承包项目,且经法院查明本案工程资金来源为国有资金投资,按照本案工程发包时所施行的《工程建设项目招标范围和规模标准规定》,本案工程属于关系社会公共利益、公众安全的基础设施项目且总投资额超过3000万元,属于依法必须招标的项目。按照新规定,本案施工部分超过400万元即属于依法应当招标的项目,因此建设单位应当通过法定的招标流程选择工程总承包商,而不能直接发包,否则将可能存在"应招未招"而导致工程总承包合同无效的法律风险。

**[案例二]依法可以不进行招标的项目,建设单位可以直接协议发包**

浙江精工钢结构集团有限公司(上诉人、原审原告,以下简称浙江精工)与天津经济技术开发区管理委员会基本建设中心(被上诉人、原审被告)建设工程施工合同纠纷案①

案　　号:(2017)津0116民初83706号(一审)

(2018)津02民终3193号(二审)

审理法院:天津市滨海新区人民法院(一审)

天津市第二中级人民法院(二审)

裁判类型:终审民事判决

**裁判要点:**符合《招标投标法》第66条之规定,涉及国家安全、国家秘密、抢险救灾等特殊情况,不适宜进行招标的项目,在履行相关审批、备案手续后,按照国家有关规定可以不进行招标。

**案情摘要:**因"8·12"事故造成天津滨海国际会议中心一期综合楼2号、5号共享大厅屋盖钢结构出现不同程度的破坏而需加固。

天津经济技术开发区管理委员会基本建设中心为甲方、浙江精工钢结构集团有限公司为乙方,双方签订了《天津市建设工程施工合同》,合同约定,浙江精工承

① 案涉项目合同为施工合同,并未明确采用工程总承包模式,但在招标投标环节具备借鉴参考价值。

包基建中心2号、5号共享大厅脚手架搭设、拆除及支承平台制作、安装工程，工程期限自2015年9月25日至2015年10月15日，合同工期21天，合同价款暂定为2,297,387元，最终合同额以审计局审计结果为准。

另查明，涉案工程未经过招标投标。因“8·12”天津滨海新区发生爆炸事故，滨海会展中心在爆炸后严重受损，被告经组织天津市房屋质量安全鉴定检测中心对会展中心进行初勘后，结果为：会展中心应立即停止使用，对展厅已损坏的玻璃幕墙、门窗及屋面彩钢板进行排险，对展厅2号、4号馆主次梁桁架焊缝链接出现开焊部位，应采取临时有效支护或加固措施。会展中心周边一倍高度范围均应安装警示标志，避免安全事故。为此，被告于2015年10月9日作出津开基建报〔2015〕17号文件，文件在对上述情况进行说明的同时，载明管委会副主任召开会展修复工作专题会，确定抢修工作由原会展中心设计单位针对勘察结果出具临时加固维修方案，由原会展中心二期管理公司组织原施工单位开展排险工作。钢结构加固由原施工单位负责实施，监理工作由原监理单位负责。2015年11月4日，天津经济技术开发区建设和交通局根据上述报告作出如下意见：依据管委会9月9日召开的会展中心修复工作专题会和9月14日管委会主任会第7次工作协调会的内容，拟同意基建中心直接委托施工单位、监理单位开展排险加固工作。并提交审委会批示。2015年10月23日，天津经济技术开发区财政局作出《财政局关于开展会展中心项目前期工作的意见》，其上载明，由于会展中心在“8·12”安全事故中受损严重，为尽快确定项目下一步维修方案，需对建筑结构进行评估鉴定。由于会展中心在此前的初步鉴定中被认定为受损严重，需要对现有房屋进行加固及排险后才能进行后续评估鉴定工作。为尽快启动加固工作，并防止次生安全事故，基建中心计划由原施工单位尽快组织加固施工。

上述合同签订后，原告依约进行了施工，涉案工程于2015年10月15日已竣工验收合格。后因工程款余款支付的问题，双方未能达成一致，原告起诉至法院要求被告支付剩余工程款。

原告诉讼请求：原告向本院提交诉讼请求如下：1. 确认双方签订的建设工程施工合同无效；2. 判令被告支付工程款暂计2,821,999元（其中，脚手架租赁费仅计算自2015年10月15日至2017年6月3日止）；3. 判令被告偿付自起诉日至判决履行日止的中国人民银行同期银行贷款利息损失；4. 本案的诉讼费用由被告承担。

天津市滨海新区人民法院一审及天津市第二中级人民法院二审认为：本案的争议焦点为双方签订的建设工程施工合同是否合法有效。原告认为涉案工程属于应招标的项目而未进行招标，因违反了最高人民法院《关于审理建设工程施工合同纠纷案件适用法律问题的解释》第1条第3项之规定，双方签订的《建设施工合同》应归于无效。但根据《招投标法》第66条之规定，涉及国家安全、国家秘密、抢险救灾等特殊情况，不适宜进行招标的项目，按照国家有关规定可以不进行招标。本案涉案工程显然属于"8·12"爆炸后因存在重大安全隐患，根据抢险救灾的需要而进行的特殊项目，同时，被告亦已依法就直接委托被告施工进行了请示并通过了审批。本案中，被告直接委托原告进行施工显然符合法律规定。不属于最高人民法院《关于审理建设工程施工合同纠纷案件适用法律问题的解释》第1条第3项规定的应认定合同无效的情形。同时，涉案建设工程施工合同为双方真实意思表示，且不违反法律法规的强制性规定，应认定为合法有效，双方均应按照合同约定全面履行双方权利义务。综上，对于原告的第一项诉讼请求，因于法无据，不予支持。

[**案例评析**]本案存在一定的特殊性，符合《招投标法》第66条规定的可以不进行招标的情形。实践中，发包人和承包商均应在发包阶段就对项目是否属于依法应当招标的项目进行判断，采用合法的发包方式对承发包双方均有利。需要注意的是，建设单位可以合法地将工程直接进行发包，但应注意履行相应的审批、报备手续。

---

**第九条 【发包人编制招标文件应有的主要内容】**

**建设单位应当根据招标项目的特点和需要编制工程总承包项目招标文件，主要包括以下内容：**

**（一）投标人须知；**

**（二）评标办法和标准；**

**（三）拟签订合同的主要条款；**

**（四）发包人要求，列明项目的目标、范围、设计和其他技术标准，包括对项目**

**的内容、范围、规模、标准、功能、质量、安全、节约能源、生态环境保护、工期、验收等的明确要求；**

**（五）建设单位提供的资料和条件，包括发包前完成的水文地质、工程地质、地形等勘察资料，以及可行性研究报告、方案设计文件或者初步设计文件等；**

**（六）投标文件格式；**

**（七）要求投标人提交的其他材料。**

**建设单位可以在招标文件中，提出对履约担保的要求，依法要求投标文件载明拟分包的内容；对于设有最高投标限价的，应当明确最高投标限价或者最高投标限价的计算方法。**

**推荐使用由住房城乡建设部会同有关部门制定的工程总承包合同示范文本。**

## 条文主旨

本条文明确了工程总承包项目招标文件编制需要包含的基本内容，并鼓励、推荐建设单位使用工程总承包合同示范文本。招标文件是招标人向潜在投标人发出的要约邀请文件，也是指导招投标活动全过程的纲领性文件。招标文件编制的质量直接影响招投标活动的效率和效果。因此，建设单位应当依据工程总承包项目的特点和实际需求编制招标文件。

招标文件的编制应当具备完备性和科学性。其应当列明发包前完成的基础资料，明确招标的内容及范围、招标人与中标人的责任和权利、分包的内容、最高限价或其计算方法、履约担保等内容，也即主要信息应当全面、完备、清晰，以避免招标文件出现错误、疏漏而导致重新招标、中标无效、招标失败等不利后果。同时，在充分考虑工程总承包项目的规模、技术标准、潜在投标人情况、进度安排、履约期限等因素的基础上，科学地划分标段，谨慎地设置投标人资格条件。

招标文件的编制应当具备公平性和规范性。招标人与投标人是平等的民事法律关系主体，享受对等的权利，承担相应的义务和责任。招标人不得以不合理的条件限制、排斥投标人。同时，招标文件所规定的内容，以及相关招标方式、招标程序必须符合法律规定，不得违反法律的强制性和禁止性规定。

## 条文解析

本条第 1 款规定了招标文件中一般应当包含的内容：

1. 投标人须知。投标人须知是将招标文件各章节中列明的招投标过程中的各项基本关键信息的集合后，包括招标人、项目基本情况、资金落实情况、招标范围、工期、质量、投标人资质条件、投标人财务状况及荣誉、投标人业绩及能力要求、招标文件的澄清时间、投标截止时间、开标时间与地点、开标程序、履约担保、投标文件份数等各项内容，投标人须知通常以表格形式将前述内容集中在招标文件第一章进行明示。

2. 评标办法和标准。一份合法、科学、具有可操作性的评标标准和方法，既使评标委员会能够按照统一的标准和方法进行评标，也是对评标委员会自由裁量权的合理约束，有利于确保评标结果的公平、公正和科学。评标标准和方法通常包括以下内容：评标方法、评标纪律、评标委员会组成及来源、评标程序、评审因素及其评审标准、确定中标候选人原则等。

按照《招标投标法实施条例》第 49 条规定招标文件没有规定的评标标准和方法不得作为评标的依据，因此评标标准和方法必须在招标文件中载明，是《招标投标法》公开原则的具体体现，有利于投标人了解招标人的招标目的，有效引导投标人投标，编制出高质量的投标文件；有利于加强利害关系人和社会监督，提高招标投标的透明度，防止暗箱操作。《招标投标法实施条例》第 32 条规定，“招标人有下列行为之一的，属于以不合理条件限制、排斥潜在投标人或者投标人：……（四）对潜在投标人或者投标人采取不同的资格审查或者评标标准”。因此，在评标过程中，不得随意增加、删减评审因素，也不得调整每个评审因素的评审标准和权重。

3. 拟签订合同的主要条款通常作为招标文件的组成部分，在招标阶段向各投标人公开明示。按照《招标投标法实施条例》第 57 条第 1 款规定：“招标人和中标人应当依照招标投标法和本条例的规定签订书面合同，合同的标的、价款、质量、履行期限等主要条款应当与招标文件和中标人的投标文件的内容一致。招标人和中标人不得再行订立背离合同实质性内容的其他协议。”因此，拟签订合同原则上作为中标后双方进行合同谈判的基础文本，降低中标后对具体合同条款的争议，同时双方不得另行签订与招标文件中拟签订合同及中标人投标文件的实质性条款相背离的协议。

4. 招标文件中应当明确发包人要求，包括招标的内容、范围和要求，主要是设计、采购和施工的内容及范围、规模、标准、功能、质量、安全、节约能源、生态环境保护、工期、验收等量化指标。相关指标要求是招标人实现工程建设目的的重要体现，招标人应当在招标文件中明确相关条件和要求，作为投标人提交符合要求的投标文件和投标报价的基础。

5. 建设单位提供的资料和条件。例如，水文地质、工程地质、地形等勘察资料以及可行性研究报告、方案设计文件或者初步设计文件等基础资料是投标人制作投标方案的基础，只有这些资料准确、完备，才能保证投标方案的深度、准确度、针对性，投标人才能合理评估工程的风险并制定相应的投标文件。

6. 投标文件格式。投标文件格式是招标人要求的投标人应当按照相应格式编写投标文件的内容，在招标时按照评审标准统一设定投标文件格式可以提高招标人的评审效率，便于招标人对投标人是否针对有关招标范围、投标有效期、工期、质量标准、发包人要求等实质性内容等作出响应进行审查，投标文件格式通常包含投标函及附录、法定代表人身份证明、授权委托书、联合体协议书（如有）、投标保证金提交证明、价格清单、承包人实施计划、资格审查资料等内容。

7. 要求投标人提交的其他资料，招标人可以根据项目特征和需求，在招标文件要求投标人提交其他投标资料（如投标人业绩、诚信、奖项证明、无犯罪行为记录等）。

同时，本条对工程总承包项目拟分包的内容、履约担保、最高限价等事项提出要在招标文件中予以明确。

拟分包的内容。按照《管理办法》第 19 条规定工程总承包单位根据合同约定或者经建设单位同意，可以将部分工程进行分包。同时，工程总承包商在投标过程中对于分包计划的编写也是其投标文件的一个重要组成部分，招标人可以通过拟分包计划评估工程总承包商的资源组织实施与管理能力，经招投标程序确定并在工程总承包合同中约定的分包内容，可以作为工程总承包单位进行分包的依据。

履约担保的方式、金额等。履约担保，是指招标人要求投标人在接到中标通知后，提交的保证履行合同各项义务的担保。履约担保主要有银行保函、履约担保书和保留金3种形式。招标人可以在招标阶段对投标人中标后提供履约担保的方式、金额等作出明确规定，确保中标人中标后按照招标文件要求提供履约担保，保证中标人按照招投标阶段确定的内容签订书面的工程总承包合同并在实施期间全面履行合同约定。

此外，招标人设置有最高限价的，应当在招标文件中进行明确。工程总承包项目宜采用总价合同，而最高限价是招标人能够承受的最高价格。根据《招标投标法实施条例》第27条第3款规定“招标人设有最高投标限价的，应当在招标文件中明确最高投标限价或者最高投标限价的计算方法。招标人不得规定最低投标限价”，最高投标限价应当在招标文件中公布，也即向潜在投标人明示了招标人的承受能力，也便于投标人能够合理评估其投标报价的合理性。

根据工程的具体情况，投标人如有其他需要特别说明的情况或要求的；《招标投标法》《招标投标法实施条例》等法律、法规规定的招标文件中应当包括的内容，应当在招标文件中予以明确。

## 理解与适用

招标文件的内容中，工程总承包模式与传统施工总承包模式最大的区别在于“发包人要求”和“建设单位提供的资料和条件”。

### 一、“发包人要求”即合同目的，必须达到双方能对工程范围及工程风险具有明确认知的要求

《管理办法》本条规定是对《招标投标法》第19条第1款“招标人应当根据招标项目的特点和需要编制招标文件。招标文件应当包括招标项目的技术要求、对投标人资格审查的标准、投标报价要求和评标标准等所有实质性要求和条件以及拟签订合同的主要条款”进一步细化，“发包人要求”是对“招标项目的技术要求”的进一步解释。欲准确理解这个概念，需对施工总承包模式进行研究。

在施工总承包模式中，“招标项目的技术要求”通常表现为施工图纸非常翔实，从总体概念到细部构造均有明确的图纸予以注明，并且对于尺寸、材质、工艺要求等通常都有明确具体的标注。因此，在施工总承包中，施工总承包人对于自

身应当完成的建设工程，是有明确具体的认识的，可以较为清晰地依据自身的经济技术能力判断自身可能产生的成本及风险，最终明确合同报价。

但工程总承包模式则不然，工程总承包模式中的“发包人要求”来自 FIDIC 条款中的“the Employer's Requirements”这一概念，直接翻译为“雇主要求”，本土化后翻译为“发包人要求”。2017 版 FIDIC《设计采购施工(EPC)/交钥匙工程合同条件》(以下简称《2017 版银皮书》)第 1.1.31 款规定：“‘雇主要求’系指合同中包括的，题为雇主要求的文件，以及根据合同对此项文件所作的任何补充和修改。该文件描述了工程拟达到的目标，并列明了工程的范围、和/或设计、和/或其他履行、技术和评估标准。”因此“发包人要求”与“施工图纸”法律本质是一致的，都是承发包人的合同目的，即发包人希望通过合同取得的目标的建设工程，亦即承包人的承揽工作范围。但有别于“施工图纸”的明确具体，“发包人要求”是一种较为模糊的语言表述，招标人在“发包人要求”中通常是以文字的形式描述自身对于欲取得的项目的需求，但文字的理解涉及思维的壁垒，在理解上容易产生偏差。例如，“发包人要求”中明确某项目应为“精装修”，那么如何界定“精装修”的范围，双方就易起争议。

相应地，由于“发包人要求”无论如何明确，均难以避免理解上的争议，因此就构成了潜在的风险，“发包人要求”作为合同目的，一旦理解上发生偏差，显然会直接影响工程价款。进一步而言，“发包人要求”是一种发包人希望达到的目标，如何达到该目标的风险均由工程总承包人承担，因此工艺技术的发展、社会经济条件、市场正常波动均是工程总承包人需要考虑并且并入合同价款中进行综合考虑的内容。

“发包人要求”需要达到的基本要求是保证双方当事人对于合同目的有基本一致的认识，否则将可能导致合同目的无法实现的风险；“发包人要求”需要达到作为专业的工程总承包人可以合理预见履约风险的要求，否则无法明确合同风险即无法明确合同价款，亦可能导致工程失败。

## 二、工程总承包模式下“建设单位提供的资料和条件”的过错责任有别于施工总承包模式

《建设工程施工合同(示范文本)》第 2.4.3 项【提供基础资料】规定：“发包人

应当在移交施工现场前向承包人提供施工现场及工程施工所必需的毗邻区域内供水、排水、供电、供气、供热、通信、广播电视等地下管线资料,气象和水文观测资料,地质勘察资料,相邻建筑物、构筑物和地下工程等有关基础资料,并对所提供资料的真实性、准确性和完整性负责。"可见,施工总承包模式下,基础资料错误承担以发包人承担为原则,除非合同另有约定,否则基础资料有误的过错责任由发包人承担。

但在工程总承包模式下,这种资料的保证责任则并不如此单一,且 DB 模式和 EPC 模式还存在一定差异。

关于 EPC 模式下的基础资料保证责任,可以参考《2017 版银皮书》第 2.5 款【现场数据和参照项】规定:"雇主应在基准日期前,将其取得的现场地形,以及现场地下、水文条件、气象及环境方面的所有有关资料,提交给承包商。雇主在基准日期后得到的所有此类资料,也应立即提交给承包商。原始测量控制基准点,基准线和基准标高(本条件中的"参照项")应在雇主要求中进行规定。除第 5.1 款【设计义务一般要求】提出的情况以外,雇主对这些资料和/或参照项的准确性、充分性和完整性不承担责任。"第 5.1 款【设计义务一般要求】:"除下述条款所述外,雇主不应对包括在原合同内的雇主要求中的任何错误、不准确、或遗漏负责,并不应被认为,对任何数据或资料给出了任何准确性或完整性的表示。承包商从雇主或其他方面收到任何数据或资料,不应解除承包商对工程实施承担的承包商职责。但是,雇主应对雇主要求中的下列部分,以及由(或代表)雇主提供的下列数据和资料的正确性负责:(a)在合同中规定的由雇主负责的、或不可变的部分、数据和资料,(b)对工程或其任何部分的预期目的的说明,(c)竣工工程的试验和性能的标准,(d)除合同另有说明外,承包商不能核实的部分、数据和资料。"从上述条文可以发现,在 EPC 模式下,除非合同中明确约定由发包人承担或承包人不具有核实可能的资料外,其他基础资料的过错责任由工程总承包人承担,这与施工总承包模式相比,可以说是刚好相反的。

关于 DB 模式下的基础资料保证责任,可以参考 FIDIC《生产设备和设计——施工合同条件》(以下简称《2017 版 FIDIC 黄皮书》)第 1.9 款【雇主要求中的错误】:"如承包商根据第 5.1 款【设计义务一般要求】的规定对雇主要求进行仔细检查,因此发现其中存在错误、失误或缺陷的,承包商应在自开工日期起算的合同数据表所规定的期间内（如未规定，则为 42 天）向工程师发出通知。如果承包商在此期间届满后才发现雇主要求中的错误、失误或缺陷，承包商仍应向工程师发出通知，并描述该错误、失误或缺陷。工程师应随后根据第 3.7 款【商定或确定】的规定商定或确定：（a）雇主要求是否存在错误、失误或缺陷；（b）通过下列情形，一个有经验的承包商行使应有的注意能否发现该错误、失误或其他缺陷（在考虑到费用和时间的情况下）：通过在提交投标书前检查现场和雇主要求；如果承包商通知是在本款第一段所述的期间届满后给出的，通过根据第 5.1 款【设计义务一般要求】的规定对雇主要求进行仔细检查；以及（c）为纠正错误、失误或缺陷，承包商需要采取何等措施。（以及，为第 3.7.3 款【时间限制】之目的，工程师根据本款收到承包商通知之日应为第 3.7.3 款下商定的时间限制开始之日）。如果根据上述（b）项，一个有经验的承包商不能发现该错误、失误或其他缺陷：（i）第 13.3.1 款【指示的变更】应适用于承包商需要采取的措施（如有）；（ii）如果承包商因错误、失误或缺陷而遭受工期延误或产生费用，则其有权根据第 20.2 款【付款和/或工期延长索赔】的规定，要求工期延长和/或支付成本加利润。”第 5.1 款【设计义务一般要求】：“在收到根据第 8.1 款【工程的开工】的规定颁发的通知后，承包商应立即仔细检查雇主要求（包括设计标准和计算，如有）。如果承包商发现雇主要求中存在任何差错、错误或其他缺陷，应适用第 1.9 款【雇主要求中的错误】（除非是雇主要求中规定的参照项的错误，在此情况下应适用第 4.7 款【放线】）。”可见，在 DB 模式下，原则上工程总承包人仅对根据一般有经验的承包商在投标前应当发现的错误负责，其余基础资料错误的责任由发包人承担。

因此，基础资料核实义务对于承包人而言在施工总承包模式、DB 模式及 EPC 模式下是逐步加重的，工程总承包人应当严格核实基础资料，避免基础资料存在错误导致工程总承包人对合同价款的判断出现错误。

## 实践中应注意的问题

### 一、“发包人要求”过于简洁概括

如果“发包人要求”过于粗略、概括，则意味着双方当事人对于合同目的的理解存在更大的偏差可能，换言之，可能导致承包人所建设的工程根本不符合发包人的预期。这种结果是极其严重的，意味着合同的根本目的无法实现，对于发承包人双方而言都是一个重大损失。

因此，对“发包人要求”文件的要求必须明确具体，应当达到合同双方当事人对于合同目的有基本一致的认识，且双方当事人对于“发包人要求”文件应当推进交底制度，应当互相对文件条款进行进一步的解释，避免理解有误。

## 二、建设单位提供的基础资料和前期条件应尽可能地准确、详细

根据《2017 版银皮书》第 2.5 款、第 5.1 款、《2017 版 FIDIC 黄皮书》第 1.9 款和第 5.1 款的规定来看，工程总承包模式下，承包人对基础资料的真实性和准确性需要承担不同的责任。这与我国现行的施工总承包市场惯例存在较大的差异。工程项目中，基础资料的真实性和准确性往往对工程实施存在很大影响，因此这要求工程总承包人需要吸收国际工程惯例的先进经验并重视基础资料的风险承担约定对于合同履行的重大影响，合理适当地通过合同约定准确界定双方对于基础资料的负责范围。

## 案例评析

### [案例一]未影响“发包人要求”的变更不影响合同价格

山西洪杰智能控制有限公司（原审原告、反诉被告、被上诉人，以下简称洪杰智能公司）与山西漳电蒲洲热电有限公司（原审被告、反诉原告、上诉人，以下简称蒲洲热电公司）、杭州新纪元消防科技有限公司（反诉被告）建设工程合同纠纷案

案　　号：(2019)晋 08 民终 1088 号

审理法院：运城市中级人民法院

裁判类型：二审民事判决

**裁判要点：**双方当事人签署固定总价的 EPC 合同并约定合同有效期内为不变价，发承包双方在工程联系单上同意对相关设备进行更换，未提及是否调整合同价款，该设备更换不能调整合同价款。

**案情摘要：**2015 年 1 月 19 日，原告洪杰智能公司与被告蒲洲热电公司签订了 1 份《山西永济上大压小热电联产工程特殊消防设备合同》，合同约定：“由原告洪杰智能公司（卖方）为被告蒲洲热电公司（买方）提供 2×350MW 超临界燃煤机组

供应的辅机设备，设备名称：特殊消防、火灾报警及消防联动控制系统，合同总价款为1768.4340万元，其中合同设备价格为1662.4340万元，安装工程费106万元，本合同总价在合同有限期内为不变价，付款方式在有限期内不发生改变，合同为“EPC”合同。最终设计图纸完成后由卖方提供实际供货数量与合同供货范围设备数量的偏差表，经买方确认后，数量偏差在合同供货范围±10%以内时，不发生费用问题；数量偏差超过合同供货范围±10%时，按多退少补的原则以合同单价进行计价。付款方式为：……合同设备价格的10%作为设备质量保证金，待合同设备保证期满没有质量问题，买方已经签发了合同设备最终验收证书后一个月内，买方支付合同设备价格的10%。……安装质保金，消防系统通过消防部门检测验收合格并出具验收报告后一年内无任何质量问题，买方一个月内支付给卖方合同安装费的10%。……”合同签订后，原告洪杰智能公司于2015年3月25日开工，并按合同约定为被告实施特殊消防建设工程、购买相关合同设备，案涉合同4号机组工程于2015年12月31日“168”结束，3号机组工程于2016年3月28日“168”结束。2016年6月22日，案涉工程竣工，经被告蒲州热电公司、第三方监理单位上海斯耐迪工程咨询有限公司在案涉工程竣工验收报告上签署验收合格。被告蒲州热电公司按合同约定内容，共支付原告洪杰智能公司设备价款1496.190,59万元，尚欠原告安装工程款58.83万元（2018年2月2日原告申请支付，被告同意支付但以已超付设备款为由拒付，致原告开具的票据作废）及合同约定的10%质保金（含设备质保金166.2434万元与安装工程质保金10.123万元）未付。2017年10月10日，山西三和消防设施检测技术服务有限公司受被告蒲州热电公司委托对案涉工程的自动消防设施进行验收合格。2017年12月20日，运城市公安消防支队对案涉消防工程进行验收，并向被告蒲州热电公司出具了运公消验字（2017）第0219号建设工程消防验收合格意见书。

本案合同履行过程中，因原合同中约定的热电偶探测器无检验报告，不得在工程中使用问题。2015年8月19日，原、被告及第三方监理单位上海斯耐迪工程咨询有限公司召开了专题会议。2015年9月4日，原、被告及第三方监理单位上海斯耐迪工程咨询有限公司协商，三方签署了一份“关于合同中热电偶探测器的变更”的工程联系单，内容为：此工程合同为“EPC”合同，合同总价不变。在保证满足合同技术条件和消防规范要求且能通过消防验收的前提下，将合同约定的热电偶探测器

45,000米,更换为热电阻式探测器25,000米和实时温度探测器20,000米。

2018年5月30日,原告洪杰智能公司提出诉讼请求:1.判令被告向原告支付安装工程款58.83万元与质保金176.3664万元,并支付逾期付款违约金8.9675万元,共计244.1639万元;2.本案全部诉讼费用由被告承担。被告蒲州热电公司答辩称:1.安装费58.83万元因设备款已超支,二者应该抵顶。2.根据合同约定,现在尚不具备支付洪杰智能公司质保金的条件。(1)根据合同约定,支付质保金的前提是:①买方签发初步验收证书和最终验收证书,并且设备在保证期满没有质量问题、买方完成索赔;②每套设备达到各项性能保证值指标,运转稳定。现3号、4号机组性能验收试验分别于2017年5月、6月完成,尚在质保期内,并未签发最终验收证书;且工程遗留多处故障洪杰智能公司未能及时处理;同时每套设备作为整体各项性能能否达到保证值、是否运转稳定尚未明确,现在尚不具备支付质保金的条件。(2)原告计算设备质保金金额错误。合同约定设备款1662.4340万元,合同履行中,工程实际使用的设备总价款为1306.934万元,故设备质保金应该为130.6934万元,待满足支付条件时支付。(3)工程安装质保金10.6万元,依据《特殊消防设备合同》之5.4.3约定,因该工程距运城市公安局消防支队2017年12月20日消防验收合格尚未满一年,不具备支付安装质保金的条件。

一审法院经审理后认为,关于工程价款的核心争议焦点在于:合同履行过程中,热电偶探测器45,000米,更换为热电阻探测器25,000米和实时温度探测器20,000米,合同价款应否发生变化。本院认为,原、被告双方签订的案涉特殊消防设备合同为"EPC"合同,双方约定合同总价在合同有效期内为不变价。合同履行过程中就热电偶探测器的更换问题,原、被告于2015年9月4日签订的"关于合同中热电偶式可恢复型缆式线型感温探测器的变更"工程联系单上,原、被告均再次确认案涉合同为"EPC"合同,合同总价不变。该工程联系单:"在保证满足合同技术条件和消防规范要求且能通过消防验收的前提下,将合同约定的热电偶探测器45,000米,更换为热电阻式探测器25,000米和实时温度检测探测器20,000米。"根据以上内容,应视为原、被告双方对原合同内容作出了变更,该变更内容对原、被告双方具有约束力。且根据2017年12月20日运城市公安消防支队出具的(2017)第0219号建设工程消防验收合格意见书亦证明了所更换的热电阻探测器与实时温度探测器满足了合同技术条件和消防规范要求并通过消防验收,实现了合同目的。故应认定案涉热电偶探测器的更换不影响合同总价款的变更。

二审法院对此维持原判。

**［案例评析］**我国施工总承包模式成为我国房屋和市政基础设施领域主流的建设模式已数十年，施工总承包模式下“设计变更”等于“价款变更”的观念深入人心。最高人民法院《关于审理建设工程施工合同纠纷案件适用法律问题的解释》第16条第2款的规定：“因设计变更导致建设工程的工程量或者质量标准发生变化，当事人对该部分工程价款不能协商一致的，可以参照签订建设工程施工合同时当地建设行政主管部门发布的计价方法或者计价标准结算工程价款。”就是这种工程惯例的提炼与延伸。

但在工程总承包模式下，合同价款的对价不再是具体的图纸，而是更为偏重目的性的“发包人要求”，传统概念上的“设计变更”不再必然成为价款变更的理由，需要进一步进行考证，只有涉及“发包人要求”变更的设计变更，方能变更合同价款；反之，则不得变更。

**［案例二］“发包人要求”发生实际变化的变更可调整合同价格**

华能泰安众泰发电有限公司（一审原审原告、反诉被告、二审被上诉人，以下简称华能公司）与江苏新世纪江南环保股份有限公司（一审被告、反诉原告、二审上诉人，以下简称江南公司）建设工程施工合同纠纷案

案　　号：（2017）苏民申1376号

审理法院：江苏省高级人民法院

裁判类型：再审裁定

**裁判要点：**从江南公司提供的2008年1月8日双方往来函件看，先由华能公司提出按250万元扣除两台增压风机款，江南公司回函予以确认，表明双方在合同履行过程中已协商一致扣除两台增压风机款为250万元。二审法院据此认定双方就增压风机扣减款项达成一致意见，并无不当。

**案情摘要：**2007年10月11日，江南公司与华能公司签订《山东众泰发电有限公司2×150MW机组烟气脱硫工程合同文件》，约定江南公司承包华能公司1号、2号机组炉外烟气脱硫工程，承包方式为EPC总承包，协议价款为固定总价5240万元。合同价格第4.3条约定，本合同总价在合同执行期内为不变价，遇下列情

况作相应调整:氧化风机已包含在合同总价中,如设计不需要,按江南公司投标价格从合同总价中扣除;如江南公司考虑不周,漏设或其他原因等造成工程量的增加,增加的工程量不再增加费用,等等。合同签订后,江南公司开始施工。2008年1月8日,华能公司向江南公司发函,载明:“关于脱硫工程增压风机方案事宜,我公司从系统运行的可靠性、建设投资及今后运行维护费用等方面进行了详细的论证,确定取消增压风机,对原引风机及电机进行改造,以达到脱硫投运后的系统要求。另:相应扣除脱硫系统中增压风机的费用250万元,请贵方回函确认。”同日,江南公司回函,载明:“贵司2008年1月8日关于脱硫工程取消增压风机的函已收到,我司同意贵司安排,现回函予以确认。”

2012年8月,江南公司就未结工程款向南京市中级人民法院提起诉讼,经法院调解,江南公司与华能公司达成(2012)宁民初字第50号民事调解书,但该调解书并未涉及双方争议的增压风机工程减项事宜。2012年9月14日,江南公司(甲方)与华能公司(乙方)签订《补充协议书》,约定:鉴于甲、乙双方因欠款纠纷诉至南京市中级人民法院,双方经协商已调解结案。乙方在案外提出2008年1月8日发给甲方《关于脱硫工程取消增压风机的函》传真件一份以及甲方的回函传真件一份,内容就增压风机工程减项一事予以确认,具体减项数额由甲、乙双方签订本补充协议后本着友好协商的原则继续寻找证据、进一步调研、论证另行确定。

2014年4月,华能公司诉江南公司建设工程施工合同纠纷一案由南京市江宁区人民法院受理,江南公司提出反诉。在该案审理中,华能公司主张江南公司应返还其增压风机款411万元并支付利息844,028.47元,同时华能公司申请法院冻结江南公司银行账户存款500万元。2016年2月23日,南京市江宁区人民法院作出(2014)江宁开民初字第348号民事判决,该判决认为:从华能公司与江南公司之间2008年1月的函和2012年9月14日《补充协议》均可看出双方对在工程中取消增压风机并扣减相应价款的意思表示一致,该约定不违反法律规定,应予准许。就应扣减的价款,双方在2008年1月的函中虽然确定为250万元,但2012年9月14日双方的协议又约定了“具体减项数额由甲、乙双方签订本补充协议后,本着友好协商的原则继续寻找证据,进一步调研、论证另行确定”,从该约定可以看出,双方均已表示不再按250万元扣减而是按证据确认,现经评估机构评估,每台增压风机的价格为210万元,且近年来价格均无明显变化,故认定应扣减的工程款为420万元,现华能公司只主张411万元,不违反法律规定,予以准许。综上,判令江南公司给付华能公司增压风机款411万元;驳回华能公司的其他诉讼请求;驳回江南公司的反诉诉讼请求。江南公司不服该判决,上诉至南京市中级人民法院。南京市中级人民法院于2016年8月29日作出(2016)苏01民终5015号民事判决,认为:江南公司系因本属于其施工范围内的增压风机项目被取消而须返还华能公司已支付的相应工程款,故江南公司应予返还的增压风机价款应按照合同约定的相应价款予以确定。双方签订的是固定总价合同,其中并未对增压风机价格的组成予以明确。华能公司于2008年1月8日发函要求扣除增压风机费用250万元,江南公司亦回函确认,应视为双方对增压风机项目应扣减款项达成一致,故江南公司应当向华能公司返还增压风机款项250万元。华能公司依据《补充协议书》起诉要求江南公司按照增压风机的市场价格返还411万元,但《补充协议书》中双方约定就"具体减项数额继续寻找证据,进一步调研、论证另行确定",并不表明双方协商一致继续寻找增压风机市场价格的证据,并据此扣减,华能公司一直主张江南公司按照250万元扣除增压风机款项,亦从未提及按增压风机市场价格扣除,故对华能公司主张按照市场价格扣除增压风机款项不予支持。据此,二审改判江南公司给付华能公司增压风机款250万元。

再审法院经审查后维持二审判决。

[**案例评析**]在工程总承包模式推进后,如何界定"发包人要求"的范围,即如何确定工程价款的明确边界,将成为未来建设工程案件争议的核心焦点。

---

**第十条 【工程总承包单位的主体资格要求一】**

**工程总承包单位应当同时具有与工程规模相适应的工程设计资质和施工资质,或者由具有相应资质的设计单位和施工单位组成联合体。工程总承包单位应当具有相应的项目管理体系和项目管理能力、财务和风险承担能力,以及与发包工程相类似的设计、施工或者工程总承包业绩。**

**设计单位和施工单位组成联合体的,应当根据项目的特点和复杂程度,合理确定牵头单位,并在联合体协议中明确联合体成员单位的责任和权利。联合体各方应当共同与建设单位签订工程总承包合同,就工程总承包项目承担连带责任。**

---

## 条文主旨

本条从资质要求、履约能力要求这两方面对工程总承包单位应具备的资质资格条件作出了行业准入性规定。这对于保障工程总承包项目的质量、维护发包人利益乃至国家和社会公共利益是很有必要的。不具备相应资质资格条件的企业不应参与有关项目的投标或承接有关项目，发包人也应当依据本条的要求，对工程总承包单位进行必要的资质资格审查。同时，本条对工程总承包单位的资质资格条件进行明确，也可以使潜在投标人以此判断自己有无资格参加投标，以避免花费不必要的投标费用，这对保护承包商、提高投标效益也是有益的。

基于工程总承包设计施工深度融合及总包负总责的特征，本条规定明确了目前国内工程总承包商需具备设计施工“双资质”的制度，同时考虑到我国目前工程总承包市场的发展现状，本条进一步规定对于暂时缺乏条件实现“双资质”的设计、施工企业，可以通过联合体方式准入工程总承包市场，保证充分的市场竞争及行业有序发展，并逐步实现设计施工“双资质”制度。

## 条文解析

本条第 1 款从以下两个方面规定了工程总承包单位应满足的条件：其一为工程总承包单位的资质要求。工程总承包单位应当具有与承接工程规模相适应的工程设计资质和施工资质，同时对联合体方式承包工程总承包项目予以了认可。需要注意的是，本条虽未强调勘察资质，但若工程总承包项目的承包范围中还包括勘察阶段，则工程总承包单位需同时具有相应的勘察资质、设计资质和施工资质，联合体方式承包亦然。其二为工程总承包单位的履约能力要求。即工程总承包单位应具有与工程相适应的项目管理体系和项目管理能力，财务、风险承担能力，并具有与发包工程相类似的设计、施工或工程总承包业绩。

本条第 2 款对联合体方式承揽工程总承包项目进行了规范，即在设计单位和施工单位组成联合体的情况下，应当签订联合体协议并确定牵头单位，联合体协议中应当明确各方内部的责任和权利。同时对联合体方式下工程总承包合同的签订进行了规范，即联合体各方应当共同与建设单位签订工程总承包合同，并就整个工程总承包项目对外承担连带责任。需要注意的是,同时具有设计资质和施工资质的多资质单位,也可以根据实际需求和自身情况使用其中一项资质采用联合体方式承接工程总承包项目。

## 理解与适用

### 一、工程总承包单位的资质要求

工程总承包单位应当同时具有与工程规模相适应的工程设计资质和施工资质,这体现了法律对建筑行业行政监管的要求,也是工程总承包模式强调设计施工融合及总包负总责的基本原则。《建筑法》第 26 条规定,承包建筑工程的单位应当持有依法取得的资质证书,并在其资质等级许可的业务范围内承揽工程。《招标投标法》及其实施条例规定,不具备相应资格条件的单位,不能参加有关招标项目的投标;招标人也应当按照规定及招标文件的要求,对投标人进行必要的资格审查,不具备规定的资格条件的,不能中标。所以,在我国设计有设计资质,施工有施工资质,工程总承包范围里既有设计又有施工的内容,则依法需要承包商具备“双资质”。

在本办法实施之前,国内一般要求工程总承包单位应当具有“单资质”,即具有与工程规模相适应的工程设计资质或施工资质。如 2003 年建设部《关于工程总承包市场准入问题的复函》规定:“……《工程总承包资格证书》废止之后,对从事工程总承包业务的企业不专门设立工程总承包资质。具有工程勘察、设计或施工总承包资质的企业可以在其资质等级许可的工程项目范围内开展工程总承包业务……”2016 年,住建部《关于进一步推进工程总承包发展的若干意见》第 2 条第 7 款规定:“工程总承包企业的基本条件。工程总承包企业应当具有与工程规模相适应的工程设计资质或者施工资质,相应的财务、风险承担能力,同时具有相应的组织机构、项目管理体系、项目管理专业人员和工程业绩。”在具体的资质管理规范中,也允许相应资质的企业开展工程总承包业务。如 2014 年住建部《建筑业企业资质标准》规定,取得施工总承包资质的企业,可以从事资质证书许可范围内的相应工程总承包、工程项目管理等业务。2015 年,住建部《建设工程勘察设计资质管理规定》规定,取得工程勘察、工程设计资质证书的企业,可以从事资质证书许可范围内相应的建设工程总承包业务,可以从事工程项目管理和相关的技术与管理服务。但是,根据目前国内工程总承包活动的实践经验可知,如果工程总承包方仅有单一的设计或施工资质,则面临着不具备资质的施工或设计工作不得不分包出去,从而导致建筑业长期形成了"以包代管"的市场弊端,很难实现全面管理的高要求,不能真正做到"总包总管总负责",从而产生许多工程质量、安全事故,危害国家公共财产安全和人民的生命、财产安全。企业资质等级可以反映企业从事某项工作的资格和能力,资质管理在促进建筑市场的改革和发展、规范建筑企业市场管理及提高建筑产品的质量方面均有重大意义。由于我国资质序列中并无独立的工程总承包企业资质,但工程总承包项目中涉及设计、施工这两项主要资质的准入类业务,因此对工程总承包单位应当有相应的资质要求。综上,本办法明确,今后我国工程总承包单位要具备设计施工的"双资质"。设定工程总承包设计施工"双资质"制度,并非仅是脱离现实可行性和市场可操作性的美好理想,事实上其已经具备了现实的市场条件,并为今后适应国内外市场打造真正具备工程总承包管理能力的承包商指引方向。同时,本办法第 12 条亦设立了设计、施工资质相互直接申请认证的制度,也是为目前有志从事工程总承包活动的有能力的相关企业提供可以快速获取相应资质认可的通道。

需要注意的是,在实践中,部分工程总承包项目的发包范围会包括勘察阶段的工作内容,这也是符合国家规定的。早在 1984 年,国务院就在《关于改革建筑业和基本建设管理体制若干问题的暂行规定》(国发〔1984〕123 号)中就指出,要建立这样的一种工程承包公司,接受建设项目主管部门(或建设单位)的委托,或投标中标,对项目建设的可行性研究、勘察设计、设备选购、材料订货、工程施工、生产准备直到竣工投产实行全过程的总承包,或部分承包。从当时的规定中,可以清晰地发现对于工程总承包模式的认识是可以包括勘察阶段的。《建筑法》第 24 条第 2 款也规定:"建筑工程的发包单位可以将建筑工程的勘察、设计、施工、设备采购一并发包给一个工程总承包单位,也可以将建筑工程勘察、设计、施工、设备采购的一项或者多项发包给一个工程总承包单位……"可见,《建筑法》同样是认可工程总承包项目的发包范围可以包括勘察阶段。

容易产生分歧的是,住房和城乡建设部在《关于进一步推进工程总承包发展的若干意见》(建市〔2016〕93 号)中规定:"(二)工程总承包的主要模式。工程总承包是指从事工程总承包的企业按照与建设单位签订的合同，对工程项目的设计、采购、施工等实行全过程的承包，并对工程的质量、安全、工期和造价等全面负责的承包方式。工程总承包一般采用设计—采购—施工总承包或者设计—施工总承包模式。建设单位也可以根据项目特点和实际需要，按照风险合理分担原则和承包工作内容采用其他工程总承包模式。”虽然该条款中并没有明确地将勘察阶段纳入一般采用的设计—采购—施工总承包或者设计—施工总承包模式，但是我们可以发现，该条款中强调了发包人可以“按照风险合理分担原则和承包工作内容采用其他工程总承包模式”。其实际上与《建筑法》第24条第2款的规定是相符的，即可以选择将勘察阶段纳入工程总承包的发包范围。

相应地，对于将勘察阶段列入发包范围的工程总承包项目，根据《建设工程勘察设计管理条例》第7条的规定：“国家对从事建设工程勘察、设计活动的单位，实行资质管理制度。具体办法由国务院建设行政主管部门商国务院有关部门制定。”同时根据住建部关于《建设工程勘察设计资质管理规定》第3条的规定：“从事建设工程勘察、工程设计活动的企业，应当按照其拥有的注册资本、专业技术人员、技术装备和勘察设计业绩等条件申请资质，经审查合格，取得建设工程勘察、工程设计资质证书后，方可在资质许可的范围内从事建设工程勘察、工程设计活动。”结合《建筑法》第26条第1款规定：“承包建筑工程的单位应当持有依法取得的资质证书，并在其资质等级许可的业务范围内承揽工程。”综上，若工程总承包项目的发包范围中包括勘察阶段，则工程总承包单位需具有相应的勘察资质，联合体方式亦然。本条规定的原则即在于工程总承包单位需同时具备发包范围内所有阶段所需的所有资质，这样才更加有利于实现工程总承包高效原则及责任主体单一质量安全的管控，也符合国际上将设计、施工总承包项目交由一家承包商实施的国际惯例。

## 二、工程总承包单位的履约能力要求

除了资质有硬性要求之外，为保证总承包单位能够严格履约，本条还就工程总承包单位的履约能力指标进行了细化，规定了总承包单位需要具有相应的项目管理体系和项目管理能力，财务、风险承担能力，以及与发包工程相类似的设计、施工或者工程总承包业绩。

采用工程总承包的项目,对投标人的财务能力及风险承担能力,不同于传统的承发包模式。实践中,需要投标人提供经会计师事务所审核出具的财务报告、金融机构出具的信用等级证书、行政主管部门出具的信用评价证书、参与本项目的管理人员及拟组建的项目部情况、投标人相类似业绩的工程合同及履约情况等文件予以证明。

工程总承包项目对项目管理体系和项目管理能力要求也有别于传统的设计院和施工企业,如组织机构、管理班子的组织模式、管理成员的素质等,不仅要求具备传统的施工管理能力,同时要求具备设计管理、采购管理、试运行管理,设计技术与质量、施工现场质量、安全、技术管理,及设计采购施工相协调的综合管理能力。尤其是对项目经理的要求有别于传统的施工经理或现场经理,工程总承包模式下,项目经理更强调要熟悉工程设计、工程施工管理、工程采购管理、工程的综合协调管理及法律专业知识,对这些综合知识的了解程度要求远高于普通的设计项目或者施工项目管理。

从事建筑活动不但需要相应的人员组织配备和技术装备,操作管理经验也很重要,特别是完成与发包工程相类似的设计、施工或者工程总承包业绩的成套技术和管理经验,是企业重要的无形资产。因此,与发包工程相类似的工程业绩是发包人和评标委员会了解和评价投标人综合能力和真实水平的重要依据,同时也可以将工程总承包单位能力的评价通过相关业绩进行量化,减少本办法在适用时可能产生的分歧。另外需要注意的是,由于我国工程总承包行业尚在培育阶段,本条并未要求相类似的工程业绩必须是工程总承包业绩,而是放宽到设计、施工或者工程总承包业绩中的任何一项均可,这一方面可以鼓励更多单位参与工程总承包活动,另一方面也使建设单位在招标时有更多选择,保障市场的充分竞争。

## 三、联合体作为工程总承包单位的,联合体各方对整个工程总承包项目承担连带责任

所谓联合体,参照《建设项目工程总承包合同示范文本(试行)》(GF-2011-0216)第1.1.7项的定义指的是:“联合体,指经发包人同意由两个或两个以上法人或者其他组织组成的,作为工程承包人的临时机构,联合体各方向发包人承担连带责任。联合体各方应指定其中一方作为牵头人。”

联合体是否可以成为工程总承包单位一直是行业的热点问题与争议焦点所在,也是此次《管理办法》起草过程中的一个主要争议问题。2003年,建设部《关于培育发展工程总承包和工程项目管理企业的指导意见》中就规定,工程勘察、设计、施工企业也可以组成联合体对工程项目进行联合总承包。住建部《"十三五"装配式建筑行动方案》中也规定了设计、施工、开发、生产企业可单独或组成联合体承接装配式建筑工程总承包项目。即在中央部委层面,对联合体承揽工程总承包持开放态度。但在部分地区的地方政策中,对于联合体是否可以作为工程总承包单位存在截然相反的观点,如吉林省住房和城乡建设厅《关于进一步明确工程总承包管理有关事项的通知》(吉建办〔2017〕50号)中规定,我省工程总承包项目应由符合条件的设计或施工总承包企业中的一家承揽,不得采用联合体方式承揽。广西壮族自治区住房和城乡建设厅《关于征求进一步完善房屋建筑和市政基础设施工程总承包管理的通知(第二次征求意见稿)意见的函》(桂建便〔2017〕函747号)中规定,为严格落实工程总承包单位在工程质量安全、进度控制、成本管理等方面的责任,切实做到由工程总承包单位负总则,工程总承包项目应由符合条件的设计或施工总承包企业中的一家承揽,不得采用联合体方式承揽。可见,上述地方政策文件中基于对联合体之间"二张皮"现象的担心作出了不得采用联合体方式承揽工程总承包项目的规定。本办法结合相应法律规定,在强调工程总承包双资质的情况下,考虑到目前国内建筑市场"双资质"企业数量有限不利于形成市场充分竞争,及"双资质"往往更多集中在特级施工企业,当前阶段设计单位难以具备双资质与施工单位在投标时竞争,为了促进工程总承包组织实施方式的健康发展,明确允许联合体方式承建工程总承包项目。即以双资质为基本要求,体现工程总承包设计施工深度融合的基调,同时允许联合体承包且配合资质互认制度,作为目前工程总承包市场初步阶段的过渡手段,使目前单资质企业亦可以有条件地参与工程总承包,保证充分的市场竞争及行业有序发展。

(一)关于联合体的组成要求

在我国目前的法律体系中,对于联合体组成要求的规定主要集中在《建筑法》《招标投标法》《招标投标法实施条例》《政府采购法》中,如《建筑法》第27条第1款规定:"大型建筑工程或者结构复杂的建筑工程,可以由两个以上的承包单位联合共同承包……"《招标投标法》第31条规定:"两个以上法人或者其他组织可以组成一个联合体,以一个投标人的身份共同投标……联合体各方应当签订共同投标协议,明确约定各方拟承担的工作和责任,并将共同投标协议连同投标文件一并提交招标人。联合体中标的,联合体各方应当共同与招标人签订合同,就中标项目向招标人承担连带责任。"《招标投标法实施条例》第37条规定:"招标人应当在资格预审公告、招标公告或者投标邀请书中载明是否接受联合体投标。招标人接受联合体投标并进行资格预审的,联合体应当在提交资格预审申请文件前组成。资格预审后联合体增减、更换成员的,其投标无效。联合体各方在同一招标项目中以自己名义单独投标或者参加其他联合体投标的,相关投标均无效。"第51条规定:"有下列情形之一的,评标委员会应当否决其投标:……(二)投标联合体没有提交共同投标协议……"《政府采购法》第24条规定:"两个以上的自然人、法人或者其他组织可以组成一个联合体,以一个供应商的身份共同参加政府采购。以联合体方式进行政府采购的,参加联合体的供应商均应当具备本法第二十二条规定的条件,并应当向采购人提交联合协议,载明联合体各方承担的工作和义务。联合体各方应当共同与采购人签订采购合同,就采购合同约定的事项对采购人承担连带责任。"

根据以上法律、行政法规的规定,同时结合本条要求,组成工程总承包联合体需要满足以下几个条件:第一,联合体应具有项目发包范围内的所有资质。第二,联合体在招投标阶段形成(直接发包的项目在合同谈判阶段),联合体成立的前提是发包人接受联合体方式。第三,联合体之间应当签订联合体协议,明确各方的工作职责和责任划分。没有联合体协议,或虽签订了联合体协议但以一人名义投标的,均不属于联合体方式。第四,联合体中标或签约之后,联合体成员应共同与发包人签订工程总承包合同。以上四个属于必要条件,只有同时满足才可以构成工程总承包联合体。

(二)关于联合体与建设单位的合同签订方式

本条第2款规定,联合体各方应当共同与建设单位签订工程总承包合同,该要求顺应了《招标投标法》第31条规定的"联合体中标的,联合体各方应当共同与招标人签订合同"。本条对此进行强调的原因在于,实践中,在设计单位与施工单位组成联合体投标工程总承包项目时,常见的合同签订模式并非联合体各方共同与建设单位签订,而是设计单位与施工单位分别与建设单位签订《设计合同》和

《施工合同》。此种合同签订的方式，从履约角度出发，既不利于工程总承包模式下的工程管理，也不利于实现设计、施工的一体化；从合同效力角度出发，在联合体中标后，投标主体与中标合同的签订主体不一致，很可能导致相关合同无效的法律后果；且将工程总承包合同拆分后，并不会减轻联合体各方的法律责任，同时也会给后续分包合同的法律效力带来瑕疵和不利影响。因此，联合体各方应当共同与建设单位签订工程总承包合同，并对联合体各方的具体工作内容进行明确。

（三）关于联合体的连带责任

对整个工程总承包项目承担连带责任是联合体的法定责任承担方式，也是组成联合体的关键。根据《民法总则》第178条规定的“二人以上依法承担连带责任的，权利人有权请求部分或者全部连带责任人承担责任……连带责任，由法律规定或者当事人约定”。本条第2款规定，联合体各方应当共同与建设单位签订工程总承包合同，就工程总承包项目对外承担连带责任，这也符合我国行业现行相关法律的规定。《建筑法》第27条第1款规定：“……共同承包的各方对承包合同的履行承担连带责任。”《招标投标法》第31条规定：“……联合体中标的，联合体各方应当共同与招标人签订合同，就中标项目向招标人承担连带责任。”《政府采购法》第24条也规定了：“……联合体各方应当共同与采购人签订采购合同，就采购合同约定的事项对采购人承担连带责任。”可见，工程总承包联合体承担连带责任是法定的责任承担方式，即不会因合同中未约定或约定不承担连带责任而发生免除或排除的法律后果，连带责任的范围也不会仅以联合体各方的工作份额为限，联合体成员应对整个工程总承包项目承担连带责任，包括对每个成员因完成该项目对外签订的合同承担连带责任。简言之，联合体成员可能因其他成员方的过错而增加己方要承担的责任和风险。

（四）关于联合体协议及牵头单位

联合体协议是构成工程总承包联合体的必要条件之一，是项目正常运作的基础，组成联合体的设计单位和施工单位，应严格按照联合体协议分别承担相应的设计职责和施工职责，联合体协议对于其内部责任的分担以及自身利益的保障尤为重要。同时，本条还强调工程总承包联合体各方应合理确定牵头单位，根据国家发展和改革委员会关于《工程建设项目施工招标投标办法》第44条的规定：“联合体各方必须指定牵头单位，授权其代表所有联合体成员负责投标和合同实施阶段的主办、协调工作，并应当向招标人提交由所有联合体成员法定代表人签署的授权书。”牵头单位的确认有利于总承包项目建设过程中的总包管理，虽然联合体“牵头单位”并非法律概念，但结合实践中的操作，联合体各方结合项目特点和管理要求，确定牵头单位对联合体其他方进行协调和管理，并主要负责与业主沟通，这有利于避免实践中担心的工程总承包模式下设计施工“两张皮”互相扯皮和推诿的现象。

实践中，联合体牵头单位及其成员在签订联合体协议时，往往更注重其形式要件，而忽略其内容要件，这也导致联合体之间相关争议频发。对于牵头单位来说，其在联合体中需要承担更多的管理职责，因此，联合体协议中对联合体其他成员不服从管理的约定尤为重要；对于其他成员来说，牵头单位享有管理、对外签字甚至收取工程款的授权，联合体协议中对牵头单位权利约束的约定亦尤为重要。结合实践，对于联合体各方成员来说，联合体协议应尽可能包括以下几方面内容：一是牵头单位对外的行为，哪些对联合体是有效的，哪些是无效的，应予以明确。二是牵头单位对成员方有管理和组织的权利，也承担相应的义务，那么如果因成员方的问题出现安全、质量、工期等问题的时候，管理责任的比例是多少，应约定范围，以规避牵头单位承担过大管理责任的风险。三是在履约过程中，因成员方的过错有可能给其他成员方造成损失，这种情况的责任承担应尽量在协议中细化，约定可以预见的情况，并明确损害责任。四是牵头单位可向联合体各方转移风险，在联合体协议中，可要求各成员方按比例提供履约保函、质保金、其他保留金等，通过增加违约成本来限制各方的行为，降低违约的风险。五是联合体各方是合作关系，工作当中相互交叉，有机会接触到其他成员方的新技术、新工艺以及商业秘密，存在泄露的风险，各方可签订保密协议书，对各方应当保守的秘密范围和资料作明确约定，对于属于己方的新技术、新工艺以及商业秘密也应采取必要的保护措施。

## 实践中应注意的问题

### 一、关于工程总承包单位的资质及能力考察问题

本条对于工程总承包单位应当具有的资质和能力作出了要求，但上述要求仍

较为笼统，在实践中为满足对潜在投标人进行评估的需要，对于其是否满足上述要求还需要进一步具体化。根据本条及其他相关规范性法律文件的规定，用于考察工程总承包单位是否满足能力资质要求的具体条件主要包括：

1. 资历及信誉应符合要求。资历及信誉考察内容包括：是否有独立法人资格、注册资本或净资产、年营业收入等。尽管《公司法》已将注册资本从实缴制改为认缴制，但注册资本仍能在一定程度上反映企业的经济能力、技术能力及履约能力。同时，净资产、年营业收入等硬性指标，更是能直接体现企业的实力，保证工程建设的管理及质量。

2. 专业技术人员的要求。建筑活动是技术性、专业性很强的工作，涉及生命和财产安全。从事建筑活动的人员，不管是设计类还是施工类，均要求有法定的执业资格。所以，一个企业有相关从业执业资格的人员的数量多少，从侧面也可以反映出该企业的软实力水平高低。

3. 技术装备及管理水平要求。专业设备是顺利开展建筑活动必不可少的工具，工程设计资质中也有明确的技术装备和固定场所的要求。

4. 业绩要求。投标人应具有与发包工程相类似的工程业绩，此处的相类似是指功能类型、标准、规模、投资额等相似或相近的工程，但注意避免不得设定《招标投标法》所禁止的与本项目相比没有直接关联性的特定区域特定行业的业绩。该工程并非要以工程总承包方式发包和交付，只要投标人在该类工程中从事设计、施工或者工程总承包业务中的任何一项即满足业绩要求。

## 二、关于工程总承包联合体在实践中的问题

### （一）联合体的资质等级确定及其成员的限制条件

联合体的资质等级确定，即资质不同应如何确定联合体的资质等级？根据《建筑法》第27条第2款的规定：“两个以上不同资质等级的单位实行联合共同承包的，应当按照资质等级低的单位的业务许可范围承揽工程。”对此，实践中有的观点认为，如果单纯的设计资质企业与单纯的施工资质企业组成联合体的话，因为两家企业资质完全不在一个等级序列里面，是否会因为单纯的设计资质企业没有施工资质，以及单纯的施工资质企业没有设计资质，反而导致两者组成的联合体就不具有任何资质了呢？答案是否定的。《建筑法》规定的不同资质等级组成

联合体“就低不就高”的意思,是针对同一类型,或者说同一专业来讲的,而非不同专业的企业组成联合体也要如此理解。对此,《招标投标法》进行了更为准确的规定,《招标投标法》第31条规定“由同一专业的单位组成的联合体,按照资质等级较低的单位确定资质等级”,有关“同一专业”的前提规定,可以较好地避免对《建筑法》的误解。

联合体成员的限制条件,即哪些单位不得成为联合体成员,本办法第11条的规定:“工程总承包单位不得是工程总承包项目的代建单位、项目管理单位、监理单位、造价咨询单位、招标代理单位。政府投资项目的项目建议书、可行性研究报告、初步设计文件编制单位及其评估单位,一般不得成为该项目的工程总承包单位。政府投资项目招标人公开已经完成的项目建议书、可行性研究报告、初步设计文件的,上述单位可以参与该工程总承包项目的投标,经依法评标、定标,成为工程总承包单位。”该规定同样适用于联合体方式的工程总承包单位,即联合体各成员亦应遵循本办法第11条对工程总承包单位限制条件的规定。

(二)多资质企业组成联合体时的资质确定

前文提到,同时具有设计资质和施工资质的多资质单位,也可以采用联合体方式承接工程总承包项目,即某公司同时具有施工资质和设计资质,则该公司可选择其中一项资质与其他单位组成联合体投标工程总承包项目。在实践中,存在一种错误理解的情形:A公司同时具有施工一级资质和设计乙级资质,与具有设计甲级资质的B公司组成联合体投标,双方在联合体协议中约定A公司承担施工工作,B公司承担设计工作,但最终评标专家以同样资质按照最低为由,认定该联合体仅具有设计乙级资质,不符合资格条件,依据《招标投标法》第31条的规定“联合体各方均应当具备规定的相应资格条件。由同一专业的单位组成的联合体,按照资质等级较低的单位确定资质等级”认定为废标。显然,上述情形是对《招标投标法》的错误理解,A公司若无设计资质则还好,有了反而对联合体产生不利影响,根据现行法律规定,显然无法得出如此“简单粗暴”的结论,否则,几乎是在机械而教条地理解法律的相关规定。作为联合体方式承揽工程,联合体协议一定是有相关的协作分工的,以上述案例为例,A公司是负责施工有施工一级资质、B公司是负责设计有设计甲级资质,A公司之所以跟B公司组成联合体,也正是要发挥双方之间的各自优势。不能因为A公司同时有设计乙级资质,而否定A

公司与 B 公司组成的联合体投标。对此,《政府采购法实施条例》第 22 条第 1 款进行了更为明确的规定:“联合体中有同类资质的供应商按照联合体分工承担相同工作的,应当按照资质等级较低的供应商确定资质等级。”即按较低资质确定资质等级的前提是联合体中有同类资质且按照联合体分工承担相同工作。即如果按照联合体分工并不承担相同工作的,联合体一方的其他资质不应影响到对联合体整体的资质等级认定。

(三)联合体的付款方式

关于联合体承揽工程总承包项目时的工程款支付,实践中存在以下三种较为常见的支付方式,一是由建设单位根据总承包合同约定按联合体成员的分工分别向各成员直接支付;二是建设单位向联合体的牵头单位统一支付;三是建设单位向联合体成员共同设立的银行账户进行支付。三种方式各有利弊。

第一,建设单位分别向各成员直接支付工程款,其优势在于可以有效降低联合体之间的工程款纠纷风险,且可以避免因设计费和施工费税率不同所带来的税务开票等烦琐事宜。其劣势在于建设单位的结算审批手续增多,无法充分发挥建设单位选用工程总承包模式的优势,且对于牵头单位来说,不便收取管理费。

第二,建设单位向联合体的牵头单位统一支付工程款,其优势在于建设单位的工作量减少,可以有效实现工程总承包模式的优势。对于牵头单位来说,可以有效收取管理费,并且可以增大企业现金流,对企业的未来发展有着正向影响作用。其劣势在于,牵头单位收取全部合同价款会导致无法分别开具不同种类的发票,导致税赋增加。对于联合体其他成员来说,存在牵头单位在收取了工程价款却不及时支付其他成员的款项或者在收取完自身工作范围所对应的工程款后怠于向建设单位继续主张权利,从而损害联合体其他成员利益的风险。

第三,建设单位向联合体成员共同设立的银行账户进行支付,即联合体成员共同设立银行账户,由联合体成员对账户内的资金进行共同管理,只有在联合体成员共同确认的情况下,才可以从银行账户中领取各自应得的合同款。其优势在于减轻了建设单位的工作量,避免了牵头单位与联合体其他成员之间的工程款纠纷。其劣势在于,用款审批手续烦琐,缺乏灵活性,不利于项目的有效开展,且容易因联合体成员内部有分歧有矛盾时导致工程款项迟迟无法兑现的问题。

上述三种付款方式,建设单位和联合体双方可结合实际情况择一适用,在适用时对于其相应劣势点可在联合体协议中进行规避。例如，建设单位向联合体的牵头单位统一支付工程款导致牵头单位怠于履行权利的风险，联合体协议中可明确工程款的付款时间、分配比例，以及联合体各方在牵头单位怠于行使权利的时候有权代位向建设单位直接主张相应工程款的约定等。

（四）联合体的连带责任范围

关于联合体的连带责任，理解与适用部分已提到，即联合体成员应就整个工程总承包项目承担连带责任。此处的连带责任范围既包括“对上”的连带责任又包括“对下”的连带责任，“对上”是指对建设单位，“对下”是指对分包单位、材料供应单位等。

在司法实践中，“对上”的连带责任一般不会存在适用差异，但“对下”的连带责任则因现行的法律、行政法规中没有对此进行明确规定导致存在较大的适用差异。例如，湖北省孝感市中级人民法院在（2016）鄂 09 民终 1114 号判决书中即认为联合体成员无须“对下”承担连带责任，其裁判理由部分载明，2013 年 8 月 20 日，深圳安芯公司、合肥未来公司、中国移动大悟公司按照大悟天网工程项目招标要求，自愿组成联合体参与项目投标，订立《联合体协议书》，约定由中国移动大悟公司作为牵头方，其在招标文件中的所有承诺均代表了联合体各成员。联合体成员共同与大悟县公安局签订合同书，并就中标项目向大悟县公安局负连带责任和各自的法律责任。后深圳安芯公司将大悟县天网工程中心机房改造项目发包给振源公司施工，按照合同的相对性原则，合肥未来公司和中国移动大悟公司不是施工合同的当事人，不享有合同权利亦不承担合同义务。联合体协议书约定的承担连带责任是深圳安芯公司、合肥未来公司、中国移动大悟公司对其权利义务的内部约定，振源公司并非联合体协议的签约当事人，不能将振源公司不是当事人的有关合同约定适用于振源公司，故振源公司请求中国移动大悟公司、合肥未来公司共同承担本案连带民事责任没有事实及法律依据，本院不予支持。① 而最高人民法院在（2018）最高法民申 2076 号裁定书中认为联合体成员需要“对下”承担连带责任，其本院认为部分载明，《联合体协议书》第 4 条约定作为“联合体”牵头

① 案件信息：【一审案号】湖北省大悟县人民法院（2016）鄂 0922 民初 433 号，【二审案号】湖北省孝感市中级人民法院（2016）鄂 09 民终 1114 号（判决日期：2016 年 12 月 30 日）。

人的华硅公司“总体负责项目的合同签订、工程实施、工程管理及投产试生产等所有总承包工作”，可见，《联合体协议书》对“联合体”成员在工程具体实施过程中有职责分工的约定，故华硅公司有权在涉案工程施工过程中代表“联合体”对外签订合同。原判认定华硅公司与唐勇、王善池签订的《土建工程施工承包合同》应约束川冶设计院和贵冶公司，并无不当。① 虽然本条对联合体的连带责任范围进行了明确规定，但基于司法实践中裁判观点不一致的情形，为降低联合体成员的法律风险，联合体协议中仍应增加转包、违法分包的违约条款及相应追偿途径。

## 案例评析

### [案例一]关于工程总承包单位的资质问题

上海环境工程设计研究院有限公司（一审原告、反诉被告、二审被上诉人，以下简称上海环境公司）与山东巨润建材有限公司（一审被告、反诉原告、二审上诉人，以下简称山东巨润公司）建设工程合同纠纷案

案　　号：（2015）民申字第 3653 号

审理法院：最高人民法院

裁判类型：再审民事裁定

**裁判要点：**现行工程设计资质证书显示的业务范围，包括可以从事资质证书范围内的相应工程总承包、工程项目管理和相关的技术与管理服务。工程设计企业在其资质证书许可的范围内承建相关的工程总承包业务，符合法律法规的规定，工程总承包合同合法有效。

**案情摘要：**原告上海环境公司的工程设计资质证书显示其业务范围为：环境工程（水污染防治工程、大气污染防治工程、固体废物处理处置工程）专项甲级，可以从事资质证书许可范围内的建设工程总承包业务以及项目管理和相关的技术与管理服务。2010 年 7 月 7 日，双方当事人签订《山东巨润建材有限公司浮法一、二、三、四线玻璃熔窑烟气改良氧化镁法脱硫除尘系统商务合同》（以下简称商务

---

① 案件信息：【一审案号】四川省凉山彝族自治州中级人民法院（2014）川凉中民初字第 156 号，【二审案号】四川省高级人民法院（2015）川民终字第 664 号，【再审案号】最高人民法院（2018）最高法民申 2076 号（判决日期：2018 年 06 月 22 日）。

合同)一份,合同约定:合同总价为固定价,不随市场因素变化,设备分项报价表详见合同附件二。

2010年7月21日,上海环境公司向山东巨润公司出具开工报告,显示案涉工程计划开、竣工时间为2010年8月20日、2011年5月8日。山东巨润公司对开工报告有异议,但没有提供反驳证据,也没有提供证据证实开工时间。

2010年8月20日案涉工程开工。2010年12月13日,上海环境公司向山东巨润公司所属江苏华尔润集团有限公司传真告知案涉工程已进入调试阶段,一、二线清水调试已接近尾声,计划12月20日开始负荷联动试车,请求按约定支付进入调试阶段的款项即合同总额的10%。山东巨润公司虽对上海环境公司所提交上述传真有异议,但双方就案涉工程的协商、款项支付等均由山东巨润公司所属集团公司协调,且传真符合双方平时的沟通交流方式。

2011年1月14日,上海环境公司再次向山东巨润公司所属集团公司传真,告知其案涉工程一、二线的清水调试工作完成,即将进行联动调试,请求尽快支付调试款。

2011年1月16日,上海环境公司提交山东巨润公司的调试申请经山东巨润公司工作人员签字确认,此时案涉工程安装工作已结束,并经过了单体调试和清水调试,并具备进行负荷联动调试(168小时性能调试)条件,申请进行负荷联动试车。

2011年1月28日,上海环境公司出具《关于巨润一、二线带负荷调试情况说明》1份,载明2011年1月27日一、二线开始带负荷调试,因山东巨润公司采用包装袋及卫生清洁等原因造成喷淋管道堵塞、断裂。

2011年3月14日,上海环境公司与山东巨润公司所属集团公司就案涉工程及集团公司另外三项工程进度情况磋商,会议纪要约定就案涉工程的调试款应在会议后3日内支付。

2011年3月22日、23日,上海环境公司两次向与山东巨润公司同属江苏华尔润集团有限公司的江苏华汇玻璃设计院有限公司(之前都是该公司向上海环境公司支付案涉工程款)传真,因三、四线存在问题,请求将案涉工程一、二线进入调试期后的工程款支付,并开始带负荷调试(联动调试)。

2011年3月25日,上海环境公司与山东巨润公司所属集团公司再次就案涉工程的调试期款项及双方合作的其他3项工程进行协商，再次要求支付进入调试期的工程款项。

2011年6月8日，上海环境公司与山东巨润公司所属集团公司签订协议书，约定对案涉工程的验收标准及付款进度需明确细化。后因工程支付问题产生争议，双方引发诉讼。

诉讼中，一审被告山东巨润公司认为，双方签订的商务合同除有关环境保护设计方面的内容之外，主要内容系无效合同（合同部分无效），因此除51.9万元设计费之外，原告无权依据无效合同向被告主张建设工程施工部分的相关权利。原告上海环境公司仅是一家环境工程专业的设计单位，并无环保工程施工总承包或环保工程专业承包企业资质，不具备建筑企业资质，其对外承包环保工程施工的行为违反了相关法律法规，合同中除有关脱硫除尘项目的设计之外，其他内容均应无效。

一审法院认为：原告（反诉被告）、被告（反诉原告）自愿、平等签订案涉商务合同、技术合同，且原告（反诉被告）具备环境工程专项甲级资质，故被告（反诉原告）关于原告（反诉被告）不具备环境工程施工资质、双方所签订合同部分无效的抗辩理由不成立。原、被告双方签订的商务合同、技术协议系其真实意思表示，且没有违反相关法律规定，应属有效，对双方均有约束力，应严格履行。

二审法院认为：关于原审判决认定涉案合同有效是否正确的问题。上海环境公司与山东巨润公司签订的涉案商务合同、技术合同系双方当事人的真实意思表示，不违反法律、行政法规的强制性规定，上海环境公司具备相应的环境工程建设总承包资质，原审判决认定上述合同合法、有效是正确的。

再审法院认为：关于山东巨润公司主张案涉合同无效的理由能否成立的问题。上海环境公司的工程设计资质证书显示其业务范围为：环境工程（水污染防治工程、大气污染防治工程、固体废物处理处置工程）专项甲级，可从事资质证书范围内的相应工程总承包、工程项目管理和相关的技术与管理服务。案涉工程为大气污染防治工程，属于上海环境公司资质证书规定的业务范围。原审法院认定上海环境公司“可以从事资质证书许可范围内的建设工程总承包业务以及项目管理和相关的技术与管理服务”正确。

**[案例评析]**资质是我国工程承包企业从事工程建设活动的门槛。实践中，仅

就设计、施工的单一环节来讲，我们都较为熟知其具体的资质类型与等级。但是，对于集设计、施工于一体的工程总承包模式来讲，是否也需要具备相应的工程总承包资质。在实践中，无论是发承包单位自身，还是人民法院，因对行业自身的不了解，以及行业本身的政策、法规的缺乏，往往都会对此存在一定的认知争议。而就资质问题，在工程承包合同领域，又是一个会影响合同效力，进而影响发承包双方权利义务的重要问题。2002 年 11 月，国务院《关于取消第一批行政审批项目的决定》（国发〔2002〕24 号）第 239 项，取消了“工程总承包资格核准”。2016 年 2 月，“为深入推进‘放管服’改革，确保各项改革措施有效落实，加快建设法治政府”住建部《关于宣布失效一批住房城乡建设部文件的公告》（住房和城乡建设部公告第 1041 号），决定“工程总承包设计施工一体化资质”废止。自此，从事工程总承包活动的企业，不再有专门的工程总承包企业资质或设计施工一体化资质的要求。而关于工程总承包合同涉及资质问题时的认定，结合本案裁判结果可以发现，在当前的司法审判实践中，拥有合法的设计资质或施工资质的企业，对外签订的工程总承包合同都具有相应的法律效力。但本办法出台后，今后对该部分的认定将会按照“双资质”的要求处理。

**［案例二］关于联合体的连带责任**

四川省冶金设计研究院（一审被告、二审上诉人、再审申请人，以下简称川冶设计院）、贵州省冶金建设公司（一审被告、二审上诉人、再审申请人，以下简称贵冶公司）与唐勇（一审原告、二审被上诉人、再审被申请人）、王善池（一审原告、二审被上诉人、再审被申请人）、华硅公司（一审被告、二审被上诉人、再审被申请人）、德铁公司（一审第三人、二审被上诉人、再审被申请人）建设工程施工合同纠纷案

案　　号：（2018）最高法民申 2076 号

审理法院：最高人民法院

裁判类型：再审民事裁定

**裁判要点：**本联合体协议载明，联合体将严格按照招标文件的各项要求，递交投标文件，履行合同，并对外承担连带责任。同时《联合体协议书》第 4 条中也明确约定作为“联合体”牵头人的四川华硅冶金设备有限公司“总体负责项目的合同

签订、工程实施、工程管理及投产试生产等所有总承包工作”。结合该条对其他“联合体”成员内部职责分工的约定,川冶设计院负责“现场技术服务”,贵冶公司负责“项目的建筑、结构施工及机电设备安装调试”。可见,《联合体协议书》第4条是对“联合体”成员在工程具体实施过程中职责分工的约定,故华硅公司有权在涉案工程施工过程中代表“联合体”对外签订合同。华硅公司与德昌铁合金(集团)有限责任公司签订总承包合同的行为系代表联合体的行为,华硅公司与唐勇和王善池签订土建分包合同的行为亦系代表联合体的行为,川冶设计院、贵冶公司应对华硅公司负责工程施工、工程管理工作范围内的行为承担连带责任。因联合体协议并未约定对外承担连带责任的范围,故川冶设计院、贵冶公司对“该约定仅限于协议各方当事人”的抗辩不能成立。

**案情摘要:**2008年3月3日,德铁公司与川冶设计院签订《建设工程设计合同(二)》,约定:发包人德铁公司委托设计人川冶设计院承担德铁公司环保技改搬迁工程设计。合同签订后,川冶设计院完成了部分设计任务,德铁公司支付了部分设计费。

2010年12月9日,华硅公司、贵冶公司、川冶设计院签订《联合体协议书》,约定:贵冶公司与华硅公司自愿组成德铁公司环保技改搬迁项目一标段施工投标,华硅公司为德铁公司环保技改搬迁项目(一期标段)的牵头人,合法代表联合体各成员负责本招标项目投标文件编制和合同谈判活动,并代表联合体提交和接受相关的资料、信息及指导,并处理与之有关的一切事务,负责合同实施阶段的主办、组织和协调工作。联合体将严格按照招标文件的各项要求,递交投标文件,履行合同,并对外承担连带责任。华硅公司在协议书“牵头人”处加盖公章,贵冶公司在“成员一名称”处加盖公章,川冶设计院在“成员二名称”处加盖公章。

2011年1月23日,华硅公司、川冶设计院、贵冶公司三方又签订《联合体协议书》,约定:华硅公司、川冶设计院、贵冶公司自愿组成德公司铁环保技改搬迁项目总承包联合体,共同参加德铁公司环保技改搬迁一期工程标段施工投标。华硅公司为德铁公司环保技改搬迁项目(一期标段)投标联合体的牵头人,合法代表联合体各成员负责本招标项目投标文件编制和合同谈判活动,代表联合体提交和接受相关的资料、信息及指导,并处理与之有关的一切事务,负责合同实施阶段的主办、组织和协调工作。联合体将严格按照招标文件的各项要求,递交投标文件,履行合同,并对外承担连带责任。联合体各成员单位内部的职责分工如下:(1)华硅公司总体负责项目的合同签订、工程施工、工程管理及投产试生产等所有总承包工作;(2)川冶设计院负责项目的施工图设计及现场设计服务工作;(3)贵冶公司负责项目的建筑、结构施工及机电设备安装调试工作。华硅公司在协议书"牵头人"处加盖公章,川冶设计院在"成员一名称"处加盖公章,贵冶公司在"成员二名称"处加盖公章。

2011年1月25日,德铁公司与华硅冶公司签订案涉《总承包合同》约定:本工程采用设计、采购、施工(EPC)/交钥匙工程总承包方式。设计、施工及施工管理方采用联合体的方式投标,联合体的权利、义务、分工和组织形式在联合体协议中约定,但无论怎样约定,联合体成员之一或全部必须按照国家法律对发包人承担连带责任。承包人不得将本工程向投标联合体以外的第三人分包或转包(含肢解后的转包),外委制造加工项目除外。

2011年3月10日,华硅公司(甲方)与唐勇、王善池(乙方)签订《土建工程施工承包合同》,就德铁公司项目技改、搬迁一期工程协议如下:工程承包范围:办公室及食堂车间办公室,围墙、大门、道路、地面硬化、循环水池、所有钢结构厂房地面基础、厕所、浴室、电炉二层楼现浇板、设备基础、沉淀池、水泵房。案涉工程边设计边施工,估约工程造价1,200,000元,以实际结算为准,乙方上缴施工管理费8%。2011年7月12日,华硅公司在合同上盖章。

案涉《土建工程施工承包合同》签订后,唐勇、王善池进场施工,并于2011年11月完成工程施工。2012年8月29日,唐勇、王善池与华硅公司进行结算,形成了《竣工结算确认书》,结算金额为14,200,000元(已按合同下浮及扣减管理费8%)。双方确认该结算金额扣除税金511,200元后,应付工程款为13,688,800元,已付工程款为10,563,863元,欠付工程款为3,124,937元,暂扣质保金426,000元(3%),本次应付2,698,937元。唐勇、王善池施工工程已于2012年12月交付投产使用。2014年1月,唐勇、王善池提起诉讼,请求川冶设计院、贵冶公司与华硅公司作为案涉工程总承包项目的联合体承包商,承担连带支付分包工程款的义务。

一审法院认为:川冶公司对《联合体协议书》的效力存在异议,认为因违反相关法律法规,为无效合同。但因该协议中载明"华硅公司、川冶公司、贵冶公司自愿组成德铁公司某项目的总承包联合体,共同参与投标,履行合同,对外承担连带责任。其内部分工如下……”故华硅公司与德铁公司签订《总承包合同》的行为系代表联合体的行为,川冶设计院、贵冶公司应对华硅公司负责工程施工、工程管理工作范围内的行为承担连带责任。因该协议并未约定对外承担连带责任的范围,故川冶设计院、贵冶公司“该约定仅限于协议各方当事人”的抗辩不能成立。根据《民法通则》第53条“企业之间或者企业、事业单位之间联营,按照合同的约定各自独立经营的,它的权利和义务由合同约定,各自承担民事责任”的规定,唐勇、王善池要求三被告承担连带责任的请求,应予支持。

二审法院认为:关于《总承包合同》对“联合体”三方是否具有约束力的问题:虽然案涉工程投标、中标无效,但华硅公司根据《联合投标协议书》的授权与德铁公司签订的《总承包合同》,其代表的是联合体的共同意思表示,贵冶公司、川冶设计院作为参与“联合体”的主体单位,在向德铁公司提交投标文件及《联合体协议书》后,即表示接受华硅公司因案涉工程对外签订合同等履行投标内容的行为并承担法律责任。因此,尽管本案投标、中标行为无效,由华硅公司单方与招标人德铁公司签订的《总承包合同》无效,但依据《联合体协议》的约定,《总承包合同》的承包方应当是华硅公司、川冶设计院、贵冶公司三方当事人。故《总承包合同》的法律后果应当由华硅公司、川冶设计院、贵冶公司三方承担。关于《土建工程施工承包合同》是否约束贵冶公司、川冶设计院的问题:同样基于《联合体协议书》的约定,华硅公司与唐勇、王善池签订案涉工程施工合同,其代表的仍然是由华硅公司、川冶设计院、贵冶公司所组成的联合体,其法律后果理应由“联合体”承担。

再审法院认为:关于原判是否适用法律错误的问题,川冶设计院和贵冶公司申请再审主张华硅公司无权代表“联合体”对外签订合同,原判适用法律错误。但依据《联合体协议书》第2条、第4条的约定,华硅公司有权在招投标程序以及工程具体施工过程中代表“联合体”对外签订合同,华硅公司的代理具备合同依据,不属于无权代理。虽然本案中“联合体”投标、中标的行为因违反《招标投标法》第31条的规定属无效,华硅公司单方与德铁公司签订的《工程总承包合同》以及华硅公司与唐勇、王善池签订的《土建工程施工承包合同》均属无效,但不影响川治设计和贵治公司依据《联合体协议书》就“联合体”的对外行为承担责任。川治设计院和贵治公司申请再审主张《联合体协议书》效力仅及于招投标法律关系,

"联合体"之间的连带责任不适用于"联合体"与唐勇、王善池之间,原审适用连带责任错误。《联合体协议书》第3条约定"联合体将严格按照招标文件的各项要求,递交投标文件,履行合同,并对外承担连带责任",而实施工程的行为属于履行总承包合同的行为。结合《联合体协议书》第4条对"联合体"成员在工程具体实施过程中职责分工的约定,可见,《联合体协议书》并非仅对招投标程序的约定。川治设计院和贵冶公司主张《联合体协议书》效力仅及于招投标法律关系,缺乏事实依据,理由不成立。

**[案例评析]** 根据本办法对工程总承包单位"双资质"的要求,考虑到我国工程总承包市场还处于发展阶段,同时具有设计施工资质的单位并不多,而采用工程总承包模式的项目又往往规模较大,同时具有相适应的设计、施工资质的企业较少。因此,设计单位和施工单位以组成联合体方式承揽工程总承包项目的情形将成为市场普遍现象。而目前国内有关工程总承包联合体的法律规定尚不完善。工程总承包联合体的概念、性质、对内对外与对上对下的责任承担问题,尚不十分明晰。特别是联合体是否应对分包单位承担连带责任的问题在实践中争议较大,本案即联合体应对分包单位承担连带责任的典型案例,本案审理前后历经三级人民法院,最终直至最高人民法院,共历时4年时间。但是无论哪一级人民法院,均是依据工程总承包联合体内部之间的协议约定,要求联合体共同对外,向仅与联合体一方签订分包协议的实际施工人承担连带的付款责任。

**[案例三]关于联合体其他成员的工程款代位请求权**

四川广通建设有限公司(以下简称广通公司)与四川江油中坝附子科技发展有限公司(以下简称中坝附子公司)建设工程施工合同纠纷案

案　　号:(2018)川07民终2408号

审理法院:四川省绵阳市中级人民法院

裁判类型:二审民事判决

**裁判要点:** 合同约定工程款由发包方支付给联合体牵头方,再由牵头方支付给联合体其他单位。原告广通公司要求被告中坝附子公司支付欠付工程款,第三人医药设计院不同意被告将工程款直接支付给原告。虽然合同约定中坝附子公司应将案涉工程款付至医药设计院,再由医药设计院向广通公司支付工程款,医药设计院称一直在向中坝附子公司主张权利但未向法庭举证，庭审中医药设计院在法庭向其释明权利后仍明确表示不在本案中向中坝附子公司主张支付工程款，法院认定医药设计院怠于向中坝附子公司行使主张工程款支付的权利，广通公司也是合同相对方有权代位向中坝附子公司直接主张其权利。

**案情摘要**：2013年12月16日，广通公司与医药设计院签订《联合体协议书》，约定：医药设计院与广通公司自愿组成四川江油中坝附子科技发展有限公司年产4000吨附子中药饮片加工生产线技术改造（附子产业升级）项目联合体，共同参加该项目工程总承包投标，并约定医药设计院为该工程总承包联合体牵头人，其中医药设计院负责该项目的设计、采购及总承包管理，广通公司负责该项目的土建施工。

2014年1月10日，中坝附子公司作为发包人与医药设计院和广通公司组成的联合体作为承包人签订《工程总承包合同》，约定：由联合体对四川江油中坝附子科技发展有限公司年产4000吨附子中药饮片加工生产线技术改造（附子产业升级）项目工程总承包；合同总价3927万元；合同专用条款10.3条工程费的支付：联合体牵头人负责接受本工程的工程款，并在收到发包方支付的工程款后15日内将各联合单位应得的工程款支付到位。

合同签订后，案涉工程于2014年3月20日开工，由广通公司与医药设计院对案涉工程进行施工建设。案涉工程完工后，该工程的建设单位、勘察单位、设计单位、施工单位、监理单位共同对案涉工程进行竣工验收，并于2015年11月3日出具《竣工验收报告》，案涉工程质量验收结论为：合格。

2017年3月，中坝附子公司委托中国中元国际工程有限公司对案涉工程造价进行审计，审定金额为3855.71万元，其中土建工程审定金额为2359.91万元（1857.12万元+502.79万元）。因医药设计院和广通公司在施工过程中存在部分交叉，2017年11月20日，医药设计院与广通公司共同签订《工程竣工结算确认单》，确认广通公司应收取土建工程的工程款为23,493,293.82元。中坝附子公司已向医药设计院支付案涉工程价款30,694,891元，尚有工程款7,862,209元未支付。医药设计院收取中坝附子公司支付的工程价款30,694,891元后，已向广通公司支付土建工程工程款18,222,864元。现广通公司尚有5,270,429.82元工程款未收取。庭审中，医药设计院明确表示不同意中坝附子公司将广通公司的工程欠款直接支付给广通公司，也明确表示不在本案中向中坝附子公司主张所欠工程款。广通公司向一审法院起诉请求中坝附子公司支付原告工程款5,275,722.38元。

一审法院认为：竣工结算审核报告审计案涉工程总价款为3855.71万元，中坝附子公司与医药设计院均认可已付工程款为30,694,891元，中坝附子公司尚欠广通公司和医药设计院工程款合计7,862,209元。广通公司与医药设计院共同确认广通公司土建部分的工程总价款为23,493,293.82元，已付广通公司工程款18,222,864元，故尚欠广通公司工程款5,270,429.82元未支付。虽然合同约定中坝附子公司应将案涉工程款付至医药设计院，再由医药设计院向广通公司支付工程款，医药设计院称一直在向中坝附子公司主张权利但未向法庭举证，庭审中医药设计院在法庭向其释明权利后亦明确表示不在本案中向中坝附子公司主张支付工程款，认定系医药设计院怠于向中坝附子公司行使主张工程款支付的权利，广通公司作为合同相对方有权代位向中坝附子公司直接主张其权利。综上，中坝附子公司应向广通公司支付所欠工程款5,270,429.82元。

二审法院认为：关于中坝附子公司是否可以直接向广通公司支付工程款。广通公司与医药设计院作为联合体中标，《工程总承包合同》约定医药设计院为收款方，中坝附子公司应当向医药设计院直接支付工程款。但在《工程竣工结算确认单》中，将广通公司应收款与医药设计院的应收款分开核算，可以直接明确广通公司应收款项金额，广通公司直接向中坝附子公司主张支付工程款不损害中坝附子公司的利益，一审判决由中坝附子公司直接向广通公司支付工程款后，医药设计院也没有提出上诉，故本院予以维持。

**[案例评析]**在以联合体方式承揽工程总承包项目时，主要存在三种付款方式，一是由建设单位根据总承包合同约定按联合体成员的分工分别向各成员直接支付；二是建设单位向联合体的牵头单位统一支付；三是建设单位向联合体成员共同设立的银行账户进行支付。其中，最常见的为建设单位直将合同款项支付给联合体牵头方，在这种工程款支付模式下，对联合体其他成员存在工程款无法及时获偿的风险，且无明晰的主张途径。本案为联合体其他成员提供了一种跨过牵头单位向建设单位主张工程款的路径，即在牵头方怠于向发包方主张工程价款，且各方所完成的工程款可以明确的前提下，联合体其他方有权代位向发包方直接

主张其权利。但需要注意的是,若是各方完成的工程款项在与发包人结算报告中没有拆分时,则应当是联合体各方通过法院同时向发包人主张工程款的权利,若其中一方或牵头人怠于主张权利的,联合体其他成员可以代位主张整个联合体的权利而非成员单方的权益。

**第十一条　【工程总承包单位的主体资格要求二】**

**工程总承包单位不得是工程总承包项目的代建单位、项目管理单位、监理单位、造价咨询单位、招标代理单位。**

**政府投资项目的项目建议书、可行性研究报告、初步设计文件编制单位及其评估单位,一般不得成为该项目的工程总承包单位。政府投资项目招标人公开已经完成的项目建议书、可行性研究报告、初步设计文件的,上述单位可以参与该工程总承包项目的投标,经依法评标、定标,成为工程总承包单位。**

## 条文主旨

本条区分了直接利益相关方和间接利益相关方、企业投资项目和政府投资项目适用的回避原则。对工程总承包活动中代建单位、项目管理单位、监理单位、造价咨询单位、招标代理单位等直接利益冲突的相关方作了无例外情形的回避规定。同时,对于间接利益冲突的相关方,在区别了企业投资项目与政府投资项目的不同情况下,对企业投资项目尊重市场主体的选择和投资自主权,未过于约束。但对政府投资项目,基于国家利益保护,为了避免不正当竞争和利益输送,确定了前期咨询服务企业,例如,项目建议书、可行性研究报告、初步设计文件编制的单位及其评估单位,原则上不得同时从事该项目的工程总承包。但以招标人公开前期咨询服务成果的特定条件为例外情形可以参与投标。

## 条文解析

对于市场主体较为关注的"项目前期咨询服务企业能否在该项目后期工程总承包项目中投标"的问题,本条区分了直接利益相关方和间接利益相关方、政府投资项目和企业投资项目。所谓直接利益相关方，即与项目存在直接利益冲突的单位，对于存在直接利益冲突的单位，禁止成为工程总承包单位。所谓间接利益相关方，即与项目不存在直接利益冲突，但存在间接利益关联的单位。对于存在间接利益冲突的单位，在企业投资项目中无限制，在政府投资项目中有条件地允许成为工程总承包单位。所谓政府投资项目，即《政府投资条例》第 9 条规定的“政府采取直接投资方式、资本金注入方式投资的项目”，对于政府投资项目采取审批制，因为涉及财政预算资金的使用，关系国家利益，所以对于财政投资项目采取理严格的立项制度，要对项目建议书、可行性研究报告和初步设计等前期文件进行审批；所谓企业投资项目，即《企业投资项目核准和备案管理条例》第 2 条规定的“企业在中国境内投资建设的固定资产投资项目”，对于企业投资项目分情况采取核准制和备案制。在内容上，本条对以下两类主体成为工程总承包单位作了限制条件（详情见表 1）：一是明确排除了工程总承包项目的代建单位、项目管理单位、监理单位、造价咨询单位、招标代理单位对该项目的投标资格；二是对于政府投资项目，原则上排除了项目建议书、可行性研究报告、初步设计文件编制单位及其评估单位的投标资格。仅有招标人公开了上述单位已编制完成的项目建议书、可行性研究报告、勘察设计文件的情况下，消除了信息壁垒、实现了公平竞争条件，才允许上述单位参与工程总承包项目的投标。

**表 1　第 11 条对相关利益方成为工程总承包单位的限制性规定**

| 项目类型 | 相关方 | |
|---|---|---|
| | 直接利益冲突方 | 间接利益冲突方 |
| | 代建单位、项目管理单位、监理单位、造价咨询单位、招标代理单位 | 项目建议书、可行性研究报告、初步设计文件编制单位及其评估单位 |
| 政府投资项目 | 不得成为工程总承包方 | 原则上不得成为工程总承包方，以“招标人公开已经完成的项目建议书、可行性研究报告、初步设计文件”为例外 |
| 企业投资项目 | | 无限制 |

## 理解与适用

### 一、民法角度对“自己代理”行为之禁止和例外

所谓“自己代理”，是指代理人以被代理人的名义同自己进行民事行为，是滥用代理权的表现形式之一。已经废止的《经济合同法》第7条第1款第3项规定，“以被代理人的名义同自己……签订的合同”无效，主张自己代理行为无效的学术观点认为：(1)自己代理不符合代理的基本特征，不应产生有效代理的法律后果；(2)自己代理往往会损害被代理人的合法权益，违背代理制度的宗旨；(3)自己代理违背合同必须由双方当事人协商一致的基本原则。1995年1月，由梁慧星先生整理完成的合同法学者建议稿《中华人民共和国合同法(试拟稿)》第38条规定，代理人以被代理人的名义与自己订立的合同，无效。但合同纯使被代理人一方获得利益的，不在此限。[①] 该条文被规定在第3章合同效力的无效合同一节中。虽然该条文并未最终保留，但由此可看出，彼时学者们对自己代理订立的合同效力原则上也是持否定态度的，但同时又作了例外规定。这无异是在原《经济合同法》基础上的重大进步，使该项制度趋于完善，与大陆法系国家对该制度的规定相呼应。《德国民法典》第181条规定，代理人无特别许可，不得以本人名义与自己为法律行为，亦不得为第三人之代理与本人为法律行为；但法律行为系属专以债务为目的者，不在此限。《日本民法典》第108条规定，无论何人，不得就同一法律行为，为其相对人之代理人或为双方当事人之代理人；但债务之履行不在此限。我国台湾地区“民法典”第106条规定，代理人非经本人之许诺，不得为本人与自己之法律行为，亦不得既为第三人之代理人，而为本人与第三人之法律行为。但其法律行为，系属专履行债务者，不在此限。上述立法例虽是对法律行为的规定，合同是法律行为的下位阶概念，上位阶概念所适用的原则，当然适用于下位阶概念。由此可知，多数国家及地区的法律对自己代理与双方代理订立的合同效力均予以否认，但同时又都作了弹性规定。

我国《民法总则》采纳了上述观点，第168条第1款规定，“代理人不得以被代理人的名义与自己实施民事法律行为，但是被代理人同意或者追认的除外”。由

---

① 参见邹瑜：《法学大辞典》，中国政法大学出版社1991年版。

此可见，我国民法原则上禁止自己代理行为，但以被代理人同意或者追认为例外。

在工程总承包项目中，代建单位、项目管理单位、监理单位、造价咨询单位、招标代理单位等分别以代理人身份代理建设单位进行项目建设、项目管理、项目监理、造价咨询、招标代理的工作，如果其合同相对人，即工程总承包单位为其自身，则属于原则上禁止的“自己代理”行为。而工程总承包项目往往涉及复杂工程、巨额资金，尤其是政府投资项目，更是会牵涉国家利益和社会公共利益，而建设单位在工程总承包项目实际参与较少，既无必要也不具备甄别总承包商具体技术和程序问题，如项目管理、监理、造价、招投标程序等的能力。因此，为了保护建设单位的合法利益，维护国家利益和社会公共利益，也考虑到技术上的可行性，不应允许被代理人（建设单位）同意或追认。

## 二、行政法角度对可能影响招投标公正性的行为之禁止

从投资主体角度，可将工程总承包项目分为政府投资项目和企业投资项目。针对政府投资项目，《招标投标法》第 3 条第 1 款规定，大型基础设施、公用事业等关系社会公共利益、公众安全的项目，全部或者部分使用国有资金投资或者国家融资的项目，使用国际组织或者外国政府贷款、援助资金的项目必须进行招标。全部属于强制招标项目。对于企业投资项目，如果符合《招标投标法》第 3 条第 1 款的范围，则进行强制招标，反之则由企业自行选择是否招标。此外，《招标投标法》第 3 条第 2 款和第 3 款规定，“前款所列项目的具体范围和规模标准，由国务院发展计划部门会同国务院有关部门制订，报国务院批准。法律或者国务院对必须进行招标的其他项目的范围有规定的，依照其规定”。依照《招标投标法》的明确授权，国家发改委经国务院批准发布并于 2018 年 6 月 1 日开始施行的发改委令第 16 号文及 2018 年 6 月 6 日国家发改委经国务院批准印发的配套文件《必须招标的基础设施和公用事业项目范围规定》（发改法规规〔2018〕843 号），取代了此前原国家计划委员会经国务院批准于 2000 年 5 月 1 日发布施行的原国计委令第 3 号文。按照最新规定，强制招标项目的范围较过去有所缩小，民营投资的科技、教育等事业及社会福利、商品住宅项目均不再属于强制招标的范围。对于依法应当招标项目和企业自主选择招标项目，均应受到《招标投标法》及其相关法规的约束。

我国建立招投标制度，是为了规范招标投标活动，保护国家利益、社会公共利

益和招标投标活动当事人的合法权益,提高经济效益,保证项目质量。因此,对于与招标人存在利害关系可能影响招标公正性的市场主体,不得参与招投标活动。例如,《招标投标法实施条例》第34条第1款规定,“与招标人存在利害关系可能影响招标公正性的法人、其他组织或者个人,不得参加投标”。第2款同时规定,“单位负责人为同一人或者存在控股、管理关系的不同单位,不得参加同一标段投标或者未划分标段的同一招标项目投标”。

在采用工程总承包的项目中,除了工程总承包企业外,在发包之前可能参与到项目的主体还有代建单位、项目管理单位、监理单位、造价咨询单位、招标代理单位、项目咨询单位等。

其中,代建单位、项目管理单位、监理单位、造价咨询单位是建设工程监督管理单位,负有对项目质量、工期、造价、安全的监督责任,如果其同时成为工程总承包单位,显然会陷入既当运动员又当裁判的情形中,导致工程建设全面失控。招标代理单位对工程招投标活动具有极大影响力,如果允许其担任工程总承包单位,将产生严重的利益冲突,不可避免地损害到招标人的利益,也显然会破坏招投标活动的公平公正。因此,上述单位均属于直接利益冲突,不应成为工程总承包单位。

此外,根据《政府投资条例》第9条、第11条等规定,对于政府投资项目,项目单位应当编制项目建议书、可行性研究报告、初步设计,上述文件为投资主管部门审查和批准政府投资项目的重要依据。根据国家发展改革委《投资咨询评估管理办法》,国家发改委在审批固定资产投资项目及其相关专项规划时,应当坚持“先评估、后决策”的原则,经相关工程咨询单位咨询评估,在充分考虑咨询评估意见的基础上作出决策决定。因此,政府投资项目的项目建议书、可行性研究报告、初步设计文件编制单位及其评估单位,在政府投资项目的投资决策中扮演着重要角色。如果允许其同时作为工程总承包单位,可能存在如下弊端:

1. 前期咨询单位具有信息优势,允许其参与工程投标将破坏工程招投标市场的公平性。工程前期咨询单位自工程立项决策阶段就已介入工程项目,掌握大量基础资料,并且对业主需求、当前方案的优劣、项目风险、项目可得利润等重要信息都具有其他投标单位所不具有的信息优势。如果允许前期咨询单位进行工程投标,那么就违反了招投标活动必须具备的公平竞争的基本原则,破坏公平竞争的市场环境。因此，本条规定此类单位一般不得参与该项目的工程总承包项目的投标。

2. 存在道德风险。由于存在信息优势，前期单位的中标概率明显大于一般投标人，随之而来的就是虚高标的额的道德风险，很可能会发生前期单位为了得到更多的后期承包利益，通过不适宜的工程方案制定或其他手段，抬高工程总造价，借此取得不正当利益。政府投资项目采用的是预算资金，代表的是国家和社会公共利益，虚高造价将会对国家和社会公共利益造成损害。基于上述考虑，持反对观点的意见认为应当禁止前期单位参与投标。

但是，我们也应认识到，此类单位如果作为工程总承包单位，由于其对于项目前期的充分了解，将有利于确保前期策划和设计与后期施工图设计衔接及施工连续性。除此之外，在可能会参与到工程后期实施的前提下，此类单位在编制项目建议书、可行性研究报告、初步设计文件时，也更有动力对方案和设计进行优化，提高设计质量和工程建设效率，为工程总承包项目的实施具有积极影响。

由此可见，前期咨询单位成为工程总承包单位存在间接利益冲突，但也存在一定优势。如果公开了前期文件，那么就消除了前期单位的信息优势，使所有投标人处于同一起跑线，招投标市场的公平就可以得到保证；而且即使前期单位虚增造价，在其他投标单位掌握足够信息的前提下，也可以通过技术分析与市场竞争，使虚高的造价回到正常水平。

因此，本条特别允许此类单位在避免其利用编制咨询文件的信息优势的情况下和保证同其他投标人潜在投标人公平竞争的前提下，当政府投资项目招标人公开已经完成的项目建议书、可行性研究报告、勘察设计文件时，方可参与投标。

## 实践中应注意的问题

本条在所有情况下限制了工程总承包项目代建单位、项目管理单位、监理单位、造价咨询单位、招标代理单位作为投标人参与工程总承包项目招投标。并对政府投资项目的项目建议书、可行性研究报告、初步设计文件编制单位及其评估单位作为投标人参与工程总承包项目招投标的设立了特别的前置条件。但本条并未明确排除与上述单位有利害关系的关联企业。

上述规定并非意味着上述单位可以通过用其关联企业进行投标的方式规避关于其投标的限制。《招标投标法实施条例》第 34 条规定，与招标人存在利害关系可能影响招标公正性的法人、其他组织或者个人，不得参加投标；第 38 条规定，投标人的投标影响招标公正性的，其投标无效。因此，如果该关联企业利用上述单位从事项目管理或提供相应服务的信息和资源优势参与投标，从而影响招标公正性的，也存在面临禁止投标或投标无效的风险。

同时，需要进一步理解的是，为了充分鼓励竞争，本条第 2 款在政府投资项目的间接利益冲突中仅列出了项目的"项目建议书、可行性研究报告、初步设计文件"的编制单位及其评估单位，并没有法律文件中常用的"等"字，实践中招标人在前期项目投资决策及立项、勘察、设计等准备阶段会有较多咨询服务机构提供相应咨询服务成果，在本款没有明确规定的情况下，在没有证据显示存在利益冲突情况下，不宜将本款扩大解释，将具备资质的其他前期服务主体排除在该项目工程总承包潜在投标人之外。

## 案例评析

### [案例一]代理人不得以被代理人的名义与自己实施民事法律行为

河南合美饰景工程有限公司（以下简称合美饰景）、马建设企业借贷纠纷案

案　　号：（2018）豫 11 民终 652 号

审理法院：河南省漯河市中级人民法院

裁判类型：二审民事判决

**裁判要点：**代理人不得以被代理人的名义与自己实施民事法律行为，但是被代理人同意或者追认的除外。天下置业代表合美饰景沙河三期绿地景观工程Ⅰ标段项目部与天下置业、马建设以拖欠苗圃费等为名，进行债权债务转移，天下置业的行为已经构成《民法总则》第 168 条第 1 款规定的自己代理，该行为违反法律的禁止性规定，除了合美饰景同意或者追认以外，属于无效代理。

**案情摘要：**2015 年 1 月，三三变压器向马建设借款 170,000 元，并签订《借款合同》1 份及借据。借款到期后，双方于 2015 年 8 月 21 日重新签订借款合同 1 份，该合同约定：借款金额为人民币 170,000 元，借款用途为资金周转，借款期限

为3个月,自2015年8月21日至2015年11月21日止,借款利率为月息15‰,按月付息到期还本。马建设在甲方(出借人)处签名,三三变压器在乙方(借款人)处加盖公司合同专用章。天下投资于当天向马建设出具《承诺函》一份,承诺借款合同履行期间,如果借款人不能按期足额还款,在到期日经本人亲自确认并完善相关手续后3个工作日内代为偿还。借款到期后,三三变压器因未能偿还到期借款及支付利息,天下投资也未履行承诺。

2015年11月16日,经三三变压器、天下置业与马建设三方协商后,以天下置业实际施工的沙河三期、澧河二期绿地景观工程Ⅰ标段的工程款来偿还马建设的借款及利息,并将之前的天下投资出具的民间项目资料清单中的借款合同、借据、还款计划书、承诺函原件收回,出具加盖有合美饰景沙河三期绿地景观工程Ⅰ标段项目部印章的收据一份,收据显示内容为"今收到马建设运送小苗、球类植物费用金额壹拾柒万元整(未付)",显示时间为2012年5月19日。三三变压器出具担保一份,内容为:马建设为沙河三期、澧河二期绿地景观工程Ⅰ标段供应运送小苗、球类植物,由三三变压器为此款项担保,显示日期为2015年11月16日。

天下置业、天下投资公司成立时的股东均为陈韦予和徐慧宪,法定代表人为徐慧宪,三三变压器公司成立时主要股东为陈韦予。

沙河三期、澧河二期绿地景观工程Ⅰ标段工程由合美饰景承包,后由天下置业具体施工,即实际施工方为天下置业,工程款实际由天下置业法人徐慧宪支取(借支)。且在2011年10月20日,徐慧宪以天下置业法定代表人身份与合美饰景签订用章协议一份,约定沙河三期绿地景观工程Ⅰ标段项目部的印章由天下置业保管。现建设开发方城投公司尚有工程款未支付给合美饰景,并已被本案予以保全。

一审法院认为:2015年1月,三三变压器向马建设借款170,000元并签订借款合同1份,借款到期后,又于2015年8月21日重新签订借款手续,系双方当事人真实意思表示,一审法院予以认定。关于合美饰景是否承担责任,《合同法》第49条规定,"行为人没有代理权、超越代理权或者代理权终止后以被代理人名义订立合同,相对人有理由相信行为人有代理权的,该代理行为有效"。本案中,天下置业实际施工沙河三期、澧河二期绿地景观工程Ⅰ标段工程后,天下置业与合美饰景协商刻制"合美饰景沙河三期绿地景观工程Ⅰ标段项目部"印章1枚,并于

2011年10月20日签订用章协议1份，约定沙河三期绿地景观工程Ⅰ标段项目部的印章由天下置业保管，在城投公司的工程款(借支)是由天下置业法人徐慧宪实际支取。且合美饰景认可徐慧宪是工程的现场管理人员之一，其行为是代表合美饰景所进行的职务行为。故，天下置业对外加盖项目部印章的行为，是有权代理的行为，该代理行为有效。又因项目部不具有独立法人资格，其民事权利义务应由具有法人资格的合美饰景承担。

二审法院认为：一、《民法总则》第172条规定，"行为人没有代理权、超越代理权或者代理权终止后，仍然实施代理行为，相对人有理由相信行为人有代理权的，代理行为有效"。《合同法》第49条规定，"行为人没有代理权、超越代理权或者代理权终止后以被代理人名义订立合同，相对人有理由相信行为人有代理权的，该代理行为有效"。表见代理制度的目的是保护善意相对人，使相对人在行为人无权代理的情形下，仍有权请求被代理人承担代理行为的后果，从而善意相对人不承担无权代理人破产或履行不能的风险，维护交易安全。表见代理的构成主要有四个方面：一是无权代理，二是代理权外观，三是相对人善意，四是被代理人具有可归责性。就本案而言，区分是表见代理还是无权代理，最核心的是相对人是否善意。最高人民法院《关于当前形势下审理民商事合同纠纷案件若干问题的指导意见》第14条规定，"人民法院在判断合同相对人主观上是否属于善意且无过失时，应当结合合同缔结与履行过程中的各种因素综合判断合同相对人是否尽到合理注意义务，此外还要考虑合同的缔结时间、以谁的名义签字、是否盖有相关印章及印章真伪、标的物的交付方式与地点、购买的材料、租赁的器材、所借款项的用途、建筑单位是否知道项目经理的行为、是否参与合同履行等各种因素，作出综合分析判断"。就本案而言，马建设、天下置业为了规避项目部只能从事工程建设、不能承受债权债务转移的目的，明知提供小苗、球类植物的行为并未实际发生而虚构事实，马建设、天下置业主观上属于恶意且有过失，马建设不能认定为善意相对人，所谓的代理行为也不能认定为表见代理，而应认定为无权代理，代理行为自始无效。二、《民法总则》第168条第1款规定，"代理人不得以被代理人的名义与自己实施民事法律行为，但是被代理人同意或者追认的除外"。就本案而言，天下置业与合美饰景协商刻制"合美饰景沙河三期绿地景观工程Ⅰ标段项目部"印章1枚，并于2011年10月20日签订用章协议1份，约定沙河三期绿地景观工程Ⅰ

标段项目部的印章由天下置业持有、保管,天下置业代表合美饰景从事与沙河三期绿地景观工程Ⅰ标段有关的经济活动。天下置业代表合美饰景沙河三期绿地景观工程Ⅰ标段项目部与天下置业、马建设以拖欠苗圃费等为名,进行债权债务转移,天下置业的行为已经构成《民法总则》第168条第1款规定的自己代理,该行为违反法律的禁止性规定,除了合美饰景同意或者追认以外,属于无效代理。本案中,合美饰景未就天下置业的自己代理行为进行同意或者追认,天下置业的代理行为属于无效代理,天下置业的行为后果应由自己承担,而不能由合美饰景承担。

[**案例评析**]根据《民法总则》的规定,代理人不得以被代理人的名义与自己实施民事法律行为,但是被代理人同意或者追认的除外。即我国法律原则上禁止自己代理行为,但以被代理人同意或追认为例外。该规定实际上是为了避免代理人在自己代理行为中陷入被代理人利益和自身利益的两难选择中,从而增加代理行为的道德风险,因此,原则上不认可自己代理行为的合法性。但民事行为以意思自治为根本原则,在被代理人知情并认可的情况下,法律以尊重当事人意思自治为原则,不宜过度干涉。当然,从民事法律行为角度出发,还要考察被代理人有无作出同意或追认意思表示的能力,以及意思表示是否真实等。对于涉及国家利益、社会公共利益和第三人利益的,还要进行适度的行政监管和干预。例如,对于工程总承包项目,考虑到其资金巨大、工程复杂、涉及利益主体众多等特点,结合《招标投标法》及其相关法律法规对利益相关方参与招投标活动的禁止性规定,对于直接利益相关方,《管理办法》禁止其成为工程总承包单位。而对于间接利益相关方则建立了区分回避制度,并设置了例外准入条件。

**[案例二]与招标人存在利害关系可能影响招标公正性的法人、其他组织或者个人参加投标的,中标无效**

盐城海广置业有限公司(以下简称海广公司)与南通坤成建筑工程有限公司(以下简称坤成公司)建设工程施工合同纠纷案

案　　号:(2019)苏09民终4555号

审理法院:江苏省盐城市中级人民法院

裁判类型:二审民事判决

**裁判要点：**招标人与投标人签订的《建设工程施工合同》虽经过招投标程序签订，并经建设行政主管部门进行备案，但在该合同签订时，招标人的法定代表人与投标人的法定代表人是父子关系，且招标人的法定代表人是投标人的实际控制人，故招标人与投标人之间存在利害关系，该施工合同违反了《招标投标法》及《招标投标法实施条例》的相关禁止性规定，该合同应认定为无效合同。

**案情摘要：**坤成公司于2013年9月16日设立，时任法定代表人为朱言成，股东为朱言成、刘燕娟、刘锐、俞滢滢（刘燕娟、刘锐、俞滢滢分别为朱言成的妻子、儿子、儿媳）。2014年2月26日，原法定代表人朱言成变更为现法定代表人刘锐，股东依旧为朱言成、刘燕娟、刘锐、俞滢滢，朱言成的出资比为10%，刘燕娟出资比为51%，刘锐的出资比为29%，俞滢滢的出资比为10%。审理中，坤成公司自认其实际控制人是朱言成。海广公司设立时法定代表人为朱言成，股东为朱言成、付江波，朱言成的出资比为50%，付江波的出资比为50%。2016年10月31日，海广公司原法定代表人朱言成变更为丁颖红，股东变更为丁颖红、付江波，2016年12月10日，海广公司原法定代表人丁颖红变更为现法定代表人朱培，股东变更为朱培、付江波。

2014年8月30日，坤成公司中标海广公司招标的大丰望园·莱茵城商业一区、商业二区、6号楼南侧商业、别墅11～14号楼及部分地下室工程。2014年9月15日，海广公司与坤成公司签订《建设工程施工合同》，约定了工程范围、工程价款、工期、违约责任等。双方在结算过程中对工程价款产生争议，遂诉至法院。

本案一审、二审法院认为：根据《招标投标法》第32条第1款规定，“投标人不得相互串通投标报价，不得排挤其他投标人的公平竞争，损害招标人或者其他投标人的合法权益”。《招标投标法实施条例》第34条之规定，“与招标人存在利害关系可能影响招标公正性的法人、其他组织或者个人，不得参加投标。单位负责人为同一人或者存在控股、管理关系的不同单位，不得参加同一标段投标或者未划分标段的同一招标项目投标。违反前两款规定的，相关投标均无效”。本案中，海广公司与坤成公司于2014年9月15日签订的《建设工程施工合同》虽系经过招投标程序签订，并经建设行政主管部门进行备案，但是该合同签订时海广公司的法定代表人为朱言成，坤成公司的控制股东为朱言成及其妻子刘燕娟，法定代表人为朱言成的儿子刘锐，朱言成又系坤成公司的实际控制人，故两公司之间存在利害关系，违反了《招标投标法》及《招标投标法实施条例》的相关禁止性规定，因此该份备案合同应认定为无效合同。

[**案例评析**]《招标投标法》第1条明确规定，其立法目的是"为了规范招标投标活动，保护国家利益、社会公共利益和招标投标活动当事人的合法权益，提高经济效益，保证项目质量"，故从理论上讲，一切有碍于上述目的实现的招投标行为都是《招标投标法》所禁止的行为。显然，若招投标人之间存在利益关系，则会增加私相授受、徇私舞弊、妨害招投标活动公正性，甚至损害国家利益和社会公共利益等行为的风险。因此，《招标投标法》第34条第1款明确规定，"与招标人存在利害关系可能影响招标公正性的法人、其他组织或者个人，不得参加投标"。第3款规定，存在上述行为的，相关投标均无效。其目的就是通过对民事法律行为的根本性否定（行为无效），来督促相关利益方主动回避，最大限度减少破坏招投标活动公正性的行为。本条与《招标投标法》第34条具有相同的立法旨趣，针对会对工程总承包项目的招投标公正性，工程质量、工期、造价、安全等关键性因素产生重大影响的直接利益相关方，本条以禁止性规定来规避相关方"既当运动员又当裁判员"的情形；对于掌握了不对称信息优势的间接利益相关方，则通过公开前期文件的方式来消弭信息不对称优势、避免合同价格虚高，营造公平竞争环境。实质上，其立法目的是"为规范房屋建筑和市政基础设施项目工程总承包活动，提升工程建设质量和效益"。

### [案例三]应从实质角度出发认定是否存在利害关系

青岛沃尔特节能工程技术有限公司（以下简称沃尔特公司）与南宁冷辉空调冷冻技术服务有限责任公司（以下简称冷辉公司）、广西康鑫辉节能技术有限责任公司（以下简称康鑫辉公司）串通投标不正当竞争纠纷案

案　　号：(2018)桂01民初319号

审理法院：广西壮族自治区南宁市中级人民法院

裁判类型：一审民事判决

**裁判要点**：两公司投资人之一相同，并不属于投资参股关系。投资人在其中一公司持股比例仅有20%，对公司决策不享有决定性的表决权，根据公司章程，其担任的监事亦不能决定公司的决策。仅根据上述事实，不能认定该投资人为实际

控制人，更不能认定两公司存在财产利益、盈余分配等方面人格混同的情形。此外，两公司的关系亦不属于《招标投标法实施条例》第34条规定的单位负责人为同一人或者存在控股、管理关系的不同单位，不得参加同一标段投标或者未划分标段的同一招标项目投标的情形。

**案情摘要：**2017年12月27日，轨道交通公司通过广西云龙招标集团有限公司(以下简称云龙公司)就南宁轨道交通2号线通风空调系统水处理、风管内部及风道清洗项目Ⅰ标段(水处理)发布招标公告。沃尔特公司、冷辉公司、康鑫辉公司均参加了该项目的投标。

2018年1月22日，轨道交通公司及云龙公司发布中标结果公示，拟中标单位为冷辉公司，公示时间自2018年1月22日至2018年1月25日。

2018年1月24日，沃尔特公司向轨道交通公司及云龙公司发出《中标结果公示的异议》，认为冷辉公司与康鑫辉公司具有相同的股东吴蔓秋，具有投资参股关系，涉案招投标应当按废标处理。轨道交通公司收到异议书后，于2018年1月25日分别向冷辉公司和康鑫辉公司发出异议协助处理函，要求两公司在2个工作日内提供相关证明材料及说明。

2018年1月26日，康鑫辉公司向南宁市行政审批局申请变更公司股东，并于当日完成变更，股东由陆俊坚、吴蔓秋变为吴勤、陆俊坚。康鑫辉公司向行政审批局提交的吴蔓秋与吴勤签订的股权转让协议书、股东会决议以及公司章程签订时间均为2017年11月5日。

2018年1月29日，冷辉公司及康鑫辉公司向云龙公司致函，提供了上述协议书、股东会决议、章程及股东变更申请材料等材料，上述材料均为复印件加盖公章，并主张康鑫辉公司原股东吴蔓秋已于2017年11月5日将股权转让给吴勤，不再担任监事。2018年2月11日，轨道交通公司向沃尔特公司发出复函称，吴蔓秋已于2017年11月5日将其康鑫辉公司的股权转让给吴勤，并于2017年11月26日完成股东变更，且康鑫辉公司新股东资格在记载于公司章程和股东名册后即确认取得，对外公示对股权转让的完成并无影响，以此认为在涉案招标公告发布时冷辉公司与康鑫辉公司不具有同一股东吴蔓秋的情形。2018年3月5日，云龙公司发布中标结果公告，中标供应商为冷辉公司。

法院另查明，吴蔓秋为冷辉公司股东及监事，占股比例为60%。冷辉公司

2001年章程第5条规定监事行使的职权包括:1. 检查公司财务;2. 对执行董事、经理执行公司职务时违反法律、法规或者章程的行为进行监督;3. 执行董事和经理的行为损害公司利益时,要求执行董事和经理予以纠正;4. 提议召开临时股东会。

吴蔓秋曾为康鑫辉公司股东并任监事,占股比例为20%。康鑫辉公司2017年章程第19条规定了监事的职权包括:1. 检查公司财务;2. 对执行董事、高级管理人员执行公司职务的行为进行监督,对违反法律、行政法规、公司章程或者股东会决议的董事、高级管理人员提出罢免的建议;3. 当执行董事、高级管理人员的行为损害公司的利益时,要求执行董事、高级管理人员予以纠正;4. 提议召开临时股东会会议,在执行董事不履行本法规定的召集和主持股东会会议职责时召集和主持股东会会议;5. 向股东会会议提出议案;6. 依照《公司法》第152条的规定,对执行董事、高级管理人员提起诉讼。同时规定了监事可以列席股东会会议。

2018年1月26日,康鑫辉公司完成股东变更登记,原股东吴蔓秋变更为吴勤。现吴蔓秋亦不担任公司监事。

法院认为:串通投标是指在具体的招标投标活动中存在串通的行为,其行为表现也必然体现在投标活动中。本案中,沃尔特公司并无直接证据证明冷辉公司、康鑫辉公司在具体的投标活动中存在何种形式的联合行为,其提供的是吴蔓秋在两公司投资占股、任职情况的证据及两公司章程,以上均为间接证据。上述间接证据对串通投标事实的认定只能结合推论的方式进行。根据沃尔特公司主张,其证明的逻辑为:通过两公司相同股东吴蔓秋的持股情况及职务认定吴蔓秋为两公司的实际控制人,进而认定两公司属于具有投资参股关系、人格混同等不能同时参加相同项目投标的企业,并以此推论两公司在涉案项目投标中存在串通投标行为。

完成上述证明包括2项内容:一是基础事实与未知的待证事实存在常态联系,即具有投资参股关系、人格混同等法律禁止同时参加同一项目投标的企业仍同时参加投标即能推导出二者存在串通行为;二是存在真实的基础事实,即冷辉公司与康鑫辉公司属于具有投资参股关系、人格混同等不能同时参加同一项目投标的企业。

根据查明的事实,吴蔓秋在冷辉公司中拥有60%的股份并担任监事,在康鑫辉公司中拥有20%的股份并担任监事。本院认为,两公司投资人之一相同,并不属于沃尔特公司主张的投资参股关系。吴蔓秋在康鑫辉公司中持股比例仅有20%，对公司决策并不享有决定性的表决权，根据两公司的公司章程，其担任的监事亦不能决定公司的决策。仅根据上述事实，不能认定吴蔓秋为两公司的实际控制人，更不能认定两公司存在财产利益、盈余分配等方面人格混同的情形。此外，冷辉公司与康鑫辉公司的关系亦不属于《招标投标法实施条例》第34条规定的单位负责人为同一人或者存在控股、管理关系的不同单位，不得参加同一标段投标或者未划分标段的同一招标项目投标的情形。沃尔特公司主张的证明逻辑不能成立。而根据沃尔特公司提交的证据，亦不能通过其他推理、印证等间接证明的方式得出冷辉公司、康鑫辉公司在涉案项目中存在串通投标的结论。

需要说明的是，串通投标行为既可能发生在投标前也可能在投标后，股东登记变更时间并不是认定该事实存在的关键，且本案涉及的是两公司是否存在同一控制人即内部控制权由谁行使的问题，并不涉及公示公信效力，股东权利的转移以完成转让并记载于股东名册时完成，不以变更登记为准。沃尔特公司需要提交的是对串通投标事实的证明达到排除合理怀疑程度的证据，但其无法完成该证明要求，故本院对其主张不予支持。

**[案例评析]**对于《招标投标法实施条例》第34条规定的与招标人存在利害关系可能影响招标公正性和单位负责人为同一人或者存在控股、管理关系的不同单位，其证明标准应达到实质上的高度盖然性标准，而非仅从形式上进行证明。如上述案例中，吴蔓秋虽同时为冷辉公司和康鑫辉公司的股东并担任监事，但其并非上述公司的实际控制人，对招投标公正性并无实质性影响，故不能因此判定上述招投标因违反《招标投标法实施条例》第34条而无效。同理，本条中所述的代建单位、项目管理单位、监理单位、造价咨询单位、招标代理单位，以及政府投资项目的项目建议书、可行性研究报告、初步设计文件编制单位及其评估单位等，均是指实际履行代建、项目管理、工程监理、前期文件编制及评估工作的单位，若上述单位作为工程总承包单位，将可能对工程总承包项目的质量、造价、工期、安全等产生实质性的不利影响。在司法实践中也应注重实质审查而非仅进行形式审查。

**第十二条 【设计施工资质互认的依据】**

**鼓励设计单位申请取得施工资质,已取得工程设计综合资质、行业甲级资质、建筑工程专业甲级资质的单位,可以直接申请相应类别施工总承包一级资质。鼓励施工单位申请取得工程设计资质,具有一级及以上施工总承包资质的单位可以直接申请相应类别的工程设计甲级资质。完成的相应规模工程总承包业绩可以作为设计、施工业绩申报。**

## 条文主旨

本条是关于设计单位或施工单位直接申请取得相应类别的施工资质或工程设计资质,以及工程总承包业绩认定及申报的规定。

《管理办法》第10条明确规定"工程总承包单位应当同时具有与工程规模相适应的工程设计资质和施工资质",即承接项目的工程总承包单位单独或作为联合体必须满足工程设计资质和施工资质的"双资质"要求,该规定修正了住房和城乡建设部《关于进一步推进工程总承包发展的若干意见》(建市〔2016〕93号)等规定的"工程总承包企业应当具有与工程规模相适应的工程设计资质或者施工资质",即工程总承包单位仅需具备与规模相适应的工程设计资质或者施工资质的"单资质"模式。要求工程总承包单位具备"双资质",即同时具有与工程规模相适应的工程设计资质和施工资质,可以发挥设计、施工深度融合的整体优势,实现提升工程建设质量和效益的政策目标。但鉴于我国工程总承包市场还处于初级发展阶段,同时具有与工程规模相适应的工程设计资质和施工资质的企业较少,"双资质"的要求可能成为少数企业垄断承接工程总承包项目的政策工具,不利于工程总承包市场的整体发展。因此,《管理办法》鼓励有条件的设计单位或施工单位直接申请取得相应类别的施工资质或工程设计资质。

本条规定的设计单位、施工单位直接申请取得相应类别施工总承包一级资质、工程设计甲级资质,以及工程总承包业绩可作为设计单位、施工单位的业绩申报的内容,系简化具备"单资质"的设计单位或施工单位申请其缺失的资质的申请程序的鼓励性措施规定,目的是促进"单资质"的设计单位或施工单位尽快补足其自身的资质短板,为有效、有序参与承接房屋建筑和市政基础设施领域的工程总承包项目作准备。

## 条文解析

梳理住房和城乡建设部建筑市场监管司于2017年12月26日发布的《关于征求房屋建筑和市政基础设施项目工程总承包管理办法(征求意见稿)意见的函》(建市设函〔2017〕65号)和住房和城乡建设部办公厅、国家发展改革委办公厅于2019年5月1日发布的《关于征求房屋建筑和市政基础设施项目工程总承包管理办法(征求意见稿)意见的函》(建办市函〔2019〕308号)中的内容可知,前后两次征求意见稿均未提及设计单位、施工单位直接申请相应类别的施工总承包或工程设计甲级资质的内容。原因在于前后两次征求意见稿文本均采用"工程总承包单位应当具有与工程规模相适应的工程设计资质或者施工资质"的"单资质"要求,即工程总承包管理办法的施行并不会对持有"单资质"的设计单位或施工单位承接工程总承包项目造成实质性影响,在此基础上规定设计单位、施工单位直接申请相应类别的施工总承包或工程设计资质也无必要。但正式施行的《管理办法》明确规定工程总承包单位必须具备与工程规模相适应的工程设计资质和施工资质,即工程总承包项目采取"双资质"的操作模式,该规定对持有"单资质"的设计单位或施工单位承接工程总承包项目造成了实质影响,因此在工程总承包管理办法正式文本中增加了本条的约定内容,目的是为仅具有"单资质"的设计单位或施工单位申请其对应缺失的施工资质或设计资质简化申请程序,以降低工程总承包管理办法正式文本的施行对仅持有"单资质"的设计单位或施工单位的影响。

本条的文本内容可划分为3个部分:一是鼓励已取得工程设计综合资质、行业甲级资质、建筑工程专业甲级资质的设计单位,直接申请相应类别施工总承包一级资质;二是鼓励已取得一级及以上施工总承包资质的施工单位,直接申请相应类别的工程设计甲级资质;三是确认已完成的相应规模工程总承包业绩,可以作为设计、施工业绩申报。本条对工程设计资质和施工资质相关的内容采取分别表述的主要理由是目前我国并未设立统一的工程总承包资质,而是针对工程设计资质和工程施工资质分包建立了相互独立的规范体系,其中管理工程设计资质的主要规范依据包括《建设工程勘察设计管理条例》(2017年修正)、《建设工程勘察设计资质管理规定》(2018 年修正)、《建设工程勘察设计资质管理规定实施意见》(2016 年修正)以及《工程设计资质标准》(2017 年修正)等。而管理工程施工资质的主要规范依据包括《建筑业企业资质管理规定》(2018 年修正)、《建筑业企业资质管理规定和资质标准实施意见》(2020 年修正)、《建筑业企业资质标准》(2016 年修正)、《施工总承包企业特级资质标准》、《施工总承包企业特级资质标准实施办法》(2015 年修正)等。

我国对工程设计和施工活动实行资质管理制度,设计单位或施工单位应当按照其拥有的资产、主要人员、已完成的业绩和技术装备等条件申请对应的资质,经行业主管部门审查合格并取得资质证书后,方可在其资质许可的范围内从事设计或施工活动。因此,本条规定不应被认定为直接确认设计单位或施工单位拥有相应的施工总承包资质或工程设计资质,并可从事对应的施工、设计或工程总承包活动的规范依据,本条仅简化了设计单位或施工单位申请相应的施工总承包资质或工程设计甲级资质的程序,确认了相应规模工程总承包业绩可以同时作为设计和施工业绩进行申报。但并未改变申请相应的施工总承包资质、工程设计甲级资质的条件,设计单位或施工单位申请相应的施工总承包资质、工程设计甲级资质仍受现行的管理工程设计甲级资质、施工总承包资质的规范、标准的约束。

## 理解与适用

### 一、条文的适用范围

《管理办法》正式文本第 2 条明确规定办法的适用范围是房屋建筑和市政基础设施项目工程总承包活动的实施和监督管理,而依据《房屋建筑和市政基础设施工程施工招标投标管理办法》(2018 年修正)的规定,房屋建筑工程是指各类房屋建筑及其附属设施和与其配套的线路、管道、设备安装工程及室内外装修工程。市政基础设施工程是指城市道路、公共交通、供水、排水、燃气、热力、园林、环卫、污水处理、垃圾处理、防洪、地下公共设施及附属设施的土建、管道、设备安装工程。因此,本条的适用范围也不应超过前述规范所划定的范围。仅具备“单资质”的设计单位或施工单位,在满足本条规定的条件下,其依据本条规定向住房和城乡建设主管部门直接申请相应类别的施工总承包资质或工程设计甲级资质时,应受到前述规定的适用范围的限制，限制的主要表现形式是本条的条文内容中所规定的“相应类别”资质类型的限制，即所谓“相应类别”的资质，应属于房屋建筑和市政基础设施行业领域所对应的工程设计资质或施工资质。

诸如公路、铁路、水利、冶金、能源等其他行业领域申请对应的工程设计资质或施工资质，则不适用本条规定，其他行业领域的工程总承包活动，应按照行业领域划分标准，适用诸如《公路工程设计施工总承包管理办法》《铁路建设项目工程总承包办法》等行业领域相对应的管理规范。

## 二、条文与现有规范的关系

在《管理办法》正式施行前，本条所规定满足条件的设计单位或施工单位直接申请对应的施工资质或工程设计资质的操作模式已有相应规定，主要的规范依据包括《建筑业企业资质管理规定和资质标准实施意见》(2020 年修正)、《建设工程勘察设计资质管理规定实施意见》(2016 年修正)，因此有必要结合现有规范的内容，分析本条规定内容与现有规范的关系。

一是具备资质条件的设计单位直接申请相应类别的施工资质。根据《建筑业企业资质管理规定和资质标准实施意见》(2020 年修正)的规定：“已取得工程设计综合资质、行业甲级资质，但未取得建筑业企业资质的企业，可以直接申请相应类别施工总承包一级资质，企业完成的相应规模工程总承包业绩可以作为其工程业绩申报。”《工程设计资质标准》(2017 年修正)规定：“具有工程设计综合资质的企业，满足相应的施工总承包(专业承包)一级资质对注册建造师(项目经理)的人员要求后，可以准予与工程设计甲级行业资质(专业资质)相应的施工总承包(专业承包)一级资质。”即依据现有规范，已经具备工程设计综合资质、行业甲级资质的设计单位可以直接申请相应类别的施工总承包一级资质。与现有规范的内容相比，本条将设计单位可以直接申请施工总承包一级资质的资质条件扩展至“建筑工程专业甲级资质”，考虑到《管理办法》和《建筑业企业资质管理规定和资质标准实施意见》(2020 年修正)、《工程设计资质标准》(2017 年修正)均为部门规范性文件，且本条的规定内容与《建筑业企业资质管理规定和资质标准实施意见》(2020 年修正)《工程设计资质标准》(2017 年修正)的规定不存在冲突，对于仅具备工程设计综合资质、行业甲级资质的设计单位而言，《管理办法》和《建筑业企业资质管理规定和资质标准实施意见》(2020 年修正)均可作为直接申请相应类别施工总承包一级资质的规范依据,对于仅具备建筑工程专业甲级资质的设计单位而言,则仅能将《管理办法》作为直接申请相应类别施工总承包一级资质的规范依据。

二是具备资质条件的施工单位直接申请相应类别的工程设计资质。《建设工程勘察设计资质管理规定实施意见》(2016 年修正)第 1 条第 7 款规定:"具有一级及以上施工总承包资质的企业可直接申请同类别或相近类别的工程设计甲级资质。具有一级及以上施工总承包资质的企业申请不同类别的工程设计资质的,应从乙级资质开始申请(不设乙级的除外)。"即依据现有规范,具有一级及以上施工总承包资质的施工单位也可直接申请同类别或相近类别的工程设计甲级资质,《建设工程勘察设计资质管理规定实施意见》(2016 年修正)第 1 条第 7 款规定的内容与本条规定内容相似,差异在于《建设工程勘察设计资质管理规定实施意见》(2016 年修正)第 1 条第 7 款规定的施工单位可申请的工程设计甲级资质的范围更大,除相同类别外,还包括"相近类别"的工程设计甲级资质。但《建设工程勘察设计资质管理规定实施意见》(2016 年修正)与本条规定内容不存在冲突,且二者均为部门规范性文件,因此具备一级及以上施工总承包资质的施工单位,《管理办法》和《建设工程勘察设计资质管理规定实施意见》(2016 年修正)均可作为直接申请相应类别施工程设计资质的规范依据。此外《建设工程勘察设计资质管理规定实施意见》(2016 年修正)第 1 条第 7 款规定"具有一级及以上施工总承包资质的企业申请不同类别的工程设计资质的,应从乙级资质开始申请(不设乙级的除外)",即具有一级及以上施工总承包资质的施工单位,也可以从工程设计乙级资质开始申请不同类别的工程设计资质,施工单位可根据自身业务发展需要选择是否申请不同类别的工程设计乙级资质。

现行规范对具备条件的设计单位或施工单位直接申请相应的施工资质或工程设计资质均有相应的规定,将现行规范的内容与本条内容进行对比可知,现行规范的内容与本条规范内容并无直接的矛盾或冲突,鉴于《管理办法》适用范围有限,设计单位和施工单位可根据实际情况选择所适用的规范。

## 三、施工总承包特级资质施工单位申请工程设计资质的特殊规定

《施工总承包企业特级资质标准》规定取得施工总承包特级资质的企业可承担本类别各等级工程施工总承包、设计及开展工程总承包和项目管理业务，即取得房屋建筑、公路、铁路、市政公用、港口与航道、水利水电等专业中任意1项施工总承包特级资质和其中2项施工总承包一级资质，即可承接各专业工程的施工总承包、工程总承包和项目管理业务，及开展相应设计主导专业人员齐备的施工图设计业务。取得房屋建筑、矿山、冶炼、石油化工、电力等专业中任意1项施工总承包特级资质和其中2项施工总承包一级资质，即可承接各专业工程的施工总承包、工程总承包和项目管理业务，及开展相应设计主导专业人员齐备的施工图设计业务。因此具备相应的施工总承包特级资质的施工单位，在相应设计主导专业人员齐备的情况下可以展开施工图设计任务。关于具备施工总承包特级资质的施工单位取得工程设计资质的事项，《工程设计资质标准》（2017年修正）规定："具有施工总承包特级资质的企业，可以取得相应行业的设计甲级资质。"同时，《施工总承包企业特级资质标准实施办法》（2015年修正）进一步规定，在满足工程设计人员的要求的条件下，申请核定颁发施工总承包特级资质证书的施工单位，可以同时申请颁发相应的工程设计甲级证书，对于目前不满足《施工总承包企业特级资质标准实施办法》（2015年修正）规定的相应类别的工程设计人员要求的取得施工总承包特级资质的施工单位，在满足规定的工程设计人员要求后，也可以直接申请颁发相应的工程设计专业甲级证书，施工总承包特级资质标准中的"本类别相关的行业工程设计甲级资质标准要求的专业技术人员"按照表2中的"设计行业"甲级资质或"设计专业"各专业甲级资质标准所要求的主要专业技术人员配备。

**表2　施工总承包企业特级资质类别对应工程设计资质所需设计类型对照**

| 序号 | 特级资质类别 | 工程设计甲级资质类型 | |
|---|---|---|---|
| | | 设计行业 | 设计专业 |
| 1 | 房屋建筑工程 | 建筑 | 建筑工程、人防工程 |
| 2 | 公路工程 | 公路 | 公路、特大桥梁、特长隧道、交通工程 |

续表

<table>
<tr><th rowspan="2">序号</th><th rowspan="2">特级资质类别</th><th colspan="2">工程设计甲级资质类型</th></tr>
<tr><th>设计行业</th><th>设计专业</th></tr>
<tr><td>3</td><td>铁路工程</td><td>铁道</td><td>甲（Ⅰ）或甲（Ⅱ）</td></tr>
<tr><td>4</td><td>港口与航道工程</td><td>水运</td><td>港口工程、航道工程、通航建筑工程、修造船厂水工工程4个专业类型中的任意2个</td></tr>
<tr><td rowspan="2">5</td><td rowspan="2">水利水电工程</td><td>水利</td><td>水库枢纽以及引调水、灌溉排涝、河道整治、城市防洪、围垦、水土保持、水文设施7个专业类型中的任意2个</td></tr>
<tr><td>电力</td><td>风力发电、水力发电（含抽水蓄能、潮汐）</td></tr>
<tr><td rowspan="2">6</td><td rowspan="2">电力工程</td><td rowspan="2">电力</td><td>送电工程、火力发电（含核电站常规岛设计）</td></tr>
<tr><td>送电工程、水力发电</td></tr>
<tr><td rowspan="6">7</td><td rowspan="6">矿山工程</td><td rowspan="2">煤炭</td><td>矿井、选煤厂</td></tr>
<tr><td>露天矿、选煤厂</td></tr>
<tr><td>冶金</td><td>金属冶炼工程、金属材料工程、焦化和耐火材料工程、冶金矿山工程4个专业类型中的任意2个</td></tr>
<tr><td>建材</td><td>水泥工程、玻璃、陶瓷、耐火材料工程、新型建筑材料工程、非金属矿及原料制备工程、无机非金属材料及制品工程5个专业类型中的任意2个</td></tr>
<tr><td>核工业</td><td>反应堆工程设计（含核电站反应堆工程）、核燃料加工制造及处理工程、铀矿山及选冶工程、核设施退役及放射性三废处理处置工程、核技术及同位素应用工程5个专业类型中的任意2个</td></tr>
<tr><td>化工石化医药</td><td>炼油工程、化工工程、石油及化工产品储运、化工矿山、生化、生物药、化学原料药、中成药、药物制剂、医疗器械（含药品内包装）9个专业类型中的任意3个</td></tr>
</table>

续表

| 序号 | 特级资质类别 | 工程设计甲级资质类型 | |
|---|---|---|---|
| | | 设计行业 | 设计专业 |
| 8 | 冶炼工程 | 冶金 | 金属冶炼工程、金属材料工程、焦化和耐火材料工程、冶金矿山工程4个专业类型中的任意2个 |
| | | 建材 | 水泥工程、玻璃、陶瓷、耐火材料工程、新型建筑材料工程、非金属矿及原料制备工程、无机非金属材料及制品工程5个专业类型中的任意2个 |
| 9 | 化工石油工程 | 化工石化医药 | 炼油工程、化工工程、石油及化工产品储运、化工矿山、生化、生物药、化学原料药、中成药、药物制剂、医疗器械(含药品内包装)9个专业类型中的任意3个 |
| | | 石油天然气(海洋石油) | 管道输送、油田地面 |
| | | | 管道输送、气田地面 |
| | | | 管道输送、海洋石油 |
| 10 | 市政公用工程 | 市政 | 桥梁工程、城镇燃气工程、轨道交通工程、给水工程 |
| | | | 桥梁工程、城镇燃气工程、轨道交通工程、排水工程 |
| | | | 城市隧道工程、城镇燃气工程、轨道交通工程、给水工程 |
| | | | 城市隧道工程、城镇燃气工程、轨道交通工程、排水工程 |

因此,对于具备施工总承包特级资质的施工单位而言,在相应设计主导专业人员齐备的情况下,即可取得住房和建设主管部门颁发相应的工程设计甲级证书。

## 四、条文中“相应类别”的理解

本条规定设计单位或施工单位可以申请“相应类别”的施工资质或工程设计资质。准确理解条文中“相应类别”的内容,是实践中准确适用本条的关键。因本条仅适用于房屋建筑和市政基础设施项目领域,因此本条规定所规定的“相应类别”的理解与适用应重点考虑两个方面的内容：一是设计单位或施工单位必须满足规定的资质等级条件；二是设计单位或施工单位所申请的施工资质或设计资质必须满足行业相对应的条件。

（一）设计单位或施工单位必须满足规定的资质等级条件

设计单位设立的资质，根据《工程设计资质标准》（2017 年修正）的规定，相应的工程设计资质标准可分为 4 个序列，包括工程设计综合资质、工程设计行业资质、工程设计专业资质和工程设计专项资质，其中工程设计综合资质只设甲级，是指涵盖所有设计行业的设计资质。工程设计行业资质是指涵盖某个行业资质标准中的全部设计类型的设计资质，工程设计专业资质是指某个行业资质标准中的某一个专业设计资质，而工程设计专项资质是指为适应和满足行业发展的需求，对已形成产业的专项技术独立进行设计以及设计、施工一体化而设立的资质。而针对施工单位的施工资质，根据《建筑业企业资质标准》（2016 年修正）规定，建筑业企业资质可分为施工总承包、专业承包和施工劳务 3 个序列，其中施工总承包序列设有 12 个类别，分别是建筑工程施工总承包、公路工程施工总承包、铁路工程施工总承包、港口与航道施工总承包、水利水电工程施工总承包、电力工程施工总承包、矿山工程施工总承包、冶金工程施工总承包、石油化工工程施工总承包、市政公用工程施工总承包、通信工程施工总承包、机电工程施工总承包，施工总承包分为 4 个等级（特级、一级、二级、三级）。而本条规定所鼓励的设计单位必须具备工程设计综合资质、工程设计行业甲级资质或工程设计建筑工程专业甲级资质，施工单位必须具备一级及以上施工总承包资质，若设计单位或施工单位不具备本条规定的资质等级的，则不能以本条规定为依据直接申请相应的施工资质或工程设计资质。

（二）设计单位或施工单位所申请的施工资质或工程设计资质必须满足行业相对应的条件

如前述分析，本条仅适用于房屋建筑和市政基础设施项目领域，而不适用于其他诸如交通、铁路、水利、冶金、能源等行业领域，因此仅具备“单资质”的设计单位或施工单位所具备的资质应属于房屋建筑和市政基础设施领域的资质，若设计单位或施工单位所具备的资质不属于房屋建筑和市政基础设施领域，则其不具备以本条为依据直接申请其缺失的施工资质或设计资质的条件。若设计单位所具备的设计综合资质、行业甲级资质、建筑工程专业甲级资质满足本条适用范围的要求，则其可以直接申请施工总承包一级资质，但需注意的是，设计单位申请施工总承包一级资质应满足本条的适用范围要求，且其申请的施工资质的行业必须与设计单位已经具备的工程设计资质的行业保持一一对应的关系。对于已经具备一级及以上施工总承包资质而直接申请相应类别的工程设计资质的施工单位而言，也应采取同样的认定方式。因工程设计资质和施工资质所适用的规范体系存在差异，导致工程设计资质与施工资质的行业表述存在差异，根据《建筑业企业资质管理规定和资质标准实施意见》(2020 年修正)的规定，工程设计资质与施工总承包资质类别的对照如表 3 所示，本条表述的“相应类别”所包含的工程设计资质和施工资质行业一一对应的要求也应参照表 3 执行。

**表 3　工程设计资质与施工总承包资质类别对照**

<table>
<tr><th>序号</th><th>工程设计资质</th><th>施工总承包资质</th></tr>
<tr><td>1</td><td>综合资质</td><td>建筑工程、公路工程、铁路工程、港口与航道、水利水电工程、电力工程、通信工程、矿山工程、冶金工程、石油化工工程、市政公用工程、机电工程</td></tr>
<tr><td>2</td><td>建筑行业</td><td>建筑工程</td></tr>
<tr><td>3</td><td>公路行业</td><td>公路工程</td></tr>
<tr><td>4</td><td>铁道行业</td><td>铁路工程</td></tr>
<tr><td>5</td><td>水运行业</td><td>港口与航道工程</td></tr>
<tr><td rowspan="2">6</td><td>水利行业</td><td rowspan="2">水利水电工程</td></tr>
<tr><td>电力行业</td></tr>
<tr><td>7</td><td>电力行业</td><td>电力工程</td></tr>
<tr><td rowspan="5">8</td><td>煤炭行业</td><td rowspan="5">矿山工程</td></tr>
<tr><td>冶金行业</td></tr>
<tr><td>建材行业</td></tr>
<tr><td>核工业行业</td></tr>
<tr><td>化工石化医药行业</td></tr>
</table>

续表

| 序号 | 工程设计资质 | 施工总承包资质 |
|---|---|---|
| 9 | 冶金行业 | 冶金工程 |
| | 建材行业 | |
| 10 | 化工石化医药行业 | 石油化工工程 |
| | 石油天然气(海洋石油)行业 | |
| 11 | 市政公用行业 | 市政公用工程 |
| 12 | 电子通信广电行业(通信) | 通信工程 |
| 13 | 机械行业 | 机电工程 |
| | 电子通信广电行业(电子) | |

## 五、工程总承包业绩的认定

已完成项目业绩的申报、认定对于设计单位、施工单位对外承接项目,维护、升级已取得资质或申请新的资质均具有十分重要的意义。本条的核心是鼓励具备资质条件的设计单位或施工单位申请相应类别的施工资质或工程设计资质,而业绩是设计单位或施工单位申请相应资质的基本条件之一。本条规定“完成的相应规模工程总承包业绩可以作为设计、施工业绩申报”,即已取得的工程总承包业绩既可以作为申请设计资质的设计业绩,也可以作为申请施工资质的施工业绩申报,主要理由在于工程总承包是设计和施工内容融合的工程建设组织实施方式,因此实施内容既包括设计的内容,也包括施工的内容,同一工程总承包项目包含设计、施工业绩的内容,当然可以同时作为设计、施工业绩申报。但《管理办法》施行前已取得的项目总承包项目业绩的认定,需要结合现行规范进一步的分析论述。

《管理办法》正式施行前的工程总承包项目业绩,若工程总承包单位同时具有相应的设计和施工资质的,其独立完成的工程总承包项目业绩,则按照本条的规定同时作为设计、施工业绩予以申报没有疑问。若当时的政策规范、招标文件等并未要求“工程总承包单位同时具备与工程规模相适应的工程设计资质和施工资质”,而工程总承包单位仅具有与工程规模相适应的工程设计资质或施工资质,对于其不具备资质条件的施工或设计任务,一般以分包形式交由的施工单位、设计单位或者联合体的其他成员负责实施，此时完成的工程总承包项目业绩能否按照本条的规定作为同时作为设计、施工业绩予以申报存在疑问。《建筑业企业资质管理规定和资质标准实施意见》(2020年修正)规定："已取得工程设计综合资质、行业甲级资质，但未取得建筑业企业资质的企业，可以直接申请相应类别施工总承包一级资质，企业完成的相应规模工程总承包业绩可以作为其工程业绩申报。"住房和城乡建设部在建筑企业资质申报常见问题的解答中也明确，已取得工程设计综合资质、行业甲级资质的企业，可以直接申请相应类别施工总承包一级资质，企业自行完成或者以联合体形式完成的相应规模工程总承包业绩可以作为其工程业绩申报……其中，具有工程设计综合资质、建筑行业甲级资质、建筑工程专业甲级资质、市政行业甲级资质、市政行业(燃气工程、轨道交通工程除外)甲级资质的企业，可以直接申请相应的建筑工程、市政公用工程施工总承包一级资质，企业自行完成或者以联合体形式完成的工程总承包业绩，可以作为其工程业绩申报。除以上两种情形外，工程设计企业应按照《建筑业企业资质实施意见》中首次申请的要求申请建筑业企业资质。同时住房和城乡建设部在设计企业资质申报常见问题的解答也明确，具有施工总承包一级及以上的施工企业可以申请相应类别工程设计甲级资质，按照工程设计资质的相同申报渠道申请，按照工程设计甲级资质标准的相同条件进行考核。工程设计甲级资质标准要求的企业业绩可以由涵盖工程设计业务的工程总承包业绩替代。其中，具有建筑工程、市政公用工程施工总承包一级资质的企业，直接申请相应的建筑行业甲级资质、市政行业甲级资质、市政行业(燃气工程、轨道交通工程除外)甲级资质时，企业自行完成或者以联合体形式完成的工程总承包业绩，可以作为企业业绩申报。虽然前述问题解答并非正式规范文件，但作为住房和城乡建设主管部门针对工程设计资质和施工资质申请问题所作解答，实践中可以作为设计单位和施工单位申请相应类别资质的操作依据。因此在房屋建筑和市政基础设施项目领域，满足资质条件的设计单位单独或者以联合体形式完成的工程总承包业绩，可以作为其申报相应类别施工总承包一级资质时的施工业绩申报，而满足资质条件的施工单位单独或者以联合体形式完成的工程总承包业绩，可以作为其申报相应类别工程设计资质时的设计业绩申报。同理，《管理办法》施行后设计单位或施工单位以组建联合体形式完成的工程总承包项目业绩，也应按照前述问题解答的规范逻辑认定其既可以作为设计单位申请施工资质时作为施工业绩申报,也可以作为施工单位申请工程设计资质时作为设计业绩予以申报。

综上所述,《管理办法》施行前后,设计单位或施工单位独自或者以组建联合体形式所完成的工程总承包项目业绩,均可作为设计、施工业绩予以申报。

## 实践中应注意的问题

在《管理办法》中设置本条的主要目的,是简化仅具备“单资质”的设计单位或施工单位申请相应类别施工资质或工程设计资质的程序。满足本条规定资质条件的设计单位或施工单位,无论其自身是否已经取得一定等级的资质,申请相应类别的施工资质或工程设计资质无须依据工程设计资质和施工资质管理规定从最低等级的资质开始申请,但本条内容并非满足规定资质条件的设计单位或施工单位直接取得相应类别的施工资质或工程设计资质的规范依据,设计单位或施工单位必须依据现行的工程设计资质和施工资质管理规定提交申请材料,经住房和城乡建设主管部门审核通过后方可取得相应类别的资质,即本条并未改变申请相应类别工程设计资质或施工资质的条件,包括申请资质所必须满足的资信条件、人员条件和业绩条件等。

此外,《管理办法》并未明确满足规定资质条件的设计单位或施工单位申请相应类别的施工资质或工程设计资质的操作模式,根据前述分析内容可知,现行规范中已有设计单位或施工单位直接申请相应类别的施工资质或工程设计资质的内容,但相关规范内容与本条内容并非完全一致。如何选择适用相应规范,以及相关资质申请的具体操作模式,仍需住房和城乡建设主管部门通过规范、指南或解答等方式予以明确。

---

**第十三条 【编制投标文件的时间】**

**建设单位应当依法确定投标人编制工程总承包项目投标文件所需要的合理时间。**

---

## 条文主旨

本条款系对投标文件编制时间的规定。首先,确定投标文件编制时间的主体系建设单位;其次,确定投标文件编制时间的依据系"依法"确定,即未对具体时间进行规定,而是由建设单位根据项目的不同情况依据我国现行法律法规的规定确定。

现行《招标投标法》第 24 条对投标人提交投标文件的截止时间作出了规定,《招标投标法》第 23 条、《招标投标法实施条例》第 16 条、第 21 条、第 22 条、第 60 条、第 62 条对于招标文件的发售期、招标人在对已发出的招标文件进行澄清的时间,投标人对招标文件提出异议,投标人对招标投标活动向行政监督部门投诉等可能影响投标人提交投标文件截止时间的情况作出了相应规定。

目前的建筑市场承发包地位不平等,招标人出于保护己方利益或者提高招投标活动的效率,尽快推进项目进程的考虑,往往倾向尽可能缩短投标人编制投标文件的时间。而工程总承包项目中,工程总承包单位承担的风险远大于施工总承包模式下的施工总承包单位,且根据《管理办法》第 16 条的规定,除政府投资项目外,通常采用总价合同,除合同约定可以调整价款的情形外,合同总价一般不予调整。此种情形下,如果从招标文件开始发出之日起至招标文件规定的投标人提交投标文件截止之日的时间过短,可能使投标人没有足够的时间对招标文件进行详细分析,导致编制的投标文件不能准确反映整个项目的特征,或不能全面预估项目的风险,造成项目整体造价偏差较大,这对保证项目工程质量和顺利实施都是不利的。还有可能使一些投标人因来不及编制投标文件而不得不放弃参加投标竞争,这对保证投标竞争的充分性显然也是不利的,不但使投标人承担较大的风险,也不利于项目的推进,长此以往,将影响建筑市场的公平性,不利于建筑市场及工程总承包模式的健康发展。

但这一时间也不能过长,否则会拖延招标进程,降低招标效率,有损建设单位的利益。由于招标项目的性质不同、规模大小不同、复杂程度不同,投标人编制投标文件所需的时间也不同。因此,本条款出于兼顾效率与公平的考虑,未对投标人提交投标文件的截止时间作出"一刀切"的规定,而是由建设单位根据项目的实际情况和现行法律法规的规定合理确定。

## 条文解析

首先，本条适用于采用招标方式选择工程总承包单位的情形。本办法第 8 条第 1 款规定：建设单位依法采用招标或者直接发包等方式选择工程总承包单位。无论采用公开招标或者邀请招标方式，建设单位均应当依法确定投标人编制工程总承包项目投标文件所需的时间 。

其次，编制工程总承包项目投标文件的时间系指自招标文件开始发出之日起至投标人提交投标文件截止之日止的期间。根据《招标投标法》第 24 条的规定："招标人应当确定投标人编制投标文件所需要的合理时间；但是，依法必须进行招标的项目，自招标文件开始发出之日起至投标人提交投标文件截止之日止，最短不得少于二十日。"从该条款看确定投标文件编制的时间时应区分"依法必须进行招标的项目"和"非依法必须招标的项目"，我国现行法律法规仅对对于"依法必须招标的项目"的投标文件编制时间有强制性规定，自招标文件开始发出之日起至投标人提交投标文件截止之日不得少于 20 日。对于"非依法必须招标的项目"则没有强制性规定，通常情况下，建设单位应当综合考虑工程总承包项目的规模、复杂程度、设计文件的深度和齐全程度、现场条件、环境因素等确定投标人编制投标文件的合理时间。

再次，从国际通用的菲迪克（FIDIC）系列合同中的银皮书（《设计—采购—施工与交钥匙项目合同条件》）与黄皮书（《生产设备和设计—建造合同条件》）的相应合同条款中，可以更明确地看出依法确定投标人编制工程总承包项目投标文件所需要的合理时间的必要性。

在工程总承包模式下，业主希望对价格和工期有更高的确定性，承包商往往被要求承担诸如出现未预计到的场地条件等风险。因此，雇主必须在要求承包商签署固定价格合同前，给予承包商足够的时间和机会，使承包商能得到和研究所有有关资料。另外，业主应允许并要求投标人对所有相关资料和数据进行核实，并做好任何必要的调查研究，投标人还应进行任何必要的设计及对于采购物资的详细说明并提出最适合项目的解决方案。因此，招标程序应允许投标人和业主就技术问题和商务条件进行讨论，并将讨论结果作为合同文件的组成部分。

2019 版银皮书和黄皮书中，均规定了承包商对业主提供文件的检查和校核义务，业主提供的各类文件和信息包括以下三类：一是业主要求中标明的（或工程师以通知形式发出的）参照项；二是除参照项以外的业主要求；三是除业主要求外，业主提供的与项目相关的现场数据。

参照项包括用于参考的原始勘测控制点、基线及参考标高。按照2017版银皮书的相关规定，参照项准确性的风险全部由承包商承担。2017版黄皮书则规定，承包商承担的义务是在考虑可行的成本和时间的前提下，在投标阶段检查业主要求中提供的参照项数据及现场的实际情况和在收到开工通知后在合同约定的时间内再次仔细审查参照项，如果承包商在履行了此类义务后仍没能发现参照项中存在的错误，则该风险由业主承担。

业主要求包括了项目的设计标准等。2017版银皮书中，涉及项目预期适用目的、性能标准、不可变的以及承包商无法核实的数据等，对于业主要求的准确性全部由承包商承担，合同还规定承包商在基准日期之前就应该仔细审查核实业主要求中的相关数据。2017版黄皮书中承包商对业主的要求与参照项承担的责任和风险类似。

现场数据包括现场的地形、地下、水文、气候、环境条件等，在2017版银皮书中，业主对其提供的所有现场数据不承担任何责任，承包商需要验证和解释，并对其准确性承担全部风险。2017版黄皮书，虽然承包商的义务仅限于解释，但是应在可行的成本和时间的前提下，对现场状况等获取充足的信息后，承担相应的风险。①

综上，如果投标人没有足够时间或资料以仔细研究和核查业主要求，或进行风险评估和估算；或者投标人没有足够时间对工程现场情况进行充分调查，则会造成承发包之间风险承担的严重失衡，不利于项目的顺利推进，2017版银皮书也在前言中说明此种情况下不适用银皮书。

最后，无论是否依法必须招标的项目，投标人提交投标文件的时间均可能会因为招投标过程中出现的澄清、答疑、异议、投诉情况而进行调整，如果依照我国现行法律法规的规定，招投标活动应当顺延或者暂停的，则招标人应当依法顺延。

---

①　参见陈勇强：《FIDIC2017版系列合同条件解析》，中国建筑工业出版社2019年版。

## 理解与适用

### 一、区分是否属于依法必须招标的项目是本条适用的前提

(一)依法必须招标的项目

根据《招标投标法》第24条的规定:"……但是,依法必须进行招标的项目,自招标文件开始发出之日起至投标人提交投标文件截止之日止,最短不得少于二十日。"我国现行法律法规仅对对于"依法必须招标的项目"的投标文件编制时间有强制性规定,自招标文件开始发出之日起至投标人提交投标文件截止之日不得少于20日。

依法必须招标的工程总承包项目应当结合《管理办法》第8条及《招标投标法》和国家发展和改革委员会的相关规定确定。

《管理办法》第8条第2款规定:"工程总承包项目范围内的设计、采购或者施工中,有任一项属于依法必须进行招标的项目范围且达到国家规定规模标准的,应当采用招标的方式选择工程总承包单位。"

是否属于"依法必须招标"的项目,需要根据《招标投标法》、发改委令第16号文和国家发展和改革委员会发布的《必须招标的基础设施和公用事业项目范围规定》(发改法规规〔2018〕843号)确定。

对于国家重大建设项目和技术复杂、有特殊要求的项目,其合理期限较一般项目的合理期限要长。《国家重大建设项目招标投标监督暂行办法》第3条规定"本办法所称国家重大建设项目,是指国家出资融资的,经国家发展改革委审批或审核后报国务院审批的建设项目"。国家重大建设项目一般是列入国家重点投资计划,投资额巨大,建设周期特别长,由中央政府全部投资或者参与投资的工程,如三峡工程;有些虽然未列入国家重点投资计划,投资额不算巨大,但社会影响很大的工程项目,也可能属于国家重大建设工程项目,如国家大剧院工程。技术复杂的项目一般指在设计上有创新,在建造中使用新设备、新材料、新技术,在施工工艺和项目外观上有很高的要求,施工环境异常多变等有别于传统设计或施工的项目。因此,建设单位确定这两类项目的投标文件编制期限时应充分考虑到这两类项目的特殊性。

（二）非依法必须招标的项目

我国现行法律未对非依法必须招标的项目的投标文件编制时间作出强制性规定，招标人可以根据工程总承包项目的实际情况确定合理的时间。

## 二、工程总承包项目的复杂程度、风险承担机制、现场条件等因素对本条适用的影响

与一般的建设施工项目相比，工程总承包项目包含了设计、施工阶段或者设计、采购、施工阶段，且工程总承包单位需要对工程的质量、安全、工期、造价全面负责。虽然本办法第7条规定，原则上应当在初步设计审批完成后进行发包，但并非强制性规定，因此，投标人在确定投标策略，编制投标文件时需要尽可能全面深入地了解项目信息，以提高投标文件的准确性。此外，工程总承包项目多采用总价合同，而且根据本办法第16条规定，采用总价合同的，除合同约定可以调整价格的情形外，合同总价一般不予调整。且工程总承包项目与单纯的施工项目相比，承包人承担的风险更大，因此合理确定投标人编制工程总承包投标文件的时间是确保投标文件准确性、维护建筑市场公平的需要。工程总承包项目的建设单位应当兼顾招投标的公平与效率，合理确定投标文件的编制时间。通常情况下，应当考虑的因素包括：

1. 现有设计文件的深度与齐全程度，技术方案的成熟程度：投标人是否需要承担对工程量的复核义务，因工程量清单准确性造成的风险由哪一方承担。实践中，大多工程总承包项目在实施招标时，招标人为了最大程度避免其自行编制的招标工程量清单存在缺漏项、工程量核算不够准确的问题，通常会在招标文件中约定：投标人有义务对工程量清单进行复核，因招标工程量清单缺漏项导致工程量与图纸不一致的，由投标人承担相应的风险，工程价款不予增加。因此投标人需要有合理的时间对工程量清单进行核准，编制投标文件。否则，将造成投标文件的准确性不足，使投标人承担较大的风险，影响建筑市场的公平性，长此以往，不利于建筑市场的健康发展。

2. 工程项目现场条件的复杂程度：一方面，招标人通常还会在招标文件中约定承包人有踏勘现场的义务，并在招标文件中约定投标人应当对现场交通、场地现状等可能影响投标报价的相关情况进行详细了解，中标后不得以施工现场与图

纸不符合、与招标文件不一致为由变更合同价款。另一方面,投标人在编制施工方案时,基础的开挖方法、基坑支护措施等都要结合地质条件、地形地貌、地下水文情况作出相应安排,施工时间和相应措施要结合气候条件作出相应计划。因此,投标文件编制时间的确定应当充分考虑投标人踏勘现场所需的必要时间。

3. 工程总承包项目的环境及当地市场因素:工程总承包项目所在地的环境保护条件及要求,当地建筑市场的人工与材料的市场价格、供应情况等。投标文件编制时间的确定应充分考虑承包人对上述信息获取的复杂程度。

## 三、招标人是否对招标文件进行澄清或修改对本条适用的影响

《招标投标法》第 23 条规定:"招标人对已发出的招标文件进行必要的澄清或者修改的,应当在招标文件要求提交投标文件截止时间至少十五日前,以书面形式通知所有招标文件收受人。该澄清或者修改的内容为招标文件的组成部分。"《招标投标法实施条例》第 21 条进一步规定:"招标人可以对已发出的资格预审文件或者招标文件进行必要的澄清或者修改。澄清或者修改的内容可能影响资格预审申请文件或者投标文件编制的,招标人应当在提交资格预审申请文件截止时间至少 3 日前,或者投标截止时间至少 15 日前,以书面形式通知所有获取资格预审文件或者招标文件的潜在投标人;不足 3 日或者 15 日的,招标人应当顺延提交资格预审申请文件或者投标文件的截止时间。"根据上述法律法规的规定,如果工程总承包项目的招投标过程中出现招标人需要对已发出的招标文件进行必要的修改或澄清,以下两个方面在适用时需要注意:

1. 招标人可以对已发出的招标文件进行必要的澄清或修改。招标人对已发出的招标文件进行澄清或者修改可以是招标人主动进行,也可以是根据投标人的疑问或者异议进行。招标人如果发现招标文件存在遗漏、错误、相互矛盾、含糊不清,或者存在一些违反法律法规的规定时,可以主动进行修改或者澄清。投标人如果对投标文件有疑问,也可以在招标文件规定的时间内提出,招标人如果认为确有必要,也可以进行澄清或修改。

招标人应当合理把握对招标文件进行澄清或者修改的必要性。对于何种情形属于"必要",我国现行法律法规并未作出明确的规定,在实践中应当根据工程总承包项目的实际情况,从有利于项目推进,兼顾公平与效率的角度考虑。

2. 澄清或修改的内容可能影响招标文件编制的，招标人应当在投标截止时间至少 15 日前，书面通知所有潜在投标人。不足 15 日的，招标人应当顺延提交投标文件的截止时间。

《招标投标法》第 23 条对于招标人澄清或者修改的通知时间和形式并未区分“是否可能影响投标文件编制”的情形，《招标投标法实施条例》第 21 条对上述情形进行了区分，如果招标人对招标文件进行澄清或修改的内容不会影响投标文件编制的，如开标地点的变更，招标人只需书面通知所有获取招标文件的潜在投标人，但不需要在投标截止时间至少 15 日前通知。如果澄清或者修改的内容影响投标文件的编制，则招标人需要在投标截止时间至少 15 日前，将澄清与修改事项书面通知所有潜在投标人。可能影响投标文件编制的澄清或者修改情形，结合《管理办法》第 9 条的规定，包括但不限于对工程总承包项目设计和其他技术标准的变更，具体有项目的内容、范围、规模标准、功能、质量、安全、节能、生态环境保护、工期等方面的要求的变化，以及发包人提供的资料和条件，具体有发包前完成的水文地质、工程地质、地形等勘察资料，以及可行性研究报告、方案设计文件或者初步设计文件的变更，以及投标文件的格式、履约担保的要求、最高投标限价的变更等，这些内容的澄清与修改将给潜在投标人带来大量的额外的工作，需要对投标文件进行重新考量，因此必须给予投标人足够的时间。因此，不足 15 日的，招标人应当顺延提交投标文件的截止时间。

需要特别注意的是，《招标投标法》第 23 条与《招标投标法实施条例》第 21 条的适用并未区分是否必须强制招标的项目，因此只要通过招标方式选择工程总承包商的，均应当遵守上述规定。

### 四、投标人或其他利害关系人对招标文件提出异议，乃至向行政监督部门投诉对本条适用的影响

《招标投标法》及《招标投标法实施条例》对于投标人或其他利害关系人对招标文件存在异议，或者认为招标投标活动不符合法律、行政法规规定的情况下的异议和投诉制度作出了相应规定，工程总承包项目的招标投标活动过程中如果存在异议或者投诉的情形时，均可能对投标人提交投标文件时间产生影响。

（一）投标人或者其他利害关系人对招标文件提出异议对投标文件编制时间的影响

《招标投标法》第65条规定："投标人和其他利害关系人认为招标投标活动不符合本法有关规定的，有权向招标人提出异议或者依法向有关行政监督部门投诉。"《招标投标法实施条例》第22条规定："潜在投标人或者其他利害关系人对资格预审文件有异议的，应当在提交资格预审申请文件截止时间2日前提出；对招标文件有异议的，应当在投标截止时间10日前提出。招标人应当自收到异议之日起3日内作出答复；作出答复前，应当暂停招标投标活动。"

提出异议的主体系潜在投标人和其他利害关系人，其他利害关系人是指投标人以外的，与招标的项目或者招标活动有直接或者间接利益关系的法人、其他组织和自然人。具体来说，一是有意参加投标的潜在投标人；二是投标人未来控制投标风险，在准备投标文件时可能采用订立附条件生效协议的方式与符合招标项目要求的特定分包人与供应商绑定投标，这些分包人、供应商和投标人有共同的利益，也与招投标活动存在利害关系；三是投标人的项目负责人，中标与否与其个人利益存在较密切的关系。①

投标人和其他利害关系人对招标文件有异议，应当在投标截止时间10日前提出。异议提出后，可能会出现三种情况。一是该异议不构成需要对招标文件进行澄清或者修改的情形，招标人应当自收到异议之日起3日内作出答复，对于异议和答复的形式，《招标投标法实施条例》并未作出强制性规定，但考虑到对招标文件向行政监督部门进行投诉的前置条件是异议，因此建议异议的提出和答复均采用书面形式。在招标人对异议作出答复前，应当暂停招标投标活动，但招标文件的提交时间无须顺延。二是该异议构成了需要对招标文件进行澄清或者修改，且澄清或修改的内容影响投标文件编制的，此种情况下，招标人需要根据《招标投标法》第23条以及《招标投标法实施条例》第21条的规定，将澄清与修改的内容在投标截止时间至少15日前，以书面形式通知所有潜在投标人；不足15日的，招

① 参见国家发展和改革委员会法规司、国务院法制办公室财金司、监察部执法监察司编著：《中华人民共和国招标投标法实施条例释义》，中国计划出版社2012年版。

标人应当顺延提交投标文件的截止时间。三是招标人编制的招标文件内容违反法律、行政法规的强制性规定，违反公开、公平、公正和诚实信用原则影响潜在投标人投标的，招标人应当根据《招标投标法实施条例》第23的规定认定异议成立，修改招标文件后重新组织招标。

（二）投标人或者其他利害关系人对招投标活动进行投诉对投标文件编制时间的影响

《招标投标法实施条例》第60条规定："投标人或者其他利害关系人认为招标投标活动不符合法律、行政法规规定的，可以自知道或者应当知道之日起10日内向有关行政监督部门投诉。投诉应当有明确的请求和必要的证明材料。"

《招标投标法实施条例》第62条第1款规定："行政监督部门处理投诉，有权查阅、复制有关文件、资料，调查有关情况，相关单位和人员应当予以配合。必要时，行政监督部门可以责令暂停招标投标活动。"

提出异议的主体系潜在投标人和其他利害关系人，与异议的主体区别在于，投诉主体还包括招标人，但招标人投诉的范围应当限于那些不能自行处理，必须通过行政救济的途径才能解决的问题。

投诉应当在投诉人知道或者应当知道之日起10日内向有关行政监督部门提出，"有关行政部门"根据《工程建设项目招标投标活动投诉处理办法》第4条规定的各级发展改革、工业和信息化、住房城乡建设、水利、交通运输、铁道、商务、民航等招标投标活动行政监督部门，依照国务院办公厅印发《有关部门实施招标投标活动行政监督的职责分工的意见的通知》（国办发〔2000〕34号）和地方各级人民政府规定的职责分工，受理投诉并依法作出处理决定。

根据《招标投标法实施条例》第61条的规定，行政监督部门应当自收到投诉之日起3个工作日内决定是否受理投诉，自受理投诉之日起30个工作日内作出书面处理决定。为了避免招标投标活动继续进行造成更大的损失，《招标投标法实施条例》第62条的规定，必要时，行政监督部门可以责令暂停招标投标活动。在此类情形下，原定投标文件提交截止之日也应当相应调整，招标投标活动是否继续进行，也应当视处理结果而定。

## 实践中应注意的问题

### 一、建议招标人在招标文件中明确投标人提出疑问或要求澄清，以及提出异议的截止时间

由于《招标投标法实施条例》没有规定潜在投标人对招标文件提出疑问，要求澄清的时间。实践中很可能出现投标人在邻近投标截止时间才对招标文件提出疑问，要求澄清，一旦发生必须澄清修改招标文件的情况，将造成招标人无法按照《招标投标法》及《招标投标实施条例》规定在招标文件要求提交投标文件截止时间至少 15 日前，以书面形式通知所有招标文件收受人，被迫顺延提交投标文件的时间，影响招投标活动的效率。因此，建议在招标文件中明确规定潜在投标人提出疑问或澄清要求的截止时间，在确定该截止时间时，除了应当满足法律法规规定的 15 日的要求外，还应当预留出招标人处理和准备澄清、修改的必要时间。

出于同样的原因，为了尽可能避免潜在投标人的异议迫使招标人顺延投标文件提交的截止时间，建议招标人在招标文件中明确规定异议的截止时间。但是，与澄清、修改情形不同的是，《招标投标法实施条例》的效力大于招标文件，因此招标文件中的对异议截止时间的规定并不能剥夺投标人或其他利害关系人根据《招标投标法实施条例》第 22 条的规定在投标截止时间 10 日前提出异议的权利，招标文件中的该项规定能够起到引导和提示的作用，督促投标人或其他利害关系人尽快提出异议。

### 二、建设单位对于依法必须招标的工程总承包项目在招标投标活动中违反本条的后果

（一）被行政监督部门责令暂停招标投标活动

被投标人或者其他利害关系人向行政监督部门投诉，如果行政监督部门认为有必要，建设单位将被行政监督部门责令暂停招标投标活动。《招标投标法实施条例》第 60 条第 1 款规定："投标人或者其他利害关系人认为招标投标活动不符合法律、行政法规规定的，可以自知道或者应当知道之日起 10 日内向有关行政监督部门投诉。"《招标投标法实施条例》第 62 条第 1 款规定："行政监督部门处理投诉……必要时，行政监督部门可以责令暂停招标投标活动。"

(二)被行政监督部门责令改正

《招标投标法实施条例》第77条第2款规定:"招标人不按照规定对异议作出答复,继续进行招标投标活动的,由有关行政监督部门责令改正,拒不改正或者不能改正并影响中标结果的,依照本条例第八十二条的规定处理。"

(三)被行政监督部门处以罚款

《招标投标法实施条例》第64条第1款规定:"招标人有下列情形之一的,由有关行政监督部门责令改正,可以处10万元以下的罚款:……(二)招标文件、资格预审文件的发售、澄清、修改的时限,或者确定的提交资格预审申请文件、投标文件的时限不符合招标投标法和本条例规定……"

(四)可能会导致招投标无效或者中标无效,需依法重新招标

《招标投标法实施条例》第77条第2款规定:"招标人不按照规定对异议作出答复,继续进行招标投标活动的,由有关行政监督部门责令改正,拒不改正或者不能改正并影响中标结果的,依照本条例第八十二条的规定处理。"《招标投标法实施条例》第81条规定:"依法必须进行招标的项目的招标投标活动违反招标投标法和本条例的规定,对中标结果造成实质性影响,且不能采取补救措施予以纠正的,招标、投标、中标无效,应当依法重新招标或者评标。"

## 案例评析

**[案例]《招标投标法》第24条针对的是"依法必须招标项目"非依法必须招标的项目未遵守该规定,不影响合同效力**

抚顺世堃建设有限公司(一审本诉原告/反诉被告/上诉人,以下简称世堃公司)与沈阳华人汇置业发展有限公司(一审本诉被告/反诉原告/被上诉人,以下简称华人汇公司)建设工程施工合同纠纷案

案　　号:(2019)辽04民终2609号

审理法院:辽宁省抚顺市中级人民法院

裁判类型:二审民事判决

**裁判要点:**《招标投标法》第24条规定"自招标文件开始发出之日起至投标人提交投标文件截止之日止,最短不得少于二十日"针对的是"依法必须进行招标

的项目”,案涉项目不属于《招标投标法》第3条规定的必须进行招标项目,且提前开标经过所有投标人同意,故上诉人以该理由主张合同无效,于法相悖。

**案情摘要**:2012年12月,华人汇公司委托抚顺技改建设招标有限公司就华人汇大厦建设项目—中环天地一期(1、3、5#楼)工程进行公开招标。抚顺技改建设招标有限公司于2012年12月20日至2012年12月26日17时在辽宁省建设工程信息网和辽宁省招投标监管网上发布公告,于2012年12月20日至2012年12月26日17时,共有5家投标人报名,于2012年12月27日对潜在投标人发售招标文件,共有3家投标人购买了招标文件,于2013年1月10日13时30分召开开标会议并对3家投标人的投标文件进行评审,并向招标人推荐3名中标候选人。招标人即华人汇公司最终确定世堃公司中标,中标价格38,660,309.47元。2013年1月16日,华人汇公司向世堃公司发出中标通知书。

2013年1月20日,世堃公司与华人汇公司签订《建设工程施工合同》,约定世堃公司承建华人汇公司发包的位于抚顺经济开发区华人汇大厦建设项目—中环天地一期(1、3、5#楼)工程。

工程于2014年10月14日竣工,于2015年10月验收。因世堃公司多次催要工程款无果,故诉至法院,请求:一、判令被告支付工程款11,159,321.9元及利息2,259,762元,合计13,419,083.5元;二、判令原告对被告顶账给原告的房屋具有优先受偿权(被告拒绝向原告交付该房屋);三、案件受理费、保全费、保全担保费由被告承担。

一审审理过程中,世堃公司诉称招标代理机构违反法律规定招标且原、被告之间存在违法串通投标的行为,应认定中标无效,据此签订的《建设工程施工合同》亦无效。一审法院认为世堃公司并未提供充分证据证明案涉项目存在中标无效的情形,认定合同合法有效。

二审中,被上诉人华人汇公司提交证据提前开标承诺函3张,拟证明提前开标经过所有投标人同意。上诉人世堃公司质证认为该承诺函要求提前开标违反《招标投标法》第24条、第34条规定,也违反了《招标投标法实施条例》第14条规定。该承诺函也证明了存在《招标投标法》第43条规定的招标人和投标人就投标方案的实质性内容进行谈判的情形。另外,即便招标人和投标人同意提前开标,那么也应该在招投标网站上重新进行公告。提前开标严重违反《招标投标法》第

24 条关于招标文件发送至开标之日止的 20 日规定。

二审法院认为:《招标投标法》第 24 条规定“自招标文件开始发出之日起至投标人提交投标文件截止之日止,最短不得少于二十日”针对的是“依法必须进行招标的项目”,案涉项目不属于《招标投标法》第 3 条规定的必须进行招标项目,且提前开标经过所有投标人同意,故上诉人以该理由主张合同无效,于法相悖。

[**案例评析**]本案所涉项目于 2012 年 12 月 27 日对潜在投标人发售招标文件,2013 年 1 月 10 日 13 时 30 分召开开标会议,自招标人开始发出招标文件之日至开标日为 14 天,但由于案涉项目并非法定必须进行招投标的项目,因此即便自招标文件开始发出之日起至投标人提交投标文件截止之日止少于 20 日,也未违反法律法规的强制性规定。

但如果是依法必须进行招投标的项目,如果违反了《招标投标法》第 24 条的规定,自招标文件开始发出之日起至投标人提交投标文件截止之日止少于 20 日,是否会导致合同无效的后果呢?

在南通正达房地产开发有限公司与如皋市国土资源局建设用地使用权出让合同纠纷二审民事判决书[(2016)苏民终 1438 号]中,二审法院江苏省高级人民法院明确:“《中华人民共和国招标投标法》规定,招标人应当确定投标人编制投标文件所需要的合理时间;但是,依法必须进行招标的项目,自招标文件开始发出之日起至投标人提交投标文件截止之日止,最短不得少于二十日。这系对招投标过程的管理性规范,而非效力性规范,故虽然如皋国土局违反了该规定进行招投标,但并不影响相应合同效力。”

《合同法》第 52 条规定合同无效的法定情形:“……(五)违反法律、行政法规的强制性规定。”最高人民法院《关于适用〈中华人民共和国合同法〉若干问题的解释(二)》第 14 条明确了《合同法》第 52 条第 5 项“强制性规定”仅指“效力性强制性规定”而不包括“管理性强制性规定”。

所谓效力性强制性规定,是指法律及行政法规明确规定违反了这些禁止性规定将导致合同无效或者合同不成立的规范,或者是法律及行政法规虽然没有明确规定违反这些禁止性规范后将导致合同无效或者不成立,但是违反了这些禁止性规范后如果使合同继续有效将损害国家利益和社会公共利益的规范。所谓管理性强制规范或取缔性强制规范,是指法律及行政法规没有明确规定违反此类规范将导致合同无效或者不成立，而且违反此类规范后如果使合同继续有效也并不损害国家或者社会公共利益，而只是损害当事人利益的规范。

最高人民法院关于印发《全国法院民商事审判工作会议纪要》的通知（法〔2019〕254号）第30条对于强制性规定的识别作出了进一步明确："人民法院在审理合同纠纷案件时，要依据《民法总则》第153条第1款和合同法司法解释（二）第14条的规定慎重判断'强制性规定'的性质，特别是要在考量强制性规定所保护的法益类型、违法行为的法律后果以及交易安全保护等因素的基础上认定其性质，并在裁判文书中充分说明理由。下列强制性规定，应当认定为'效力性强制性规定'：强制性规定涉及金融安全、市场秩序、国家宏观政策等公序良俗的；交易标的禁止买卖的，如禁止人体器官、毒品、枪支等买卖；违反特许经营规定的，如场外配资合同；交易方式严重违法的，如违反招投标等竞争性缔约方式订立的合同；交易场所违法的，如在批准的交易场所之外进行期货交易。关于经营范围、交易时间、交易数量等行政管理性质的强制性规定，一般应当认定为'管理性强制性规定'。"

《招标投标法》等法律法规中对于建设单位对投标人提交投标文件的截止时间的规定，与招标投标行为的竞争性并无直接关联，也并无法律、行政法规、司法解释明确规定违反此项规定将导致合同无效或者不成立，因此不属于效力性强制性规定，不应当导致合同无效的后果。

---

**第十四条 【评标委员会的组成】**

**评标委员会应当依照法律规定和项目特点，由建设单位代表、具有工程总承包项目管理经验的专家，以及从事设计、施工、造价等方面的专家组成。**

---

## 条文主旨

本条款系对工程总承包项目的评标委员会的组成依据、成员组成以及评标委员会中专家条件和评标委员会组成方式的原则性规定。《招标投标法》第37条对评标委员会组建的有关问题作了明确的规定，第1款规定："评标由招标人依法组建的评标委员会负责。"该款明确了招标人组建评标委员会的权利。招标人与评标委员会之间从法律上是委托与受托关系。即招标人将招标项目的评标工作委托评标委员会实施。但这种委托关系不是招标人自主进行的，而需要符合法律法规的相关规定。

工程总承包项目评标委员会的组成既要符合法律、法规、规章和地方性文件，也要符合工程总承包具体项目的特点。《招标投标法》第37条规定了评标委员会由招标人代表和技术、经济等方面的专家组成。《管理办法》规定的工程总承包，是指对工程设计、采购、施工或者设计、施工等阶段实行总承包，总承包单位须对工程的质量、安全、工期和造价等全面负责。工程总承包项目至少包含了设计、施工两个阶段的特点，在工程总承包模式下，工程总承包项目的承包商承担了较大的责任与风险，因此其应当具备覆盖设计和施工阶段的管理能力，并应当建立与之相适应的管理体系。因此，工程总承包项目的评标委员会的专家既要包括从事设计、施工、造价等方面的专家，也要包括具有工程总承包项目管理经验的专家，以具备与工程总承包项目相适应的评审能力。

除了评标委员会的成员组成，《招标投标法》《招标投标法实施条例》等法律法规中对于评标委员会中评标专家的具体要求、来源和组建方式均有具体的规定，工程总承包项目评标委员会的组建也应当符合上述规定。

## 条文解析

对于评标委员会的组建方式，本条款未作明确表述，根据《招标投标法》第37条第1款的规定，评标委员会应当由招标人依法组建。

对于评标委员会的组成方式，依据本条款规定，应当符合现行法律法规的要求。《招标投标法》第37条第2款规定了依法必须招标的项目评标委员会的成员为“招标人的代表和技术、经济等方面的专家”。还规定了评标委员会成员的人数和专家的比例“五人以上单数，其中技术、经济等方面的专家不得少于成员总数的三分之二”。结合本条款的规定，工程总承包项目评标委员会的专家既要包括从事设计、施工、造价等方面的专家，也要包括具有工程总承包项目管理经验的专家。如果设计、施工、造价方面的专业同时具备了工程总承包项目管理经验，也可以视作满足了本条的规定。上述专家的数量不得少于评标委员会总数的三分之二。

《招标投标法》第37条第3款对评标委员会3个方面作出了规定。第一，依法必须招标项目评标专家的具体要求，“应当从事相关领域工作满8年并具有高级职称或同等专业水平”。第二，评标专家的来源“从国务院有关部门或者省、自治区、直辖市人民政府有关部门提供的专家名册或者招标代理机构的专家库内的相关专业的专家名单中确定”。第三，规定了评标委员会专家成员的选择方式，一般项目采取随机抽取方式，特殊项目由招标人直接确定。结合本条款的规定，工程总承包项目评标委员会中从事设计、施工、造价等方面的专家的具体要求、来源和选择方式必须符合《招标投标法》的要求，对于“具有工程总承包项目管理经验的专家”现有法律法规未对此作出明确定义。考虑到工程总承包在我国尚属于起步阶段，具有充足工程总承包项目管理经验的专家人才较少，故本条款中对“工程总承包项目管理经验”在法律法规作出进一步明确的规定前应作较为宽泛的理解。招标人可以结合项目特点、项目需要、地方实际情况在招标文件中作出具体的要求。

## 理解与适用

### 一、是否为依法必须招标的项目对工程总承包项目评标委员会组成方式的影响

本条规定工程总承包项目评标委员会应当依照法律规定和项目特点组建由建设单位代表，具有工程总承包项目管理经验的专家，以及从事设计、施工、造价等方面的专家组成。我国现行《招标投标法》与《招标投标法实施条例》对于评标委员会的组成方式区分了“依法必须招标的项目”与“非依法必须招标的项目”，并对评标委员会成员的人数、要求，以及不得担任评标委员会成员的情形进行了详细的规定。

#### （一）依法必须招标的工程总承包项目评标委员会成员的人数及人员类别比例的规定

《招标投标法》第37条第2款规定：“依法必须进行招标的项目，其评标委员会由招标人的代表和有关技术、经济等方面的专家组成，成员人数为五人以上单数，其中技术、经济等方面的专家不得少于成员总数的三分之二。”

《管理办法》第 14 条规定，评标委员会由建设单位代表，具有工程总承包项目管理经验的专家，以及从事设计、施工、造价等方面的专家组成。其中“具有工程总承包管理经验的专家”应当属于《招标投标法》第 37 条规定的“有关技术、经济等方面的专家”。即依法必须招标的工程总承包项目的评标委员会中，具有工程总承包管理经验的专家和从事设计、施工、造价等方面的专家合计人数不少于评标委员会成员总数的三分之二。

《管理办法》第 14 条并未对工程总承包项目评标委员会的人数作出具体规定，应当按照《招标投标法》第 37 条的规定，对于依法必须招标的工程总承包项目评标委员会成员的总人数至少为 5 人。在适用本条款时，还应根据各地区的的不同情况适用各地区的规定。如《上海市工程总承包招标评标办法》第 8 条第 1 款规定：“工程总承包招标的评标委员会人数组成为不少于 9 人的单数，评标委员会由招标人的代表和有关技术、经济等方面的专家组成。技术专家包括设计和施工专业，如有勘察、货物、设备采购招标内容，则专家专业相应增加。”

（二）依法必须招标的工程总承包项目评标委员会中专家成员的选定

1. 我国实行统一的评标专家分类标准和管理办法

《招标投标法》第 37 条明确了评标专家应当从评标专家库中随机抽取。《招标投标法》实施后，各级政府行业主管部门、招标代理机构分别建立了评标专家库。这些分散成立的评标专家库存在着专业不够齐全，类别设置不够科学，专家的选择标准各有差异导致评标专家水平参差不齐等问题，造成实践中难以满足项目需求。《招标投标法实施条例》第 45 条第 1 款明确：“国家实行统一的评标专家专业分类标准和管理办法。具体标准和办法由国务院发展改革部门会同国务院有关部门制定。”

为了建立健全规范统一的评标专家分类管理体系，推动实现全国范围内评标专家资源共享，2010 年，国家发展改革委等 10 部委共同颁布了《评标专家专业分类标准（试行）》（发改法规〔2010〕1538 号）。该标准按照工程、货物、服务 3 类，每个专业细分为 3 个级别。

2015 年，国务院办公厅印发了《整合建立统一的公共资源交易平台工作方案的通知》（国办发〔2015〕63 号），根据该通知的部署和要求，国家发展改革委启动《评标专家专业分类标准（试行）》的修订工作。2018 年，国家发展改革委等十部委共同颁布了《公共资源交易评标专家专业分类标准》(发改法规〔2018〕316 号),按照最新行业专业划分,在工程、货物、服务 3 类别和一级、二级、三级 3 级别的基本框架基础上,补充细化了缺失专业,合并了交叉重叠专业。

对于评标专家和评标专家库的管理,国家发展和改革委也于 2013 年出台了修订后的《评标专家和评标专家库管理暂行办法》。根据该办法的规定,评标专家库的组建主体包括两类:一是省级以上人民政府有关部门;二是依法成立的招标代理机构。入选评标专家库的专家,必须具备以下条件:(1)从事相关专业领域工作满 8 年并具有高级职称或同等专业水平;(2)熟悉有关招标投标的法律法规;(3)能够认真、公正、诚实、廉洁地履行职责;(4)身体健康,能够承担评标工作;(5)法规规章规定的其他条件。

2. 评标专家采取随机抽取的方式确定

一般必须招标的工程总承包项目评标委员的评标专家应当由招标人从国务院有关部门或者省、自治区、直辖市人民政府有关部门提供的专家名册或者招标代理机构的专家库内的相关专业的专家名单中以随机抽取方式确定。为避免招标人在确定评标专家时的主观性和随意性,尽可能排除人为因素的干扰,确保招标投标活动的公正性。评标专家原则上应当采取随机抽取的方式确定。

《招标投标法》第 37 条第 2 款规定:“前款专家应当从事相关领域工作满八年并具有高级职称或者具有同等专业水平,由招标人从国务院有关部门或者省、自治区、直辖市人民政府有关部门提供的专家名册或者招标代理机构的专家库内的相关专业的专家名单中确定;一般招标项目可以采取随机抽取方式,特殊招标项目可以由招标人直接确定。”

《招标投标法实施条例》第 46 条规定:“除招标投标法第三十七条第三款规定的特殊招标项目外,依法必须进行招标的项目,其评标委员会的专家成员应当从评标专家库内相关专业的专家名单中以随机抽取方式确定。任何单位和个人不得以明示、暗示等任何方式指定或者变相指定参加评标委员会的专家成员。”

《公共资源交易平台管理暂行办法》(国家发展和改革委员会令第 39 号,自 2016 年 8 月 1 日起施行)第 8 条第 1 款规定:“依法必须招标的工程建设项目招标投标、国有土地使用权和矿业权出让、国有产权交易、政府采购等应当纳入公共资源交易平台。”第 11 条第 1 款规定:“公共资源交易项目依法需要评标、评审的,应当按照全国统一的专家专业分类标准，从依法建立的综合评标、政府采购评审等专家库中随机抽取专家，法律法规另有规定的除外。”

综合上述法律法规和部门规章的规定，依法必须招标的工程建设项目招标投标，均应当纳入公共资源交易平台，并应当按照全国统一的专家专业分类标准，从依法建立的综合评标、政府采购评审等专家库中随机抽取专家，法律法规另有规定的除外。任何单位和个人都不得以明示或者暗示的方式指定评标委员会成员，干涉评标专家的抽取。

3. 依法必须进行招标的政府投资工程总承包项目的评标专家，必须从政府或者政府有关部门组建的评标专家库中抽取

我国现行法律法规对依法必须进行招标的政府投资项目规定如下：《政府投资条例》（国务院令第 712 号）规定，政府投资是指在中国境内使用预算安排的资金进行固定资产投资建设活动，包括新建、扩建、改建、技术改造等。《必须招标的工程项目规定》（国家发展和改革委员会令第 16 号）对依法必须进行招标的政府投资的建设项目的规模进行了规定，使用预算资金 200 万元人民币以上，并且该资金占投资额 10% 以上的项目。

根据《评标专家和评标专家库管理暂行办法》的规定，评标专家库的组建主体包括两类：一是省级以上人民政府有关部门，二是依法成立的招标代理机构。该暂行办法还规定，省级人民政府和国务院有关部门应当组建跨部门、跨地区的综合评标专家库。依法必须进行招标的政府投资工程总承包项目的评标专家，必须从政府或者政府有关部门组建的评标专家库中抽取。

4. 特殊的依法必须招标的工程总承包项目评标委员会专家可以由招标人从国务院有关部门或者省、自治区、直辖市人民政府有关部门提供的专家名册或者招标代理机构的专家库内的相关专业的专家名单中直接确定

《招标投标法》第 37 条规定：“……依法必须进行招标的项目，其评标委员会由招标人的代表和有关技术、经济等方面的专家组成……由招标人从国务院有关部门或者省、自治区、直辖市人民政府有关部门提供的专家名册或者招标代理机构的专家库内的相关专业的专家名单中确定；一般招标项目可以采取随机抽取方式，特殊招标项目可以由招标人直接确定……”

由于该条款没有对特殊招标项目作出界定，为避免该规定被滥用，《招标投标

法实施条例》第47条对特殊招标项目作出了具体规定。《招标投标法实施条例》第47条规定："招标投标法第三十七条第三款所称特殊招标项目，是指技术复杂、专业性强或者国家有特殊要求，采取随机抽取方式确定的专家难以保证胜任评标工作的项目。"根据本条规定，特殊招标项目应具备两个条件：一是项目技术复杂、专业性强，或者国家有特殊要求。二是如果采取随机方式抽取专家无法满足项目评标的需要。这主要有两种情形：一种情形是专家库中没有相应专业的专家；另一种情形是专家库中有相应专业专家，但是不能满足招标项目的实际需要，可能数量不足，可能专业分类无法满足。

特殊招标项目的评标专家选择方式《招标投标法》及《招标投标法实施条例》没有作出具体的规定，部分地方性文件对此进行了规定，《上海市工程总承包招标评标办法》第8条规定："……对设计要求高、技术难度大的建设工程，招标人可以从上海市建设工程评标专家库中抽取评标专家，也可以直接确定资深专家依法组建评标委员会，对工程总承包方案进行评审……"招标人首先从评标专家库内确定专家人选，如果现有评标专家库内没有能够满足要求的专家，招标人可以从库外邀请专家。招标人直接确定的专家也应当尽可能满足《招标投标法》第37条第3款的规定，从事相关领域工作满8年并具有高级职称或者具有同等专业水平。

5.依法必须进行招标的工程总承包项目的评标委员会确定后，非因法律法规规定的事由，招标人不得更换依法确定的评标委员会成员，更换评标委员会的专家成员应当根据《招标投标法》和《招标投标法实施条例》的规定从评标专家库内抽取或者由招标人确定

《招标投标法实施条例》第46条规定："……依法必须进行招标的项目的招标人非因招标投标法和本条例规定的事由，不得更换依法确定的评标委员会成员。更换评标委员会的专家成员应当依照前款规定进行……"为了保证评标委员会的稳定性，保障其独立客观地履行评标职责，招标人不得随意更换已依法确定的评标委员会成员。在评标过程中，评标评标委员会成员确因特殊原因不能继续评标，为保证招投标活动的顺利进行，招标人可以更换。更换的评标委员会成员的确定仍应当依照法律法规的规定，更换评标委员会的专家成员应当根据《招标投标法》和《招标投标法实施条例》的规定从评标专家库内抽取或者由招标人确定。

（三）依法必须招标的工程总承包项目评标委员会中非专家成员的选定

《招标投标法》与《招标投标法实施条例》对依法必须招标的项目评标委员会中非专家人选，即建设单位代表的人员及要求未作出明确规定，可以由招标人直接确定。确定上述人员时，应注意不得违反法律法规中的禁止性规定，即评标委员会成员不得与招标项目存在利害关系或者监督管理关系。

《中华人民共和国招标投标法（修订草案公开征求意见稿）》中对招标人委托的代表作出了进一步规定，招标人委托的代表可以是本单位熟悉招标项目需求的专业人员，也可以是外部专家……作为招标人代表的外部专家，由招标人直接确定。

（四）非依法必须招标的项目评标委员会成员的确定

《招标投标法》与《招标投标法实施条例》对非依法必须招标的项目评标委员会成员的选定未作出明确规定，招标人可以自行确定。

（五）无论是否为必须依法招标的项目，评标委员会成员的名单均应当在开标前确定，中标结果确定前保密

《招标投标法》第 22 条第 1 款规定："招标人不得向他人透露已获取招标文件的潜在投标人的名称、数量以及可能影响公平竞争的有关招标投标的其他情况。"《招标投标法》第 37 条第 5 款规定："评标委员会成员的名单在中标结果确定前应当保密。"招标人在中标结果确定前直接或间接地泄露评标委员会成员信息可能会造成投标人根据掌握的信息干预和影响评标结果，损害其他投标人利益，影响招标投标的公正性。

## 二、不得担任工程总承包项目评标委员会成员的情形

《招标投标法》、《招标投标法实施条例》及相关部门规章等规范性文件的规定了不得担任工程总承包评标委员会成员的情形，分为不得担任所有项目评标委员会成员与不得担任依法必须招标的项目评标委员会成员的两种情况。

（一）不得担任所有项目评标委员会成员的情形

1. 与招标项目存在利害关系

《招标投标法》第 37 条第 4 款规定："与投标人有利害关系的人不得进入相关项目的评标委员会；已经进入的应当更换。"《招标投标法实施条例》第 46 条第 3 款规定："评标委员会成员与投标人有利害关系的，应当主动回避。"上述规定并未

区分是否为依法必须招标的项目,无论是否为依法必须招标的项目,与投标项目存在利害关系的评标委员会成员均应当回避,不得进入评标委员会,如果已经进入评标委员会的,则应当更换。

所谓利害关系,主要指下列情形:一是投标人或者投标人主要负责人的近亲属。他们与评标结果有直接或间接的利害关系,可能影响对招标项目的公正评标,或者容易引起其他投标人对其是否能够客观公正评标产生合理怀疑。关于“近亲属”的范围,民事诉讼与行政诉讼不同,民事诉讼中的“近亲属”包括配偶、父母、子女、兄弟姐妹、祖父母、外祖父母、孙子女、外孙子女。行政诉讼中的近亲属除民事诉讼的“近亲属”范围外,还包括其他具有赡养、抚养关系的亲属。笔者建议,确定应回避的评标委员会成员时,近亲属的范围从宽掌握。二是与投标人有经济利益关系,可能影响评标的公正性的。这里的经济利益通常是指 3 年内曾在参加该投标项目的投标人中任职或担任顾问;或者配偶或直系亲属在参加该招标项目的投标人中任职;或者与参加该招标项目的投标人发生过法律纠纷,以及其他可能影响公正评标的情况。结合各行业地方的有关规定,其他可能影响公正评标的主要情形有:投标人的上级主管、控股或被控股单位的工作人员,评标委员会成员任职单位与投标人单位为同一法定代表人,评标委员会持有某投标人单位的股份等。三是曾在招标、评标以及其他招投标活动中从事违法行为而受过行政处罚或刑事处罚的。实践操作中,投标人可以要求评标委员会成员签署承诺书,确认其不存在上述应当回避的情形。①

2. 负责监督招标项目的行政监督人员

《招标投标法实施条例》第 46 条明确规定行政监督人员不得担任本部门负所负责监督项目的评标委员会成员。以避免监管不分,影响监督效果。需要注意的是,“行政监督部门”既包括招标项目的行政监督部门,也包括招标项目的审核部门、主管部门和审计部门。

3. 被依法取消评标委员会成员或评标专家资格的人员

《招标投标法实施条例》第 71 条规定:“评标委员会成员有下列行为之一的,

---

① 参见国家发展和改革委员会法规司、国务院法制办公室财金司、监察部执法监察司编著:《中华人民共和国招标投标法实施条例释义》,中国计划出版社 2012 年版。

由有关行政监督部门责令改正……情节特别严重的，取消其担任评标委员会成员的资格："（一）应当回避而不回避；（二）擅离职守；（三）不按照招标文件规定的评标标准和方法评标；（四）私下接触投标人；（五）向招标人征询确定中标人的意向或者接受任何单位或者个人明示或者暗示提出的倾向或者排斥特定投标人的要求；（六）对依法应当否决的投标不提出否决意见；（七）暗示或者诱导投标人作出澄清、说明或者接受投标人主动提出的澄清、说明；（八）其他不客观、不公正履行职务的行为。"另外，《房屋建筑和市政技术设施工程施工招标投标管理办法》和《评标委员会和评标方法暂行规定》也对评标委员会成员被取消资格的情形作出了规定，主要针对严重违法违规和不称职的情形。被取消评标委员会成员或评标专家资格的人员，无论是否为依法必须招投标的项目，均不得担任评标委员会成员。

（二）不得担任依法必须招标的项目评标委员会成员的情形

1. 评标委员会成员存在《招标投标法实施条例》第 71 条的情形且情节严重的，被禁止在一定期限内参加依法必须进行招标的项目的招标

《招标投标法实施条例》第 71 条规定："评标委员会成员有下列行为之一的，由有关行政监督部门责令改正；情节严重的，禁止其在一定期限内参加依法必须进行招标的项目的评标；情节特别严重的，取消其担任评标委员会成员的资格：（一）应当回避而不回避；（二）擅离职守；（三）不按照招标文件规定的评标标准和方法评标；（四）私下接触投标人；（五）向招标人征询确定中标人的意向或者接受任何单位或者个人明示或者暗示提出的倾向或者排斥特定投标人的要求；（六）对依法应当否决的投标不提出否决意见；（七）暗示或者诱导投标人作出澄清、说明或者接受投标人主动提出的澄清、说明；（八）其他不客观、不公正履行职务的行为。"

2. 评标委员会成员存在《招标投标法实施条例》第 72 条的情形，被取消担任评标委员会成员资格的，不得再参加依法必须进行招标的项目的招标

《招标投标法实施条例》第 72 条规定："评标委员会成员收受投标人的财物或者其他好处的，没收收受的财物，处 3000 元以上 5 万元以下的罚款，取消担任评标委员会成员的资格，不得再参加依法必须进行招标的项目的评标；构成犯罪的，依法追究刑事责任。"此种行为将严重影响评标委员会成员的独立性和公正性，如

果构成犯罪的,还应当承担相应的刑事责任。

## 三、违法组成评标委员会的情形及后果

《招标投标法实施条例》第70条第1款规定:“依法必须进行招标的项目的招标人不按照规定组建评标委员会,或者确定、更换评标委员会成员违反招标投标法和本条例规定的,由有关行政监督部门责令改正,可以处10万元以下的罚款,对单位直接负责的主管人员和其他直接责任人员依法给予处分;违法确定或者更换的评标委员会成员作出的评审结论无效,依法重新进行评审。”

《招标投标法实施条例》第81条规定:“依法必须进行招标的项目的招标投标活动违反招标投标法和本条例的规定,对中标结果造成实质性影响,且不能采取补救措施予以纠正的,招标、投标、中标无效,应当依法重新招标或者评标。”

《评标专家和评标专家库管理暂行办法》(2013年修订)第17条规定:“依法必须进行招标的项目的招标人不按照规定组建评标委员会,或者确定、更换评标委员会成员违反《招标投标法》和《招标投标法实施条例》规定的,由有关行政监督部门责令改正,可以处十万元以下的罚款,对单位直接负责的主管人员和其他直接责任人员依法给予处分;违法确定或者更换的评标委员会成员作出的评审结论无效,依法重新进行评审。政府投资项目的招标人或其委托的招标代理机构不遵守本办法第五条的规定,不从政府或者政府有关部门组建的评标专家库中抽取专家的,评标无效;情节严重的,由政府有关部门依法给予警告。”

上述条款规定了依法必须进行招标的招标人违法组建评标委员会的情形及后果。

### (一)违法组建评标委员会的情形

1. 未按照规定组建评标委员会

《招标投标法》第37条以及《招标投标法实施条例》第46条对必须招标项目评标委员会的组成成员、成员数量及比例、专家条件作出了明确的规定,招标人应当严格按照上述规定组建评标委员会。

2. 未按照规定确定评标委员会成员

《招标投标法》第37条以及《招标投标法实施条例》第48条规定了评标委员会成员的确定方式,一般招标项目的评标专家应当采取随机抽取方式,特殊招标

项目可以由招标人直接确定。招标人应当根据项目的实际情况按上述规定确定评标委员会成员。

3. 未按照规定更换评标委员会成员

《招标投标法》第 37 条以及《招标投标法实施条例》第 48 条规定了与投标人有利害关系的人员不得进入相关项目的评标委员会,已经进入的应当更换;评标委员会成员有回避事由、擅离职守或者因健康等原因不能继续评标的,应当及时更换。招标人应根据上述规定及时更换评标委员会成员。

(二)违法组建评标委员会的后果

根据《招标投标法实施条例》第 70 条、《评标专家和评标专家库管理暂行办法》(2013 年修订)第 17 条的规定,招标人违法组建评标委员会的法律后果如下:

1. 责令改正:如果违法组建的评标委员会尚未作出评标结论,有关行政监督部门可要求招标人予以纠正。

2. 罚款:罚款金额为 10 万元以下,具体金额由作出行政处罚的行政监督部门根据具体情况确定。

3. 对单位直接负责的主管人员和其他责任人员给予处分。

4. 如果违法组建的评标委员会已经作出评标结论,则该评审结论无效,依法重新进行评审。如果依据该无效的评审结论签订工程总承包合同的,根据最高人民法院《关于审理建设工程施工合同纠纷案件适用法律问题的解释》第 1 条第 1 款的规定,建设工程必须进行招标而未招标或者中标无效的,工程总承包合同应当认定无效。

5. 政府投资项目的招标人或其委托的招标代理机构不遵守《评标专家和评标专家库管理暂行办法》第 5 条的规定,不从政府或者政府有关部门组建的评标专家库中抽取专家的,评标无效;情节严重的,由政府有关部门依法给予警告。

## 实践中应注意的问题

### 一、非必须招标的项目,招标人未按法律法规相关规定组建评标委员会是否要承担相应法律责任

上述问题需区分具体的情形。根据《招标投标法》第 37 条的规定,非依法必

须进行招标的项目的招标人可以自行组建评标委员会，评标委员会的人数、比例和组成方式均可以由招标人自行决定。

但是，《招标投标法》第37条第4款同时规定："与投标人有利害关系的人不得进入相关项目的评标委员会；已经进入的应当更换。"本条规定并未区分是否必须招投标项目，因此如果非必须招标的项目采用了招投标方式进行招标，但违反了本条规定，同样属于《招标投标法实施条例》第70条规定的"确定、更换评标委员会成员违反招标投标法和本条例规定的情形"，应当承担相应法律责任。

## 二、评标专家的抽取及通知时间

关于评标专家的抽取时间，《招标投标法》《招标投标法实施条例》未作出明确规定，实践中评标委员会成员的名单一般在开标前确定，需要注意如果是政府采购项目，评标专家的抽取时间应当符合《政府采购评审专家管理办法》（财库〔2016〕198号）第14条的规定："除采用竞争性谈判、竞争性磋商方式采购，以及异地评审的项目外，采购人或者采购代理机构抽取评审专家的开始时间原则上不得早于评审活动开始前2个工作日。"

---

**第十五条　【工程总承包的风险分担及建设单位承担的主要风险】**

**建设单位和工程总承包单位应当加强风险管理，合理分担风险。**

**建设单位承担的风险主要包括：**

**（一）主要工程材料、设备、人工费价格与招标时基期价相比，波动幅度超过合同约定幅度的部分；**

**（二）因国家法律法规政策变化引起的合同价格的变化；**

**（三）不可预见的地质条件造成的工程费用和工期的变化；**

**（四）因建设单位原因产生的工程费用和工期的变化；**

**（五）不可抗力造成的工程费用和工期的变化。**

**具体风险分担内容由双方在合同中约定。**

**鼓励建设单位和工程总承包单位运用保险手段增强防范风险能力。**

---

## 条文主旨

风险分担条款是合同的重要条款之一,风险的承担意味着工程管理难度和成本的增加,从而直接影响工程实施的工期和费用。所以作为合同的任何一方都希望尽量减少己方需承担的风险,尤其在当前发包人占主导地位的建设工程领域,易出现不合理的风险分配条款。倘若风险分配约定得不合理,将容易导致合同履行受阻,双方合同目均不能实现,不利于工程总承包模式的推行。本条的主旨即在于引导建设单位和工程总承包单位双方之间加强风险管理,合理分担风险,尤其是建设单位应当承担其自身应当承担的风险,而不能利用其优势地位将本应由其来承担的风险转嫁给工程总承包单位。

## 条文解析

公平原则是民法的一项基本原则,《民法通则》第 4 条规定:“民事活动应当遵循自愿、公平、等价有偿、诚实信用的原则。”《合同法》第 5 条规定:“当事人应当遵循公平原则确定各方的权利和义务。”《民法总则》第 6 条规定:“民事主体从事民事活动,应当遵循公平原则,合理确定各方的权利和义务。”民事基本法律中均规定了公平原则。各方当事人在签订合同时,在强调契约自由和意思自治时,还应当遵循公平原则来合理确定各方的权利和义务。工程总承包合同通常履约期限比较长,标的额比较大,且涉及的法律关系和权利义务内容比较复杂,如果合同中所设置的各方的权利和义务严重失衡,则在较长的合同履行期内很可能导致一方无法正常顺利履行完合同,并最终导致双方因合同无法顺利履行完而遭受损失。为此,《管理办法》在总则第 4 条中规定:“工程总承包活动应当遵循合法、公平、诚实守信的原则,合理分担风险,保证工程质量和安全,节约能源,保护生态环境,不得损害社会公共利益和他人的合法权益。”其中确立了工程总承包活动遵循公平原则合理分担风险的基本原则,而且“合理分担风险”的表述系放在“保证工程质量和安全”之前,在一定程度上反映了《管理办法》的制定者对工程总承包活动中的“合理分担风险”原则的重视,即在工程总承包活动中,只有遵循公平原则合理分担风险,工程质量和安全才有保证,如风险未能合理分担,则工程质量和安全将可能无法保证。

正是因为“合理分担风险”在工程总承包活动中的重要性,《管理办法》在总则第4条中明确规定要遵循公平原则合理分担风险的基本原则之后,在本条中再次规定建设单位和工程总承包单位应当“合理分担风险”,两个条文中重复使用了“合理分担风险”的表述。住建部在《管理办法》颁布之前,于2016年5月20日发布的《关于进一步推进工程总承包发展的若干意见》(建市〔2016〕93号)第2条第12款“工程总承包项目的风险管理”中规定:“工程总承包企业和建设单位应当加强风险管理,公平合理分担风险……”住建部于2017年9月4日对外发布征求意见的《建设项目工程总承包费用项目组成(征求意见稿)》(建办标函〔2017〕621号)第4条规定:“建设单位应根据建设工程总承包项目发包的工程内容、工作范围,按照风险合理分担的原则确定具体费用项目及其范围。”即工程总承包项目的风险管理及风险的“公平合理分担”始终是住建部制定关于工程总承包的规章和规章以下规范性文件时的重点关注点之一。

本条第1款规定建设单位和工程总承包单位应当加强风险管理,合理分担风险。本条第2款结合工程总承包实施过程中通常出现的风险因素,列举了由建设单位承担较为合理的主要风险,旨在对工程总承包中可能出现的风险进行一般性、原则性的分配,用以指引发承包双方在在合同谈判和签订过程中作出合理的风险分配,防止和避免建设单位将本应由其来承担的风险转嫁给工程总承包单位。本条第3款规定具体风险分担内容由双方在合同中约定,一方面本条第2款中规定由建设单位承担的主要风险还需要进一步明确细化,如第2款第1项中,需要双方当事人在合同中根据具体工程情况等约定“主要工程材料、设备”的范围、“基期价”的确定、物价波动具体幅度等;另一方面,本条第2款中所列举的由建设单位承担的主要风险是原则性规定,具体风险的承担双方还需要在合同中根据具体工程情况等约定。本条第4款中引导和鼓励双方通过保险等手段增强风险防范和抗风险能力。

## 理解与适用

从工程管理角度来考虑,合同风险应按照效率原则和公平原则进行合理的分配,具体如下:

1. 从工程整体效益出发，最大限度发挥双方的积极性，尽可能做到：(1)谁能最有效地(包括有能力和经验)预测、防止和控制风险，或能有效地降低风险损失，或能将风险转移给其他方面，则应由他承担相应的风险责任；(2)承担者控制相关风险是经济的，即能够以最低的成本来承担风险损失，同时由他管理风险的成本、自我防范和市场保险费用最低，同时又是有效、方便、可行的；(3)通过风险分配，加强责任，发挥双方管理和技术革新的积极性等。

2. 公平合理，责任权利平衡，体现在：(1)承包商提供的工程(或服务)与业主支付的价格之间应体现公平，这种公平通常以当地当时的市场价格为依据；(2)风险责任与权利之间应平衡；(3)风险责任与机会对等，即风险承担者同时应能享有风险控制获得的收益和机会收益；(4)承担的可能性和合理性，即给风险承担者以风险预测、计划、控制的条件和可能性。

3. 符合现代工程管理理念。

4. 符合工程惯例，即符合通常的工程处理方法。

鉴于以上风险分配原则，《管理办法》在制定过程中，结合了以往的工程管理经验，确定以下风险由建设单位承担较为合理。

1. 主要工程材料、设备、人工费价格与招标时基期价相比，波动幅度超过合同约定幅度的部分

工程材料价格、设备价格、人工费作为工程造价的构成要素，其价格变化直接影响工程建设成本，影响工程总承包单位因承包工程项目而获得预期利益的目的是否能够实现，关系到工程建设能否顺利实施，所以发承包双方在订立合同时应当遵循公平原则，不应完全由一方承担价格变化的无限风险。这就需要双方在签订合同时，约定一个合理的风险范围，即工程总承包模式采用的固定总价应当是在风险范围内的固定总价，是一个相对的概念。价格涨幅在风险范围之内的由承包人承担，超出风险范围的超出部分则应由发包人承担。承包人在承担价格上涨带来的风险的同时，也应当由其享有在双方约定的风险幅度范围内价格下跌带来的额外收益，但如果价格下跌超过了风险幅度的，则应当由建设单位享有超过风险幅度部分的额外收益，这也是风险责任与机会对等的一种体现。

需要引起注意的是，按照本条款的规定，主要工程材料出现价格波动超出约定的风险幅度范围时才予以调整，但是对于什么是“主要”并没有统一的定义，各

地方也有不同的标准，对不同的工程项目而言，主要工程材料的范围也往往存在差异。例如，有些地方造价站规定单项材料总价在工程总造价 2% 以上均为主要材料。所以在适用这一条款时，应注意对接受调整的工程材料作出明确的约定，以免因约定不明阻碍工程结算的进行。

此外，招标时基价作为价格波动幅度的参照基础，一般是指基准日当天所对应的月份由当地工程造价管理机构发布的信息价，基准日是指投标截止日前 28 天，非招标工程则是合同签订日前 28 天。但如果双方合同中对基准日或基期价另有约定的，应从约定。如住建部、国家工商总局发布的《总承包合同示范文本》（GF－2011－0216）通用条款第 1.1.32 款规定："基准日期，指递交投标文件截止日期之前 30 日的日期。"（拟修订的总承包合同示范文本中拟将此处的 30 日修改为 28 日）如双方采用该示范文本签订总承包合同且未对该通用条款进行另有约定的，则应当以该款约定确定基准日期和基期价。但是，在实际计算价格调差时，也并非完全按照招标时基价来确定，还应结合投标报价与投标时基价来综合考虑。如《建设工程工程量清单计价规范》（GB 50500－2013）中规定，遇材料价格下跌，则按照投标报价与基价的较低者为基础；遇材料价格上涨时，则以投标报价与基价的较高者为准。

对于价格调差的方式，通常采用价格指数调整价格差额或者造价信息调整价格差额。但是同一种调差方法还能演变出多种不同的计算方法，例如，按时间进度分段计算调价、按工程形象部位（目标）分段计算调价、竣工后一次性结算调价 3 种计算方式。显然，不同的计算方式计算的精度不同，最终的计算结果会存有差异。所以，为避免结算争议，还是建议双方在签订合同时确定具体的调价计算方法。

本项调差的操作要同时满足出现市场价格波动和超出合同约定的幅度条件，所以合同约定明确的调差幅度是可以调整价格的基础。

2. 因国家法律法规政策变化引起的合同价格的变化

在建设工程实施过程中，无论是发包人还是承包人，其行为都应当符合法律法规及政策的要求，具体到工程实施中，不仅要符合国家层面的规定，同时也要符合各个地方发布的政策性文件规定，因此这里规定的国家法律法规政策是一个较为广泛的概念。相关规定的变化，可能会导致工程成本的增减，又或是工期延误。

对此，一般都是承包人是无法预见的，如将此类风险完全分配给承包人则有失公平。

但同时，本条款中所称的法律法规政策的变化是有时间要求的，只有在基准日之后发生的变化才予以调整，发生在基准日之前的则不予调整。因为基准日的确定，已经综合考虑了招标投标的具体活动或订立合同前谈判协商所需的时间，承包人对此前的相关规定的变化应当充分了解并视为承包商已经将相关风险反映到合同价格中。《总承包合同示范文本》通用条款第1.4款“适用法律”第2项中规定：“在基准日期之后，因法律变化导致承包人的费用增加的，发包人应合理增加合同价格；如果因法律变化导致关键路径工期延误的，应合理延长工期。”

3. 不可预见的地质条件造成的工程费用和工期的变化

不可预见的地质条件是指承包人在订立合同时无法预见的自然物质条件、非自然的物质障碍和污染物等，包括地表以下的物质条件和水文条件，如地勘过程中未发现的特殊岩层构造、地下管道、异常的地下水位等。地质条件资料的准确性主要基于勘察工作的成果，但是《管理办法》规定的工程总承包并不包含勘察阶段。这是因为：一方面，地质条件对工程报价的影响程度大，在承包人报价前必须要有详细的地质勘察报告作为报价依据。另一方面，如果每个承包人在投标前都要先进行详细的地质勘察，无疑加重了承接工程成本，若最终没有顺利承接工程，则会产生较大损失，加重了市场主体的负担，不利于工程发包。所以，在工程总承包项目发包之前，由发包人先行完成勘察更为合理。正因如此，发包人相对于承包人更能有效地控制该风险，同时也便于将该风险向第三方勘察单位转移。而承包人在未实际参与勘察工作的前提下，其不具有风险预测、计划、控制的可能性，故不宜将该不可预见物质条件的风险分给承包人承担。但是，当承包人发现无法预见的物质条件后，不仅需要及时向发包人书面报告，还应当采取合理措施继续施工，减少损失，否则无权就损失扩大部分获得补偿。

4. 因建设单位原因产生的工程费用和工期的变化

在工程项目实施过程中，建设单位应当按照合同约定承担相应的管理职责，履行相关义务。如因建设单位的原因发生工程费用和工期变化，此类责任为建设单位所导致，尤其是建设单位不履行或不完全履行其合同义务的违约行为，为承包人所无法预料，由此造成相应损失的，应由建设单位承担责任。

5. 不可抗力造成的工程费用和工期的变化

不可抗力是指合同当事人在签订合同时不可预见，在合同履行过程中不可避免且不能克服的自然灾害和社会突发事件，通常有：自然灾害（地震、洪水、台风）、疫病、战争、暴乱、罢工、政府行为等，具体的不可抗力情形需要由双方当事人在合同中约定。

不可抗力引起的后果及造成的损失由合同当事人按照法律规定及合同约定各自承担。如因不可抗力导致的发包人雇佣人员的伤害、永久性工程和工程物资等的损失、损害，应当由发包人承担；因不可抗力导致的承包人雇用人员的伤害、承包人的机具、设备、财产和临时工程的损失、损失、承包人的停工损失，应当由承包人承担。不可抗力发生前已经完成的工程应当按照合同约定进行计量支付。但不可抗力所造成的工程费用的增加应由建设单位承担，主要包括：(1)因不可抗力引起或将引起工期延误，发包人要求赶工的，由此增加的赶工费用；(2)承包人在停工期间按照发包人要求照管、清理和修复工程及不可抗力消除后复工的费用由发包人承担。

不可抗力发生后，合同当事人均应采取措施尽量避免和减少损失的扩大，任何一方当事人没有采取有效措施导致损失扩大的，应对扩大的损失承担责任。

因具体风险分担内容属于合同当事人的契约自由和意思自治范畴，只要合同当事人的相关约定不违反法律法规的强制性规定，也不损害国家、社会、集体和他人合法权益，即为合法有效之约定。合同当事人均应遵守和履行，在发生纠纷之后，该等约定也将成为法院或仲裁机构作出裁决的合同依据，合同当事人在合同中对具体风险分担内容所作出的约定具有非常重要的作用和意义。故本条第3款中规定“具体风险分担内容由双方在合同中约定”，以引导和提示合同当事人在合同中对具体风险分担内容作出具体、明确的约定。需要注意的是，合同当事人在合同中除了要对本条第2款中规定由建设单位承担的主要风险进行具体、细化约定之外，还应当对除此之外的其他风险因素的分担作出相应约定，尤其是要对具体项目的特殊风险或专有风险作出约定。例如，《总承包合同示范文本》通用条款第1.5.4款中规定：“在基准日期之后，如因国家颁布新的强制性规范、标准导致承包人的费用增加的，发包人应合理增加合同价格；导致关键路径工期延误的，发包人应合理延长工期。”其中对基准日期之后国家颁布新的强制性标准、规范的风险承担作出了约定。

工程保险作为一种控制和防范风险的手段，如能有针对性地进行购买，可以有效防范和转移风险。通常合同当事人会在合同中对各方应当购买的相关工程保险作出约定，如《总承包合同示范文本》第15条为“保险”。双方应当在合同中对各方需要购买的保险的保险种类、保险范围、投保金额、保险期限和持续有效的时间等作出具体明确约定。现阶段尚无专门针对工程总承包模式的保险产品，目前市场上各主流保险公司提供的保险产品主要是建筑工程一切险、施工人员意外伤害保险等一些常规保险。合理购买工程保险，可以发挥重要的风险防范作用。对工程总承包商而言，首先应投保法律强制要求的工伤保险、安全生产责任保险等强制性保险，履行法定义务。如国家安监总局、中国保监会、财政部2017年12月12日发布、2018年1月1日起实施的《安全生产责任保险实施办法》（安监总办〔2017〕140号）要求建筑施工生产经营单位应该投保安全生产责任保险，安全生产责任保险的保险责任包括投保的生产经营单位的从业人员人身伤亡赔偿，第三者人身伤亡和财产损失赔偿，事故抢险救援、医疗救护、事故鉴定、法律诉讼等费用。之后，工程总承包商还应根据发包人要求、总承包合同约定和实际情况购买其他商业性质保险。由于目前缺乏专门针对工程总承包商的保险产品，工程总承包商只能通过不同保险产品进行组合，包括应根据具体项目的实际情况和需要购买相应的保险，如铁路总承包项目有专门的铁路建设工程一切险，对石油、冶炼等有较大环境危害风险的项目，可以考虑购买环境污染责任保险，对包含较大比例的设备采购内容的工程总承包项目，可考虑自己购买或要求供应商购买设备材料质量保险。在购买相应保险之后，还要提高保险索赔意识与能力，一旦发生保险事件，应当及时按照保险条款规定提出索赔。

## 实践中应注意的问题

1. 本条款规定是作为原则性的指引条款，尤其是本条第3款中规定“具体风险分担内容由双方在合同中约定”。因此，在工程实践中，发承包双方应当根据具体的工程项目特征、各自合同目的来合理分配风险，尤其是要结合具体情况对具体项目的特殊风险或专有风险的承担或分担作出约定，如案例评析中案例一中所涉及的大型化工项目实施过程中可能发生的扰民或民扰风险,并载入双方所签订的总承包合同等合同文件中。对承包方而言,应当尽可能在合同中对发包方所承担的风险类型和范围作出明确约定。在确定风险分担机制后,应当允许承包商考虑风险承担的费用,确保风险责任与权利之间相互平衡。

2. 在签订合同时,应注意约定明确的风险幅度范围。否则根据我国现行法律法规及司法实践,在固定总价的价格形式下,主张价格调差即便《管理办法》有相应规定,但如无合同约定幅度,受不利影响的一方则很难实现调整工程价款的目的。同时,关于波动幅度的约定也应当公平合理,避免约定过大的波动幅度。

3. 尽可能详细列举不可抗力及视为不可抗力的情形。在司法实践中,对于不可抗力的界限尚无一个准确的定论,通常认为自然现象、瘟疫、动乱、战争是不可抗力,但是对于某些政府行为、市场行情的异常波动等是否是不可抗力会引起争议。所以,明确约定、详细列举不可抗力的具体情形能更有效地防范和解决此类纠纷。

4. 对工程总承包单位而言,在招投标和签订合同过程中,尤其应当注意和避免发包方利用其优势地位,将本应当由发包方自行承担、且承包方也根本无法防范和控制的风险强加给或转嫁给承包方,否则,在履行合同过程中,一旦出现此类风险,承包方根本无法有效防范和控制此类风险,将会遭受完全不必要的损失,如案例评析案例二中约定工程总承包企业承担项目竣工交付之后的运行、经营风险和门票收入风险,并约定"如运行状况不佳,营业亏损,设计价款的75%发包人不再支付",最后导致工程总承包企业虽完成绝大部分设计工作,却只能得到25%的设计费。

5. 对双方当事人应当购买的保险种类,双方应当在合同中作出明确约定,并按照该约定监督对方当事人是否按约购买了相关保险。为避免一方当事人不按合同约定购买应由其购买的相关保险,可以在合同中增加以下约定或类似约定"如承包人(或发包人)未按合同约定投保的,发包人(或承包人)可以自己名义投保相应保险,由此所引起的费用及理赔损失,由承包人(或发包人)承担"。此外,在发生保险事故之后,应当及时按照保险条款规定向保险公司提出索赔。

## 案例评析

**[案例一]大型化工项目在合同履行过程中因遭遇民众抵制，政府宣布项目缓建并将项目迁址建设，而导致合同无法继续履行的，属于情势变更**

中国电力工程顾问集团中南电力设计院有限公司（上诉人、原审原告，以下简称中南设计院）与艾博特（厦门）设备工程有限公司（上诉人、原审被告，以下简称艾博特公司）、腾龙芳烃（漳州）有限公司（上诉人、原审被告，以下简称腾龙芳烃公司）、交通银行股份有限公司湖北省分行（原审第三人）建设工程施工合同纠纷上诉案

案　　号：（2018）最高法民终105号

审理法院：最高人民法院

裁判类型：二审民事判决书

**裁判要点：**在合同履行过程中，因项目遭遇民众抵制，政府宣布缓建案涉项目，国家相关部委批准案涉项目搬迁，该事件属于当事人在订立合同时无法预见的、非不可抗力造成的不属于商业风险的重大变化，该事件构成情势变更。因情势变更导致继续履行合同对双方当事人明显不公平，且不能实现合同目的，应解除合同，各方当事人对此均无过错，均不存在违约行为，无须承担违约责任。

**案情摘要：**2006年11月20日，艾博特公司（发包人）与中南设计院（总承包商）签订《施工总承包合同》，合同总价为28,208万元。《合同通用条件》20.1载明，不可抗力是指任何一方在签署合同时不能预见、不能避免、不能克服的事件或情况，具体范围由合同专用条件约定。《合同专用条件》20.1载明，除合同已有规定的以外，对于因不可抗力事件而引起的下列风险和费用承担如下：(1)工程本身的损害由发包人承担，因工程损害导致第三人人员伤亡和财产损失以及项目场地内用于施工的材料和待安装的设备的损害由发包人与总承包商协商解决；(2)发包人和总承包商的人员伤亡费用各自承担；(3)总承包商机械设备损坏及停工损失由总承包商承担；(4)停工期间，总承包商留在工程场地的必要的管理人员及保卫人员的费用由总承包商承担；(5)工程所需的清理费用由总承包商承担；修复费用由发包人承担；(6)总承包商因不可抗力事件而延误的工期相应顺延。

2006年11月30日，中南设计院与腾龙芳烃公司签订《腾龙芳烃热电厂(3 ×

480t/h + 2 × 100MW)勘察设计及设备采购总承包合同》。后中南设计院将该土建工程施工等分别发包给案外人,并支付了部分款项。

在合同履行过程中,因项目遭到厦门市民抵制,厦门市人民政府于2007年5月30日宣布项目缓建,之后,艾博特公司、腾龙芳烃公司与中南设计院之间多次就该项目缓建及项目迁址建设后的相关事宜(包括迁址建设的费用调整等)互致函件和进行协商,但未能就项目迁址建设后的相关事宜协商达成一致而产生争议。2009年8月10日,艾博特公司向中南设计院发送《关于解除(No. ZN2006150C)事宜》,通知自中南设计院接函之日起解除双方签订的《施工总承包合同》(No. ZN2006150C)。2009年8月17日,中南设计院分别复函艾博特公司、腾龙芳烃公司,要求继续履行合同,对相关费用双方进一步协商。

2008年10月29日,国土资源部发布《关于福建腾龙芳烃80万吨/年对二甲苯(PX)工程及整体公用配套项目建设用地预审意见的复函》,同意通过用地预审。2009年1月20日,环境保护部发布《关于腾龙芳烃(漳州)有限公司80万吨/年对二甲苯工程及整体公用配套工程环境影响报告书的批复》,对项目由厦门市迁建至漳州市漳浦县古雷镇古雷港经济开发区石化启动区,原则同意按照报告书中所列建设项目的地点、性质、规模、采用的生产工艺、环境保护对策措施进行项目建设。2009年4月8日,商务部发布《关于同意腾龙芳烃(厦门)有限公司增资等事项的批复》。2009年12月23日,国家发改委发布《关于福建漳州对二甲苯和精对苯二甲酸项目核准的批复》,同意将厦门80万吨/年对二甲苯工程、150万吨/年精对苯二甲酸工程由厦门迁址到福建漳州建设。

中南设计院向一审法院起诉请求:1. 判令艾博特公司赔偿67,724,509元(其中现场临建设施费2,217,183元,工程开工至停工前总承包发生的费用5,444,373元,工程开工至停工前分包商发生的费用1,595,380元,停工缓建费用20,536,002元,法定利润17,855,571元,赔偿施工分包商20,076,000元);2. 判令腾龙芳烃公司对艾博特公司应当支付的全部款项承担共同付款责任。

一审福建省高级人民法院认为:1. 关于案涉《施工总承包合同》是否已经解除问题。《施工总承包合同》履行过程中,由于担心案涉项目建成后危及民众健康,厦门市民予以抵制。2007年5月30日,厦门市人民政府宣布案涉项目缓建。2008年1月15日,艾博特公司致函中南设计院,载明因不可抗力暂缓《施工总承包合同》履行。2008年1月20日,中南设计院复函艾博特公司,决定中止《施工总承包合同》的履行。双方对中南设计院缓建前期工作进度及产生的费用进行磋商。2008年年底至2009年年初,国土资源部、环境保护部等相关部委对项目由厦门市迁建至漳州市漳浦县古雷镇古雷港作了批复。其间,中南设计院与艾博特公司、腾龙芳烃公司就项目迁址后续工作、费用调整、进度安排等问题展开协商。2009年5月12日,腾龙芳烃公司、艾博特公司、中南设计院重启谈判会议。由于工程增加费用存在分歧,艾博特公司于2009年8月10日向中南设计院发送《关于解除(NO. ZN2006150C)事宜》。在国家相关部门批复腾龙芳烃项目从厦门搬迁至漳州漳浦古雷半岛后,项目地址、装机容量都发生了变更,双方始终无法就新项目施工达成协议。现古雷半岛案涉项目已由案外人施工且已经竣工,案涉《施工总承包合同》已经事实上不能履行,中南设计院在庭审中对此表示认可。在《施工总承包合同》履行过程中,厦门市人民政府宣布缓建案涉项目、国家相关部委批准案涉项目搬迁,该事件属于各方当事人在订立合同时无法预见、无法防止的情势变更,已经导致合同基础动摇,案涉合同事实上已经无法履行。双方当事人对此均没有过错,该情形符合《合同法司法解释(二)》第26条规定的情形。因此,案涉《施工总承包合同》应予解除。

2. 关于艾博特公司应否赔偿中南设计院损失及金额问题。案涉《施工总承包合同》因情势变更不能履行,中南设计院与艾博特公司对此不可预见及无法控制,主观上均没有过错,但根据公平原则及《施工总承包合同》之"合同通用条件"13.8"提前终止时的付款"之约定,艾博特公司对合同解除前中南设计院为履行案涉合同已经支出或必须支出的费用应予赔偿,但无须承担违约责任。至于艾博特公司赔偿中南设计院的损失金额问题,一审法院认定艾博特公司应赔偿中南设计院的损失金额为:3,791,741.39元(项目开工、停工缓建期间费用)+797万元(解除合同支付给分包商费用)=11,761,741.39元。

一审法院判决:1. 解除中南设计院与艾博特公司于2006年11月20日签订的《施工总承包合同》;2. 艾博特公司、腾龙芳烃公司应共同赔偿中南设计院11,761,741.39元(该款项从艾博特公司已经支付给中南设计院的工程预付款2820.8万元中抵扣);3. 驳回中南设计院的其他诉讼请求。

二审最高人民法院认为:1. 关于案涉《施工总承包合同》的解除及合同双方是

否违约问题。2006年12月20日，艾博特公司与中南设计院签订《施工总承包合同》，后在该合同履行过程中，厦门市人民政府宣布缓建案涉项目，国家相关部委批准案涉项目搬迁，该事件属于当事人在订立合同时无法预见的、非不可抗力造成的不属于商业风险的重大变化，一审法院认定该事件构成情势变更，并无不当。中南设计院关于案涉项目迁址系因艾博特公司、腾龙芳烃公司过错造成的主张，无事实依据。艾博特公司、腾龙芳烃公司关于案涉项目迁址系因不可抗力造成的主张，于法无据。在合同项目建设地发生重大变化后，项目勘察、设计及工期等均随之变化，原合同显然无法继续履行，中南设计院关于迁址对原合同的履行并不产生根本影响，也不影响原合同目的实现的主张，不能成立。艾博特公司、腾龙芳烃公司与中南设计院就迁址后合同继续履行问题进行磋商，但长期不能就合同价款等达成合意，致案涉项目未能根据新情况尽快建成投产。一审法院综合考虑上述情况，并结合案涉项目已发包给案外人施工的事实，认定《施工总承包合同》应予解除，各方当事人对此均无过错，中南设计院与艾博特公司、腾龙芳烃公司不存在违约行为，并无不当。

2. 关于案涉《施工总承包合同》解除前因履行合同产生的成本和费用应如何承担问题。如前所述，因情势变更导致继续履行《施工总承包合同》对双方当事人明显不公平，且不能实现合同目的。现《施工总承包合同》已解除，双方当事人就合同解除并无过错，中南设计院与艾博特公司、腾龙芳烃公司分别提出系因对方构成违约而应承担相应损失与费用的主张，均不应支持。一审法院基于情势变更对合同的影响，依据公平原则，结合《施工总承包合同》、《勘察设计及设备采购总承包合同》约定及《专项审计报告》、《审计咨询意见书》，对中南设计院因履行合同产生的成本和费用进行认定，判令艾博特公司、腾龙芳烃公司共同支付中南设计院因履行合同而产生的相应项目开工、停工缓建期间费用及解除合同支付给分包商的费用，并无不当。

3. 关于中南设计院要求艾博特公司、腾龙芳烃公司赔偿可得利润损失问题。案涉项目因情势变更迁址后由案外人施工完成，中南设计院上诉主张艾博特公司、腾龙芳烃公司应赔偿其可得利润损失17,855,571元，于法无据，艾博特公司、腾龙芳烃公司亦不认可，故对其该项主张，本院不予支持。

二审法院判决：驳回上诉，维持原判。

[案例评析]本案是大型化工项目在合同履行过程中,因遭遇民众抵制,政府宣布项目缓建,之后又迁址建设,而在发包方和工程总承包企业之间产生的纠纷。随着民众环保意识和安全意识的增强,在大型化工项目实施过程中,容易导致民众抵制。本案所涉项目因遭遇民众抵制被政府宣布缓建并迁址建设之后,发包方主张该事件为该公司所不能预见、不能避免并不能克服的不可抗力事件,而承包方则主张该事件不属于不可抗力,也不属于情势变更,而是发包方违约,因为案涉项目系大型化工项目,在项目选址前,发包方应依法进行环评公众调查,但其未履行上述义务,其作为有经验的化工项目投资人,应当可以预见到案涉项目建成投产后会对项目所在地的环境造成重大影响,可能引发工程所在地市民抵制。最终一审法院和二审法院经审理后,都认为该事件不属于不可抗力,而是属于情势变更。

关于情势变更,《合同法司法解释(二)》第26条规定:"合同成立以后客观情况发生了当事人在订立合同时无法预见的、非不可抗力造成的不属于商业风险的重大变化,继续履行合同对于一方当事人明显不公平或者不能实现合同目的,当事人请求人民法院变更或者解除合同的,人民法院应当根据公平原则,并结合案件的实际情况确定是否变更或者解除。"从该定义中可以看出情势变更与不可抗力具有多个相同属性:在订立合同时无法预见、不属于商业风险、客观情况发生重大变化,在界定情势变更时使用了"非不可抗力造成的"限定,可见理论上和实践中往往比较难区分情势变更和不可抗力。本案中,两审法院认定PX项目遭遇民众抵制而被政府宣布缓建并迁址建设构成情势变更,但该认定并不能作为后续PX项目如发生类似事件也认定为构成情势变更的依据。在厦门PX项目遭遇民众抵制之后,后续实施的PX项目因有先例的存在,发承包双方应当预见到该风险的存在,尤其是PX项目建设单位应当预见并充分评估该风险,包括事先采取相应的措施予以防范和避免,否则,一旦发生该风险,应当由建设单位承担该风险,而不应认定为情势变更,否则对工程总承包企业不公。在厦门PX项目被民众抵制之后,多个城市实施的PX项目也遭遇民众抵制,如这些PX项目因遭遇民众抵制而在发包方和工程总承包企业之间产生纠纷,民众抵制不应再被认定为构成情势变更。

本案例可以给发包方和工程总承包企业的启示是:发包方和工程总承包企业

在签订工程总承包合同时，除了要约定工程总承包项目的通常风险事件及风险的分担之外，还应当结合所涉及的工程总承包项目的具体情况和特点，将具体项目所可能涉及的特殊风险事件考虑周全并在合同中对此类风险的承担作出具体明确的约定。如本案所涉及的大型化工项目，可能会对周边民众的安全和健康产生影响，则发包方和工程总承包企业在签订此类项目的工程总承包合同时，应当对扰民和民扰（包括民众抵制）事件及因该类事件所导致的责任和风险的承担作出明确约定。一旦双方对此类事件及其风险的承担在合同中作出明确约定，一方面，此类事件发生后，双方有约定的，应当遵从双方约定；另一方面，既然双方已经对此作出明确约定，表明双方已经预见到了此类事件，则通常不应再存在情势变更或不可抗力规则的适用余地，可以确保通过适用双方事先约定好的具体合同条款来更好地维护各自的合法权益。

**［案例二］总承包合同中约定“如运营状况不佳，营业亏损，设计价款的75%发包人不再支付”，承包人应承担该风险**

浙江省一建建设集团有限公司（上诉人、原审原告、反诉被告，以下简称省一建）、清华大学建筑设计研究院有限公司（上诉人、原审第三人、反诉被告，以下简称清华建筑设计院）、中国联合工程有限公司（上诉人、原审第三人、反诉被告，以下简称联合工程公司）与平阳县旅游发展投资有限公司（上诉人、原审被告、反诉原告，以下简称平阳旅投）建设工程设计采购施工合同纠纷上诉案

案　　号：（2019）浙民终220号

审理法院：浙江省高级人民法院

裁判类型：二审民事判决书

**裁判要点：**总承包合同中约定“投标人应充分考虑因素，如运营状况不佳，营业亏损，设计价款的75%发包人不再支付”，即剩余75%的设计费与门票收入及项目运营状况相关，存在不能支付的风险。本案中，承包人无正当理由提出解除合同，其与发包人之间的项目合作终止，基于当前设计成果而实施的项目已无法继续运营，应视为合同约定的75%付款条件不成就，应按25%的比例确定发包人应支付的设计费用。

**案情摘要：**2017年4月20日，省一建、清华建筑设计院、联合工程公司签订

《联合体投标协议书》，同意组成联合体，共同参与平阳星际科幻谷文化园主体工程设计采购施工总承包投标，省一建为牵头人。2017年4月28日，联合体以51,500万元中标由平阳旅投招标的平阳县星际科幻谷文化园主体工程设计采购施工（EPC）总承包项目。2017年5月22日，各方签订总承包合同约定，合同价51,500万元，其中：建安工程费325,743,939元，设备费169,256,081元，设计费2000万元，工程承包范围：以设计采购施工总承包方式对平阳星际科幻谷文化园主体工程实行全过程的工程总承包。2017年6月23日，省一建开具了5张增值税专用发票，每张1000万元，平阳旅投收到前述增值税专用发票后于2017年7月5日支付工程预付款5000万元。

由于本案EPC项目系带方案投标，投标前，清华建筑设计院已完成方案设计。2017年8月11日，各方人员召开平阳项目方案设计综合会议，确认项目整体方案设计基本完成，完成约80%工作量。整体进入初步设计和施工图设计阶段，总平面图完成。

2017年11月9日，省一建向平阳旅投发送电子邮件称"贵司在合同履行过程中，未按合同约定按时支付预付款和工程进度款，故我司发出《解除EPC总承包合同通知函》内容详见附件，请查收。附件：解除EPC总承包合同通知函"。2017年11月14日，监理单位天工监理向平阳旅投发函告知省一建已经退场。

省一建向原审法院起诉请求：1.确认2017年11月9日解除合同通知有效；2.平阳旅投支付合同价款78,697,060.71元；3.平阳旅投按同期贷款利率支付上述款项从2017年11月10日起至实际付款日之利息（暂计算至2018年1月31日为855,749.68元）；4.平阳旅投赔偿省一建因违约造成的损失20,658,348.97元。平阳旅投反诉请求：1.省一建返还平阳旅投多支付的工程款（具体待结算或鉴定）；2.省一建赔偿平阳旅投因违约造成的损失（暂算至2018年3月1日为28,612,220.69元，起诉后另计）；3.省一建支付平阳旅投罚款60万元；4.清华建筑设计院、联合工程公司对以上款项承担连带偿还责任。

双方在诉讼过程中，经原审法院主持达成先期调解协议，同意总承包合同于2017年11月9日解除，省一建于2018年4月15日前撤场，双方同时办理撤场移交手续。各方同意将截止到2017年11月9日已完成的总承包合同工作量（价款）委托鉴定。原审法院依法委托金城公司对承包方已完成的工程量以及价款进行审价，截至2017年11月9日（双方调解确定的合同解除之日），依据总承包合同，承包方已完成的工程量以及价款包括以下三部分内容：1.清华建筑设计院已完成的项目方案设计量以及价款；2.联合工程公司已完成的项目初步设计以及施工图工作量以及价款；3.省一建已完成的土建工程量以及价款。

关于清华建筑设计院和联合工程公司已完成的设计工作量及价款。金诚公司认为，1.方案设计费：投标报价1100万元×已完工作量比例100%＝1100万元；2.初步设计费：投标报价300万元×已完工作量比例90%＝270万元；3.施工图设计费：投标报价600万元×已完工作量比例66.47%＝398.82万元；4.合计设计费：1768.82万元。省一建对设计金额无异议，但认为合同解除后，设计费应当一次性支付；平阳旅投对工作量无异议，但认为不应该支付，因为施工方拒绝施工，设计成果对业主来说没有实际价值，同时按照合同约定，设计价款是附条件的付款方式，剩余75%不予支付。关于省一建已完成的土建工程价款。金诚公司认为可确定鉴定造价金额为39,625,080元；平阳旅投质证意见包括：直接费用应当按照实际供应价格计算塘渣价款，差额264万元应当在直接费用中扣减，应当承担的直接费用为3149万元左右。鉴定人解释：双方确认的塘渣供应量是366,939.71吨，块石是328.04吨，碎石736.8吨，按照供应价和信息价相差2,642,183元。塘渣系平阳旅投联系购买的，价格比信息价低，是否需要扣减，应由法院确定。原审法院认为，本案已完工程造价鉴定的目的是，合同解除后因无法恢复原状，平阳旅投对省一建实际完成的工程量进行补偿的问题，应按实际施工投入计算工程造价。本案省一建购买的塘渣价格比信息价便宜，应当按照实际购买价格计算工程造价，即应当扣减塘渣价格差额2,642,183元。

一审浙江省温州市中级人民法院认为：1.关于合同效力。本案工程系带设计方案招标的设计采购施工（EPC）总承包合同，经过合法的招标程序，合同内容系双方真实意思表示，且不违反法律规定，系合法有效的合同。

2.关于合同解除问题。诉讼过程中，各方一致确认总承包合同于2017年11月9日解除，承包方于2018年4月15日前撤场，同时办理撤场移交手续。即双方对2017年11月9日省一建通知合同解除的事实均予以承认并无异议，因此本合同已经解除。虽然合同解除，但平阳旅投并不认可省一建所主张的合同解除事由，认为省一建存在违约行为。原审法院认为平阳旅投认可合同解除不代表其认可省一建所主张的合同解除的事由。平阳旅投在工程款支付审核方面虽然存在一定违约责任,但省一建可以要求工期顺延,或按照合同主张其他索赔,但不足以达到主张合同解除之标准,即不足以“影响到整个工程实施的”程度。省一建就此主张合同解除理由不足。

关于合同解除的各方过错问题。本案合同最终各方达成合意解除,但达成合意之前,省一建已经通知书面解除,并直接将工程队以及设备撤场。省一建急于解除合同并匆忙撤场的主要原因系合同履行过程中发现实际造价远远高于合同中标价:(1)EPC 总承包项目系新形式的工程建设项目,投标方对投资风险预估不足。虽然投标时有总体设计方案,但初步设计、概算未完成,土建估价存在较大误差。中标后联合工程公司进行初步设计与概算发现造价超过 7 亿元,远高于中标价。(2)合同履行中,各方对设计方案进行了多次调整与优化,设法减低造价;同时平阳旅投也需要优化方案以适应开馆运营,但修改后的方案概算仍超过 6 亿元;由于设计方案调整也导致了工期一再顺延。综上,省一建对于 EPC 总承包项目风险估算不足,投标价过低,是导致合同解除的主要原因。平阳旅投同意对设计方案进行调整并优化,但仍无法满足要求,是造成合同解除的次要原因。2017 年 11 月 9 日,省一建送达解除合同通知书,平阳旅投没有在法定期限内提出异议,根据双方合意,本案合同已经解除。但省一建提出的解除合同过错事由不予采纳。根据查明的事实,认定双方存在主次过错,并根据各自的过错程度,对解除后的损失承担各自责任。

3. 合同解除后的清算问题。(1)关于施工工程造价确定。因未完成整体工作,总承包管理费不予计算,施工工程鉴定造价为 39,625,080 元,减去总承包管理费 39 万元,扣减塘渣价格差 2,642,183 元为 36,592,897 元;考虑到省一建投标时,施工工程价款下浮比例 8.24%,按照合同解除后,应按照实际造价计算已完工程造价的原则,确定施工工程价款下浮比例为 8.24%,最终确定金额为 33,577,642.29 元。(2)关于设计费的支付。方案设计费 1100 万元、初步设计费 270 万元、施工图设计费 398.82 万元。根据合同约定,合同设计价款在合同签订后一次性支付 25%;剩余的合同设计价款的 75% 在项目运营后以营业收入(每张门票抽取人民币 5 元)形式按 2 年分期支付,运营后第一年年末支付剩余合同设计价款的 50%,第二年年末支付剩余合同设计价款的 50%,投标人应充分考虑因素,如运营状况不佳,营业亏损,设计价款的75%发包人不再支付。由于本工程系双方合意解除合同,合同约定的75%付款条件未发生。且双方签订合同时承包方可以预见合理的商业风险,即项目即使按时完成,也可能存在运营状况不佳,营业亏损,剩余设计价款存在支付不能的风险。同时考虑到省一建对合同解除存在主要过错,因此对于合同解除后剩余部分设计费用不予支付。确定平阳旅投应支付方案设计费275万元,初步设计费67.5万元,施工图设计费997,050元。

一审法院判决:1.确认省一建2017年11月9日解除合同通知有效;2.驳回省一建其他诉讼请求;3.省一建于判决生效之日起15日内返还平阳旅投工程预付款14,000,307.71元以及利息,利息从2017年11月10日起算至归还之日止,按照同期贷款利率计算利息;清华建筑设计院、联合工程公司对以上款项承担连带偿还责任;4.驳回平阳旅投其他反诉诉讼请求。

二审浙江省高级人民法院认为:1.平阳旅投未足额支付的预付款、进度款尚未达到"影响到整个工程实施的"的程度。本案不符合合同约定的解除条件或《合同法》第94条规定的解除条件,省一建于2017年11月9日发出的解除合同通知无效,其无正当理由提出解除合同,存在违约。

2.本案合同解除后主要涉及省一建、清华建筑设计院、联合工程公司在案涉工程中的投入如何返还的问题,其中,关于塘渣价格,双方合同约定"本项目采用的是设计采购施工(EPC)总承包,承包人以固定总价的方式进行承包,除根据合同约定的在工程实施过程中需进行增减的款项外,合同价格不作调整",据此,塘渣的实际购入价格不影响工程造价,平阳旅投主张按塘渣实际购入价格计算工程造价,与合同约定不符,本院不予支持。省一建该项上诉请求成立,本院核增塘渣价格2,642,183元。关于设计费。金诚公司作出的造价鉴定意见书认为,方案设计已完工作量为100%,初步设计已完工作量约为90%,施工图设计已完工作量约为66.47%,依据设计费的投标报价并结合各阶段的已完成设计工作量计算得出的设计费价款为1,768.82万元。平阳旅投认为设计造价远超出投标总价,且因省一建提出解除合同,该设计已无利用价值,故对该设计成果不予认可。本院认为,本工程为设计采购施工(EPC)总承包项目,招标过程中,省一建、清华建筑设计院、联合工程公司按要求提交了方案设计并经评审后中标,可以表明,该方案设计符合招标要求且平阳旅投对该方案设计也是认可的,本院对方案设计成果予以认定；而初步设计尚无修改后的最终文件，未取得行政主管部门最终审批意见，施工图设计图审尚未完成，且现有证据表明目前设计造价远超出投标总价，在省一建解除合同的情形下，若继续利用前述初步设计和施工图设计方案，则超出预算的费用将无法落实，平阳旅投的合同目的不能实现，其对该设计成果不予接受，理由正当，本院予以采信，该两部分设计费 668.82 万元应予扣减，认定已完成设计工作量的设计费价款为 1100 万元。关于设计费的支付问题，总承包合同约定，合同设计价款在合同签订后一次性支付 25%；剩余的合同设计价款的 75%：项目运营后以营业收入（每张门票抽取人民币 5 元）形式按 2 年分期支付，运营后第一年年末支付 50%，第二年年末支付 50%，投标人应充分考虑因素，如运营状况不佳，营业亏损，设计价款的 75% 发包人不再支付。可见剩余 75% 的设计费与门票收入及项目运营状况相关，存在不能支付的风险。本案中，省一建无正当理由提出解除合同，其与平阳旅投之间的项目合作终止，基于当前设计成果而实施的项目已无法继续运营，应视为合同约定的 75% 付款条件不成就。原审法院按 25% 的比例确定平阳旅投应支付的设计费用，较为合理，本院予以认同，认定平阳旅投应支付设计费 275 万元。平阳旅投认为设计费不应支付、省一建主张支付全部设计费，均与合同约定不符，不予支持。

二审法院判决：1. 撤销一审判决；2. 省一建于本判决生效之日起 15 日内返还平阳旅投工程预付款 13,030,174.71 元，以及该款项自 2017 年 11 月 10 日起按照中国人民银行同期贷款利率计算的利息；清华建筑设计院、联合工程公司对以上款项承担连带偿还责任；3. 驳回省一建全部诉讼请求；4. 驳回平阳旅投其他诉讼请求。

**[案例评析]** 本案中，在总承包合同履行过程中，系承包方主动发函要求解除总承包合同，并主动向法院提起诉讼，发包方向法院提起反诉。最终两审法院经审理后均认为承包方并不具备解除总承包合同的约定解除条件和法定解除条件，承包方发出的解除通知无效，其无正当理由提出解除合同，存在违约，两审法院并在此基础上对承包方所提出的相关诉请不予支持，并支持了发包方所提出的相关反诉请求。承包方之所以主动解除总承包合同并提起诉讼，一审法院明确认定“省一建急于解除合同并匆忙撤场的主要原因系合同履行过程中发现实际造价远远高于合同中标价”“省一建对于 EPC 总承包项目风险估算不足，投标价过低”，

本案中，承包方投标中标价为:51,500万元，但中标后进行初步设计与概算发现造价超过7亿元，远高于中标价，后经多次调整与优化，修改后的方案概算仍超过6亿元。如承包方依约履行完总承包合同，不仅无法获得利润，还将遭受8500万元以上的巨额亏损。在此情况下，承包方主动解除合同并提起诉讼，可以理解为系承包方在面临巨亏时的止损之举，在此背景之下，最终两审法院均认定承包方解除合同不当构成违约，也就很正常了。对承包方而言，虽然案子输了，但最终合同解除止损了，避免了更大的损失。

但需要注意的是，在本案中，对承包方所主张的已完成的施工部分价款(土建工程价款)，两审法院均依据鉴定意见给予了支持，但对承包方所主张的已完成的设计部分的价款，最终二审法院仅支持了中标之前承包方即已经完成的方案设计所对应的设计费，而对中标之后承包方所完成的初步设计和施工图设计所对应的设计费，二审法院认为发包方无须支付；而且对发包人应付承包方的设计费部分，两审法院均根据总承包合同中所约定的“投标人应充分考虑因素，如运营状况不佳，营业亏损，设计价款的75%发包人不再支付”，认定发包方只需向承包方支付设计费的25%，剩余的75%设计费发包方无须支付。根据鉴定机构作出的鉴定意见，方案设计已完工作量比例为100%，初步设计已完工作量比例为90%，施工图设计已完工作量比例为66.47%，合计设计费金额为1768.82万元，双方当事人对承包方已完成的设计工作量并无异议，亦即承包方实际上已经完成了绝大部分的设计工作，但最终法院仅认定发包方应支付方案设计费1100万元中的25%计275万元。即承包方在设计费上遭受了巨大损失。承包方之所以遭受该设计费损失，是因为:一方面，承包方在投标时对风险估算不足、投标价格过低，在中标后无法依中标价格履行而主动解除合同。另一方面，总承包合同中约定了设计费的75%与门票收入及项目运营状况相挂钩，并约定“如运行状况不佳，营业亏损，设计价款的75%发包人不再支付”。从风险承担角度而言，工程总承包方系对工程的设计、采购、施工等进行承包，而不包括项目竣工之后的运行和经营，故项目运行、经营风险和门票收入等风险本属于发包方的风险，而不应由工程总承包方来承担。但本案中的工程总承包方在总承包合同中同意承担该风险，而工程总承包方同意承担该风险，并不违反法律行政法规的强制性规定，是合法有效的，两审法院均依据该约定认定发包方仅需向承包方支付设计费的25%，是有合同依据的。

综观该案的审理结果,发包方和承包方都遭受了巨额损失,都不是赢家。

该案例可以给工程总承包企业以下启示:1. 在投标时,工程总承包企业必须要充分预估风险,避免出现对风险估算不足、投标价格过低的情形,否则,在中标之后就可能会出现本案中工程总承包方所面临的如依约履行完合同将遭受巨额损失、如中途毁约将承担违约赔偿责任(甚至连已完成工作的价款都无法获得支持)的两难境地,会给双方都带来不必要的损失。2. 如发包方要求工程总承包企业承担本应由发包方所承担的风险或者工程总承包企业根本无法把控的风险,例如,本案例中所约定的由承包方来承担的"如运行状况不佳,营业亏损,设计价款的75%发包人不再支付"的风险,对此类风险,工程总承包企业应当予以拒绝,如无法拒绝,则应当在投标报价时对该风险作出相应的考虑和安排。

**第十六条 【工程总承包的合同价格形式、计量规则和计价方法】**

**企业投资项目的工程总承包宜采用总价合同,政府投资项目的工程总承包应当合理确定合同价格形式。采用总价合同的,除合同约定可以调整的情形外,合同总价一般不予调整。**

**建设单位和工程总承包单位可以在合同中约定工程总承包计量规则和计价方法。**

**依法必须进行招标的项目,合同价格应当在充分竞争的基础上合理确定。**

## 条文主旨

在传统的施工总承包模式下,承包人往往以"低中标、勤索赔、高结算"的策略实现盈利的目的,这在一定程度上导致发包人投资控制的预期目的无法实现,从发包人角度而言,其原本择优选择的合理低价方案,在最终结算时却无法实现,这也是导致"三超"现象频发的根本原因之一。故本条规定工程总承包的合同价格形式宜采用总价合同,意在加强合同价格的确定性,规避此类现象的发生。工程总承包模式采用固定总价,也是国际上尤其是 FIDIC 黄皮书(设计—施工总承包)、银皮书(设计—采购—施工总承包)的计价惯例和主要特征。但是,因政府投资项目需要履行财政投资评审、概算报批等程序要求和公开透明的基本原则,要对预(概)算的真实性、准确性、完整性等进行审核,加之政府投资项目概算的投资控制与财政评审、政府审计关系的现状,故本条中规定对政府投资项目可以结合项目的具体情况合理确定价格形式。此外,为保证依法必须招标的项目最终合同价格是合理具有优势的,还规定了应在充分竞争的基础上合理确定。并特别强调采用总价合同的,除合同约定可以调整的情形外,合同总价一般不予调整。

## 条文解析

本条规定共有 3 个条款,其中第 1 款规定了工程总承包的价格形式,明确了企业投资项目宜采用的价格形式为总价合同,同时规定政府投资项目应合理确定价格形式;第 2 款在第 1 款规定的基础上,规定关于合同价格的具体计量规则和计价方法由双方在合同中约定,引导承发包双方在合同中除了约定合同价格形式之外,对工程总承包的计量规则和计价方法也作出具体、明确的约定;第 3 款规定了依法必须招标的工程总承包项目,合同价格应在充分竞争基础上合理确定,此时中标人和合同价格的确定应当遵循《招标投标法》和《招标投标法实施条例》等关于招标投标的法律法规规章中的相关规定。

## 理解与适用

关于工程总承包合同的合同价格形式,住建部、国家工商总局发布的《总承包合同示范文本》中仅规定了固定总价这一种合同价格形式,例如,《总承包合同示范文本》合同协议书第 5 条“合同价格和付款货币”中约定:“合同价格为人民币(大写):____________元(小写金额:____________元)。详见合同价格清单分项表。除根据合同约定的在工程实施过程中需进行增减的款项外,合同价格不作调整。”通用条款第 14 条为“合同总价和付款”,其中第 14.1.1 款“合同总价”中约定:“本合同为固定总价,除根据第 13 条变更和合同价格的调整,以及合同中其它相关增减金额的约定进行调整外,合同价格不做调整。”即总承包合同示范文本中只提供了固定总价这一种合同价格形式,而并未提供多种合同价格形式供当事人进行选择,这与传统建设工程施工合同示范文本中往往提供多种合同价格形式供当事人进行选择,存在着明显区别。住建部、国家工商总局发布的《建设工程施工合同(示范文本)》(GF-2017-0201)通用合同条款第12.1款"合同价格形式"中规定了单价合同、总价合同、其他价格形式供合同当事人选择。住建部于2018年12月12日发布征求意见的《房屋建筑和市政基础设施项目工程总承包计价计量规范(征求意见稿)》(建办标函〔2018〕726号)第3.1.3款规定:"建设项目工程总承包费用项目由勘察费、设计费、建筑安装工程费、设备购置费、总承包其他费组成。"第3.1.5款规定:"建设项目工程总承包应采用总价合同,除合同另有约定外,合同价款不予调整。"其中也仅规定了总价合同这一种计价方式,而并未规定其他计价方式。

《总承包合同示范文本》中仅规定固定总价这一种合同价格形式,本条中规定企业投资项目的工程总承包宜采用总价合同,政府投资项目的工程总承包应当合理确定合同价格形式(其中显然也包括固定总价的合同价格形式),是因为适宜采用工程总承包模式的工程项目,采用固定总价的合同价格形式较为恰当。《管理办法》第6条第2款规定:"建设内容明确、技术方案成熟的项目,适宜采用工程总承包方式。"对建设内容明确、技术方案成熟的项目,在发包时双方可以比较客观合理地测算合同价格,具备采用固定总价包干的方式进行发承包的条件和基础。如果在发包时建设内容尚不明确、技术方案尚不成熟,在发包时双方均无法比较客观合理地测算合同价格,就采用固定总价包干的方式进行发承包,在所约定的固定总价与完成工程的实际成本加合理利润偏差严重的情况下,将会导致双方的权利义务严重失衡。

本条第1款根据工程项目的资金来源将之区分为企业投资项目与政府投资项目,并分别规定企业投资项目宜采用总价合同,政府投资项目应合理确定价格形式。工程总承包模式意在将设计施工深度融合,提高工程建设效率,虽然国际惯例一般采用总价形式,但是也并非绝对要求。国内建设项目投资资金大量源于政府投资,这与国际上以私人投资为主的工程建设市场情况有很大不同,而政府投资项目更强调财政预算资金使用的效率和安全,与企业投资项目发包人具有完全的自主性不同,政府投资项目因受到多部法律、法规及其他规范性文件的约束,其价格形式的确定需要符合多方面的规定和要求,在项目性质和发包阶段不具备明确价格构成的情况下,也要求固定总价可能导致承包商难以在约定的价格范围内实施项目或者另一个方面可能导致财政预算资金的浪费，即可能产生承发包双方履约的各种争议和纠纷，又可能产生政府部门内部投资控制不力的追责。根据《政府投资条例》规定，政府投资项目的项目单位应当编制初步设计，并将初步设计及其提出的投资概算报投资主管部门审批。虽然这意味着，政府投资项目采用工程总承包模式发包时，初步设计及投资概算审批均已完成，此时发包可以结合经批准的概算签订总价合同，但尽管如此，按照《财政投资评审管理规定》的规定，财政部门仍然需要对工程预算的真实性、准确性、完整性和时效性进行审核，同时还需审核工程建设各项支付的合理性、准确性。如采用总价合同形式，且承包人在设计阶段进行设计优化，就存在施工图预算与合同总价存在差异是否符合财政投资评审的准确性要求，《政府投资条例》规定的政府投资项目结余资金收缴国库如何操作等问题，从而产生争议。再则，就工程款支付方面，如合同确定的是按照形象进度付款，当某一形象进度完成时实际完成的产值与合同约定的形象进度支付比例的工程款存在差异时，是否符合财政评审合理性、准确性要求，同样也有争议。因此，对于政府投资项目采用何种价格形式，需要结合项目特征合理确定。

一般而言，工程总承包作为国际通行的一种承包模式，其优势之一体现在最终价格的确定性，如FIDIC《生产设备和设计—施工合同条件》、《设计采购施工（EPC）/交钥匙工程合同条件》均确定了固定总价的价格形式。发包人采用该模式发包，其目的大多是出于确保最终结算价格在商定的合同价格之内，从而达到有效控制工程项目投资的目的。因此对于总价合同，承包人在投标报价时，除了科学合理的组价外，还应结合合同中关于风险责任划分的约定，识别风险，对风险管理的费用作出合理的测算，并计入报价，以确保总价的准确性。但需要说明的是，该固定总价并非绝对的固定总价，如果触发了合同约定的调价条款，仍应按照约定进行调价。例如，工程项目在实施过程中，出现发包人要求调整建设标准、功能需求、质量标准、工期要求等情形的，工程价款应当相应进行调整；项目实施过程中发生了双方约定的应当由发包人承担的风险事件，且给承包人增加了成本或造成了损失的，合同价格应按约进行调整。

因为民事合同是基于合同双方的意思自治，而本办法的法律层级为国务院部门规范性文件，不能对民事法律行为提出强制性规定，相关的规范仅是出于指导规范操作的目的，何况任何合同的计价方式更应尊重市场主体的意思自治原则。

因此相关的价格形式最终仍然应当以当事人的合同约定为准。同时，如前文所述，固定总价合同也非绝对的固定，为保证合同顺利履行，确保实现发包人对建设项目的各项要求以及承包人盈利的合同目的，发承包双方仍然需要对相关具体计量规则及计价方式进行深入细化，考虑周全，以应对工程实施过程中的各种变化，避免履约过程中因未作约定或约定不清而发生争议，影响工程的顺利实施。

但不论企业投资项目还是政府投资项目，一旦发承包双方约定采取固定总价的，顾名思义固定总价范围内原则上不应再按最终实际完成的工程量结算，双方当事人的结算审价或审计应针对合同约定可以调整的部分进行。

由于目前缺乏专门的适用于工程总承包合同纠纷案件的法律规则，实践中，因工程总承包合同发生纠纷诉诸法院的，法院基本上是将此类纠纷的案由确定为建设工程施工合同纠纷，并按照建设工程施工合同的法律规则来进行裁判，适用最高人民法院制定的关于施工合同的相关司法解释。关于合同价格形式及合同计价规则和计价方法问题，属于当事人的契约自由和意思自治范畴，在当事人有约定时，应当尊重和适用当事人的约定，如最高人民法院制定的《关于审理建设工程施工合同纠纷案件适用法律问题的解释》（法释〔2014〕14 号）第 16 条第 1 款规定："当事人对建设工程的计价标准或者计价方法有约定的，按照约定结算工程价款。"第 22 条规定："当事人约定按照固定价结算工程价款，一方当事人请求对建设工程造价进行鉴定的，不予支持。"其中规定只要当事人对计价标准或计价方法有相关约定的，即应予以适用。因此，发包方和承包方在工程总承包方合同中应当慎重、详细约定具体的合同价格形式以及计量规则和计价方法。

此外，发包人在确定合同价格时，还应结合本项目的投资资金来源、投资规模、项目属性等特征来确定是否招标以及具体的招标方式，要严格根据《招标投标法》及其实施条例、《必须招标的工程项目规定》及《必须招标的基础设施和公用事业范围规定》对于必须招标的工程的规定进行招标发包。而且按照《招标投标法实施条例》第 8 条规定，如国有资金占控股或主导地位的，还应当进行公开招标。在招标过程中，亦必须满足有 3 个以上有效投标，不得以不合理条件限制潜在投标人等规定的要求，以达到充分竞争的目的。对该问题，发包方和承包方都应当予以注意，因为，如果未依法进行招标，可能会影响双方所签的工程总承包合同的效力，一旦工程总承包合同因此被认定为无效，可能会给双方或者其中一方造成不必要的损失。

## 实践中应注意的问题

1. 在投标人投标报价时，应当注意尽量按照住建主管部门发布的计价规则结合项目实际情况编制投标报价，以确保其完整性。但还应该考虑各地方对于工程总承包的政策规定不同，对于指导性文件也应该灵活使用。如浙江省住建厅于2017年12月8日印发《浙江省工程总承包计价规则（试行）》（建建发〔2017〕430号），适用于浙江省行政区域内采用工程总承包的房屋建筑工程的计价活动，市政基础设施工程参照执行，在浙江省行政区域内采用工程总承包方式实施的建设项目，可以执行该计价规则或参照该计价规则。

2. 风险分配与合同价格密切相关，承包方承担的风险越多越高，合同价格也应当越高，或者合同价格中应当考虑和包含的风险费用就应越高，否则一旦承包方对风险预估不足，投标报价过低，就容易导致合同履行难以为继，而导致发承包双方发生纠纷。如在第15条所引用的案例一中，工程总承包方就因为对风险预估不足、投标报价过低而导致无法履行完合同，不得不违约解除合同，虽然避免了履行完合同后可能遭受的巨额亏损，但工程总承包方也付出了巨大代价，就工程总承包方已完成的设计工作的价款这一项，工程总承包方因合同解除就损失了1000多万元。

3. 在采用总价合同的合同价格形式时，所约定的合同总价也并不总是一成不变、不可调整或不应调整的，合同履行过程中可能会出现各种影响工程价款的情形，包括合同中途解除未能履行完成、工程履行过程中出现增、减工程等，双方一方面应当在合同中约定出现相关情形时如何调整合同价款，另一方面在合同履行过程中一旦出现应当调整合同价款的情形时，应当及时通过协商签订补充协议等方式予以确定。

4. 对依法必须进行招标的项目，应当根据《招标投标法》、《招标投标法实施条例》、《必须招标的工程项目规定》及《必须招标的基础设施和公用事业范围规定》等有关招标投标的法律法规规章的规定进行招标发包，并依法确定中标人和合同价格，避免因未依法招标而影响合同的效力。

## 案例评析

**[案例一]工程总承包合同签订后，双方签订补充协议约定由发包方以比总承包合同中约定价格低的固定总价来实施其中的建筑工程的，在结算时，发包方只能从总承包合同总价款中扣除补充协议中约定的建筑工程部分的固定总价，而不能按照总承包合同中约定的建筑工程部分的价格予以扣除**

青海宏润新能源投资有限公司(上诉人、原审被告，以下简称宏润新能源公司)、宏润建设集团股份有限公司(上诉人、原审被告，以下简称宏润建设公司)与国电光伏有限公司(被上诉人、原审原告，以下简称国电光伏公司)建设工程施工合同纠纷上诉案

案　　号:(2017)最高法民终576号

审理法院:最高人民法院

裁判类型:二审民事判决书

**裁判要点:**双方在《青海宏润30MWp光伏电站项目EPC总包合同》(以下简称《总承包合同》)中约定其中的建筑工程费为2868万元。在《总承包合同补充协议》中双方又约定《总承包合同》内所有建筑工程，均由发包方负责实施，建筑工程总价为1800万元，为固定总价，任何情况下不予调增；双方结算总承包合同总价款时，发包方在支付承包方《总承包合同》总价款时直接扣减1800万元建筑工程费用。《青海宏润30MW光伏电站项目EPC总承包合同补充协议》(以下简称《总承包合同补充协议》)对《总承包合同》中关于所有建筑工程的施工主体及其价格的约定进行了变更，所有建筑工程的包干价为1800万元，系双方的真实意思表示，发包方应当在1800万元的包干价内完成所有的建筑工程，若工程实际超支，则风险也应当由发包方自行承担。

**案情摘要:**2013年8月23日，宏润新能源公司作为甲方与乙方国电光伏公司在宜兴签订《备忘录》，载明:"基于乙方拟承建甲方位于青海刚察光伏发电一期30MW并网光伏发电项目，双方达成协议如下:1. 双方已达成初步谅解的事项:EPC单价为8.5元/瓦，付款方式为1:6:2:1，承包范围见附件。"

2013年9月16日，宏润新能源公司作为发包方与承包方国电光伏公司签订《总承包合同》，约定:"合同标的:本合同标的是发包方同意承包方承包本工程整

套完整的30MWp光伏电站，承包范围包括详勘、工程设计、设备材料采购供应、建筑安装工程施工、工程质量及工期控制、工程管理、材料和设备二次抽检、设备安装与调试、系统消缺、光伏电站系统试运行直至成功通过15天试运行的初步验收、工程竣工验收配合、移交以及质保期内的质量保证服务，同时也包括必要的相关技术资料和人员培训等；合同价格：本合同总价为25,500万元（含税），涵盖了承包方为履行本合同规定的义务和风险所需的全部费用，包括专用技术使用费、技术转让分摊费、设计、设备、建筑、安装、调试试验考核、运输（含大件运输措施费）、保险、技术资料、利润等和与本合同有关的所有税（含进口设备和材料关税、增值税等所有税费）和费用、政策性文件规定及合同所有的安全防护、文明施工措施费、不可预见费等。即使本合同没有单独列出其分项价，其费用亦已包含在合同总价中。其中，设计总费用为140万元（含技术服务费），包括工程设计费（含初步设计及详勘）、技术服务费、技术资料、设计联络、技术支持（合作）费等。合同设备价格为20,449万元，包括与合同设备有关的承包方所应纳的税费以及合同设备到现场安装点的运输、装卸、保险费和设备包装费、所有接口费、技术资料费、出厂前的检验、试验费等。建筑工程费价格为2868万元，包括标书规定范围内所有相关工程建筑费用，包括但不限于应为本工程的建筑、维护和随之发生的各项应有费用，其中包括施工机械、劳务、材料、管理、利润、税金、合同条款规定的保险、政策性文件规定及合同包含的所有风险、责任等。安装工程费价格为1703万元，包括光伏电站内所有相关工程安装费用，包括但不限于人工费、耗材费、施工机械使用费、施工措施费等以及投标人认为安装工程应计取所有必要的各项费用（含利润、税金）等。调试费为340万元，是指本合同工程的分系统调试费及配合整套启动调试费，包括承包方技术支持方人员各种费用和承包方对发包方技术人员的培训费用（不含物料消耗）。本合同价格在合同有效期内为固定不变价。”

2013年9月，宏润新能源公司作为甲方与乙方国电光伏公司签订《总承包合同补充协议》，约定：“鉴于双方于2013年9月16日共同签署的《青海宏润30MWp光伏电站项目EPC总承包合同》，本着公平公正、平等互利的原则，就相关重要事项，经甲乙双方协商并达成一致意见，协议内容如下：一、设计部分：1. 设计工作，甲方已委托电子十一院无锡分院（以下简称十一院）进行全部设计工作内容；2. 乙方作为EPC总承包方，另行与十一院签订设计合同。合同签订后，乙方负责设计费用的支付。三、建筑工程部分:1. 甲乙双方所签订的主合同内所有建筑工程,均由甲方负责实施;2. 乙方进场安装前检查或安装过程中,当发现土建有明显缺陷时,甲方有责任负责及时修复、返工;3. 甲方在建筑施工期间的安全责任,完全由甲方自行负责,乙方不承担任何因安全责任而引起的纠纷和赔偿;4. 建筑工程的质量保证由甲方负责,不属于乙方质保范围,本项目下的所有建筑工程部分乙方完全免责;5. 本项目下的所有建筑工程综合单价为 0.60 元/W,建筑工程总价为 1800 万元,为固定总价,任何情况下不予调增;6. 甲乙双方结算 EPC 总价款时,甲方在支付乙方 EPC 总价款时直接扣减 1800 万元建筑工程费用;7. 建筑工程费开票所需的费用,由甲方自行承担。六、其他:1. 本协议的签订,基于甲乙双方已经签订的《青海宏润 30MWp 光伏电站项目 EPC 总承包合同》;2. 本协议作为原合同的补充部分,如与 EPC 合同有冲突,以此协议为准。”

2013 年 9 月 21 日,国电光伏公司作为甲方与乙方十一院签订《建设工程设计合同》,约定:“项目名称:青海宏润刚察光伏电站一期 30MW 光伏并网发电工程;工作概况:规划容量 30MWp 并网型太阳能光伏发电系统,其中包括太阳能光伏发电系统及相应的配套上网设施;工作内容:初步设计、施工图设计;施工图设计:总图及室外工程、建筑及配套工程、光伏工程、电气工程等;费用及付款:甲方应支付施工图设计费用总额为 96 万元,该费用为一次性包干费用,包括设计费、考察及联络费、出图费、赶工费、设计交底费、设计人员的差旅费用、税金等。除双方另有约定以外,乙方不再收取其他任何费用。”

2014 年 9 月 4 日,宏润新能源公司作为甲方与乙方国电光伏公司签订《青海宏润海北刚察一期 30MW 工程补充协议》(以下简称《工程补充协议》),对款项支付等事宜作出约定。

2014 年 10 月 16 日,施工单位国电光伏公司与建设单位宏润新能源公司共同签字盖章的《工程竣工验收证明书》载明:“工程名称:30MWp 项目光伏电站 EPC 工程总包;施工项目:土建:建筑相关工程,电气:合同内光伏电站工程;开工日期:2013 年 10 月 17 日,竣工日期:2014 年 10 月 15 日;验收结论为:优良。”

国电光伏公司向一审法院起诉请求:1. 宏润新能源公司向国电光伏公司支付款项 2370 万元及其利息,支付逾期付款违约金 310 万元;2. 宏润建设公司对宏润新能源公司的付款义务承担连带担保责任。

一审青海省高级人民法院认为:1. 关于国电光伏公司主张宏润新能源公司向其支付款项2370万元及其利息的诉求是否成立的问题

建设工程施工合同是承包人进行工程建设,发包人支付价款的合同。本案中,国电光伏公司与宏润新能源公司之间的《总承包合同》、《总承包合同补充协议》及《工程补充协议》系双方的真实意思表示,且不违反国家法律法规,合法有效,双方均应按约履行。虽案涉《总承包合同》约定了固定总价为2.55亿元,但双方在《总承包合同补充协议》中协商一致确认:主合同内所有建筑工程,均由宏润新能源公司负责实施,所有建筑工程综合单价为0.60元/W,建筑工程总价为1800万元,为固定总价,任何情况下不予调增,双方结算EPC总价款时,宏润新能源公司在支付国电光伏公司EPC总价款时直接扣减1800万元建筑工程费用。由此可见,双方经协商将本应由国电光伏公司承包的所有建筑工程从《总承包合同》中予以剔除,并以1800万元的固定总价进行扣减,因此,《总承包合同》的固定总价变更为2.37亿元。双方在《总承包合同》中明确约定"本合同价格在合同有效期内为固定不变价"。根据本案查明的事实,宏润新能源公司于2014年10月16日确认国电光伏公司按《总承包合同》已全部完成合同规定的工程量,质量检验合格,并网发电成功。因此,2.37亿元应为宏润新能源公司向国电光伏公司的应付款,现双方均认可宏润新能源公司已付款为2.133亿元,剩余2370万元工程款宏润新能源公司未付。本案质保期已过,宏润新能源公司应当返还剩余的质保金,剩余工程款2370万元的支付条件成就。

2. 关于宏润新能源公司主张的扣减款项是否成立的问题

(1)建筑工程款1068万元应否扣减的问题

双方在《总承包合同》中约定建筑工程费为2868万元,按照补充协议建筑工程总价为1800万元,两者相减为1068万元。《总承包合同补充协议》中双方又约定:"甲乙双方所签订的主合同内所有建筑工程,均由甲方负责实施;本项目下的所有建筑工程综合单价为0.60元/W,建筑工程总价为1800万元,为固定总价,任何情况下不予调增;甲乙双方结算EPC总价款时,甲方在支付乙方EPC总价款时直接扣减1800万元建筑工程费用。本协议作为原合同的补充部分,如与EPC合同有冲突,以此协议为准。"可见,《总承包合同补充协议》对《总承包合同》中关于所有建筑工程的施工主体及其价格的约定进行了变更,所有建筑工程的包干价为

1800万元。系双方的真实意思表示，宏润新能源公司应当在1800万元的包干价内完成所有的建筑工程，若工程实际超支，则风险也应当由宏润新能源公司自行承担。宏润新能源公司关于在合同暂定价2.37亿元的基础上再扣减1068万元的主张，无事实和合同依据，不予支持。

(2)设计费44万元应否扣减的问题

双方在《总承包合同》中约定案涉工程的全部设计工作由国电光伏公司承包，设计总费用为140万元按照十一院96万元设计费，两者相减即为44万元。《总承包合同补充协议》中双方又约定："设计工作，甲方已委托十一院进行全部设计工作内容；乙方作为EPC总承包方，另行与十一院签订设计合同。合同签订后，乙方负责设计费用的支付。"据此，国电光伏公司于2013年9月21日与十一院签订《建设工程设计合同》，完成青海宏润刚察光伏电站一期30MW光伏并网发电工程的设计工作，并向十一院支付设计费96万元。由于《总承包合同》是固定总价合同，140万元是设计总费用，国电光伏公司支付96万元设计费用完成案涉工程的设计工作，其差额44万元是相应的利润。宏润新能源公司主张将差额44万元予以扣减，无事实依据；关于宏润新能源公司在《总承包合同补充协议》签订前与十一院签订的设计合同及其费用的支付，双方在《总承包合同补充协议》中没有约定，应由宏润新能源公司与设计单位自行协商解决。

3.关于国电光伏公司主张按补充协议的约定支付逾期付款违约金的诉求是否成立的问题

依据宏润新能源公司和国电光伏公司在《工程补充协议》中的约定，根据本案查明的事实，3000万元迟延支付18天、1500万元迟延支付45天、2900万元迟延支付65天，宏润新能源公司迟延付款的违约事实存在，应承担迟延付款的违约责任。按照双方约定每日1‰的利息计算，违约金为310万元。宏润新能源公司虽抗辩违约金约定过高，但未提交证据予以证明，应承担举证不能的后果。国电光伏公司的此节主张符合合同约定，予以支持。

一审法院判决：1.宏润新能源公司于一审判决生效后30日内向国电光伏公司支付款项2345万元及其利息（以2345万元为本金，按照同期银行贷款利率，从2016年10月17日起至本金付清之日止计算）；2.宏润新能源公司于一审判决生效后30日内向国电光伏公司支付逾期付款违约金310万元；3.宏润建设公司对宏润新能源公司的1、2项付款义务承担连带担保责任。

二审最高人民法院认为:1.关于宏润新能源公司主张国电光伏公司未施工部分的工程款项1068万元应否扣除的问题

宏润新能源公司认为,建筑工程部分由其自行施工完成,国电光伏公司并未施工,《总承包合同》约定的建筑工程部分价款为2868万元,扣除《总承包合同补充协议》中约定的工程款1800万元后,差额1068万元亦应从工程款中予以扣除。经查,案涉《总承包合同》第4.1.3约定,建筑工程费价格为人民币2868万元;2013年9月双方又签订《总承包合同补充协议》,第3条"建筑工程部分"约定,案涉合同内所有建筑工程,综合单价为0.60元/W,总价为1800万元,为固定总价,任何情况下不予调增,均由宏润新能源公司负责实施,宏润新能源公司在支付国电光伏公司的总价款时直接扣减1800万元建筑工程费用。第6条第2项约定,本协议作为原合同的补充部分,如与原合同有冲突,以此协议为准。由此可见,虽然双方在原合同中约定建筑工程费用为2868万元,但在之后的补充协议中已达成一致意见,建筑工程部分全部由发包方宏润新能源公司自行完成,费用为固定总价1800万元,不因任何情况而调增,结算时在应付国电光伏公司总工程款中予以扣除。双方约定的原工程总价为25,500万元,依照该补充协议的约定扣减1800万元后,合同总价款变更为23,700万元。由于在签订《总承包合同补充协议》时,宏润新能源公司对建筑工程部分的工程量及费用已经明确,其自愿以1800万元包干价扣减建筑工程部分的费用,属于对自己权利的处分;现宏润新能源公司主张扣减差额部分1068万元,违反协议约定,其主张不能成立,一审判决对该部分款项未予扣除并无不妥,本院予以维持。

2.关于设计费差额44万元是否应予扣除的问题

根据《总承包合同》约定,设计总费用为140万元。《总承包合同补充协议》第1条约定,设计工作,宏润新能源公司已委托十一院进行全部设计内容;国电光伏公司作为EPC总承包方,另行与十一院签订设计合同,合同签订后,国电光伏公司负责设计费用的支付。2013年9月21日,国电光伏公司与十一院签订《建设工程设计合同》,该合同第9条约定国电光伏公司总计应付设计费用为96万元。宏润新能源公司认为,虽然双方总合同约定设计费用为140万元,但该约定仅为暂定价,最终价格应据实结算,国电光伏公司最终仅支付96万元,故应以96万元确定决算价格,差额44万元不应予以支付,故应从工程款中扣除44万元。本院认为,本案双方之间系固定总价合同,约定设计费用为140万元。后根据《总承包合同补充协议》约定,国电光伏公司与十一院签订设计合同,经协商双方约定设计费用为96万元,国电光伏公司已全额支付该款。《总承包合同》约定的设计费140万元与国电光伏公司实际向设计方支付的96万元的差额44万元,应属国电光伏公司的正常商业利润部分,宏润新能源公司主张扣减该款缺乏依据。再者,本案工程经竣工验收交付使用后,国电光伏公司制作《工程决算书》送达宏润新能源公司,在该决算书中载明:设计费140万元。2014年11月10日宏润新能源公司针对决算书中有异议的项目向国电光伏公司出具意见时,对于设计费140万元并无异议。由此可见,在合同的履行过程中,宏润新能源公司对设计费140万并无异议,现其要求扣减设计费差额44万元依据不足。综上,一审判决未支持宏润新能源公司关于扣减设计费差额44万元的主张,并无不妥,本院予以维持。

3. 关于逾期付款违约金的认定问题

经查明,其中有3000万元迟延支付18天、1500万元迟延支付45天、2900万元迟延支付65天,据此,一审法院按照每日1‰标准计算迟延付款违约金为310万元。宏润新能源公司认为违约金约定过高,请求法院调整。本院经审查认为,双方约定的违约金利率经折算合年利率36.5%,明显过高,宏润新能源公司请求予以调整应予准许。结合双方的合同履行情况及宏润新能源公司的违约情形,本院酌情确定宏润新能源公司应支付逾期付款违约金为200万元。

二审法院判决:1. 维持一审判决第1项;2. 撤销一审判决第2项、第3项;3. 宏润新能源公司于本判决生效后30日内向国电光伏公司支付逾期付款违约金200万元;4. 宏润建设公司对本判决第1项、第3项确定的宏润新能源公司的付款义务承担连带担保责任。

**[案例评析]**本案中,发包方与承包方签订总承包合同,合同总价为25,500万元,其中:设计总费用为140万元,合同设备价格为20,449万元,建筑工程费价格为2868万元,安装工程费价格为1703万元。即《总承包合同》中约定的合同总价中的每项承包内容的具体价格组成是明确的。但之后发包方与承包方又签订补充协议约定其中的建筑工程部分均由发包方自行实施,并约定发包方自行实施建筑工程的固定总价为1800万元,任何情况下不予调增,双方在结算EPC总价款

时,发包方在支付承包方EPC总价款时直接扣减1800万元建筑工程费用。之后发生纠纷,双方主要争议点就在于建筑工程费用是按照总承包合同中约定的2868万元予以扣除,还是按照补充协议中约定的1800万元予以扣除。两审法院经审理后均根据双方所签订的补充协议约定,认定建筑工程费用应按照补充协议中约定的1800万元予以扣除,从总承包合同中约定的合同总价25,500万元中扣除1800万元之后的剩余金额23,700万元,即为承包方完成案涉工程的总价款。本案两审法院依据双方所签订的补充协议的约定,认定案涉工程总价款,是符合双方约定的,根据双方所签订的补充协议中的约定,也应当得出这样的结论。

但需要注意的是,本案的特殊情形在于发包方将整个工程总承包给承包方之后,又与承包方协商将其中的建筑工程部分以更低的价格收回来后自己实施,如果不是发包方收回自己实施,而是由承包方自行以一个更低的价格分包给第三方实施,则总承包合同中约定的建筑工程费2868万元与承包方将建筑工程分包给第三方的固定总价1800万元之间的差额部分1068万元,就属于承包方通过分包工程所应当获得的利润,该利润的多少显然与发包方无关,发包方无权要求扣除。这与本案中同时涉及的设计费差额的处理和认定方式一样,本案总承包合同中约定设计费为140万元,但承包方将设计部分分包给第三方实际只支出了设计费96万元,两者之间存在差额44万元,发包方要求从承包方应得工程款中扣除该设计费差额,但两审法院均明确认定该44万元差额属于承包方应获得的利润,两审法院的认定无疑是正确的。从法律属性上来分析,在工程总承包合同签订之后,发包方自己以1800万元固定总价将其中的建筑工程收回后自己实施,与承包方自行以1800万元固定总价将其中的建筑工程分包给第三方施工,并不存在实质性的区别,都可以理解为是承包方将其中的建筑工程部分对外进行了分包,区别在于一个是分包给了发包方,一个是分包给了发包方之外的第三方,对承包方而言,其承包价格与分包价格之间所产生的差价(如有)显然应当认定为应归承包方所享有或承担(在承包价格高于分包价格时,即为利润,在承包价格低于分包价格时即为亏损)。

本案的判决结果对发包方而言,显然产生了以下看起来并不太合理的结果:发包方在以2868万元的价格将案涉工程中的建筑工程部分发包给承包方之后,又以1800万元的价格将其中的建筑工程收回自己实施,其中的差价1068万元被承包方所获得，如果其中并没有其他特殊情况和因素，就相当于发包方通过该发包、再收回自己实施的动作就平白损失了1068万元，而承包方就平白获得了1068万元。对发包方而言，如果当初将整个工程发包给承包方时，就不包括其中的建筑工程部分，而是直接由自己实施，则不存在平白损失本案中所涉及的差价1068万元的问题。如果本案中发包方在将建筑工程部分发包给承包方之后又以更低的价格收回自己实施，并不存在特殊情况和因素，而只是因为发包方发包工作出现失误，则发包方损失该1068万元款项就很冤枉了。对本案中的发包方而言，在已经将整个工程发包给承包方的情况下，需要将其中的建筑工程部分收回自己实施的，在总承包合同中已经约定了建筑工程费具体金额的情况下，发包方完全可以要求按照总承包合同中所约定的建筑工程费具体金额扣除总承包合同总价，并在补充协议中作出明确约定，如此，就不会出现本案中发包方平白损失1068万元差价、所提抗辩未被两审法院支持的被动不利局面了。

**［案例二］承包方的承包范围包括设计，因设计有缺陷，承包方为改进工程运行效果在工程交付之后进行的增项工程，应由其自行承担费用**

江苏新世纪江南环保股份有限公司（上诉人、原告被告、反诉原告，以下简称江南环保公司）与华能泰安众泰发电有限公司（被上诉人、原审原告、反诉被告，以下简称众泰发电公司）建设工程施工合同纠纷上诉案

案　　号：（2016）苏01民终5015号

审理法院：江苏省南京市中级人民法院

裁判类型：二审民事判决书

**裁判要点：**工程总承包方的承包范围包括工程的设计，合同约定“各系统的配置和布置等是发包方的基本要求，仅供承包方设计参考，并不免除承包方对系统设计和布置所负的责任”，承包方作为工程的设计方，应当对相关技术参数的准确性负责。虽然相关技术参数系由发包方提供，承包方系根据发包方提供的相关技术参数进行设计，但因设计有缺陷，承包方为改进工程运行效果在工程交付之后进行的增项工程，应由其自行承担费用。

**案情摘要：**2007年10月，众泰发电公司与江南环保公司签订《山东众泰发电有限公司2×150MW机组烟气脱硫工程合同文件》，约定由江南环保公司承包众

泰发电公司1、2#机组炉外烟气脱硫工程，承包方式为EPC总承包，协议价款为固定总价5240万元。合同价格第4.3条约定，本合同总价在合同执行期内为不变价，遇下列情况作相应调整：氧化风机已包含在合同总价中，如设计不需要，按乙方投标价格从合同总价中扣除；如乙方考虑不周，漏设或其他原因等造成工程量的增加，增加的工程量不再增加费用。合同专用条款中约定，承包方式采用EPC总承包方式建造；本合同价款为闭口价，除合同条件4.3条款外，在整个合同执行期内不变，本合同价款包含但不限于乙方为完成本工程所发生的所有费用及风险，乙方已在投标报价时充分考虑。双方在技术协议书中约定：在本协议书中关于各系统的配置和布置等是甲方的基本要求，仅供乙方设计参考，并不免除乙方对系统设计和布置等所负的责任。

合同签订后江南环保公司开始施工。2008年1月8日，众泰发电公司向江南环保公司发函，载明："关于脱硫工程增压风机方案事宜，我公司从系统运行的可靠性、建设投资及今后运行维护费用等方面进行了详细的论证，确定取消增压风机，对原引风机及电机进行改造，以达到脱硫投运后的系统要求。另：相应扣除脱硫系统中增压风机的费用250万元，请贵方回函确认。"同日，江南环保公司回函，载明："贵司2008年1月8日关于脱硫工程取消增压风机的函已收到，我司同意贵司安排，现回函予以确认。"

2009年12月18日，众泰发电公司与江南环保公司召开脱硫干燥系统改造方案讨论会，会议对干燥系统改造方案进行讨论研究并形成《会议纪要》，《会议纪要》第4条载明：采用蒸汽换热方式，由于出料量设计为18吨/小时，蒸汽消耗量较大，江南环保应设计采用电厂锅炉热风作为干燥源，根据众泰电厂锅炉热风运行参数和干燥系统运行参数选择合适的管径和阀门，干燥方案报众泰发电厂审批后组织实施。后江南环保公司实施了改造工程。

2012年8月，江南环保公司就未结工程款向南京市中级人民法院提起诉讼，经法院调解，双方达成(2012)宁民初字第50号民事调解书，但该调解书并未涉及双方争议的增压风机工程减项事宜。2012年9月14日，江南环保公司(甲方)与众泰发电公司(乙方)签订《补充协议书》，约定：鉴于甲、乙双方因欠款纠纷诉至南京市中级人民法院，双方经协商已调解结案。乙方在案外提出2008年1月8日发给甲方《关于脱硫工程取消增压风机的函》传真件1份以及甲方的回函传真件1

份，内容就增压风机工程减项一事予以确认，具体减项数额由甲乙双方签订本补充协议后本着友好协商的原则继续寻找证据、进一步调研、论证另行确定。2014年4月，原告众泰发电公司向法院起诉，本案在审理过程中，被告江南环保公司提起反诉，在审理过程中，经一审法院委托经天纬地公司对增压风机的价格等进行评估鉴定。

2015年12月21日，经天纬地公司就增压风机及相关附属工程造价作出工程造价鉴定意见书，鉴定结论为：按照相关法律法规的规定，需扣除的款项应按合同价款中的相应价款扣除，但由于鉴定资料未提供合同价款组成明细和相关投标报价明细，应扣除的款项无法准确认定。应扣除的款项参考依据如下：1. 根据《关于脱硫工程取消增压风机的往来函》(2008年1月8日)，增压风机的费用为250万元。2. 目前该类设备沈阳鼓风机通风设备有限责任公司的报价为198万元/台(含安装和配套设备等一切费用)。3. 成都电力机械厂的报价为210万元/台(含安装和配套设备等一切费用)。近年来该类设备价格无明显变化。同日，经天纬地公司就江南环保公司主张的增项工程量造价作出工程造价鉴定意见书，鉴定结论为：2009年4月6日之后众泰发电公司"2×150MW机组烟气脱硫工程"发生的EPC总包合同之外的增加工程量造价为2,988,421.46元。

众泰发电公司向一审法院起诉请求：江南环保公司返还增压风机款411万元，并返还截止到2012年9月14日的利息损失844,028.47元。江南环保公司向一审法院反诉请求：众泰发电公司支付工程款423.39万元及至实际还款之日止的利息(按同期银行贷款利率计)。

一审南京市江宁区人民法院认为：众泰发电公司与江南环保公司签订的中烟气脱硫工程合同系双方真实意思表示，不违反法律规定，合法有效，双方均应按合同履行。

就本案的本诉部分，从双方2008年1月的函和2012年9月14日《补充协议书》均可看出双方对在工程中取消增压风机并扣减相应价款的意思表示一致，该约定不违反法律规定，一审法院予以准许。就应扣减的价款，双方在2008年1月的函中虽然确定为250万元，但2012年9月14日双方的协议又约定了"具体减项数额由甲乙双方签订本补充协后，本着友好协商的原则继续寻找证据，进一步调研、论证另行确定"，从该约定可以看出，双方为均已表示不再按250万元扣减而是按证据确认，现经评估机构评估，每台增压风机的价格为210万元，且近年来价格均无明显变化，故一审法院认定应扣减的工程款为420万元，现众泰发电机公司只主张411万元，不违反法律规定，一审法院予以准许。因在本案中的鉴定意见书出具前，江南环保公司无法确认应扣减的工程款数额，故无法支付相应款项，因此不应支付相关利息。对原告众泰发电公司要求被告江南环保公司给付2012年9月14日前利息的诉讼请求，一审法院不予支持。

就本案的反诉部分，江南环保公司确在工程交付后又进行了施工，但增加工程的原因，在于其设计有缺陷，而设计也为其公司的义务，虽然江南环保公司设计缺陷系众泰发电公司提供的相关参数不准所致，但双方在技术协议中已约定"协议中关于各系统配置和布置等是甲方的基本要求，仅供乙方设计参考，并不免除乙方对系统设计和布置所负的责任"，该约定免除了众泰发电公司因提供相关数据不准致设计缺陷的责任，故对反诉被告江南环保公司要求反诉被告众泰发电公司给付工程款的诉讼请求，一审法院不予支持。

一审法院判决：1. 被告江南环保公司于判决发生法律效力之日起10日内给付原告众泰发电公司增压风机款411万元。2. 驳回原告众泰发电公司的其他诉讼请求。3. 驳回反诉原告江南环保公司的诉讼请求。

二审江苏省南京市中级人民法院认为：1. 上诉人是否应向被上诉人返还增压风机款项及应返还款项的数额

首先，众泰发电公司提起本案诉讼并不违反"一事不再理"原则。在江南环保公司依据众泰发电公司出具的《还款计划》起诉众泰发电公司支付工程款案件中，众泰发电公司提出《还款计划》未扣减增压风机的减项部分。虽然该案双方达成《调解协议》，但根据调解笔录，双方对于增压风机减项问题并未在该案中达成一致，双方于2012年9月14日签订的《补充协议书》，也表明双方欲就增压风机减项事宜另行协商，故在双方协商不成的情况下，众泰发电公司提起本案诉讼，并不违反"一事不再理"原则。

其次，上诉人江南环保公司应向众泰发电公司返还增压风机款项。双方在(2012)宁民初字第50号案件中虽然争议《还款计划》中是否已经扣除了增压风机的款项；在《还款计划》已经出具的情况下，众泰发电公司能否主张进行增压风机款项扣减等问题，根据双方签订的《补充协议书》中"具体减项数额由甲乙双方签订本补充协议后本着友好协商的原则继续寻找证据、进一步调研、论证另行确定”内容,表明江南环保公司同意对增压风机款项予以扣减,但就具体减项数额需另行确定。因此,上诉人江南环保公司应向众泰发电公司返还增压风机款项。江南环保公司辩称《补充协议书》意指在众泰发电公司继续寻找《还款协议》中增压风机款项未扣除的证据后,江南环保公司方对扣除增压风机款项予以认可,但该意见与《补充协议书》的字面含义明显不符,本院不予支持。

最后,关于江南环保公司应予返还的增压风机项目的数额。本院认为,江南环保公司系因本属于其施工范围内的增压风机项目被取消而须返还众泰发电公司已支付的相应工程款,故江南环保公司应予返还的增压风机价款应按照合同约定的相应价款予以确定。双方签订的是固定总价合同,其中并未对增压风机价格的组成予以明确。众泰发电公司于2008年1月8日发函要求扣除增压风机费用250万元,江南环保公司亦回函确认,应视为双方对增压风机项目应扣减款项达成一致,故江南环保公司应当向众泰发电公司返还增压风机款项250万元。后众泰发电公司依据《补充协议书》起诉要求江南环保公司按照增压风机的市场价格返还411万元,但《补充协议书》中双方约定就“具体减项数额继续寻找证据,进一步调研、论证另行确定”,并不表明双方协商一致继续寻找增压风机市场价格的证据,并据此扣减;从该《补充协议书》签订的背景来看,在(2012)宁民初字第50号案件调解过程中,众泰发电公司一直主张江南环保公司按照250万元扣除增压风机款项,亦从未提及按增压风机市场价格扣除,故众泰发电公司主张按照市场价格扣除增压风机款项,本院不予支持。

2. 被上诉人是否应支付上诉人主张的增项工程款

江南环保公司主张其施工的脱硫装置的热风管道及干燥系统改造工程为双方签订的“2×150MW机组烟气脱硫工程合同”的增项,并主张众泰发电公司支付增项工程款。本院认为,首先,江南环保公司并未提供证据证明就该增项工程与众泰发电公司另行签订协议约定相应工程款项,亦未提供证据证明在本次诉讼前向众泰发电公司主张过该增项工程款,故江南环保公司要求众泰发电公司支付增项工程工程款依据不足。其次,根据江南环保公司提供的《168小时满负荷试运行报告》以及2009年12月18日脱硫干燥系统改造方案专题《会议纪要》,该增项工程原因是经试运行后发现蒸汽压力达不到设计要求的0.8MPa,为确保干燥效果,故需进行干燥系统的改造，改用锅炉热风作为干燥源。虽然蒸汽压力数据系众泰发电公司提供，但双方合同约定采用EPC总承包方式建造，即江南环保公司承包的内容包括工程的勘测、设计、设备材料供货、建筑安装、调试、试验及检查、试运行、考核验收、消缺、培训和最终交付投产、运行管理，且双方签订的《技术协议书》明确约定"各系统的配置和布置等是众泰发电公司的基本要求，仅供江南环保公司设计参考，并不免除江南环保公司对系统设计和布置所负的责任"，因此江南环保公司作为烟气脱硫工程的设计方，应当对相关技术参数的准确性负责。江南环保公司为改进烟气脱硫工程运行效果进行的增项工程，应由其自行承担费用。综合以上情况，本院对江南环保公司主张的增项工程款不予支持。

二审法院判决：1. 维持一审第2项、第3项；2. 变更一审判决第1项为：江南环保公司于本判决发生法律效力之日起10日内给付众泰发电公司增压风机款250万元。

后众泰发电公司申请再审，江苏省高级人民法院作出(2017)苏民申1376号民事裁定书，驳回众泰发电公司的再审申请。

**[案例评析]**本案总承包合同在实际履行过程中出现了发包方取消其中部分工作以及在工程交付之后又增加部分工程的情形，双方之间对该增、减工作的价款是否应予相应增、减而产生争议，最终法院作出的生效判决对承包方不利，认定减少工作的价款应从合同总价款中扣除，而增加工作的价款应由承包方自行承担。本案中，发包方的本诉诉请被支持、承包方的反诉诉请未被支持，是因为发包方在签订和履行总承包合同过程中较好地把控了可能会导致合同价款变动的相关风险。

首先，在合同签订时，发包方在合同中约定合同价款为固定总价、本合同总价在合同执行期内为不变价，同时约定遇下列情况作相应调整：氧化风机已包含在合同总价中，如设计不需要，按乙方投标价格从合同总价中扣除；如乙方考虑不周，漏设或其他原因等造成工程量的增加，增加的工程量不再增加费用。双方在技术协议书中约定：在本协议书中关于各系统的配置和布置等是甲方的基本要求，仅供乙方设计参考，并不免除乙方对系统设计和布置等所负的责任。该等合同约定内容就成为本案两审法院处理本案双方争议的增、减款项是否应予支持时的明确合同依据。

其次,在合同履行过程中,在发生工程量增、减情形时,发包方及时予以了处理并保留了相关证据。(1)在需要取消脱硫工程增压风机后,发包方及时书面发函给承包方,载明取消增压风机,并同时明确“相应扣除脱硫系统中增加风机的费用250万元,请贵方回函确认”,之后承包方书面回函予以确认、表示同意发包方安排,本案二审法院正是以双方该往来函件为重要证据判决承包方支付取消增压风机的费用250万元。(2)在工程交付后出现问题需要进行改造时,及时与承包方召开会议讨论研究并形成书面《会议纪要》,《会议纪要》中明确载明需要进行改造的原因属于承包方设计缺陷。承包方虽然主张进行改造系因为发包方“自行提供的蒸汽不符合设计要求,须改为锅炉热风干燥,故而发生热风管道部分增项及干燥机部分增项”,但两审法院均依据双方在合同中明确约定的“在本协议书中关于各系统的配置和布置等是甲方的基本要求,仅供乙方设计参考,并不免除乙方对系统设计和布置等所负的责任”内容,及双方形成的《会议纪要》所载内容,认定承包方的承包范围包括设计,应当对相关技术参数的准确性负责,承包方因设计缺陷,为改进工程运行效果进行的增项工程,应由其自行承担费用。

该案例可以给发包方和工程总承包单位的启示是,虽然工程总承包的价格方式通常采用固定总价,但固定总价并不总是一成不变、不可调整或不应调整的,合同履行过程中可能会出现各种影响工程价款的情形,包括合同中途解除未能履行完成、工程履行过程中出现增、减工程等。一方面,承发包双方应当在合同中约定出现相关情形时固定总价是否予以调解以及如何调整;另一方面,在合同履行过程中一旦出现应当调整合同价款的情形时,承发包双方应当及时通过协商签订补充协议等方式予以确定合同价款是否予以调整以及如何调整。

# 第三章　工程总承包项目实施

**第十七条　【建设单位的项目管理】**

**建设单位根据自身资源和能力，可以自行对工程总承包项目进行管理，也可以委托勘察设计单位、代建单位等项目管理单位，赋予相应权利，依照合同对工程总承包项目进行管理。**

## 条文主旨

本条突出了项目管理单位对工程总承包顺利实施的专业作用。因为工程总承包单位承包范围包含了设计和施工，建设单位仅在建设规模、建设范围、建设标准、功能需求等要求明确的基础上发包，所以工程总承包下的一大特征就是建设单位对项目具体实施阶段的管理更宽松，但为了确保建设单位的投资利益和预期目的的实现，建设单位在决策管理上有时需要依赖专业的勘察设计单位、代建单位、项目咨询单位等项目管理单位提供专业咨询意见，从而利于保证工程质量、安全。

因此，制定本条的目的是强调对工程总承包项目的管理，尤其是对总承包单位在设计、施工、采购过程中违反法律法规、强制性技术标准的行为进行监督，确保工程总承包企业履行合同义务，保证工程质量和安全。

## 条文解析

住房城乡建设部《关于进一步推进工程总承包发展的若干意见》（建市〔2016〕93 号）第 2 条第 5 款规定，“建设单位应当加强工程总承包项目全过程管理，督促工程总承包企业履行合同义务。建设单位根据自身资源和能力，可以自行对工程总承包项目进行管理，也可以委托项目管理单位，依照合同对工程总承包项目进行管理。项目管理单位可以是本项目的可行性研究、方案设计或者初步设计单位，也可以是其他工程设计、施工或者监理等单位，但项目管理单位不得与工程总承包企业具有利害关系。”由此可见，在通常情况下，建设单位进行工程总承包项目全过程管理的方式包括自行管理和委托项目管理单位管理两种方式。建设单位具体采用何种管理方式，除了要考虑建设单位自身是否具有项目管理能力，还应考虑建设单位对于项目管理的具体需求。委托项目管理单位进行管理的，项目管理单位接受建设单位的委托之后，应在授权范围内，依照合同约定，对工程总承包项目提供管理服务。项目管理服务的起始阶段不同，其提供服务的内容也不同，项目管理既包括对项目投资、工程勘察设计、项目招标、工程施工、竣工验收、试运行及项目运营各个环节覆盖工程全生命周期的一体化全方位的管理，也包括对工程项目的部分阶段或方面进行的管理。因此，项目管理单位进行管理的阶段和范围及相应的权利义务应在建设单位的授权范围内，并以委托合同为依据。

## 理解与适用

### 一、关于建设单位的项目管理权利和义务

（一）基于工程总承包合同的约定享有建设单位的项目管理权利

工程总承包是指从事工程总承包的企业按照与建设单位签订的合同，对工程设计、采购、施工或者设计、施工等阶段实行总承包，并对工程的质量、安全、工期和造价等全面负责的工程建设组织实施方式。

根据工程总承包合同的性质，建设单位有权在约定的工期内以商定的价款获得满足技术标准的工程；同时依据工程的特性，要求总承包单位以及各分包单位在设计、采购、施工过程中不得违反法律法规。一般来说，工程项目造价巨大、工期较长，采用工程总承包方式发包，相当于让渡建设单位的某些权利给总承包单位，目的是充分调动工程总承包企业的积极性，发挥其协调管理能力，提升投资效益，建设单位为保证其投资成本控制和固定工期的管理，在让渡项目管理权给总承包单位时，有必要明确让渡权利的边界和方式，保留对工程总承包活动相关的工期、质量及招标文件或合同中约定的重要事项的监督管理权。

（二）建设单位依据法律规定履行项目管理义务，对工程质量承担首要责任

根据住房城乡建设部《关于进一步推进工程总承包发展的若干意见》（建市〔2016〕93 号）的规定，"建设单位应当加强工程总承包项目全过程管理，督促工程总承包企业履行合同义务"。此外，国务院办公厅《关于促进建筑业持续健康发展的意见》（国办发〔2017〕19 号）要求，为加强工程质量安全管理，应严格落实工程质量责任，第 4 条第 5 款规定，"严格落实工程质量责任。全面落实各方主体的工程质量责任，特别要强化建设单位的首要责任和勘察、设计、施工单位的主体责任……"建设单位对工程质量负首要责任。《建筑工程五方责任主体项目负责人质量终身责任追究暂行办法》（建质〔2014〕124 号）第 5 条也明确规定，建设单位项目负责人对工程质量承担全面责任。

由此可见，从表面上来看建设单位对工程总承包企业的监督是其权利，实质上更是其履行确保工程质量合格的义务。对于建设单位未依法履行项目管理义务导致工程质量不合格的，将承担首要责任。

## 二、工程总承包项目管理主体及范围

（一）建设单位对工程总承包项目管理的形式

工程总承包项目管理存在多方主体，从承发包双方角度而言，首先是建设单位和工程总承包单位按照合同约定分别对工程实施管理。在此基础上，建设单位即可以自行管理工程总承包项目，也可以根据具体情形委托其他咨询单位在一定的管理权限内进行管理。因此，具体到本条款而言，建设单位以及建设单位委托的全过程工程咨询单位承担着重要的管理职责。

（二）工程总承包项目管理的范围

工程总承包项目管理从广义上来讲，其范围应包括项目投资咨询、工程勘察设计、施工招标咨询、施工指导监督、投资控制、工程竣工验收、工程结算、项目运营管理等覆盖工程全生命周期的一体化项目管理咨询服务，具体可以包括：

1. 进行项目前期策划，经济分析、专项评估与投资确定；

2. 办理土地征用、规划许可等有关手续；

3. 提出工程设计要求、组织评审工程设计方案、组织工程勘察设计招标、签订勘察设计合同并监督实施，组织设计单位进行工程设计优化、技术经济方案比选

并进行投资控制;

4. 组织工程监理、施工、设备材料采购招标;

5. 与工程项目总承包企业或施工企业及建筑材料、设备、构配件供应等企业签订合同并监督实施;

6. 提出工程实施用款计划,进行工程竣工结算和工程决算,处理工程索赔,组织竣工验收,向建设单位方移交竣工档案资料;

7. 进行生产试运行管理及工程保修期管理,组织项目后评估;

8. 项目运营管理;

9. 项目管理合同约定的其他工作。

根据上述分析,建设单位也可通过咨询服务委托合同的方式将上述项目管理的全部或部分职能委托给全过程咨询单位实施。

## 三、项目管理单位与建设单位、工程总承包单位之间的法律关系

### (一)项目管理单位与建设单位的法律关系

建设单位与项目管理单位之间的关系是委托关系,建设单位是委托人,项目管理单位是受托人,委托事项是工程总承包项目管理事宜。项目管理单位代表建设单位对工程总承包项目进行管理,就其工作内容对建设单位负责。

根据《合同法》的规定,委托范围方面,建设单位可以特别委托项目管理单位处理一项或者数项项目管理事务,也可以概括委托项目管理单位处理项目管理相关的全部事务。

权利义务方面,建设单位应当预付处理委托事务的费用,项目管理单位为处理项目管理事务垫付的必要费用,建设单位应当偿还该费用及其利息。项目管理单位应当按照建设单位的指示处理项目管理事务,报告项目管理事务的处理情况。项目管理单位不得超越授权范围代理建设单位处理项目管理事务。未经建设单位允许,项目管理单位不得随意变更建设单位的指示、不得将项目管理事务转委托。有偿的项目管理委托合同,因项目管理单位的过错给建设单位造成损失的,建设单位可以要求赔偿损失。项目管理单位超越权限给建设单位造成损失的,应当赔偿损失。

### (二)项目管理单位与工程总承包单位的法律关系

项目管理单位与工程总承包单位之间按照项目管理单位承担的具体工作内

容，可能存在监督与被监督、管理与被管理的关系。作为工程总承包单位，对于建设单位无论是自行管理还是委托项目管理的单位进行的管理工作，都应积极配合，共同确保工程质量、保证按期施工、确保工程安全和工程效益等。但同一项目的项目管理单位和工程总承包单位不能是同一家单位，也不能存在影响或损害建设单位利益的利害关系。以免架空项目管理职能，使工程总承包单位既当运动员又当裁判员，导致工程建设陷入全面失控的危机之中。

## 实践中应注意的问题

### 一、建设单位委托项目管理单位的工作包括全过程管理和分阶段管理

根据住房城乡建设部《关于进一步推进工程总承包发展的若干意见》（建市〔2016〕93号）规定，建设单位根据自身资源和能力，可以自行对工程总承包项目进行管理，也可以将项目的设计、监理、招标代理、造价咨询及项目管理等全过程委托给工程项目管理企业。

建设单位既可以委托全过程工程咨询单位对项目进行全过程的管理，也可以委托监理单位、勘察设计单位、招标代理单位、工程造价单位、法律服务单位等项目咨询单位，对工程项目的部分阶段或方面进行咨询管理，具体由建设单位根据项目特征和需求，结合自身资源和能力决定并委托。

### 二、项目管理单位的资质

关于项目管理单位的资质，《建设工程项目管理试行办法》（建市〔2004〕200号）第3条规定，“项目管理企业应当具有工程勘察、设计、施工、监理、造价咨询、招标代理等一项或多项资质。工程勘察、设计、施工、监理、造价咨询、招标代理等企业可以在本企业资质以外申请其他资质。企业申请资质时，其原有工程业绩、技术人员、管理人员、注册资金和办公场所等资质条件可合并考核”。

国务院办公厅《关于促进建筑业持续健康发展的意见》（国办发〔2017〕19号）规定，鼓励投资咨询、勘察、设计、监理、招标代理、造价等企业采取联合经营、并购重组等方式发展全过程工程咨询，培育一批具有国际水平的全过程工程咨询企业。

住房城乡建设部《关于开展全过程工程咨询试点工作的通知》（建市〔2017〕

101号)提到,试点地区住房城乡建设主管部门要引导大型勘察、设计、监理等企业积极发展全过程工程咨询服务,拓展业务范围。

此外,《工程咨询行业管理办法》(国家发展和改革委员会令第9号)还设置了有关信用评价标准以及相应的信用管理制度,例如,第23条规定,“工程咨询单位资信评价等级以一定时期内的合同业绩、守法信用记录和专业技术力量为主要指标,分为甲级和乙级两个级别,具体标准由国家发展改革委制定”。实践中将不排除部分项目建设单位在全过程工程咨询企业委托或招标时除了要求具备相应的资质条件外,还可能需满足有关信用评级标准。

## 三、建设单位委托项目管理单位进行工程总承包全过程项目管理的委托方式

工程项目业主方可以通过招标或委托等方式选择项目管理企业,并与选定的项目管理企业以书面形式签订委托项目管理合同。合同中应当明确履约期限,工作范围,双方的权利、义务和责任,项目管理酬金及支付方式,合同争议的解决办法等。根据《招标投标法》相应规定,如果项目性质属于法律规定的必须招标的范围并且项目管理服务合同费用达到了法定招标标准,则建设单位应当通过招标方式选定项目管理单位。

## 四、项目管理单位不得在同一工程同时从事工程承包业务

建设部《关于培育发展工程总承包和工程项目管理企业的指导意见》(建市〔2003〕30号)第4条“进一步推行工程总承包和工程项目管理的措施”指出,“(四)工程总承包企业可以接受业主委托,按照合同约定承担工程项目管理业务,但不应在同一个工程项目上同时承担工程总承包和工程项目管理业务,也不应与承担工程总承包或者工程项目管理业务的另一方企业有隶属关系或者其他利害关系”。实践中如果项目管理单位与工程总承包单位是同一个单位,对于建设单位来说,负责工程设计、采购、施工是工程总承包单位乙,负责监督工程的设计、采购、施工的也是乙,监督人与被监督人是同一人,管理者与被管理者是同一人,代表建设单位利益的全过程工程咨询单位与建设单位的利益相对方工程总承包单位是同一人,严重影响建设单位的利益,失去了工程总承包全过程项目管理的意义。

## 案例评析

**[案例一]基于委托合同关系的项目管理单位依据合同约定履行义务、承担责任**

四川汇源能源有限公司(以下简称汇源能源公司)、汇源集团有限公司(以下简称汇源集团)委托合同纠纷案

案　　号:(2019)最高法民终938号

审理法院:最高人民法院

裁判类型:二审民事判决

**裁判要点:**案涉工程的所有工程款均由建设单位支付,项目管理单位只负责工程量的审核上报,其实质为委托管理的受托方。项目管理单位认为其仅为案涉工程的委托管理方,既非工程的承包人又非承建方,无论是否存在质量问题和未完成工程问题,均应依据建设单位与承建方签订的施工合同主张权利,项目管理单位并无相关赔偿义务。但依据双方合同约定,项目管理单位需要交付质量合格的工程,在未履行自身义务的情形下,需要赔偿建设单位遭受的损失。

**案情摘要:**杨家湾水电站系由四川省发展和改革委员会于2005年1月20日作出的川发改能源(2004)377号文件批复同意修建的工程。水电站装机容量为1.89万千瓦,保证出力5775kW,多年平均年发电量为11534kWh,年利用小时数6103小时,概算总投资为1.33亿元,静态单位千瓦投资6740元/kW,动态单位千瓦投资7037元/kW,静态单位电能投资1.10元/kWh,动态单位电能投资1.15元/kWh。

杨家湾水电公司设立于2004年6月14日,注册资本3000万元,股权结构为汇源能源公司持股51%、金川县国有资产经营公司持股49%。

2007年5月31日,金川县国有资产经营公司与岷江水电公司签订《股权转让协议》,由金川县国有资产经营公司将持有的杨家湾水电公司47%的股权转让给岷江水电公司;2007年7月1日,汇源能源公司将其持有的杨家湾水电公司51%的股权转让给岷江水电公司。汇源能源公司、金川县国有资产经营公司对各自向岷江水电公司转让股权不持异议,也放弃优先购买权。2007年9月20日,工商行政部门核准股东变更为岷江水电公司持股98%,金川县国有资产经营公司持股2%。

2007年7月1日，汇源能源公司（甲方）与岷江水电公司（乙方）签订《股权转让协议》，其中第10条“违约及索赔”约定，“汇源能源公司的违约责任：（1）汇源能源公司未能保证杨家湾电站工程质量的，除须承担工程窝工、返工等各项经济损失外，还应向岷江水电公司支付损失金额10%的违约金；（2）若汇源能源公司未能确保杨家湾水电站装机容量达到1.89万kW、保证出力达到5776kW、两年内平均利用小时数不低于5500小时的指标，汇源能源公司除应承担由此给岷江水电公司造成的一切经济损失外，还应向岷江水电公司支付股权转让价款10%的违约金。但因不可抗力、调度原因除外”。

2007年7月1日，汇源能源公司（甲方）、岷江水电公司（乙方）、杨家湾水电公司（丙方）签订《补充协议一》。该份协议系专门对汇源能源公司股权转让后，接受委托对杨家湾水电站进行建设管理总承包相关事宜的约定。其中，第3条“汇源能源公司的承诺、保证和义务”约定，“保证杨家湾水电站应当在《股权转让协议》约定的时间试运行成功；保证电站工程质量符合《股权转让协议》约定；保证电站施工质量达到：装机容量达到1.89万kW、保证出力达到5776kW、试运行成功后两年内平均利用小时数不低于5500小时；对杨家湾水电公司已经签署及将要签署的与电站建设有关的合同的履行进行监督、管理、保证合同全面履行；每月月末的前5个工作日，向杨家湾水电公司报送下1个月工程进度，并根据合同和工程进度，提出下1个月的资金需求计划。并按月提供工程进度统计表和工程事故报告；负责审核施工单位报送的经监理工程师审核的工程量月结算表，并签署审核意见；负责处理电站建设过程中所有问题，所发生的费用包括在1.25亿元总投资中”。

水电站于2009年12月20日进行了充水实验，12月24日开始机组试运行。运行过程中，发生了质量问题。2010年6月3日，经杨家湾水电公司委托，水利部基本建设工程质量检测中心作出《金川杨家湾水电站引水隧洞支护混凝土质量检测报告》[（2010）质字第1121号]。载明存在的主要问题如下，“（一）卡拉足沟引水隧洞：1.混凝土衬砌厚度不足，衬砌混凝土抗压强度小于设计值；2.喷混凝土厚度严重不足；喷混凝土起伏差不满足规范和设计要求；存在渗水、漏水、裂缝、析钙等病害；3.底板厚度小于设计值，存在分层浇筑，底板下普遍脱空；底板混凝土抗压强度小于设计值；4.围岩表层普遍破碎。（二）新扎沟引水隧洞：1.衬砌混凝土存在不密实、渗漏水、开裂严重；侧墙厚度不足，存在脱空；拱顶厚度严重不足，大范围脱空；A表衬砌混凝土抗压强度小于设计值；2.喷混凝土厚度严重不足，局部架空；喷混凝土起伏差不满足规范和设计要求；存在大量的渗漏水、析钙和裂缝病害；3.底板存在大量的纵、横裂缝及隆起破坏；底板厚度不足，混凝土不密实，且存在分层浇注；底板下几乎全部脱空；A、B标底板混凝土抗压强度均小于设计值；4.围岩表层普遍破碎；5.1#支洞封堵存在块石砌筑，与设计不符；混凝土强度太低”。

2010年8月8日，杨家湾水电公司组织召开了杨家湾电站工程缺陷整改方案专家评审会，汇源能源公司陶冶、邹光富参加了此次会议。与会专家组人员认为缺陷产生主要原因是，“1.参建各方对施工质量疏于管理，工程项目总承包方管理不力；工程监理单位放松了质量监控；部分施工单位偷工减料、工程施工随意性大，施工质量失控，出现严重的质量问题，电站无法投入正常运行。2.隧洞支护方案与原设计不符。3.引水隧洞在未清理松动围岩和底板浮渣时就进行浇注混凝土和喷射混凝土工序，未按设计要求进行灌浆处理，形成了多处空洞、空隙及松动围岩，使得实际工作状态与设计完全不符。支护厚度及强度部分不满足设计要求；Ⅲ类围岩地板出现混凝土芯样分层。引水隧洞施工质量不符合设计和国家相关的施工规程、规范要求”。

2010年9月16日，水电站原设计单位凡永公司作出《四川省阿坝州杨家湾水电站引水隧洞缺陷处理方案》（以下简称《缺陷处理方案2010－9》），载明，“经概算，为处理水电站质量缺陷，总投资需5240.25万元。根据专家组2010年8月8日形成的意见，本工程预算在原工程预算上新增加的预算项目有：(1)新扎沟引水隧洞：Ⅲ－1、Ⅲ－2类围岩衬砌混凝土接触灌浆改为固结灌浆；底板混凝土拆除及底板下浮渣清理；Ⅳ、Ⅴ围岩已衬砌段处理；施工临时费用及检测费用；(2)卡拉足沟引水隧洞：引水隧洞底板混凝土拆除及底板浮渣清理；顶拱打排水孔”。

2011年10月25日，杨家湾水电公司、岷江水电公司向汇源能源公司、汇源集团、中铁二局机电有限公司、四川水电集团、长城建筑公司公证邮寄送达了《关于要求履行〈股权转让协议〉及相关补充协议并承担相应违约、赔偿等民事责任的函》，要求汇源能源公司组织施工方整改；要求施工单位中铁二局机电有限公司、四川水电集团及长城建筑公司在收到函件后1个月内向杨家湾水电公司送达修复方案，并于2个月内实施方案。后于2012年4月提起诉讼。

首先，关于案涉系列合同的效力问题。杨家湾水电公司主张，基于案涉系列协议，杨家湾水电公司与汇源能源公司形成的是委托建设总承包管理的法律关系，实质上汇源能源公司系水电站业主杨家湾水电公司的化身，代为行使业主的权利。案涉系列协议未违反法律、行政法规的强制性规定，应属有效。

汇源能源公司抗辩，其是接受杨家湾水电公司的委托对施工现场进行管理，因汇源能源公司并无相应的工程管理资质，依据《建设工程项目管理试行办法》的规定，案涉系列合同应认定无效。

一审法院认为：案涉《股权转让协议》、关于《股权转让协议》的补充协议（以下简称《补充协议一》）、关于《股权转让协议》的补充协议二（以下简称《补充协议二》）系各方当事人的真实意思表示，交易模式未违反法律、行政法规的禁止性规定，合法有效。具体理由如下：

第一，从合同签订情况看，虽然岷江水电公司受让的是杨家湾水电公司51%股权，但因杨家湾水电公司的核心资产系杨家湾水电站，在股权转让前，汇源能源公司是杨家湾水电公司的控股股东，全面掌控了水电站前期建设工作，为确保水电站质量、维护受让方岷江水电公司的合法权益，双方遂约定由杨家湾水电公司委托汇源能源公司继续对水电站工程进行管理，完成水电站的建设。汇源能源公司的主要合同义务是在包干的价格、确定的时间范围内，交付一个符合设计标准、质量合格的水电站给杨家湾水电公司，并非简单对水电站建设工程进行项目管理。

第二，从合同履行情况看，股权变更完成后，汇源能源公司的工作人员邹光富作为杨家湾水电公司的签约代表与施工单位重新签订了施工合同。汇源能源公司在建设工程现场进行施工管理，杨家湾水电公司也是完全按照汇源能源公司的审核意见进行付款，水电站的施工单位对此知晓。实质上，杨家湾水电公司系同意汇源能源公司以其名义对外行使各项业主权利，对水电站施工方进行建设施工管理，水电站的后续工程建设亦是由汇源能源公司全面掌控，汇源能源公司在合同履行中不仅是进行项目管理。

第三，结合前述两点分析，杨家湾水电公司与汇源能源公司之间的法律关系并非单纯的建设工程委托管理关系，不适用《建设工程项目管理试行办法》。实际上，在杨家湾水电公司、汇源能源公司、水电站的建设施工方之间形成了两层法律关系。对内，在杨家湾水电公司与汇源能源公司之间，汇源能源公司负有向杨家湾水电公司交付质量合格水电站的主要合同义务；对外，杨家湾水电公司认可汇源能源公司可以以其名义履行业主职责，也认可水电站施工方可以将向杨家湾水电公司交付质量合格水电站的义务转向汇源能源公司予以交付。此种交易模式并不违反法律、行政法规的强制性规定，合法有效。

综上，案涉系列协议合法有效，汇源能源公司关于合同无效的抗辩主张不能成立。根据《合同法》第8条第1款关于“依法成立的合同，对当事人具有法律约束力。当事人应当按照约定履行自己的义务，不得擅自变更或者解除合同”的规定，双方应按合同约定全面、适当地履行各自的义务。

其次，关于汇源能源公司是否应当承担已完工程质量缺陷修复费用、处理未完工程费用的问题。一审法院认为：该部分费用实质上系因汇源能源公司未履行交付质量合格水电站义务，给杨家湾水电公司造成的损失，汇源能源公司应当承担。主要理由如下：

一是双方合同明确约定，汇源能源公司需要交付质量合格的水电站，在未履行自身义务的情形下，需要赔偿杨家湾水电公司遭受的损失。

二是针对水电站已完工程，各方对确存在质量问题、杨家湾水电公司先行垫资修建的事实并无异议，相对应，汇源能源公司应按约承担杨家湾水电公司为此发生的费用。

三是针对未完工程，汇源能源公司工作人员陶冶在杨家湾水电公司向汇源能源公司发送的《关于杨家湾水电站未完施工项目的函》上签字确认，且水电站原设计单位凡永公司在诉讼中专门编制了未完工程的概算，应当认定水电站在2009年12月30日充水试验前，确实存在未完工程。按照水电站原设计标准和质量要求需要完成所有工程项目，对于该部分费用，汇源能源公司亦应承担。

二审法院认为：本案的性质为委托合同法律关系，非杨家湾水电公司所称的“委托建设总承包管理”法律关系也不是一审法院认定的“并非单纯的建设工程委托管理合同”。1. 案涉《股权转让协议》《补充协议一》《补充协议二》中，虽然写明“总承包”三字，但上诉人并没有“总承包”之实。总承包指发包人将建设工程的勘察、设计、施工等工程建设的全部任务发包给具备总承包资质的承包人，由该承包人对工程建设的全过程向发包人负责,并向发包人交付建设工程。而杨家湾水电站工程,均由该公司以自己名义与各承包人签订合同,从未与上诉人签订“总承包”合同,上诉人未与勘察、设计、施工等承包人签订承包合同。杨家湾水电站的所有工程款均由杨家湾水电公司支付,上诉人只负责工程量的审核上报,汇源能源公司实质为委托管理的受托方。2. 一审法院认为上诉人与杨家湾水电公司之间“并非单纯的建设工程委托管理合同”,具体是什么类型的法律关系却未直接认定,但根据审理情况,可推断一审法院认为上诉人与杨家湾水电公司之间的股权转让行为还包含了施工承包关系。上诉人并没有相关建设工程总承包的资质,故案涉系列协议中约定的“工程期限”“工程质量与验收”“违约责任”等总承包条款,应被认定为无效条款。一审法院以上诉人在“包干价格、确定时间范围内交付符合设计标准、质量合格的水电站给杨家湾水电公司”以及上诉人派人员现场进行施工管理、为工程支付工程款提供审核意见等为由,将上诉人错误定性为“并非单纯的建设工程委托管理合同”的相对方。

关于案涉合同的效力问题。本案中的《股权转让协议》《补充协议一》《补充协议二》经当事人签署,系各方当事人的真实意思表示,不违反法律法规的禁止性规定,不存在《合同法》第 52 条所规定合同无效的情形,属合法有效的合同。其一,签订《股权转让协议》之前,汇源能源公司持有杨家湾水电公司 51% 的股权,属控股股东能全面掌控杨家湾水电站的规划、投资、建设和管理,签订《股权转让协议》时对杨家湾水电站的质量、建设及维护所约定的义务及产生的后果亦能进行预判。在此基础上与股权受让方岷江水电公司约定交付合格的水电站是真实意思表示。其二,从一、二审各方当事人提交的证据看,汇源能源公司在签订案涉合同后,一直履行合同所约定的义务并行使相应的权利。汇源能源公司对施工现场进行项目管理,审核承建方的工程量及提出是否支付工程款的审核处理意见,工程质量出现问题后与杨家湾水电公司对接,并组织施工方召开会议研究质量问题的处理办法。其三,结合本案查明的事实,汇源能源公司实际上行使的是作为业主方的权利义务,建设工程领域并未要求业主方需要任何行业资质,法律亦未禁止业主不得将其所有的工程委托其他相关主体行使业主权利。综上,汇源能源公司以无建设工程施工资质导致其无行为能力,案涉系列合同对其无约束力的抗辩理由不能成立,本院不予支持。

关于汇源能源公司应否承担已完工程质量缺陷的责任和未完工程的费用问题。汇源能源公司认为其仅为杨家湾水电站的委托管理方,既非工程的承包人又非承建方,无论是否存在质量问题和未完成工程问题,均应依据杨家湾水电公司与承建方签订的施工合同主张权利,汇源能源公司并无相关赔偿义务。本院认为,根据《股权转让协议》第10条第5项"汇源能源公司未能保证杨家湾电站工程质量的,除需承担工程窝工、返工等各项实际损失外,还应向岷江水电公司支付损失金额10%的违约金"、《补充协议一》第6条"汇源能源公司应认真按照标准、规范和设计的要求进行管理……承担返工、修改的费用;"工程质量应达到国家或专业的质量检验评定标准的合格条件。达不到约定条件的部分……返工费用由汇源能源公司承担,工期不顺延"之规定,汇源能源公司承担返工、维修费用符合合同的约定。案涉工程出现质量问题后,杨家湾水电公司向汇源能源公司发出《关于试运行期间急需处理事项的函》,汇源能源公司确认了该函所反映的问题,各方共同商议对水电站出现的质量问题进行处理,而后杨家湾水电站委托水利部基本建设工程质量检测中心作出(2010)质字第1121号《金川杨家湾水电站引水隧洞支护混凝土质量检测报告》,汇源能源公司亦认可检测报告。原审中,汇源能源公司同意由杨家湾水电公司垫资修复。在此基础上,一审法院依据合同及各方当事人的意见,委托神州公司对杨家湾水电公司为修复水电站已完工程质量缺陷及完成水电站未完工程应当发生的必要、合理的费用进行审计,并根据审计结论认定汇源能源公司应承担的维修费用和未完工程费用。故汇源能源公司该项上诉主张不能成立,本院不予支持。

**[案例评析]**本案经过两审,最高人民法院最终认定本案的合同性质为委托合同关系,建设单位杨家湾水电公司委托项目管理单位汇源能源公司进行项目管理。从2007年7月1日,汇源能源公司(甲方)、岷江水电公司(乙方)、杨家湾水电公司(丙方)签订《补充协议一》第3条"汇源能源公司的承诺、保证和义务"约定也可以看出,汇源能源公司的合同义务包括,"保证杨家湾水电站应当在《股权转让协议》约定的时间试运行成功;保证电站工程质量符合《股权转让协议》约定;保证电站施工质量达到:装机容量达到1.89万kW、保证出力达到5776kW、试运行成功后两年内平均利用小时数不低于5500小时;对杨家湾水电公司已经签署及将要签署的与电站建设有关的合同的履行进行监督、管理、保证合同全面履行;

每月月末的前5个工作日，向杨家湾水电公司报送下1个月工程进度，并根据合同和工程进度，提出下1个月的资金需求计划。并按月提供工程进度统计表和工程事故报告；负责审核施工单位报送的经监理工程师审核的工程量月结算表，并签署审核意见；负责处理电站建设过程中所有问题，所发生的费用包括在1.25亿元总投资中”，上述合同义务符合项目管理的实质性内容。作为项目管理单位的汇源能源公司，因为没有妥善履行合同义务，导致在建水电站出现质量问题，故应当按照合同约定承担违约赔偿责任。

**[案例二]建设单位应当按照委托合同约定向项目管理单位支付管理费**

宁夏金磊房地产开发有限公司（以下简称金磊房产公司）、宁夏东方钽业房地产开发有限公司（以下简称东方钽业房产公司）委托合同纠纷案

案　　号：(2018)宁民终137号

审理法院：宁夏回族自治区高级人民法院

裁判类型：二审民事判决

**裁判要点：**合同一方当事人提交了案涉项目的管理费结算方式文件，另一方当事人表示认可。在双方当事人未进一步就案涉工程实际完成的管理工作如何结算提供依据的情况下，应当以双方认可的管理费结算方式文件为依据计算管理费。

**案情摘要：**2011年9月9日，金磊房产公司与东方钽业房产公司签订了《银川镁合金地块房地产开发项目委托管理合同》（以下简称《委托管理合同》），合同约定：甲方（东方钽业房产公司）为项目开发的主体，负责项目投资、项目开发经营，并享有开发收益，承担开发风险。甲方委托乙方（金磊房产公司）进行项目管理，在甲方委托的授权范围内对项目提供全程管理并全面负责项目的前期调研论证、规划设计、开发建造、施工管理、销售管理和前期物业管理及售后服务等工作，并对工程质量、进度、成本进行有效控制，达到委托方“三控”指标要求。委托内容包括前期阶段、项目建设阶段、销售阶段以及前期物业服务阶段；委托管理权限为乙方对授权事项在授权范围内享有决策权、指令权、管理权、签字权；项目管理费由基本管理费与考核管理费两部分组成，管理费用计算以项目规划批准的总建筑面积为依据，最终以实际完成的总建筑面积据实结算。其中，基本管理费 $T_0$ = 总建筑面积 ×30 元。考核管理费与利润总额挂钩，考核提取：(1)项目利润总额≤1亿

元时，考核管理费为零；(2)1 亿元＜项目利润总额≤1.5 亿元时，考核管理费＝总管理面积×20 元×(项目实际利润总额－1 亿元)÷0.5 亿元；(3)1.5 亿元＜项目利润总额≤2 亿元时，考核管理费＝总管理面积×20 元＋总建筑面积×30 元×(项目实际利润总额－1.5 亿元)÷0.5 亿元；(4)2 亿元≤项目利润总额＜3 亿元时，考核管理费＝总管理面积×50 元＋总建筑面积×50 元×(项目实际利润总额－2 亿元)÷1 亿元；(5)项目利润总额≥3 亿时，考核管理费＝总管理面积×100 元＋(项目利润总额－3 亿元)×10%。以上所称利润总额系所得税前利润，计算利润总额的成本构成中不含财务费用。

2016 年 3 月 21 日，东方钽业房产公司出具《"香榭丽舍"项目一期项目管理费结算方式》，其中载明：原双方签订的《银川镁合金地块房地产开发项目委托管理合同》中 7.2 项目管理费的确定办法 7.2.1 条规定的"香榭丽舍"项目管理费结算办法是以项目整体完工后的结算方式，未明确分期项目结算方式。决定按以下方式结算"香榭丽舍"项目一期管理费：1. 项目一期管理费用由基本管理费和考核管理费两部分构成，其中：基本管理费以实际完成分期总建筑面积为依据，每 $m^2$ 建筑面积 30 元。考核管理费与项目一期利润总额挂钩：(1)项目一期实现利润总额≤1 亿元×折算比率＝3481 万元时，考核管理费为零；(2)3481 万元＜项目一期实现利润总额≤1.5 亿元×149,830.48$m^2$÷428,690.2$m^2$＝5222 万元时，考核管理费＝一期实际完成建筑面积×20 元×(项目一期实现利润总额－3481 万元)÷0.5亿元×149,830.48$m^2$÷428,690.2$m^2$；(3)5222 万元＜项目一期实现利润总额≤2 亿元×149,830.48$m^2$÷428,690.2$m^2$＝6963 万元时，考核管理费＝一期实际完成建筑面积×20 元＋一期实际完成建筑面积×30 元×(项目一期实现利润总额－5222万元)÷0.5 亿元×149,830.48$m^2$÷428,690.2$m^2$；(4)6963 万元＜项目一期实现利润总额≤3 亿元×149,830.48$m^2$÷428,690.2$m^2$＝10,444 万元时，考核管理费＝一期实际完成建筑面积×50 元＋一期实际完成建筑面积×50 元×(项目一期实现利润总额－6963 万元)÷1 亿元×149,830.48$m^2$÷428,690.2$m^2$；(5)10,444 万元＜项目一期实现利润总额时，考核管理费＝一期实际完成面积×100 元＋(项目一期实现利润总额－10,444 万元)×10%。

2016 年 3 月 31 日，金磊房产公司与东方钽业房产公司签订《关于〈银川镁合金地块房地产开发项目委托管理合同〉协商解除备忘录》，约定：双方同意严格按照原合同(《银川镁合金地块房地产开发项目委托管理合同》)条款规定结算项目管理费,在双方完成项目管理费的结算并签订协议后,双方签订《关于〈银川镁合金地块房地产开发项目委托管理合同〉解除合同》。2016 年 5 月,金磊房产公司退出"香榭丽舍"项目。截至 2015 年 12 月 25 日,东方钽业房产公司共支付管理费 5,308,000 元。

2017 年 6 月 23 日,东方钽业房产公司委托宁夏五岳联合会计师事务所作出《"香榭丽舍花园"一期财务状况专项审计报告》,明确"香榭丽舍"一期项目利润总额为 132,983,672.42 元。金磊房产公司对该审计报告予以认可。

一审法院认为:金磊房产公司与东方钽业房产公司签订的《委托管理合同》系双方当事人真实意思表示,合法有效。东方钽业房产公司于 2016 年 3 月 21 日出具了《"香榭丽舍"项目一期项目管理费结算方式》,对《委托管理合同》中约定的结算方式作出变更,应当按变更后的结算方式计算管理费。东方钽业房产公司应当按新的结算方式支付金磊房产公司银川镁合金地块房地产开发项目管理费。

关于东方钽业房产公司称应当按照《委托管理合同》及《关于〈银川镁合金地块房地产开发项目委托管理合同〉协商解除备忘录》中约定的计算方式计算金磊房产公司的管理费,经查,虽然上述 2 份证据中对管理费的计算方式作出了约定,但该约定是针对"香榭丽舍"项目一、二、三期的约定,计算考核管理费所依据的利润额较大。而一期项目完成后,金磊房产公司退出了该项目。东方钽业房产公司于 2016 年 3 月 21 日出具了《"香榭丽舍"项目一期项目管理费结算方式》,对管理费的结算方式进行了变更,并明确是为了解决"香榭丽舍"项目一期的管理费。另外,《委托管理合同》还约定,"本合同经双方协商一致或因东方钽业房产公司受政府相关部门要求时,可以解除,合同因此解除时的相关事宜双方本着实事求是的态度协商处理",而以变更后的结算方式计算管理费更符合客观实际,故本院确定以变更后的结算方式计算管理费。

二审法院认为:虽涉案的《委托管理合同》及《关于〈银川镁合金地块房地产开发项目委托管理合同〉协商解除备忘录》已对金磊房产公司管理费的计算方式作出了约定,但该约定是针对"香榭丽舍"项目一、二、三期项目整体完工后的结算方式且并无分期分项结算的约定,与金磊房产公司在本案中实际完成的管理工作不符,故该结算方式不适用于本案。涉案一期项目完成后,金磊房产公司实际退出了涉案项目的管理，且金磊房产公司一审中提交了东方钼业房产公司于2016年3月21日出具的《“香榭丽舍”项目一期项目管理费结算方式》，东方钼业房产公司对该《“香榭丽舍”项目一期项目管理费结算方式》的真实性、合法性及与本案的关联性认可，该结算方式明确是为了解决“香榭丽舍”项目一期的管理费。因此，在双方当事人未进一步就金磊房产公司实际完成的管理工作如何结算提供依据的情况下，一审法院以《“香榭丽舍”项目一期项目管理费结算方式》计算金磊房产公司的管理费符合本案的实际。据此，金磊房产公司、东方钼业房产公司关于此问题的上诉主张均不能成立。

［**案例评析**］根据《合同法》第396条的规定“委托合同是委托人和受托人约定，由受托人处理委托人事务的合同”，依据委托人是否向受托人支付代为处理委托事务的费用，委托合同可分为有偿委托合同和无偿委托合同。本条涉及的建设单位委托项目管理单位进行项目管理的合同，多为有偿委托合同。根据《合同法》第398条的规定，对于有偿委托合同，“委托人应当预付处理委托事务的费用。受托人为处理委托事务垫付的必要费用，委托人应当偿还该费用及其利息”。本案中合同双方对于管理费的结算方式达成过两个方案，最终法院依据双方的真实意思表示和合同实际履行情况，选定了更符合真实情况的新方案作为计算依据，体现了诚实信用的基本原则。

---

**第十八条　【工程总承包企业的组织机构、管理制度和综合管理能力要求】**

**工程总承包单位应当建立与工程总承包相适应的组织机构和管理制度，形成项目设计、采购、施工、试运行管理以及质量、安全、工期、造价、节约能源和生态环境保护管理等工程总承包综合管理能力。**

---

## 条文主旨

工程总承包是一种颇具生命力的工程承包模式。住建部指出工程总承包有利于实现设计、采购、施工等各个阶段工作的深度融合，鼓励发展工程总承包模式将带来整个建筑产业水平的提高。[①] 工程总承包模式较之原先的设计、采购和施工分离的建设模式来说，对工程总承包企业的项目建设和管理能力提出了更高的要求。工程总承包企业提升相应的管理能力是适应工程总承包模式健康持续发展的内在要求。由于工程总承包模式与传统建设模式之间的差异，工程总承包企业应当具备高水平的综合项目管理能力。工程总承包企业将过去单独行使功能的设计企业、咨询企业、施工企业、项目运营管理企业等进行了高度融合与集成，成为一种独具特色的建筑企业群体。为了有机融合各个企业的功能，达到综合管理能力提升的目的，工程总承包企业能积极改革，构建起有效的组织机构并制定相应的管理制度。

制定本条旨在明确工程总承包企业的制度管理要求，从工程管理进程和工程管理内容两个角度明确工程总承包企业应当具备的基本能力，指导工程总承包企业按照规定提升其综合管理能力。

## 条文解析

本条主要包含 4 个层面的含义：(1)工程总承包企业应当建立与工程总承包相适应的“组织机构”；(2)工程总承包企业应当建立与工程总承包相适应的“管理制度”；(3)从工程建设过程来说，工程总承包企业应具备项目设计、采购、施工和试运行的全过程管理能力；(4)从工程建设具体内容来说，工程总承包企业应形成质量、安全、工期、造价、节约能源、环境保护等管理能力。这 4 个方面具有一定的逻辑关系：

第一，工程总承包单位应建立与工程总承包相适应的“组织机构”，工程总承包不同于传统的工程承包方式，集合了设计、采购、施工多个环节，因此要对这些环节进行协调和管控，传统工程承包企业的组织机构不能适应工程总承包的需要，故应建立新的组织机构。

第二，工程总承包企业有了组织机构，组织机构如何运作，需要有相应的管理制度；管理制度要形成书面文件，包含工程总承包管理的各个环节，要具有可操作

---

① 参见住房和城乡建设部《关于进一步推进工程总承包发展的若干意见》(建市〔2016〕93 号)。

性，分工到人，责任到人。

第三，工程总承包单位有了组织机构和管理制度之后，要进一步形成相应的管理能力，才能以管理制度为依据，以组织机构为载体，加强工程总承包企业的管理。

第四，工程总承包企业的综合管理能力可以从以下方面体现：(1)按工程总承包的"管理进程"划分，包括设计管理、采购管理、施工管理、试运行管理等；(2)按工程总承包的"管理内容"划分，包括质量管理、安全管理、工期管理、造价管理、节约能源、环境保护管理等；此处的质量、安全、工期、造价、环境保护是贯穿于设计、采购、施工、试运行等全过程的。

## 理解与适用

### 一、工程总承包企业应改革和完善自身的组织机构

企业的组织机构是指组织关于职务权利关系的一套形式化系统，它阐明各项工作如何分配的内部协调机制，是组织内各成员互动的稳定化的模式。[①]住房城乡建设部《关于进一步推进工程总承包发展的若干意见》(建市〔2016〕93 号)第 3 条第 15 款规定，工程总承包企业应完善工程总承包企业组织机构。工程总承包企业应当结合自身企业情况以及开展工程总承包业务的实际需要，及时增设和完善企业组织机构，聘用和培养相关领域专业人才，构建起能够集设计、采购、施工全过程管理能力于一体的企业组织机构。

《管理办法》提出这项要求一方面是基于工程总承包模式在我国的发展现状的考虑，另一方面则是由工程总承包的内涵和方式所决定。首先，工程总承包模式在我国发展中出现的典型问题是实施企业不具备工程总承包所需的综合管理能力。大量实施企业忽视了对企业组织结构的构建，因而无法为工程总承包项目提供有力的支撑。[②]根据原建设部调研结果，我国企业与外国大型工程公司之间的显著差距之一就是多数设计、施工、监理企业没有建立与工程总承包管理相应的

① 参见于颖娜、孙巍：《企业核心能力、企业制度和企业组织机构》，载《长春大学学报》2004 年第 3 期。

② 参见陈祖雄：《工程总承包存在问题及对策的思考》，载《中国勘察设计》2018 年第 4 期。

组织机构。[1]传统的以单一业务为主的设计企业或施工企业，其组织机构通常仅围绕其核心业务进行构建。例如，施工企业围绕工程采购及施工业务设置经营部、采购部、工程部、物资部、财务部等部门，通常不设专门负责设计及相关管理的部门。而监理单位的服务领域则主要局限在专业工程的施工阶段监理。[2]显然，设计企业、施工企业和监理企业的原组织机构已经难以满足开展工程总承包业务的实际需要。

其次，按照《管理办法》第 3 条规定，工程总承包是指从事工程承包的单位按照与建设单位签订的合同，对工程项目设计、采购、施工或者设计、施工等阶段实行总承包，并对工程的质量、安全、工期和造价等全面负责的工程建设实施方式。工程总承包模式基本涵盖了工程项目建设的全过程，工程总承包企业不因部分业务的分包而免除其在工程质量、安全、工期和造价等方面应当向业主承担的责任。因此，工程总承包企业应当具备对设计、采购、施工过程全面管理的能力。通过调整组织机构，工程总承包企业能够及时识别自身缺陷并加以补足，为工程总承包项目全覆盖管理打下基础。

工程总承包企业应当按照《管理办法》的要求，参考国外大型工程公司的组织机构设置的积极经验，以工程总承包项目为核心，设置设计部门、采购部门、施工管理部门、项目控制部门、信息管理部门等符合工程总承包业务要求的职能部门。另外，工程总承包企业不能忽视对人才的选任和培养，针对各个职能部门的业务要求培养相关专业人员，保障其组织机构的有效运转，为将来承接工程总承包项目提供制度和人员方面的保障。

## 二、工程总承包企业应加强工程总承包项目管理体系建设

在项目管理上，工程总承包模式与过去设计、施工相独立的工程建设模式具有显著的区别。由于工程总承包项目的复杂性，为了保障工程总承包企业组织机构的有效运转，企业承接的各类总承包项目得以顺利完工，工程总承包企业同时应当加强对管理体系的建设。

---

① 参见王宁、逄宗展、张秀东：《美国、加拿大工程公司开展工程总承包和项目管理的考察报告（上）》，载《建筑经济》2003 年第 4 期（总第 246 期）。

② 同上。

住房城乡建设部《关于进一步推进工程总承包发展的若干意见》(建市〔2016〕93号)第3条第17款对工程总承包企业加强工程总承包项目管理体系建设提出了明确的要求。第一,工程总承包企业应当建立项目管理标准体系,明确各类管理工作的标准。该标准体系应当包括技术、管理、质量、职业健康安全、环境5个方面;具体的管理标准包括对管理制度的制定、管理岗位的设置、管理人员的设置,以及各个管理标准体系之间的衔接。第二,工程总承包企业应当建立对分包单位的管理体系,并且该体系应当同时纳入工程总承包企业自身的管理体系之中。对于分包单位的管理应当包括对分包单位的监督、评估和管理。第三,鼓励工程总承包企业建立电子管理体系。工程总承包企业可以通过应用项目管理软件,建立信息网络管理平台,完善管理数据库,实现电子管理体系与传统管理体系的过渡与结合。电子管理体系能够有效帮助工程总承包企业保存大量项目数据,实时开展多项目的同步管理工作,能够及时发现并纠正项目实施过程中存在的问题。

## 三、工程总承包企业应形成工程总承包综合管理能力

### (一)工程总承包企业应具有综合管理能力的原因分析

之所以强调工程总承包单位应具备综合管理能力,是源于工程总承包的本质,即不同于传统的设计、施工分离的工程承包方式的多种承包内容的结合。工程总承包模式下,工程总承包单位需要具备对项目综合管理的能力,即同时承担设计管理、采购管理和施工管理的能力。无论是从工程总承包企业自身利益的角度还是从工程总承包项目具体实施的角度分析,工程总承包企业都应当具备综合管理能力。

首先,从工程总承包企业自身利益角度出发,只有具备综合管理能力工程总承包企业才能实现自身利益的最大化。通常来说,工程总承包模式的利润率普遍高于传统的施工总承包模式,这是国内外大型建设项目采用工程总承包模式的重要原因之一。根据《管理办法》第3条的规定,工程总承包模式是指采用设计、采购和施工(EPC)或设计、施工(DB)的建设模式。无论是EPC模式还是DB模式,建设单位在招标时仅提出项目要求和目标,具体的设计工作应当由工程总承包企业负责完成。只有具备对设计、采购和施工综合管理能力的企业,

才能在策划阶段就对项目情况作出相对准确的预估。工程总承包企业应根据建设项目的内容和要求自行确定技术方案、完成相关的工程量估算、进度估算和工程费用的估算，从而确定投标报价。合理的投标报价直接决定了工程总承包企业能否中标，以及项目最终能否顺利实施。显然，只有同时具备了设计管理、采购管理和施工管理的能力，工程总承包企业才能够对建设单位的要求作出合理的判断并正确报价，提高自身中标的可能性。工程总承包企业若具备足够的综合管理能力，就能够充分协调设计、采购与施工中的进度，优化设计和施工过程，降低自身风险的同时增加自身利润空间。另外，工程总承包企业能够避免单个利益单位在合同签订时的局限性，从整体上把握合同条款，更好地利用合同权利。

其次，从项目具体实施的角度出发，只有具备综合管理能力才能够保障工程总承包项目顺利完工。我国传统的工程建设方式采用了设计与施工相分离的模式。在传统的建设模式中，建设单位承担了较重的管理责任。设计单位、施工单位和监理单位分别与建设单位签订了相应的合同，在各自合同约定的范围内履行义务，各自向建设单位承担相应的责任。设计单位按照建设单位的需求完成设计后，施工单位应当严格按照施工图纸完成项目施工任务，设计单位与施工单位的工作内容单一且互不干预。设计单位仅需具备设计管理能力，施工单位仅需具备施工管理能力，监理单位则主要针对施工过程进行监督和管理。但是，工程总承包模式下建设单位的管理责任实际上部分转移至工程总承包单位，极大地减轻了建设单位的管理压力。工程总承包企业应当就项目建设全过程向建设单位承担责任，无论项目建设的哪一阶段出现问题，建设单位只需直接向工程总承包单位追究责任即可。这就要求工程总承包企业具备全面管理设计、采购和施工的能力，能够尽量减少甚至是避免在项目实施过程中可能产生的问题，或是在向建设单位承担责任后能及时明确相关责任主体降低自身损失。如果工程总承包企业目前只具备一项管理能力，而不具备其他两项管理能力，则需要通过引用、培养等方式聘请相应专业管理人员对项目的设计、采购、施工进行管理，或者委托具有其他两项管理能力的项目管理单位代其管理。缺乏综合管理能力的工程总承包企业在未来的市场上是必然没竞争力的。

(二)工程总承包企业综合管理的具体内容

工程总承包企业的综合管理能力体现在统筹设计、采购和施工的各个阶段,在各个阶段中做好对项目质量、安全、造价、工期、环保等内容的管理工作。

1. 设计阶段管理

工程总承包企业应当格外重视设计阶段的管理能力,因为设计的优劣将直接影响后续采购和施工过程的进行,以及整体工程的造价和工期能否得到有效的控制。工程总承包企业在设计阶段应当具备投资控制能力、质量控制能力、进度控制能力和分包管理能力。

第一,设计环节对于工程技术和造价具有重要的影响。设计阶段应当实现对项目投资的有效控制。在设计阶段,设计人员应当准确理解建设单位的建设要求,合理确定相关技术规范、设备、材料、场所、规模等内容,尽量把成本控制在最低。另外,设计人员在审核设备材料供应商提供的技术方案时,通常应当在满足建设需求的前提下将成本控制在最低。更重要的一点是工程总承包企业集设计与施工于一身,设计与施工属于工程总承包商的内部关系。因此,工程总承包商完全应当有能力协调好设计与施工的关系,对于设计变更的情况采取预防措施,实现对工程施工费用的合理控制。第二,施工过程完全是按照设计图纸进行施工,因此设计的质量直接决定了施工的质量和最终建设项目的质量。设计阶段应当严格按照各项设计标准进行设计,保证设计水平。第三,由于在工程总承包中可能存在边设计边施工的情况,因此工程总承包企业充分利用好设计与施工各个阶段合理安排时间衔接,提高各项工作的配合效率,就能够合理实现缩减工期的目标。第四,工程总承包企业应当具备设计专业相关人员,即使将设计工作分包的,工程总承包企业仍应保障自身具有对设计分包商进行监督管理的能力。

2. 采购阶段管理

在工程总承包模式中常常由工程总承包企业负责完成采购。采购阶段的有效管理对于控制工程造价、工程进度、工程质量有重要的影响。工程总承包企业在采购阶段管理时应当注意对采购设备材料的质量管理、时间安排、价格控制等。由于采购的材料是直接添附至建筑上的,因此采购材料的质量直接影响了工程的质量。工程总承包企业在采购管理中应当格外注意对采购材料质量的检测和确认。工程总承包企业作为总负责单位,应当根据施工计划和进度合理安排采购时间，避免出现物资浪费或供应不及时的情况，导致额外增加费用或延误工期。由于建筑材料费用在工程总投资中占比非常高，工程总承包企业应当合理安排采购的时间和数量，避免造成建材浪费，控制采购费用。

3. 施工阶段管理

施工是工程总承包项目的核心环节。有效的施工管理能够保障总承包项目保质保量的竣工。施工管理与传统施工总承包的管理工作没有本质上的区别，工程总承包企业应当做好对进度、安全、质量和造价的管理工作。

在工程总承包项目中，总承包单位应当格外注意做好索赔管理工作。《管理办法》第 16 条中规定企业投资项目宜采用总价合同。由于工程总承包模式采用固定工期和造价的方式降低了建设单位的风险，作为对价，建设单位通常会给予工程总承包企业较大的利润空间。在报价时，工程总承包企业应当充分考虑自身的成本和利润来合理确定总造价，一旦签订合同后没有特殊情况固定总价一般不予调整。因此，在合同履行过程中工程总承包企业一定要做好对索赔的管理工作。出现非因总承包商原因导致的额外增加费用或工期延误的，应当及时根据合同约定向建设单位进行索赔，否则总承包商则需自行承担相应的费用。工程总承包企业应当对签订的工程总承包合同中的合同风险、索赔条件、索赔程序、索赔期限等内容有充分的把握，并安排专门负责管理索赔事项的工作人员。

4. 合同管理

工程总承包企业除了做好项目的造价、进度、质量等管理工作外，还应当具备相应的合同管理能力。工程总承包项目中的合同管理较为复杂，工程总承包企业的身份具有双面性。一方面，工程总承包企业是建设单位的承包商；另一方面，在分包商面前其又是发包方，具有类似业主的地位。另外，工程总承包项目通常较为复杂参建方较多，工程总承包企业可能对会外签订多份合同。因此，工程总承包企业应当建立合同管理体系以便有效管理各类合同的签订与执行，同时对合同具体内容进行梳理和明确，强化工程总承包企业项目管理人员的合同意识。

## 实践中应注意的问题

工程总承包单位应对工程总承包项目的质量、安全、工期、造价、环境保护负总责，并且就分包工程承担连带责任。住房和城乡建设部《关于进一步推进工程总承包发展的若干意见》第1条第2款、建设部《关于培育发展工程总承包和工程项目管理企业的指导意见》及住房和城乡建设部《关于进一步推进工程总承包发展的若干意见》(建市〔2016〕93号)第2条第11款均特别强调了工程总承包企业应当按照与建设单位签订的合同，对工程项目的设计、采购、施工等实行全过程的承包，并对工程的质量、安全、工期和造价、环境保护等全面负责。

工程总承包的模式让工程总承包对建设项目总负责，因此工程总承包企业必须具备较高的综合管理能力，防范自身或分包商的违约风险。因此，工程总承包单位建立的与工程总承包相适应的组织机构和管理制度越健全，其形成项目设计管理、采购管理、施工管理、试运行以及质量、安全、工期、造价、环境保护等工程总承包综合管理能力越全面，其在承包工程总承包项目时越易于发现、管理和解决其中的风险和问题，承担责任的概率就越小，反之亦然。

另外，从建设单位的角度考虑，工程总承包企业的综合管理能力可以直接决定建设项目能否顺利实施。因此，建设单位在选择工程总承包单位时，除了对工程总承包企业的资质条件进行审查之外，还应当重点关注工程总承包企业的组织机构以及管理能力。建设单位可以要求工程总承包企业提供其相关领域的项目业绩，通过对工程总承包企业既往项目的分析考量工程总承包企业是否具备相应的综合管理能力，是否有资格承接相关项目。

## 案例评析

**[案例]工程总承包商缺乏设计、采购和施工综合管理能力将导致严重违约风险**

滁州市环境卫生社会化服务中心(一审原告、反诉被告、二审被上诉人，以下简称滁州市环卫中心)与凌志环保股份有限公司(一审被告、反诉原告、二审上诉人，以下简称凌志公司)建设工程施工合同纠纷案

案　　号：(2016)皖11民终1150号

审理法院：安徽省滁州市中级人民法院

裁判类型：二审判决书

**案情摘要**：2013年1月30日，滁州市环卫中心就滁州市生活垃圾填埋场渗滤液处理站升级改造工程EPC总承包(二次)工程对外发布招标文件，载明："第一章招标公告(二次)工程规模：投资估算价1000万元；招标范围：本工程'为交钥匙工程'，原渗滤液处理站日处理能力为200吨，现对滁州市生活垃圾填埋场渗滤液处理站进行升级改造工程，承包方式为EPC总承包，改造后的渗滤液处理站日处理能力为300吨，净出水率不低于70%，出水水质达到《生活垃圾填埋场污染控制标准》(GB 16889－2008)表2标准；工艺调试、试运行6个月、环保验收、人员技术培训等，商业运营5年。"

2013年2月28日，凌志公司分别向滁州市环卫中心及滁州市采购交易中心、滁州市招标局发出一份《致××函》及《回复函》，《回复函》载明："……经专家及相关部门领导参加评审并宣布我公司商务及技术总分为第一名。2013年2月6日到滁州市采购交易中心进行约谈会，有关专家对我公司所报运营费作出低于成本价结论，要求我公司退出放弃中标权利，是完全不符合招投标法的。就此我公司郑重申明我公司所投滁州市生活垃圾填埋场渗滤液处理站升级改造工程EPC总承包项目工程报价和运营费报价是综合整体考虑，并非单独运营投标。在此我公司郑重承诺完全响应招标文件和投标文件要求，并履行相应的责任与义务，在施工期保证工程高质量高标准完成，在运营期按照国家规范及要求运行，达标排放。"2013年3月7日，凌志公司向滁州市招标管理局及滁州市环卫中心发出1份《回复函》，载明："贵局向我公司提出如下三点要求：1.原招标文件是该工程完工后调试合格，工程款付至90%，现改为80%……3.由于工程款支付由原90%改为现80%，则前面按进度支付比例同比例下降。……经我公司董事会研究决定：贵方在商务洽谈会上提出的要求，考虑到该项目为安徽省重点项目、滁州市惠民工程，且处理量为300吨/天，在垃圾渗滤液行业中属规模较大，故我公司以做此业绩为主、盈利为次，并打造一个品牌工程。我公司郑重声明接受贵方提出的要求，希望贵局领导组织人员来我公司考察，并加快签订合同加快开工，早日完工。"

2013年4月28日，滁州市环卫中心作为发包人，凌志公司作为承包人，双方签订一份《滁州市生活垃圾填埋场渗滤液处理站升级改造工程EPC总承包工程合同书》(以下简称EPC合同),载明:“……第二章通用合同条款　按照《滁州市生活垃圾填埋场渗滤液处理站升级改造工程EPC总承包(二次)招标文件》通用合同条款约定;……第三章专用合同条款……五、进度款付款　本工程月进度款由甲方支付,每月底乙方提交已完工程进度款申请,甲方和监理单位审核后10日内,甲方支付工程进度款的55%;工程竣工决算审计及环保验收合格后10个工作日内,工程款累计支付至审定价款的80%;剩余20%为工程质量保修金,其中10%分别在第一年运行合格后10个工作日内无息付5%,第二年运行合格后10个工作日内无息付5%;剩余10%,在5年的商业运营期结束后无质量问题10个工作日内一次性无息返还。商业运行费在运行过程中每3个月支付一次,运行费按乙方投标单价计算,中标运营期内不得调整。运营费用在每个运行年度最后1个月扣除25万元,5年合计扣除的费用在运营期结束时10个工作日内一次性无息支付。五、项目工期　1.建设工期:2013年5月20日前完成分隔堤工程;2013年8月20日前完成所有建、构筑物及附属设施施工、各类管线铺设、设备安装,达到工艺调试和设备调试的条件,试运行6个月;2.商业运营期限:5年……六、工程建设　1.建设内容。乙方负责招标范围内所有项目设施、场地平整、厂房、水池等的建设和与本项目相配套的其他建设,并承担建设工程中应承担的费用和风险,包括:(1)在本合同规定的竣工日期内竣工……5.试运行:本项目试运行期为6个月,若属于乙方自身原因导致未达标排放或处理规模达不到设计要求,将视为项目存在重大缺陷,合同自动终止。造成的一切损失均由乙方承担,本项目乙方的所有设施、设备、建筑物、构筑物和项目用地等无条件交给甲方……7.环保验收在试运行满3个月后,由乙方委托具有环保验收检测资格的机构,对垃圾渗滤液升级改造工程进行环保检测并出具检测报告……如检测结果符合环保验收要求,乙方将检测报告提交甲方,甲方在10个工作日内向滁州市环保局提请环保验收申请;如检测结果不符合环保验收要求,由乙方对渗滤液处理设备进行维护与调试后,再次进行环保检测,直至符合环保验收要求……通过环保验收,以滁州市环保局出具环保验收合格的文字材料为标志及时间节点。……十、违约责任　3.项目在试运行6个月内完成环保验收,如不能按时完成环保验收,乙方除弥补缺陷保证达标外,还应向甲方支付工程总价5%的违约金。4.在运行或保修期内,如出现达不到处理规模或处理水质不达标的情况,乙方除弥补缺陷保证处理规模或处理水质达标外,还应向甲方支付工程总价5%的违约金。5.本项目在施工或运行过程中遇到工程建设不合格、或处理规模达不到300吨/天、或出水不达标(不仅限于以上情况)等无法挽回的问题或事件,或在施工和运行过程中乙方提出退出、或由于乙方原因合同终止,乙方给予甲方工程总价的60%赔偿,同时扣除质量保证金。如果事情发生在运行第一年,则10%工程款也应相应扣除。……十二、合同的变更和解除　2.如乙方要求变更或解除合同,所造成的损失由乙方负责。3.本合同为固定总价合同。凌志公司中标该工程后进行了施工,但直至2013年6月初方完成初步设计并交由相关部门及专家评审通过,同年7月份完成施工图纸设计并交由审图中心审核通过,同年8月份完成分隔堤的施工,同年11月底基本完成土建及设备供货、安装、调试服务,直至2014年2月13日方经滁州市环保局批准进行试运行,试运行期延误近6个月。"

2013年10月16日,安徽百事德工程咨询有限公司出具的《监理工程师通知单》载明凌志公司在设备安装过程中存在部分安装设备参数与设计文件不符合、现场安装部分设备品牌与投标文件中所报设备品牌不符。2014年3月11日,凌志公司向滁州市环卫中心发出《关于垃圾渗滤液处理站升级改造工程回函》,承诺在经专家评审修改后的初步设计及施工图确定的工艺及设备参数下,在合同约定的试运行期内达到设计要求。2014年3月13日,滁州市环卫中心出具的《关于垃圾渗滤液处理站升级改造工程相关问题明确整改的函》载明滁州市环卫中心多次要求凌志环保股份有限公司将私自变更的设备更换为符合招标文件、初步设计以及施工图设计要求的设备,截至2014年3月13日凌志公司仍然没有完成更换。2014年3月17日,凌志公司出具的《关于滁州市环境卫生社会化服务中心垃圾渗滤液处理站升级改造工程整改方案的函》载明:"一、主要工艺设备运行没能达到设计要求,我司已落实生产厂商于3月18、19日2天到现场查看分析原因,拿出解决方案……三、我司承诺按照合同,如我方原因导致延误工期的我方承担相关责任及经济赔偿。"2014年5月13日,凌志公司出具的《关于滁州市生活垃圾填埋场渗滤液处理站升级改造工程环保验收延期申请报告》载明:"本工程从2014年2月13日进入调试期以来……在满负荷运行的过程中,对部分非常规指标缺乏了解……没有达到设计要求……"2014年5月15日,凌志公司出具的《关于垃圾渗滤液处理站未能完成试运行的回复函》载明:“本工程从2014年2月13日开始进入试运行阶段。在运行初期的7天时间每天的出水量达到200吨。随后的时间出水量逐步下降……对水质非常规数据不充分了解是导致本工程试运行未完成的重大原因。”2014年5月22日滁州市环境保护局《关于对滁州市环境卫生社会化服务中心环境问题的监察通知》载明:“我局于2014年2月13日批复该处理站试运行,检查时处理站处于调试阶段,未向外排水,处理站日最高处理量70t/d,远远低于设计处理量210t/d,出水无法达到《生活垃圾填埋场污染控制标准》(GB 16889－2008)相关要求,处理工艺存在缺陷,无法满足运行负荷和排放标准要求。”2014年7月12日,滁州市环卫中心出具的《关于滁州市环境卫生社会化服务中心垃圾渗滤液处理站升级改造工程污水外运停运函的回复》载明:“凌志环保股份有限公司:由于你司在建设过程中私自变更机电设备,我中心在2014年1月至3月,多次要求纠正,你司也作出纠正承诺函,但我中心至今没有收到监理单位出具的完成纠正确认……”2015年3月31日,案涉项目通过了滁州市环境保护局的竣工环境保护验收。

一审安徽省滁州市琅琊区人民法院认为:滁州市环卫中心与凌志公司签订的EPC合同合法有效,双方应严格按约履行。凌志公司未能按照合同约定的工期,即在2014年8月13日前完成环保验收已经构成违约。根据EPC合同约定,若属凌志公司自身原因导致未达标排放或处理规模达不到设计要求,将视为项目存在重大缺陷,合同自动终止。造成的一切损失均由凌志公司承担,本项目凌志公司的所有设施、设备、建筑物、构筑物和项目用地等无条件交给滁州市环卫中心。由于案涉处理站未能达到日处理能力300吨、出水量达210吨的要求,一审法院支持了滁州市环卫中心解除EPC合同的诉讼请求,并判决凌志公司按照合同约定向滁州市环卫中心承担相应的违约责任,赔偿滁州市环卫中心额外增加的污水外运处理费用。

凌志公司在本案中提出反诉请求主张因案涉工程已通过验收,滁州市环卫中心应当向凌志公司支付剩余工程款并承担逾期付款的违约责任。一审法院经审理认为,本案中凌志公司负有先履行义务,但凌志公司存在严重违约行为,其履约行为不符合约定,后履行一方有权拒绝其相应的履行要求。因此,一审法院未认定滁州市环卫中心逾期支付工程款的行为构成违约,未支持凌志公司要求支付违约金的反诉请求。

二审争议焦点：1. 滁州市环卫中心要求凌志公司移交案涉工程的诉讼请求能否成立；2. 凌志公司要求滁州市环卫中心给付增加的工程款2,310,804元及违约金333,324元。

二审安徽省滁州市中级人民法院认为：本案中，凌志公司的主要合同义务为，根据双方EPC合同的约定完成案涉工程的设计、采购、施工等合同内容。凌志公司认为滁州市环卫中心提供的进水水质超标，系导致其公司所施工的EPC工程出水量未达合同约定的根本原因。经查，招标文件中所载明的NH3－N(mg/L)≤1500系设计进水参考水质，在设计进水主要污染物指标参考水质表各项数值下方，已明确载明“投标人现场考察并预测未来渗滤液进水水质，今后运行中实际进水水质指标超过或低于本设计进水水质指标，导致处理后出水不达标的风险由投标人承担”，滁州市环卫中心在招标文件中已就进水水质的对项目运行所带来的风险向凌志公司予以充分明示，凌志公司应实地考察垃圾渗滤液各项污染物的指标数值并据此作出是否参与投标的决定，一旦其公司向滁州市环卫中心作出投标报价，即表明其已经充分理解招标文件的各项条款，其公司应受招标文件各项条款的约束。

本案中，凌志公司主张案涉EPC工程增加的工程款2,130,804元应由滁州市环卫中心给付。本院认为，该款项仅系凌志公司单方计算，且案涉EPC工程为固定总价的“交钥匙工程”，其公司亦未举证证明双方已就由滁州市环卫中心承担该款项达成合意，故本院对凌志公司主张滁州市环卫中心支付工程款2,130,804元的上诉请求不予支持。对于违约金333,324元，因凌志公司所承建的案涉EPC工程未能符合双方合同约定的出水量，应属违约，其主张滁州市环卫中心向其公司支付333,324元违约金的上诉请求亦不能成立，本院亦不予支持。

对于凌志公司认为滁州市环卫中心未按合同约定履行付款义务，因案涉工程系由凌志公司负责设计、采购、施工，根据本案双方及监理单位的往来函件、试运行的批准时间及最终获得环保验收批复的时间足以认定凌志公司延误工期的事实，同时因本案合同属于双务合同，且有先后的履行顺序，在凌志公司未能按约履行其合同义务的情况下，滁州市环卫中心有权拒付工程款，且根据凌志公司所举证据，亦不能证明存在滁州市环卫中心在符合支付凌志公司工程款的条件下而拒付工程款的情形，故本院对凌志公司主张滁州市环卫中心未按合同履行付款义务，存在严重违约的上诉理由不予采纳。

[**案例评析**]通过本案例可以充分体现工程总承包企业综合管理能力的重要性。本案中凌志公司显然缺乏作为工程总承包企业所需的管理能力，最终导致其出现了严重违约行为。凌志公司在实施该工程总承包项目时，显然存在以下几个问题：第一，凌志公司缺乏对设计的管理能力。凌志公司对于建设单位提出的设计标准缺乏合理的判断，在招投标期间未能对相关水质进行充分了解，导致建设完成的污水处理站存在工艺缺陷，根本无法达到建设单位要求的排污标准。第二，凌志公司缺乏造价控制能力。一方面，凌志公司在投标报价时的运营费远低于成本价，在招标人已经明确指出该问题的情况下凌志公司仍然坚持其是综合考虑的结果没有任何问题。随后，滁州市环卫中心在签约前修改了付款方式，将最终付款从90%改为80%。凌志公司在未合理评估该风险的情况即接受了招标人的条件。一旦工程总承包企业在投标时报价缺乏合理性，实际上就为后续履约埋下了巨大的风险。虽然裁判文书中未明确指出凌志公司系为降低建设成本而更换了排污设备的型号，但是不排除此种可能性。另一方面，凌志公司未能及时做好索赔工作，其认为工程存在的增加费用的未及时向建设单位索赔，最终该费用未能获人民法院支持。

因此，工程总承包企业需重视提高企业自身的综合管理能力。只有在设计、采购、施工阶段具备对安全、质量、造价、工期、环保、节能等各项内容的管理能力，保障工程总承包企业在承接工程时充分考虑自身能力和履约难度，才能在合同谈判时充分保障企业自身的利益，不至于在履约中承担巨大风险，甚至做出侵害建设单位利益的行为。

**第十九条　【项目管理机构的设置及管理措施】**

**工程总承包单位应当设立项目管理机构，设置项目经理，配备相应管理人员，加强设计、采购与施工的协调，完善和优化设计，改进施工方案，实现对工程总承包项目的有效管理控制。**

## 条文主旨

由于工程总承包采取总包单位负责制，工程总承包企业在项目中扮演总协调、总调度、总管理的角色。因此，工程总承包企业必须从机构、制度、人员等层面全面提升项目管理的综合能力。

项目管理机构设置的根本目的是产生组织功能，实现项目管理的总目标。从这一根本目标出发，就会因目标设事务，因事务设机构定编制，按编制设岗位定人员，以职责定制度授权力。工程总承包商要完成总承包的全部内容，就必须定义设计—采购—施工的主要事项，设立项目管理主要的部门、岗位和职责。工程总承包单位以项目管理机构作为工程管理的各种信息、各项决策的交汇点，发挥其突出的总协调作用，加强对设计、采购与施工的协调管理，实现对工程总承包项目的有效管理控制。

## 条文解析

本条与第18条结合，是《管理办法》对工程总承包企业的综合管理能力提出的要求。第18条从宏观角度出发对工程总承包企业本身提出要求，通过强调完善企业组织机构和管理制度，明确工程总承包项目的管理任务，以期提升工程总承包企业承接和管理工程总承包项目能力。本条则在第18条的基础上，从微观角度出发对为项目设立的管理机构以及项目机构应当采取的管理措施进行规定。只有设置结构合理的项目管理机构并配置符合条件的项目经理及管理人员，项目管理机构才能够充分发挥作用，采取有效的管理措施，实现对承接的工程总承包项目的有效管理和控制。项目管理机构在落实第18条中规定的管理事项的同时，本条对项目管理机构在项目实施阶段可采取的管理措施也进行了明确。

住房城乡建设部《关于进一步推进工程总承包发展的若干意见》（建市〔2016〕93号）规定，工程总承包企业应当加强对工程总承包项目的管理，根据合同约定和项目特点，制定项目管理计划和项目实施计划，建立工程管理与协调制度，加强设计、采购与施工的协调，完善和优化设计，改进施工方案，合理调配设计、采购和施工力量，实现对工程总承包项目的有效管理控制。结合住房城乡建设部《关于进一步推进工程总承包发展的若干意见》的规定，本条实际上包含了4个层面的内涵：(1)工程总承包企业应当根据不同项目的特征分别设置相应的项目管理机构；(2)每个项目都应当设置项目经理，负责统筹管理项目的实施情况；(3)项目管理机构应当配备相应的管理人员，能够确保对设计、采购和施工进行管理；(4)项目管理机构的职责是加强设计、采购与施工的协调，完善和优化设计，改进施工方案等。

## 理解与适用

### 一、项目管理机构在项目实施过程中的管理措施

工程总承包企业作为对设计、采购和施工全面负责的总责任主体，在项目实施过程中掌握极高的主动权。项目管理机构采取有效的管理措施能够促使总承包项目保质保量的完工，同时能够实现工程总承包企业的利益最大化。项目管理机构应当采取协调各项工作、优化设计和改进施工方案等措施，落实设计、采购和施工过程中对工程质量、安全、工期、造价、节能和环保等的管理工作。

(一)协调设计、采购与施工相关工作

在传统工程建设项目中，设计与采购、施工阶段相分离。通常由建设单位先行委托设计企业完成项目设计工作后，建设单位再选用合适的施工单位完成施工工作。建设单位通常选择采用施工总承包的模式，选择施工总承包商统一负责工程建设工作。设计、采购与施工相分离的建设模式存在以下几点缺陷。第一，建设单位的各项成本较高。建设单位为采购目标工程，必须分别与设计单位、施工单位、设备生产商等进行协商和签约，这些过程极大的增加了建设单位的时间成本、建设成本和管理成本等。第二，受到利益驱使，当设计、采购、施工阶段分离时，各个参建方可能更关注自身利益的最大化，导致各方产生利益冲突最终影响建设项目的实施。第三，建设过程中参建主体较多，设计、采购和施工各阶段一旦产生矛盾均需要通过建设单位进行协调，严重影响了项目实施的效率。

而在工程总承包商项目中，设计、采购和施工等各个环节集中整合到工程总承包商的责任范围内，项目管理机构通过行之有效的管理措施能够使项目实现资源、设施的优化组合，极大提高项目效率。站在一个整体的角度对项目进行规划，

能够避免过去单个工程衔接中的矛盾。项目管理机构配备设计、采购和施工管理人员,全过程参与项目建设。在设计阶段,通过与采购、施工人员的沟通,能够保障设计人员在符合项目技术要求的前提下采用最优的设计方案。而在施工过程中,一旦遇到任何问题需要调整设计方案的,项目管理机构也能够及时组织施工管理人员与设计管理人员沟通,协商解决途径。此外,项目管理机构可以根据项目的进度统一协调各项工作的时间。通过边设计边施工的方式,项目管理机构能够降低施工等待设计的时间成本。另外,项目管理机构可以统筹采购阶段与施工阶段的安排,按照施工进度安排采购设备材料的时间和数量,避免出现施工急需用料时材料供应不上的情况,或者是采购过多占用场地影响施工的情形。

为了协调好设计、采购和施工之间的关系,工程总承包企业不仅需要有较强的综合管理能力,同时需要保证其为项目设置的项目管理机构和配备的管理人员也具有相应的管理和执行能力。一旦项目管理机构无法充分履行工程总承包商的管理职能,则可能直接影响建设项目的实施,损害工程总承包企业的利益。

(二)完善和优化设计,保障工程总承包企业的经济效益

通过完善和优化设计,不仅能够实现对施工阶段的造价控制,同时能够促进工程总承包企业进行技术创新。根据相关调查资料分析,设计阶段对工程造价的影响度达到了75%以上,通过经济合理的设计,可以降低工程造价的5% ~10%,甚至有时能达到10% ~25%。[①]西方国家格外重视设计阶段的工作。由于西方国家投资主体以私有制为主,尤其重视追求投资建设项目的综合效益,因此建设企业通常会聘用大型顾问公司为投资方提供从前期可行性研究到竣工交付等全过程服务,设计优化便是其中的重要服务内容之一。[②]

然而,与西方国家投资模式恰好相反,我国长期采用设计与施工分离的建设模式导致建设单位主要注重在施工阶段对造价进行控制,而忽视设计阶段对控制造价的重要性。设计工作的专业性极强,建设单位通常缺乏相关专业的工作人员,很难直接或者深入介入设计工作,更无法从设计阶段实现对工程造价的控制。设计单位的主要职责和义务是按照建设单位提出的设计要求和目标完成建设项

① 参见高文:《建设单位工程设计阶段造价控制探讨》,载《合作经济与科技》2019年第10期。

② 参见江峥、余力、孙美雄:《工程设计优化方法探讨与实践》,载《广东土木与建筑》2003年第3期。

目的设计，无论工程造价能否降低均不会直接影响设计单位的经济效益，因而设计单位也缺乏主动为建设单位降低工程造价的积极性。另外，设计单位在进行设计时一般更侧重于工程的安全性，一旦进行设计优化，设计单位可能要承担技术性能指标或质量上的风险。①因此，设计单位可能通过提高技术要求以保障建设项目的安全性，由此将导致建设工程总造价的升高。

工程总承包模式将工程设计责任从建设单位转移至工程总承包单位，设计工作质量的优劣将直接影响工程总承包单位最终的经济利益。工程总承包模式极大地提高了工程总承包企业优化设计的积极性。因此，项目管理机构在开展管理工作时应当注重对设计方案的优化，在保障建筑工程满足建设单位的要求和技术指标的基础上，选择经济效益最高的设计方案。建筑设计优化涉及的范围较广，其形式也较为灵活，既可以对设计方案进行综合优化，也可以对其中部分环节进行选择性优化。②项目管理机构在开展设计工作时应尽量选择在方案阶段对设计进行优化，一旦进入施工图阶段再进行设计优化反而会因为设计变更增加设计人员和施工人员的工作量，增加工程施工成本损害工程总承包企业的利益。

（三）改进施工方案

施工方案是针对某一具体项目制定的实施方案。施工方案主要包括组织机构方案、技术方案、材料供应方案、进度计划方案、人员组成方案、安全方案等。施工方案是项目管理机构开展管理控制的基准，是降低不确定性的手段，是调高效率和效益的工具。③因此，高质量的施工方案能够保障工程总承包项目顺利实施。但是应当注意的是施工方案并非一成不变的，项目管理机构应当根据施工的具体情况在管理过程中适时改进施工方案，以获得更好的施工效果。

在工程总承包项目中参建主体较多，项目管理机构需要协调设计、采购、施工阶段各个主体之间的工作，以保障各项工作有序衔接。项目管理机构应当根据各项工作的进行情况以及各个参建主体之间的配合适时改进施工方案。另外，建设工程开展室外作业，不可预见因素较多，一旦遇到恶劣的气候条件、地质条件与勘

---

① 参见高文：《建设单位工程设计阶段造价控制探讨》，载《合作经济与科技》2019年第10期。

② 参见江峥、余力、孙美雄：《工程设计优化方法探讨与实践》，载《广东土木与建筑》2003年第3期。

③ 参见郑景秋、郑毅：《施工计划管理的意义及对策》，载《施工技术》2010年第39卷。

察不符、瘟疫等情况，[①]已制订的施工方案显然应当根据实际情况及时进行调整，避免各方损失的扩大。当然，若工程总承包企业本身存在不足之处，预先制订的施工方案存在缺陷或错误、技术措施不利或不当、组织机构设置不合理等，都会直接影响施工的正常进行。此时，项目管理机构应当对施工方案及时作出调整。

## 二、项目管理机构的设置及人员配置

### （一）项目管理机构的人员配置

项目管理的机构是工程总承包单位就工程项目专门设立的项目管理机构；管理的人员是工程总承包单位就工程项目专门设置的人员。项目管理机构应当设置项目经理，负责对项目进行统筹管理。项目经理下应当分别设置设计、施工、采购、安全、质量、技术等管理人员，负责对具体施工中所涉及事项进行统筹管理。相应的管理人员应当具备国家规定或者合同约定的资质条件。结合具体项目，设置管理人员的种类和数量由工程总承包企业根据项目实际情况决定。

### （二）项目管理机构的设置要求

在工程总承包的项目管理中，设计管理、采购管理、施工管理等是工程总承包管理的不同阶段，质量管理、安全管理、工期管理、造价管理、分包管理、合同管理和信息管理是贯穿于设计管理、采购管理、施工管理等各个阶段的重要的管理内容。项目管理机构的设置既要能够贯穿工程总承包的全过程，同时应当具备对建设各项内容的管理能力。针对质量、安全、工期、造价、分包等事项的管理要求，项目管理机构在设置时应当注意如下几点：（1）项目管理机构的设置应当能够确保工程建设符合国家强制性标准及合同约定的质量标准，对整体工程的施工和质量进行监督管理并承担责任。（2）项目管理机构应当设置专管安全的岗位，对施工过程进行全面管理，制定项目安全生产规章制度。（3）项目管理机构不一定要单独设置造价管理和进度管理的机构，但应当要明确已设置的机构和人员对于造价管理和进度管理的责任分配。在有必要的情况下，工程总承包企业可以考虑配置专门负责造价管理和进度管理的机构或人员。（4）项目管理机构应当考虑通过设置专门的部门或者专管人员对各个分包商、签订的合同和项目相关信息进行控

① 参见徐勇：《建筑工程施工计划管理》，载《科技创新导报》2009 年第 21 期。

制，确保从各个角度实现工程总承包商对项目的整体把控。

根据第 18 条的规定及前文的解读，实际上项目管理机构承担着相当重要的管理职责。而且，在项目实施过程中各项管理职能可能存在相互交叉的情形。因此，合理的项目管理机构的组织模式能够有效提升对各个阶段工作的管理能力。项目管理机构作为工程总承包企业就工程项目专门设立的负责开展具体项目管理工作的组织，其设置结构应当符合项目开展的具体要求，并与公司组织机构相匹配。

在传统的施工总承包项目中，由于大型工程中组织规模庞大、参建单位较多、建设内容复杂，传统的项目管理机构常常会形成管理层次较多而形成金字塔式的结构（详情见图 10）。

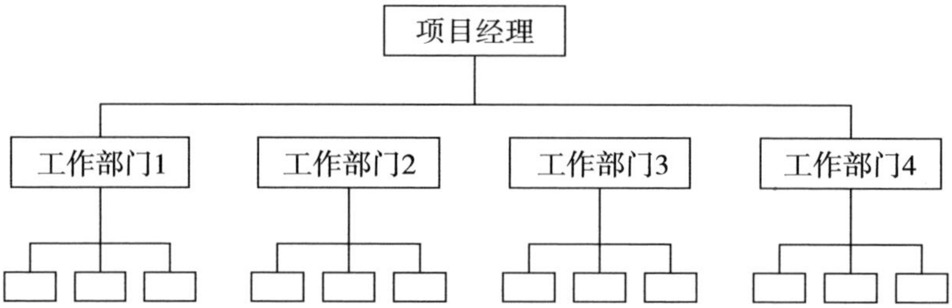


**图 10　金字塔式结构**

这种结构采用自上而下、严格分工、层层控制的管理方法。金字塔式结构具有一定的局限性，并不适合工程总承包类项目。金字塔式结构采用的是绝对的集权管理，即决策权和管理权集中在中上层管理者手中，下级人员只负责执行决策。在这种结构下，信息传递和管理都需要一层层上报再一层层下达，严重影响了决策速度和执行速度。对于复杂的工程总承包类项目，一旦采用金字塔式的管理机构设置模式，将可能因为管理层级过多而严重影响工程总承包项目的决策和执行工作，更无法达到对项目进行有效的综合管理的目标。

对于工程总承包类项目，相较于传统的金字塔式项目管理机构设置模式，更适合采用矩阵式结构（详情见图 11）。矩阵式结构突破原先的专业分工和等级制的结构，减少了管理层次和职能部门，实现项目管理机构内部的信息交流与沟通。矩阵式结构不再单纯从职能出发，而是从项目需求或项目实施过程出发，形成以工作小组或团队为基本组成单元的管理结构。工程总承包项目的管理贯穿设计、采购和施工的全过程，各个阶段应当能够及时有效地进行沟通协调，以便快速高效地解决项目实施过程中遇到的问题。采用矩阵式结构的，在复杂的工程总承包项目，项目管理机构还可以根据项目任务进一步拆分管理组织。矩阵式组织模式具有灵活性的的特征，能够按需求调动人员实现各个阶段和各个部门信息的顺畅沟通。

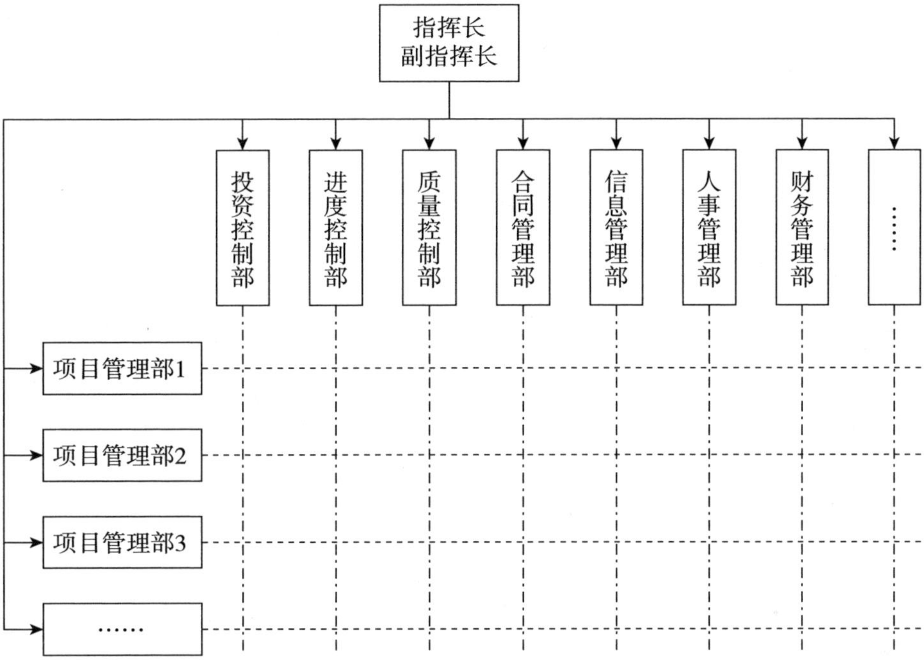


**图 11　矩阵式结构**

## 实践中应注意的问题

### 一、工程总承包企业应当提升综合管理能力，重视项目管理机构的设置和专业人员的配置工作

工程总承包企业应当保障其有能力按照项目需求组建项目管理机构并派遣具备条件的管理人员。我国的工程总承包模式在现阶段的发展中，实施工程总承包的企业存在显著的管理问题。尤其是以设计为主的企业或以施工为主的企业作为工程总承包单位的，实际上均缺乏作为工程总承包企业的综合管理能力。

以设计为主的企业作为工程总承包单位的，过分强调设计的龙头作用，设计业务向下游延伸，忽视了对施工过程的管理，在项目实施中以包代管的现象时有发生。① 而以施工为主的单位则更倾向用施工总承包的模式实施工程总承包项目，不能有效把握设计工作，更无法实现设计、采购和施工的协调。工程总承包企业若只具备对设计和施工中的一项管理能力，在组建项目管理机构时可能会着重在自身专业领域设置管理机构，很大程度上会忽视管理其他过程的机构设置和管理人员配置。项目管理机制实际上无法实现对工程总承包项目的综合管理，相当于变相增加了自身的履约风险。

## 二、工程总承包企业应当加强重视对分包单位的管理

工程总承包企业应当结合《建设项目工程总承包管理规范》（GB/T 50358 - 2017），在项目设计管理、采购管理、施工管理、试运行管理各个阶段中涉及的质量管理、安全管理、工期管理、造价管理中，加强对分包单位的管理及相应风险的转移。工程总承包企业对分包单位的管理也是综合管理能力的体现，强化对分包单位的管理能够避免工程总承包企业因分包或供应商的问题而向建设单位承担违约责任的风险。工程总承包企业应当在项目管理机构中单独设置对接分包商的机构或者专管人员，负责专门实施针对分包单位的管理工作，尤其应当重视对分包单位施工的质量和安全的管理。同时，项目管理机构中的合同管理部门应当做好分包合同的梳理工作，对分包合同的价款、条件、工期、索赔程序等问题进行充分的把握。

## 案例评析

**[案例]项目管理机构缺乏管理人员和管理能力将导致工程总承包项目存在质量和安全风险**

江西丰城电厂“11·24”冷却塔施工平台坍塌特别重大事故案

**案情摘要：**江西丰城发电厂三期扩建工程建设规模为 2×1000MW 发电机组，

① 参见陈祖峰：《工程总承包存在问题及对策的思考》，载《中国勘察设计》2018 年第 4 期。

总投资额为76.7亿元，属江西省电力建设重点工程。2015年11月，中南电力设计院与丰城三期发电厂签订了《江西丰城发电厂三期扩建工程项目EPC总承包合同》，工期为2015年11月30日至2018年2月28日。合同范围包括全部工程勘察设计、设备材料采购供应、工程实施全面管理、建筑、安装、调试、试运、技术服务、培训、功能试验直至验收交付生产、工程创优以及在质量保修期内的消缺保修服务等全过程的EPC总承包工作。2015年12月10日，中南电力设计院成立了江西丰城发电厂三期扩建工程总承包单位项目部（以下简称总承包单位项目部），对工程项目进行具体组织实施和控制，对项目的质量、安全、费用和进度目标全面负责。2016年3月18日，河北亿能公司与中南电力设计院签订了《江西丰城发电厂三期扩建工程施工D标段——冷却塔与烟囱施工合同》，计划工期为2016年3月20日至2017年8月25日。主要施工内容包括7号、8号冷却塔和烟囱。

按照中南电力设计院与河北亿能公司签订的施工合同，7号冷却塔施工工期原为2016年4月15日到2017年6月25日，共计437天。2016年4月1日，河北亿能公司编制了施工组织设计，将工期调整为2016年4月15日到2017年4月30日，其中筒壁工程工期为2016年10月1日至2017年4月30日，共计212天。随后，建设单位与中南电力设计院一再要求河北亿能公司压缩工期，最终将筒壁工期调整为2016年10月1日至2017年1月18日，工期由212天调整为110天，压缩了102天。7号冷却塔筒壁工程施工采用悬挂式脚手架翻模工艺，以三层模架（模板和悬挂式脚手架）为一个循环单元循环向上翻转施工。脚手架悬挂在模板上，铺板后形成施工平台，筒壁模板安拆、钢筋绑扎、混凝土浇筑均在施工平台及下挂的吊篮上进行。模架自身及施工荷载由浇筑好的混凝土筒壁承担。

2016年11月24日，江西丰城发电厂三期扩建工程7号冷却塔施工平台坍塌特别重大事故，造成73人死亡、2人受伤，直接经济损失10,197.2万元。导致本次事故的直接原因是施工单位在7号冷却塔第50节筒壁混凝土强度不足的情况下，违规拆除第50节模板，致使第50节筒壁混凝土失去模板支护，不足以承受上部荷载，从底部最薄弱处开始发生坍塌，造成第50节及以上筒壁混凝土和模架体系连续倾塌坠落。

根据国务院成立的事故调查组的调查结果，江西丰城发电厂三期扩建工程在施工中存在以下几个重大问题：第一，2016年上半年，由于设计、采购和设备制造等原因,实际施工进度和合同计划相比滞后较多。建设单位和中南电力设计院要求施工单位压缩工期,但是并未对工期进行论证、评估,也未提出相应的施工组织措施和安全保障措施。第二,河北亿能公司编制的施工方案中存在严重疏漏,未能对施工危险源进行充分识别。同时7号冷却塔筒壁施工方案存在严重不足,没有关于拆模作业管理规定。中南电力设计院对施工方案审查不足,截至事故发生时,施工方案也未曾进行修改。第三,河北亿能公司为了抢工期,施工进度不断加快,不仅未能保障混凝土强度,也未按照规定将混凝土块送至中南电力设计院指定的检测机构进行强度测试。中南电力设计院对于这一情况没有充分了解,也没有有效的管控措施。第四,中南电力设计院对于分包单位没有有效的管理措施。除了河北亿能公司明确要求暂停拆模的情况之外,劳务作业队伍一直自行持续模板搭设、混凝土浇筑、钢筋绑扎、拆模等工序的循环施工。

[**案例评析**]在这起重大的安全事故中,作为工程总承包单位的中南电力设计院负有不可推卸的责任。中南电力设计院项目部在履行管理职责时,无论是项目管理机构设置还是管理措施,都存在极大的漏洞。

第一,总承包单位项目部不仅未单独设置安全生产管理机构和安全总监岗位,还频繁调整安全生产工作分管负责人员。中南电力设计院作为设计单位,对于施工安全根本就没有清晰的认知和管理意识。总承包单位项目部并未完善自身的安全生产管理机制,安全生产考核制度流于形式,并无实质作用。总承包单位项目部部分管理人员甚至无证上岗,不履行岗位职责。其工程部、质量安健环部相关工作人员没有冷却塔施工管理相关工作经验,不满足岗位需要的业务能力,对相关业务要求不了解,对现场隐患整改情况不掌握。总承包单位项目部自始至终都未发现施工单位未按照要求,在拆模前将养护块送至其指定的实验室进行强度检测。总承包单位项目部并未按照项目的需求,设置项目所需的机构,也未能安排具有资质的工作人员履职。总承包单位项目部显然缺乏作为一个工程总承包企业应当具备的管理能力,缺乏对安全生产管理的意识。总承包单位项目部管理部门和相关人员的缺位最终导致施工单位施工的安全问题脱离总承包单位项目部的监管,造成不可挽回的损失。

第二,总承包单位项目部的各个管理部门并未充分履行自身的管理职责。在本次事故中,总承包单位项目部显然无视了其综合管理的职责,将施工分包后其根本无意参与施工过程管理，甚至对于施工过程中的重大安全问题毫不知情。本次事故调查中发现，总承包单位项目部的项目经理每月常驻施工现场时间未达到合同规定要求。项目部并未按照规定现场见证拆模作业，更未对拆模作业进行验收，未严格执行施工现场混凝土浇筑申请的相关审核规定。项目部对安全教育培训和应急演练工作不重视，自项目部成立至事故发生，未组织开展过项目全员安全生产应急演练。总承包单位项目部作为实际执行工程总承包项目的主体，必须具备综合管理项目的能力，严格按照合同约定和各项规定履行自身的管理职责。工程总承包企业应当就工程的安全、质量、造价、工期等事项向建设单位总负责，这就意味着总包项目管理机构在任何环节的管理都不能缺位或者是形同虚设。

第三，总承包单位项目部未能履行对设计、采购、施工环节进行协调。工程总承包模式的优势就在于总承包单位能够基于总负责的主导地位，对项目实施的各个阶段进行协调和规划，从整体上把握项目进度，最终实现项目整体实施效率最大化。单就工期控制来说，总承包单位项目部应该在结合设计、采购和施工各项工作进度的基础上，合理确定工期能否适当缩短。总承包单位不应当为了片面追求利益最大化而对工期进行不合理的压缩，更不能将压缩工期的压力转移至施工承包单位。在本项目的实施过程中，由于设计、采购和设备制造等原因，项目施工进度和合同计划相比滞后较多，而总承包单位项目部并未合理防止和解决该问题。首先，若总承包单位项目部具有合格的管理能力，就不会导致施工进度因设计采购问题而滞后较多。其次，在发生施工进度滞后情况下，总承包单位项目部的首要任务应当是制订合理计划确保工程能够顺利按期完成，而不是对施工单位提出不合理的压缩工期要求。最后，在提出工期要求的情况下，总承包单位项目部更应该严格监督管理施工单位的施工过程，避免施工单位为了赶工期而违规操作。

第四，总承包单位项目部未能对施工方案进行改进。施工单位制定的施工方案中包括了筒壁工程施工工艺技术、强制性条文、安全技术措施、危险源辨识及环境辨识与控制等部分。但是，施工单位对筒壁工程进行错误定性，未能够对拆模时保障混凝土强度制定有针对性的管理控制措施，更未能充分识别出施工过程中可能存在的危险源。该施工方案显然存在非常严重的缺陷。总承包单位项目部在管理施工过程中，有权利也有义务对不合格的施工方案提出改进措施，或者要求施工单位进行相应改进，以保障后续施工工作安全地进行。而中南电力设计院作为勘察设计的专业企业,实际上是缺乏对施工工作的管理能力的,无法准确识别施工方案中存在的问题更勿论对施工方案提出改进。其项目部在管理总承包项目中,严重忽视了对施工过程管理的重要性,过分依赖施工总承包单位的管理能力而忽视自身对施工过程的管理职责。

综上所述,工程总承包企业忽视对自身管理能力培养的,实际上是为自身承接的工程总承包项目埋下了潜在的巨大风险。工程总承包企业不仅承担着违约和自身亏损的风险,更有可能因出现质量安全事故问题而承担行政或刑事责任的风险。因此,在工程总承包项目的管理中,工程总承包企业项目管理职责必须按照项目的要求设置并配备适格的工作人员,确保项目管理机构具备对项目进行综合管理的能力。

**第二十条 【项目经理任职条件和限制】**

**工程总承包项目经理宜具备下列条件:**

**(一)取得相应工程建设类注册执业资格,包括注册建筑师、勘察设计注册工程师、注册建造师或者注册监理工程师等;未实施注册执业资格的,取得高级专业技术职称;**

**(二)担任过与拟建项目相类似的工程总承包项目经理、设计项目负责人、施工项目负责人或者项目总监理工程师;**

**(三)熟悉工程技术和工程总承包项目管理知识以及相关法律法规、标准规范;**

**(四)具有较强的组织协调能力和良好的职业道德。**

**工程总承包项目经理不得同时在两个或者两个以上工程项目担任工程总承包项目经理、施工项目负责人。**

## 条文主旨

基于项目经理的在项目管理中的重要地位,《管理办法》专门制定本条款,从执业资格、业绩、专业知识、工作能力等方面对项目经理应具备的条件提出严格要求。同时,由于工程总承包项目的复杂性,本条款还对工程总承包项目经理的多点任职进行严格限制，以保证项目经理能够集中精力，有效运用其组织协调能力对工程总承包项目进行管理，对现场临时出现的各种变化能够及时应对，实现工程总承包项目的管理目标。

## 条文解析

本条第 1 款紧紧围绕项目经理的综合能力，从 4 个方面对工程总承包项目经理任职应具备的实质条件提出了要求，分别为：任职资质要求、相关工作经验要求、工程总承包项目管理专业知识要求和组织协调能力职业道德要求。

本条第 2 款对项目经理的多点任职作出了明确限制，即要求工程总承包项目经理一般不得同时在 2 个或者 2 个以上工程项目上担任工程总承包项目经理、施工项目负责人。

## 理解与适用

项目经理是指经工程总承包单位授权，对工程项目实施过程全面负责的项目管理者，是工程总承包单位在工程项目上的代表。根据《建设项目工程总承包管理规范》（GT 50358－2017）第 3.1.1 条规定，“工程总承包企业应建立与工程总承包项目相适应的项目管理组织，并行使项目管理职能，实行项目经理负责制”。由此可见，项目管理组织与项目经理是实行工程项目管理必要的配置，而项目经理则是项目管理组织的核心。项目经理的职权一般包括组织项目管理班子，以工程总承包单位代表人的身份处理与所承担的工程项目有关的外部关系，指挥工程项目建设的生产经营活动，调配并管理进入工程项目的人力、资金、物资、机械设备等生产要素等。可以说，项目经理的职业素养及工作能力很大程度上决定了一个项目的成败，因此项目经理所具备的条件必须与拟实施工程的项目管理要求相匹配。

《管理办法》中所称的工程总承包项目包括工程设计、采购、施工或者设计、施工等阶段。与施工总承包单位按图施工的责任相比，工程总承包单位承担的是按约施工的职责，不仅施工质量要合格，设计方案也要符合要求。与传统的 D—B—

B 模式相比，工程总承模式更加要求承包人通过加强设计、采购与施工的协调，完善和优化设计，改进施工方案，实现对工程总承包项目的有效管理控制。对工程总承包单位来说，其应当通过技术革新、专业整合和紧密合作，尤其是通过设计与施工过程的深度融合，来实现更高的经济利益。

所以，项目经理作为项目管理组织的领导者，所具备的条件应当符合工程总承包模式的特殊要求。其要以组织协调能力为核心，从单一的专业管理向设计施工等多专业综合管理转移，如此才能领导项目管理机构做好对工程总承包项目的质量、安全、进度、造价等的管控，让“总包负总责”得到有效保障。

## 一、担任工程总承包项目经理的基本要求

我国在 20 世纪 80 年代引入了项目管理方法，当时主要是由于世界银行及一些国际金融机构要求接受贷款方必须应用项目管理的思想、组织、方法和手段，因此，我国在鲁布革水电站项目首先采用了项目管理的办法。此后，由于在鲁布革水电站项目取得了巨大成功，我国开始在工程建设领域全面推行项目管理，项目管理制度已经在我国各个领域全面应用。① 1995 年，国家为了培养和建立一支懂技术、会管理、善经营的建筑施工企业项目经理队伍，提高工程建设项目管理水平，高质量、高水平、高效益地搞好工程建设，建设部（已撤销）颁布《建筑施工企业项目经理资质管理办法》（建建字〔1995〕1 号），提出工程项目施工应建立以项目经理为首的生产经营管理系统，实行项目经理负责制。项目经理应当持证上岗，其在工程项目施工中处于中心地位，对工程项目施工负有全面管理的责任。该办法从项目经理的职责、项目经理的资质等级和申请条件、项目经理的资质考核和注册、项目经理的管理等方面作出规定。后来，为顺应国务院行政审批制度的改革需要，在国务院发布的《关于取消第二批行政审批项目和改变一批行政审批项目管理方式的决定》（国发〔2003〕5 号）中，规定项目经理资质由注册建造师代替，并设立过渡期。2006 年 12 月 28 日，建设部（已撤销）颁布《注册建造师管理规定》（建设部令第 153 号），规定注册建造师可以从事建设工程项目总承包管理或施工管理等业务，可以担任施工单位项目负责人。自此，工程施工项目管理进入

① 参见王晓用：《项目经理责任制初步研究》，载《投资与创业》2018 年第 1 期。

以注册建造师为资质要求的项目负责人制度。本条第3款中“施工项目负责人”的表述也是出自此处，即通常说的施工项目经理。

通常来看，项目负责人(项目经理)是指施工总承包的项目负责人，仅负责施工阶段的项目管理。但是工程总承包模式下对承包人提出更高的要求，从住房城乡建设部《关于进一步推进工程总承包发展的若干意见》(建市〔2016〕93号)第2条第11款所规定的“工程总承包企业的义务和责任”来看，“工程总承包企业应当加强对工程总承包项目的管理，根据合同约定和项目特点，制定项目管理计划和项目实施计划，建立工程管理与协调制度，加强设计、采购与施工的协调，完善和优化设计，改进施工方案，合理调配设计、采购和施工力量，实现对工程总承包项目的有效控制”。项目经理作为承包人的现场代表，是承包人履行合同义务的首要责任人，这就对项目经理的业务能力提出更高的要求，不仅能管施工，设计也要能管，同时还需要具备协调设计、采购、施工的能力。因此，作为工程总承包的项目经理，其所具备的条件应当与其所承担的管理责任相匹配，在具备项目管理执业资格的基础上，应当对其提出更高的要求，如本条规定中所涉及的类似工程项目管理的业绩要求、对工程总承包模式的专业知识的掌握、熟悉工程技术等。

## 二、关于担任工程总承包项目经理应具备条件的具体要求

鉴于工程总承包的性质和内容，本条对项目经理的任职条件从4个方面进行了规定，该4个方面是并列的关系，缺一不可。这要求在适用该条款的时候，要对相关规定进行深入解读。

### (一)对第1款第1项“项目经理任职资质要求”的理解

执业资格是判断项目经理从事项目管理能力的基本体现，本项规定从2个方面对项目经理的资质提出要求，分为实施注册执业资格的专业要取得执业资格，和未实施执业注册资格的专业要取得高级技术职称。

1. 对实施注册执业资格的专业，本项以“取得相应工程建设类注册执业资格”为前提，列举了4种情形，包括注册建筑师、勘察设计注册工程师、注册建造师、注册监理工程师。需要说明的是，如果以注册建筑师、勘察设计注册工程师、注册建造师、注册监理工程师的名义担任项目经理，不仅需要取得执业资格(通过执业资格考试便能取得执业资格证)，还需要完成注册后才能执业。如《注册建筑师条

例》(国务院令第184号)规定,非注册建筑师不得以注册建筑师的名义执行注册建筑师业务;注册建筑师执行业务,应当加入建筑设计单位。《注册建造师管理规定》中也有规定,取得资格证书的人员,必须经过注册方能以注册工程师的名义执业,注册建造师需要取得建造师执业资格并受聘于一个建设工程勘察、设计、施工、监理、招标代理、造价咨询等单位,在申请注册时申请人需提供与聘用单位签订的聘用劳动合同复印件或其他有效证明文件。同样,勘察设计注册工程师、注册监理工程师也有相同的规定。

对于"取得相应工程建设类注册执业资格"中"相应"的理解。笔者认为,这个"相应"是指注册建筑师、勘察设计注册工程师、注册建造师、注册监理工程师拟管理的工程项目应当符合规定其执业范围的内容,主要体现在专业范围相适应,以及工程规模和复杂程度相适应。在专业范围方面,《注册建筑师条例》第2条第1款规定:"本条例所称注册建筑师,是指依法取得注册建筑师证书并从事房屋建筑设计及相关业务的人员。"这就要求注册建筑师只能在房屋建筑领域开展执业活动,如果发包工程是市政工程,则承包人不能委派注册建筑师担任项目经理。同样注册建造师、勘察设计注册工程师、注册监理工程师等执业资格也有不同专业的划分。承包人在选派项目经理时,应当注意专业的匹配性。从工程规模以及复杂程度来看,一些执业资格存在等级之分,如注册建筑师、注册建造师均有一级、二级之分。《注册建筑师条例》第22条规定:"一级注册建筑师的执业范围不受建筑规模和工程复杂程度的限制。二级注册建筑师的执业范围不得超越国家规定的建筑规模和工程复杂程度。"《注册建造师管理规定》第21条第1款规定:"注册建造师的具体执业范围按照《注册建造师执业工程规模标准》执行。"一级注册建造师可以在大中小性项目中担任项目负责人,二级建造师只能在中小型项目中担任项目负责人。所以,承包人在选派项目经理时还应当注意资质等级与工程规模、复杂程度相适应。

此外,本款在列举完上述4种执业资格后面所加的"等"字,这是否说明只要该执业资格属于工程建设注册执业资格,便可以担任项目经理?单从汉语文字理解,该规定应当还包括其他的注册执业资格,如果本条款是表示完全列举的话,就不需要再后缀"等"字,或者采用"等四种"的类似表述。据笔者不完全统计,工程建设注册执业资格除上述4种之外,还有注册造价工程师、注册土木工程师、注册电气工程师、注册结构工程师、注册咨询工程师（投资）、注册公用设备工程师，等等。关于具有这些工程建设注册执业资格的人员能否担任项目经理，笔者认为，既然工程项目经理的主要职责是实施项目管理，那么应当从这些执业资格所规定的执业范围是否具备工程项目管理为参照。例如，注册建筑师的执业范围包括建筑设计、对本人主持设计的项目进行施工指导和监督等；注册建造师的执业范围为从事建设工程项目总承包管理或施工管理等；注册勘察设计师的执业范围为工程勘察或者本专业设计、本专业工程的项目管理、对工程勘察或者本专业工程设计项目的施工进行指导和监督等；注册监理工程师的执业范围为工程监理、工程项目管理服务等。笔者以注册造价工程师为例，根据《造价工程师职业资格制度规定》（建人〔2018〕67 号）第 26 条规定："一级造价工程师的执业范围包括建设项目全过程的工程造价管理与咨询等，具体工作内容：（一）项目建议书、可行性研究投资估算与审核，项目评价造价分析；（二）建设工程设计概算、施工预算编制和审核；（三）建设工程招标投标文件工程量和造价的编制与审核；（四）建设工程合同价款、结算价款、竣工决算价款的编制与管理；（五）建设工程审计、仲裁、诉讼、保险中的造价鉴定，工程造价纠纷调解；（六）建设工程计价依据、造价指标的编制与管理；（七）与工程造价管理有关的其他事项。"可以看出，注册造价工程师执业范围主要是对工程造价的计算，而不包含工程项目管理。因此，笔者认为，承包人如果安排注册造价工程师来担任项目经理是不符合本款规定的。所以，对于执业资格的要求不以本条款列举的四种资格为限，但是对于其他执业资格也并非都能担任项目经理，而需以是否具备项目管理的能力作出判断。

2. 对于"未实施注册执业资格的，取得高级专业技术职称"的规定需要从以下两个方面理解：第一，考虑到工程总承包项目的复杂性和专业性，本条款规定只有取得高级技术职称，才能担任工程总承包的项目经理，仅具备中级职称或者初级职称的人员不可以担任。第二，不能以高级技术职称替代前面所要求的执业资格，只有在未实施注册执业资格的领域，才能由高级技术职称人员出任项目经理。例如，在房屋建筑领域，某一建筑公司的企业负责人具有非常丰富的项目管理经验，也有高级技术职称，但是在房建领域目前实施的注册执业资格有注册建筑师、注册建造师、注册监理工程师等，因此根据本款规定，该企业负责人仍然不能担任项目经理。又如，在市政工程施工领域，因尚未实行注册执业资格制度，则相关人员在市政工程总承包项目中具备市政工程高级专业技术职称的,可以担任该项目项目经理。

(二)工程总承包项目经理应当具备管理过类似工程的业绩

在以往施工总承包项目中,相关规定要求项目负责人的任职条件为注册建造师,并未对注册建造师的业绩提出要求。本条款的制定,是基于工程总承包项目涉及多个阶段的融合,项目管理难度更高的现状,因此对项目经理实务经验要求也就更高。在对项目经理的项目管理能力无法量化的时候,具备相关工作经验可以作为具有组织协调能力的重要参考因素。对于项目经理的工作经验的考核主要涉及两个方面:一是以往任职的项目应当是与拟建项目相类似的工程,主要体现在工程专业的类似以及工程规模的类似。二是要求拟任职的项目经理在以往的项目中担任的是一把手的角色。在一个项目管理组织中有具体的职能分工,除项目经理外,还有项目技术负责人,施工员、资料员等,而其他人员仅分担某一特定领域的管理职责,所得到的经验一般也仅限于此,难以达到项目经理所需要的全面的管理能力之要求。

但是,从行业现状考虑,房屋建筑与市政基础设施领域的工程总承包刚刚起步,采用工程总承包模式的项目数量本就不多,且这其中绝大多数项目目前尚未竣工。如果现阶段就要求拟任项目经理需要工程总承包项目的管理经验,就难以寻找能够满足条件的人选,不利于工程总承包模式的实施。因此,本条款目前阶段在这方面适当放宽条件,如果拟任项目经理在以往没有工程总承包项目管理经验的,但在传统的 D—B—B 模式中,担任过设计项目负责人、施工项目负责人或者项目总监理工程师的,也可以作为担任工程总承包项目经理业绩。

(三)关于工程总承包项目经理具备专业知识的要求

出于工程总承包模式对设计、施工高度融合的需要,项目经理应当熟悉工程技术。在传统的 D—B—B 模式中,因为发包人分别与设计单位、施工总承包单位签订合同,这导致了设计单位按照设计合同的约定履行设计职责,不会过多地考虑设计方案在施工阶段的可行性及难易程度。而施工单位在某些时候,难以领会设计人的设计意图。由此导致修改图纸和返工的现象,既浪费成本又降低了工程建设的效率。所以,对于工程总承包项目经理来说,只有在熟悉掌握工程技术的前提下,才能在设计阶段领导设计团队充分考虑后续施工的可行性,并通过不断地优化设计方案，最终达到设计、施工的融会贯通，以最大限度地发挥工程总承包的优势。

相比于施工总承包模式，工程总承包项目中承包人所享有的权利与承担的义务也大不相同。这些权利义务主要通过法律法规、相关合同条款、标准规范来约束。例如，在某些工程总承包合同中，会设置极为不平衡的风险分担机制，除了不可抗力因素外，其他的绝大部分风险需要承包人承担，甚至包括发包人提供的基础数据的准确性、真实性都是承包人的风险范围。如果项目经理对此毫不知情，在项目前期没有组织人员采取合理的技术手段对发包人提供的数据进行核实，当这些发包人数据出现错误时，就需要对前期制订的设计方案、施工方案进行调整，进行返工，甚至造成合同无法履行，从而对承包人造成经济损失，严重影响承包人信誉。又如，工程总承包模式与施工总承包模式相比，承包人履行合同的依据不同。施工总承包单位的职责是按图施工，按照施工图的设计呈现最终的建筑成果；而工程总承包单位承担的是按约施工的义务，其最终的成果呈现只要符合发包人要求，当发包人要求不涉及的，则满足强制性标准即可。所以，作为工程总承包的项目经理要充分理解这其中的规则，在组织设计时，明确设计指标的最优化，避免不必要的高标准，从而影响承包人的经济效益。还有诸如对工程索赔、工程结算的程序性要求，工程的质量、工期责任等各方面的事项，项目经理都需要非常了解，并据此正确地领导工程建设。

目前，在法律法规层面，关于工程总承包的规定非常有限，本书前面条款中已经详细说明。但是自 2016 年住建部发布《关于进一步推进工程总承包发展的若干意见》大力推行工程总承包模式以来，绝大多数省市均有关于工程总承包模式的政策出台，相关政策也随着政府主管部门及本行业对工程总承包模式的深入理解不断更新。例如，对于工程总承单位的资质要求，从原来的设计或施工单一资质转向设计和施工双资质；政府投资工程总承包项目的发包阶段从原来的项目立项后（部分省市规定方案设计完成后）转变为初步设计完成后……关于工程总承包合同文本，比较常见的有 2011 年住建部和国家工商行政管理总局制定的《建设项目工程总承包合同示范文本》，2012 年九部委联合发布的《标准设计施工招标文件》，FIDIC 黄皮书、FIDIC 银皮书等。虽然都是工程总承包模式的示范文本，但是不同的合同文本，对于风险分配、价格调整、以及相关的索赔程序等事项的规定存在较大差异。所以，作为工程总承包的项目经理，其知识更新也应当与工程总承包模式的发展相统一。

（四）项目经理必须具备较强的组织协调能力和良好的职业道德

如上所述，由于工程总承包项目涉及阶段多，项目管理更为复杂，因此作为工程总承包的项目经理不仅要求技术过硬，更重要的是需要具备对项目的全盘掌控能力和组织协调管理能力，故具备较强的组织协调能力是项目经理重要的任职要求。而职业道德是规范项目经理管理行为的基础和实现管理目标的重要保证。项目经理作为承包人的项目代表，对外具有代表承包人的权利外观。工程实践中经常发生项目经理以承包人或者项目部的名义对外举债，串通供应商虚假抬高价格，虚构交易的情形，严重损害承包人利益。项目经理消极怠工，麻痹大意，从而引发质量安全事故的情形也时有发生。因此，项目经理具有良好的职业道德，能够实事求是、尽职尽责地履行职责，是保证工程建设安全，实现承包人项目管理目标的必要条件。

## 三、对工程总承包项目经理多点任职的限制

从项目管理的要求上来看，项目经理作为工程总承包项目的核心管理人员，需要承担质量、安全、费用、进度管理控制、联络和组织协调、合同管理等大量管理工作。这要求项目经理要随时跟进了解项目的实际情况，以推进工作和及时采取应对措施；也因为工程总承包项目管理工作繁重复杂，参与主体众多，更加要求项目经理要保证足够的时间和精力来履行其职责。

参考以往关于施工总承包项目中项目经理任职项目数量的规定，《建设工程项目管理试行办法》（建市〔2004〕200 号）第 10 条第 2 款规定，“工程项目管理实行项目经理责任制。项目经理不得同时在两个及以上工程项目中从事项目管理工作”。住房和城乡建设部《关于印发〈建筑施工项目经理质量安全责任十项规定（试行）〉的通知》（建质〔2014〕123 号）规定：“一、建筑施工项目经理（以下简称项目经理）必须按规定取得相应执业资格和安全生产考核合格证书；合同约定的项目经理必须在岗履职，不得违反规定同时在两个及两个以上的工程项目担任项目经理……”可见，施工总承包中的项目经理尚不得同时在两个及以上工程项目中从事项目管理工作，而对于情况更加复杂，管理难度更高的工程总承包项目模式，则更加不允许在多个项目中担任项目经理。因此本条作出明确规定，工程总承包

项目经理不得同时在两个或者两个以上工程项目上担任工程总承包项目经理、施工项目经理这两个重要职位。

但是,本条规定并未禁止工程总承包项目经理在其他项目中担任除工程总承包项目经理、施工项目经理以外的其他职务。例如,根据住建部制定的《建设工程监理规范》(GB/T 50319 -2013)第3.1.5条规定:"一名注册监理工程师可担任一项建设工程监理合同的总监理工程师。当需要同时担任多项建设工程监理合同的监理工程师时,应经建设单位书面同意,且最多不得超过三项。"结合本条规定,注册监理工程师在工程总承包项目中担任项目经理,同时又在其他项目中担任总监理工程师(同时满足从事监理执业活动的条件),并不违反上述规定。同样,注册建筑师、注册勘察设计师也可能有在其他项目上担任设计负责人的情形。但是,项目经理多点任职容易导致其精力分散,从而对其履职效果造成影响。实践中,对于项目经理是否可以在其他项目上任职,工程总承包单位还应当特别关注具体项目所在地的政府行政监管要求。对于发包人来说,则要注重通过招标文件、合同条款的制定等方式限制项目经理多点任职的行为,一定程度上保证得到优质的服务。

## 实践中应注意的问题

### 一、《管理办法》效力层级较低

如本书第1条的分析可知,《管理办法》仅属于部门行政规范性文件,效力层级较低,并不高于地方行政规范性文件。所以,当不同文件的规定发生冲突时,项目参与方应向当地行政主管部门确定相关规定的适用性,避免在项目实施过程中造成不必要的阻碍。也因为《管理办法》的效力层级低,更多是指导工程总承包项目的实施,不具有强制性效力。所以对于各项目参与方应当注意在招标文件、合同文本中对项目经理的任职要求予以明确。

### 二、各项目参与方应在工程实践中结合自身角色,在本条规定的指导下采取合理的应对措施

(一)从发包人角度来看

1. 在发包阶段,发包人要结合拟建项目的特征对项目经理应具备的条件提出

合理要求,并采取有效方式进行审核。发包人对于项目经理提出的要求要尽量的具体。例如,执业资格作为项目经理持证上岗的敲门砖,发包人应结合拟建项目特征,对执业资格的具体名称、具体专业、资格等级作出明确要求。以往业绩作为评估其管理能力的重要参照,发包人应对拟任项目经理以往所管理的项目的具体专业、工程规模作出要求。此外,发包人还可以通过住建部的全国建筑市场监管公共服务平台以及各地的建筑市场信用信息平台,对承包人拟委派的项目经理信用信息进行查询,对于其资格、能力、业绩、职业道德等方面的情况进行进一步核实和评估。

2. 在工程实施过程中,发包人要对项目经理的履职行为进行合理监督。虽然工程总承包模式更多地强调减少发包人对工程过程的管理,但结合我国建筑企业的诚信度不足的市场现象,进行合理监督仍然是有必要的,这也是确保工程的顺利实施的需要。目前,虽然建设主管部门对建筑市场的监管力度越来越大,但是仍然普遍存在项目经理挂证的现象,以无证人员代替履职,这对工程项目顺利实施存在极大隐患。因此发包人对此尚需引起一定的注意,需要对项目经理出勤率进行约定并进行考核。如参照《建筑施工企业负责人及项目负责人施工现场带班暂行办法》(建质〔2011〕111 号)第 11 条的规定:“项目负责人每月带班生产时间不得少于本月施工时间的 80%……”

现实中,也存在承包人因业务发展需要,随意更换项目经理的现象。而工程总承包项目存在设计施工高度融合的需求,需要项目经理“一贯制”的领导,更换项目经理容易导致前后交接不清,影响最终效果。这就要求发包人对承包人更换项目经理予以限制。对于项目经理生病等合理原因或项目经理不能继续履行项目管理职责的情形,则应当要求承包人按照规定程序报批,并要求拟更换的项目经理资质条件及业务能力符合要求。如果发包人发现项目经理管理能力不足,或者存在渎职行为的,应当及时向承包提出更换项目经理的要求。

(二)从承包人的角度来看

1. 承包人要委派适格的项目经理。项目经理作为执行项目管理的领导者,其业务能力直接影响承包人项目管理目标能否实现,所以承包人一定要结合本条规定的要素,选择业务能力强的人员担任项目经理。此外,对于招标项目,承包人应当结合拟建项目特征,选择符合招标人要求资格条件的人员担任项目经理,避免因为项目经理资质不符而被废标。

2. 承包人应为加强项目经理的业务学习创造条件。如前文所述，目前工程总承包模式在房屋建筑与市政基础设施领域刚开始推行，各地新政层出不穷，相关政策也随着工程总承包模式的发展而不断更新。这就要求企业组织项目经理及时学习掌握各种新规，以适应工程总承包模式发展需要。同时，也因工程总承包模式存在多种合同文本，不同文本对项目管理的要求也有差异，对于不同合同文本中的差异也需要项目经理通过深入研究予以掌握。

3. 承包人对项目经理的授权要谨慎。工程总承包项目经理是指经工程总承包单位任命或者授权，在任命或者授权范围内负责工程总承包合同履行和项目管理的项目负责人。项目经理对外具有代表承包人的权利外观。这就要求承包人对项目经理的授权要予以明确，一般仅限于项目管理的需要，尤其是对于涉及承包人经济利益的授权要加以限制，如变更合同价款、收取款项、对外签约、借款、提供担保等。避免因对项目经理授权不明，而被认定构成职务行为或者表见代理，最终使承包人承担不利后果。

（三）从项目经理个人角度来看

如前文所述，项目经理加强业务学习是做好履职工作的基本前提。同时，项目经理也应当注重执业风险防范。根据住建部发布的《建筑工程五方责任主体项目负责人质量终身责任追究暂行办法》（建质〔2014〕124 号）第 6 条规定："符合下列情形之一的，县级以上地方人民政府住房城乡建设主管部门应当依法追究项目负责人的质量终身责任：（一）发生工程质量事故；（二）发生投诉、举报、群体性事件、媒体报道并造成恶劣社会影响的严重工程质量问题；（三）由于勘察、设计或施工原因造成尚在设计使用年限内的建筑工程不能正常使用；（四）存在其他需追究责任的违法违规行为。"该办法第 12 条、第 13 条还规定了对于发生第 6 条所规定的情形之一的，对设计单位项目负责人、施工单位项目经理视情节处以停止执业 1 年、终身不予注册、追究刑事责任、处以罚款、向社会曝光等罚则。该责任是终身制的，即便在离职、退休后仍然会被追责。例如，在 2016 年发生的江西丰城发电厂"11 · 24"冷却塔施工平台坍塌特别重大事故中，施工项目经理因其长期不在岗，被处以吊销一级建造师注册证书，终身不予注册，且项目部多名负责人被追究刑事责任。工程总承包项目经理既负责设计又负责施工，存在更高的风险系数。

所以，工程总承包项目经理引以为戒，务必做到积极履职，依法依规行事。如因工作调配或其他原因在中途离职的，则要做好离职前的工作交接手续。

**第二十一条 【工程总承包单位的分包方式】**

**工程总承包单位可以采用直接发包的方式进行分包。但以暂估价形式包括在总承包范围内的工程、货物、服务分包时，属于依法必须招标的项目范围且达到国家规定规模标准的，应当依法招标。**

## 条文主旨

基于工程总承包建设组织模式特征，考虑工程总承包商招投标时已经对其承包范围内的设计、采购、施工的价格、技术、组织等方案进行了竞争，本条首先明确工程总承包的分包可以采用直接分包方式，不强制性对总包招标时已经竞争过的项目在分包时再进行招标。同时，关于暂估价工程的招标实践中一直以来存在较大争议，《招标投标法》及《招标投标法实施条例》中，明确规定了以暂估价形式包括在总承包范围内属于依法必须进行招标的项目范围且达到国家规定规模标准的，应当依法进行招标，但未明确规定暂估价招标人应当是谁。2005 年发布的《工程建设项目货物招标投标办法》第 5 条规定了暂估价工程的招标应当是总承包招标人与总承包中标人共同组成联合体，但 2013 年国家发展和改革委员会、工业和信息化部、财政部、住房和城乡建设部、交通运输部、铁道部、水利部、国家广播电影电视总局、中国民用航空局令第 23 号《关于废止和修改部分招标投标规章和规范性文件的决定》中对该条款进行了修订，删除了暂估价招标主体的规定。然而，《工程量清单计价规范》第 9.8.4 条规定“发包人在招标工程量清单中给定暂估价的专业工程，依法必须招标的，应当由发承包双方依法组织招标选择专业分包人，并接受有管辖权的建设工程招标投标管理机构的监督。除合同另有约定外，承包人不参与投标的专业工程分包招标，应由承包人作为招标人，但招标文件评标工作、评标结果应报送发包人批准。与组织招标工作有关的费用应当被认为已经包括在承包人的签约合同价(投标总报价)中。承包人参加投标的专业工程分包招标，应由发包人作为招标人，与组织招标工作有关的费用由发包人承担。同等条件下,应优先选择承包人中标"。从此规定可以看出,招标主体因承包人参与与否而不同,若承包人不参与,则承包人作为招标主体;若承包人参与,则发包人作为招标主体。此外,暂估价的招标主体也在 2017 版《建设工程施工合同(示范文本)》第 10.7.1 条中有所规定,招标主体可分为由承包人招标或由发包人和承包人共同招标。本条对工程总承包暂估价的招标依据《招标投标法》及《招标投标法实施条例》的规定,对于暂估价的招标主体,在目前上位法并未进行明确的情形下,不作具体的规定限制,尊重招投标双方交易过程中的市场行为。

## 条文解析

本条通过"工程总承包单位可以采用直接发包的方式进行分包"条款的规定,明确了工程总承包活动中工程总承包单位主要的分包方式——直接发包,直接发包其高效、便捷等优势符合工程总承包活动中分包的实际需要。此外,该条款后半段规定"但以暂估价形式包括在总承包范围内的工程、货物、服务分包时,属于依法必须招标的项目范围且达到国家规定规模标准的,应当依法招标",此规定是本条的重点所在,其通过但书的形式来强调"属于依法必须招标的项目范围且国家规定规模标准的项目"进行分包的,工程总承包单位必须进行依法招标后方可分包。本条的规定既符合《建筑法》和《招标投标法》等法律法规的规定,也是响应国务院办公厅《关于促进建筑业持续健康发展的意见》中关于防止工程建设项目实行招标"一刀切"的号召,在民间投资的房屋建筑工程中,探索由建设单位自主决定发包方式,符合建筑业工程总承包未来发展的趋势。总而言之,除以暂估价形式包括在工程总承包范围内且依法必须进行招标的项目外,工程总承包单位可以采用直接发包的方式对总承包合同中涵盖的其他专业业务进行分包。

## 理解与适用

1. 工程总承包项目在分包时,由于工程整体在建设单位招标发包时相关分包内容已经包括在总包范围内,且项目明确要求具体。在投标时不包括总价中的相应价款和有关技术、工期、质量、实施方案等实质性内容已经同其他投标人的充分竞争,也即进行过法定的招标程序。而暂定价项目是未来必然发生但在招标时尚未确定具体要求的项目,招标时是按照招标人暂定的价格计入投标总价,不允许修改,也即该暂定价项目的价格及其他相关内容未经过竞争,所以在工程实施过程中就该部分暂估价项目如何处理就是个问题。根据《招标投标法实施条例》第29 条第 1 款规定"招标人可以依法对工程以及与工程建设有关的货物、服务全部或部分实行总承包招标。以暂估价形式包括在总承包范围内的工程、货物、服务属于依法必须进行招标的项目范围且达到国家规定规模标准的,应当依法进行招标"。该款规定的第 1 句是说工程总承包项目可以依法对总承包商进行招标,但工程总承包项目在建设单位通过招标方式选定工程总承包单位时,该工程总承包项目不一定是依法必须招标的项目,也可以是建设单位自行决定招标的项目。但根据该款规定第 2 句暂估价项目若是属于必须依法招标的,则该工程总承包项目应当是已经满足了法律对该工程项目必须招标的要求。同时,根据该款第 2 句的规定,可以认为建设单位通过招标竞争选定工程总承包单位后,工程总承包单位在分包时除了暂估价项目经识别符合招标条件须招标分包外,其他分包项目因已经过竞争可由工程总承包单位直接发包,即便该分包工程、服务、货物的采购达到了法定必须招标的规模和标准。这一规定要旨在司法实践中也存在相关案例(见本条案例评析所选案例一)。

2. 以暂估价形式包含在工程总承包范围的项目则属于特殊情形,根据《招标投标法实施条例》第 29 第 2 款关于暂估价的规定"前款所称暂估价是指总承包招标时不能确定价格而由招标人在招标文件中暂时估定的工程、货物、服务的金额",按照前述规定并结合实践中包含暂估价的招标操作模式,暂估工程、货物、服务的价格是由建设单位在进行总承包招标时给定的,该部分暂估工程、货物、服务仍然属于总承包范围,但相关价款由投标人在投标报价时按照招标人给定价款列入投标报价,在不同投标人之间该部分价格不可竞争,相当于建设单位在进行总承包招标时,暂估价部分的工程、货物、服务价款未经过充分竞争,未实质上履行招标投标程序。按照《招标投标法实施条例》第 29 条第 1 款规定,"……以暂估价形式包括在总承包范围内的工程、货物、服务属于依法必须进行招标的项目范围且达到国家规定规模标准的,应当依法进行招标",在工程总承包模式下,如属于必须招标项目且达到必须招标标准的,仍应当视为未进行招标而须重新按照招标投标相关法律规定进行招标。

3. 在实践中，暂估价工程会遇到各种各样的争议。根据2017版《建设工程施工合同（示范文本）》第1.1.5.4条的规定，暂估价是指发包人在工程量清单或预算书中提供的用于支付必然发生但暂时不能确定价格的材料、工程设备的单价、专业工程以及服务工作的金额。在招标阶段设置暂估价，一方面可能将材料价格波动之风险置于招标人自身，该做法既不符合建设工程风险合理分担之原则，也容易造成后期因工程价款产生纠纷；另一方面，设置暂估价也不利于发挥招标过程自由竞争机制的作用，投标人必须按照招标人给定的价格进行投标报价而不能根据现实情况变更价格。此外，暂估价也是引起工程造价纠纷的源头之一，首先，材料暂估价与专业工程暂估价界定不清，其项目设置十分混乱，导致工程结算时，结算价款不清；其次，招标人关于暂估价的价格组成的规定过于笼统，且其缺失具体的明细说明，导致结算时关于数额的争议过大；最后，暂估价的项目文件缺少规范性的文件及专业分包合同的约束，极易出现在招投标阶段及后续的施工阶段发生暗箱操作等违法行为。因此在工程总承包模式下进行暂估价工程进行发包的，需要在合同中对暂估价的内容进行详细的约定，明确暂估价的最终价格调整方式，并尽可能列出项目的明细、减少影响暂估价的不可控因素及法律风险，保障工程建设的顺利进行。

## 实践中应注意的问题

### 一、总承包范围内的设计部分或施工部分全部或主体部分工程总承包单位不得分包

根据《管理办法》第10条的规定，工程总承包模式下，总承包单位需同时具备设计资质与施工资质或者由具有相应资质的设计单位和施工单位组成联合体对建设项目进行总承包。虽然依据本条，工程总承包单位可以对承包的项目进行分包，但是，其以符合法律法规规定为前提。根据《合同法》第272条第2款第2句规定“承包人不得将其承包的全部建设工程转包给第三人或者将其承包的全部建设工程肢解以后以分包的名义分别转包给第三人”。根据《建筑法》第29条第1款规定“建筑工程总承包单位可以将承包工程中的部分工程发包给具有相应资质条件的分包单位；但是，除总承包合同中约定的分包外，必须经建设单位认可。施

工总承包的，建筑工程主体结构的施工必须由总承包单位自行完成”。此外，住房与城乡建设部也出台相关的规定、意见来规范建筑市场的分包行为。从《关于进一步加强工程招标投标管理的规定》《关于进一步推进工程总承包发展的若干意见》的内容来看，工程总承包企业应当加强对分包的管理，建筑工程主体结构的施工必须由总承包单位自行完成。工程总承包单位自行实施设计的，不得将工程总承包项目工程主体部分的设计业务分包给其他单位；工程总承包企业自行实施施工的，不得将工程总承包项目工程主体结构的施工业务分包给其他单位。因此，工程总承包单位有权对所承包的工程进行分包，但是分包工程应符合《建筑法》中关于主体不得分包的规定，即总承包商不得将承包范围内的设计部分或施工部分全部或主体部分分包出去。

## 二、工程总承包单位自愿采用招标方式分包的，应受到招标投标相关法律规定的约束

虽然根据《管理办法》规定，工程总承包单位在对其承包范围内的施工或者设计依法可以分包的部分进行分包时，可以采用直接发包的方式，但是，如果工程总承包单位自愿进行招标的，比如，工程总承包单位是国有企业的按照国资管理相关规定或企业内部管理制度选择采用招标方式分包的，按照《招标投标法》第 2 条“在中华人民共和国境内进行招标投标活动，适用本法”的规定，应当受到《招标投标法》及实施条例的约束，因此工程总承包单位采用招标分包时，其有关的招标、投标、开标、评标、定标等相关流程，尤其涉及投标文件编制、招标答疑、异议等时间期限等，均应当严格按照招标投标相关法律规定进行，以维护招投标程序所确立的“公平、公正、公开”原则，否则招投标程序可能由于违反法律的强制性规定而存在效力瑕疵，或者引发未中标的投标人对招投标流程的异议、投诉等，反而增加了工程总承包单位进行分包的交易成本。

## 三、工程总承包的发包人（建设单位）在进行工程总承包发包时，建议考虑其中所包含的暂估价工程分包未来的招标主体问题，并在工程总承包招标文件中予以明确

由于招标投标相关法律、行政法规未对暂估价招标的程序细化，由此导致实

践中暂估价部分应该由谁来招标、如何进行招标、暂估价分包合同如何签订、暂估价分包如何管理等系列问题纷争不断。本条款未对暂估价招标的招标主体作出限制,实践中承发包双方注意对暂估价招标的相关问题作出提前安排,尤其是在建设单位希望未来可以参与暂估价工程分包人的招标程序中或者避免工程总承包单位单独对暂估价招标可能损害建设单位利益时,应在工程总承包的招标阶段明确与工程总承包单位联合作为暂估价工程分包的招标人,共同确定暂估价工程分包的中标单位,否则因暂估价工程在工程总承包招标时已经包含在工程总承包工作范围内,原则上工程总承包单位已经具备了独立招标确定暂估价工程分包中标人的权利,如建设单位在未有明确约定的情况下介入后期暂估价工程分包的招标,将可能引发与工程总承包单位之间争议。

## 四、建议在工程总承包招投标阶段明确暂估价招标评标方式及暂估价工程主要合同条件

暂估工程、货物或服务部分,虽然其价款在工程总承包招标时尚未确定,但该部分属于未来确定发生的内容,且属于工程总承包单位的承包范围,需要纳入工程总承包管理之内,如果建设单位并不想成为暂估价项目的联合招标人,同意由工程总承包商自行对该部分分包进行招标的,为便于及时了解、管理项目的需要,建议建设单位在工程总承包招标时及合同条款中明确总承包商对该部分项目进行招标时,其招标方案、招标文件及定标结果及时向建设单位报备,是否需要建设单位审核批准也需要进一步明确。无论是建设单位和总承包商联合招标还是总承包商单独招标,对于暂估价招标方式、投标人资质资格、评标定标方式、总包管理费比例、合同主要条款等都应当在工程总承包商的招标时在招标文件及合同中进行约定,以保障未来暂估价分包能够合情合理的纳入工程总承包的管理之中,该部分工程价款在最终计入工程总承包价款时才不容易产生争议。

## 五、暂估价项目属于依法必须招标的项目时,工程总承包商若不参加投标则无权具体实施该部分工程,只能行使总包管理权

本条规定,当工程总承包单位分包的暂估价项目属于依法必须招标的项目范围且达到国家规定规模标准,需要通过招标方式完成。符合条件的暂估价项目若

是必须经过依法招标程序进行分包的，根据《工程建设项目货物招标投标办法》《工程量清单计价规范》与2017年版《建设工程施工合同(示范文本)》的规定来看，需招标的暂估价项目的招标主体若是建设单位和工程总承包单位联合招标，或者是工程总承包单位单独招标，这两种形式无论哪种情况工程总承包单位都是招标人，其不得再参加投标，此时工程总承包单位不得具体实施该部分工程，仅可对此暂估价项目行使总包管理权。若工程总承包单位参加投标的，则只能是由建设单位作为招标人。而对于依法非必须招标的暂估价项目，工程总承包商只要具备相应的资质条件，即可自行实施的。

## 六、无论工程总承包的分包采用何种方式，工程总承包单位和分包单位就分包工程对建设单位承担连带责任

按照《建筑法》第29条第2款的规定："……总承包单位和分包单位就分包工程对建设单位承担连带责任。"《合同法》第272条第2款规定："总承包人或者勘察、设计、施工承包人经发包人同意，可以将自己承包的部分工作交由第三人完成。第三人就其完成的工作成果与总承包人或者勘察、设计、施工承包人向发包人承担连带责任……"因此，工程总承包单位应当就其包含暂估价分包在内的分包工程的质量、安全、进度等向建设单位承担连带责任，而无论该暂估价工程的分包人是由建设单位招标确定的还是由工程总承包单位确定的。但如果暂估价工程的分包单位确定构成指定分包的，指定分包单位造成的质量缺陷，承包人可以主张发包人按最高人民法院《关于审理建设工程施工合同纠纷案件适用法律问题的解释》规定过错责任。

## 七、存在建设单位指定工程总承包项目分包商的风险

指定分包无论在国内还是在国际工程总承包范围内都普遍存在，FIDIC银皮书—设计采购施工(EPC)交钥匙工程合同条件中4.5指定的分包商：本款中，"指定的分包商"系指雇主根据第13条[变更和调整]的规定，指示承包商雇用的分包商。但是根据我国《工程建设项目施工招标投标办法》①、《房屋建筑和市政基础

① 《工程建设项目施工招标投标办法》第66条规定，招标人不得直接指定分包人。

设施工程施工分包管理办法》[①]等相关规定，目前国内较常见的建设单位指定分包商给工程总承包商的行为在我国仍然存在合规性风险。国内实践中存在的建设单位单独进行暂估价分包招标确定中标分包单位后，由工程总承包单位与暂估价分包单位签订合同，工程总承包单位对暂估价分包没有选择权、决定权，对建设单位所设置的投标资格条件、评标定标过程、合同主要条款等关键内容一无所知，却需要据此与暂估价分包商签订分包合同，承担建设单位在招投标过程的权利义务，该种情形下可能涉嫌变相的指定分包，影响了工程总承包单位对其工作范围内如何进行分包管理的自主权利，工程总承包单位对该指定分包商的管理可能发生失控，或导致工程总承包单位管理成本超出其原投标报价金额，从而影响工程设计、采购、施工环节之间的交叉工作；或导致总工期的延误，如因此发生争议，也将不利于整个工程的推进。因此为了避免后续系列争议，有关工程总承包的分包，尤其是暂估价的分包，建议在工程总承包招标时予以通盘考虑，此后无论建设单位还是工程总承包单位，都应当依法、按约实施工程总承包的分包。

## 八、暂估价部分达到法定必须招标标准，而未进行招标的，应承担相应的行政处罚责任

中标是建设工程施工合同有效的前提条件，建设工程项目若应招标而未招标不仅面临着会导致合同无效的后果，同时还存在着面临行政处罚的风险。《招标投标法》第 49 条规定：“违反本法规定，必须进行招标的项目而不招标的，将必须进行招标的项目化整为零或者以其他任何方式规避招标的，责令限期改正，可以处项目合同金额千分之五以上千分之十以下的罚款；对全部或者部分使用国有资金的项目，可以暂停项目执行或者暂停资金拨付；对单位直接负责的主管人员和其他直接责任人员依法给予处分。”之所以对招标行为设置行政处罚之法律后果，一方面是基于国家对建筑行业的行政性管理，另一方面也是因为建设工程标的的特殊性所致，其关乎着国民生命与重大财产的安全。对招标行为之规范是保证招标环境与招标流程的公正、透明，防止串标、围标等不法行为发生。因此，在工程

① 《房屋建筑和市政基础设施工程施工分包管理办法》第 7 条规定，建设单位不得直接指定分包工程承包人。任何单位和个人不得对依法实施的分包活动进行干预。

总承包活动中，暂估价部分达到法定必须招标标准，而未进行招标的，工程总承包单位应承担相应的行政处罚责任（见本条案例评析所选案例三）。

## 案例评析

**［案例一］工程总承包商进行分包时，通常可以采用直接发包的方式选择分包商，分包合同不因未经招投标程序而无效**

西部中大建设集团股份有限公司（上诉人、原审原告，以下简称西部中大公司）、中国中铁股份有限公司（被上诉人、原审被告，以下简称中国中铁公司）建设工程分包合同纠纷案

案　　号：(2018)最高法民终1108号

审理法院：最高人民法院

裁判类型：二审民事裁定书

**裁判要点：**《招标投标法》第8条规定："招标人是依照本法规定提出招标项目、进行招标的法人或者其他组织。"西部中大公司并非案涉项目的招标人，其与中国中铁公司的分包关系，并非立法主要针对的招标人与承包人的关系。分包合同不经招投标签订，并不影响保障工程质量、维护公共利益的立法目的实现，一审判决认定案涉分包合同因未招投标而无效，确有不当，由此，最高人民法院撤销了广西壮族自治区高级人民法院(2016)桂民初7号民事判决，并将本案发回广西壮族自治区高级人民法院重审。

**案情摘要：**西部中大公司经招投标承建了广西桂和高速公路有限公司（以下简称桂和公司）的桂来高速公路项目，案涉《总承包合同》专用条款4.3.1约定："工程总承包单位可以根据本项目工程规模自行划分工程合同段，但应遵守便于建设实施、适合专业划分、易于管理的原则；分包工程需报发包人批准；拟投入的施工单位的资质应与承担的工作内容相适应。"后西部中大公司将桂来高速公路项目第4合同段分包给中国中铁公司，该分包事项未经招投标。

针对该分包合同的效力问题，双方发生争议。

广西壮族自治区高级人民法院一审认为：案涉分包合同因未招投标而无效。

最高人民法院二审认为：西部中大公司经招投标承建了桂和公司的桂来高速

公路项目后,又将桂来高速公路项目第4合同段分包给中国中铁公司,双方就此分包事项签订的施工合同虽未经招投标,但并不因此而导致合同无效。

首先,《招标投标法》第3条规定了必须进行招标的项目,本案项目系该条第1款第1项"大型基础设施、公用事业等关系社会公共利益、公众安全的项目"情形,需进行招投标。案涉《总承包合同》是西部中大公司经招投标程序后签订的,符合上述法律规定。案涉分包合同没有超出总包合同的内容,不改变总承包人的责任,西部中大公司作为承包人对发包人桂和公司就案涉项目的工程质量负责,分包合同不经招投标签订,并不影响保障工程质量、维护公共利益的立法目的实现。

其次,根据《建筑法》第29条规定,建筑工程总承包单位可以将承包工程中的部分工程发包给具有相应资质条件的分包单位;但是,除总承包合同中约定的分包外,必须经建设单位认可。案涉《总承包合同》专用条款4.3.1约定:"工程总承包单位可以根据本项目工程规模自行划分工程合同段,但应遵守便于建设实施、适合专业划分、易于管理的原则;分包工程需报发包人批准;拟投入的施工单位的资质应与承担的工作内容相适应。"可见,发包人与承包人就案涉项目进行分包是有预见和约定的,该约定不违反相关法律规定。根据一审查明的事实,发包人桂和公司已于2011年6月8日书面同意了西部中大公司的分包申请,可见分包事宜及程序符合《总承包合同》的约定。

最后,《招标投标法》第8条规定:"招标人是依照本法规定提出招标项目、进行招标的法人或者其他组织。"西部中大公司并非案涉项目的招标人,其与中国中铁公司的分包关系,并非立法主要针对的招标人与承包人的关系。

综上,一审判决认定案涉分包合同因未招投标而无效,确有不当,在该错误认定情况下没有查明是否存在违约事实,属于认定基本事实不清。因此驳回了一审判决裁定发回重申。

[**案例评析**]截至本书编写之日,本案虽然还未有公开的生效裁判文书,但是最高人民法院关于分包项目如何适用《招标投标法》的问题已经作出了详细的分析和明确的阐释,即《招标投标法》所规制的是项目投资建设主体进行发包的行为,工程经投资建设主体作为招标人进行总承包发包后,总承包商对其承包范围内依法可以分包的工作进行分包时,因其承包范围内的项目已经过充分竞争,可以不再进行招标而直接选定分包单位,分包合同不因未经招投标而无效。除非是暂估价项

目，且该暂估价项目属于依法必须招标的项目。

**[关联案例一]**

武汉地质勘察基础工程有限公司（原告）与福建中森建设有限公司湖北分公司（被告）、福建中森建设有限公司（被告）建设工程施工合同纠纷案

案　　号：(2014)鄂民一初字第00015号

审理法院：湖北省高级人民法院

裁判类型：一审民事判决（已生效）

**裁判要点：**国家设立招标投标制度，其目的在于保护国家利益、社会公共利益和招标投标活动当事人的合法权益，提高经济效益，保证工程质量。工程总承包项目在涉及社会公共安全等情形时，应当按照《招标投标法》的规定进行招投标。但工程分包法律并未明示必须经过招投标。由于工程总承包已经包含了分包部分，在工程总承包已设置招标投标制度的情况下，工程质量和经济效益等相关法益已得到保障，分包部分无须再次进行招投标。

**[案例二]以暂估价形式包含在总承包范围的工程、货物、服务，在选择分包商或供应商时，如果达到法定必须招标标准的，应当依法进行招标**

广东金辉华集团有限公司（原告）与江门市高新技术工业园有限公司（被告）建设工程施工合同纠纷案

案　　号：(2017)粤0704民初460号

审理法院：江门市江海区人民法院

裁判类型：一审民事判决

**裁判要点：**涉案玻璃幕墙及隔断工程暂估价为2,010,170.50元，超过法定必须进行招标的范围，但原、被告双方并未依法组织招标，因此原、被告签订的《广东省建设工程施工合同》中关于玻璃幕墙及隔断工程部分无效。

**案情摘要：**2013年2月，被告江门市高新技术工业园有限公司以其江门高新区科技创新创业中心项目施工工程进行招标。2013年4月16日，原告广东金辉华集团有限公司投标被告江门市高新技术工业园有限公司的上述工程项目并最终中标，被告的招标文件及原告的投标文件均列明铝合金隐框幕墙、卫生间塑料隔断工程暂估价合计共2,010,170.50元。

合同签订后，原告进行了江门高新区科技创新创业中心项目工程的施工，工程完工后于2015年9月25日通过竣工验收。江门市高新技术工业园有限公司将涉案工程款结算送江门市江海区投资审核中心审定，因涉案工程中的玻璃幕墙及隔断工程的发包未按《建设工程工程量清单计价规范》(GB 50500－2013)第9.9条执行，因此不予审核，结算未含玻璃幕墙及隔断部分。江门市高新技术产业开发区财政局于2016年12月22日作出《关于审核江门高新区科技创新创业中心项目工程结算的复函》，内容为："江门市高新技术工业园有限公司：《关于江门高新区科技创新创业中心项目工程结算审核的函》(2016－江高结审函08号)收悉。我局按照贵单位提供的工程资料审核结算，核定工程结算造价为87,967,597.16元[玻璃幕墙及隔断工程未按《建设工程工程量清单计价规范》(GB 50500－2013)第9.9.4条执行，因此结算造价未含玻璃幕墙及隔断部分]。

原告认为该玻璃幕墙及隔断部分工程是原告依被告指示、要求进行施工并已完成，该部分"发包未按《建设工程工程量清单计价规范》(GB 50500－2013)第9.9条执行"责任不在原告，被告也已实际使用，该工程相应工程款被告应支付给原告。原告将结算价编制送审后进行了更精确的计算、统计，将该"玻璃幕墙及隔断"部分的工程造价由2,748,562.55元(送审价)调整为2,582,500.28元，是完全符合客观实际的，被告应将2,582,500.28元工程款足额支付给原告，因此原告诉至法院。

原告诉讼请求：1. 被告支付原告江门高新区科技创新创业中心项目玻璃幕墙及隔断部分的工程款2,582,500.28元；2. 被告承担本案案件受理费。

一审江门市江海区人民法院认为：关于被告是否应支付原告工程款2,582,500.28元的问题，原、被告及涉案工程监理单位广东省建东工程监理有限公司均确认涉案的玻璃幕墙及隔断工程由原告施工并完工通过竣工验收，根据《招标投标法》第3条"在中华人民共和国境内进行下列工程建设项目包括项目的勘察、设计、施工、监理以及与工程建设有关的重要设备、材料等的采购，必须进行招标：(一)大型基础设施、公用事业等关系社会公共利益、公众安全的项目；(二)全部或者部分使用国有资金投资或者国家融资的项目；(三)使用国际组织或者外国政府贷款、援助资金的项目。前款所列项目的具体范围和规模标准，由国务院发展计划部门会同国务院有关部门制订，报国务院批准。法律或者国务院对必须进行招标的其他项目的范围有规定的，依照其规定"、最高人民法院《关于审理建设工程施工合同纠纷案件适用法律问题的解释》第1条"建设工程施工合同具有下列情形之一的，应当根据合同法第五十二条第（五）项的规定，认定无效：（一）承包人未取得建筑施工企业资质或者超越资质等级的；（二）没有资质的实际施工人借用有资质的建筑施工企业名义的；（三）建设工程必须进行招标而未招标或者中标无效的"、广东省《实施〈中华人民共和国招标投标法〉办法》（2003年）第9条"必须进行招标项目的规模标准为：（一）工程建设：1. 施工单项合同估算投资一百万元人民币以上或者建筑面积一千五百平方米以上的……"及《建设工程工程量清单计价规范》（GB 50500－2013）第9.9.4条"发包人在招标工程量清单中给定暂估价的专业工程，依法必须招标的，应当由发承包双方依法组织招标选择专业分包人，并接受有管辖权的建设工程招标投标管理机构的监督……"的规定，涉案玻璃幕墙及隔断工程暂估价为2,010,170.50元，超过上述规定的1,000,000元必须进行招标范围，但原、被告双方并未依法组织招标，则原、被告签订的《广东省建设工程施工合同》中关于玻璃幕墙及隔断工程部分无效，根据最高人民法院《关于审理建设工程施工合同纠纷案件适用法律问题的解释》第2条"建设工程施工合同无效，但建设工程经竣工验收合格，承包人请求参照合同约定支付工程价款的，应予支持"的规定，原告实施的被告位于江门高新区科技创新创业中心项目工程已完工，且通过竣工验收，已无返还必要，被告应折价补偿原告，根据广东伟信工程项目管理有限公司作出的伟信造字20170911号《建设工程造价咨询成果文件》，涉案玻璃幕墙及隔断工程造价为2,346,537.83元，被告应折价补偿原告工程款2,346,537.83元。

**[案例评析]** 本案中，法院结合《建设工程工程量清单计价规范》（GB 50500－2013）第9.9.4条"发包人在招标工程量清单中给定暂估价的专业工程，依法必须招标的，应当由发承包双方依法组织招标选择专业分包人，并接受有管辖权的建设工程招标投标管理机构的监督……"及《招标投标法》相关规定，认定包含在总承包范围内的暂估价部分达到法定必须招标标准的，应当依法进行招标选定分包商或供应商，否则将因违反法律、行政法规的强制性规定而导致民事合同无效。但需要提示的是，本案公开判决文书并未明确《建设工程工程量清单计价规范》（GB 50500－2013）是否为合同双方所约定的计价依据，而即便工程总承包模式下未适用《建设工程工程量清单计价规范》（GB 50500－2013），按照《招标投标法实施条例》第29条的规定，仍然存在前述"暂估价部分应招未招"而导致民事合同无效的风险。

**［案例三］暂估价部分达到法定必须招标标准，而未进行招标的，应承担相应的行政处罚责任**

工程名称：眉山市彭山区公租房二期（幸福苑小区）工程

案例来源：眉山市彭山区审计局网站（http://www.scps.gov.cn/）公开信息

**案情摘要：**彭山县发展和改革局的公租房二期（幸福苑小区）工程项目已在之前日完成国有建设用地划拨及选址工作。于2014年2月27日，彭山县发展和改革局以彭发改许〔2014〕09号文批复公租房二期（幸福苑小区）工程立项，其中批复总投资50,000,000元，资金来源为上级专项补助资金及地方配套，项目内容及规模为25,788平方米，建设工期为2年。后彭山县城乡规划局、环境保护局及住房和城乡规划建设局完成该项目的规划许可、环境影响报告及施工许可工作。

2014年10月29日，彭山县财政评审中心以彭财评〔2014〕555号文对公租房二期（幸福苑小区）项目进行了财政评审，评审该项目最高限价为49,450,000元，其中专业工程暂估价——基坑支护工程1,340,000元，消防工程1,270,000元，电梯工程2,530,000元，主体工程44,310,000元。

2014年4月23日，彭山县发展和改革局以彭发改招管〔2014〕164号文对公租房二期（幸福苑小区）项目施工图设计招标方案进行了核准，核准该项目施工图设计招标组织形式为自行招标，招标方式为竞争性谈判。

2014年5月8日，经竞争性谈判确定四川宏泰同济建筑设计有限公司为施工图设计中选人，中选价183,000元。

2014年11月3日，彭山县发展和改革局以彭发改招管〔2014〕515号文对公租房二期（幸福苑小区）项目施工招标方案进行了核准，核准该项目施工招标组织形式为自行招标（委托县公共资源交易中心实施），招标方式为公开招标。

2015年1月4日，眉山市彭山区发展和改革局以彭发改招管〔2015〕9号文对公租房二期（幸福苑小区）项目监理招标方案进行了核准，核准该项目施工监理招标组织形式为自行招标，招标方式为公开招标。

2015年1月5日，经公开招标确定四川省彭山县第五建筑工程有限公司为施工中标人，中标价40,250,193元。

2015年1月29日，经公开招标确定四川三信建设咨询有限公司为工程监理中标人,中标价817,600元。

行政主管机关意见:2016年5月20日,眉山市彭山区发展和改革局以眉彭发改招管〔2016〕91号文对公租房二期(幸福苑小区)项目基坑支护工程未进行公开招标进行了行政处罚决定,处以该项专业工程暂估价8‰的罚款,共计人民币10,720元。

[**案例评析**]结合本案及关联案例可知,暂估价部分的工程、货物、服务在达到法定必须招标标准时应当进行招标是基于法律、行政法规的基本要求,因此如违反法律、行政法规的规定未对应招暂估价部分进行招标的,除了民事合同存在效力风险之外,按照《招标投标法》第49条规定,"违反本法规定,必须进行招标的项目而不招标的,将必须进行招标的项目化整为零或者以其他任何方式规避招标的,责令限期改正,可以处项目合同金额千分之五以上千分之十以下的罚款;对全部或者部分使用国有资金的项目,可以暂停项目执行或者暂停资金拨付;对单位直接负责的主管人员和其他直接责任人员依法给予处分",相关单位将面临相应的行政处罚后果。

[**关联案例二**]

案例来源:行唐县人民政府网站(http://www.xingtang.gov.cn/)公开信息

被处罚人:行唐县兴开建设服务有限公司

处罚内容:行唐县兴开建设服务有限公司对行唐县第二污水处理厂工程项目二标段暂估价部分的工程材料和设备未按项目审批部门核准的招标方案进行招标,2017年8月18日对行唐县兴开建设服务有限公司处以1万元罚款。当事人已自动履行完毕。

---

**第二十二条 【工程总承包项目的质量责任】**

**建设单位不得迫使工程总承包单位以低于成本的价格竞标,不得明示或暗示工程总承包单位违反工程建设强制性标准、降低建设工程质量,不得明示或暗示工程总承包单位使用不合格的建筑材料、建筑构配件和设备。**

**工程总承包单位应当对其承包的全部建设工程质量负责,分包单位对其分包工程的质量负责,分包不免除工程总承包单位对全部建设工程所负的质量责任。**

**工程总承包单位、工程总承包项目经理依法承担质量终身责任。**

---

## 条文主旨

"百年大计，质量第一。"建设工程的质量问题，是关系人民群众的生命和财产安全的头等大事。基于此，本条分别从作为项目建设质量首要责任主体的建设单位，以及对工程总承包"负总责"的工程总承包单位、具体实施的分包单位等角度，对各主体与人员的所负责任进行了规定。

## 条文解析

本条共3款。第1款分别从工程成本价、工程建设强制性标准以及建筑构配件和设备质量等方面，对建设单位提出了守住质量"底线"的根本要求。第2款则包括了两层意思：一方面，基于工程总承包单位的角度，阐述了工程总承包单位应当对工程质量"负总责"的要求，其须对承包范围内的全部工程质量负责，不因分包单位的存在而免除其质量责任；另一方面，基于分包单位的角度，要求其对自身分包工程的质量负责。正如工程总承包单位不会因为分包单位的存在而免除工程质量责任一样，分包单位自然也不因总包单位的存在而免除其质量责任。第3款则将工程总承包单位与项目经理对承建项目的质量终身责任予以强调和明确。

## 理解与适用

本条的3个条款，对工程总承包的质量责任进行了主体分解、层层落实。

### 一、建设单位应当对工程总承包项目的质量负首要责任

中央治理工程建设领域突出问题工作领导小组在《关于印发〈加强工程建设实施和工程质量管理工作指导意见〉的通知》（中治工发〔2009〕6号）中明确指出，建设单位是项目实施管理总牵头单位，要根据设计、施工方案，组织设计、施工、监理等单位，定期对项目实施情况进行实地检查并及时解决问题，加强质量管理。显然，针对一项建设工程项目的质量保障问题，作为建设单位，负有不可推卸的首要责任。但实践中基于成本、利润等各方面原因，建设单位对于承包单位往往会提出诸多有可能影响工程质量的要求。

对此,当前有关建设单位的质量责任,在各有关法律法规、政策性文件中,均已多有规定。例如,《建筑法》第54条第1款规定:“建设单位不得以任何理由,要求建筑设计单位或者建筑施工企业在工程设计或者施工作业中,违反法律、行政法规和建筑工程质量、安全标准,降低工程质量。”《建设工程质量管理条例》第10条规定:“建设工程发包单位不得迫使承包方以低于成本的价格竞标,不得任意压缩合理工期。建设单位不得明示或者暗示设计单位或者施工单位违反工程建设强制性标准,降低建设工程质量。”前述中央治理工程建设领域突出问题工作领导小组的通知文件中也规定,建设单位不得将建设工程肢解发包,不得迫使承包方以低于成本的价格竞标,不得明示或暗示施工单位使用不合格建筑材料、建筑构配件和设备。住建部《建设单位项目负责人质量安全责任八项规定(试行)》第2条规定:“建设单位项目负责人在组织发包时应当提出合理的造价和工期要求,不得迫使承包单位以低于成本的价格竞标,不得与承包单位签订‘阴阳合同’,不得拖欠勘察设计、工程监理费用和工程款,不得任意压缩合理工期……”《城市轨道交通工程安全质量管理暂行办法》(建质〔2010〕5号)第15条第1款和第2款规定:“建设单位应当依法执行国家有关勘察设计费、监理费等管理规定,不得明示或暗示勘察、设计、施工、监理、监测等单位以低于成本的价格或政府指导价竞标。建设单位应当科学确定勘察、设计、施工等各阶段工期,不得任意压缩合同约定的工期。”国务院办公厅《关于促进建筑业持续健康发展的意见》(国办发〔2017〕19号)中也更进一步强调,全面落实各方主体的工程质量责任,特别要强化建设单位的首要责任。但是尽管如此,在实践中,因建设单位未能严格把好第一道质量关的缘由而导致的恶性工程质量事故,依然时有发生。

有鉴于此,在当前大力推行工程总承包模式的情况之下,进一步落实好国务院办公厅《关于促进建筑业持续健康发展的意见》(国办发〔2017〕19号)中所提出的“严格落实工程质量责任”的要求,确立好、强化好建设单位针对工程质量的首要责任,仍有着十分重要的意义。

## 二、工程总承包单位应当对其承包的全部建设工程质量负责，分包单位对其分包工程的质量负有不可推卸的责任，分包不免除工程总承包单位对全部建设工程所负的质量责任

本条应从两个层面来进行理解：

（一）基于工程总承包单位的角度

工程总承包单位是工程总承包项目总的承包单位，与传统设计、施工分开的承包模式相比，工程总承包的情况下，设计、采购、施工等环节均在工程总承包单位的承包范围内。在此情形之下，工程总承包单位理所当然的应当对其承包的全部建设工程质量负总责。这里有两个问题需要进一步说明：

1.《管理办法》的起草过程中，最初使用的表述是“工程总承包单位应当对其承包的建设工程质量负全部责任”。但是有意见认为，虽然工程总承包单位是全部建设工程的承揽主体，实践中却往往需要将其中的部分工作对外进行分包。如果在这个条款中过于突出此种情形下的工程总承包单位的全部质量责任，可能会被误解为分包单位可以减轻甚至免责，不利于发挥有关工程总承包单位的承包积极性，不利于工程总承包项目质量的管控。

各地的工程总承包意见中，较多使用的是“负总责”的表述。例如，浙江省《关于深化建设工程实施方式改革积极推进工程总承包发展的指导意见》（浙建〔2016〕5 号）中规定，工程总承包企业按照工程总承包合同的约定，对总承包工程范围内的工程设计、施工质量、安全生产、施工工期、工程造价等负总责。《上海市工程总承包试点项目管理办法》（沪建建管〔2016〕1151 号）中规定，工程总承包企业应当按照工程总承包合同的约定，对总承包工程范围内的工程设计、施工质量、施工现场安全生产和工程进度等负总责。考虑住建部《关于进一步推进工程总承包发展的若干意见》（建市〔2016〕93 号）中，使用的是“工程总承包企业对工程总承包项目的质量和安全全面负责”的说法。而所谓的“全面负责”“负全部责任”“负总责”的意思表示，在汉语言学上可能存在一定的差异，尤其“总责”需要进一步结合质量、安全、进度等进行解释或释明。基于《建筑法》第 55 条规定的是：“建筑工程实行总承包的，工程质量由工程总承包单位负责……”《建设工程质量管理条例》第 26 条第 3 款规定的也是：“建设工程实行总承包的，总承包单位应当对全

部建设工程质量负责……”而不是工程质量由工程总承包单位“负全部责任”或者“负总责”。因此,强调工程总承包单位应当负责的范围是针对全部建设工程而言的,不是部分工程。至于工程总承包单位具体所负责任的程度是全部责任还是部分责任,则应根据具体情况再具体依法而定。

2. 工程总承包单位存在分包的,不免除工程总承包单位对所承包的全部建设工程所负的质量责任。根据现行法律法规的规定,总承包单位与分包单位应当就分包工程的工程质量向建设单位承担连带责任。《建筑法》第 55 条规定:“……总承包单位将建筑工程分包给其他单位的,应当对分包工程的质量与分包单位承担连带责任。分包单位应当接受总承包单位的质量管理。”《建设工程质量管理条例》第 27 条规定:“总承包单位依法将建设工程分包给其他单位的,分包单位应当按照分包合同的约定对其分包工程的质量向总承包单位负责,总承包单位与分包单位对分包工程的质量承担连带责任。”对此,住建部在《关于进一步推进工程总承包发展的若干意见》(建市〔2016〕93 号)中也同样明确,工程总承包企业按照合同约定对建设单位负责,分包企业按照分包合同的约定对工程总承包企业负责。工程分包不能免除工程总承包企业的合同义务和法律责任,工程总承包企业和分包企业就分包工程对建设单位承担连带责任。

但是需要注意的是,若存在建设单位直接指定分包的情形,最终造成建设工程质量缺陷的,建设单位应当就其直接指定分包的行为承担相应的过错责任。对此,最高人民法院《关于审理建设工程施工合同纠纷案件适用法律问题的解释》第 12 条有明确规定:“发包人具有下列情形之一,造成建设工程质量缺陷,应当承担过错责任:(一)提供的设计有缺陷;(二)提供或者指定购买的建筑材料、建筑构配件、设备不符合强制性标准;(三)直接指定分包人分包专业工程。承包人有过错的,也应当承担相应的过错责任。”因此,当工程总承包单位可以证明有关分包系由建设单位直接指定,则当出现工程质量缺陷,且可归责于有关分包单位的情形下,工程总承包单位可据此主张建设单位承担相应的过错责任。同时这种情况并不代表着工程总承包单位就可以不承担责任,对分包单位进行质量管理是工程总承包单位对工程质量所负的法定责任,即便存在业主指定分包的情形,若工程总承包单位对工程质量管理有过错的,也应当承担相应的过错责任。

（二）基于分包单位的角度

建设工程项目的分包单位应当对其承包范围内的工程质量负责，乃是该项责任的题中应有之义，也是现行法律规定十分明确的事项。例如，《建筑法》第 56 条规定："建筑工程的勘察、设计单位必须对其勘察、设计的质量负责……"第 58 条规定："建筑施工企业对工程的施工质量负责……"基于从事具体分包工作的分包单位，本款特别着重指出分包单位仍须对其分包工程的质量负责，同样并不会因为工程总承包单位的存在而降低或免除分包单位的质量责任。当然，与工程总承包单位针对"全部工程"的责任不同，分包单位所应负担质量责任的工程范围也仅限于其分包工程和分包的范围或阶段。此外，还需要注意的是，分包单位依法承担工程质量责任后，并不免除其与工程总承包单位签订的分包合同中应承担的工程质量违约责任。

## 三、工程总承包单位与工程总承包项目经理应就工程质量承担终身责任

工程承包单位应当对其所承包的工程项目承担相应的质量责任，属于其法定职责。立于行政监管的视角，在《建设工程质量管理条例》中有相对全面的针对工程承包单位的质量责任和义务的管制规定。其中，第 3 章是针对勘察、设计单位，第 4 章是针对施工单位。特别是第 26 条明确规定："施工单位对建设工程的施工质量负责。施工单位应当建立质量责任制，确定工程项目的项目经理、技术负责人和施工管理负责人。建设工程实行总承包的，总承包单位应当对全部建设工程质量负责；建设工程勘察、设计、施工、设备采购的一项或者多项实行总承包的，总承包单位应当对其承包的建设工程或者采购的设备的质量负责。"正是基于此，在《管理办法》内规定了工程总承包单位要承担质量终身责任。

除了工程总承包单位以外，工程总承包项目经理个人也应当承担相应的工程质量终身责任。这也是与我国当前强化个人执业规范的各项规定相符合的。2014 年 9 月 26 日国新办举行"工程质量治理两年行动"有关情况发布会时，住建部工程质量安全监管司副司长曾宪新在答记者问时即明确指出："产生工程质量问题的原因很多，我们认为，一个非常重要的原因，或者主要的原因，就是质量责任落实不到位，特别是忽略了个人的责任。为此，不仅要强化企业的责任，更重要

的是要强化个人的责任。"对此，住建部在当时颁布的《建筑工程五方责任主体项目负责人质量终身责任追究暂行办法》(建质〔2014〕124号)中明确规定要求落实建筑工程五方责任主体项目负责人质量终身责任制。考虑到此前的暂行办法以及相关规定，均只是针对传统的施工总承包模式而言，则相对应的，《管理办法》对工程总承包项目经理同样规定了应承担相应的质量终身责任制。

关于工程承包单位与相关个人的主体责任，国务院办公厅《关于促进建筑业持续健康发展的意见》(国办发〔2017〕19号)第4条第4款中也曾明确要求："严格落实工程质量责任。全面落实各方主体的工程质量责任，特别要强化建设单位的首要责任和勘察、设计、施工单位的主体责任。严格执行工程质量终身责任制，在建筑物明显部位设置永久性标牌，公示质量责任主体和主要责任人……"

## 实践中应注意的问题

《建筑法》第54条规定："建设单位不得以任何理由，要求建筑设计单位或者建筑施工企业在工程设计或者施工作业中，违反法律、行政法规和建筑工程质量、安全标准，降低工程质量。建筑设计单位和建筑施工企业对建设单位违反前款规定提出的降低工程质量的要求，应当予以拒绝。"一方面，虽然该条款未涉及工程总承包单位，但是结合建筑设计单位与建筑施工企业来讲，工程总承包单位同样负有拒绝的义务，应拒绝建设单位违法要求降低工程质量的有关要求，否则将承担法律责任；另一方面，虽然建设单位不得迫使工程总承包单位以低于成本的价格承包，但是工程总承包单位也不得以低于成本的报价竞标，对此，我国招投标法律也有明确的规定。《招标投标法》第33条规定："投标人不得以低于成本的报价竞标，也不得以他人名义投标或者以其他方式弄虚作假，骗取中标。"严格来讲，为确保工程质量的百年大计，工程总承包项目的发承包双方都同时负有相应的法律义务、社会义务。

当前，有关建设活动质量问题的行政法律法规主要是对传统施工总承包模式的内容进行的规定，有关工程质量的行政规制责任，对应的主体范畴也一般表现为传统施工总承包模式之下的建设单位、勘察单位、设计单位、施工单位，而无关于工程总承包单位的责任规定。《管理办法》第27条则已有明确，对于工程总承包单位的质量责任,应按照法律法规对设计、施工单位及其项目负责人相同违法违规行为的规定追究责任。

## 案例评析

### [案例一]发承包双方不得约定低于成本的价格

抚顺豪拓建筑安装工程有限公司(一审原告、二审上诉人、再审被申请人,以下简称豪拓公司)与抚顺艺豪房地产开发有限公司(一审被告、二审上诉人、再审申请人,以下简称艺豪公司)建设工程施工合同纠纷案

案　　号:(2018)最高法民申35号

审理法院:最高人民法院

裁判类型:人民法院再审民事裁定

**裁判要点:**本案的情况是当事人约定的固定价格明显低于成本价。对于固定价格的确定,双方当事人都是有过错的。豪拓公司为了承揽这项工程,以低于成本价投标,有其自身的过错。艺豪公司作为发包方,对工程的成本应该是明知的,但仍以豪拓公司低于成本的投标价作为中标价,损害了豪拓公司的利益,违反了《民法通则》关于民事活动应当遵循自愿、公平、等价有偿和诚实信用原则。因此,本着公平、等价有偿原则,从维护和平衡双方当事人利益的角度出发,本案不应以损害一方当事人利益的固定价格作为结算依据,而应采用较为公平的鉴定结论作为结算依据。

**案情摘要:**2010年4月16日,艺豪公司作为甲方与作为乙方的豪拓公司签订《法雅庄园二期住宅楼施工总承包工程施工合同》(以下简称416合同),416合同签订后,豪拓公司组织人员、机械、设备、材料入场。

2010年5月11日,艺豪公司发布招标公告,确定本工程二标段:10~13#楼,建筑面积13,150平方米(以图纸面积为准),6月7日开标。7月16日,豪拓公司投标,投标总价10,914,546.00元。同日,抚顺诚成建设工程招标有限公司在辽宁建设工程信息网上发布中标结果:中标人豪拓公司,中标金额10,914,546.00元。

2010年7月23日,艺豪公司与豪拓公司签订《建设工程施工合同》(以下简

称723合同),艺豪公司与豪拓公司签订723合同时,豪拓公司施工的法雅庄园12#楼、13#楼主体5层封顶,10#楼施工进展到二层。

2011年5月13日,艺豪公司作为甲方,豪拓公司作为乙方,双方签订"补充协议"(以下简称513补充协议)约定:"法雅庄园10#、11#、12#、13#楼,经过公开招标,乙方中标合同约定开工时间为2010年4月16日,竣工时间为2010年9月18日,因多种原因至今没有竣工,现考虑甲乙双方的合作关系,甲方同意乙方继续施工,并将工程期限顺延,甲乙双方继续执行原合同(2010年4月16日双方签订的合同)。"从416合同签订起,豪拓公司在施工中,艺豪公司对部分材料实行甲供材,均由豪拓公司领取管理。

2012年12月,根据豪拓公司申请,经一审法院技术处委托,一审法院就豪拓公司完成工程造价委托鉴定。鉴定结论:鉴定工程造价19,753,454.25元

原告诉讼请求:1. 艺豪公司给付欠付的工程款1212万元。

一审抚顺市中级人民法院认为:涉案建设工程属于法律、行政法规规定的必须招标的项目,而416合同签订时,未进行招标,该合同当属无效。《招标投标法》第33条规定:"投标人不得以低于成本的报价竞标,也不得以他人名义投标或者以其他方式弄虚作假,骗取中标。"结合本院委托的工程造价鉴定结论及鉴定人出庭质证意见,约定的价款明显低于建设成本,根据上述规定,该723合同亦属无效。

最高人民法院《关于审理建设工程施工合同纠纷案件适用法律问题的解释》第2条规定:"建设工程施工合同无效,但建设工程经竣工验收合格,承包人请求参照合同约定支付工程价款的,应予支持。"第22条规定:"当事人约定按照固定价结算工程价款,一方当事人请求对建设工程造价进行鉴定的,不予支持。"经查,涉案工程尚未竣工验收,不能确定工程是否合格;涉案工程723合同明确约定工程价款系固定价款,该价款形成是豪拓公司投标价,双方自愿确定,故豪拓公司主张按自行结算价款及按照评估鉴定价款结算工程款的观点与上述规定不符,豪拓公司主张艺豪公司尚欠工程款1212万元及利息的诉讼请求,一审法院无法支持。

二审辽宁省高级人民法院认为:一审认定416合同和723合同无效是正确的。本案的关键问题是豪拓公司按鉴定结论结算工程款的请求是否应予支持。从公平、等价有偿的原则衡量,建设工程的工程款结算,都不能低于工程成本价,

亦即，如果工程质量合格，施工方也无违约行为，则施工方在结算工程款时，不能亏本，只是盈利多少而已。最高人民法院《关于审理建设工程施工合同纠纷案件适用法律问题的解释》第22条规定："当事人约定按照固定价格结算工程价款，一方当事人请求对建设工程造价进行鉴定的，不予支持。"该条应理解为当事人约定的固定价格与鉴定结论的工程造价（或者施工方自己计算的工程造价），都是在工程成本价之上。而本案的情况是当事人约定的固定价格明显低于成本价。艺豪公司作为发包方，对工程的成本应该是明知的，但仍以豪拓公司低于成本的投标价作为中标价，损害了豪拓公司的利益，违反了《民法通则》关于民事活动应当遵循自愿、公平、等价有偿和诚实信用原则。因此，本着公平、等价有偿原则，从维护和平衡双方当事人利益的角度出发，本案不应以损害一方当事人利益的固定价格作为结算依据，而应采用较为公平的鉴定结论作为结算依据。

关于如何确定成本价问题。从施工方的角度看，其投入就是成本。但从发包人角度看，其招标价格，应该是最低价格，即成本价格，这个价格应该包括施工方的合理利润。因此，一般情况下，鉴定结论确定的数额，可以看成发包人的成本价，也可视为工程的成本价。

再审最高人民法院认为：723合同价款难以认定为豪拓公司的真实意思表示，驳回艺豪公司的再审申请。

**[案例评析]**本案中，三级法院都认为，416合同和723合同约定的价款明显低于造价鉴定机构给出的鉴定价款，并认为这两份合同是无效的。但是一审法院仍然认为应该按照无效合同约定的固定总价进行结算；二审法院则改判认为，参照无效合同约定进行结算的前提是，该合同价款应该在成本价款之上，而本案合同约定价款明显低于成本价，应将鉴定价款认定为成本价，并作为双方结算的价款。本案由于合同约定的固定总价与鉴定价差距过大，由此认定投标及合同价低于成本价，并认定中标合同无效。这种做法充分关照到了现行法律法规所规定的建设单位不得要求投标人低于成本价投标的相关规定。在合同无效，且合同价低于成本价的情况下，认定不按照无效合同的约定进行结算，而是按照鉴定价进行结算，主要是兼顾了公平原则。但是，应当引起注意的是，将鉴定价直接认定为成本价的做法，在实践中仍然存在较大争议。

### [案例二]发包人不得明示或者暗示承包单位违反工程建设强制性标准

案　　号:浏住建罚(2019)20号

处罚机构:浏阳市住房和城乡建设局

被处罚人:浏阳市某某有限公司

裁判类型:行政处罚决定书

**案情摘要**:被处罚人浏阳市某某有限公司是建设单位,其于2013年开工建设浏阳市鼎丰家具城工程,一期工程分一标段、二标段,建筑节能项目合同价款800万元,但被处罚人并未严格要求总承包方按照设计图纸的要求进行施工。该项目未按设计图纸施工的建筑节能分部工程,造价114万元。

行政处罚要点:被处罚人应自觉遵守国家建设行业的法律规定,《民用建筑节能条例》第14条第1款规定:"建设单位不得明示或者暗示设计单位、施工单位违反民用建筑节能强制性标准进行设计、施工,不得明示或者暗示施工单位使用不符合施工图设计文件要求的墙体材料、保温材料、门窗、采暖制冷系统和照明设备。"第17条规定:"建设单位组织竣工验收,应当对民用建筑是否符合民用建筑节能强制性标准进行查验;对不符合民用建筑节能强制性标准的,不得出具竣工验收合格报告。"被处罚人建设的项目未按设计图纸施工的行为破坏了国家对建筑行业的管理秩序,理应承担相应的法律责任。根据《行政处罚法》第27条第1款第1项之规定,浏阳市住房和城乡建设局决定责令被处罚人改正上述违法行为,并处以罚款人民币23,000元整。

**[案例评析]**《建设工程质量管理条例》第10条第2款规定"建设单位不得明示或者暗示设计单位或者施工单位违反工程建设强制性标准,降低建设工程质量"。《民用建筑节能条例》第14条第1款规定:"建设单位不得明示或者暗示设计单位、施工单位违反民用建筑节能强制性标准进行设计、施工,不得明示或者暗示施工单位使用不符合施工图设计文件要求的墙体材料、保温材料、门窗、采暖制冷系统和照明设备。"这两个条例都是国务院颁发的行政法规,《民用建筑节能条例》是对《建设工程质量管理条例》在建筑节能工程领域的具体应用。本案中,浏阳市某某有限公司作为建设单位,违反《建设工程质量管理条例》及《民用建筑节能条例》中的相关规定,明示或者暗示承包单位违反强制性标准进行建设,因而受

到了相应的行政处罚。

### [案例三]发包人不得明示或暗示承包单位使用不合格的建筑材料、建筑配件和设备

北京荣丰房地产开发有限公司(一审原告、二审上诉人、再审申请人,以下简称荣丰公司)与北京市第五建筑工程集团有限公司(一审被告、二审上诉人、再审被申请人,以下简称五建公司)建设工程施工合同纠纷案

案　　号:(2015)高民申字第03081号

审理法院:北京市高级人民法院

裁判类型:人民法院再审民事裁定

**裁判要点:**发包人提供或指定购买的建筑材料、建筑构配件、设备不符合强制性标准导致工程质量缺陷时,在缺乏相关证据证明施工单位对建筑材料、建筑构配件或设备质量存在过错的情况下,发包人无权要求施工单位承担赔偿责任。

**案情摘要:**2000年10月17日,荣丰公司与五建公司签订《北京市建设工程施工合同》及《补充协议》,约定发包方为荣丰公司,承包方为五建公司;工程名称为首特八区住宅楼及车库、会所;工程地点为北京市西城区广安门外大街305号;承包范围详见招标文件,承包方式中标价加增减账;工程性质为基建;合同价款为195,049,458元,开工日期为2000年10月30日,竣工日期为2002年8月18日。合同第24条乙方采购材料设备中约定:乙方按照设计和规范要求采购工程需要的材料设备。在材料设备到货24小时前通知甲方代表验收。对乙方采购材料设备与设计和规范要求不符的产品,甲方代表拒绝验收。由乙方按甲方代表要求的时间运出施工现场,重新采购符合要求的产品,承担由此发生的费用,工期不予顺延。甲方不能按时到场验收,验收后发现材料设备(设备经试车后)不符合规范和设计要求,仍由乙方修复或拆除及重新采购,并承担发生的费用,赔偿甲方的损失。由此延误的工期相应顺延。合同签订后,五建公司进场施工,双方开始履行合同。2002年7月29日,基础主体工程验收合格。

2004年9月27日,五建公司荣丰嘉园项目部向荣丰公司报送了《认可书》《甲方审定价格及厂家、乙方采购联系单》,《认可书》载明,"首特八区一期工程地下车库会所内的两台电锅炉按图纸设计要求需采用封闭式密集型插接母线槽供

电、现将此产品的价格(见附表)报送甲方,为不影响冬季取暖及加工定货周期和施工顺序的搭接,请甲方尽快确认”,落款处有甲方陶某签字(落款日期为2004年11月26日)和乙方庞某签字。《甲方审定价格及厂家、乙方采购联系单》中载明:封闭式密集型插接母线槽(三相五线)共2个,规格均为3000A,生产厂家分别为施耐德(广州)母线有限公司和江苏正泰电气集团公司,落款处有甲方陶某签字“同意正泰806400元〈含终端箱〉”(落款日期为2004年11月26日)。2004年11月26日,五建公司和江苏正泰电器集团公司(以下简称正泰公司)签订《江苏正泰电气集团公司合同书》,约定由正泰公司提供密集型母线槽(3000A)送至工地现场。此后,五建公司进行了母线槽的安装。母线槽上粘贴的合格证上显示,母线槽额定电压380V,额定电流3000A。

2004年12月20日,五建公司和荣丰公司签订《北京市房屋建筑工程质量保修书》,对首特八区车库及会所保修范围及保修时间进行约定,保修范围包括“母线槽安装”,“电气管线、给排水管道、设备安装工程为2年”。

2007年10月18日,荣丰公司与北京步锐克体育发展有限责任公司(以下简称步锐克公司)签订《会所租赁合同》,租期自2007年11月1日起至2018年1月31日止。2009年10月19日,荣丰公司与步锐克公司、北京非凡活力健身有限公司(以下简称非凡公司)签订了《补充协议》,约定由非凡公司承继步锐克公司在《会所租赁合同》和《会所入住交接补充协议》的权利义务。2010年2月,非凡公司在运营过程中发现锅炉无法启动,经检查系母线烧坏所致。2010年3月4日,北京亚发电气有限公司(以下简称亚发公司)出具了《检测报告》,检测结果为“此母线槽的铜排线截面的载电流是1600A,所此铜排为1600A母线槽,按照锅炉设备规格要求电流按照3000A正负200为符合”。此后,亚发公司对损坏的母线槽设备进行了更换和维修。2010年3月20日,亚发公司向非凡公司开具了“维修母线槽”的发票,发票金额为86,700元。2010年3月25日,荣丰公司以公函的形式致函五建公司,称:现发现供电母线与图纸和实际规格不符,致使母线烧毁,要求更换符合设计要求的合格产品。五建公司庭审中表示未收到该函件。

原告诉讼请求:1. 判决五建公司按照施工合同约定将荣丰公司会所所使用的封闭式母线槽更换为符合工程设计及图纸要求的合格设备;2. 判决五建公司赔偿荣丰公司因会所封闭式母线槽质量不合格造成的房屋租金损失86,700元;3. 判决五建公司赔偿荣丰公司因会所封闭式母线槽质量不合格造成的损失188,008.15元,包括仲裁费32,383.50元、检验鉴定费用42,000元,因配合鉴定支付的拆卸及更换样品费用48,224.65元、申请撤销仲裁裁决费用400元及本次诉讼中的鉴定费65,000元。本案诉讼费由五建公司负担。

一审北京市西城区人民法院认为:依法成立的合同,对当事人具有法律约束力。质量不符合约定的,应当按照当事人的约定承担违约责任。对违约责任没有约定或者约定不明确,依照《合同法》第61条的规定仍不能确定的,受损害方根据标的的性质以及损失的大小,可以合理选择要求对方承担修理、更换、重作、退货、减少价款或者报酬等违约责任。因施工人的原因致使建设工程质量不符合约定的,发包人有权要求施工人在合理期限内无偿修理或者返工、改建。又据《产品质量法》第2章第12条"产品质量应当检验合格,不得以不合格产品冒充合格产品",第3章第1节第26条"产品质量应符合下列要求:……(三)符合在产品或者其包装上注明采用的产品标准,符合以产品说明、实物样品等方式表明的质量状况"的规定,五建公司作为施工单位对工程质量负有合同义务。现因五建公司采购、安装的母线槽因不符合设计标准和合格证标注,故应按照合同约定承担违约责任,更换合格的母线槽并就相关损失予以赔偿。

二审北京市第二中级人民法院认为:本案中五建公司与荣丰公司之间系建设工程施工合同关系,而非产品销售买卖关系,建设工程不适用《产品质量法》。房屋建筑工程在保修范围和保修期限内出现质量缺陷,五建公司应当履行保修义务。因此五建公司承担的是工程质量责任,而不是产品质量责任。依据2004年12月20日双方签订的《北京市房屋建筑工程质量保修书》的约定,电气管线、设备安装工程的保修期限为2年。荣丰公司主张母线槽出现维修事项的时间为2010年2月,确已过保修期。故荣丰公司请求五建公司更换母线槽的请求缺乏事实与法律依据,本院不予支持。

根据已查明的事实,本案所涉母线槽系荣丰公司指定品牌及价格,由五建公司采购安装的,属于发包人指定购买的建筑材料和设备。根据最高人民法院《关于审理建设工程施工合同纠纷案件适用法律问题的解释》第12条第1款第2项、第2款的规定,发包人具有下列情形之一,造成工程质量缺陷,应当承担过错责任:(二)提供或者指定购买的建筑材料、建筑构配件、设备不符合强制性标准;承包人有过错的,也应当承担相应的过错责任。也就是说,即使母线槽确实存在质量问题不符合强制性标准,荣丰公司也应承担责任。截至目前证据显示五建公司对于母线槽的质量问题不存在过错。

北京市高级人民法院再审认为:本案所涉母线槽系先由荣丰公司指定品牌及价格,再由五建公司采购安装,故二审法院认定涉案母线槽系荣丰公司指定购买的建筑材料和设备,并无不当。现因涉案工程已过保修期,且荣丰公司未举证证明五建公司对于母线槽的质量问题存在过错,故二审法院根据最高人民法院《关于审理建设工程施工合同纠纷案件适用法律问题的解释》第12条第1款第2项之规定对荣丰公司请求五建公司更换母线槽并赔偿相关损失的请求均未予支持,亦无不当。

**[案例评析]**本案中,一审法院认为因施工人的原因致使建设工程质量不符合约定的,发包人有权要求施工人在合理期限内无偿修理或者返工、改建,而二审法院认为本案法律关系系建设工程施工合同关系,而非产品销售买卖关系,建设工程不适用《产品质量法》,加之本案工程已过保修期,且母线槽系荣丰公司指定购买,五建公司没有过错,因此,认定荣丰公司请求五建公司更换母线槽并赔偿相关损失缺乏法律依据。再审法院认为二审法院认定涉案母线槽系荣丰公司指定购买的建筑材料和设备,并无不当,在荣丰公司未举证证明五建公司对于母线槽的质量问题存在过错故的情况下驳回了荣丰公司的再审申请。即,由发包人提供建筑材料、建筑配件、设备的,发包人应当保证建筑材料、建筑配件、设备符合设计文件和合同要求,不得明示或暗示承包方使用不合格的建筑材料、建筑配件和设备。

**[案例四]工程总承包单位应当对其承包的全部建设工程质量负责,分包单位对其分包工程的质量负责,分包不免除工程总承包单位对全部建设工程所负的质量责任**

宁夏煤炭基本建设有限公司(一审被告、二审上诉人、再审申请人,以下简称宁煤公司)与乌海市天誉煤炭有限责任公司(一审第三人、二审被上诉人、再审被申请人,以下简称天誉公司)、辉惠有限公司(一审原告、二审被上诉人)、唐山国华科技有限公司(一审被告、二审上诉人,以下简称国华公司)建设工程施工合同纠纷案

案　　号:(2017)最高法民申5028号

审理法院:最高人民法院

裁判类型:人民法院再审民事裁定

**裁判要点**:《建筑法》第55条规定:“建筑工程实行总承包的,工程质量由工程总承包单位负责,总承包单位将建筑工程分包给其他单位的,应当对分包工程的质量与分包单位承担连带责任……”根据该规定,总承包商国华公司应对分包商宁煤公司施工的分包工程的质量问题承担连带责任。

**案情摘要**:2010年6月28日,天誉公司与国华公司签订《乌海市天誉煤炭有限责任公司300万吨/年重介洗煤厂工程施工总承包合同书》,约定国华公司为施工总承包单位,承建天誉公司300万吨/年重介洗煤厂工程。2010年6月18日,国华公司与宁煤公司签订《建筑工程施工合同》,将天誉公司300万吨/年重介洗煤厂工程中的土建、给排水、消防、采暖、照明、防雷、通讯工程分包给宁煤公司,同时签订《工程质量保修书》。2011年5月10日,宁煤公司承建的工程经验收后移交天誉公司使用。

2012年,因洗煤厂变压器基础严重变形,宁煤公司在2012年4月16日至2012年5月25日对此进行返修,致使天誉公司停产40天。2012年9月21日,宁煤公司向天誉公司发出《工程质量保修承诺书》,承诺在工程质量保修期间所发生的质量缺陷履行保修义务,保修期至2012年11月25日期满。在上述质保期内,天誉公司洗煤厂再次发生工程质量问题。

北京市建筑工程研究院建设工程质量司法鉴定中心对天誉公司300万吨/年重介洗煤厂工程是否存在质量问题进行鉴定。发现一系列质量问题,并就上述质量问题出具了建议修复方案。北京中威正平工程造价咨询有限公司对天誉公司300万吨/年重介洗煤厂修复工程造价进行鉴定,修复工程造价1,992,646.99元。内蒙古乌海市国力资产评估事务所对因工程质量问题返修对天誉公司造成的停产损失进行司法鉴定,该事务所作出乌海国力评报字(2014)第38号评估报告书,结论为:停产期间损失为2,360,863元。

原告诉讼请求:判令被告国华公司和被告宁煤公司承担连带责任向原告支付因被告工程质量问题造成原告的损失,共计人民币7,264,337.32元。

一审乌海市中级人民法院认为:宁煤公司作为施工单位过错明显,应承担相应民事责任。《建筑法》第29条第2款:“建筑工程总承包单位按照总承包合同的约定对建设单位负责;分包单位按照分包合同的约定对总承包单位负责。总承包单位和分包单位就分包工程对建设单位承担连带责任。”第55条:“建筑工程实行总承包的,工程质量由工程总承包单位负责,总承包单位将建筑工程分包给其他单位的,应当对分包工程的质量与分包单位承担连带责任。分包单位应当接受总承包单位的质量管理。”根据以上之规定,本案中,国华公司是300万吨/年洗煤厂工程的总承包商,将承包合同中的部分土建工程发包给具有施工资质的宁煤公司,虽然国华公司在分包合同中约定由宁煤公司对土建工程承担质量责任,但其作为分包合同的发包商对于承包商宁煤公司的施工负有监督管理责任,国华公司应对宁煤公司的工程质量责任向建设单位即天誉公司承担连带责任,承担支付修复工程造价款1,992,646.99元。《合同法》第113条规定“当事人一方履行合同义务不符合约定,给对方造成损失的,损失赔偿额应当包括合同履行后可以获得的利益”。国华公司及宁煤公司应向天誉公司承担赔偿损失的违约责任。鉴于天誉公司在涉案工程未整体进行验收前就投入使用以及指定分包商也存在一定过错,综合双方履约情况及过错大小,其自担30%的损失较为合理。即国华公司及宁煤公司承担停工40天的经济损失1,652,604.10元(2360863元×70%),第三人天誉公司承担708,258.90元(2,360,863元×30%)。

内蒙古自治区高级人民法院二审认为:

《建筑法》第55条规定:“建筑工程实行总承包的,工程质量由工程总承包单位负责,总承包单位将建筑工程分包给其他单位的,应当对分包工程的质量与分包单位承担连带责任……”本案中,国华公司作为总承包人,应当对分包单位宁煤公司因工程质量问题造成的损失承担连带赔偿责任。最高人民法院《关于审理建设工程施工合同纠纷案件适用法律问题的解释》第12条规定,“发包人直接指定分包人分包专业工程,造成建设工程质量缺陷的,应当承担过错责任”,一审法院已依据该条款判决天誉公司承担过错责任,国华公司提出宁煤公司由天誉公司指定造成其难以监管,不承担连带责任的理由不能成立。

再审最高人民法院认为:本案中,2012年,因洗煤厂变压器基础严重变形,宁煤公司对此进行返修之后,涉案工程再次发生工程质量问题。因涉案工程存在的质量缺陷问题始终未得到解决,遂产生争议。经北京市建筑工程研究院建设工程质量司法鉴定中心鉴定,宁煤公司施工工程存在地面下沉等多项质量问题,原审法院判令由宁煤公司支付修复工程造价款1,992,646.99元,并在综合考虑涉案工程未整体进行验收前就投入使用等方面情况下，酌定由宁煤公司承担经济损失1,652,604.10元，并无不当。一审法院委托北京市建筑工程研究院建设工程质量司法鉴定中心出具司法鉴定意见书，此时天誉公司才知道侵犯其权利的主体和原因，并自此时开始计算本案诉讼时效。因此，宁煤公司主张的超过诉讼时效的请求不能得到支持。驳回宁煤公司的再审申请。

**[案例评析]**该案是典型的总分包商对分包工程承担连带责任的案例。本案中分包单位宁煤公司是由业主天誉公司直接指定的，由此在合同履行过程中存在总承包单位国华公司对分包单位难以进行监管的问题，但需要注意的是，这种情况下并不代表着总承包单位就可以不承担责任，依据现行法律规定，即便存在业主指定分包，总承包单位也应当负有不可推卸的总包管理职责，应就分包单位的分包工程部分，向建设单位一道承担连带责任。

**[案例五]建设单位指定分包的，应承担过错责任**

张家港市乐余建筑工程有限公司（一审原告、二审被上诉人，以下简称乐余建筑公司）与张家港福运置业有限公司（一审被告、二审上诉人，以下简称福运置业公司）建设工程施工合同纠纷案

案　　号：（2019）苏05民终4736号

审理法院：江苏省苏州市中级人民法院

裁判类型：人民法院二审民事判决

**裁判要点：**发包人福运置业公司直接指定分包人分包外墙涂料、外墙石材（不含面砖）、铝合金门窗、太阳能、进户门等专业工程。并且，在案涉工程竣工前，福运置业公司又向乐余建筑公司出具《承诺函》，福运置业公司承诺只要乐余建筑公司协助福运置业公司在涂料、门窗、保温、石材、屋面、进户门、车库门、防火门的工程资料上盖章，上述工程的"其他一切事宜与乐余建筑公司无关"。可见，福运置业公司存在指定分包的事实。根据最高人民法院《关于审理建设工程施工合同纠纷案件适用法律问题的解释》第12条第1款第3项规定，发包人直接指定分包人分包专业工程，造成建设工程质量缺陷，应当承担过错责任，因此，福运置业公司指定的分包工程发生质量问题，应由福运置业公司承担相应的责任。

**案情摘要：**2010年9月16日，福运置业公司与乐余建筑公司签订一份《建设

工程施工合同》,约定福运置业公司将案涉工程发包给乐余建筑公司施工。2011年1月27日,福运置业公司与乐余建筑公司又签订一份《补充合同》,约定案涉工程承包范围包括但不限于上述建筑物的基坑维护及支撑工程、土方开挖外运(包括弃土外运处理)、结构工程的施工、安装工程的施工、一般装饰工程的施工及室外总体工程等。《补充合同》第23条"与甲方指定分包单位(简称指定分包)的配合"中,第1款约定:"乙方负责对甲方指定分包进行总承包管理并提供总承包配合,指定分包支付指定分包合同价的2%作为乙方的总包管理费及配合费。"

2012年3月30日,福运置业公司出具给乐余建筑公司的承诺函1份,内容为:"首先,感谢贵单位愿意协助我司完成涂料、门窗、保温、石材、屋面、进户门、车库门、防火门的工程资料。目前涂料、门窗、保温、石材、屋面、进户门、车库门、防火门的资料已经做好,但还未盖章。其次,我司郑重承诺,只需贵司协助完成资料事项,其他一切事宜与贵司无关,望贵司协助我方在涂料、门窗、保温、石材、屋面、进户门、车库门、防火门资料上盖章为感。"

2017年12月20日,福运置业公司发送给乐余建筑公司的《关于张家港福德庄园工程维修的函》及附件,要求维修别墅及商铺外墙及地下室渗漏问题。

原告诉讼请求:1.被告支付原告工程款1,545,037.4元及逾期付款利息;2.本案诉讼费用由被告承担。

一审张家港市人民法院认为:乐余建筑公司不需要承担福运置业公司支付的维修费用。案涉工程存在福运置业公司直接指定分包人分包专业工程的情况,根据最高人民法院《关于审理建设工程施工合同纠纷案件适用法律问题的解释》第12条第1款第3项规定,发包人直接指定分包人分包专业工程,造成建设工程质量缺陷,应当承担过错责任,因此,如福运置业公司指定的分包工程发生质量问题,应由福运置业公司承担相应的责任,具有明确的法律依据,而且,从福运置业公司出具的《承诺函》的内容分析,关于其指定的分包工程,如今后出现质量问题,也与乐余建筑公司无关。

二审苏州市中级人民法院认为:乐余建筑公司虽然是涉案工程的总承包人,但该工程中的外墙涂料、外墙石材(不含面砖)、铝合金门窗、太阳能、进户门等专业工程均由福运置业公司直接指定分包人分包完成。因存在指定分包行为,且双方在《补充协议》中约定"其他一切事宜与乐余建筑公司无关",乐余建筑公司并无进行维修的合同义务。

**[案例评析]**本案发包人与承包人签订《补充协议》,约定将外墙涂料等工程进行指定分包,且在项目竣工验收时出具《承诺函》,要求承包商在验收资料上盖章并免除承包商对指定分包工程的责任。这些行为可以认定建设单位存在指定分包的情形,建设单位应当对其指定分包的行为承担过错责任。

**[案例六]承包单位项目经理应依法承担质量终身责任**

案　　号:粤水行罚字(2015)第002号

处罚机构:广东省水利厅

被处罚人:石立辉,广东水电二局股份有限公司第二工程公司总工程师,湛江市雷州青年运河改造工程项目经理部经理

裁判类型:行政处罚决定书

**案情摘要:**2008年12月30日,由广东省水利电力勘测设计研究院、中国安能建设总公司、广东水电二局股份有限公司(以下简称省水电二局)及广东省水利水电第三工程局联合体通过投标取得总承包资格,实施设计、采购、施工总承包。2010年7月19日,雷州青年运河灌区续建配套与节水改造工程项目立项。2011年11月13日,省水电二局与总承包单位广东省水利电力勘测设计研究院签订施工合同,承接雷州青年运河灌区改造工程东运河Ⅰ标的施工。

2014年5月20日5时50分,东运河大边塘排洪涵(桩号K4+434)右岸渠堤发生决口事故。2014年11月,广东省水利厅和广东省监察厅联合调查组认定,湛江市"5·20"雷州青年运河灌区东运河渠堤决口事故是一起因工程质量(包括施工质量、监理质量、设计质量)达不到规范的要求所造成的责任事故,为较大质量事故。联合调查组查明,省水电二局在大边塘排洪涵的施工过程中,存在未按批准的施工图纸及施工方案施工的行为,主要事实为:施工图设计要求全部拆除旧涵洞,实际施工中,仅拆除了旧涵顶板及中间隔墙。2014年1月16日,在未全部拆除旧涵洞的情况下,施工、监理、设计、业主及总承包单位通过了基础工程验收。联合调查组另外查明,2013年12月12日,省水电二局因湛江市雷州青年运河改造工程项目管理需要,将石立辉调整为该项目经理部经理。

行政处罚要点:在工程建设活动中,个人根据单位的授权,代表单位履行职责,

单位的过错及其受到的处罚主要是由个人不当履行职责而造成的；按照《广东水电二局股份有限公司湛江市雷州青年运河改造工程项目部领导成员岗位职责》中明确项目经理的职责是“主持项目经理部展开工作，并对本项目的进度、质量、安全、成本及文明施工、环保等负全面责任”，石立辉作为湛江市雷州青年运河节水改造工程项目东运河I标施工项目部经理，疏于管理，未能及时制止和纠正现场施工人员不按照大边塘排洪涵洞施工图纸及批准的施工方案进行施工的行为，导致发生建设工程质量事故，对该工程的施工负有领导责任，应列为直接负责的主管人员。根据《建设工程质量管理条例》第73条“依照本条例规定，给予单位罚款处罚的，对单位直接负责的主管人员和其他直接责任人员处单位罚款数额百分之五以上百分之十以下的罚款”的规定，给予石立辉肆万伍仟柒佰肆拾元整（￥45,740.00）罚款的行政处罚。

[**案例评析**]省水电二局是雷州青年运河灌区改造工程东运河Ⅰ标的施工单位，其应对该标段的施工质量负责；而石立辉作为该标段的项目经理，是《建筑工程五方责任主体项目负责人质量终身责任追究暂行办法》（建质〔2014〕124号）规定的五方责任主体之一，应该对该标段的施工承担终身质量责任。案涉项目基础工程已经竣工验收，但竣工验收并不能免除五方责任主体的质量责任，被处罚人作为施工方当时的项目经理，仍需承担相应的行政处罚责任。

---

**第二十三条 【工程总承包项目的安全责任】**

**建设单位不得对工程总承包单位提出不符合建设工程安全生产法律、法规和强制性标准规定的要求，不得明示或者暗示工程总承包单位购买、租赁、使用不符合安全施工要求的安全防护用具、机械设备、施工机具及配件、消防设施和器材。**

**工程总承包单位对承包范围内工程的安全生产负总责。分包单位应当服从工程总承包单位的安全生产管理，分包单位不服从管理导致生产安全事故的，由分包单位承担主要责任，分包不免除工程总承包单位的安全责任。**

---

## 条文主旨

安全生产是工程项目建设的根本底线问题。为了确保建设工程领域的安全生产，保障人民群众生命和财产安全，除《安全生产法》这一有关安全生产的根本大法和《建筑法》中有一些规定以外，2003 年我国还专门制定出台了《建设工程安全生产管理条例》来规范该领域的安全生产工作。实践中，这些法律、法规都起到了良好的规范效果。但是近年来，建设工程领域的安全事故的发生仍然较为频繁，有关事故后果仍然较为严重。特别是在工程总承包模式之下，因为工程规模本身往往较大，一旦发生安全生产事故，所造成的人身和财产损失，通常也是远超一般的传统施工项目，且一直以来缺乏专门针对工程总承包模式下的安全生产责任规定，因此，在制定有关的工程总承包管理办法的时候，尤其有必要就安全责任问题予以明确规范。

另外，有关工程总承包项目中的各方主体的安全职责，在《建筑法》、《安全生产法》与《建设工程安全生产管理条例》等法律、法规中，虽有涉及建设单位、设计单位、施工总承包单位、施工分包单位等，但没有直接指向工程总承包单位的。本条在上位法基础上，对工程总承包项目的建设单位、工程总承包单位、分包单位的安全责任进行了规定。

## 条文解析

本条总共 2 款，分别针对 3 个不同主体（建设单位、工程总承包单位、分包单位），规定了其在工程总承包模式下的安全责任。

第 1 款规定了建设单位的安全责任。严禁建设单位违法干涉工程总承包单位对于安全生产法律、法规和强制性标准的遵守，以及工程总承包单位有关安全防护用具、机械设备、施工机具及配件、消防设施和器材的采购、租赁和使用。

第 2 款分别规定了工程总承包单位和分包单位的安全责任。工程总承包单位应当就承包范围内工程的安全生产负总责，无论工程总承包单位是设计企业还是施工企业，其均应采取积极措施加强对项目建设的安全管控。而分包单位作为其分包承揽工程的直接责任单位，更应加强自身的安全生产能力，并服从工程总承包单位的安全生产管理。如果分包单位拒绝服从管理而导致安全生产事故的，则其应承担主要责任。但是，分包不免除工程总承包单位的安全责任。

## 理解与适用

### 一、工程总承包模式下建设单位的安全生产责任

《建设工程安全生产管理条例》第 7 条规定:“建设单位不得对勘察、设计、施工、工程监理等单位提出不符合建设工程安全生产法律、法规和强制性标准规定的要求,不得压缩合同约定的工期。”第 9 条规定:“建设单位不得明示或者暗示施工单位购买、租赁、使用不符合安全施工要求的安全防护用具、机械设备、施工机具及配件、消防设施和器材。”《城市轨道交通工程安全质量管理暂行办法》第 15 条第 3 款规定:“迫使承包方以低于成本的价格或政府指导价竞标,或任意压缩合同约定工期导致发生安全质量事故的,建设单位应当承担相应责任。”工程总承包模式下设计、施工都在工程总承包单位承包范围内,建设单位对工程设计、施工的要求指向的是工程总承包单位,本条则针对工程总承包模式强调了建设单位的首要安全责任。

### 二、工程总承包单位的安全生产责任

《建筑法》第 45 条规定:“施工现场安全由建筑施工企业负责。实行施工总承包的,由总承包单位负责……”《建设工程安全生产管理条例》第 24 条第 1 款规定:“建设工程实行施工总承包的,由总承包单位对施工现场的安全生产负总责。”《城市轨道交通工程安全质量管理暂行办法》第 33 条第 1 款规定:“施工总承包单位对施工现场安全生产负总责。”《建筑法》《建设工程安全生产管理条例》《城市轨道交通工程安全质量管理暂行办法》都是仅针对勘察、设计、施工、监理等主体的安全生产责任作出的规定,而《安全生产法》第 4 条规定:“生产经营单位必须遵守本法和其他有关安全生产的法律、法规,加强安全生产管理,建立、健全安全生产责任制和安全生产规章制度,改善安全生产条件,推进安全生产标准化建设,提高安全生产水平,确保安全生产。”工程总承包模式下,因为设计、采购、施工都属于工程总承包单位的承包范围,毫无疑问,工程总承包单位应属于《安全生产法》中提到的“生产经营单位”,工程总承包单位应就其承包范围内工程的安全生产负总责。这里有两个问题需要进一步阐释:

第一,传统施工承包模式下对于施工单位而言,所谓安全生产责任突出的是施工现场。但是工程总承包模式之下,除了施工以外,工程总承包还有设计与采

购两个环节在内，而这两个环节均不一定在施工现场。同时，装配式建筑是我国目前重点推广的工程总承包领域，例如，国务院办公厅《关于促进建筑业持续健康发展的意见》(国办发〔2017〕19 号)中规定，装配式建筑原则上应采用工程总承包模式。显然，装配式建筑实施过程中关乎质量安全大部分工作未必发生在施工现场。因此，有必要将原先施工承包模式下的安全生产责任规定范围从对“施工现场”调整为对“承包范围内的工程”。

第二，针对安全生产，工程总承包单位须负的是总责。所谓总责，对应了工程总承包的承包范围，也与此前《建设工程安全生产管理条例》有关施工总承包的相关规定一脉相承。此外，国务院办公厅《关于促进建筑业持续健康发展的意见》(国办发〔2017〕19 号)中也明确规定，按照总承包负总责的原则，落实工程总承包单位在工程质量安全、进度控制、成本管理等方面的责任。因此本条突出了工程总承包单位针对安全生产负总体责任的意思。对于工程总承包单位来讲，不能因将部分工程分包而忽视或放松对项目安全生产的管理，更不能认为分包工程部分就无须承担安全生产责任了。

### 三、工程总承包模式下，分包单位的安全生产责任

《建筑法》第 45 条规定：“……分包单位向总承包单位负责，服从总承包单位对施工现场的安全生产管理。”《建设工程安全生产管理条例》第 24 条第 3 款和第 4 款规定：“总承包单位依法将建设工程分包给其他单位的，分包合同中应当明确各自的安全生产方面的权利、义务。总承包单位和分包单位对分包工程的安全生产承担连带责任。分包单位应当服从总承包单位的安全生产管理，分包单位不服从管理导致生产安全事故的，由分包单位承担主要责任。”《城市轨道交通工程安全质量管理暂行办法》第 33 条第 2 款规定：“总承包单位依法将工程分包给专业分包单位的，专业分包合同应当明确各自的安全责任。总承包单位和专业分包单位对专业分包工程的安全生产承担连带责任。”按照《建筑法》《建设工程安全生产管理条例》《城市轨道交通工程安全质量管理暂行办法》的规定，工程总承包下的分包单位同样负有安全生产责任，分包单位应接受工程总承包单位的安全生产管理。若分包单位不服从管理导致生产安全事故的，作为过错方，应当由其承担安全生产事故的直接责任。

## 实践中应注意的问题

1. 工程总承包项目存在分包的，工程总承包单位并不能以此或分包单位不服从管理为由而免责。即便根据《管理办法》规定应由分包单位承担主要责任的，并不免除工程总承包单位的分包商选任和工程管理的安全责任。但是，工程总承包单位依法或依据与建设单位的工程总承包合同承担安全责任后，可以依据本条规定和其与分包单位签订的分包合同要求分包单位承担直接责任。

2. 同质量责任的行政规制一样，当前有关建设活动安全问题的行政法律法规主要均基于传统施工总承包模式之下进行的规定，有关工程安全的行政规制责任，对应的主体范畴也一般表现为传统施工总承包模式之下的建设单位、勘察单位、设计单位、施工单位，而无关于工程总承包单位的责任规定。《管理办法》第27条则已有明确，对于工程总承包单位的安全责任，应按照法律法规对设计、施工单位及其项目负责人相同违法违规行为的规定追究责任。

## 案例评析

**［案例一］建设单位不得违反建设工程安全生产法律、法规或强制性标准的规定要求降低工程质量标准**

关于石景山区西黄村A－E地块地下车库项目地下一层顶板局部坍塌质量问题调查处理情况的通报

文　　号：京建发（2018）296号

发文单位：北京市住房和城乡建设委员会、北京市规划和国土资源管理委员会

**处罚要点：**建设单位在合同履行过程中，不得通过明示或暗示的方式干涉工程项目的各方参与主体对建设工程安全生产法律、法规和强制性标准的遵守。否则由此降低建设工程质量，最后导致安全事故发生的，需由建设单位承担首要责任。

**案情摘要：**石景山区西黄村棚户区改造土地开发工程安置房项目二期A－E地块地下车库工程，位于北京市石景山区八大处路东侧，该地下车库顶板采用混

凝土板柱－剪力墙结构，建筑面积10,849.7平方米，设计覆土厚度1.80米，该工程结构于2017年6月26日通过验收。该工程建设单位为北京鎏金置业有限责任公司，设计单位为北京首都工程设计有限公司，施工单位为中国建筑第二工程局有限公司，监理单位为北京双圆工程咨询监理有限公司。

2017年8月19日下午，该工程项目现场有两台ZL50装载机作业，一台从A－E车库顶板向外撤土，一台一边在14号楼北侧向运输车上装撤的不合格土料，一边将14号楼北侧约3车合格土料直接推到A－E车库顶板处。下午3时15分左右，3－8/G－K轴区域地下一层顶板下沉塌陷，同区域地下二层局部塌陷。

根据国家建筑工程质量监督检验中心出具的鉴定报告，该地库局部坍塌可能是由多种原因造成的。目前可确认的是地下一层顶板部分板柱节点处冲切承载力不满足设计规范要求，是该起质量问题发生的直接原因。此外，相关建设、设计、施工、监理等4家单位均不同程度的存在管理漏洞，是导致该起质量问题发生的间接原因，间接原因的具体内容如下：

建设单位北京鎏金置业有限责任公司违反规定要求降低工程质量标准、并疏于工程管理。建设单位委托北京双圆工程咨询监理有限公司对独立车库进行设计优化，依据北京双圆工程咨询监理有限公司"车库顶板建议采用无梁楼盖体系（设计单位原先设计的为梁板体系）和独立车库的钢筋用量进行限额设计（由$150 \sim 175kg/m^2$减为$105 \sim 115kg/m^2$）"的车库优化设计意见，在2015年6月29日发给北京首都工程设计有限公司的工作联系单中明确提出"如有未按时提交图纸及所提意见未回复或未修改及修改不完全等情况，我司保留对贵司的索赔权利"，设计单位迫于其压力修改设计。在此环节，建设单位存在降低建设工程质量标准的行为，违反了《建设工程质量管理条例》第10条第2款"建设单位不得明示或者暗示设计单位或者施工单位违反工程建设强制性标准，降低建设工程质量"的规定。在工程管理上，建设单位北京鎏金置业有限责任公司存在施工现场管理机构不健全，未按要求设立工程质量管理部门负责工程质量管理工作的行为，违反了《北京市建设工程质量条例》第59条"建设单位应当设立工程质量管理部门负责工程质量管理工作，也可聘请工程项目管理单位提供专业化质量管理服务"的规定。此外，建设单位未组织设计交底的行为，违反了《混凝土结构工程施工规范》（GB 50666－2011）第3.1.3条"施工前，应由建设单位组织设计、施工、监理等单位对设计文件进行交底和会审”的规定。

设计单位北京首都工程设计有限公司未按照工程建设强制性标准进行设计，违规聘用设计人员。设计单位存在未按照工程建设强制性标准进行设计的行为，违反了《建设工程质量管理条例》第19条“勘察、设计单位必须按照工程建设强制性标准进行勘察、设计，并对其勘察、设计的质量负责”的规定。此外，4名设计人员同时受聘于两个设计单位，存在对设计人员质量管理和责任落实不到位的行为，违反了《建设工程勘察设计管理条例》第10条、第20条的规定。

施工单位中国建筑第二工程局有限公司备案的项目负责人到岗履职不到位、施工现场管理不到位。施工单位备案的项目负责人杨某明平均每个月在该项目施工现场带班生产的时间约占本月施工时间的40%，未遵守《建筑施工企业负责人及项目负责人施工现场带班暂行办法》第11条“项目负责人每月带班生产时间不得少于本月施工时间的80%”的规定；作为注册建造师，违反了《注册建造师管理规定》第26条第1项“注册建造师不得有不履行注册建造师义务的行为”的规定。另外，施工单位存还在A－E地下车库顶板回填土安全技术交底部分被交底人员签字由他人代签的行为，违反了《建设工程安全生产管理条例》第27条“建设工程施工前，施工单位负责项目管理的技术人员应当对有关安全施工的技术要求向施工作业班组、作业人员作出详细说明，并由双方签字确认”的规定。

监理单位北京双圆工程咨询监理有限公司的现场监理工作不到位。对施工单位项目负责人杨某明存在未遵守《建筑施工企业负责人及项目负责人施工现场带班暂行办法》的行为，监理单位在2016年3月13日的工作联系单、2016年6月14日的监理例会、2016年7月5日的监理例会中均要求施工单位改正，落实项目经理到岗事宜，但施工单位拒不改正，对此情况监理单位北京双圆工程咨询监理有限公司未要求施工单位暂停施工，此行为违反了《北京市建设工程质量条例》第43条第2款“发现施工单位项目管理机构及其岗位人员不符合配备标准、施工单位项目负责人未在施工现场履行职责或者分包单位不具备相应资质的，监理单位应当要求施工单位改正；施工单位拒不改正的，可以要求暂停施工”的规定。

**处罚决定：**

（一）对建设单位的处理

1. 北京市规划国土委对建设单位北京鎏金置业有限责任公司明示或者暗示

设计单位违反工程建设强制性标准，降低工程质量的行为，处以30万元罚款的行政处罚。

2. 从2018年3月21日起，北京市住房城乡建设委限制建设单位北京鎏金置业有限责任公司3年内在北京市承担新的保障房建设项目。

3. 石景山区住房城乡建设委对建设单位北京鎏金置业有限责任公司存在的对设计单位管理存在漏洞，未能有效履行工程质量"首要责任"的行为，责成建设单位承担因A－E地块地下车库坍塌造成的拆除、重建等工程费用以及因A－E地块地下车库重建造成的安置房延期交付等产生的相关费用，不得纳入项目成本。同时，建设单位如未能按照约定的项目工期、标准等要求完成项目建设，将参照《关于印发进一步规范企业投资土地一级开发项目利润管理的通知》和《北京市石景山区人民政府关于棚户区改造和环境整治项目利润率的通知》的相关规定，给予相应处理。

（二）对设计单位的处理

1. 北京市规划国土委对设计单位北京首都工程设计有限公司存在未按照工程建设强制性标准进行设计的行为，处以30万元罚款和停业整顿6个月的行政处罚，限制3年内在本市承担保障房建设项目设计任务。

2. 北京市规划国土委对设计单位北京首都工程设计有限公司存在的违规聘用人员的行为，没收方案设计人竟某违法所得0.9万元，并对其处以1.8万元罚款的行政处罚；没收建筑设计人冯某违法所得0.7万元，并对其处以1.4万元罚款的行政处罚；没收建筑设计人付某某违法所得0.8万元，并对其处以1.6万元罚款的行政处罚；没收结构设计人佘某某违法所得0.8万元，并对其处以1.6万元罚款的行政处罚。同时，北京市规划国土委对该公司的公司法定代表人及该项目的结构专业负责人李某某和该项目的项目负责人汪某分别处以3万元罚款和2年以内不得担任项目负责人的行政处罚。

（三）对施工单位的处理

1. 石景山区住房城乡建设委对施工单位中国建筑第二工程局有限公司备案的项目负责人杨某明不到岗履行职责的行为，给予警告，并处以1万元罚款的行政处罚。同时，在本市企业资质和人员资格动态监管系统中，给予记1分的处理。

2. 石景山区住房城乡建设委对施工单位中国建筑第二工程局有限公司存在

的A－E地下车库顶板回填土安全技术交底部分被交底人员签字非本人所签，存在他人代签的行为，责令其5天内完成整改，在本市企业资质和人员资格动态监管系统中，给予项目负责人杨某明记1分，项目专职安全员马某记1分的处理。

（四）对监理单位的处理

石景山区住房城乡建设委对监理单位北京双圆工程咨询监理有限公司发现施工单位拒不改正项目负责人未在施工现场履行职责，未要求暂停施工的行为，处以3万元罚款的行政处罚。同时，对项目总监理工程师王某处单位罚款数额5%，即0.15万元罚款的行政处罚。

**[案例评析]**在工程实践中，有时候会出现建设单位在合同履行过程中利用自身优势地位，干涉工程项目的各方参与主体对建设工程安全生产法律、法规和强制性标准的遵守，从而变相实现降低工程造价、缩短建设周期。本案中，建设单位依据监理单位“车库顶板建议采用无梁楼盖体系（设计单位原先设计的为梁板体系）和独立车库的钢筋用量进行限额设计（由150～175kg/$m^2$减为105～115kg/$m^2$）”的车库优化设计意见，要求设计单位优化设计，设计单位迫于建设单位的压力，进行设计修改，导致涉案工程项目的质量降低，加之本案所涉工程的其他参与主体的管理漏洞最终导致了本案所涉安全事故的发生。为此，北京市住房和城乡建设委员会及北京市规划和国土资源管理委员会通过对涉案工程的建设单位以及其他参与主体作出的一系列行政处罚决定，强调了建设单位的首要安全责任以及其他各方参与主体的相应责任。

**[案例二]工程总承包单位对承包范围内工程的安全生产负总责**

江西丰城发电厂三期扩建工程冷却塔施工平台坍塌特别重大事故工程总承包单位的处罚决定

文　　号：建督罚字（2018）3号

发文单位：中华人民共和国住房和城乡建设部

**处罚要点：**在工程总承包模式下，设计、采购、施工工作通常都属于工程总承包单位的承包范围，因此工程总承包单位作为向建设单位即发包人交付工程产品的主体，应当就工程产品的建造过程的安全及质量结果向发包人负总责。

**案情摘要：**2016年11月24日7时33分，江西丰城发电厂三期扩建工程发生一起冷却塔施工平台坍塌特别重大事故，造成73人死亡、2人受伤，直接经济损失10,197.2万元。根据《国家安全监管总局关于江西丰城发电厂“11·24”冷却塔施工平台坍塌特别重大事故结案的通知》认定，该事故是一起生产安全责任事故，中国电力工程顾问集团中南电力设计院有限公司作为江西丰城发电厂三期扩建工程的工程总承包单位，履行总承包施工管理职责缺位，对分包施工单位缺乏有效管控，未按规定要求分包施工单位将筒壁工程作为危险性较大分部分项工程进行管理，未发现和制止分包施工单位不按施工技术标准施工的行为。

**处罚决定：**依据《建筑法》第71条和74条规定，向中国电力工程顾问集团中南电力设计院有限公司作出停业整顿1年的行政处罚决定。

**［案例评析］**本行政处罚案件中住建部共指出了工程总承包单位的4个违法行为，分别为：(1)履行总承包施工管理职责缺位；(2)对分包施工单位缺乏有效管控；(3)未按规定要求分包，施工单位将筒壁工程作为危险性较大分部分项工程进行管理；(4)未发现和制止分包施工单位不按施工技术标准施工的行为。从而可以看出，中南电力设计院有限公司作为本案所涉工程的工程总承包单位，将施工工作分包给施工单位实施，应就整个工程的质量安全向建设单位负总责。即工程总承包单位虽不是施工单位，且没有进行工程施工，但这并不是工程总承包单位可以对工程的质量和安全免责的事由。

**［案例三］分包单位不服从管理导致生产安全事故的，由分包单位承担主要责任**

扬州中航宝胜海洋工程电缆项目“3·21”附着式升降脚手架坠落较大事故专业分包单位的行政处罚决定

文　　号：粤建质罚(2019)30号

发文单位：广东省住房和城乡建设厅

**处罚要点：**建设工程施工合同履行过程中，分包单位应当对总承包单位负责，且应当服从总承包单位对施工现场的安全生产管理，如分包单位不服从管理导致安全事故发生的，需由分包承担主要责任。

**案情摘要：**扬州经济技术开发区的中航宝胜海洋电缆工程项目101a号交联立塔、101b号交联悬链楼新建工程位于扬州市经济开发区，总建筑面积3.7万$m^2$。该工程项目的建设单位为中航宝胜海洋工程电缆有限公司,2016 年 10 月 19 日,该公司与中国建筑第二工程局有限公司(以下简称中建二局)签订了《建设工程施工合同》;2016 年 10 月 28 日,该公司与江苏苏维工程管理有限公司(以下简称苏维公司)签订《建设工程监理合同》。

2017 年 2 月,中建二局将主体结构、二次结构及粗装修工程劳务施工分包给成都浙蜀建筑劳务有限公司(以下简称浙蜀公司),双方签订了《劳务施工分包合同》《建筑安装施工安全生产协议》。

2017 年 8 月,中建二局将爬架工程项目专业分包给深圳前海特辰科技有限公司,双方签订有《中航宝胜海洋工程电缆项目 101a 号交联立塔、101b 号交联悬链工程爬架工程专业分包合同》和《施工安全生产协议书》。爬架实际施工单位为其控股的南京特辰科技发展有限公司。因该公司当时未取得《建筑业企业资质证书》及《安全生产许可证》等相关资质,无法对外承揽工程,便以深圳前海特辰科技有限公司的名义承揽该爬架工程项目后文用南京特辰代称。

2019 年 1 月 16 日至 3 月 11 日,因工程进度等原因,中航宝胜海洋工程电缆有限公司曾计划与中建二局中止施工合同,并通知监理单位暂停监理工作。后中航宝胜海洋工程电缆有限公司商议中建二局复工。2019 年 3 月 11 日监理单位收到恢复工程的联系单,继续实施监理。

2019 年 3 月 13 日,中建二局项目部根据项目进展,计划对爬架进行向下移动,项目部吕某程和南京特辰刘某伟等有关人员对爬架进行了下降作业前检查验收,并填写《附着式升降脚手架提升、下降作业前检查验收表》(该表删除了监理单位签字栏),检查结论为合格,苏维公司未参加爬架下降作业前检查工作。同日,吕某程根据检查结论,向苏维公司提交了“爬架进行下降操作告知书”,拟定于 3 月 14 日 6 时 30 分对爬架实施下降作业。在未得到苏维公司同意下降爬架的情况下,刘某伟、吕某程组织爬架进行了分片下降作业。

3 月 16 日,苏维公司在进行日常安全巡查时发现 101a 号交联立塔西北侧爬架已下降到位,要求施工单位对已下行后的爬架系统进行检查验收,但未对爬架的下降行为进行制止。3 月 17 日至 19 日,刘某伟和吕某程又先后组织爬架相关人员对 101a 号交联立塔北侧主体爬架进行了下降作业。3 月 20 日,101a 号交联立塔东北角爬架开始下降作业。3 月 21 日上午,南京特辰架子工李某、龚某、谌某光、姚某朗等在班组长廖某红的带领下，继续对爬架实施下降。监理人员发现后，未向施工单位下发工程暂停令及其他紧急措施。10时12分，监理员李某杰在总监理工程师张某德的安排下用微信向市安监站徐某报告，称“爬架系统正在下行安装（外粉），危险性大于上行安装，存在安全隐患，监理备忘录已报给业主方，未果，特此报备”。同时用微信转发了2018年6月26日《监理备忘》，内容为“鉴于爬架专业分包单位项目经理不到岗履职，相关爬架验收资料该项目经理签字非本人所为，违反危险性较大的分部分项安全管理规定，存在安全隐患；要求总包单位加强专业分包的管理，区分监理安全管理责任，特此备忘”。徐某随即电话联系扬州市建宁工程技术咨询有限责任公司设备检测部主任高某伟，询问爬架下行隐患及注意事项。10时24分，徐某电话联系中建二局生产经理胡某，并将该《监理备忘》微信转发胡某。胡某接到徐某电话后，将《监理备忘》微信转发给吕某程。

3月21日上午，中建二局项目部工程部经理杨某口头通知浙蜀公司施工员励某坚，要求组织劳务工在落地架上进行外墙抹灰作业，另外安排一个劳务工去东北角爬架上进行补螺杆洞作业。励某坚安排7名员工在落地架上进行抹灰，安排1名员工在爬架上进行补螺杆洞。

工地工人下午上班时间是12时30分，项目部管理人员上班时间是13时30分。下午13时10分左右，101a号交联立塔东北角爬架（架体高约22.5米×长约19米，重20余吨）发生坠落，架体底部距地面高度约92m。爬架坠落过程中与底部的落地架相撞（落地架顶端离地面约44m），导致部分落地架架体损坏。事故发生时，南京特辰共有5名架子工在爬架上作业；浙蜀公司有1名员工在爬架上从事补洞作业，有7名员工在落地架上从事外墙抹灰作业。

**事故结果：**2019年3月21日13时10分左右，中航宝胜海洋电缆工程项目101a号交联立塔东北角16.5－19层处附着式升降脚手架下降作业时发生坠落，坠落过程中与交联立塔底部的落地式脚手架相撞，造成7人死亡、4人受伤。

根据本安全事故调查组认定，该起事故因违规采用钢丝绳替代爬架提升支座，人为拆除爬架所有防坠器防倾覆装置，并拔掉同步控制装置信号线，在架体邻近吊点荷载增大，引起局部损坏时，架体失去超载保护和停机功能，产生连锁反应，造成架体整体坠落，是事故发生的直接原因。作业人员违规在下降的架体上作业和在落地架上交叉作业是导致事故后果扩大的直接原因。另外，项目管理的混乱、违章指挥、违章作业等因素导致了事故后果的扩大。

**处罚决定**:广东省住房和城乡建设厅决定对深圳前海特辰科技有限公司依法作出暂扣建筑施工企业安全生产许可证90日的行政处罚。

[**案例评析**]本案中,虽然中建二局对专业分包管理的管理上出现了漏洞,但深圳前海特辰科技有限公司作为该事故的爬架专业分包单位,在本案所涉项目实施过程中涉及一系列不服从总包单位安全生产管理的情形,例如,备案项目经理长期不在岗,南京特辰安全员充当现场实际负责人,冒充项目经理签字,未对南京特辰及时采取有效措施予以制止、项目部安全管理人员与劳务人员作业时间不一致等。鉴于此,广东省住房和城乡建设厅依据《扬州市人民政府关于扬州中航宝胜海洋工程电缆项目"3·21"附着式升降脚手架坠落较大事故调查报告的批复》(扬府复〔2019〕16号)及事故调查报告所作出的上述处罚决定,足以表明分包单位应当服从工程总承包单位的安全生产管理,分包单位不服从管理导致生产安全事故的,应由分包单位承担主要责任。

### [案例四]分包不免除总承包单位的安全责任

鄂尔多斯市鑫聚源化工有限公司(一审原告、二审上诉人,以下简称鑫聚源公司)、北京中景恒基工程管理有限公司(一审第三人,以下简称中景公司)与徐州宏源钢结构安装有限公司(一审被告、二审被上诉人,以下简称宏源公司)、徐州中煤钢结构建设有限公司(一审被告、二审被上诉人,以下简称中煤公司)、上海同济宝冶建设机器人有限公司(一审被告、二审被上诉人,以下简称宝冶公司)建设工程施工合同纠纷案

案　　号:(2016)最高法民终267号

审理法院:最高人民法院

裁判类型:人民法院二审民事判决

**裁判要点**:总承包单位按照总承包合同的约定对建设单位负责;分包单位按照分包合同的约定对总承包单位负责。分包单位应当服从总承包单位的安全生产管理,否则由分包单位承担主要责任,且分包不免除总承包单位的安全责任。即总承包单位和分包单位就分包工程未能保证安全生产导致发生事故造成的经济损失,对建设单位承担连带责任。

**案情摘要**:2009 年 8 月 1 日,鑫聚源公司(发包人)与中煤公司(承包人)签订《建设工程施工承包合同》。该合同第 1 部分的主要内容为:工程内容储煤棚网架结构部分制作安装(含基础预埋件);工程承包范围基础预埋件及以上网架结构、屋面板、檩条、检修马道等的加工、制造、运输、保管和安装以及钢构防腐、刷油等内容。

2009 年 12 月 27 日,浙大建筑设计院向中煤公司发送了"鄂尔多斯超级穹顶施工方案"。2009 年 12 月,中煤公司编制的施工组织设计(施工方案)中储煤棚网架安装方案为"地面分区折叠拼装,整体提升,局部散装补杆施工工艺"。

2010 年 3 月 20 日,中煤公司(发包方)与宏源公司(分包方)签订《工程劳务分包合同书》,中煤公司将储煤棚网架结构工程劳务施工分包给宏源公司,合同约定:工程承包内容为网架、柃条安装及彩板维护。

2010 年 4 月 21 日,鑫聚源储煤棚工程领导小组召开首次会议,《会议纪要》明确:施工组织设计和安装方案已经基本通过,审查批准由浙大建筑设计院负责;宝冶公司和中煤公司签订合同。同日,中煤公司(委托人,甲方)与宝冶公司(受托人,乙方)签订了《技术服务合同》,中煤公司委托宝冶公司对鑫聚源札萨克镇物流园区储煤棚网壳进行液压提升技术服务。

2010 年 6 月,宝冶公司编制了《鄂尔多斯煤棚网架钢结构液压提升施工方案》。2010 年 8 月 16 日,建设单位鑫聚源公司、施工单位中煤公司和监理单位中景公司对已经完工的储煤棚网架杆件进行抽查,并出具《鑫聚源储煤棚网架杆件质量检查报告》(以下简称《报告》)。

2010 年 9 月 29 日 17 时,钢结构网架在提升过程中发生坍塌。

2011 年 3 月 21 日,鑫聚源公司与浙江东南网架股份有限公司(以下简称东南公司)签订《储煤棚施工承包合同》。《储煤棚工程施工承包合同》协议书(第一部分)的主要内容为:工程内容:储煤棚网架结构部分制作安装(含基础预埋件);工程承包范围:基础预埋件及以上网架结构、屋面板、檩条、检修马道等的加工、制造、运输、保管和安装以及钢构防腐、刷油等内容。合同签订后,东南公司将储煤棚网架制作、安装完毕并于 2012 年验收交工。

2011 年 3 月 25 日,鄂尔多斯市人民政府作出鄂府函〔2011〕50 号《批复》。《批复》同意事故调查报告对事故性质和原因的认定,认为该起事故属于生产安全责任事故，事故的直接原因为：储煤棚网壳提升施工方案存在漏洞，即提升过程中对网壳内力变化过程分析不足，相应的措施不能满足安全提升要求，导致网壳提升到一定高度时，部分杆件内力超过其极限承载力，引起网壳结构整体垮塌。

一审内蒙古自治区高级人民法院认为：本案证据证实，2010 年 4 月 21 日，鑫聚源储煤棚工程领导小组召开首次会议，鑫聚源公司、中煤公司、宝冶公司等单位参加会议，会议明确施工组织设计和安装方案基本通过，宝冶公司和中煤公司签订合同。同日，中煤公司与宝冶公司根据会议要求签订了《技术服务合同》，不存在中煤公司擅自将部分施工项目分包给宝冶公司的事实。《房屋建筑和市政基础设施工程施工分包管理办法》第 5 条第 3 款规定："本办法所称劳务作业分包，是指施工总承包企业或者专业承包企业将其承包工程中的劳务作业发包给劳务分包企业（以下简称劳务作业承包人）完成的活动。"《建筑企业资质管理规定》①第 6 条规定："取得专业承包资质的企业，可以承接施工总承包企业分包的专业工程和建设单位依法发包的专业工程。专业承包企业可以对所承接的专业工程全部自行施工，也可以将劳务作业依法分包给具有相应资质的劳务分包企业。"最高人民法院《关于审理建设工程施工合同纠纷案件适用法律问题的解释》第 7 条规定："具有劳务作业法定资质的承包人与总承包人、分包人签订的劳务分包合同，当事人以转包建设工程违反法律规定为由请求确认无效的，不予支持。"根据上述规定，2010 年 3 月 20 日中煤公司与宏源公司签订的《工程劳务分包合同》不是转包，也不是分包，是中煤公司将建设工程中的劳务作业部分交由宏源公司完成，不属于"建设工程分包"所指的专业工程分包。

本案证据还证实，2010 年 9 月 29 日，储煤棚钢结构网架在提升过程中发生坍塌后，鑫聚源公司在未解除合同的情况下将该储煤棚网架的制作和安装另行承包给东南公司，致使中煤公司未能继续履行储煤棚的安装义务，造成施工合同在事实上不能履行，合同目的不能实现。

本案证据再证实，《批复》认定 2010 年 9 月 29 日发生的钢结构网架坍塌事故属于生产安全责任事故，该起事故的直接原因是储煤棚网壳提升施工方案存在漏洞，同时也对事故的间接原因作出了认定。《批复》认为中煤公司在该起事故中负

① 该文件已被《建筑企业资质管理规定》（2015 年 1 月 22 日发布，2015 年 3 月 1 日起实施）废止。

有施工组织管理不善的责任，并未认定中煤公司违规操作酿成安全生产事故。同时，《批复》认定鑫聚源公司对该项目的管理混乱，在该起事故中负有主要管理责任，宝冶公司等6家单位分别负有直接管理、监理不力、技术指导等责任。

综上，鑫聚源公司以“中煤公司擅自将部分施工项目分包给宝冶公司、宏源公司和中煤公司违规操作酿成安全生产事故”为由，请求中煤公司承担违约责任，因缺乏证据证明，该院不予支持。

在鑫聚源公司要求中煤公司承担违约责任请求不能成立的情形下，要求宝冶公司和宏源公司负连带责任没有法律依据。且中煤公司与宝冶公司签订的《技术服务合同》不属于擅自转包，中煤公司与宏源公司签订的《劳务分包合同》不属于建设工程分包合同。

二审最高人民法院认为：关于中煤公司是否构成违约的问题。本院认为，鑫聚源公司与中煤公司签订的《建设工程施工承包合同》，是双方真实意思表示，未违反法律、行政法规的效力性强制性规定，应当认定为合法有效。根据鑫聚源公司与中煤公司签订的《建设工程施工承包合同》及《安全施工协议书》的约定，中煤公司负有按照约定时间和质量标准，完成案涉储煤棚网架结构制作安装工作的合同义务，并负有按照合同约定和相关法律规定，保证安全生产的义务。《建设工程安全生产管理条例》第26条规定，施工单位应当在施工组织设计中编制安全技术措施和施工现场临时用电方案，对下列达到一定规模的危险性较大的分部分项工程编制专项施工方案，并附具安全验算结果，经施工单位技术负责人、总监理工程师签字后实施，由专职安全生产管理人员进行现场监督：……（四）起重吊装工程……对前款所列工程中涉及深基坑、地下暗挖工程、高大模板工程的专项施工方案，施工单位还应当组织专家进行论证、审查。本条第一款规定的达到一定规模的危险性较大工程的标准，由国务院建设行政主管部门会同国务院其他有关部门制定。根据中煤公司与宝冶公司签订的《技术服务合同》及宝冶公司编制的《鄂尔多斯煤棚网架钢结构液压提升施工方案》的内容，案涉储煤棚网壳液压提升工程的提升重量约1920吨，网壳顶点标高约为52米，该工程项目应当属于《危险性较大的分部分项工程安全管理办法》中所称的“超过一定规模的危险性较大的分部分项工程”范围，施工单位应当在施工前编制专项方案并应当组织专家对专项方案进行论证。中煤公司在负有按照国家法律、法规、规范、标准、操作规程等规定要求组织施工，并确保安全生产的合同义务及法定义务的情况下，未就宝冶公司提交的《鄂尔多斯煤棚网架钢结构液压提升施工方案》组织专项方案论证。而根据《批复》及《报告》的内容，提升工程施工方案存在漏洞，是造成案涉事故的直接原因。中煤公司作为该工程的施工单位，违反相关法律规定和合同约定，未尽到安全生产责任，已构成违约，应当承担相应民事责任。

关于宝冶公司是否应当就损失赔偿承担连带责任的问题。本院认为，案涉储煤棚网壳提升工程，属于中煤公司承包的储煤棚网架结构部分制作安装工程中一部分专业性较强的施工内容，根据中煤公司与宝冶公司签订的《技术服务合同》，宝冶公司负责编制该工程的液压同步提升方案并负责液压提升作业，故该合同性质应当认定为分包合同。双方同时约定，安全责任依据该技术服务合同范围，参照中煤公司与鑫聚源公司签订合同中的相关条款执行。故就宝冶公司实际负责的液压提升作业工程，宝冶公司应对中煤公司负相应依法组织施工并保证安全生产等责任。根据《批复》内容，宝冶公司制定的提升施工方案存在漏洞是导致事故发生的直接原因，且宝冶公司亦存在未依法履行安全生产相应职责的问题。根据《建筑法》第29条第2款规定，建筑工程总承包单位按照总承包合同的约定对建设单位负责；分包单位按照分包合同的约定对总承包单位负责。总承包单位和分包单位就分包工程对建设单位承担连带责任。故鑫聚源公司要求宝冶公司就未能保证安全生产导致发生事故造成的经济损失，与中煤公司承担连带赔偿责任的主张，具有事实和法律依据，本院对此予以支持。

关于宏源公司是否应当就损失赔偿承担连带责任的问题。本院认为，根据中煤公司与宏源公司签订的《工程劳务分包合同书》的约定，宏源公司就案涉储煤棚网架结构工程分包的劳务施工范围为网架、檩条安装及彩板维护，并不包括案涉提升工程的劳务施工。故案涉提升工程不属于宏源公司劳务分包合同范畴，该事实亦为《批复》所认定。根据《批复》载明的事故原因，宏源公司虽然存在派员参与其合同外监视压力表等协助工作，但该事项并非导致案涉事故发生的直接原因。故鑫聚源公司要求宏源公司就因事故造成的经济损失，与中煤公司承担连带赔偿责任，缺乏事实和法律依据，本院对此不予支持。

[**案例评析**]本案中两审法院的裁判观点不一致，一审法院认为鑫聚源公司要求中煤公司承担违约责任请求不能成立，因此要求宝冶公司和宏源公司负连带责

任没有法律依据。而二审法院对一审判决予以撤销,认为中煤公司在负有按照国家法律、法规、规范、标准、操作规程等规定要求组织施工,并确保安全生产的合同义务及法定义务的情况下,未就宝冶公司提交的《鄂尔多斯煤棚网架钢结构液压提升施工方案》组织专项方案论证。而根据《批复》及《报告》的内容,提升工程施工方案存在漏洞,是造成案涉事故的直接原因。中煤公司作为该工程的施工单位,违反相关法律规定和合同约定,未尽到安全生产责任,已构成违约,应当承担相应民事责任。显然,就安全生产责任来讲,落实好总包负总责,分包不免除总包单位的安全责任,应该说更有利于工程建设安全第一的"百年大计"目标的有效实现,从而切实维护人民群众的生命财产安全。

---

**第二十四条　【工程总承包项目的工期责任】**

**建设单位不得设置不合理工期,不得任意压缩合理工期。**

**工程总承包单位应当依据合同对工期全面负责,对项目总进度和各阶段的进度进行控制管理,确保工程按期竣工。**

---

## 条文主旨

本条对工程总承包项目中的工期责任问题进行了规定。工期问题是建设工程领域中的一个重要问题,工期的长短决定着建设成本的开支,也决定着工程效益的高低。从建设单位的角度出发,建设工程早一天投入使用就意味着建设工程早一天开始产生经济效益。但是在实践中,建设单位往往基于自身投资利益的需要,在招标文件、合同及项目实施过程中不当干涉工程总承包单位的工期管理,从而导致工程质量、安全生产事故的发生较为常见。例如,在杭州地铁坍塌、上海莲花河畔倒楼、上海静安"11·15"大火等重大事故中,都可以发现建设单位违反科学规律,随意压缩合理工期,以致发生质量、安全生产事故,并最终导致大量人员伤亡、财产损失的现象。2016 年 11 月 24 日发生的江西丰城发电厂"11·24"冷却塔施工平台坍塌特别重大事故,更是造成 73 人死亡、2 人受伤,直接经济损失高达10,197.2万元,根据国务院事故调查组的事故调查报告,建设单位要求工程总承包单位大幅度压缩施工工期是导致最终事故发生的主要原因。因此,为了保证工程总承包单位对承建工程工期计划的实施和管理,本条特别规定建设单位不得设置不合理工期,不得任意压缩合理工期。

另外,对于工程总承包项目而言,相比传统施工总承包项目,其显著特点之一便是可以有效地节约项目工期。而针对工程总承包项目来讲,整个工期管理的核心在于工程总承包单位,其往往集设计、采购、施工 3 大环节于一体,是整个工程项目建设的管理中心。工程总承包单位应当对项目总进度和各阶段的进度进行管理,通过设计、采购、施工、试运行各阶段的协调、配合与合理交叉,科学制订、实施、控制进度计划,确保工程按期竣工。

## 条文解析

本条共两款。第 1 款系对建设单位的要求,针对实践中较为突出的建设单位设置不合理工期以及任意压缩合理工期问题,进行规定。第 2 款系对工程总承包单位的要求,从两方面进行了规范:首先从责任承担上确立了工程总承包单位全面负责的原则;其次对工程总承包单位应当采取什么方式来确保工期目标的顺利实现进行了规范。

## 理解与适用

### 一、建设单位不得设置不合理工期,且不得压缩合理工期

本条第 1 款既包括在发包阶段建设单位不得以不合理的工期条件进行发包,也包括工程总承包合同签订以后,建设单位不得再提出任意压缩合理工期的要求。合理工期是保证建设工程质量安全的重要措施,工程实践中因业主任意压缩合理工期,导致施工单位或工程总承包单位为了抢工期,冒险施工、违章作业,进而发生质量、安全事故。目前,有关建设单位不得设置不合理工期的相关规定,可散见于多部法律、法规以及部分规章之中。例如,《招标投标法》第 19 条第 3 款的规定:“招标项目需要划分标段、确定工期的,招标人应当合理划分标段、确定工期,并在招标文件中载明。”《建设工程质量管理条例》第 10 条第 1 款规定:“建设工程发包单位不得迫使承包方以低于成本价格竞标,不得任意压缩合理工期。”第

56 条规定:“违反本条例规定,建设单位有下列行为之一的,责令改正,处 20 万元以上 50 万元以下的罚款:……(二)任意压缩合理工期的……”《政府投资条例》第 24 条规定:“政府投资项目应当按照国家有关规定合理确定并严格执行建设工期,任何单位和个人不得非法干预。”

不难看出,目前对于工期的相关规范均是以合理工期为参照标准。而对于何为合理工期的解释,国务院法制办农林资源环保司、原建设部政策法规司等编著的《建设工程质量管理条例释义》中有过相关的定义:“合理工期是指在正常建设条件下,采取科学合理的施工工艺和管理方法,以现行的建设行政主管部门颁布的工期定额为基础,结合项目建设的具体情况而确定的使投资方、各参加单位均获得满意的经济效益的工期。”①因此,合理工期应主要参照建设行政主管部门颁布的定额工期来认定,但需要注意的是,合理工期不完全等同于定额工期,根据住建部发布的《建筑安装工程工期定额》(YT 01－89－2016)第 1 条对定额工期的释义,定额工期是指:“依据国家现行产品标准、设计规范、施工及验收规范、质量评定标准和技术、安全操作规程,按照正常施工条件、常用施工方法、合理劳动组织及平均施工技术装备程度和管理水平,并结合当前常见结构及规模建筑安装工程的施工情况所确定。”结合国务院法制办农林资源环保司、原建设部政策法规司关于《建设工程质量管理条例释义》,定额工期反映的是社会平均水平,是经选取的各类典型工程经分析整理后综合取得的数据,而特定项目的合理工期还需要结合项目特点、承包范围、施工工艺、管理措施、技术手段等方面来设置或约定合理工期。因此,即便合同约定的工期低于定额工期,亦非必然为不合理工期或任意压缩合理工期。

关于合理工期与定额工期之间的量化关系,可以参照住建部发布的《建设工程工程量清单计价规范》(GB 50500－2013)第 9.11.1 条的规定:“招标人应依据相关工程的工期定额合理计算工期,压缩的工期天数不得超过定额工期的 20%,超过者,应在招标文件中明示增加赶工费用。”即合理工期应不少于定额工期的 80%。同时,结合住建部《建设单位项目负责人质量安全责任八项规定(试行)》(建市〔2015〕35 号)第 2 条的规定:“确需压缩工期的,应当组织专家予以论证,并采取保证建筑工程质量安全的相应措施,支付相应的费用。”综上,对于建设单位

① 《建设工程质量管理条例释义》第 10 条第 1 项。

来说，若试图将合同工期压缩至定额工期的80%以下，需满足下列两项要求，一是需组织专家论证；二是需增加相应赶工措施费用，否则即应视为设置不合理工期或任意压缩合理工期。综上，判断工期是否合理的关键是使投资方、各参建单位在质量符合国家要求的基础上都获得满意的经济效益，而本条规定的要点在于强调建设单位不能为了早日发挥项目的效益，迫使承建单位大量增加人力、物力投入、赶工期，损害承包单位的利益，危机公共安全。

另外，部分地方建设行政主管部门对合理工期的确定亦作出了相关规范，例如，北京市住房和城乡建设委员会《关于执行2018年〈北京市建设工程工期定额〉和2018年〈北京市住房修缮工程工期定额〉有关问题的通知》（京建法〔2019〕4号）第3条规定："发包人压缩定额工期的，应提出保证工程质量、安全和工期的具体技术措施，并根据技术措施测算确定发包人要求工期。压缩定额工期的幅度超过10%（不含）的，应组织专家对相关技术措施进行合规性和可行性论证，并承担相应的质量安全责任。"第4条规定："招标人压缩定额工期的，应在招标工程量清单的措施项目中补充编制赶工增加费项目，并在招标文件的附件中列明相关技术措施。"北京市住房和城乡建设委员会《关于进一步加强房地产开发企业工程建设质量安全管理工作的通知》（京建法〔2016〕2号）第9条第2款规定："开发企业压缩工期天数不得超过定额工期的30%，超过30%，视为任意压缩合理工期，依照《建设工程质量管理条例》的有关规定进行处理。"深圳市住房和建设局《关于印发〈深圳市建设工程工期管理办法〉的通知》（深建规〔2015〕4号）第7条第2款规定："招标人确定的招标工期不宜低于定额工期的80%，低于定额工期80%的，建设单位应当组织专家论证，并采取相应的技术经济措施。"江苏省住房和城乡建设厅《关于贯彻〈建筑安装工程工期定额〉的通知》（苏建价〔2016〕740号）第6条规定："为有效保障工程质量和安全，维护建筑行业劳动者合法权益，建设单位不得任意压缩定额工期。如压缩工期，在招标文件和施工合同中应明确赶工措施费的计取方法和标准。建筑安装工程赶工措施费按《江苏省建设工程费用定额》（2014年）规定执行，费率为0.5%～2%。压缩工期超过定额工期30%以上的建筑安装工程，必须经过专家认证。"浙江省住房和城乡建设厅《关于做好贯彻执行〈建筑安装工程工期定额〉的通知》（函建字〔2017〕416号）第2条规定："……招标人确定的工期低于定额工期70%的，招标人应当组织专家论证，并依照审定的技术措施方案编制相应的提前竣工增加费。”在实践中，承发包双方对合理工期的认定可以结合项目所在地的具体规定进行适用。需要注意的是，上述工期定额的文件名称虽为“建设工程”或“建筑安装工程”，但文件内容实际为建设工程施工工期定额。在我国，设计周期定额亦有相关规定，如住建部于 2016 年 12 月份颁布的《全国建筑设计周期定额(2016 版)》(建质函〔2016〕295 号)，其第 1 章第 1 条规定，《全国建筑设计周期定额(2016 年版)》是建设单位与设计单位签订建设工程设计合同，确定合理设计周期的依据。编制方案设计招标文件时，可作为参照依据，建设单位和设计单位不得任意压缩设计周期。但目前我国和地方尚未有工程总承包的工期定额规定，在包括设计、采购后的工程总承包定额应当执行什么标准及压缩多少属于任意压缩还有待今后市场进一步探索。

## 二、工程总承包单位对工期全面负责

本款规定旨在确立工程总承包项目中，对工期负责的主体是承包单位。

### (一)工程总承包单位应当对于工期产生的问题直接负责

住建部在《关于进一步推进工程总承包发展的若干意见》(建市〔2016〕93 号)中指出，工程总承包是指从事工程总承包的企业按照与建设单位签订的合同，对工程项目的设计、采购、施工等实行全过程的承包，并对工程的质量、安全、工期和造价等全面负责的承包方式。即工程总承包单位应当对于工期进行全面负责。

工程总承包模式下，尤其是结合工程总承包合同的特征，发包人对工程的价格固定、工期固定的期待和要求比较高，除法律规定或合同约定可以顺延工期外，工程总承包单位都必须严格按合同约定的工期组织实施设计、采购、施工等各项工作，采取积极措施保证合同工期的实现。

### (二)工程总承包单位应当全面管理工期

国务院办公厅《关于促进建筑业持续健康发展的意见》(国办发〔2017〕19 号)亦同时指出，按照总承包负总责的原则，落实工程总承包单位在工程质量安全、进度控制、成本管理等方面的责任。显然，工程总承包单位在承接工程总承包项目时必须意识到自己是工期的真正负责人，对于工程工期的管理属于职责范畴，所谓职责包含了权利与义务两层含义，工程总承包单位对于工期并不仅仅是负责，还要全面的主动积极管理，确保工程按期竣工。

（三）工程总承包单位不可对建设单位任意压缩合理工期予以盲目服从

建设单位有时基于自身投资利益和侥幸心理，未经科学论证任意压缩合理工期。工程总承包单位作为有资质、有经验的承包商，应充分认识到不合理工期对工程质量、安全可能造成的危害。此时，应积极主动与建设单位沟通，科学论证，不可盲目服从，否则因此发生的质量、安全事故的，工程总承包单位也应承担相应的过错责任。

**三、工程总承包单位应当对项目总进度和各阶段的进度进行管理，通过设计、采购、施工、试运行各阶段的协调、配合与合理交叉，科学制定、实施、控制进度计划，确保工程按期竣工**

住建部在《关于进一步推进工程总承包发展的若干意见》（建市〔2016〕93 号）中指出，工程总承包企业应当加强对工程总承包项目的管理，根据合同约定和项目特点，制定项目管理计划和项目实施计划，建立工程管理与协调制度，加强设计、采购与施工的协调，完善和优化设计，改进施工方案，合理调配设计、采购和施工力量，实现对工程总承包项目的有效控制。工程总承包模式不同于传统的设计、施工分离的建设组织模式，其承包范围内包含设计、采购、施工、试运行等。工程总承包单位应加强对这些阶段的管理和融合，合理交叉和衔接，科学制定和管理进度计划，将项目总进度进行合理分解和交叉；使设计、采购、施工、试运行等各阶段有序衔接和联动；争取采用包括 BIM 在内的信息技术手段；科学进行工期管理，通过节点进度控制达到整体进度控制；确保工程按期竣工。工程总承包单位要严格审查设计质量和深度，减少设计变更及其对工期的影响。

## 实践中应注意的问题

**一、关于建设单位应承担的工期责任**

虽然本条中并未就建设单位设置不合理工期或任意压缩工期导致的质量、安全问题直接进行规定，但结合本办法第 22 条、第 23 条的规定，如果建设单位设置不合理工期或者任意压缩合理工期，导致质量问题或安全事故的，建设单位同样应承担相应的法律责任。同时，建设单位的项目负责人亦须对设置不合理工期承担相应的行政责任,《建设单位项目负责人质量安全责任八项规定(试行)》第2条规定:“建设单位项目负责人在组织发包时应当提出合理的造价和工期要求,不得迫使承包单位以低于成本的价格竞标,不得与承包单位签订‘阴阳合同’,不得拖欠勘察设计、工程监理费用和工程款,不得任意压缩合理工期。确需压缩工期的,应当组织专家予以论证,并采取保证建筑工程质量安全的相应措施,支付相应的费用。”以及附件中处罚条款规定:“违反第二项规定的行政处罚:(二)任意压缩合理工期的,按照《建设工程质量管理条例》第五十六条规定对建设单位实施行政处罚;按照《建设工程质量管理条例》第七十三条规定对建设单位项目负责人实施行政处罚。”

另外,《建筑工程设计单位项目负责人质量安全责任七项规定(试行)》、《建筑工程勘察单位项目负责人质量安全责任七项规定(试行)》以及《建筑工程项目总监理工程师质量安全责任六项规定(试行)》亦对设计单位项目负责人、勘察单位项目负责人以及监理单位项目负责人的质量安全责任进行了相关规定。

## 二、关于压缩合理工期对合同效力的影响

最高人民法院《第八次全国法院民事商事审判工作会议(民事部分)纪要》(法〔2016〕399号)第30条规定:“要依法维护通过招投标所签订的中标合同的法律效力。当事人违反工程建设强制性标准,任意压缩合理工期、降低工程质量标准的约定,应认定无效。对于约定无效后的工程价款结算,应依据建设工程施工合同司法解释的相关规定处理。”最高人民法院冯小光法官在《试论施工合同法律效力的判断原则(下)》[①]中提到:“审判实践中,开发商等通过抢工等方式任意压缩合理工期,以达到缩短资本运营周期,降低资金运作成本,提升资本运作效益的目的,因此而导致工程质量缺陷的案例很多,个别案例中造成的质量缺陷很严重,直接危及公共利益和公共安全。《中华人民共和国标准化法》第十四条规定,强制性标准,必须执行。不符合强制性标准的产品,禁止生产、销售和进口。‘合理工期’,应当界定在包括但不限于维持一个具体工程建设项目正常施工所必需的最短工期,相当于某一产品必须等于或者高于该产品对应的行业最低标准,即国家

① 冯小光:《试论施工合同法律效力的判断原则(下)》,载“法盏”公众号(2019年4月2日)。

强制性标准。故，任意压缩合理工期的违规行为，可以比照违反国家强制性标准的行为适用法律；违背之，有关工期约定无效，应当相应顺延至合理工期范围内。”可见，压缩合理工期可能导致合同中的工期条款甚至合同因违反工程建设强制性标准而无效。

在司法实践中，对于压缩合理工期是否导致合同工期条款无效存在不同的裁判观点。认为不必然导致合同无效的观点，最高人民法院在（2018）最高法民再163号判决书[①]中认为，一方面，定额工期通常依据施工规范、典型工程设计、施工企业的平均水平等多方面因素制定，虽具有合理性，但在实际技术专长、管理水平和施工经验存在差异的情况下，并不能完全准确反映不同施工企业在不同工程项目的合理工期。另一方面，本案中，中建三局作为大型专业施工企业，基于对自身施工能力及市场等因素的综合考量，经与金胤公司平等协商，在《建设工程施工合同》中约定580日历天的工期条款，系对自身权利的处分，亦为其真实意思表示，在无其他相反证据证明的情况下，不能当然推定金胤公司迫使其压缩合理工期。中建三局的该项再审主张亦缺乏事实依据，不能成立，本院不予支持。认为导致合同无效的观点，贵州省铜仁市中级人民法院在（2017）黔06民终901号判决书[②]中认为，信用联社与诚信公司在施工合同中约定工期为183天，而江口县住房和城乡规划建设局证实涉案工程正常工期至少为381天，故双方对工程工期的约定违反我国《建设工程质量管理条例》第10条第1款“建设工程发包单位不得迫使承包方以低于成本的价格竞标，不得任意压缩合理工期”之规定，双方签订的合同任意压缩合理工期违反工程建设强制性标准，应当认定无效。综上，对于建设单位来说，应尽可能避免对工期的过度压缩导致合同工期条款无效；对于工程总承包单位来说，应尽可能在招投标阶段对工期进行合理考量，避免工期违约。

## 三、工程总承包模式下竣工日期的确定

工程总承包模式下项目的验收移交流程与传统施工总承包存在较大差异，相

---

① 一审：南宁市中级人民法院（2014）南市民一初字第2号；二审：广西壮族自治区高级人民法院（2016）桂民终272号；再审：最高人民法院（2018）最高法民再163号。

② 一审：贵州省江口县人民法院（2016）黔0621民初381号；二审：贵州省铜仁市中级人民法院（2017）黔06民终901号。

较于施工总承包,工程总承包的特殊之处在于,工程总承包项目包括了设计、设备采购、安装调试、运输、保险、土建施工以及试运行等多阶段。由此亦会导致工程总承包模式下项目的竣工日期与施工总承包模式下竣工日期在实践中的认定存在较大差异。

根据最高人民法院《关于审理建设工程施工合同纠纷案件适用法律问题的解释》第 14 条的规定:“当事人对建设工程实际竣工日期有争议的,按照以下情形分别处理:(一)建设工程经竣工验收合格的,以竣工验收合格之日为竣工日期;(二)承包人已经提交竣工验收报告,发包人拖延验收的,以承包人提交验收报告之日为竣工日期;(三)建设工程未经竣工验收,发包人擅自使用的,以转移占有建设工程之日为竣工日期。”可见,实践中,施工总承包项目竣工日期的确定常以竣工验收合格之日、提供竣工验收报告之日以及发包人擅自使用之日为竣工日期。

对于工程总承包项目来说,根据《建设项目工程总承包合同示范文本(试行)》(GF-2011-2016)第 1.1.35 条对“工程总承包竣工日期”的定义:“指合同协议书中约定的,由承包人完成工程施工(含竣工试验)的绝对日期或相对日期,包括合同约定的任何延长日期。”以及第 4.4.3 条对“竣工日期”的规定:“(1)承包项目的实施阶段含竣工试验阶段时,按以下方式确定计划竣工日期和实际竣工日期:1)根据专用条款(9.1 款工程接收)约定的单项工程竣工日期,为单项工程的计划竣工日期;工程中最后一个单项工程的计划竣工日期,为工程的计划竣工日期;2)单项工程中最后一项竣工试验通过的日期,为该单项工程的实际竣工日期;3)工程中最后一个单项工程通过竣工试验的日期,为工程的实际竣工日期……”可见,对于含竣工试验阶段的工程总承包项目,其竣工日期还应包含竣工试验阶段,即以工程通过竣工试验的日期为竣工之日。

目前,由于国内工程总承包模式的操作细节还处于探索阶段,相较于施工总承包,工程总承包合同在法律法规、司法解释层面尚存在较大空缺。因此,在当前法律法规对工程总承包的规定还不全面的情形下,工程总承包单位应当重视在合同中对竣工日期等相关问题予以明确。结合上文分析,工程总承包模式下竣工日期确定的关键在于竣工验收质量合格至通过竣工试验这一阶段,因此,工程总承包合同中应明确竣工验收、竣工试验以及移交的流程和时间节点,对于需要进行竣工后试验的项目,应当明确竣工试验在竣工验收合格后或业主接收工程后的一定期限内进行,超过该期限的应视为通过竣工试验。

## 案例评析

### [案例一]关于压缩合理工期不必然导致合同无效的案例

南宁金胤房地产有限责任公司(一审原告、反诉被告,二审上诉人,以下简称金胤公司)、中建三局第一建设工程有限责任公司(一审被告、反诉原告,二审上诉人,以下简称中建三局)建设工程施工合同纠纷案

案　　号:(2018)最高法民再163号

审理法院:最高人民法院

裁判类型:再审民事判决

**裁判要点**:定额工期通常依据施工规范、典型工程设计、施工企业的平均水平等多方面因素制定,虽具有合理性,但在实际技术专长、管理水平和施工经验存在差异的情况下,并不能完全准确反映不同施工企业在不同工程项目的合理工期。本案中施工单位作为大型专业施工企业,基于对自身施工能力及市场等因素的综合考量,经与建设单位平等协商,在《建设工程施工合同》中约定的工期条款,系对自身权利的处分,亦为其真实意思表示,在无其他相反证据证明的情况下,不能当然推定建设单位迫使施工单位压缩合理工期,合同不因此而无效,施工单位应承担工期逾期责任。

**案情摘要**:2009年10月10日,金胤公司与中建三局签订《建设工程施工合同》,合同工期约定:开工日期暂定2009年11月15日,以甲方工地代表,总监理工程师签发的开工指令为实际开工之日,竣工日期暂定为2011年6月17日,合同总工期不超过580日历天。

2009年11月18日,经金胤公司、中建三局广西分公司、广西城建咨询有限公司三方审批同意,金胤公司签发开工令,并由中建三局广西分公司进场施工。

后经勘察单位、设计单位、施工单位、监理单位、建设单位五方查验,分别于2012年1月13日对12#、17#进行竣工验收;于2012年1月17日对15#、16#进行竣工验收;于2012年3月2日对14#进行竣工验收;于2012年3月31日对地下室进行竣工验收,整体工程竣工验收备案日期为2012年9月12日。工程竣工后,中

建三局向金胤公司提交了竣工结算报告及结算资料。2013 年 3 月 11 日,金胤公司出具《龙胤凤凰城二期工程造价结算审核结果函》。后建设单位诉至法院请求中建三局支付工期违约金 35,195,860 元,施工单位反诉请求金胤公司支付尚欠的工程余款 23,835,101.91 元(包含应返还的工程质保金 4,713,833.67 元,质保金为工程结算总额的 3%)及利息 1,072,827 元。

一审法院认为:关于合同约定的工期是否明显低于合理工期问题。合理工期是指在正常建设条件下,采取科学合理的施工工艺和管理方法,以现行的建设行政主管部门颁发的工期定额为基础,结合项目建设的具体情况,而确定的使投资方、各参加单位均获得满意的经济效益的工期。定额工期是指在一定的生产技术和自然条件下,完成某个单位(或者群体)工程平均所需的定额天数。合理工期是国家及各地建筑行政主管部门根据建筑市场实际情况情况制定的,符合建筑业健康发展的要求。如果不尊重工期,会进一步加深建筑行业的恶性竞争。因此,对于合同约定工期严重低于合理工期的,应予以调整。本院委托北京永拓工程咨询股份有限公司对双方签订施工合同约定的工程项目的合理工期进行鉴定,结论为合理工期为 1182 天,实际施工工期为 790 天。该鉴定结论程序合法,依据充分,该院予以采纳。金胤公司对该鉴定结论有异议,但未提供足以反驳的相反证据予以推翻,该院对其异议不予采纳。双方签订施工合同约定工期为 580 日历天,而合理工期为 1182 天,显然,合同约定的工期严重低于合理工期,应适当予以调整。现专业鉴定机构已鉴定出中建三局实际施工工期为 790 天,参照合理工期调整,中建三局实际施工工期 790 天还在合理工期的限度内,并未构成逾期竣工。

二审法院认为:本院认为,本案工程的承发包双方当事人均是其所从事领域的专业企业,对工程建设所需要的天数应有较为准确的预判断能力,且双方当事人经过多次协商洽谈后签订了本案合同,在合同不存在无效或被撤销的情形下,应尊重双方合同约定,确认本案工期为 580 天。一审法院以本案合同无效为由,摒弃双方合同约定,对工程所需要的工期进行鉴定,并认定合理工期 1182 天,违反了合同“约定优先”原则,违背当事人约定,明显不当,本院予以纠正。

再审法院认为:中建三局还主张,《建设工程施工合同》中 580 日历天的工期条款因违反行政法规"不得任意压缩合理工期"的强制性规定而无效。对此,本院认为,一方面,定额工期通常依据施工规范、典型工程设计、施工企业的平均水平等多方面因素制定,虽具有合理性,但在实际技术专长、管理水平和施工经验存在差异的情况下,并不能完全准确反映不同施工企业在不同工程项目的合理工期。另一方面,本案中,中建三局作为大型专业施工企业,基于对自身施工能力及市场等因素的综合考量,经与金胤公司平等协商,在《建设工程施工合同》中约定580日历天的工期条款,系对自身权利的处分,亦为其真实意思表示,在无其他相反证据证明的情况下,不能当然推定金胤公司迫使其压缩合理工期。中建三局的该项再审主张亦缺乏事实依据,不能成立,本院不予支持。

[**案例评析**]本案历经一审、二审以及最高人民法院的再审程序,各级法院对于压缩工期是否导致合同无效的裁判观点不尽相同。其中一审法院认为经过工期鉴定,本案的合理工期为1180天,而双方签订施工合同约定工期为580日历天,合同约定的工期严重低于合理工期,应适当予以调整,其核心观点在于:"如果不尊重工期,会进一步加深建筑行业的恶性竞争。"而二审、再审法院均认为应以双方的真实意思表示为准,即认可压缩后的工期,其核心观点在于:"施工单位作为大型专业施工企业,对于自身能力及市场因素应有综合考虑,对工期的认定不应违背当事人的约定。"综上,本案的合同工期相较于合理工期,被压缩了近50%,但最终仍未认定建设单位压缩了合理工期,据此,对于承包单位来说,应尽可能在招投标阶段对工期进行合理考量,避免签订过短工期而导致工期违约。

**[案例二]关于压缩合理工期导致合同无效的案例**

江口县农村信用合作联社(一审被告、反诉原告)、铜仁市诚信建筑工程有限公司(一审原告、反诉被告)建设工程施工合同纠纷案

案　　号:(2017)黔06民终901号

审理法院:贵州省铜仁市中级人民法院

裁判类型:二审民事判决

**裁判要点**:涉案发承包双方签订的《建设工程施工合同》约定工期为183天,而江口县住房和城乡规划建设局证实涉案工程正常工期至少为381天,故双方对工程工期的约定违反我国《建设工程质量管理条例》第10条第1款"建设工程发

包单位不得迫使承包方以低于成本的价格竞标，不得任意压缩合理工期”及《贵州省建筑市场管理条例》第18条第4款规定“发包人不得任意压缩工期”的规定，双方签订的合同因任意压缩合理工期违反工程建设强制性标准，应当认定无效。

**案情摘要**：2014年7月26日原、被告双方签订《(GF-1999-0201)号建设工程施工合同》由原告承建被告位于江口县双江镇梵净山大道江口县信用联社办公大楼，建筑面积18,377m²，合同约定的承包范围为：基础工程（含地下室）、主体工程、屋面工程等设计图中的有关内容。合同工期183天，从2014年6月28日至同年12月31日。合同还约定如工程量增加工期顺延。

涉案工程于2015年5月26日验收合格，双方进行工程结算，对工程结算其他事项没有异议。被告要求原告承担延误工期的违约责任，以原告延误工期160天（计算至2015年6月9日），春节假日减少20天，按140天计算违约金1,400,000.00元，因原告未交违约金并处滞纳金524,587.00元，共计1,924,587.00元。被告为此扣留原告工程款1,924,587.00元拒绝支付给原告。

2016年3月8日，江口县住房和城乡规划建设局根据争议工程合同的内容，并按《全国统一建筑安装工程工期定额》标准计算，涉案工程工期按正常工期635天的60%计算工期应至少为381天，原、被告约定工期远远低于定额规定，江口县住房和城乡规划建设局根据《贵州省建筑市场管理条例》第18条第4款规定“发包人不得任意压缩工期”的规定去函被告，被告约定工期183天属于发包人任意压缩工期的行为。要求被告江口县农村信用联社严格按照国家相关规定执行。

一审法院认为：江口县住房和城乡规划建设局证实涉案工程正常工期至少为381天，而原、被告约定工期低于定额规定，根据《贵州省建筑市场管理条例》第18条第4款规定“发包人不得任意压缩工期”，故原、被告双方签订《(GF-1999-0201)号建设工程施工合同》违反法律法规的强制性规定，应属无效合同。

二审法院认为：上诉人与被上诉人双方签订的(GF-1999-0201)《建设工程施工合同》中约定工期为183天，而江口县住房和城乡规划建设局证实涉案工程正常工期至少为381天，故双方对工程工期的约定违反我国《建设工程质量管理条例》第10条第1款“建设工程发包单位不得迫使承包方以低于成本的价格竞标，不得任意压缩合理工期”之规定，双方签订的合同任意压缩合理工期违反工程建设强制性标准,应当认定无效。

[**案例评析**]相较于案例一,本案无论是一审还是二审法院均认可了压缩工期导致合同无效的观点。通过查阅判决书可发现两级法院认可此观点的关键有二,其一为项目所在地省人民代表大会制定的地方性法规,即《贵州省建筑市场管理条例》,其法律效力较高,对不得压缩工期的强制性要求亦更强烈;其二为项目所在地行政主管部门在合同履行过程中对发包人压缩工期事实予以了认定。据此,对于建设单位来说,应尽可能避免对工期的过度压缩导致合同工期条款无效,从而导致合同工期目的无法实现,且丧失了工期反索赔的权利。

**第二十五条 【保修责任】**

**工程保修书由建设单位与工程总承包单位签署,保修期内工程总承包单位应当根据法律法规规定以及合同约定承担保修责任,工程总承包单位不得以其与分包单位之间保修责任划分而拒绝履行保修责任。**

## 条文主旨

本条是针对房屋建筑和市政基础设施项目工程总承包活动,由工程总承包单位在保修期内根据法律法规规定和合同约定承担保修责任的一般性规定。

建设工程实行质量保修制度是《建筑法》所确定的重要法律制度,建设工程质量保修制度是指建设工程竣工经验收后,在规定的保修期限内,因勘察、设计、施工、材料等原因造成的质量缺陷,应当由施工承包单位负责维修、返工或更换,由责任单位负责赔偿损失的法律制度。制定本条的主要目的是厘清工程总承包模式下项目保修义务的责任方,避免出现工程质量保修等问题时,因为责任及费用的承担而发生推诿扯皮的事件。

随着我国建筑业进入新常态,国家、社会对建筑行业提出新的更高的要求,建设工程质量的优劣不仅关系着获得对价——工程款,更直接关系到国民经济的发展和生命财产的安全。因此,体系健全、内容完善的建设工程质量保修制度,对于促进承包方加强质量管理,保护用户及消费者的合法权益可起到重要的保障作用。目前,《建筑法》《建设工程质量管理条例》《房屋建筑和市政基础设施工程竣工验收规定》《房屋建筑工程和市政基础设施工程竣工验收备案管理暂行办法》《房屋建筑工程质量保修办法》《城市道路管理条例》《城市轨道交通工程安全质量管理暂行办法》等法律法规都针对建设工程质量保修作出相关规定，但上述条文并未明确规定在工程总承包模式下保修责任的分担问题，给实践造成一定的困扰，导致保修责任纠纷频发。本条的规定，是对现有建设工程质量保修规定的重要补充，明确了工程总承包模式下保修责任分配问题。

## 条文解析

本条通过“工程总承包单位应当根据法律法规规定以及合同约定承担保修责任”条款的规定，明确了工程总承包单位依法应该承担保修责任，保修责任的范围基于法律法规规定以及合同约定。此外，通过本条表述的“工程总承包单位不得以其与分包单位之间保修责任划分而拒绝履行保修责任”表明工程总承包单位与分包单位之间保修责任的约定不能免除工程总承包单位向建设单位承担保修责任，这是落实“总包负总责”制度的体现。

通常来说，在工程总承包活动中，建设单位与工程总承包单位需要签署工程质量保修书或将质量保修内容规定在工程总承包合同中。然而，质量保修制度的四要素是：建设单位、工程总承包单位、建设工程与工程质量保修书、工程总承包合同。建设单位与工程总承包单位是工程质量保修制度的“两主体”，建设单位是指组织、督促项目建设工作，支配、使用建设投资的单位，是工程质量保修的服务对象；工程总承包单位是指受建设单位的委托，按照合同约定对从决策、设计到试运行的建设项目发展周期实行全过程或若干阶段承包的单位，是工程质量保修的服务方。建设工程在具体项目中是指工程总承包单位所承包的项目，是工程质量保修的客体。工程质量保修书是指工程建设中为了保证质量安全而签订的协议书，保修书应明确建设工程的保修范围、保修期限、保修金和保修责任等内容。工程总承包合同是建设单位与工程总承包单位针对整个建设工程达成的书面协议。住建部于2011年印发《建设项目工程总承包合同示范文本（试行）》第11条1款规定了质量保修责任书的相关内容。同时根据《建设工程质量管理条例》第39条的规定，质量保修书是竣工验收的条件之一，同时也是工程建设档案备案的核心材料之一。

## 理解与适用

### 一、保修责任的承担主体是工程总承包单位

根据《建设工程质量管理条例》第41条“建设工程在保修范围和保修期限内发生质量问题的,施工单位应当履行保修义务,并对造成的损失承担赔偿责任”的规定,由施工单位承担建设工程的保修责任。但工程总承包模式不同于传统的施工模式,工程总承包是指承包单位按照与建设单位签订的合同,对工程设计、采购、施工(EPC)或者设计、施工(DB)等阶段实行总承包,并对工程的质量、安全、工期和造价等全面负责的工程建设组织实施方式。本条的规定是因为本办法也允许工程总承包单位可以采用直接发包的形式对总承包范围的工程、货物等内容进行分包,此时建设单位与分包单位之间并不存在直接的合同关系,如果要求分包单位直接向建设单位承担保修责任,一方面,缺乏请求权基础,二者没有签订书面的合同,缺乏合法的权利义务关系;另一方面,这样直接减轻了工程总承包单位的质量责任,加大了分包单位的责任风险,既不利于保证工程的质量与安全,也不是合理分担风险的表现,与本办法的基本原则相背离,不利于工程总承包模式的发展。

此外,我国《招标投标法》第48条规定:“……中标人应当就分包项目向招标人负责,接受分包的人就分包项目承担连带责任。”《建筑法》第29条第2款规定:“建筑工程总承包单位按照总承包合同的约定对建设单位负责;分包单位按照分包合同的约定对总承包单位负责。总承包单位和分包单位就分包工程对建设单位承担连带责任。”《建筑法》第55条规定:“建筑工程实行总承包的,工程质量由工程总承包单位负责,总承包单位将建筑工程分包给其他单位的,应当对分包工程的质量与分包单位承担连带责任。分包单位应当接受总承包单位的质量管理。”《合同法》第272条第2款规定:“总承包人或者勘察、设计、施工承包人经发包人同意,可以将自己承包的部分工作交由第三人完成。第三人就其完成的工作成果与总承包人或者勘察、设计、施工承包人向发包人承担连带责任……”从上述规定可以看出,总承包单位对所承包的全部工程的质量承担责任,分包单位对所

分包的工程质量承担责任,二者之间属于连带责任法律关系。而保修责任作为工程质量责任的一种,其是工程质量责任在合同违约层面的体现,即施工承包人在保修期内的保修工作是其在工程施工合同中保证工程质量符合标准的义务延续。[①] 因此,工程总承包单位承担保修责任以工程保修书或工程总承包合同存在为前提,其是合同双方之间权利义务关系的体现,规定工程总承包单位向建设单位承担保修责任符合工程质量保修的法律规定、符合建设单位与工程总承包单位合同相对性原理。但同时基于工程总承包单位与分包单位之间的质量责任连带关系,分包单位也须对所分包范围内的工程质量承担保修责任。因此,本条旨在强调工程总承包单位不得因其与分包单位之间的合同关系或不具备施工资质而免除自身的保修责任,工程总承包单位的责任是第一性的,分包单位的责任是第二性的,二者之间质量责任虽为连带,但保修责任则是基于各自的合同关系分别向各自的合同相对方负责,而工程总承包单位应当向建设单位负首要责任。

## 二、工程总承包单位应在法律法规规定和合同约定的范围内承担保修责任

工程总承包单位承担保修责任的范围即保修范围取决于法律法规规定与合同约定。这是民商事制度下"法定主义原则"与"意定主义原则"的结合,既有利于规范建设工程质量行业标准,也有利于充分发挥私主体意思自治之效果。目前,我国法定保修范围主要规定在《建筑法》第 62 条中:"建筑工程实行质量保修制度。建筑工程的保修范围应当包括地基基础工程、主体结构工程、屋面防水工程和其他土建工程,以及电气管线、上下水管线的安装工程,供热、供冷系统工程等项目……具体的保修范围和最低保修期限由国务院规定。"除此之外,《合同法》第 275 条规定:"施工合同的内容包括工程范围、建设工期、中间交工工程的开工和竣工时间、工程质量、工程造价、技术资料交付时间、材料和设备供应责任、拨款和结算、竣工验收、质量保修范围和质量保证期、双方相互协作等条款。"《建设工程质量管理条例》第 39 条规定:"……质量保修书中应当明确建设工程的保修范围、保修期限和保修责任等。"《房屋建筑工程质量保修办法》第 6 条规定:"建设单

① 杨虹:《试述工程保修期届满后,施工承包人的质量责任》,载《北京仲裁》总第 88 辑。

位和施工单位应当在工程质量保修书中约定保修范围、保修期限和保修责任等，双方约定的保修范围、保修期限必须符合国家有关规定。"《城市轨道交通运营管理规定》第9条第2款规定："运营单位应当在运营接管协议中明确相关土建工程、设施设备、系统集成的保修范围、保修期限和保修责任，并督促建设单位将上述内容纳入建设工程质量保修书。"《城市轨道交通工程安全质量管理暂行办法》第45条规定："施工单位在提交工程竣工验收报告时，应当向建设单位出具质量保修书，明确保修范围、保修期限和保修责任等。保修范围、保修期限应当符合国家有关规定。"通过上述法律法规可以看出，质量保修范围不仅仅是施工合同的主要条款，而且在施工合同的签订过程中法律法规要求明确保修范围。

建设工程的质量保修范围不仅取决于法律法规的明文规定，还取决于合同当事人之间的约定，当事人之间的约定必须以遵守法律法规的明确规定为前提，在国家建筑建设部门有关质量保修标准要求下，发挥主观意愿达成质量保修范围之协议。在工程总承包模式下，建设单位与工程总承包单位达成保修范围协议的载体便是工程质量保修书或工程总承包合同中的质量保修条款。1999年12月24日，建设部与国家工商行政管理局发布《房屋建筑工程质量保修书》(示范文本)，其第1条便是对工程质量保修范围的约定条款。2011年9月7日，住房和城乡建设部与国家工商行政管理总局发布《建设项目工程总承包合同示范文本(试行)》，其第11.1.1条要求双方按照法律规定的保修内容、范围、期限和责任，签订质量保修责任书，作为合同附件。2012年12月20日，国家发展改革委、工业和信息化部、财政部等发布《简明标准施工招标文件和标准设计施工总承包招标文件》，其第12.2条也明确规定要在专用合同条款中约定工程质量保修范围、期限和责任。因此，在工程总承包模式下，工程总承包单位作为保修责任的承担主体，其责任范围取决于法律法规规定与工程质量保修书，而工程质量保修书作为建设单位与工程总承包单位的合意，其与招标文件、工程总承包合同的规定息息相关。

## 三、工程总承包单位在保修期内承担保修责任

工程总承包单位承担保修责任有时间期限的限制即保修期，不同性质的工程其保修期的时间长短不同。保修期分为法定保修期与约定保修期。法定保修期是指国家通过法律法规对建设工程质量保修期的规定。《建筑法》第62条规定：

"……保修的期限应当按照保证建筑物合理寿命年限内正常使用,维护使用者合法权益的原则确定。具体的保修范围和最低保修期限由国务院规定。"《建设工程质量管理条例》第 40 条规定:"在正常使用条件下,建设工程的最低保修期限为:(一) 基础设施工程、房屋建筑的地基基础工程和主体结构工程,为设计文件规定的该工程的合理使用年限;(二) 屋面防水工程、有防水要求的卫生间、房间和外墙面的防渗漏,为 5 年;(三) 供热与供冷系统,为 2 个采暖期、供冷期;(四)电气管线、给排水管道、设备安装和装修工程,为 2 年。其他项目的保修期限由发包方与承包方约定。建设工程的保修期,自竣工验收合格之日起计算。"《城市道路管理条例》第 18 条规定:"城市道路实行工程质量保修制度。城市道路的保修期为 1 年,自交付使用之日起计算……"《房屋建筑工程质量保修办法》第 7 条规定:"在正常使用下,房屋建筑工程的最低保修期限为:(一) 地基基础工程和主体结构工程,为设计文件规定的该工程的合理使用年限;(二) 屋面防水工程、有防水要求的卫生间、房间和外墙面的防渗漏,为 5 年;(三) 供热与供冷系统,为 2 个采暖期、供冷期;(四)电气管线、给排水管道、设备安装为 2 年;(五) 装修工程为 2 年。其他项目的保修期限由建设单位和施工单位约定。"以上是法律法规层面对建设工程项目的保修期的最低法定要求。值得注意的是,基础设施工程、房屋建筑的地基基础工程和主体结构工程因涉及建设工程的根本质量要求,关乎公众生命与财产的安全,其保修期限为合理使用年限。根据《城镇国有土地使用权出让和转让暂行条例》第 12 条规定:"土地使用权出让最高年限按下列用途确定:(一)居住用地七十年;(二)工业用地五十年;(三)教育、科技、文化、卫生、体育用地五十年;(四)商业、旅游、娱乐用地四十年;(五)综合或者其他用地五十年。"基于此,可以推断出不同用途的建设工程其基础工程和主体结构工程的保修期的合理使用期限,例如住宅的地基基础工程和主体结构工程的保修期便是 70 年。若建设工程超过合理使用年限需要继续使用的,产权所有人应对该设施进行维修、加固及重新鉴定使用年限。

约定保修期是指双方当事人通过建设工程施工合同约定建设工程的保修期。不过约定保修期的时间长短并非可以随意、任意约定的,根据《建设工程质量管理条例》第 40 条的表述可知,法律规定的保修期限为最低期限,合同当事人不得通过约定的方式降低或减少法定的保修期限。不过,在工程实践中有时投标人基于竞争的需要，会在投标文件中承诺长于法定期限的保修期限，中标后该承诺将对投标人构成约束，此时工程总承包单位的保修责任期限，将是法定保修期加合同约定的长于法定期限的保修期。

## 四、不论工程总承包单位与分包商之间对保修责任作了何种约定，均不能免除工程总承包单位对建设单位承担的保修责任

一方面，依据合同相对性原理，由合同当事人承担合同的义务和责任，除法律和合同另有规定外，第三人不对合同当事人承担合同上的义务和责任。[①] 不论工程总承包单位和分包单位的合同对保修责任作了何种约定，均不能对抗建设单位与工程总承包单位之间的合同关系，建设单位依然有权要求工程总承包单位依据合同约定履行工程质量的保修责任。比如总承包单位为了竞争需要向建设单位承诺质量保修期3年，而总承包单位与施工分包单位约定的质量保修期为2年，则总承包单位不能以其分包单位保修期届满为由不履行总承包合同约定或其承诺的质量保修期责任。

另一方面，合同相对性原理并非绝对排斥第三人责任，如若第三人承担责任有法律规定或合同约定的依据，此时第三人依法定或约定介入合同关系承担责任，但这并不意味着原合同当事人责任之免除。《建筑法》第29条第2款规定："建筑工程总承包单位按照总承包合同的约定对建设单位负责；分包单位按照分包合同的约定对总承包单位负责。总承包单位和分包单位就分包工程对建设单位承担连带责任。"第55条规定："建筑工程实行总承包的，工程质量由工程总承包单位负责，总承包单位将建筑工程分包给其他单位的，应当对分包工程的质量与分包单位承担连带责任。分包单位应当接受总承包单位的质量管理。"《合同法》第272条第2款规定："总承包人或者勘察、设计、施工承包人经发包人同意，可以将自己承包的部分工作交由第三人完成。第三人就其完成的工作成果与总承包人或者勘察、设计、施工承包人向发包人承担连带责任……"从以上规定可以看出，总承包单位与分包单位之间是连带责任关系，即使发生因分包单位的原因造成建设工程质量问题，总承包单位依旧要承担质量保修的连带责任。故从这个意义上来说，不论建筑质量问题产生的原因是总承包单位或是分包单位，建设单位均有权直接向总承包单位主张相应权利。

① 参见王利明：《论合同的相对性》，载《中国法学》1996年第4期。

## 实践中应注意的问题

### 一、工程总承包单位不具有规定要求的承包商资质不能免除其保修义务的承担

《建筑法》第 13 条规定:“从事建筑活动的建筑施工企业、勘察单位、设计单位和工程监理单位,按照其拥有的注册资本、专业技术人员、技术装备和已完成的建筑工程业绩等资质条件,划分为不同的资质等级,经资质审查合格,取得相应等级的资质证书后,方可在其资质等级许可的范围内从事建筑活动。”从以上规定可以看出,我国建设工程行业实施严格的从业单位资质准入,只有具备相应资质方可从事资质范围内的建筑活动。针对不具备相关资质的企业从事建筑活动的行为,最高人民法院《关于审理建设工程施工合同纠纷案件适用法律问题的解释》第 1 条规定:“建设工程施工合同具有下列情形之一的,应当根据合同法第五十二条第(五)项的规定,认定无效:……(二)承包人未取得建筑施工企业资质或者超越资质等级的……”由此,可以看出若施工单位不具备相应资质会导致建设工程施工合同无效的法律后果。

本《管理办法》第 10 条要求工程总承包单位应当同时具有与工程规模相适应的设计资质和施工资质,或者由具有相应资质的设计单位和施工单位组成联合体。在实践中,若工程总承包单位不具备相应资质,可能会导致工程总承包合同无效,但这并不影响工程总承包单位承担保修责任。工程总承包单位依旧要对承包范围内的建设工程质量负总责,对分包工程的质量承担连带责任,保修责任属于质量责任的一种,故工程总承包单位是保修责任的第一负责人,即使其不具有相应的承包资质,也应当采用要求分包单位进场保修的方式积极履行保修义务;如果分包单位拒绝进场或分包单位的保修责任期届满或已经免除,其应当及时委托具有相应资质的第三方进场施工保修,否则给发包人带来损失的,不仅需要承担质量修复的责任还需承担损失赔偿责任。

### 二、工程总承包单位应结合实际情况及其与建设单位签订的工程保修书来签订其与分包单位之间的工程保修书

本办法所指的工程总承包是设计、施工模式(DB 模式)或设计、采购、施工模

式(EPC 模式)下的总承包。工程总承包单位可在法律规定的范围内将部分工程分包给满足相应资质要求的企业,各专业分包单位按分包合同中的相关规定从事分包作业。此时,建设单位与工程总承包单位需要签订一份工程保修书,而工程总承包单位和各个分包单位之间也要签订一份工程保修书。因此,工程总承包单位和各个分包单位签订的工程保修书的内容应当根据实际情况及其与建设单位之间签订的工程保修书的内容予以确定,需考虑建设单位、工程总承包单位及各个分包单位的权利、义务、保修范围、保修期限、保修费用、赔偿责任、拒绝修复的违约金等条款之间的有效衔接。具体体现在以下三个示例中:

1. 工程总承包单位是上海单位,其与上海建设单位之间签订的工程保修书要求接到通知后 3 日进场维修。而施工分包单位是新疆单位,工程总承包单位与分包单位之间的工程保修书约定的是接到通知后 7 日进场。关于进场维修的约定就存在明显冲突及履行上的困难,且分包保修进场期限长于总包,故容易产生纠纷。

2. 工程总承包单位与建设单位间约定未及时保修的逾期责任是 1000 元/日;而工程总承包单位与分包单位间约定的逾期责任是 500 元/日。此时,工程总承包单位将可能承受额外逾期损失。

3. 工程总承包单位与建设单位间就某分部工程的保修期限约定是 3 年,但工程总承包单位与分包单位就该分部工程的保修期限约定仅 2 年,工程总承包单位显然有 1 年保修责任的风险未能转移。

## 三、厘清工程总承包单位与施工单位在保修范围、保修义务、保修费用及损害赔偿责任的差别

工程总承包模式不同于传统的建设工程施工模式,因此在实践中必须将二者在保修范围、保修义务、保修费用及损害赔偿责任上的差别予以区分,避免发生权责不清的情形。工程保修范围的大小取决于该项目的承包范围,工程总承包单位与施工单位的承包范围是完全不同的,且工程总承包范围要远远大于施工单位的承包范围。在传统的承包模式下,《建设工程质量管理条例》第 41 条规定:“建设工程在保修范围和保修期限内发生质量门题的,施工单位应当履行保修义务,并对造成的损失承担赔偿责任。”《房屋建筑工程质量保修办法》第 13 条规定“保修费用由质量缺陷的责任方承担。”第 14 条规定:“在保修期内,因房屋建筑工程质

量缺陷造成房屋所有人、使用人或者第三方人身、财产损害的，房屋所有人、使用人或者第三方可以向建设单位提出赔偿要求。建设单位向造成房屋建筑工程质量缺陷的责任方追偿。”我们可以发现，两份文件关于保修费用与损害赔偿责任的承担主体规定不一致，笔者认为《房屋建筑工程质量保修办法》的规定更为合理。我们应将此处的“保修范围”理解为在施工单位承包范围内基于施工单位原因所涉及的范围，如果是设计缺陷、建筑构配件质量原因所引起的质量缺陷，则不属于施工单位的责任，此时保修费用与损害赔偿责任应由缺陷责任方承担。而在工程总承包模式下，工程总承包单位对勘察、设计、施工、设备采购的多项实行总承包，实行的是“总包负总责”制度，由总承包单位对工程的质量、安全、工期和造价等全面负责。在此情形下，总承包单位的保修范围与所负的保修义务自然要广于传统模式下的施工单位承担的范围与义务，其要承担所承包范围内的保修费用与损害赔偿责任。

## 四、保修期届满后，工程总承包单位或仍需承担工程质量赔偿责任

工程质量责任有违约责任和侵权责任之分。违约责任以质量保修合同的存在为前提，工程保修制度中的保修责任即工程质量的违约责任的体现。《建设工程质量管理条例》第41条规定：“建设工程在保修范围和保修期限内发生质量问题的，施工单位应当履行保修义务，并对造成的损失承担赔偿责任。”《房屋建筑工程质量保修办法》第14条规定：“在保修期内，因房屋建筑工程质量缺陷造成房屋所有人、使用人或者第三方人身、财产损害的，房屋所有人、使用人或者第三方可以向建设单位提出赔偿要求。建设单位向造成房屋建筑工程质量缺陷的责任方追偿。”通过以上规定可发现，上述条款主要规定的是在保修期内保修责任人承担的损害赔偿责任。但是，承包人不仅对建设工程保修期内的工程质量负保修责任，而且担保建设工程在合理的使用期限内不会因其质量造成他人的人身和财产损失事故，该财产和人身损害承担的损害赔偿责任是一种侵权的民事责任。也就是说，保修责任会因保修期限的届满而终止，但是侵权损害赔偿责任却无法免除。[①] 从《合同法》第282条与《建筑法》第40条的表述来看，侵权责任系法定责任，在建设工程领域主要表现为物件损害责任，只要在建筑物合理使用期间内，发

---

① 参见杨虹：《试述工程保修期届满后，施工承包人的质量责任》，载《北京仲裁》第88辑。

生因建筑物质量问题造成的损害,受损害人有权向相关责任人请求损害赔偿。因此,在保修期届满后,因建设工程质量引发的侵权纠纷,工程总承包单位仍要承担损害赔偿责任。

## 案例评析

### [案例一]保修责任的承担以合同约定的承包范围为限

上海正泽房地产有限公司(一审被告、上诉人,以下简称正泽公司)与广州珠江装修工程有限公司上海分公司(一审原告、被上诉人,以下简称珠江公司)、上海合生房地产开发有限公司(一审被告,以下简称合生公司)、广东韩江工程总承包有限公司(一审被告)等建设工程合同纠纷案

案　　号:(2018)沪02民终47号

审理法院:上海市第二中级人民法院

裁判类型:二审民事判决

**裁判要点**:《指定分包工程施工承包合同》系当事人真实意思表示,未违反法律法规的强制性规定,合法有效,当事人均应按照约定履行。分包人承担保修责任以合同约定的承包范围为限,超过合同承包范围所产生的施工质量问题,发包人不得以质量为由拒绝支付工程款。

**案情摘要**:2011年9月,珠江公司(丙方)、正泽公司(甲方)与广东韩江建筑安装工程有限公司(乙方)签订《合生御廷园二期(34－51#楼)精装修指定分包工程施工承包合同》。工程采用工程量清单计价方式,丙方包工包料、包税费、包保修等。合同暂定总价款28,618,105元。第36条约定甲方对丙方申报的进度款确认之后,在下月21日之前向丙方支付该部分工程量造价的85%作为工程进度款;工程竣工并移交,丙方向总承包方提供完整齐备的竣工验收合格资料,甲丙双方办理完验收结算手续后,甲方在30天内向丙方支付至工程结算总价款98%作为工程进度款;余款按本合同第八部分“工程质量保修书”约定的有关条款执行。除非合同中另有约定,用于计算该利息的利率应按每日万分之二计算。结算总金额的2%作为保修金,甲方在保修期满10个工作日内会同管理人或甲方确认的物业管理公司组织复验并按第44.5条取得甲方颁发的保修责任终止证书后,甲方在

合同约定扣除保修期间应由丙方支付的各项款项和违约金后向丙方结清。合同第八部分为工程质量保修书。质量保修期间所发生的维修费用均由丙方承担，由甲方从丙方质量保修金中直接扣除并支付。工程竣工验收后24个月，甲方为丙方办理同期保修项目的保修终结手续后28个工作日，甲方将剩余保修金无息返还丙方。合同另约定了其他权利义务。

合同签订后，珠江公司完成了精装修工程。2012年3月15日，涉案工程经珠江公司、正泽公司、监理单位和设计单位四方确认工程竣工验收合格，合生公司工程中心盖章予以确认。

2014年3月15日，珠江公司申请保修终结，正泽公司予以确认，合生公司在地区工程中心审查意见处盖章确认同意。正泽公司在保修终结书中盖章确认珠江公司基本完成保修工作，同意终结保修工作，自2014年3月15日起相应的维修工作由物业公司承担。正泽公司在《保修期工程质量复检问题议定书》中确认珠江公司保修期内经复验无质量问题，在《甲方委托的第三方维修发生的费用扣减确认表》中确认珠江公司精装修工程没有发生任何相关维修费用。

珠江公司向正泽公司提交工程结算书，正泽公司经审核于2013年8月13日确认工程总造价为21,944,039.24元，正泽公司共支付珠江公司14,196,761.30元。余款未付致讼。

原告诉讼请求：(1)正泽公司支付珠江公司合生御廷园二期装修工程中外墙渗水维修工程项目、台风维修项目、地下室渗水潮湿维修项目、地下室墙纸换涂料项目的工程款共计2,828,832.41元；(2)正泽公司支付《合生御廷园二期(34－51#楼)精装修指定分包工程施工承包合同》主合同项下拖欠的工程款7,747,277.94元；(3)正泽公司支付珠江公司第2项诉讼请求金额拖欠的利息；(4)正泽公司支付珠江公司第1项诉讼请求金额拖欠的利息；(5)合生公司、韩江公司、韩立公司对上述诉讼请求承担连带清偿责任；(6)珠江公司就涉案各项工程款及利息具有优先受偿权；(7)本案诉讼费、保全费、鉴定费由正泽公司、合生公司、韩江公司、韩立公司承担。

上海市青浦区人民法院认为：珠江公司、正泽公司、广东韩江建筑安装工程有限公司于2011年7月签订的《合生御廷园二期(34－51#楼)精装修指定分包工程施工承包合同》系当事人真实意思表示，未违反法律法规的强制性规定，合法有效,当事人均应按照约定履行。现珠江公司与正泽公司已经结算确认了工程总价款为21,944,039.24元,现正泽公司确认还有7,747,277.94元工程款未支付,按照合同约定付款时间已届满,正泽公司理应支付剩余所有工程款。正泽公司认为珠江公司的精装修工程存在质量问题不同意付款,然从珠江公司提供的竣工验收和保修终结书等一系列材料看,正泽公司已经认可珠江公司已于2014年3月15日保修终结,保修期内复检无质量问题,未发生任何相关维修费用。外墙渗水维修项目、台风后维修项目、地下室渗水潮湿维修项目均是在珠江公司、正泽公司装修合同以外的内容,根据《合生御廷园二期176－221联排别墅小业主报修责任说明》不属于珠江公司施工质量问题,不在珠江公司的保修义务范围之内,正泽公司理应另行支付珠江公司该部分工程款。广东韩江建筑安装工程有限公司虽作为合同中的总包方,但是合同约定的付款义务由正泽公司承担,未约定广东韩江建筑安装工程有限公司承担付款义务,故对珠江公司要求分立后的韩江公司和韩立公司承担责任的请求一审法院不予支持。

上海市第二中级人民法院认为:一审法院根据各方当事人的诉辩称意见及各自提交的证据对本案的事实进行了认定,并在此基础上依法作出一审判决,合法合理,理由阐述充分,二审法院对其观点予以认可。

**[案例评析]**值得注意的一点,本案是工程总承包模式下发包人指定分包的情形。虽然发包人指定分包违反了《房屋建筑和市政基础设施工程施工分包管理办法》的规定,其违反的规定并非效力性强制性规定,并不当然导致合同无效,但是发包人指定分包要承担相应的法律后果。本案中的《指定分包合同》系发包人与指定分包人之间签署的,总承包人虽作为合同的乙方,但并未承担合同的权利义务,因此,总承包人在本案中不承担连带责任,一审法院的认定符合事实情况,值得认可。

**[案例二]质量保修金返还时间的确定**

蓝德环保科技集团股份有限公司(一审原告、反诉被告,以下简称蓝德环保公司)与东阳市住房和城乡建设局(一审被告、反诉原告,以下简称东阳市住建局)建设工程施工合同纠纷案

案　　号:(2017)浙0783民初13230号

审理法院:东阳市人民法院

裁判类型:一审民事判决

**裁判要点:**质量保修金是否应返还及返还时间如何确定,根据《最高人民法院关于审理建设工程施工合同纠纷案件适用法律问题的解释(二)》第8条的规定,合同当事人在未签订质量保修责任书,也未在合同中约定质量保修金的返还期限的情况下,应自建设工程通过竣工验收之日起满2年返还质量保修金。保修期与质量保修金的返还期限并不是同一概念,发包人返还质量保修金后,不影响承包人根据合同约定或法律规定履行保修义务。

**案情摘要:**2011年9月,东阳市住建局作为招标人就东阳市第二生活垃圾卫生填埋场工程——渗滤液处理标段EPC项目进行招标,蓝德环保公司于2011年10月向东阳市住建局交纳投标保证金800,000元,并于11月21日中标。2011年12月28日,东阳市住建局(发包人)与蓝德环保公司(承包人)就东阳市第二生活垃圾卫生填埋场工程——渗滤液处理标段EPC项目(以下简称涉案工程)签订合同一份,合同包括合同协议书及合同条款两部分。合同约定:工程名称为东阳市第二生活垃圾卫生填埋场工程——渗滤液处理标段EPC招标;工程规模与招标范围;承包人运行期为5年,通过移交验收后整体移交给发包人;采用总承包方式;工程合同总价为30,505,421元,除根据合同约定的在工程实施过程中需进行增减的款项外,合同价格不作调整;合同组成:本合同协议书、中标通知书、投标书及其附件、招标文件及其答复、合同条款、标准规范及有关技术文件、图纸、工程量清单、工程报价单或预算书,双方有关工程的洽商、变更等书面协议或文件视为合同组成部分;支付方式:发包人在审计后支付给承包人的建筑工程费应达到土建工程总价款的95%,在质保期满验收后支付剩余的5%。此外,合同协议书还对合同工期、质量标准、合同生效等内容进行了约定。

此外,招标文件第2章投标人须知第3.4.1条投标保证金条款载明:涉案工程的投标保证金为800,000元。第7.3.1条履约担保条款载明:履约担保的金额为合同价的10%,履约保证金分四部分,其中质量履约保证金40%、工期履约保证金30%、项目班子人员到位履约保证金15%、安全文明施工履约保证金15%。运行期保证金为800,000元。

合同签订后,蓝德环保公司对涉案垃圾填埋场渗滤液处理工程进行施工、建设。涉案工程于2013年4月30日通过竣工验收,2014年5月1日通过环保验收并正式转入商业运营。由蓝德环保公司负责对涉案垃圾填埋场渗滤液工程进行运营,运营期限为5年,自2014年5月1日起至2019年4月30日止。东阳市审计局就涉案工程进行审计,并于2016年11月29日出具审计报告一份,其中工程造价审计结果为:涉案工程送审价30,505,421元,审定价30,361,025元,净核减144,396元,主要是建安费用核减144,396元。蓝德环保公司与东阳市住建局一致认可该核减的144,396元均系土建工程部分。东阳市住建局已按审计价向蓝德环保公司支付95%的建筑工程费以及87%的设备及安装工程费,剩余工程款3,461,798.29元至今未支付。

另查明,郑州蓝德环保科技有限公司于2014年将公司名称变更为蓝德环保科技集团有限责任公司,蓝德环保科技集团有限责任公司于2015年6月将公司名称变更为蓝德环保科技集团股份有限公司。

原告诉讼请求:(1)解除原、被告签订的《东阳市第二生活垃圾卫生填埋场工程——渗滤液处理标段EPC工程合同》。(2)被告支付原告工程余款3,461,798.29元,履约保证金800,000元。(3)被告赔偿原告经济损失1,530,000元。(4)案件受理费由被告承担。

反诉原告诉讼请求:(1)反诉被告赔偿反诉原告各项经济损失共计11,043,220.5元。(2)案件受理费由反诉被告承担。

东阳市人民法院认为:虽然在投标文件中有载明运行期保证金为800,000元,但在此后双方签订的正式合同中并未就运行期的保证金进行约定,也未就投标保证金自动转为运行期的保证金进行约定,故不宜将现未返还的800,000元保证金认定为运行期的保证金。虽然合同中约定的履约保证金金额为工程中标价的10%,并非800,000元,但东阳市住建局并未提供证据证实履约保证金已由蓝德环保公司另行缴纳,故在蓝德环保公司自认投标保证金800,000元转化为履约保证金及东阳市住建局自认建设期履约保证金已缴纳的情况下,该800,000元应确认为已转化为履约保证金。同时,根据合同条款第11.2条及第15.5条的约定,在工程竣工验收完毕后未返还的该800,000元履约保证金视为质量保修金。至于质量保修金是否应返还及返还时间,根据最高人民法院《关于审理建设工程施工合同纠纷案件适用法律问题的解释(二)》第8条的规定,本案中原、被告未签订质量保修责任书,也未在合同中约定质量保修金的返还期限,故应自建设工程通过竣工验收之日起满2年返还质量保修金。东阳市住建局所辩称的质保期应覆盖整个运行期,但对此合同中无明确约定,且保修期与质量保修金的返还期限并不是同一概念,根据最高人民法院《关于审理建设工程施工合同纠纷案件适用法律问题的解释(二)》第8条的规定,发包人返还质量保修金后,不影响承包人根据合同约定或法律规定履行保修义务,东阳市住建局在保修期内仍可要求蓝德环保公司承担保修责任。

**[案例评析]**本案的特殊性在于未签订质量保修责任书的情形下,法院根据案件的具体情形,通过双方当事人的自认将投标保证金转化为履约保证金,继而根据合同的约定该履约保证金视为质量保修金,法院的该种做法值得认可,是事实与法律结合的体现。同时,法院关于质量保修金的返还期限与保修期的认定及保修义务的履行不因质量保修金的返还而免除的论述在实务操作中具有代表性,裁判理由已完整摘抄至上文,此处不再赘述。

建设部、财政部2005年1月12日发布的《建设工程质量保证金暂行办法》亦规定了质保金返还期限的认定办法,可作为与保修期相区分的参考:该《办法》第2条规定"质量保证金(保修金)(以下简称保证金)是指发包人与承包人在建设工程承包合同中约定,从应付工程款中预留,用以保证承包人在缺陷责任期内对建设工程出现的缺陷进行维修的资金"。可见,缺陷责任期就是发包人预留质量保修金的具体期限,即质量保修金预留时间与缺陷责任期相对应,缺陷责任期满,发包人就应返还保证金。而保修期是指承包人按照合同约定对工程承担保修责任的期限,从工程竣工验收合格之日起计算。缺陷责任期与保修期并非一个概念,在实践中应进行明确区分。

**[案例三]双方当事人对质量保证金的约定合法有效便对其产生约束力**

恩施自治州翔宇建设工程有限公司(一审原告、上诉人,以下简称翔宇建设公司)、恩施百利房地产开发有限责任公司(一审被告、上诉人,以下简称百利开发公司)建设工程施工合同纠纷案

案　　号:(2019)鄂28民终1745号

审理法院:恩施土家族苗族自治州中级人民法院

裁判类型:二审民事判决

**裁判要点:**关于质保金的退还,双方当事人在合同与《工程质量保修书》中有专门约定,且该约定不违反法律的强制性规定,属合法有效,对当事人具有约束力。

**案情摘要:**2013年5月23日,经招投标,百利开发公司将案涉工程建设项目发包给翔宇建设公司施工,双方为此签订《建设项目工程总承包合同》即案涉合同,约定的主要内容有:工程规模、建筑面积为42,667.58平方米,工期为660天,合同价格为59,023,001.89元,除根据合同约定的在工程实施过程中需进行增减的款项外,合同价格不作调整。在该合同第3部分即专用条款中,均约定为:见补充协议。同日,双方签订案涉补充协议。其中,《补充协议书》第5条约定以及《招标文件》第3部分专用条款第61.3.4质量保证金返还的其他约定:"①工程质量验收后24个月内质量无缺陷,无息返还4%;②余下1%,待质量保修责任期满后一次性无息返还。"

2013年10月5日,翔宇建设公司开始施工建设。其间,百利开发公司向翔宇建设公司支付了工程款49,797,740.36元。

2015年8月28日,案涉工程经建设单位即百利开发公司、施工单位即翔宇建设公司、监理单位、勘察单位、设计单位验收,并形成《建筑工程竣工验收报告》,验收结论为合格。2015年9月1日,翔宇建设公司将案涉工程移交给百利开发公司,百利开发公司对案涉工程接收并使用。2015年10月14日,翔宇建设公司向百利开发公司报送工程竣工结算资料,并形成《百佳苑A栋结算资料提交(接收)清单》,报送结算金额为74,148,612.77元。

百利开发公司在收到竣工结算资料后,委托案外人鼎正工程咨询股份有限公司对案涉工程进行审计,初步审定造价55,396,972.73元,审减18,751,640.04元。2016年3月28日,翔宇建设公司两次函复亦不予认可。随后,翔宇建设公司于2016年4月28日致函百利开发公司,要求其按约依法依规调整审计结论并出具审计报告。后翔宇建设公司起诉。

原告诉讼请求:(1)判令百利开发公司、烟草供应公司连带支付翔宇建设公司工程款12,479,162.67元,及百利开发公司、烟草供应公司应向翔宇建设公司支付尚欠利息3,939,628.17元(截至2018年12月30日),并按尚欠工程款12,479,162.67

元为基数自2019年1月1日起至工程款全部付清之日按中国人民银行同期同类贷款利率计算的利息;(2)判令百利开发公司、烟草供应公司连带支付翔宇建设公司违约金2,000,000元、司法鉴定费620,000元、招标代理费223,500元;(3)判令翔宇建设公司对上述债权享有优先受偿权;(4)判令百利开发公司、烟草供应公司连带支付诉讼费、保全费、保全担保费等诉讼相关费用。

恩施市人民法院认为:案涉项目总造价为62,080,385.93元(61,614,327.63元+466,058.30元)。百利开发公司已支付49,797,740.36元,尚欠12,282,645.57元(其中包含质量保证金3,104,019.30元)。根据《补充协议书》第5条约定以及《招标文件》第3部分专用条款第61.3.4质量保证金返还的其他约定:"①工程质量验收后24个月内质量无缺陷,无息返还4%;②余下1%,待质量保修责任期满后一次性无息返还。"案涉工程于2015年8月28日竣工验收并交付使用,备案工作应为百利开发公司完成,且在竣工验收后2年内未提出质量问题,故百利开发公司扣留特别约定的质保金620,803.85元后,应当支付其余应付工程款即11,661,841.72元。

恩施土家族苗族自治州中级人民法院:关于百利开发公司扣留特别约定的质保金620,803.85元是否应立即退还的问题。关于质保金的退还,双方在合同中已经明确约定,余下的1%应在质量保修责任期满后,无息退还,同时双方在《工程质量保修书》中对质量保修责任期有专门约定,上述约定不违反法律的强制性规定,合法有效。因此,翔宇建设公司主张的1%的质保金还没达到退还的条件,对于翔宇建设公司的上诉请求不予支持。

**[案例评析]**本案是双方当事人在招投标文件与补充协议中对质量保证金有明确的返还约定的情形。虽然后来双方因为工程款造价产生争议,一审原告提出支付工程款(包含质保金)的请求,但由于《补充协议书》中的质量保证金返还的约定系双方当事人真实意思表示,并不违反法律的强制性规定,应认定为合法有效的补充协议,当未达成返还条件时,则不必返还。

### [案例四]保修期的确定除法律规定的情形外,由发包方与承包方约定

重庆豪帝灯饰工程有限公司(一审原告)与重庆嘉陵房地产开发有限公司(一审被告)建设工程合同纠纷案

案　　号:(2018)渝0120民初6239号

审理法院:重庆市璧山区人民法院

裁判类型:一审民事判决

**裁判要点:**保修期长短的确定,法律规定项目需要符合《建设工程质量管理条例》的最低保修期限,其他项目的保修期限则由发包方与承包方约定。

**案情摘要:**2016年2月1日,嘉陵房地产开发有限公司(以下简称嘉陵房产公司)将位于璧山绿岛新区的嘉陵·春和景明灯饰照明工程发包给豪帝灯饰工程有限公司(以下简称豪帝公司),双方签订《嘉陵·春和景明商住项目(一期)灯饰照明工程总承包施工合同》,组成合同的文件包括合同协议书、合同专用条款等。合同约定,工程承包范围:施工图范围内外墙灯饰照明设备的采购、安装、调试及其工程实施;合同价款:人民币1,480,914.28元;专用合同条款载明:1.1.4.5　缺陷责任期为1年;17.3.3　进度款付款证书和支付时间:(1)合同签订后7个工作日内支付合同暂定价30%的工程备料款,即人民币444,000元。(2)整个工程验收合格后及璧山区市政园林局验收合格后支付至合同暂定价80%,即人民币1,184,000元;办完竣工结算并经审计后,支付至工程审定价款的95%,余下的5%的质量保修金在保修期满后1个月内付清(不计利息)。(3)工程质量保修按《建筑工程质量管理条例》执行;17.4.1　质量保证金为工程总价款5%,人民币7.4万元;17.4.2　质量保证金在工程结算时由发包人扣留;17.4.3　自工程竣工验收合格之日起满1年后无质量问题,1个月内退还质量保证金(不计利息)。其间,出现属承包人范围内的质量问题,承包人应在接到发包人通知后48小时之内予以响应并开始维修,若承包人未及时维修,发包人将自行组织维修,所产生的费用直接从质量保证金中扣除,承包人应无条件服从。承包人的质量保修责任和期限不因质量保证金的退还而变化,依然严格按照《工程质量保修书》《建筑法》《建设工程质量管理条例》等相关法律法规执行。……18.3.5　实际竣工日期:经验收合格工程的实际竣工日期以验收合格日为准。……19　缺陷责任与保修责任:19.1　保修责任:工程质量保修范围、期限和责任:竣工经验收合格后1年。19.2　本工程质量保修期按照《建设工程质量管理条例》中的有关规定执行……

案涉工程完工后,2016年5月10日,由发包方嘉陵房产公司、承包方豪帝公司、监理方建新公司、物业管理公司重庆嘉茂物业管理有限公司(以下简称嘉茂公司)对案涉工程进行验收,出具《终验收报告》,验收结果符合设计要求,符合合同要求,符合技术规范,工程质量合格。上述公司在《终验收报告》尾部盖印。

后因灯具光源芯片进行多次整改与修复。2017年10月30日,嘉陵房产公司再次向豪帝公司发出(2017)058号《重庆嘉陵房地产开发有限公司业务联系函——关于对工程质保期内出现的工程质量问题及时进行整改的函》表明:贵公司承建的嘉陵·春和景明小区(A、B、C、D区)灯饰安装工程泛光灯、洗墙灯、点光源已整改,但还存在质量问题需要完善整改维修。由于案涉灯具质量问题未完全解决,嘉陵房产公司在2018年2月10日、2018年5月9日、2018年7月10日向豪帝公司发函,要求豪帝公司针对质量问题进行修复整改。但是质量问题仍未解决好。

原告诉讼请求:(1)判令被告向原告支付工程款项304,348.53元;(2)本案诉讼费由被告承担。

重庆市璧山区人民法院认为:关于案涉灯饰工程的保修期。豪帝公司主张装饰照明工程质量保修期根据合同约定为1年,即2016年5月10日至2017年5月10日。嘉陵房产公司辩称本案中装饰照明工程属于电气管线,质量保修期为2年。根据《建设工程质量管理条例》第40条规定:"建设工程的最低保修期限为:……(四)电气管线……为2年。其他项目的保修期限由发包方与承包方约定。建设工程的保修期,自竣工验收合格之日起计算。"首先,从豪帝公司和嘉陵房产公司举示的证据来看,双方认为是灯饰工程中的灯具可能存在问题,都未举示证据证明灯饰安装工程存在问题,解释为电气管线存在质量问题显属不妥;其次,嘉陵房产公司在《嘉陵·春和景明商住项目(一期)灯饰照明工程总承包施工合同》19.1条明确约定工程质量保修期限为竣工验收合格后1年。本院认为涉案工程的质量保修期为1年,对嘉陵房产公司辩称质量保修期为2年的理由不予采信。

**[案例评析]**本案是双方当事人在合同中明确约定保修期的情形下,在诉讼中被告却提出将灯饰安装工程解释为电气管线,进而适用保修期为2年的抗辩意见,法院认为灯具光源芯片并不等同于电气管线,且保修期系当事人的合同约定,因此法院对被告保修期的抗辩不予采信。法庭对保修期的认定一方面以现有法律法规为基础,不随意进行类推解释;另一方面注重案件的基本事实情况,尊重双方当事人的主观意思自治。

**第二十六条 【工程总承包项目管理的要求】**

**建设单位和工程总承包单位应当加强设计、施工等环节管理，确保建设地点、建设规模、建设内容等符合项目审批、核准、备案要求。**

**政府投资项目所需资金应当按照国家有关规定确保落实到位，不得由工程总承包单位或者分包单位垫资建设。政府投资项目建设投资原则上不得超过经核定的投资概算。**

## 条文主旨

本条是关于建设单位、工程总承包单位管理工程总承包项目要求的规定。

根据本《管理办法》第 2 条的规定，工程总承包项目一般包括工程设计、采购、施工等内容，为有效提升工程建设质量和效益，保障项目满足工程的质量、安全、工期和造价等方面的要求，工程总承包项目的建设单位和工程总承包单位应具备相应的管理能力和资质条件，即需要各自按照约定享有的权利和承担的义务全面、细致地对工程总承包项目所涉及的设计、施工等业务内容提供管理服务，而提供管理服务的主要依据是建设单位和工程总承包单位之间签订的工程总承包合同。同时，工程总承包项目也属于政府投资项目或企业投资项目，因此本条第 1 款明确规定工程总承包项目的管理需满足政府部门管理投资项目的立项要求。

而政府投资作为一项重大政府职能，是实施宏观调控、落实国家发展战略的重要手段，也是引导和带动社会资本扩大有效投资的有力抓手，在稳增长、促改革、调结构、惠民生、防风险以及补齐发展短板、优化供给结构、增强发展后劲等方面发挥着关键作用，因此本条第 2 款强调了工程总承包项目是政府投资项目时应在资金、投资概算方面必须满足的要求。

## 条文解析

梳理住房和城乡建设部建筑市场监管司于 2017 年 12 月 26 日发布的《关于征求房屋建筑和市政基础设施项目工程总承包管理办法（征求意见稿）意见的函》（建市设函〔2017〕65 号）和住房和城乡建设部办公厅、国家发展改革委办公厅于

2019年5月1日发布的《关于征求房屋建筑和市政基础设施项目工程总承包管理办法(征求意见稿)意见的函》(建办市函〔2019〕308号)中的房屋建筑和市政基础设施项目工程总承包管理办法的征求意见稿的内容可知,第一次对外发布的征求意见稿,即住房和城乡建设部单独制定并对外发布的征求意见稿并未提及政府投资项目和企业投资项目的管理要求。而第二次对外发布的征求意见稿,在国家和发展改革委员会加入后,征求意见稿文本中增加了关于政府投资项目和企业投资项目管理要求的内容,与第二次征求意见稿第30条的内容相比,本条增加了"政府投资项目所需资金应当按照国家有关规定确保落实到位,不得由工程总承包单位或者分包单位垫资建设"的内容。因投资项目管理属于国家发展改革委的部门职能范畴,因此要准确理解和适用本条规范所涉及的内容,不能脱离现有的政府投资项目和企业投资项目的规范管理体系。

本条的文本内容可划分为三个部分:一是建设单位和工程总承包单位对项目设计、施工等环节的管理,要求项目符合审批、核准、备案的规定;二是政府投资项目不允许施工单位垫资建设;三是政府投资项目建设投资原则上不得超过经核定的投资概算。其中项目满足审批、核准、备案的要求,是指依据《政府投资条例》、《企业投资项目核准和备案管理条例》以及《企业投资项目核准和备案管理办法》等规范,按照政府投资管理职能的划分,将投资项目的管理方式划分为审批、核准、备案三种方式,审批方式适用于政府投资项目,核准和备案方式适用于企业投资项目。条文中列举的"建设地点、建设规模、建设内容"系投资项目管理涵盖的核心内容,工程总承包项目也还必须符合投资项目其他管理方面的要求,不应反推而得出工程总承包项目的管理满足"建设地点、建设规模、建设内容"的要求即可。

实践中,一些地方政府和部门要求施工单位以垫资的方式建设新的政府投资项目,也有一些施工单位以承诺垫资方式作为竞争手段承揽政府投资项目,容易带来地方政府的隐性债务,严重干扰了国家对固定资产投资的管理和宏观调控,而且因资金落实不到位,导致项目无法及时结清工程价款,扰乱了建筑市场秩序。基于《预算法》(2018年修正)等法律法规对政府财政资金的预算约束,即政府投资项目必须与经济社会发展水平和财政收支状况相适应,不得违法违规举借债务筹措政府投资所需资金的要求,《政府投资条例》第22条规定:"政府投资项目所需资金应当按照国家有关规定确保落实到位。政府投资项目不得由施工单位垫资建设。”而本条关于政府投资项目不允许施工单位垫资建设的内容，与《政府投资条例》相关条文的规范目的一致。

本条关于政府投资项目建设投资原则上不得超过经核定的投资概算的内容，直接援引自《政府投资条例》第23条第1款规定的内容。投资概算一般是指从筹建至竣工验收所需的全部费用，包括建安工程费、设备和工器具购置费、工程建设其他费用、预备费等费用，投资概算的确定需经政府投资主管部门或其他有关部门核定，而核定后的投资概算是控制政府投资项目总投资的依据，因此出于加强政府财政资金预算管理、控制政府投资项目投资额度的目的，政府投资项目不允许随意突破经过核定的投资概算，若发生因国家政策调整、价格上涨、地质条件发生重大变化等原因确需增加投资概算的情形的，建设单位应当提出调整方案及资金来源，按照规定的程序报原初步设计审批部门或者投资概算核定部门核定，若涉及预算调整或者调剂的，则需依照有关预算的法律、行政法规和国家有关规定办理。

## 理解与适用

### 一、条文与现有规范的关系

本条系关于建设单位和工程总承包单位管理工程总承包项目的基本要求，虽然条文内容在规范层面并未采用引致规范的立法方式，但条文内容均指向投资项目管理的要求，即条文内容与现有的政府职能部门对投资项目的管理要求存在交叉。因此工程总承包项目作为投资项目中的一部分，在项目管理过程中也需要遵循政府职能部门现行的投资项目管理规范。针对政府投资项目，项目管理现行主要规范依据为《政府投资条例》；针对企业投资项目，项目管理现行主要规范依据为《企业投资项目核准和备案管理条例》和《企业投资项目核准和备案管理办法》。因《政府投资条例》和《企业投资项目核准和备案管理条例》在效力层面为行政法规，《企业投资项目核准和备案管理办法》为部门规章，根据《立法法》(2015年修正)的相关规定，前述规范的效力层级均高于作为部门规范性文件的本《管理办法》。因此，涉及投资项目管理的相关事项，即依据本条对工程总承包项目进行管理时，关于本条的理解与适用不得与《政府投资条例》《企业投资项目核准和备案管理条例》《企业投资项目核准和备案管理办法》的相关规定相冲突。

## 二、工程总承包项目管理的要求

如前所述，本条系针对工程总承包项目管理的基本要求，结合投资项目管理的现行规范，实践中工程总承包项目的管理应予注意的事项包括：

一是准确识别工程总承包项目的类别。在现行规范体制下，投资项目划分为政府投资项目和企业投资项目。其中政府投资项目，根据《政府投资条例》第 9 条规定，是指政府采用直接投资方式、资本金注入方式，在中国境内使用预算安排的资金进行的固定资产投资建设项目，包括新建、扩建、改建、技术改造等类型的项目。实践中应注意以投资补助或贷款贴息等方式投入预算安排资金的项目，不属于《政府投资条例》规定下的政府投资项目。企业投资项目，根据《企业投资项目核准和备案管理办法》第 2 条规定，是指企业在中国境内投资建设的固定资产投资项目，包括企业使用自己筹措资金的项目，以及使用自己筹措的资金并申请使用政府投资补助或贷款贴息等的项目。因此，工程总承包项目需按照前述规范内容进行识别，以确认其项目类别，若确认属于政府投资项目，涉及的项目管理事项，应按照政府投资管理权限和规定的程序，报投资主管部门或者其他有关部门审批。若确认属于企业投资项目，则应按照《企业投资项目核准和备案管理条例》等相关规定确定的权限和程序，报投资主管部门或者其他有关部门核准或备案，企业投资项目中涉及关系国家安全、涉及全国重大生产力布局、战略性资源开发和重大公共利益等的实行核准管理，具体项目范围以及核准机关、核准权限，由国务院颁布的《政府核准的投资项目目录》为准，其他企业投资项目均实行备案管理。

二是准确理解项目管理的要求。针对建设单位和工程总承包单位履行的工程总承包项目管理职能，本条要求"建设地点、建设规模、建设内容等符合项目审批、核准、备案要求"。即在准确识别工程总承包项目类别的基础上，投资项目因审批、核准或备案等管理方式的差异，项目管理的内容和要求也存在差异。而本条列举的"建设地点、建设规模、建设内容"等内容，为归纳总结的投资项目管理的核心内容。对政府投资项目而言，若需要变更项目建设地点或对建设规模、建设内容等作出较大变更,需要按照规定的程序报原审批部门审批,对于未经批准变更政府投资项目的建设地点或者对建设规模、建设内容等作较大变更,则政府部门可以根据具体情况,暂停、停止拨付资金或者收回已拨付的资金,暂停或者停止建设活动。对企业投资核准项目,若建设地点发生变更或建设规模、建设内容发生较大变化的,项目建设单位应当及时以书面形式向原项目核准机关提出变更申请核准,若未按照核准的建设地点、建设规模、建设内容等进行建设的,由核准机关责令停止建设或者责令停产,对项目建设单位处项目总投资额1‰以上5‰以下的罚款。对企业投资备案项目,项目建设地点、规模、内容发生重大变更,项目建设单位应当通过全国投资项目在线审批监管平台及时告知项目备案机关,并修改相关信息。若未依法将项目信息或者已备案项目信息变更情况告知备案机关,由备案机关责令限期改正,逾期不改正的,处2万元以上5万元以下的罚款。因此无论是政府投资项目还是企业投资项目,均需满足“建设地点、建设规模、建设内容等符合项目审批、核准、备案要求”的条件,否则应承担相应的法律责任。同时不能依据本条款内容反向得出工程总承包项目在其他涉及项目管理方面的内容可以不符合项目审批、核准、备案要求的结论,工程总承包项目涉及的项目管理的其他内容,也需要满足投资项目审批、核准、备案的要求。

## 三、工程总承包模式的政府投资项目的资金安排

本条规定“政府投资项目所需资金应当按照国家有关规定确保落实到位”,即采用工程总承包方式实施的政府投资项目,因涉及政府财政预算资金的安排与使用,需依据政府财政预算管理规定的要求保障项目投资建设资金的合法性和及时性。

一是落实政府投资项目资金的程序。根据《政府投资条例》的规定,政府投资项目所涉及的资金必须符合国民经济和社会发展规划、中期财政规划和国家宏观调控政策,匹配本级政府的财政收支状况,为有序安排政府投资资金,《政府投资条例》要求政府职能部门根据项目情况编制政府投资年度计划,确认项目总投资、年度投资额及资金来源等事项。且政府投资项目涉及财政预算资金的使用,根据《预算法》的规定,各级政府财政预算以年度为周期进行编制、报批,而作为各级财政预算的审批机构的人民代表大会每年召开会议的日期相对固定,因此年度预算

的确认时间节点也相对固定，为不影响政府投资项目的投资建设，《政府投资条例》第18条明确规定政府投资资金的使用计划应与本级财政预算相衔接，即年度财政预算应以政府投资年度计划为基础进行编制。在工程总承包项目具体实施过程中，则由财政部门作为政府投资资金的拨付部门，根据已经批准的财政预算，按照法律、行政法规和国库管理的有关规定，及时、足额办理政府投资资金拨付。

二是落实政府投资项目资金的要求。依据上述程序落实的政府投资资金属于财政预算资金，除落实的资金满足项目投资建设需求外，也需满足财政预算管理要求，即政府不得通过违法违规举债方式筹措政府投资资金。而且针对政府投资中的经营性项目，根据国务院《关于加强固定资产投资项目资本金管理的通知》（国发〔2019〕26号）的规定，若政府部门以资本金形式注入的政府投资资金，所落实资金也属于固定资产投资项目所使用的资金，除党中央、国务院另有规定的除外，落实资金对投资项目而言必须是非债务性资金，项目建设单位不承担这部分资金的任何债务和利息，投资者可按其出资比例依法享有所有者权益，也可转让其出资，但不得以任何方式抽回，即针对资本金制度管理范畴内的政府投资项目，落实政府投资资金也必须满足投资项目资本金管理制度要求。

三是落实政府投资资金的时间节点。若以工程总承包方式实施的政府投资项目属于《必须招标的工程项目规定》中必须招标的项目，根据《招标投标法》（2017年修正）第9条规定，项目招标前需具备与项目规模相适应的资金或资金来源已经落实，因此政府投资资金需要在项目正式招标前按照上述程序和要求落实到位。若以工程总承包方式实施的政府投资项目不属于必须招标的工程项目，若项目仍采用招标方式选择工程总承包单位的，则政府投资资金落实时间节点也需满足《招标投标法》的规定，若项目不采用招标方式选择工程总承包单位的，则根据《建筑工程施工许可管理办法》（2018年修正）第4条规定，即建设单位申请领取施工许可证必须具备的条件之一便是建设资金已经落实到位，因此政府投资资金需要在申请领取工程施工许可证前按照上述程序和要求落实到位。考虑到领取施工许可证是所有政府投资项目开工建设所必须具备的前提条件，因此政府投资项目所需资金落实到位的时间节点不得迟于项目申请领取施工许可证之日。

## 四、工程总承包项目垫资的法律后果

本条规定“不得由工程总承包单位或者分包单位垫资建设”，是指以工程总承包方式实施的政府投资项目的总承包单位或者分包单位，不得以垫资方式参与工程总承包项目的施工活动。所谓垫资，又称带资承包，是指工程总承包单位或分包单位签订的建设工程总承包合同或分包合同约定，或在实际执行合同过程中，不要求项目建设单位支付工程款或者仅支付部分工程款，而是利用其自有资金先进场施工，待工程达到约定的阶段或者工程全部完成后，由建设单位支付已经垫付的工程款的行为，典型的垫资情形包括建设单位未全额支付工程预付款或未按工程进度按月支付工程款（不含合同约定的质量保证金）等。

如前所述，出于规范投资项目管理和禁止政府违规举借债务的目的，针对政府投资项目中存在的垫资情形，政策规范层面一直持否定态度。如建设部、国家发展和改革委员会、财政部、中国人民银行《关于严禁政府投资项目使用带资承包方式进行建设的通知》（建市〔2006〕6 号）即明确规定：“政府投资项目一律不得以建筑业企业带资承包的方式进行建设，不得将建筑业企业带资承包作为招投标条件；严禁将此类内容写入工程承包合同及补充条款。”《政府投资条例》第 22 条第 2 款也规定：“政府投资项目不得由施工单位垫资建设。”因此政策规范禁止政府投资项目垫资建设的内容清晰，态度也从未改变。本条再次强调了以工程总承包方式实施的政府投资项目禁止垫资建设，但对工程总承包项目的各参与方而言，参与方更加关注的是出现垫资行为可能导致的行政或民事方面的法律后果。

一是政府投资项目发生垫资建设的行政后果。《管理办法》未对发生垫资建设情形可能导致的行政责任予以规定。但根据《政府投资条例》第 34 条规定，发生施工单位对政府投资项目垫资建设的，政府主管部门有权要求责令改正，并可根据具体情况，暂停、停止拨付资金或者收回已拨付的资金，暂停或者停止建设活动，对负有责任的领导人员和直接责任人员依法给予处分。因此，政府投资项目发生垫资建设的，政府投资资金的拨付、使用和项目建设活动等均会受到影响，项目单位的主要人员也需承担相应的行政责任。

二是政府投资项目发生垫资建设的民事后果。针对政府投资项目发生垫资建设可能产生的民事后果，重点关注的问题是政府投资项目的垫资建设是否应被认定无效。在《政府投资条例》施行前,政府投资项目的垫资建设是否无效的推理逻辑为:(1)最高人民法院《关于审理建设工程施工合同纠纷案件适用法律问题的解释》(法释〔2004〕14号,以下简称《建设工程施工合同司法解释(一)》)第6条规定:"当事人对垫资和垫资利息有约定,承包人请求按照约定返还垫资及其利息的,应予支持,但是约定的利息计算标准高于中国人民银行发布的同期同类贷款利率的部分除外。当事人对垫资没有约定的,按照工程欠款处理。当事人对垫资利息没有约定,承包人请求支付利息的,不予支持。"即在未区分政府投资项目和企业投资项目的情况下,除约定垫资的利息标准不得高于中国人民银行发布的同期同类贷款利率外,《建设工程施工合同司法解释(一)》原则上认可合同中明确约定的垫资条文或垫资合同的效力。(2)针对政府投资项目的垫资建设,仅有建设部、国家发展和改革委员会、财政部、中国人民银行《关于严禁政府投资项目使用带资承包方式进行建设的通知》(建市〔2006〕6号)明确规定禁止,因该通知在效力层级上属于部门规范性文件,不属于最高人民法院《关于适用〈中华人民共和国合同法〉若干问题的解释(一)》(法释〔1999〕19号,以下简称《合同法司法解释(一)》)第4条规定的"全国人大及其常委会制定的法律和国务院制定的行政法规",即不得依据《民法总则》第153条、《合同法》第52条第5项规定的"违反法律、行政法规的强制性规定"的情形而认定合同无效。因此不应否定政府投资项目中垫资建设约定条款的效力。

在《政府投资条例》施行后,因《政府投资条例》属于行政法规,因此禁止政府投资项目垫资建设的规定属于行政法规中的禁止性规定,上述第2步推理过程中的规范效力层级问题的障碍即已消失,需要进一步论证是否可以依据《政府投资条例》规定以否定垫资建设行为的效力,即论证《政府投资条例》的禁止垫资的规定是否属于最高人民法院《关于适用〈中华人民共和国合同法〉若干问题的解释(二)》(法释〔2009〕5号,以下简称《合同法司法解释(二)》)第14条规定的"效力性强制规定"。本书认为《政府投资条例》的禁止垫资建设规定不属于"效力性强制规定",理由如下:(1)《政府投资条例》第22条第1款规定认定为行政法规中的强制性规定没有异议,但《民法总则》第153条规定,若强制性规定的规范目的不包括导致民事法律行为无效的,则违反该强制性规定并不导致民事法律行为无效。《政府投资条例》第34条规定违反禁止垫资建设规范的处置对象为建设单位及其主要人员，其确定的责任形式不涉及政府部门与相对人之间的民事行为。虽然政府投资项目所使用的资金属于财政预算资金，禁止垫资建设属于落实政府投资资金过程中的管控情形，即政府投资需与财政预算相衔接，避免出现政府投资计划与财政收支状况不协调的情形，但政府财政预算管理仅规范、约束政府部门，《政府投资条例》第33条规定政府及其有关部门违法违规举借债务筹措政府投资资金，应依照有关预算的法律、行政法规和国家有关规定追究法律责任，也不涉及政府部门与相对人之间的民事行为。现阶段明确规定政府违反财政预算管理要求而导致民事行为无效的情形是《担保法》第9条规定的政府机构的对外担保，显然垫资建设不属于对外担保的情形，因此禁止垫资的条款内容不包括导致民事法律行为无效的规范目的。(2)在《政府投资条例》施行前，若违反禁止垫资建设规定的危害性严重而需要否定垫资建设行为效力的，建设部、国家发展和改革委员会、财政部、中国人民银行《关于严禁政府投资项目使用带资承包方式进行建设的通知》(建市〔2006〕6号)的效力层级显然不足以成为障碍。根据最高人民法院《关于印发〈全国法院民商事审判工作会议纪要〉的通知》(法〔2019〕254号)的规定，违反规章内容涉及金融安全、市场秩序、国家宏观政策等公序良俗的，也应当认定合同无效。即以《合同法》第52条第4项"损害社会公共利益"，现已被《民法总则》第153条规定的"违背公序良俗"所替代的情形为依据，直接认定垫资建设行为因"损害社会公共利益"或"违背公序良俗"而无效即可，但实践中并未依据类似规定认定垫资建设行为无效，可见违反禁止垫资建设规范不属于前述规定的"损害社会公共利益"或"违背公序良俗"的情形，因此不应依据违反垫资建设规定而否定垫资行为的效力。(3)自2005年1月1日正式施行之日起，《建设工程施工合同司法解释(一)》第6条关于垫资的相关规定已经在全国范围内建立了相对统一的纠纷处理机制，在此期间政府部门禁止政府投资项目垫资建设的政策态度并未发生变化，即使《政府投资条例》的施行提高禁止垫资建设规定的效力层级，也不存在突发的必须完全否定垫资建设行为效力的政策监管环境的重大变化，因此《政府投资条例》的出台也不应改变司法实践中一贯坚持的认可垫资建设行为效力的原则。所以，合同中有垫资条款不应当导致合同无效的后果，但基于政府对隐性债务的管理要求可能上升至《预算法》的管理规范中，是否会导致该条款无效的法律后果还有待司法实践的进一步观察。

综上所述，目前无论是《政府投资条例》施行前或施行后，政府投资项目违反禁止垫资建设规定的情形，均应以《建设工程施工合同司法解释（一）》第6条的规范为依据进行处理，即在垫资合同或者施工合同中的垫资条款中对垫资本金及利息有明确规定的，如发生纠纷，应按照合同的约定处理本金及利息问题，但超过中国人民银行发布的同期同类贷款利率或全国银行间同业拆借中心公布的贷款市场报价利率部分的利息不予支持；如果仅对垫资本金有约定，对利息没有约定，则返还垫资利息的请求不予支持；如果虽有垫资行为，但合同中没有关于垫资的约定，发生纠纷后已经发生的垫资按照一般工程的欠款处理。

## 五、政府投资项目建设投资变动的问题

本条规定"政府投资项目建设投资原则上不得超过经核定的投资概算"。即建设单位和工程总承包单位均应严肃对待经投资主管部门或者其他有关部门核定的投资概算。实践中待核定的政府投资项目投资概算，是以项目初步设计为依据确定的，投资概算需同时符合可行性研究报告批复以及国家有关标准和规范的要求。若依据初步设计提出的投资概算超过经批准的可行性研究报告提出的投资估算10%的，建设单位应向投资主管部门或者其他有关部门报告，必要时投资主管部门或者其他有关部门可要求建设单位重新报送可行性研究报告。

经投资主管部门或者其他有关部门核定的投资概算是控制政府投资项目总投资的依据，因此除非发生《政府投资条例》第23条第2款规定的情形，即因国家政策调整、价格上涨、地质条件发生重大变化等原因确需增加投资概算的情形，否则不允许调整投资概算，而调整投资概算需由项目建设单位提出调整方案及资金来源，按照规定的程序报原初步设计审批部门或者投资概算核定部门核定，若涉及预算调整或者调剂的，需进一步依照有关预算的法律、行政法规和国家有关规定办理预算调整或调剂手续。

若未按照前述规定办理项目投资概算的核定或调整，投资主管部门或者其他有关部门有权要求责令改正，并对负有责任的领导人员和直接责任人员依法给予处分。若建设单位擅自增加投资概算的，则投资主管部门或者其他有关部门有权要求责令改正，并可根据具体情况，暂停、停止拨付资金或者收回已拨付的资金，暂停或者停止建设活动，对负有责任的领导人员和直接责任人员依法给予处分。

因项目建设单位未按照规定程序核定、调整投资概算需承担行政责任，因此建设单位会对工程总承包项目建设过程中可能发生的涉及工程价款的设计变更、签证等都会更加慎重应对。对工程总承包单位而言，过去秉持的不重视缔约时合同条款的约定，而是通过变更、签证的方式以实现项目施工收益的操作方式在以工程总承包方式实施的政府投资项目中存在重大的政策障碍，若不重视合同中关于价款风险责任的分配，即重视合同中关于价款调整、变更的约定，届时工程总承包单位能否通过设计变更、签证等增加工程价款存在重大不确定性，工程总承包单位承担不利后果的可能性较大。

## 实践中应注意的问题

### 一、对垫资定义不明，实务中往往存在争议，工程总承包人应当合理评估自身能力后合理投标缔约

如果一个工程总承包项目约定工程全部竣工验收后才结算所有的工程价款，这种100%垫资的约定又称全额垫资，也有部分人称之为硬性垫资，此等约定属于《政府投资条例》及本《管理办法》所禁止的“垫资”显然是没有争议的。

但从目前工程实际上来看，合同中约定100%垫资的情形已经较为少见，而是采用部分垫资的方式进行，即工程总承包单位先垫资完成部分工程，待完成合同约定的工程节点后，结算相应工程价款比例的方式进行结算，此种方式即平时所称的进度款支付方式。对于这种进度款支付的方式目前已是工程界的主流模式，住建部推荐使用的《建设工程施工合同(示范文本)》(GF-2017-0201)中亦是推荐采用此种支付方式。对于这种部分垫资的软性垫资约定是否属于《政府投资条例》所禁止的“垫资”范围，目前没有明确规定。值得关注的是，《建设工程价款结算暂行办法(试行)》规定，根据确定的工程计量结果，承包人向发包人提出支付工程进度款申请，14天内，发包人应按不低于工程价款的60%，不高于工程价款的90%向承包人支付工程进度款。当事人基于已方利益保护，实践中可以尝试基于此项规定，主张认定是否构成垫资施工。

但如前所述，不论对于垫资比例如何理解，一旦正式投标、签订工程总承包合同并生效，工程总承包人应当依约履行，工程总承包人如果因为自身原因无力垫

资最终导致工期延误或无法施工的，应当承担相应责任，除非司法解释或司法审判实践明确政府投资项目垫资无效及被认定为垫资，因此在工程招投标和缔约时，工程总承包人应当合理评估垫资比例与自身经济实力，对于自身没有足够把握垫资的项目应当果断放弃，避免现金流出现问题导致工程项目失败而引起的严重后果。

## 二、禁止垫资条款与 PPP 模式并不冲突

PPP 模式中，项目建设资金通常全部或部分由社会资本方融资先行支付，而如果社会资本方本身具有相应的工程建设资质和能力的，常常采用“两标并一标”的模式，即社会资本方既提供资金也同时承担建设义务。目前国内 PPP 市场中此等情形并不鲜见，社会资本方既承担工程实施义务也承担融资义务。因此仅从文义解释的角度而言，此类模式似乎也属于垫资施工，但仅从文义解释理解此处的“垫资”，显然与目前推进政府和社会资本合作的政策方向不同，且《政府投资条例》要求禁止垫资的立法本意在于平衡发承包人的地位，减轻承包人的资金压力，保护农民工权益、维护建筑业市场稳定，防止政府隐性债务的产生。而 PPP 属于融资建造方式，在法律允许的投资领域通过政府和社会资本合作方式为社会公众提供优质公共产品和服务，合法合规的 PPP 项目不构成政府隐性债务已被财政部及发改委相关文件所确认，该融资模式并非条例所言的垫资行为。另外，不是所有的 PPP 项目都属于政府投资项目，根据《政府投资条例》第 9 条定义的政府投资项目而言，即使 PPP 项目中存在后期政府付费、贷款贴息、投资补助等情形，若不是政府直投、不存在政府资本金注入的，且社会资本方或其设立 SPV 公司成为 PPP 项目的建设单位，此时建设单位资金来源系社会资本方投入，无论其社会资本方“二标并一标”还是将工程以工程总承包模式发包给其他主体，即便存在承包方垫资施工，也不适用本款对政府投资项目的垫资施工的禁止性规定。当然，若是政府与社会资本方违规、变相以变形的 F + EPC 模式实施项目，实质上构成了让承包商垫资的话，同样适用本款的规定。

## 案例评析

**[案例]针对政府投资项目签订的垫资协议有效,但约定的垫资利息不得超过《建设工程施工合同司法解释(一)》规定的利率上限**

长春华兴建筑管道工程有限公司(一审原告,上诉人,以下简称华兴公司)与长春市人民政府(一被告、上诉人)、长春市引松入长工程建设办公室(一审被告、被上诉人,以下简称引松办)债务纠纷案

案　　号:(2007)民二终字第189号

审理法院:最高人民法院

裁判类型:二审民事判决书

**裁判要点:**垫资施工协议应认定有效,依据《建设工程施工合同司法解释(一)》第6条关于"当事人对垫资和垫资利息有约定,承包人请求按照约定返还垫资及其利息的,应予支持,但是约定的利息计算标准高于中国人民银行发布的同期同类贷款利率的部分除外"之规定,约定的利息标准因高于同期同类人民币贷款利率而应认定为无效,应将其变更为按照中国人民银行同期同类贷款利率计付。

**案情摘要:**1995年3月9日,当事人签订一份《合同协议书》[合同号:95MMG(61)3132CN],约定由原告承建"引松入长"工程下的部分供水输水管线,工期为31个月。合同签订后原告对"引松入长"工程18标段进行了施工。

1995年7月25日,当事人就"引松入长"工程需要拆借资金事宜签订一份人民币借款《协议书》,约定因被告资金紧张,故原告自行筹措工程款,被告同意付给原告利息,利率按月息0.01206计算,每3个月结算一次。被告如不能按期给付利息,应向原告支付利息总额20%的滞纳金。

原告诉讼请求:请求判令两被告偿还欠款人民币84,798,964.50元。

一审吉林省高级人民法院认为:关于华兴公司主张的借款利息是否应当得到保护问题。最高人民法院《关于审理联营合同纠纷案件若干问题的解答》[法(经)发〔1990〕27号]第4条第2项规定:"企业法人、事业法人……是明为联营,实为借贷,违反了有关金融法规,应当确认合同无效。"《银行管理暂行条例》(1986年1月7日颁布实施)第4条规定:"禁止非金融机构经营金融业务。"据此可知,

为了保障金融秩序的正常发展，我国法律禁止法人之间相互拆借资金并收取利息的行为。本案华兴公司与引松办于1995年7月25日签订的人民币借款《协议书》，虽系双方当事人的真实意思表示，但由于华兴公司系一般企业法人，不是金融机构，不具备与他人订立借款合同的民事权利能力，其与引松办签订法人之间借贷性质的人民币借款《协议书》，违反了金融法规的有关规定，故华兴公司与引松办于1995年7月25日签订的《协议书》无效。引松办对华兴公司承担人民币借款本金的返还责任，对华兴公司依据无效的《协议书》要求引松办支付人民币借款利息的诉讼请求不予支持。

二审最高人民法院认为：关于人民币垫资施工协议书。华兴公司与引松办于1995年7月25日签订人民币垫资施工《协议书》，利率约定为月息0.01206。依据《建设工程施工合同司法解释（一）》第6条关于"当事人对垫资和垫资利息有约定，承包人请求按照约定返还垫资及其利息的，应予支持，但是约定的利息计算标准高于中国人民银行发布的同期同类贷款利率的部分除外"之规定，该份人民币垫资施工《协议书》应认定为有效，但约定的利息标准因高于同期同类人民币贷款利率而应认定为无效，本院将其变更为按照中国人民银行同期同类贷款利率计付。

**[案例评析]**本案涉及工程为政府投资项目，但两级法院对当事人签署的垫资施工协议的性质认定的意见不一致，一审法院将垫资施工协议认定为金融借款合同，并据此认定合同无效，对当事人主张的垫资利息业不予支持。二审法院认定为垫资协议为建设工程施工中的垫资情形，依据《建设工程施工合同司法解释（一）》第6条关于"当事人对垫资和垫资利息有约定，承包人请求按照约定返还垫资及其利息的，应予支持，但是约定的利息计算标准高于中国人民银行发布的同期同类贷款利率的部分除外"之规定，认定垫资施工协议有效，但约定的利息标准因高于同期同类人民币贷款利率而应认定为无效，将其变更为按照中国人民银行同期同类贷款利率计付。

**第二十七条 【法律责任】**

**工程总承包单位和工程总承包项目经理在设计、施工活动中有转包违法分包等违法违规行为或者造成工程质量安全事故的，按照法律法规对设计、施工单位及其项目负责人相同违法违规行为的规定追究责任。**

## 条文主旨

本条是对工程总承包单位和工程总承包项目经理法律责任的规定。规定了两者在设计、施工活动存在违法违规行为或者造成工程质量安全事故的，应如何进行处理。

工程的质量和安全一直是政府规范建筑市场的重点，我国先后颁布实施的《安全生产法》《建筑法》《招标投标法》《建设工程勘察设计管理条例》《建设工程质量管理条例》《建设工程安全生产管理条例》《安全生产许可证条例》等法律法规，对于易造成工程质量安全问题的转包、违法分包、挂靠等违法违规行为和造成工程质量安全事故的法律责任作出了一系列相关规定。但在《管理办法》实施以前，我国法律法规对工程总承包的法律责任和处罚措施缺乏专门性规定，上述工程质量管理、安全管理等对建筑市场违法责任的处罚集中在业主、勘察、设计、施工、监理等五方主体，并未将工程总承包单位作为处罚对象。法无明文规定不为罪，法无明文规定不处罚。《行政处罚法》第 3 条第 2 款也规定，“没有法定依据或者不遵守法定程序的，行政处罚无效”。也就意味着，即便认定工程总承包单位存在转包违法分包等违法违规行为，也没有对工程总承包单位进行处罚的法律依据。这给有关主管部门对工程总承包单位实施监管和追责带来了法律障碍。因此，行政处罚必须有明确的法定依据。

而本条款的制定，很大程度上是因为江西丰城电厂“11.24”事故发生后所暴露出来的这一工程总承包立法方面的缺陷。根据国务院江西丰城发电厂“11·24”事故调查组的事故调查报告，该事故中的工程总承包商中南电力设计院作为以勘察设计为主业的企业，在经营业务延伸到工程总承包后，存在“对工程总承包安全生产管理的重要性认识不足，安全生产管理机制不完善，安全生产考核制度有效性不强”和“履行总承包施工管理职责缺位”等重要问题。显然，没有具体的工程总承包安全生产管理规范的规制，没有明确的工程总承包中各方主体的安全职责的划分，是造成这起惨痛事故的主要“诱因”。值得重视的是，由于事故发生后没有专门的工程总承包法律责任和处罚措施可作依据，因此仅能依据《建筑法》中针对传统施工企业的相关处罚规则进行处罚，既无法实现对工程总承包违法活动的专门性规制处罚，也无法期待对将来可能发生的同类恶性事故进行预防性规制。为了解决工程总承包处罚无法可依的现状，《管理办法》设置了本条“法律责任”，并在条款中强调了总包单位及项目经理的责任。

同时，根据《行政处罚法》第9～12条，行政处罚只能由法律、行政法规和地方性法规设定，尚未制定法律、行政法规的，国务院部、委员会制定的规章对违反行政管理秩序的行为，可以设定警告或者一定数量罚款的行政处罚，罚款的限额由国务院规定。在法律的层面，关于工程总承包的规定主要是《建筑法》第24条以及《合同法》272条的规定；在行政法规的层面，主要是《招标投标法实施条例》第29条以及《建设工程质量管理条例》第26条的规定，且均仅是原则上的一般性规定，没有对工程总承包的法律责任作出具体规定。因此，在没有法律和行政法规规定的情况下，《管理办法》作为住房和城乡建设部和发展改革委员会共同制定的规范性文件，尚不能设定专门针对工程总承包单位及其项目经理的行政处罚规定。故在制定《管理办法》的法律责任条款时，经再三斟酌，设定为按照现行法律法规对设计、施工单位及其项目负责人相同违法违规行为的规定追究责任，全方面对接现有法律体系，使得追究工程总承包活动中的违法违规行为有法可依，也考虑到了现实工作当中行政执法机关的操作问题。

## 条文解析

本条规制的对象是工程总承包单位和工程总承包项目经理。之所以规定总包单位及其项目经理需要对设计、施工活动中的违法违规行为承担责任，是因为工程总承包单位需要对工程设计、采购、施工或者设计、施工等阶段实行总承包，并对工程的质量、安全、工期和造价等全面负责。因此，即使总包单位自行实施了项目的设计主体部分及施工主体部分，其余部分依法依约分包出去了，但是如果最终分包出去的设计或者施工工作出现了问题，有违法违规的情况，根据建筑工程领域实施终身负责制，总包单位及其项目负责人仍然是不能够免责的。

本条规制了两类情形，一类是工程总承包单位及其项目经理在设计、施工活动中存在转包、违法分包等违法违规行为，包括违反本《管理办法》及违反《建筑法》《招标投标法》《建设工程勘察设计管理条例》《建设工程质量管理条例》《建设工程安全生产管理条例》等法律法规强制性规定的行为；另一类则是对于造成工程质量安全事故的，包括分包出去的部分设计或者施工工作出现了问题，分包单位有违法违规的情况，需追究工程总承包单位及其项目经理法律责任，同时再次强调建筑工程质量责任追究和强化工程质量终身责任落实。

本条规定发生以上两类情形时需追究工程总承包单位及其项目经理的法律责任，具体按照法律法规对设计、施工单位及其项目负责人相同违法违规行为的规定处理。如果设计单位及其项目负责人作为总包方在施工阶段出现违法违规行为，那么就按照对施工单位及其项目负责人的处罚规定来进行处罚；同样地，如果施工单位及其项目负责人作为总包方在设计阶段出现违法违规行为，那么就按照设计单位及其项目负责人的处罚规定来处罚。

基于目前法律行政法规尚无工程总承包单位及项目负责人的具体情形法律责任的规定，从技术角度，这一方面是因为相对于传统施工总承包而言，工程总承包项目的组织形式较为复杂，工程总承包的法律关系更加复杂，其违法违规行为具体情形的不同及造成后果的不同而应承担的相应法律责任难以全部列举，因此通过一般性规定进行全面覆盖，也为将来工程总承包高层级立法先提供可资借鉴的试行经验；另一方面如上所述由于本《管理办法》的性质为规范性文件，不能创设行政处罚，因此规定工程总承包单位和其项目经理的法律责任应依照现行法律法规对设计、施工单位的法律责任规定进行处理。

## 理解与适用

### 一、工程总承包单位及其项目经理的行政法律责任

本条规定工程总承包活动中工程总承包单位及项目经理的法律责任按照现行法律法规对设计、施工等单位及其项目负责人设定的相应行政处罚来追究其责任。具体而言，是根据《合同法》《建筑法》《招标投标法》《建设工程勘察设计管理

条例》《建设工程质量管理条例》《建设工程安全生产管理条例》《招标投标法实施条例》《安全生产法》《安全生产许可证条例》等法律法规的规定，归纳上述法律法规，本条规制的工程总承包的违法违规行为及行政处罚主要包括：

(一)工程总承包单位转包或违法分包行为的处罚

1. 转包行为

《建筑法》第 28 条规定："禁止承包单位将其承包的全部建筑工程转包给他人，禁止承包单位将其承包的全部建筑工程肢解以后以分包的名义分别转包给他人。"《合同法》第 272 条规定："……承包人不得将其承包的全部建设工程转包给第三人或者将其承包的全部建设工程肢解以后以分包的名义分别转包给第三人……"我国法律禁止转包行为。

《建设工程质量管理条例》第 78 条第 3 款①规定了转包的定义。2019 年 1 月 1 日起实施的《建筑工程施工发包与承包违法行为认定查处管理办法》(以下简称《查处管理办法》)是建设部为保证工程质量和施工安全，遏制违法发包、转包、违法分包及挂靠等违法行为专门制定的规范性文件，也是行政主管部门查处房建、市政建筑工程承发包活动中违法行为认定、查处和管理的重要依据，《查处管理办法》第 8 条列举了 9 种具体转包情形："存在下列情形之一的，应当认定为转包，但有证据证明属于挂靠或者其他违法行为的除外：(一)承包单位将其承包的全部工程转给其他单位(包括母公司承接建筑工程后将所承接工程交由具有独立法人资格的子公司施工的情形)或个人施工的；(二)承包单位将其承包的全部工程肢解以后，以分包的名义分别转给其他单位或个人施工的；(三)施工总承包单位或专业承包单位未派驻项目负责人、技术负责人、质量管理负责人、安全管理负责人等主要管理人员，或派驻的项目负责人、技术负责人、质量管理负责人、安全管理负责人中一人及以上与施工单位没有订立劳动合同且没有建立劳动工资和社会养老保险关系，或派驻的项目负责人未对该工程的施工活动进行组织管理，又不能进行合理解释并提供相应证明的；(四)合同约定由承包单位负责采购的主要建筑材料、构配件及工程设备或租赁的施工机械设备，由其他单位或个人采购、租赁，

① 《建设工程质量管理条例》第 78 条第 3 款："本条例所称转包，是指承包单位承包建设工程，不履行合同约定的责任和义务，将其承包的全部建设工程转给他人或者将其承包的全部建设工程肢解以后以分包的名义分别转给其他单位承包的行为。"

或施工单位不能提供有关采购、租赁合同及发票等证明,又不能进行合理解释并提供相应证明的;(五)专业作业承包人承包的范围是承包单位承包的全部工程,专业作业承包人计取的是除上缴给承包单位"管理费"之外的全部工程价款的;(六)承包单位通过采取合作、联营、个人承包等形式或名义,直接或变相将其承包的全部工程转给其他单位或个人施工的;(七)专业工程的发包单位不是该工程的施工总承包或专业承包单位的,但建设单位依约作为发包单位的除外;(八)专业作业的发包单位不是该工程承包单位的;(九)施工合同主体之间没有工程款收付关系,或者承包单位收到款项后又将款项转拨给其他单位和个人,又不能进行合理解释并提供材料证明的。两个以上的单位组成联合体承包工程,在联合体分工协议中约定或者在项目实际实施过程中,联合体一方不进行施工也未对施工活动进行组织管理的,并且向联合体其他方收取管理费或者其他类似费用的,视为联合体一方将承包的工程转包给联合体其他方。"

根据上述规定,工程总承包单位如将承接的工程整体转包或肢解后全部分包,出现了符合以上列明的 9 种转包的具体情形的情况,排除有如挂靠等其他违法行为的,将被认定为存在转包行为。还需注意的是,根据本《管理办法》第 10 条,工程总承包单位可以由具有相应资质的设计单位和施工单位组成联合体作为单资质到双资质过渡。因此在过渡阶段,承包人组成联合体的将较为常见,如果联合体中的一方未对项目进行组织管理的,并向联合体其他方收取管理费,将会被认定为转包行为。

2. 违法分包行为

《建筑法》第 29 条规定:"建筑工程总承包单位可以将承包工程中的部分工程发包给具有相应资质条件的分包单位;但是,除总承包合同中约定的分包外,必须经建设单位认可。施工总承包的,建筑工程主体结构的施工必须由总承包单位自行完成……禁止总承包单位将工程分包给不具备相应资质条件的单位。禁止分包单位将其承包的工程再分包。"《建设工程质量管理条例》第 78 条第 2 款规定:"本条例所称违法分包,是指下列行为:(一)总承包单位将建设工程分包给不具备相应资质条件的单位的;(二)建设工程总承包合同中未有约定,又未经建设单位认可,承包单位将其承包的部分建设工程交由其他单位完成的;(三)施工总承包单位将建设工程主体结构的施工分包给其他单位的;(四)分包单位将其承包的建设工程再分包的。”《建设工程勘察设计管理条例》第 19 条规定:“除建设工程主体部分的勘察、设计外,经发包方书面同意,承包方可以将建设工程其他部分的勘察、设计再分包给其他具有相应资质等级的建设工程勘察、设计单位。”《查处管理办法》第 12 条规定:“存在下列情形之一的,属于违法分包:(一)承包单位将其承包的工程分包给个人的;(二)施工总承包单位或专业承包单位将工程分包给不具备相应资质单位的;(三)施工总承包单位将施工总承包合同范围内工程主体结构的施工分包给其他单位的,钢结构工程除外;(四)专业分包单位将其承包的专业工程中非劳务作业部分再分包的;(五)专业作业承包人将其承包的劳务再分包的;(六)专业作业承包人除计取劳务作业费用外,还计取主要建筑材料款和大中型施工机械设备、主要周转材料费用的。”

对工程总承包单位而言,除将其承包的工程分包给个人或不具备相应资质单位的属于违法分包外,还需特别注意《管理办法》第 10 条对于工程总承包单位资质要求的改变,事实上就是要求在房建、市政项目中,工程总承包单位应自行实施项目的设计、施工的主体部分。虽然《管理办法》此次并未明确规定此情形属于违法分包,但从相关法律法规的立法本意和具体规定来看,之所以规定设计单位、施工总承包单位应自行实施主体部分,是因为主体部分直接关系到工程的质量和安全,应由符合资质要求最有实力的总承包单位自行完成,既然《管理办法》规定了工程总承包单位需具备设计、施工双资质,就是要求设计、施工的主体部分均应由工程总承包单位自行实施。因此,总承包单位将项目主体部分的设计、施工分包出去的,将被认定为违法分包行为。另外,根据《管理办法》第 21 条的规定,以暂估价形式包括在总承包范围内的工程、货物、服务分包时,属于依法必须进行招标的项目范围且达到国家规定规模标准的,应当依法招标,如总承包单位采用直接分包的方式也属于违法分包行为。

3. 转包、违法分包的行政处罚

依据《建筑法》第 67 条[①]、《建设工程质量管理条例》第 62 条第 1 款[②]、《建设工程勘察设计管理条例》第 39 条[③]规定,承包单位将承包的工程转包或者违法分包的,责令改正,没收违法所得,对设计单位处以合同约定的设计费 25% 以上 50% 以下的罚款;对施工单位处工程合同价款 0.5% 以上 1% 以下的罚款;可以责令停业整顿,降低资质等级;情节严重的,吊销资质证书。承包单位有上述违法行为的,对因转包工程或者违法分包的工程不符合规定的质量标准造成的损失,与接受转包或者分包的单位承担连带赔偿责任。

同时,根据《建设工程质量管理条例》第 73 条[④]、《招标投标法》第 49 条[⑤]、《招标投标法实施条例》第 64 条[⑥]等规定,工程总承包单位存在部分违法违规行为的,单位直接负责的主管人员和其他直接责任人员包括项目经理,也需承担法律责任:给予单位罚款处罚的,对项目经理在内单位直接负责的主管人员和其他直接责任人员处单位罚款数额 5% 以上 10% 以下的罚款;对于必须采用招投标方式的

---

① 《建筑法》第 67 条规定:"承包单位将承包的工程转包的,或者违反本法规定进行分包的,责令改正,没收违法所得,并处罚款,可以责令停业整顿,降低资质等级;情节严重的,吊销资质证书。承包单位有前款规定的违法行为的,对因转包工程或者违法分包的工程不符合规定的质量标准造成的损失,与接受转包或者分包的单位承担连带赔偿责任。"

② 《建设工程质量管理条例》第 62 条规定:"违反本条例规定,承包单位将承包的工程转包或者违法分包的,责令改正,没收违法所得,对勘察、设计单位处合同约定的勘察费、设计费百分之二十五以上百分之五十以下的罚款;对施工单位处工程合同价款百分之零点五以上百分之一以下的罚款;可以责令停业整顿,降低资质等级;情节严重的,吊销资质证书。"

③ 《建设工程勘察设计管理条例》第 39 条规定:"违反本条例规定,建设工程勘察、设计单位将所承揽的建设工程勘察、设计转包的,责令改正,没收违法所得,处合同约定的勘察费、设计费 25% 以上 50% 以下的罚款,可以责令停业整顿,降低资质等级;情节严重的,吊销资质证书。"

④ 《建设工程质量管理条例》第 73 条规定:"依照本条例规定,给予单位罚款处罚的,对单位直接负责的主管人员和其他直接责任人员处单位罚款数额百分之五以上百分之十以下的罚款。"

⑤ 《招标投标法》第 49 条规定:"违反本法规定,必须进行招标的项目而不招标的,将必须进行招标的项目化整为零或者以其他任何方式规避招标的,责令限期改正,可以处项目合同金额千分之五以上千分之十以下的罚款;对全部或者部分使用国有资金的项目,可以暂停项目执行或者暂停资金拨付;对单位直接负责的主管人员和其他直接责任人员依法给予处分。"

⑥ 《招标投标法实施条例》第 64 条规定:"招标人有下列情形之一的,由有关行政监督部门责令改正,可以处 10 万元以下的罚款:(一)依法应当公开招标而采用邀请招标;(二)招标文件、资格预审文件的发售、澄清、修改的时限,或者确定的提交资格预审申请文件、投标文件的时限不符合招标投标法和本条例规定;(三)接受未通过资格预审的单位或者个人参加投标;(四)接受应当拒收的投标文件。招标人有前款第一项、第三项、第四项所列行为之一的,对单位直接负责的主管人员和其他直接责任人员依法给予处分。"

分包,工程总承包单位未采用招投标方式的,责令限期改正,可以处项目合同金额5‰以上10‰以下的罚款;对全部或者部分使用国有资金的项目,可以暂停项目执行或者暂停资金拨付;对包含项目经理单位直接负责的主管人员和其他直接责任人员依法给予处分;对于必须采用招投标方式的分包,在招投标过程中存在《招标投标法实施条例》第64条规定的情形的,除单位处罚款外,对包含项目经理单位直接负责的主管人员和其他直接责任人员依法给予处分。

此外,《查处管理办法》第15条还规定,对认定有转包、违法分包、挂靠、转让出借资质证书或者以其他方式允许他人以本单位的名义承揽工程等违法行为的施工单位,可依法限制其参加工程投标活动、承揽新的工程项目,并对其企业资质是否满足资质标准条件进行核查,对达不到资质标准要求的限期整改,整改后仍达不到要求的,资质审批机关撤回其资质证书。以上处罚也均适用于工程总承包单位,且从一定程度上对于工程总承包单位更具有实际惩罚效果。

(二)违反质量、安全责任规定的处罚

结合《建筑法》第29条①、《建设工程质量管理条例》第26条、第27条②、《建设工程安全生产管理条例》第24条③以及《管理办法》第3条、第22条、第23条。工程总承包单位对承包范围内的工程质量、安全生产负全面责任;分包单位对其分包工程的质量向总包负责任;分包单位不服从管理导致安全生产事故的,由其承担主要责任,分包不免除工程总承包单位对其承包的全部建设工程所负的质量责任;分包单位不服从管理导致安全生产事故的,由分包单位承担主要责任,分包

---

① 《建筑法》第29条规定:"建筑工程总承包单位按照总承包合同的约定对建设单位负责;分包单位按照分包合同的约定对总承包单位负责。总承包单位和分包单位就分包工程对建设单位承担连带责任。"

② 《建设工程质量管理条例》第26条规定:"施工单位对建设工程的施工质量负责。施工单位应当建立质量责任制,确定工程项目的项目经理、技术负责人和施工管理负责人。建设工程实行总承包的,总承包单位应当对全部建设工程质量负责;建设工程勘察、设计、施工、设备采购的一项或者多项实行总承包的,总承包单位应当对其承包的建设工程或者采购的设备的质量负责。"第27条规定:"总承包单位依法将建设工程分包给其他单位的,分包单位应当按照分包合同的约定对其分包工程的质量向总承包单位负责,总承包单位与分包单位对分包工程的质量承担连带责任。"

③ 《建设工程安全生产管理条例》第24条规定:"建设工程实行施工总承包的,由总承包单位对施工现场的安全生产负总责;总承包单位应当自行完成建设工程主体结构的施工;总承包单位依法将建设工程分包给其他单位的,分包合同中应当明确各自的安全生产方面的权利、义务。总承包单位和分包单位对分包工程的安全生产承担连带责任;分包单位应当服从总承包单位的安全生产管理,分包单位不服从管理导致生产安全事故的,由分包单位承担主要责任。"

不免除工程总承包单位的安全责任。工程总承包单位、工程总承包项目经理依法承担质量终身责任。

现行法律法规涉及设计、施工质量、安全的规定包括：

《建筑法》第 70 条[①]、《建设工程质量管理条例》第 69 条[②]规定，涉及建筑主体或者承重结构变动的装修工程擅自施工的，责令改正，处 50 万元以上 100 万元以下的罚款。《建筑法》第 71 条第 1 款[③]规定，施工企业对建筑安全事故隐患不采取措施予以消除的，责令改正，可以处以罚款；情节严重的，责令停业整顿，降低资质等级或者吊销资质证书。《建筑法》第 73 条[④]、《建设工程质量管理条例》第 63 条[⑤]、《建设工程勘察设计管理条例》第 40 条[⑥]规定，设计单位不按照建筑工程质量、安全标准进行设计的，责令改正，处 10 万元以上 30 万元以下的罚款；造成工程质量事故的，责令停业整顿，降低资质等级或者吊销资质证书，没收违法所得，

---

① 《建筑法》第 70 条规定："违反本法规定，涉及建筑主体或者承重结构变动的装修工程擅自施工的，责令改正，处以罚款；造成损失的，承担赔偿责任；构成犯罪的，依法追究刑事责任。"

② 《建设工程质量管理条例》第 69 条规定："违反本条例规定，涉及建筑主体或者承重结构变动的装修工程，没有设计方案擅自施工的，责令改正，处 50 万元以上 100 万元以下的罚款；房屋建筑使用者在装修过程中擅自变动房屋建筑主体和承重结构的，责令改正，处 5 万元以上 10 万元以下的罚款。有前款所列行为，造成损失的，依法承担赔偿责任。"

③ 《建筑法》第 71 条规定："建筑施工企业违反本法规定，对建筑安全事故隐患不采取措施予以消除的，责令改正，可以处以罚款；情节严重的，责令停业整顿，降低资质等级或者吊销资质证书；构成犯罪的，依法追究刑事责任。"

④ 《建筑法》第 73 条规定："建筑设计单位不按照建筑工程质量、安全标准进行设计的，责令改正，处以罚款；造成工程质量事故的，责令停业整顿，降低资质等级或者吊销资质证书，没收违法所得，并处罚款；造成损失的，承担赔偿责任；构成犯罪的，依法追究刑事责任。"

⑤ 《建设工程质量管理条例》第 63 条规定："违反本条例规定，有下列行为之一的，责令改正，处 10 万元以上 30 万元以下的罚款：（一）勘察单位未按照工程建设强制性标准进行勘察的；（二）设计单位未根据勘察成果文件进行工程设计的；（三）设计单位指定建筑材料、建筑构配件的生产厂、供应商的；（四）设计单位未按照工程建设强制性标准进行设计的。有前款所列行为，造成工程质量事故的，责令停业整顿，降低资质等级；情节严重的，吊销资质证书；造成损失的，依法承担赔偿责任。"

⑥ 《建设工程勘察设计管理条例》第 40 条规定："违反本条例规定，勘察、设计单位未依据项目批准文件，城乡规划及专业规划，国家规定的建设工程勘察、设计深度要求编制建设工程勘察、设计文件的，责令限期改正；逾期不改正的，处 10 万元以上 30 万元以下的罚款；造成工程质量事故或者环境污染和生态破坏的，责令停业整顿，降低资质等级；情节严重的，吊销资质证书；造成损失的，依法承担赔偿责任。"

并处罚款。《建设工程安全生产管理条例》第 56 条①则在前款基础上增加一种情形，即采用新结构、新材料、新工艺的建设工程和特殊结构的建设工程，设计单位未在设计中提出保障施工作业人员安全和预防安全生产事故的措施建议的。《建筑法》第 74② 条、《建设工程质量管理条例》第 64 条③规定，施工单位施工中偷工减料的，使用不合格的建筑材料、建筑构配件和设备的，或者有其他不按照工程设计图纸或者施工技术标准施工的行为的，责令改正，处工程合同价款 2% 以上 4% 以下的罚款；情节严重的，责令停业整顿，降低资质等级或者吊销资质证书。《建设工程质量管理条例》第 65 条④规定，施工单位未对建筑材料、建筑构配件、设备和商品混凝土进行检验，或者未对涉及结构安全的试块、试件以及有关材料取样检测的，责令改正，处 10 万元以上 20 万元以下的罚款；情节严重的，责令停业整顿，降低资质等级或者吊销资质证书。此外，《建设工程安全生产管理条例》第 62 ~ 67 条以及《安全生产法》第 80 ~ 82 条、第 84 ~ 87 条等对于施工单位未依法履行安全生产的法律责任也有相关规定。

对于设计单位、施工单位的直接负责的主管人员和其他责任人员，《建筑法》第 71 条第 2 款规定，施工企业的管理人员违章指挥、强令职工冒险作业，因而发

---

① 《建设工程安全生产管理条例》第 56 条规定："违反本条例的规定，勘察单位、设计单位有下列行为之一的，责令限期改正，处 10 万元以上 30 万元以下的罚款；情节严重的，责令停业整顿，降低资质等级，直至吊销资质证书；造成重大安全事故，构成犯罪的，对直接责任人员，依照刑法有关规定追究刑事责任；造成损失的，依法承担赔偿责任：（一）未按照法律、法规和工程建设强制性标准进行勘察、设计的；（二）采用新结构、新材料、新工艺的建设工程和特殊结构的建设工程，设计单位未在设计中提出保障施工作业人员安全和预防生产安全事故的措施建议的。"

② 《建筑法》第 74 条规定："建筑施工企业在施工中偷工减料的，使用不合格的建筑材料、建筑构配件和设备的，或者有其他不按照工程设计图纸或者施工技术标准施工的行为的，责令改正，处以罚款；情节严重的，责令停业整顿，降低资质等级或者吊销资质证书；造成建筑工程质量不符合规定的质量标准的，负责返工、修理，并赔偿因此造成的损失；构成犯罪的，依法追究刑事责任。"

③ 《建设工程质量管理条例》第 64 条规定："违反本条例规定，施工单位在施工中偷工减料的，使用不合格的建筑材料、建筑构配件和设备的，或者有不按照工程设计图纸或者施工技术标准施工的其他行为的，责令改正，处工程合同价款百分之二以上百分之四以下的罚款；造成建设工程质量不符合规定的质量标准的，负责返工、修理，并赔偿因此造成的损失；情节严重的，责令停业整顿，降低资质等级或者吊销资质证书。"

④ 《建设工程质量管理条例》第 65 条规定："违反本条例规定，施工单位未对建筑材料、建筑构配件、设备和商品混凝土进行检验，或者未对涉及结构安全的试块、试件以及有关材料取样检测的，责令改正，处 10 万元以上 20 万元以下的罚款；情节严重的，责令停业整顿，降低资质等级或者吊销资质证书；造成损失的，依法承担赔偿责任。"

生重大伤亡事故或者造成其他严重后果的，依法追究刑事责任。《建设工程质量管理条例》第70条规定，发生重大工程质量事故隐瞒不报、谎报或者拖延报告期限的，对直接负责的主管人员和其他责任人员依法给予行政处分。《建设工程质量管理条例》第73条规定，给予单位罚款处罚的，对单位直接负责的主管人员和其他直接责任人员处单位罚款数额5%以上10%以下的罚款。第74条规定了设计单位、施工单位降低工程质量标准，造成重大安全事故，构成犯罪的，对直接责任人员依法追究刑事责任。第77条规定，设计、施工位的工作人员因调动工作、退休等原因离开该单位后，被发现在该单位工作期间违反国家有关建设工程质量管理规定，造成重大工程质量事故的，仍应当依法追究法律责任。《建设工程安全生产管理条例》第58条规定，注册执业人员未执行法律、法规和工程建设强制性标准的，责令停止执业3个月以上1年以下；情节严重的，吊销执业资格证书，5年内不予注册；造成重大安全事故的，终身不予注册；构成犯罪的，依照刑法有关规定追究刑事责任。第66条规定，违反本条例的规定，施工单位的主要负责人、项目负责人未履行安全生产管理职责的，责令限期改正；逾期未改正的，责令施工单位停业整顿；造成重大安全事故、重大伤亡事故或者其他严重后果，构成犯罪的，依照刑法有关规定追究刑事责任。尚不够刑事处罚的，处2万元以上20万元以下的罚款或者按照管理权限给予撤职处分；自刑罚执行完毕或者受处分之日起，5年内不得担任任何施工单位的主要负责人、项目负责人。《安全生产法》第91条规定，生产经营单位主要负责人在本单位发生重大生产安全事故时，不立即组织抢救或者在事故调查处理期间擅离职守或者逃匿的，给予降职、撤职的处分，对逃匿的处15日以下拘留；构成犯罪的，依照刑法有关规定追究刑事责任。生产经营单位主要负责人对安全生产事故隐瞒不报、谎报或者拖延不报的，依照前款规定处罚。以上也均能够适用于工程总承包项目经理。

以上是我国法律法规层面对于设计、施工单位及其负责人在建设工程项目实施过程中违反质量、安全规定的主要违法违规行为及其法律责任。对于造成质量安全事故的，将加重其处罚。针对建设领域质量安全事故的处理，2015年3月9日，住建部发布并实施了《住房城乡建设质量安全事故和其他重大突发事件督办处理办法》。其中第3条规定："本办法所称较大及以上事故，是指一次造成3人及以上死亡，或者10人及以上重伤，或者1000万元及以上直接经济损失的房屋建筑和市政基础设施工程事故。本办法所称住房城乡建设其他重大突发事件,包括住房城乡建设领域内发生的以下事件:(一)城镇燃气、供水、供热等市政公用设施发生的重特大事故;(二)公众反映强烈、影响社会稳定的群体性事件;(三)给国家、人民群众利益造成严重损害的重大违法案件;(四)需要由住房城乡建设部查处和督办的其他突发事件。"第13条规定:"对发生较大质量安全事故负有责任的施工、勘察、设计、监理等企业(单位),由县级以上人民政府住房城乡建设主管部门依据权限责令停业整顿一年。停业整顿期间,企业在全国范围内不得承接新的工程项目、不得参与工程项目投标。对发生重大及以上质量安全事故负有责任的施工、勘察、设计、监理等企业(单位),由县级以上人民政府住房城乡建设主管部门依据权限降低资质等级或者吊销资质证书。对发生较大及以上质量安全事故负有责任的注册执业人员,由县级以上人民政府住房城乡建设主管部门依据权限作出行政处罚。"对较大及以上、重大及以上质量安全事故进行了定义,并进一步明确不同级别的事故下施工单位、设计单位及其负责人需承担的行政法律责任。

(三)法律法规规定的其他处罚

工程总承包单位及其项目经理应当注意,本条虽对"违法违规行为"的具体情形只重点列举了"转包违法分包",其后的"等"字系表示列举未尽,只要是违反法律规范中强制性规范的行为,均应认定为"违法违规行为",而不局限于转包、违法分包情形,其他常见的违法违规情形还有:

1. 挂靠行为

《建筑法》第26条规定:"承包建筑工程的单位应当持有依法取得的资质证书,并在其资质等级许可的业务范围内承揽工程。禁止建筑施工企业超越本企业资质等级许可的业务范围或者以任何形式用其他建筑施工企业的名义承揽工程。禁止建筑施工企业以任何形式允许其他单位或者个人使用本企业的资质证书、营业执照,以本企业的名义承揽工程。"《建设工程质量管理条例》第25条第2款规定:"……禁止施工单位超越本单位资质等级许可的业务范围或者以其他施工单位的名义承揽工程。禁止施工单位允许其他单位或者个人以本单位的名义承揽工程。"我国法律法规明确禁止挂靠。

根据《查处管理办法》第9条的规定,挂靠是指单位或个人以其他有资质的施工单位的名义承揽工程的行为,"承揽工程"包括参与投标、订立合同、办理有关施工手续、从事施工等活动。该办法第10条则规定了挂靠的3种具体情形："存在下列情形之一的，属于挂靠：(一)没有资质的单位或个人借用其他施工单位的资质承揽工程的；(二)有资质的施工单位相互借用资质承揽工程的，包括资质等级低的借用资质等级高的，资质等级高的借用资质等级低的，相同资质等级相互借用的；(三)本办法第八条第一款第(三)至(九)项规定的情形，有证据证明属于挂靠的。"

对于挂靠行为的处罚，根据《建筑法》第65条第2款、第3款、《建设工程质量管理条例》第60条的规定，设计、施工单位超越本单位资质等级承揽工程的，责令停止违法行为，对勘察、设计单位或者工程监理单位处合同约定的勘察费、设计费或者监理酬金1倍以上2倍以下的罚款；对施工单位处工程合同价款2%以上4%以下的罚款，可以责令停业整顿，降低资质等级；情节严重的，吊销资质证书；有违法所得的，予以没收。未取得资质证书承揽工程的，予以取缔，依照前款规定处以罚款；有违法所得的，予以没收。同时，如果根据《招标投标法》第54条的规定，依法必须进行招标的项目，投标人以他人名义投标或者以其他方式弄虚作假，骗取中标的，中标无效，所列行为尚未构成犯罪的，处中标项目金额5‰以上10‰以下的罚款，对单位直接负责的主管人员和其他直接责任人员处单位罚款数额5%以上10%以下的罚款；有违法所得的，并处没收违法所得；情节严重的，取消其1年至3年内参加依法必须进行招标的项目的投标资格并予以公告，直至由工商行政管理机关吊销营业执照。

2. 转让、出借资质证书或者以其他方式允许他人以本单位的名义承揽工程的行为

对于出借资质一方，根据《建筑法》第66条、《建设工程质量管理条例》第61条的规定，建筑施工企业转让、出借资质证书或者以其他方式允许他人以本企业的名义承揽工程的，责令改正，没收违法所得，对勘察、设计单位和工程监理单位处合同约定的勘察费、设计费和监理酬金1倍以上2倍以下的罚款；对施工单位处工程合同价款2%以上4%以下的罚款；可以责令停业整顿，降低资质等级；情节严重的，吊销资质证书。

3. 招投标活动中的违法行为

根据《招标投标法》第53条的规定，投标人相互串通投标或者与招标人串通

投标的,投标人以向招标人或者评标委员会成员行贿的手段谋取中标的,中标无效,处中标项目金额5‰以上10‰以下的罚款,对单位直接负责的主管人员和其他直接责任人员处单位罚款数额5%以上10%以下的罚款;有违法所得的,并处没收违法所得;情节严重的,取消其1年至2年内参加依法必须进行招标的项目的投标资格并予以公告,直至由工商行政管理机关吊销营业执照。

4.违反保修责任规定的处罚

保修期内承包单位应当根据法律规定以及合同约定承担保修责任,工程总承包单位不得以其与分包单位之间保修责任划分为由拒绝履行保修责任。依据《建筑法》第75条、《建设工程质量管理条例》第66条的规定,承包单位不履行保修义务或者拖延履行保修义务的,责令改正,处10万元以上20万元以下的罚款,并对在保修期内因屋顶、墙面渗漏、开裂等质量缺陷造成的损失,承担赔偿责任。

## 二、本条款规定的法律责任还包括民事法律责任和刑事法律责任

### (一)民事法律责任

工程总承包单位的民事法律责任主要包括违约责任和侵权责任。违约责任主要根据工程总承包合同约定的工程总承包方存在转包、违法分包等行为或者发生质量安全事故的违约责任条款。

而民事侵权责任,根据《侵权责任法》第6条的规定:"行为人因过错侵害他人民事权益,应当承担侵权责任。根据法律规定推定行为人有过错,行为人不能证明自己没有过错的,应当承担侵权责任。"工程总承包单位及其项目经理在设计、施工活动中因存在过错,即存在违法违规行为或者造成质量安全事故,造成人员伤亡、财产损失的,应当承担赔偿责任。对此,《建筑法》《招标投标法》《建设工程勘察设计管理条例》《建设工程质量管理条例》《建设工程安全生产管理条例》《安全生产法》等法律法规的相应法律责任条款中也包含了侵权责任。如《建筑法》第67条规定:"承包单位将承包的工程转包的,或者违反本法规定进行分包的……对因转包工程或者违法分包的工程不符合规定的质量标准造成的损失,与接受转包或者分包的单位承担连带赔偿责任。"第73条规定,"建筑设计单位不按照建筑工程质量、安全标准进行设计的……造成损失的,承担赔偿责任"。第74条规定:"建筑施工企业在施工中偷工减料的,使用不合格的建筑材料、建筑构配件和设备

的,或者有其他不按照工程设计图纸或者施工技术标准施工的行为的……造成建筑工程质量不符合规定的质量标准的,负责返工、修理,并赔偿因此造成的损失”。第75条规定:“建筑施工企业违反本法规定,不履行保修义务或者拖延履行保修义务的……并对在保修期内因屋顶、墙面渗漏、开裂等质量缺陷造成的损失,承担赔偿责任。”又如《安全生产法》第111条规定:“生产经营单位发生生产安全事故造成人员伤亡、他人财产损失的,应当依法承担赔偿责任……”

除此之外,民事侵权责任还有其特殊之处,相比较行政责任、刑事责任是严格按照违法违规行为来确定责任,还包括了“加重民事责任”的情况,也就是即使行为人本身并不存在过错,也有可能要承担民事责任。在建设工程领域,工程总承包方需要特别注意以下两种法律有明确规定的情况:

第一种是建筑物、构筑物或者其他设施及其搁置物、悬挂物发生脱落、坠落造成他人损害的情况。《侵权责任法》第85条规定:“建筑物、构筑物或者其他设施及其搁置物、悬挂物发生脱落、坠落造成他人损害,所有人、管理人或者使用人不能证明自己没有过错的,应当承担侵权责任。所有人、管理人或者使用人赔偿后,有其他责任人的,有权向其他责任人追偿。”《民法通则》第126条规定:“建筑物或者其他设施以及建筑物上的搁置物、悬挂物发生倒塌、脱落、坠落造成他人损害的,它的所有人或者管理人应当承担民事责任,但能够证明自己没有过错的除外。”

由此,项目在实施过程中发生建筑物、构筑物、搁置物、悬挂物脱落或坠落造成他人损害的,如果工程总承包单位不能证明自己没有过错的,就需要依法承担相应的民事责任,这是一种过错推定责任,或者说是加重的民事责任。实践中,由于工程总承包单位负有项目实施阶段的管理责任,在造成他人损害后,要证明自己不存在过错是比较困难的,只有能够在有相应证据证明当事人没有过错的情况下才能免除责任。

第二种是建筑物、构筑物或者其他设施倒塌造成他人损害的情况。我国多地均发生过房屋倒塌事故,对人民群众的生命、财产安全造成了较大危害,对此,《侵权责任法》第86条规定:“建筑物、构筑物或者其他设施倒塌造成他人损害的,由建设单位与施工单位承担连带责任。建设单位、施工单位赔偿后,有其他责任人的,有权向其他责任人追偿。因其他责任人的原因,建筑物、构筑物或者其他设施倒塌造成他人损害的，由其他责任人承担侵权责任。”

由此，如果发生了建筑物、构筑物或者其他设施倒塌造成他人损害的情况，是由建设单位与施工单位承担连带责任，具体到工程总承包项目中，就是包括建设单位、工程总承包单位和具体施工部位的分包单位（如有）一起承担连带责任，这是一种共同侵权责任。另外，假如有其他责任人，建设单位、工程总承包单位和分包单位有权追偿；假如是其他责任人的原因，则由其他责任人承担侵权责任。《侵权责任法》在第86条中并未明确其他责任人的范围，实际上主要包括了三种：（1）勘察、设计单位，例如勘察单位未按照工程建设强制性标准进行勘察的或设计单位未按照建筑工程质量、安全标准进行设计，造成损失的，承担赔偿责任；（2）监理单位，例如监理单位未履行监理义务，对应当监督检查的项目不检查或者不按照规定检查；（3）勘察、设计、监理单位以外的责任人。例如，根据《建筑法》第79条的规定，负责颁发建筑工程施工许可证的部门及其工作人员对不符合施工条件的建筑工程颁发施工许可证，负责工程质量监督检查或者竣工验收的部门及其工作人员对不合格的建筑工程出具质量合格文件或者按合格工程验收，造成损失的，由该部门承担相应的赔偿责任。

（二）刑事法律责任

工程总承包方要对工程的质量、安全、工期、造价等全面负责。一旦出现了工程质量安全事故，还可能面临严厉的刑事法律责任。工程总承包单位的项目经理及相关人员在设计、施工活动中可能会涉及的刑事责任及其法律依据主要有：

《刑法》第134条第1款规定的【重大责任事故罪】：“在生产、作业中违反有关安全管理的规定，因而发生重大伤亡事故或者造成其他严重后果的，处三年以下有期徒刑或者拘役；情节特别恶劣的，处三年以上七年以下有期徒刑。”

第134条第2款规定的【强令违章冒险作业罪】：“强令他人违章冒险作业，因而发生重大伤亡事故或者造成其他严重后果的，处五年以下有期徒刑或者拘役；情节特别恶劣的，处五年以上有期徒刑。”

第135条规定的【重大劳动安全事故罪】：“安全生产设施或者安全生产条件不符合国家规定，因而发生重大伤亡事故或者造成其他严重后果的，对直接负责的主管人员和其他直接责任人员，处三年以下有期徒刑或者拘役；情节特别恶劣的，处三年以上七年以下有期徒刑。”

第 137 条之一规定的【工程重大安全事故罪】:“建设单位、设计单位、施工单位、工程监理单位违反国家规定,降低工程质量标准,造成重大安全事故的,对直接责任人员,处五年以下有期徒刑或者拘役,并处罚金;后果特别严重的,处五年以上十年以下有期徒刑,并处罚金。”

第 193 条规定的【不报、谎报安全事故罪】:“在安全事故发生后,负有报告职责的人员不报或者谎报事故情况,贻误事故抢救,情节严重的,处三年以下有期徒刑或者拘役;情节特别严重的,处三年以上七年以下有期徒刑。”

同时,建设工程具有投资巨大、利润颇高的特点,从建筑行业已发生的质量安全事故的惩处情况来看,除了涉及以上危害公共安全类的刑事犯罪,往往还会暴露出建设工程在项目审批、招投标活动、勘察设计施工和验收活动中存在贪污贿赂、串通投标等刑事犯罪,如《刑法》第 163 条规定的【非国家工作人员受贿罪】①、第 164 条规定的【对非国家工作人员行贿罪】②、第 223 条规定的【串通投标罪】③、第 382 条规定的【贪污罪】④第 385 条规定的【受贿罪】⑤第 389 条规定的

① 《刑法》第 163 条规定:“【非国家工作人员受贿罪】公司、企业或者其他单位的工作人员利用职务上的便利,索取他人财物或者非法收受他人财物,为他人谋取利益,数额较大的,处五年以下有期徒刑或者拘役;数额巨大的,处五年以上有期徒刑,可以并处没收财产。公司、企业或者其他单位的工作人员在经济往来中,利用职务上的便利,违反国家规定,收受各种名义的回扣、手续费,归个人所有的,依照前款的规定处罚。国有公司、企业或者其他国有单位中从事公务的人员和国有公司、企业或者其他国有单位委派到非国有公司、企业以及其他单位从事公务的人员有前两款行为的,依照本法第三百八十五条、第三百八十六条的规定定罪处罚。”

② 《刑法》第 164 条规定:“【对非国家工作人员行贿罪】为谋取不正当利益,给予公司、企业或者其他单位的工作人员以财物,数额较大的,处三年以下有期徒刑或者拘役,并处罚金;数额巨大的,处三年以上十年以下有期徒刑,并处罚金。【对外国公职人员、国际公共组织官员行贿罪】为谋取不正当商业利益,给予外国公职人员或者国际公共组织官员以财物的,依照前款的规定处罚。单位犯前两款罪的,对单位判处罚金,并对其直接负责的主管人员和其他直接责任人员,依照第一款的规定处罚。行贿人在被追诉前主动交待行贿行为的,可以减轻处罚或者免除处罚。”

③ 《刑法》第 223 条规定:“【串通投标罪】投标人相互串通投标报价,损害招标人或者其他投标人利益,情节严重的,处三年以下有期徒刑或者拘役,并处或者单处罚金。投标人与招标人串通投标,损害国家、集体、公民的合法利益的,依照前款的规定处罚。”

④ 《刑法》第 382 条规定:“【贪污罪】国家工作人员利用职务上的便利,侵吞、窃取、骗取或者以其他手段非法占有公共财物的,是贪污罪。受国家机关、国有公司、企业、事业单位、人民团体委托管理、经营国有财产的人员,利用职务上的便利,侵吞、窃取、骗取或者以其他手段非法占有国有财物的,以贪污论。与前两款所列人员勾结,伙同贪污的,以共犯论处。”

⑤ 《刑法》第 385 条规定:“【受贿罪】国家工作人员利用职务上的便利,索取他人财物的,或者非法收受他人财物,为他人谋取利益的,是受贿罪。国家工作人员在经济往来中,违反国家规定,收受各种名义的回扣、手续费,归个人所有的,以受贿论处。”

【行贿罪】[①]。

除上述刑事罪名外，在建设工程行业还有一种频发的刑事犯罪，工程总承包单位应予以重视，即《刑法》第276条之一规定的【拒不支付劳动报酬罪】[②]。

## 实践中应注意的问题

1. 本条不仅仅是对工程总承包单位的法律责任的规定，规制的对象还包括工程总承包单位的项目经理。且工程总承包单位和项目经理对工程承担的均是质量终身责任，在工程设计使用年限内，一旦工程发生安全质量问题，对应的各级政府主管部门将按照相应的规定按终身责任追究其责任。

2. 本条对"违法违规行为"的具体情形只重点列举了"转包、违法分包"，其后的"等"字系表示列举未尽。因此，在实践中适用本条时，对"违法违规行为"的具体情形作宽松的认定，只要是违反法律规范中强制性规范的行为，均应认定为"违法违规行为"，而不局限于转包、违法分包情形。

3. 本条中的"法律法规对设计、施工单位及其项目负责人相同违法违规行为的规定"，其中"法律法规"是广义的概念，对工程总承包单位和工程总承包项目经理的法律责任认定时，除适用现行有效的法律、行政法规外，还包括了司法解释、地方法规、地方规章、部门规章对设计、施工单位及其项目负责人违法违规行为的规定，及其他规范性文件以及对于该等法律法规的不时修改和补充。还应注意以下几个问题：

第一，本条规定的工程总承包单位和工程总承包项目经理法律责任不仅限于行政法律责任，还包括了民事法律责任、刑事法律责任。

---

① 《刑法》第389条规定："【行贿罪】为谋取不正当利益，给予国家工作人员以财物的，是行贿罪。在经济往来中，违反国家规定，给予国家工作人员以财物，数额较大的，或者违反国家规定，给予国家工作人员以各种名义的回扣、手续费的，以行贿论处。因被勒索给予国家工作人员以财物，没有获得不正当利益的，不是行贿。"

② 《刑法》第276条之一规定："【拒不支付劳动报酬罪】以转移财产、逃匿等方法逃避支付劳动者的劳动报酬或者有能力支付而不支付劳动者的劳动报酬，数额较大，经政府有关部门责令支付仍不支付的，处三年以下有期徒刑或者拘役，并处或者单处罚金；造成严重后果的，处三年以上七年以下有期徒刑，并处罚金。单位犯前款罪的，对单位判处罚金，并对其直接负责的主管人员和其他直接责任人员，依照前款的规定处罚。"

第二，分包单位具体实施的部分出现了违法违规的情况或造成了安全质量事故，工程总包单位及其负责人将被追究法律责任。

第三，工程总承包与传统施工总承包两种承包模式存在差异，工程总承包单位及其项目经理的法律责任不能认为是设计单位和施工单位及其负责人的法律责任相加，在适用“对设计、施工单位及其项目负责人违法违规行为的规定”时，不能直接简单套用，需要综合考虑工程总承包的特点、违法的事实以及拟适用条款的主旨等。

第四，当调整同一违法违规行为的两个或者两个以上的法律规范因规定不同的法律后果而产生冲突的，一般情况下应当按照立法法规定的上位法优于下位法、后法优于前法以及特别法优于一般法等法律适用规则，判断和选择所应适用的法律规范。应当注意到，《管理办法》对于工程总承包的承发包要求、资质要求、风险分担、实施要求等方面作出了具体的规定，有些规定调整了此前的相关规定。如对于工程总承包单位的资质要求，住房城乡建设部《关于进一步推进工程总承包发展的若干意见》（建市〔2016〕93 号）规定“工程总承包企业应当具有与工程规模相适应的工程设计资质或者施工资质”即单资质要求，在此基础上，该意见还规定“工程总承包企业……可以根据合同约定或者经建设单位同意，直接将工程项目的设计或者施工业务择优分包给具有相应资质的企业……工程总承包企业自行实施设计的，不得将工程总承包项目工程主体部分的设计业务分包给其他单位。工程总承包企业自行实施施工的，不得将工程总承包项目工程主体结构的施工业务分包给其他单位”。而《管理办法》第 10 条则将工程总承包单位的资质要求调整为应当具有设计、施工双资质的单位，或具有相应资质的设计单位和施工单位组成联合体作为过渡，对于资质要求的改变，事实上就是要求在房建、市政项目，工程总承包单位应自行实施项目的设计、主体，要求不得将项目主体部分的设计、施工分包出去。这对于认定工程总承包单位的违法违规行为的标准也发生了变化。《管理办法》的出台，符合国家对工程总承包事业发展的要求，能够在大力推进工程总承包的现阶段推动解决工程总承包已有政策与实践之间的诸多问题。随着实践积累，在出台更完善的工程总承包更高层级立法后，应注意到对现有法律法规下的工程总承包的违法违规行为的认定及法律责任的追究是否作出调整。

## 案例评析

**[案例一]江西丰城发电厂三期扩建工程发生冷却塔施工平台整体坍塌的特别重大事故**

**案情摘要:**2016年11月24日,江西丰城发电厂三期扩建工程发生冷却塔施工平台坍塌特别重大事故,造成73人死亡、2人受伤,直接经济损失10,197.2万元。本项目采用的是工程总承包模式,工程总承包商为中南电力设计院有限公司。该公司中标该项目后,将项目中的建设工程施工工作整体分包给河北亿能烟塔工程有限公司。亿能公司将其中劳务工作专业分包给魏县奉信劳务公司,并向国电丰城鼎力新型建材有限公司采购商品混凝土。冷却塔施工单位河北亿能烟塔工程有限公司施工现场管理混乱,未按要求制定拆模作业管理控制措施,对拆模工序管理失控。项目施工过程中魏县奉信劳务公司为加快工程进度,不顾客观规律,野蛮施工,事发当日,违规拆除模板,致使筒壁混凝土失去模板支护,不足以承受上部荷载,造成倾塌坠落。

事故直接原因:施工单位在7号冷却塔第50节筒壁混凝土强度不足的情况下,违规拆除第50节模板,致使第50节筒壁混凝土失去模板支护,不足以承受上部荷载,从底部最薄弱处开始坍塌,造成第50节及以上筒壁混凝土和模架体系连续倾塌坠落。坠落物冲击与桶壁内侧连接的平桥附着拉锁,导致平桥也整体坍塌。

事故间接原因:工程总承包单位中南电力设计院有限公司对施工方案审查不严,对分包施工单位缺乏有效管控,未发现和制止施工单位项目部违规拆模等行为。其上级公司中国电力工程顾问集团有限公司和中国能源建设集团(股份)有限公司未有效督促其认真执行安全生产法规标准。监理单位上海斯耐迪工程咨询有限公司未按照规定要求细化监理措施,对拆模工序等风险控制点失管失控,未纠正施工单位违规拆模行为。其上级公司国家核电技术有限公司对其安全质量工作中存在的问题督促检查不力。建设单位江西丰城三期发电厂及其上级公司江西赣能股份有限公司和江西省投资集团公司未按规定组织对工期调整的安全影响进行论证和评估;项目建设组织管理混乱。中国电力企业联合会所属电力工程质量监督总站违规使用建设单位人员组建江西丰城发电厂三期扩建工程质量监督项目站，未能及时发现和纠正压缩合理工期等问题。国家能源局电力安全监管司、华中监管局履行电力工程质量安全监督职责存在薄弱环节，对电力工程质量监督总站的问题失察。丰城市政府及其相关职能部门违规同意及批复设立混凝土搅拌站，对违法建设、生产和销售预拌混凝土的行为失察。

处罚结果：江西省政府副省长李贻煌在贯彻落实国家有关安全生产方针政策、法律法规中领导不力，未有效指导督促相关部门和省属企业落实安全生产责任的问题，依法依纪给予通报。由相关地方和部门对其他47名责任人员依法依纪给予党纪政纪处分、诫勉谈话、通报、批评教育。另外司法机关已对31名责任人依法采取刑事强制措施。同时，依法吊销施工单位河北亿能烟塔工程有限公司建筑工程施工总承包一级资质和安全生产许可证并处以2000万元罚款，责令工程总承包中南电力设计院工程总承包停业整顿1年、吊销安全生产许可证并处以2000万元罚款，并对监理等单位和相关人员给予相应行政处罚。

**[案例评析]**事故调查组提出的处理建议追究本次事故相关企业责任人的刑事责任、作出企业停业整顿、吊销施工总承包资质及安全生产许可证等具有法律、法规依据，而问题在于：对工程总承包企业作出工程总承包停业整顿1年的行政处罚，其法律依据又是什么呢？我们对勘察单位、设计单位、施工单位、监理单位等，都有单独的处罚规定，唯独对工程总承包单位没有，导致我国工程总承包基本处于无法可依的尴尬境地。由于事故发生后没有专门的工程总承包法律责任和处罚措施可作依据，最终依据《建筑法》第71条"建筑施工企业违反本法规定，对建筑安全事故隐患不采取措施予以消除的，责令改正，可以处以罚款；情节严重的，责令停业整顿，降低资质等级或者吊销资质证书；构成犯罪的，依法追究刑事责任"中针对传统施工企业的相关处罚规则进行处罚。本案例反映出当时我国工程总承包的立法缺陷，缺乏专门针对工程总承包违法行为的处罚措施和标准。《管理办法》的出台，相对全面的对房屋建筑和市政基础设施领域的工程总承包活动进行了规制，而本条则提供了工程总承包活动中工程总承包单位及工程总承包项目经理的违法行为的处罚依据。

**[案例二]中国建筑第五工程局有限公司(原审被告、上诉人)、安徽阜阳华伟建筑机械租赁安装有限公司(原审被告、被上诉人)提供劳务者受害责任纠纷二审民事判决书**

案　　号:(2019)皖12民终2465号

审理法院:安徽省阜阳市中级人民法院

裁判类型:二审民事判决

**裁判要点:**本案适用《侵权责任法》第85条规定,建筑物、构筑物或者其他设施及其搁置物、悬挂物发生脱落、坠落造成他人损害,所有人、管理人或者使用人不能证明自己没有过错的,应当承担侵权责任;所有人、管理人或者使用人赔偿后,有其他责任人的,有权向其他责任人追偿。不适用《建设工程安全生产管理条例》第24条规定建设工程实行施工总承包的,由总承包单位对施工现场的安全生产负总责。总承包单位和分包单位对分包工程的安全生产承担连带责任。

**案情摘要:**高速时代城建设单位为高速地产,案涉工程总承包方为中国建筑第五工程局有限公司(以下简称中建五局)。以中建五局为甲方,以华伟建筑机械租赁安装有限公司(以下简称华伟公司)为乙方,双方就阜阳高速时代城项目03标段塔吊设备租赁事项协商达成一致意见并签订《塔吊租赁合同》,约定中建五局租赁华伟公司塔吊,租赁费用2,108,000元整。该合同同时约定操作人员工资已含在每月甲方支付给乙方的租赁费中,由乙方自行支付给操作人员。甲方责任:合同约定甲方负责设备在使用过程中的安全监督与安全检查。乙方责任:合同约定乙方提供劳动保护用品,因乙方维修保养不及时、操作不当等原因造成安全事故,一切后果由乙方承担,由于乙方操作人员违章、违规造成的塔机安全或者第三人伤亡事故,由乙方承担全部责任。

王美林系南京某脚手架有限公司的员工,2017年8月2日事发时在阜阳高速时代城工地现场从事材料管理工作,在该工地16楼附近,中建五局租赁华伟公司的塔吊上吊运物品的钢丝绳崩断,起吊的一捆钢管掉落,将正在从事物料管理工作的王美林砸伤,王美林被送至阜阳市人民医院进行诊疗,治疗费合计145,392.68元,均为华伟公司支付。诉讼中,华伟公司申请对伤残等级和三期进行重新鉴定,根据皖明德(2018)临鉴字F872号《司法鉴定意见书》结论为:被鉴定人王美林因外伤致右上肢肌力2级以下,构成五级伤残;误工期360日、护理期150日、营养期90日。

原告诉讼请求:请求高速地产、中建五局阜阳分公司、华伟公司向王美林、郭某1、郭某2、郭某3(王美林的3个未成年子女)赔偿医疗费等各项损失723,911.68元。

一审法院认为:中建五局为案涉工程的总承包方,中建五局租赁华伟公司塔吊在案涉工程进行施工过程中,起吊物品掉落致王美林受伤,事实清楚。《建设工程安全生产管理条例》第24条规定,建设工程实行施工总承包的,由总承包单位对施工现场的安全生产负总责。总承包单位和分包单位对分包工程的安全生产承担连带责任。《侵权责任法》第85条规定,建筑物、构筑物或者其他设施及其搁置物、悬挂物发生脱落、坠落造成他人损害,所有人、管理人或者使用人不能证明自己没有过错的,应当承担侵权责任;所有人、管理人或者使用人赔偿后,有其他责任人的,有权向其他责任人追偿。从本条的规定来看,本案的归责原则是过错推定,只要王美林能够证明有损害事实的发生和因果关系即可,无须证明所有人、管理人或者使用人主观上有过错。本案塔吊所有权人为华伟公司,所吊物品系工程承包方中建五局购买,进入施工现场的所吊物品所有人系中建五局,中建五局与华伟公司共同管理和使用塔吊,起吊物品掉落致王美林受伤,中建五局与华伟公司应共同赔偿,中建五局与华伟公司之间的事故赔偿约定属于内部约定,不能对抗债权人王美林,赔偿后,中建五局与华伟公司之间的纠纷,可以另案解决。

二审法院认为:虽中建五局为案涉工程的总承包方,但本案发生的根本原因系因塔吊的钢丝绳断裂所致,《侵权责任法》第85条规定,建筑物、构筑物或者其他设施及其搁置物、悬挂物发生脱落、坠落造成他人损害,所有人、管理人或者使用人不能证明自己没有过错的,应当承担侵权责任;所有人、管理人或者使用人赔偿后,有其他责任人的,有权向其他责任人追偿。华伟公司为涉案塔吊所有人,亦是实际管理人,对于王美林的伤害后果,华伟公司应承担赔偿责任。

**[案例评析]**本案中两级法院意见不一致,所适用的法律依据不同。从本案二审法院的裁判思路来看,虽然本案是在施工现场上发生的脱落、坠落伤害事故,但经查明,事故的原因是塔吊的钢丝绳断裂发生钢筋坠落,虽然总包单位租赁了该塔吊,但塔吊的所有人正在施工现场进行实际管理,本案属于一般侵权案件应适

用《侵权责任法》第86条的规定，不适用《建设工程安全生产管理条例》第24条关于总承包单位对施工现场的安全生产负总责，和分包单位对分包工程的安全生产承担连带责任的规定。本案提示，在发生施工现场的质量安全事故需追究民事责任时，仍需区分是一般侵权责任还是建筑法律体系下的侵权责任，在类似本案情形下，如何定性将直接关系到施工总承包方或工程总承包方是否承担侵权赔偿责任。

# 第四章　附　　则

**第二十八条　【施行时间】**

**本办法自 2020 年 3 月 1 日起施行。**

## 条文主旨

本条是关于本《管理办法》施行时间的规定。

## 条文解析

关于工程总承包，我国目前在国家层面尚缺乏高层级的法律规范。住房和城乡建设部之前曾就建筑工程的总承包活动发布过多份文件，但均以政策性的规范性文件为主，缺乏可操作性；另外，因为缺乏上位法的规制基础，导致各地住房城乡建设主管部门在实践操作中与中央政策或其他省市规定之间存在矛盾。因此，确立统一的工程总承包监管规则，对房屋建筑和市政基础设施项目工程总承包活动进行规范，就显得尤为重要。本《管理办法》对于工程总承包的发包和承包、项目实施、监督管理等问题进行了系统详细的规定，在施行后将使企业的工程总承包活动以及政府主管机关的监督和管理有法可依。

## 理解与适用

### 一、关于本《管理办法》的施行时间

规范性法律文件的生效时间是指其执行或者实施的时间，也就是其时间效

力。其时间效力关系到公民、法人从何时按照其规定享有自己的权利并履行自己的义务，是规范性法律文件的重要要素之一。规范性法律文件的生效时间主要有三种：一是自其公布之日起生效；二是由其条文规定具体生效时间；三是规定其公布后符合一定条件时生效。

本《管理办法》采用明确规定生效时间的方式，规定从2020年3月1日起，本《管理办法》开始施行，有关房屋建筑和市政基础设施项目实行工程总承包适用本《管理办法》规定。本《管理办法》自公布之日起的一段时间以后再生效施行，主要是为了使各有关方面利用这段时间充分做好规定实施的必要准备工作，如本《管理办法》的宣传工作，有关地方文件冲突的清理和地方相关实施细则的制定工作等，以保证本《管理办法》的有效实施。

## 二、关于本《管理办法》与之前有关规定的关系

根据特别法优于普通法，新法优于旧法等解决法律适用及效力问题的法律依据和原则，同一部门就相同问题，在不同时期先后作出规定的，应该以最新规定为准。因此，之前住房和城乡建设部以及国家发展改革委发布的有关规定与本《管理办法》的规定如有不一致的，以本《管理办法》为准。

本《管理办法》施行以前发生的行为，按照法不溯及既往的原则，不适用本《管理办法》规定。

PART

# 3

# 第三部分

# 新旧衔接及企业应对

# 《工程总承包管理办法》实施后的法律变化和企业应对

为了抗击新冠疫情，武汉市在 2020 年 1 月采用工程总承包模式先后建设了火神山、雷神山医院。[①] 危急关头，火神山医院、雷神山医院工程总承包项目在短短十几天内完工，为挽救生命争取了宝贵时间，充分体现了工程总承包模式统筹协调、责任明确、建设高效的优势。

近年来，为完善工程总承包管理，住建部与国家发改委联合起草了《房屋建筑和市政基础设施项目工程总承包管理办法》（建市规〔2019〕12 号，以下简称"《管理办法》"），并于 2020 年 3 月 1 日正式实施。《管理办法》是目前我国房建和市政工程总承包领域最高效力位阶的规范性文件，无论是对以企业投资形式开展工程总承包项目的建设单位，还是参与工程总承包项目建设的相关企业（如工程总承包单位、工程咨询单位等）而言，都是必须熟悉、遵守的"游戏规则"。基于此，笔者将以企业投资项目建设单位和工程总承包实施单位（如工程总承包单位及工程咨询单位）视角，从《管理办法》核心条文出发探析对相关企业的影响及应对策略。

---

① 《决胜火神山——中建三局总承包公司攻坚武汉"小汤山"纪实》，载《楚天都市报》2020 年 2 月 4 日。

# 第一部分 《管理办法》对工程总承包项目各相关方的总体影响及应对

## 一、工程总承包模式适用范围变化带来更多优质市场机遇与挑战

### (一)工程总承包适用范围从形式向实质的重大转变

《管理办法》出台前,国家层面对“装配式建筑”“政府投资项目”主张积极采用工程总承包模式,但并非所有项目都适合工程总承包模式,如果硬性要求上述项目采用,并不符合具体项目的自身特点,也会干涉企业的自主经营决策权。

鉴于此,《管理办法》转变思路,推荐建设内容明确、技术方案成熟的项目采用工程总承包方式,同时强调建设单位应根据项目情况和自身管理能力合理选择相应的模式。这利于建设单位发挥主观能动性,自主评估项目采用工程总承包模式的可行性。事实上,只有建设内容明确、技术方案成熟的项目,发承包双方才有可能对合同标的有较为客观的认识,发包人可以获得有竞争力的价格,承包人也能在优化设计之后,获得预期利润,使双方权利义务更加明确,风险更加清晰,交易更加稳定。

《管理办法》实际上是将建设模式决定权完全下放给了建设单位,建设单位可根据实际情况自行评估决策,也可以通过做好前期工作,将项目向“建设内容明确、技术方案成熟”的项目靠近。而对工程总承包单位而言,工程总承包模式的采用不再取决于形式上的项目类型,而是项目的实质条件,相当于间接剔除了原来符合形式要求但不满足实质条件的项目,工程总承包单位在市场上获得优质项目机会的概率大大提高。

### (二)企业投资项目建设单位应提升项目建设模式的识别和判断能力

对于规模大、工程复杂、不确定因素多,或者国内缺少经验的项目,如果采用总承包方式建设,建设单位和总承包单位都面临较大的风险,无法有效控制造价,建设单位应合理选择其他建设模式。在进行建设模式决策时,建设单位应主要关注以下三点:

首先,应关注前期咨询阶段的管理工作。《管理办法》第 9 条对建设单位前期咨询阶段的管理工作提出了很高要求。因此,在前期工作阶段,建设单位应与有

相应能力的咨询单位合作，初步确定设计标准、投资估算等关键要素，使后续环节从开始就建立在符合需求、经济合理的基础之上。

其次，应关注项目管理的人员队伍建设和管理措施落实。当新的法规政策出台或者新材料、新技术推广时，应对管理人员进行宣贯培训。应适时建立设计、施工、试运行等阶段的管理职能部门，并在管理工作开展过程中采取如下措施：技术方面，从优化角度进行方案探讨和审核，甄别设计、施工变更的必要性，掌握设计、采购、施工及项目管理信息，对总承包商的履约行为进行管控；经济方面，围绕质量和工期目标合理控制造价，在招投标阶段合理确定标底及合同价，在合同签订时细化材料、设备的质量目标，在设计阶段推行限额设计和优化设计，在采购中严格审查与检验；统筹方面，加强与使用单位的沟通，确保建设和使用目标有机结合，对总分包及咨询单位的合理化建议适时采纳。

最后，应避免超越权限直接影响工程总承包单位依法依约履行合同。建设单位的强势地位有利于实现工程项目建设的目标，但是仍应避免管理工作超越权限，过度干涉总包人，造成项目的质量、安全等方面的隐患。对此，《管理办法》有一系列的规定，主要包含在第 22 条"质量责任"、第 23 条"安全责任"、第 24 条"工期责任"等条款中。现实情况当中建设单位滥用管理权限的情况并不新鲜，应当引起重视。

(三)工程总承包单位对项目机会应积极进取、审慎判断

《管理办法》侧重对工程总承包项目的实质条件要求，总体上有利于工程总承包单位开拓优质项目。但工程总承包单位仍需充分考量、审慎判断项目是否适宜采用工程总承包模式，切忌盲目跟风。具体可以从项目类型、建设单位管理能力、前期条件充分性等角度进行项目甄别。

一是工程项目类型。国际上适用工程总承包特别是 EPC 模式发包的项目以大型工业投资项目为主。在我国工程实践中，房建项目以装配式建筑(如保障房)、医院、学校等为主；市政类项目应用广泛，包括污水处理、垃圾焚烧等项目。

二是建设单位管理能力。对于管理能力较强的建设单位，如成熟的房地产开发商，完全可以自行管理而不必采用工程总承包模式。

三是前期条件充分性。既包括符合《管理办法》对发包条件的硬性要求，也包括项目具备开展工程总承包的实质条件。具体来说，项目一般应完成初步设计

后，具备了充分评估风险和成本的基本条件，才可能对项目进行充分报价。

总体上讲，对于标准化程度较低、个性化要求较高、功能需求不明确的项目，较难发挥工程总承包的优势，工程总承包单位前期研究深度不够，有可能会在后续项目实施过程中产生重大偏差，对工期、造价等造成重大影响。鉴此，工程总承包单位应做好项目调研与风险评估等前期准备工作，合理判定工程是否具备采用工程总承包模式的基本条件与特质。

**二、建设单位和工程总承包单位应当重视发包环节中的潜在风险**

（一）项目发包的程序要求及违法发包的法律风险

根据《管理办法》第7条，对于企业投资项目由企业自行决定发包阶段，即提交项目申请书并得到核准或者备案后即可发包。根据《企业投资项目核准和备案管理条例》第18条、第19条的规定，对于应核准企业投资项目未办理核准手续的，将面临罚款、停工、停产乃至刑事处罚；对于应备案未备案的企业投资项目，也要承担限期改正和罚款的法律责任。因此，项目必须在完成核准、备案手续后方可发包。

（二）建设单位和工程总承包单位均应积极审查项目发包的形式和实质条件是否具备

无论建设单位还是工程总承包单位，项目停工将带来不可预知的风险和损失。因此，建设单位和工程总承包单位都应当积极审查项目发包的形式要件是否具备，规避因为违规发包给自身带来的风险。同时，根据《管理办法》第26条第1款的规定，建设单位和工程总承包单位均有审查项目相关手续、确保项目合法合规的义务。

从建设单位利益角度考虑，企业投资项目是企业自主进行固定资产投资的项目，投入的是企业的自有资金或融资，企业自身需要承担投资风险。因此，项目的实质发包条件是否具备，直接影响企业投资项目的风险大小和收益高低。如果企业在项目设计尚未明确、投入资金量尚不清晰的情况下过早发包，可能导致项目成本大大超出预期，为企业带来巨大的资金风险。因此，企业应当基于自身实际情况审慎决策，在具备实质发包条件之后再进行发包。

从工程总承包单位利益角度考虑，只有项目适宜采用工程总承包模式且具备了发包的实质条件，即建设内容明确、技术方案成熟，工程总承包单位才能充分评估成本及风险并合理报价。从工程实践角度，项目初步设计完成之后，前期条件和基本技术方案才能初步稳定，此时发包的项目的竞标报价风险相对可控。故而，建议工程总承包单位在参与工程总承包项目竞标时，充分调研项目的实质条件是否成熟，不宜盲目参与到建设内容尚不明确、技术方案尚不成熟的项目竞标中。

（三）建设单位采用招标方式发包应注意的问题

根据《管理办法》规定，建设单位可采用招标或者直接发包方式选择工程总承包单位，对于采用招标方式发包的，建设单位应当注意如下几个问题：

首先，工程总承包项目属于应当必须招标但未进行招标或者中标无效的，工程总承包合同存在效力性风险。根据最高人民法院《关于审理建设工程施工合同纠纷案件适用法律问题的司法解释》（下称《司法解释一》）第1条规定，建设工程必须进行招标而未招标或者中标无效的，合同无效。然而在实践中，关于工程总承包合同的性质争议较大，工程总承包合同是建设工程合同无疑，但在司法实践中是按施工合同还是承揽合同来处理，以及工程总承包合同能否参照适用《司法解释一》第1条尚无定论，结合司法实践以及目前关于工程总承包立法层面的空缺现状，工程总承包项目必须招标但未进行招标或者中标无效的，很大程度上存在合同无效的风险。《司法解释一》主要起草人冯小光法官认为，"《解释》为审理施工合同纠纷案件的司法解释，适用于建设工程总承包、专业分包工程、劳务分包合同纠纷案件……"

其次，必须"公开招标"的项目如需采用"邀请招标"形式的，招标人应按照相关规定履行审批手续。根据《招标投标法实施条例》第8条的规定，国有企业使用国有资金投资的投资项目如采用工程总承包模式进行建设，依法应当公开招标，如需进行邀请招标的，需要履行相应审批手续。否则，将受到责令改正、罚款等处罚。

最后，企业将不属于必须招标的项目通过招标程序发包，应当遵守招投标相关法律规定。目前全国适用统一的强制招标标准，不再赋予地方另行调整招标标准的权力，但过渡期内仍存在新老政策衔接的问题，企业在进行工程总承包的发承包时，仍需关注工程所在地相关具体规定，并及时与有关招投标管理部门沟通对接。另外，部分单位尤其是国有企事业单位或大型集团公司等，基于企业内部风控等需要，自愿采用招标方式的，有关程序仍适用《招标投标法》等相关法律法规的规定，企业应注意有关招标投标流程的合规性，避免发生中标无效等情况。

**三、建设单位和工程总承包单位应审慎应对合同风险分担**

在工程实践中，项目环境风险由双方共同分担，但以建设单位承担为主；项目自身风险也由双方共同分担，但以承包人承担为主；而双方各自行为导致的风险，由建设单位和承包人各自承担。《管理办法》实际上采取了“正面列举 + 意思自治”的原则，将应由合同约定的发包人风险用法律条文的形式进行固定，从而一定程度上平衡发承包方之间的关系。但同时也尊重合同双方意思自治，允许双方依据等价有偿原则进行风险分配和转移。对此，应当注意以下三个方面：

（一）发承包人的风险承担约定原则上不应突破《管理办法》的限制

风险分配应基于总承包人在缔约时对工程项目的了解程度，但目前的招标工作中，发包人很难提供足以让承包人对工程准确了解的资料，同时也很难施行承包人现场复核制度，尤其是《招标投标法》严格限定招标人与投标人的标前接触，进一步限制了承包人在缔约前对工程进行充分了解。如果总承包人对工程项目缺乏足够了解，不能全方位评价成本及不可预见因素，将履约风险过多地分配给总承包人是不公平的，也不利于合同履行。

（二）对《管理办法》规定的风险承担进行调整应支付相应对价

双方可以通过合同约定重新分配风险，但必须以支付足够的风险对价为前提。《合同法》的基本原则是等价有偿，如果发包人将自身应当承担的风险通过合同转嫁给承包人，那么其应支付相应对价。否则可能涉嫌显失公平，承包人有权在 1 年之内主张撤销合同。

（三）《管理办法》未列明的其他风险，可在等价有偿原则下进行分配

《管理办法》第 9 条推荐使用工程总承包合同示范文本，住建部已启动示范文本修订工作，将会更充分地完善市场主体的风险分配。原则上，约定风险分配应注意以下四个方面：

首先，双方应当根据工程项目特征、各自合同目的来合理分配风险，尤其是要结合具体情况对项目特殊风险或专有风险的分担作出约定，并载入总承包合同等合同文件中。对承包方而言，应当尽可能在合同中对发包方所承担的风险类型和范围作出明确约定。在确定风险分担机制后，应当允许承包方计取风险费用。

其次，应约定明确的风险范围。否则根据我国现行法律法规及司法实践，在固定总价下，受不利影响的一方很难调整工程价款。同时，关于波动幅度的约定也应当公平合理，避免幅度过大失去风险控制的作用。

再次，详细列举不可抗力及视为不可抗力的情形。在司法实践中，对于某些政府行为、市场行情的异常波动等可否认定为不可抗力会存在争议，明确约定、详细列举不可抗力的具体情形能有效防范和化解此类纠纷。同时，对承包方而言，应避免发包方利用优势地位，将本应由其自行承担、且承包方无法防范和控制的风险转嫁给承包方。否则一旦出现此类风险，承包方根本无法应对，将遭受不可控的损失。

最后，双方应明确约定购买的保险种类，并监督对方当事人按约购买相关保险。对不按合同约定购买保险的一方，可约定由此所引起的费用及理赔损失由其承担。此外，在发生保险事故之后，应当及时按照保险条款向保险公司索赔。

## 第二部分 《管理办法》对企业投资项目建设单位的影响及应对

### 一、建设单位应当重视招标文件的编制工作

招标文件编制的质量直接影响项目实施的效率和效果，因此，建设单位应当依据工程总承包项目的特点和实际需求认真编制招标文件。

首先，编制招标文件时应避免“发包人要求”过于简洁概括。如果“发包人要求”过于粗略，则意味着双方当事人对于合同目的的理解存在更大的偏差可能，导致承包人所建工程可能根本不符合发包人的预期，对于发承包双方都是重大损失。因此对“发包人要求”文件的要求是必须明确具体，应当达到双方当事人对于合同目的有基本一致的认识，且双方当事人对于“发包人要求”文件应推进交底制度，互相对文件条款进行进一步解释，避免理解有误。

其次，建设单位提供的基础资料和前期条件应尽可能准确、详细。工程总承包模式下，承包人对基础资料的真实性和准确性需要承担不同的责任，这与我国现行的施工总承包市场惯例存在较大的差异。工程项目中，基础资料的真实性和准确性往往对工程实施存在很大影响，因此需要通过合同约定准确界定双方对于

基础资料的负责范围。

**二、建设单位可根据自身情况采用委托管理模式进行项目管理**

建设单位进行全过程管理的方式包括自行管理和委托管理。建设单位既可以委托全过程工程咨询单位对项目进行全过程管理,也可以委托监理单位、勘察设计单位、招标代理单位、工程造价单位、法律服务单位等咨询单位,对工程项目部分阶段或方面进行咨询管理。

建设单位选择的项目管理单位应具有工程勘察、设计、施工、监理、造价咨询、招标代理等一项或多项资质,并符合信用评价标准以及相应的信用管理制度的要求。建设单位可以通过招标或委托等方式选择项目管理单位,并签订委托项目管理合同。合同中应当明确履约期限、工作范围、双方的权利义务、项目管理酬金及支付方式、合同争议的解决办法等。

需要强调的是,从表面上来看建设单位对工程总承包企业的监督是其权利,实质上更是其履行确保工程质量合格的义务。选择项目管理单位进行管理并不能转嫁建设单位的管理责任,对于建设单位未依法履行项目管理义务导致工程质量不合格的,将承担首要责任。

**三、建设单位应重视自身的质量、工期和安全责任**

首先,建设单位应当对项目质量负首要责任。国办发〔2017〕19 号文强调,"全面落实各方主体的工程质量责任,特别要强化建设单位的首要责任"。显然,针对建设工程的质量问题,建设单位负有不可推卸的首要责任。但实践中基于工期、成本、收益等各方面原因,建设单位对于承包单位往往会提出诸多有可能影响工程质量的要求。对此,《管理办法》第 22 条第 1 款对建设单位的行为进行了禁止性规定,应当引起建设单位重视。

其次,工程总承包模式下建设单位承担相应的安全生产责任。《建设工程安全生产管理条例》第 7 条、第 9 条规定了建设单位的安全责任,《管理办法》第 23 条第 1 款进一步明确了工程总承包模式下建设单位的安全责任。本条针对工程总承包模式强调了建设单位对安全生产的禁止性行为。

最后,建设单位不得设置不合理工期,且不得压缩合理工期。合理工期是保证建设工程质量安全的重要措施,《招标投标法》第 19 条、《建设工程质量管理条例》第 10 条和《政府投资条例》第 24 条等均对压缩合理工期有禁止性规定。合理工期应主要参照建设行政主管部门颁布的定额工期来认定，但合理工期不完全等同于定额工期。关于合理工期与定额工期之间的量化关系可见表4。从各地规定来看，一般认为合理工期不得低于定额工期的70%，且对于工期调整，建设单位应当按照相关规定制订调整方案、进行专家论证并向工程总承包单位支付相应对价（赶工费）等。

**表4　各地规定中合理工期与定额工期关系及调整方法一览**

| 合理工期 | 调整方法 | 规范性依据 |
| --- | --- | --- |
| 不少于定额工期的80% | 增加赶工费用 | 《建设工程工程量清单计价规范》（GB 50500－2013） |
| | 组织专家予以论证，并采取保证建筑工程质量安全的相应措施，支付相应的费用 | 《建设单位项目负责人质量安全责任八项规定（试行）》 |
| 压缩定额工期的幅度超过10%（不含）的 | 组织专家对相关技术措施进行合规性和可行性论证；编制赶工增加费项目，并在招标文件的附件中列明相关技术措施 | 《关于执行2018年〈北京市建设工程工期定额〉和2018年〈北京市住房修缮工程工期定额〉有关问题的通知》 |
| 压缩工期天数不得超过定额工期的30% | | 《北京市住房和城乡建设委员会关于进一步加强房地产开发企业工程建设质量安全管理工作的通知》 |
| 不宜低于定额工期的80% | 组织专家论证，并采取相应的技术经济措施 | 《关于印发〈深圳市建设工程工期管理办法〉的通知》 |
| 压缩工期超过定额工期30%以上的 | 明确赶工措施费的计取方法和标准；组织专家认证 | 江苏住建厅《关于贯彻〈建筑安装工程工期定额〉的通知》 |
| 确定的工期低于定额工期70%的 | 组织专家论证，并依照审定的技术措施方案编制相应的提前竣工增加费 | 浙江住建厅《关于做好贯彻执行〈建筑安装工程工期定额〉的通知》 |

此外，虽然《管理办法》中并未就建设单位设置不合理工期或任意压缩工期导致的质量、安全问题直接进行规定，但结合第22条、第23条的规定，如果建设单位设置不合理工期或者任意压缩合理工期，导致质量或安全事故的，建设单位同样应承担法律责任。

# 第三部分 《管理办法》对工程总承包项目实施单位的影响及应对

## 一、工程总承包单位应具备承揽工程总承包项目的形式和实质主体资格

工程总承包单位主体资格认定应从形式要件、实质要件和负面要件三个维度进行评价。所谓形式要件，即工程总承包单位应具备的资质外观；所谓实质要件，即工程总承包单位应具备的业务素养；所谓负面要件，即工程总承包单位不属于《管理办法》规定的应当回避的利益相关方。

### （一）工程总承包单位应具备设计＋施工双资质的形式要件

关于工程总承包单位资质，在《管理办法》生效前，除北京、天津等少部分地区外，大部分仅有“单资质”要求，在《管理办法》施行后，“双资质”已成定局，“联合体”也获得了官宣身份。目前，《管理办法》生效不久，不少地方规定和实践操作还未完全调整过来，工程总承包单位在参与项目的过程中，需要兼顾国家及地方规定，积极与相关主管部门沟通，及时排除影响项目落地的障碍。

对于目前仅具有单资质的设计、施工企业，则可以通过组建联合体、申请资质、企业并购等途径，满足《管理办法》对双资质的要求。

方式一：与其他设计、施工企业组成联合体。为长期开展工程总承包业务，单资质企业可以通过尽职调查等方式，挑选出实力可靠、值得信赖的长期合作伙伴，共同承接工程总承包业务。在联合体方式下，各参与方应重视以下两个方面：

第一，在工程总承包项目中，施工部分的工作量和合同金额往往远大于设计部分，在设计企业和施工企业组成联合体的情况下，施工牵头的工程总承包项目可能成为主流。

第二，在联合体模式下，虽然设计企业收取的费用较少，但却对整个工程总承包项目对外承担连带责任，故设计企业参与此类项目需特别注意通过联合体协议合理约定风险分配。

方式二：通过申请取得相应资质。根据《管理办法》第12条规定，设计甲级资质单位和施工总承包一级资质单位可直接申请对方资质。但需要注意的是，上述规定仅适用于设计综合资质和部分甲级资质单位以及施工总承包一级及以上资质单位，并且申报资质所需的业绩仅限工程总承包业绩。除此之外，相关单位还

需满足资质申报和项目承接所需的人员要求,并转变管理和经营模式,以适应开展工程总承包业务。

方式三:通过企业并购整合相应资质。除前述两种《管理办法》明确规定的方式外,单资质企业也可以通过并购的方式,直接整合目标企业的设计、施工资质及技术力量。需要指出的是,完成了对相关资质企业收购的企业,只要被收购企业仍是独立法人,则不能认为已经符合《管理办法》的“双资质”规定,还必须通过合并成一个具有“双资质”的独立法人。

(二)工程总承包单位应重视切实提升自身的工程总承包业务素养

除了双资质的形式要求,《管理办法》还对工程总承包单位提出了一系列的实质要求,包括但不限于项目管理体系和项目管理能力,财务和风险承担能力,相关工程业绩,与项目相适应的组织机构和管理制度体系,项目设计、采购、施工、试运行管理及质量、安全、工期、造价、节约能源和生态环境保护管理等工程总承包综合管理能力,配套的项目管理机构和成熟的项目管理人员储备等。上述规定一方面是为了规范工程总承包市场、培育一批具有工程总承包业务能力的优秀企业,另一方面也是保护相关企业,不应在具备双资质条件后就盲目进入工程总承包领域,而应切实评估自身业务实力,避免因为跟风而带来巨大的项目风险和经营风险。

对于工程总承包项目经理资格要求,应引起工程总承包单位高度重视。虽然符合资质条件的企业都有大量经验丰富的项目经理,但《管理办法》的规定是项目经理的最低要求,这些项目经理一旦担任工程总承包项目经理,也就要求他们同时具有“双资质”前提下的设计和施工的相应管理、控制能力,也即既懂设计要求又懂施工管理的双重能力,这对当下绝大部分转岗担任工程总承包的项目经理而言,无疑是一个全新挑战。企业如何在短时间内培养和储备一批切实具有管理工程总承包项目能力的项目经理,将成为抢占工程总承包市场的关键。

(三)工程总承包单位应准确理解项目主体资格的负面要件

对于市场主体较为关注的“项目前期咨询服务企业能否在该项目后期工程总承包项目中投标”的问题,《管理办法》第 11 条给出了“准入负面清单”。对于存在直接利益冲突的单位,禁止成为工程总承包单位。对于间接利益冲突单位,《管理办法》特别允许在政府投资项目中,此类单位在政府投资项目招标人公开已经完成的项目建议书、可行性研究报告、勘察设计文件时，方可参与投标。

对于工程总承包单位而言，如果准备承揽相关工程总承包项目，则不应成为该项目的代建单位、项目管理单位、监理单位、造价咨询单位、招标代理单位等直接利益相关方，在为项目编制项目建议书、可行性研究报告、初步设计文件及相关评估报告时，也应当审慎评估其对自身参与后续项目招投标工作可能带来的潜在负面影响和道德风险。相应地，如果工程咨询单位准备成为工程总承包单位的，也应注意尽量回避成为工程总承包的项目的直接或间接利益冲突方。

同时，需要提醒相关企业的是，《管理办法》虽并未明确排除与利益冲突单位有利害关系的关联企业，但这并非意味着上述单位可以通过用其关联企业进行投标的方式规避关于其投标的限制。根据《招标投标法实施条例》第 34 条和第 38 条的规定，如果关联企业利用上述单位从事项目管理或提供相应服务的信息和资源优势参与投标，从而影响招标公正性的，也存在面临禁止投标或投标无效的风险。

**二、工程总承包单位全面承担项目的造价、质量、安全、工期和保修责任**

《建筑法》《建设工程质量管理条例》都有总包负总责的相关规定，而《管理办法》第 3 条规定，总承包单位"对工程的质量、安全、工期和造价等全面负责"，就是落实前述法律法规规定的"总包负总责"的制度。[①]

（一）工程总承包单位的造价管理责任

关于造价管理，《管理办法》设定了一系列的管理制度。首先，在合同价格形式上，《管理办法》不再要求工程总承包合同采取固定总价形式，特别是政府投资项目必须在充分竞争的基础上合理确定合同价格形式。该规定为工程总承包单位在项目甄别阶段即介入项目造价管理提供了法律依据，因此，工程总承包单位的造价管理工作应当前移到项目甄别或至少是投标报价阶段，而不是待项目已经进入实施阶段才进行造价管理。

其次，在确定合同价格形式后，双方还应在合同中就如何调整和支付合同价格进行详细规定，以免发生纠纷时缺乏价格调整的合同依据。特别需要注意的

---

① 朱树英、曹珊：《重磅！独家解读〈工程总承包管理办法〉》，载《中国勘察设计杂志》2020 年第 1 期。

是,总价合同并不意味着合同签订后价格在任何情况下都固定不变,在发生变更以及由建设单位负责的风险事项时,仍应根据合同约定进行调整。而《管理办法》第 15 条也已就一般应由建设单位承担的风险作了规定,双方应就发生此类风险时合同价格如何调整在合同中进行明确约定。

再次,双方还应在合同中明确工程总承包合同的具体支付条款,包括预付款、进度款、结算款的支付条件、支付程序和计算方式,逾期支付责任等。2018 年 12 月 12 日,住建部办公厅发布了《关于征求房屋建筑和市政基础设施项目工程总承包计价计量规范(征求意见稿)意见的函》(建办标函〔2018〕726 号),未来工程总承包项目的发承包双方也可参照住建部制定的此类计价计量规范,根据项目实际需要对计量规则和计价方法进行明确。

最后,《管理办法》还通过第 22 条"建设单位不得迫使工程总承包单位以低于成本的价格竞标"和第 26 条"政府投资项目不得垫资"的规定,禁止低价竞标和工程垫资,保护工程总承包企业的合法利益,工程总承包单位应积极利用上述条款进行有效的造价管理。

(二)工程总承包单位对工程质量的全部、终身责任

《管理办法》中规定的工程总承包单位对工程质量的全部、终身责任应当引起工程总承包企业的高度重视。所谓全部责任,即无论项目任何部位发生何种质量问题,工程总承包单位都是首要责任人,工程总承包单位对项目的一切质量问题都要承担责任,即使查明质量问题的最终责任方为第三方,如分包单位,工程总承包单位仍然不能因此免责。所谓终身责任,即对于项目的基础设施工程、房屋建筑的地基基础工程和主体结构工程等,工程总承包单位及项目经理需要在设计文件规定的该工程的合理使用年限承担质量责任,即工程"全生命周期"的终身责任。全部和终身责任的规定对工程总承包单位而言可谓责任重大,这要求工程总承包单位必须切实把控项目的所有技术和管理环节,确保自身具备进行工程质量全方面管理的能力,才有"能够负责"的实力和"负得起责"的底气。

(三)工程总承包单位对安全生产负总责

安全生产是工程领域的红线,对于工程总承包单位而言,如因管理不善导致安全生产事故,轻则项目停工,重则面临停业整顿、降低资质等级、吊销资质证书处罚甚至承担刑事责任。尤其是对于因分包单位不服从管理导致生产安全事故

的，虽然由分包单位承担主要责任，但仍不能免除工程总承包单位的安全责任。

考虑到工程总承包单位可以直接发包的方式进行分包，故对于工程总承包单位而言，应当建立完善自身的分包合作单位清单。尤其是原设计企业转型从事工程总承包项目的工程总承包单位，由于在施工领域的实践经验不足，应尽快培育一批技术过硬、服从管理的分包单位，避免因自身管理经营不足或分包单位不服从管理而导致安全生产事故的发生。此外，对于建设单位、代建单位等指定的分包单位，工程总承包单位应当仔细调查、审慎评估风险，切实履行好管理义务，对于不服从管理的行为，而应积极规劝，并尽量收集、留存好相关证据，以免因不能证明已切实履行管理义务而被迫承担法律责任。

（四）工程总承包单位对工期全面负责

压缩合理工期是建设工程领域的又一顽疾，因为工期的过度压缩导致的建设工程质量和安全事故屡见不鲜。根据《管理办法》，无论是企业投资还是政府投资的工程总承包项目，建设单位都不得随意压缩工期。

工程总承包单位应注意的是，与施工总承包不同，在工程总承包项目中，总承包人全面负责项目的设计、施工、采购等，故原则上不存在因设计、材料供应等原因导致工期顺延，而应由工程总承包单位对工期全面负责，故工程总承包单位的工期责任更大。同时，工程总承包单位的合同相对方是建设单位，其对建设单位履行按期交付的义务，不因第三方，如分包单位或材料供应商的原因免除其工期责任。故工程总承包单位应加强对分包单位、材料供应商等的管理，避免因管理不善导致工期失控。

此外，建设工程合同对于建设单位压缩合理工期的法律后果，《第八次全国法院民事商事审判工作会议（民事部分）纪要》（法〔2016〕399 号）第 30 条明确规定，当事人违反工程建设强制性标准，任意压缩合理工期、降低工程质量标准的约定，应认定无效。故对于因建设单位任意压缩合理工期导致的工期违约，工程总承包单位可主张该约定无效而不应承担违约责任。

（五）工程总承包单位依法依约承担保修责任

《管理办法》第 25 条规定了工程总承包单位的保修责任，对于法定和约定的保修责任，工程总承包单位不因其与分包单位之间的约定而免责。因此，对于工程总承包单位而言，工程的保修期自工程全部完工并完成交付开始起算，但是分包单位的保修期从分包工程完成竣工验收即开始计算,故极易造成分包工程保修已届满但工程总承包项目的保修期尚未届满的情况。此时,分包单位不再对分包工程承担保修责任,但分包工程作为总承包项目的一部分,工程总承包单位仍需向建设单位承担保修责任,这就客观上造成了工程总承包单位过多承担保修责任的局面。为了避免上述情况发生,工程总承包单位在与分包单位约定保修条款时应当考虑到上述情况,适当延长保修期。

**三、工程总承包单位应高度重视项目全面问责制**

针对目前建设工程相关法律中尚缺乏对工程总承包单位法律责任的具体规定这一实际问题,《管理办法》第 27 条实现了与现有法律体系的全面对接。对于工程总承包项目全面问责制的理解包括三个层面:一是问责主体包括工程总承包单位和工程总承包项目经理;二是问责环节涵盖设计、施工全流程;三是问责行为包括违法转分包、质量事故、安全事故等方面。通过工程总承包项目全面问责制的建立和与现有法律体系的对接,工程总承包项目问责无法可依的局面彻底扭转。考虑到工程总承包项目的责任重大、问责全面、依据充分,工程总承包单位应当强化自身的法律意识、安全意识和责任意识,应当认识到工程总承包不是法外之地,工程总承包项目的问责只会较以往调查广度更广,强度更强。工程总承包项目为企业带来发展机遇和高额利润的同时,也对企业的项目综合管理能力提出了更高要求。

# 住建部、国家发改委《房屋建筑和市政基础设施项目工程总承包管理办法》与原铁道部《铁路建设项目工程总承包办法》、交通运输部《公路工程设计施工总承包管理办法》的比较

工程总承包模式具有精简招标程序、减少管理层级、化解项目风险、统一权利责任、提升推进效率、降低工程造价、缩短建设工期、保证工程质量等一系列优点，也是国际通行的工程建设模式，有着广泛的适用性。早在1984年，国务院就在《关于改革建筑业和基本建设管理体制若干问题的暂行规定》(国发〔1984〕123号)中指出，要建立起这样的一种工程承包公司："接受建设项目主管部门(或建设单位)的委托，或投标中标，对项目建设的可行性研究、勘察设计、设备选购、材料订货、工程施工、生产准备直到竣工投产实行全过程的总承包，或部分承包。"从当时的规定可以清晰地发现工程总承包模式的基本特征——集设计、采购、施工、安装、调试等全过程于一体。但在此后的很长一段时间内，我国的工程建设模式仍然主要是建设、勘察、设计、施工、监理的五方主体模式，工程总承包的推广和相关立法工作并未取得较大的进展。法律、法规层面工程总承包的规定仅包括《建筑法》第24条、第29条、第55条，《合同法》第272条，《招标投标法实施条例》第29条等寥寥数条，主要为原则性阐述，缺乏系统性规定。

近年来，伴随着建筑业改革的持续深入推进和"一带一路"向海外地区的不断拓展，工程总承包的优势得到凸显，推广应用的呼声在业内外也水涨船高，各类规范性文件呈现出了密集制定和颁布的态势，已公布施行的部门规章及规范性文件主要包括了原铁道部的《铁路建设项目工程总承包办法》(铁建设〔2006〕221号，以下简称《铁路管理办法》)、交通运输部的《公路工程设计施工总承包管理办法》

（交通运输部令 2015 年第 10 号，以下分别简称为交通部、《公路管理办法》）和住房和城乡建设部、国家发展和改革委员会的《房屋建筑和市政基础设施项目工程总承包管理办法》（建市规〔2019〕12 号，以下分别简称为住建部、国家发改委、《房建市政管理办法》）。考虑到涉足工程总承包行业的企业大多为业内骨干，常横跨公路、房建、市政等多个领域，而且以目前工程总承包行业日趋高涨的发展态势，而铁路工程、公路工程具有很多相同点，比如都是典型的大型基础设施项目、政府投资是主要投资来源、长期以来由行政监管进行强监管、线性工程占很大比例等，且《房建市政管理办法》是最新的工程总承包管理办法，刚刚施行不久，且今后统一规范各类型工程总承包活动的"工程总承包条例"甚至于"工程总承包法"也许也会提上国家立法的议程，因此完全有必要对《铁路管理办法》《公路管理办法》《房建市政管理办法》的异同之处进行比较。

**一、这三部管理办法在适用范围、管理部门、总承包定义、发包方确定等方面存在根本性的不同**

《铁路管理办法》《公路管理办法》《房建市政管理办法》的法律层级中只有《公路管理办法》是部门规章，其他两个均为部门规范性文件，但都是国务院相关行业管理部门基于本部门职权所拟制的规定，且铁路工程、公路工程和房建市政工程的实施有各自的特点，由此，三部管理办法在适用范围、管理部门、总承包定义、发包方确定等方面存在根本性的不同。

（一）《铁路管理办法》的适用范围是铁路工程项目、《公路管理办法》的适用范围是公路工程项目，《房建市政管理办法》的适用范围是房屋建筑和市政基础设施工程项目

《铁路法》第 2 条第 1 款规定："本法所称铁路，包括国家铁路、地方铁路、专用铁路和铁路专用线。国家铁路是指由国务院铁路主管部门管理的铁路。地方铁路是指由地方人民政府管理的铁路。"《铁路建设管理办法》第 2 条规定："本办法所称铁路建设是指新建、改建铁路建设项目的立项决策、勘察设计、工程实施、竣工验收等全部建设活动。"而对于铁路的定义，一般认为是指使用机车牵引车辆组成列车（或以自身有动力装置的车辆）循规行驶的交通线路。

《公路法》第 2 条第 2 款规定："本法所称公路，包括公路桥梁、公路隧道和公路渡口。"《公路管理办法》第 2 条第 1 款规定："公路新建、改建、扩建工程和独立

桥梁、隧道(以下简称公路工程)的设计施工总承包,适用本办法。”第6条第1款规定:“公路按其在公路路网中的地位分为国道、省道、县道和乡道,并按技术等级分为高速公路、一级公路、二级公路、三级公路和四级公路。具体划分标准由国务院交通主管部门规定。”交通运输部官网《公路的定义及分类》则将公路定义为“经交通运输主管部门验收认定的城间、城乡间、乡间能行驶汽车的公共道路,包括已经建成的由交通运输主管部门认定的公路;还应包括按照国家公路工程技术标准进行设计,并经国家有关行政管理部门批准立项由交通运输主管部门组织正在建设中的公路”。

《房建市政管理办法》第2条规定:“从事房屋建筑和市政基础设施项目工程总承包活动,实施对房屋建筑和市政基础设施项目工程总承包活动的监督管理,适用本办法。”虽然没有给出房屋建筑和市政基础设施两个词的定义,但可以从住建部的其他规章中明确二者的具体内容。根据住建部《房屋建筑和市政基础设施工程施工招标投标管理办法》第2条,房屋建筑工程是指“各类房屋建筑及其附属设施和与其配套的线路、管道、设备安装工程及室内外装修工程”;市政基础设施工程是指“城市道路、公共交通、供水、排水、燃气、热力、园林、环卫、污水处理、垃圾处理、防洪、地下公共设施及附属设施的土建、管道、设备安装工程”。相比较铁路包括国家铁路、地方铁路、专用铁路和铁路专用线的分类以及公路包括国道、省道、县道、乡道或者高速公路、一级公路、二级公路、三级公路、四级公路的分类,房屋建筑和市政基础设施工程所涵盖的工程类型明显更多(详见本书对《房建市政管理办法》第2条的理解与适用)。

(二)《铁路管理办法》《公路管理办法》的监督管理部门应是各级交通运输主管部门,《房建市政管理办法》除了规定了各级住房和城乡建设主管部门的监督管理职责,还规定了各级发展改革部门的相关职责

对于监督管理部门,《铁路管理办法》并未直接予以明确规定,仅在第40条规定了“本办法未尽事宜执行国家和铁道部有关规定”。第41条规定了“本办法由铁道部建设管理司负责解释”。2013年3月10日,根据第十二届全国人民代表大会第一次会议审议的《国务院关于提请审议国务院机构改革和职能转变方案》的议案,铁道部实行铁路政企分开。国务院将铁道部拟定铁路发展规划和政策的行政职责划入交通运输部;组建国家铁路局,由交通运输部管理,承担铁道部的其他

行政职责；组建中国铁路总公司，承担铁道部的企业职责；不再保留铁道部，所以铁路工程建设的监督管理部门现在应当是各级交通运输主管部门。《公路管理办法》和《房建市政管理办法》则对此予以了明确规定，《公路管理办法》第 1 条第 1 款规定："各级交通运输主管部门依据职责负责对公路工程总承包的监督管理。"《房建市政管理办法》第 5 条规定："国务院住房和城乡建设主管部门对全国房屋建筑和市政基础设施项目工程总承包活动实施监督管理。……县级以上地方人民政府住房和城乡建设主管部门负责本行政区域内房屋建筑和市政基础设施项目工程总承包（以下简称工程总承包）活动的监督管理。……"

交通运输主管部门和住建主管部门依职权分别对铁路、公路和房建、市政基础设施的工程总承包进行监督管理本是题中应有之义，也是管理办法之间的根本不同之一。另外，监督管理部门条款规定的不同还在于《房建市政管理办法》第 5 条对于各级发展改革部门固定资产投资建设管理职责的规定："国务院发展改革部门依据固定资产投资建设管理的相关法律法规履行相应的管理职责。""县级以上地方人民政府发展改革部门依据固定资产投资建设管理的相关法律法规在本行政区域内履行相应的管理职责。"

这反映了对于工程总承包项目的固定资产投资控制尚需加强，特别是政府投资项目，有必要加强估算、概算等阶段的投资计算、审核及报批工作，投资主管部门对工程总承包活动投资事项进行监管也是大势所趋，这在《房建市政管理办法》第 5 条得到了清晰的体现。

（三）三部管理办法对于各自所规制的总承包的定义不同

《铁路管理办法》第 2 条规定："本办法所称铁路建设项目工程总承包，是指建设单位（或业主，下同）通过招标将建设项目的施工图设计、采购和施工委托给具有相应资质的工程总承包单位（或联合体，下同），工程总承包单位按照合同约定，对施工图设计、物资设备采购、工程实施实行全过程承包，对工程的质量、安全、工期、投资、环保负责的建设组织方式。"该条指出铁路项目包含了施工图设计、采购和施工阶段，但是又在第 26 条规定："工程总承包合同总价中包括相关工程费、施工图设计阶段的勘察设计费和总承包风险费……"第 28 条第 2 款规定："工程总承包单位认为勘察资料不能满足施工图设计和施工需要的，应及时进行补充勘察工作。"因此，虽然在工程总承包定义条款中并未包含勘察阶段，但实际上铁路项目的总包方仍需承担相应的勘查工作。

《公路管理办法》第 2 条第 2 款："本办法所称设计施工总承包(以下简称总承包),是指将公路工程的施工图勘察设计、工程施工等工程内容由总承包单位统一实施的承发包方式。"再结合《公路工程地质勘察规范》(JTGC 20 – 2011)第 3.1.1 条的规定："公路工程地质勘察可分为预可行性研究阶段工程地质勘察(简称预可勘察)、工程可行性研究阶段工程地质勘察(简称工可勘察)、初步设计阶段工程地质勘察(简称初步勘察)和施工图设计阶段工程地质勘察(简称详细勘察)四个阶段。"由此,虽然《公路管理办法》的全称为《公路工程设计施工总承包管理办法》,只指出了设计和施工阶段,但在定义当中却明确限定了施工图勘察、施工图设计和施工三个主要阶段。

《房建市政管理办法》对工程总承包进行定义的是第 3 条："本办法所称工程总承包,是指承包单位按照与建设单位签订的合同,对工程设计、采购、施工或者设计、施工等阶段实行总承包,并对工程的质量、安全、工期和造价等全面负责的工程建设组织实施方式。"其所指的工程总承包除了应当包含设计和施工阶段,还可以包括采购等其他阶段,形式较为灵活。这其中的一个主要原因在于《铁路管理办法》《公路管理办法》所规制的工程类型单一,仅为铁路或公路一种类型,在该办法施行之前已经有了丰富的实践和行之有效的操作,因此对于总承包阶段的设定较为严格。而《房建市政管理办法》所要规制的工程类型较多,总承包阶段的设定方式须考虑更有利于面对丰富多样的实际情况,也更有利于在更广阔的领域推进这一发承包和工程管理模式。具体而言,对于三部管理办法对于总承包定义的不同,还应有以下几点认识:

1. 三部管理办法的定义都符合上位法的规定

《合同法》第 272 条对总承包作了原则性的规定："发包人可以与总承包人订立建设工程合同,也可以分别与勘察人、设计人、施工人订立勘察、设计、施工承包合同……"

《建筑法》第 24 条规定："提倡对建筑工程实行总承包,禁止将建筑工程肢解发包。建筑工程的发包单位可以将建筑工程的勘察、设计、施工、设备采购一并发包给一个工程总承包单位,也可以将建筑工程勘察、设计、施工、设备采购的一项或者多项发包给一个工程总承包单位……"《房建市政管理办法》对于工程总承包的定义与之是相符的。

《公路法》第 24 条第 1 款规定:“公路建设单位应当根据公路建设工程的特点和技术要求,选择具有相应资格的勘察设计单位、施工单位和工程监理单位,并依照有关法律、法规、规章的规定和公路工程技术标准的要求,分别签订合同,明确双方的权利义务。”该条款规定是建设单位与勘察设计单位、施工单位分别签订合同,与《公路管理办法》对设计施工总承包的定义看似有不同,但实际上,《公路法》对于相关参建单位的选择并未要求只能“分别选择”,法无禁止即可行,所以若是工程总承包模式,对包括勘察、设计、施工范围的工程总承包商显然是需要“一次性选择”,并与之签订合同,而后续合同的分别签订仅是细节性的规定。所以《公路管理办法》对于总承包的定义与《公路法》也并不相悖。

2.《房建市政管理办法》虽然在定义中没有包含勘察阶段,但是总承包的范围内并不排斥依法依规进行勘查工作

无论是法规规范,还是实践操作,都没有也不可能完全将勘察阶段的工作和设计、施工等阶段的工作完全分割开。《岩土工程勘察规范》(GB－5002－2001)第 4.1.2 条规定:“建筑物的岩土工程勘察宜分阶段进行,可行性研究勘察应符合选择场址方案的要求;初步勘察应符合初步设计的要求;详细勘察应符合施工图设计的要求;场地条件复杂或有特殊要求的工程,宜进行施工勘察……”在设计阶段和施工阶段都有相应的勘查工作,虽然《房建市政管理办法》的工程总承包定义条款中并未直接提及,但对于房建和市政基础设施项目的发包方而言,相应的勘查工作并不排斥纳入发包及后续的管理工作;对于承包方而言,这些工作也同样不容忽视。

3. 采购阶段对于房建和市政基础设施项目,特别是市政基础设施项目中的一些项目类型很重要,在《房建市政管理办法》的相应条款中予以了突出

《房建市政管理办法》明确的工程总承包类型有两种:工程设计、采购、施工和设计、施工,其中之所以强调采购阶段,是考虑到了房建项目中的附属设施和与其配套的线路、管道、设备安装工程以及市政基础设施项目中的供水、排水、燃气、热力、污水处理、垃圾处理等项目类型。此处的采购阶段,除了一般的材料或者设备采购,还特别针对了大宗材料、设备,尤其是指特种设备、定制设备的采购管理,这才是《房建市政管理办法》将采购作为工程总承包一个独立阶段进行强调的核心

原因。《铁路管理办法》与《房建市政管理办法》类似,都在定义当中突出了采购阶段,这同样主要在于铁路项目对大宗材料和设备的需求。

(四)对于发包方的确定,《公路管理办法》采用了项目法人制度,《铁路管理办法》采用了建设单位管理制度,而《房建市政管理办法》发包人则是更为宽泛的建设单位,彼此并不相同

项目法人作为发包方在《公路管理办法》的相应条款中贯彻始终。其第3条第3款规定:"项目法人可以根据项目实际情况,确定采用总承包的范围。"第5条第1款、第2款规定:"总承包单位由项目法人依法通过招标方式确定。项目法人负责组织公路工程总承包招标。"第12条规定:"项目法人应当与中标单位签订总承包合同。"第15条规定:"项目法人应当依据合同加强总承包管理,督促总承包单位履行合同义务,加强工程勘察设计管理和地质勘察验收,严格对工程质量、安全、进度、投资和环保等环节进行把关。"我国在大型基础设施项目实施中采用项目法人制由来已久:早在1995年,水利部就发布了《水利工程建设项目实行项目法人责任制的若干意见》(水建〔1995〕129号);1996年,当时的国家计委也印发了《关于实行建设项目法人责任制的暂行规定》(计建设〔1996〕673号)。公路作为最重要的大型基础设施类型之一,也较早地采用了项目法人制。目前,虽然《公路建设四项制度实施办法》(交通部令〔2000〕第7号)已废止,但《关于公路建设项目法人资格审查实施意见的通知》(厅公路字〔2001〕615号)、《公路建设项目法人资格标准》(试行)等文件仍然现行有效,《公路管理办法》对于总承包的发包方同样沿用了项目法人制。对于项目法人成立或确认的节点,《关于公路建设项目法人资格审查实施意见的通知》(厅公路字〔2001〕615号)作了明确规定:"项目法人应在工程可行性研究报告批准后,初步设计批准前,按项目管理权限报交通主管部门审查。"而《公路建设项目法人资格标准(试行)》(交公路发〔2001〕583号)将公路项目法人分为甲乙两级,甲级公路建设项目法人"能承担各级公路(含各类桥梁和隧道)工程的项目管理,负责项目筹划、资金筹措和建设实施。对经营性公路,项目法人还应负责项目的运营管理、债务偿还和资产管理",乙级公路建设项目法人"能承担二级及以下公路(含大桥和长隧道)工程的项目管理,负责项目筹划、资金筹措和建设实施。对经营性公路,项目法人还应负责项目的运营管理、债务偿还和资产管理",并且对两级法人的资格条件和审查流程都有相应的详细

规定。

作为对比,《铁路管理办法》《房建市政管理办法》对于发包方的确定采用了更为宽泛的建设单位。如果仅仅是立足《铁路管理办法》,可能会得出其与《房建市政管理办法》类似的印象,但其实并非如此,因为实际上铁路项目的实施采取的是建设管理单位制度。原铁道部《铁路建设管理办法》第 16 条规定:"铁路建设项目的建设管理单位是建设项目的组织实施机构,是实现建设目标的直接责任者。建设管理单位由建设项目投资人选择或组建。建设项目投资人按权力和责任统一的原则,明确建设管理单位的职责和权限,并监督其完成建设工作。"第 17 条规定:"中央政府直接投资的铁路建设项目,由国务院铁路主管部门根据建设项目的特点,选择建设管理单位。实行项目法人责任制的铁路建设项目,由项目法人选择或组建建设管理单位。其他铁路建设项目,按国家规定并参照本办法选择或组建建设管理单位。"第 18 条规定:"铁路建设管理单位必须是依法设立、从事铁路建设业务的企业或具有独立法人资格的事业单位,并满足下列条件:……" 第 19 条规定了建设管理单位的主要职责。

由此可见,由于都是涉及国计民生的大型基础设施项目,公路和铁路的工程总承包项目对发包方的确定都是采取强监管的方式,无论是项目法人制度,还是建设管理单位制度,其本质都是明确条件、设置"门槛",确保项目落实。而《房建市政管理办法》没有直接采用类似的制度,也是从具体项目类型的实际出发,对于发包方确定为更为宽泛的建设单位,建设单位既可以是项目法人,也可以不是。

**二、这三部管理办法在发包阶段、发包方式、禁止条件、企业资质、投标价格、合同形式、合同范本等方面也存在明显区别**

上述根本性的不同,反映了不同管理部门对于不同的项目类型采用了不同的工程总承包管理思路,这同样体现在涉及具体操作条款的区别之中,包括发包阶段、发包方式、禁止条件、企业资质、投标价格、合同形式、合同范本等方面。总体而言,对于具体操作的条款,无论是发承包阶段还是实施阶段,总体上《房建市政管理办法》比《铁路管理办法》、《公路管理办法》更为灵活。

(一)对于发包阶段,《铁路管理办法》《公路管理办法》都规定了是在初步设计完成之后,而《房建市政管理办法》则针对项目类型的不同规定了不同的节点

《铁路管理办法》第 5 条规定:"建设项目必须按规定完成初步设计,初步设计

文件达到要求并按初步设计批复修改、补充后，方可进行工程总承包招标。"《公路管理办法》第 5 条第 3 款规定："公路工程总承包招标应当在初步设计文件获得批准并落实建设资金后进行。"《房建市政管理办法》第 7 条规定："建设单位应当在发包前完成项目审批、核准或者备案程序。采用工程总承包方式的企业投资项目，应当在核准或者备案后进行工程总承包项目发包。采用工程总承包方式的政府投资项目，原则上应当在初步设计审批完成后进行工程总承包项目发包；其中，按照国家有关规定简化报批文件和审批程序的政府投资项目，应当在完成相应的投资决策审批后进行工程总承包项目发包。"

相较于《铁路管理办法》《公路管理办法》单一的发包阶段，《房建市政管理办法》根据项目类型的不同规定了不同的节点。《房建市政管理办法》第 7 条本身没有规定企业投资项目进行工程总承包发包时应当完成的设计阶段，但因规定了应当在完成核准或备案后，在实践中应当是在完成可行性研究报告或项目建议书后进行发包。显然，可行性研究、方案设计、初步设计等设计阶段，越接近后期则发包人要求越明确，合同双方对于合同履行目的也就更明确，风险与争议就更小。可行性研究阶段的目的在于明确工程项目建设范围、建设规模、建设标准、功能要求、技术方案等项目基本条件，未完成可行性研究实际上无法达到《房建市政管理办法》第 6 条第 2 款规定的"建设内容明确、技术方案成熟"的要求，因此原则上对于企业投资项目至少也应在完成可行性研究报告后发包。

（二）对于发包方式，《铁路管理办法》《公路管理办法》仅规定了招投标方式，而《房建市政管理办法》则确定还可以采用其他方式

《铁路管理办法》第 2 条规定："本办法所称铁路建设项目工程总承包，是指建设单位（或业主，下同）通过招标将建设项目的施工图设计、采购和施工委托给具有相应资质的工程总承包单位（或联合体，下同）……"第 5 条规定："建设项目必须按规定完成初步设计，初步设计文件达到要求并按初步设计批复修改、补充后，方可进行工程总承包招标。"《公路管理办法》第 5 条第 1 款规定："总承包单位由项目法人依法通过招标方式确定。"《房建市政管理办法》第 8 条第 1 款规定："建设单位依法采用招标或者直接发包等方式选择工程总承包单位。"

在《房建市政管理办法》发布之前，2018 年国家发改委发布和施行的《必须招标的项目规定》（发改委〔2018〕16 号令）相比《工程建设项目招标范围和规模标准

规定》(已失效)缩小了必须招标的范围,主要体现为:从资金使用性质上看,《必须招标的项目规定》将《招标投标法》第 3 条规定的“全部或者部分使用国有资金或者国家融资的项目”明确为使用预算资金 200 万元人民以上、并且该资金占投资额 10% 以上的项目,以及使用国有企事业单位资金,并且该资金占控股或者主导地位的项目;从必须招标项目的规模标准来看,《必须招标的项目规定》对依法必须招标项目的规模标准比原规定提高了 1 倍。结合前述规定,只有当房建或市政基础设施工程总承包项目的类型符合《招标投标法》第 3 条以及《必须招标的项目规定》项目范围和规模标准的规定,才属于依法必须招标的项目。除此之外的项目属于非依法必须招标的项目,可由发包方按照《房建市政管理办法》第 8 条第 1 款的规定直接发包或采用其他合法合规的方式发包。

(三)对于总包方的禁止条件,《房建市政管理办法》规定了在一定前提下的例外情况

《铁路管理办法》第 15 条规定:“工程总承包单位的基本条件……二、工程总承包单位不得与建设单位有直接利益关系,也不得与项目施工监理单位有直接利益关系;三、承担项目初步设计的单位不得参与工程总承包联合体,其下属分公司、子公司及其控股公司也不得参与工程总承包联合体……”

《公路管理办法》第 6 条规定:“总承包单位应当具备以下要求:……(四)总承包单位(包括总承包联合体成员单位,下同)不得是总承包项目的初步设计单位、代建单位、监理单位或以上单位的附属单位。”

《房建市政管理办法》第 11 条规定:“工程总承包单位不得是工程总承包项目的代建单位、项目管理单位、监理单位、造价咨询单位、招标代理单位。政府投资项目的项目建议书、可行性研究报告、初步设计文件编制单位及其评估单位,一般不得成为该项目的工程总承包单位。政府投资项目招标人公开已经完成的项目建议书、可行性研究报告、初步设计文件的,上述单位可以参与该工程总承包项目的投标,经依法评标、定标,成为工程总承包单位。”相比较《铁路管理办法》《公路管理办法》对于初步设计等单位的“一刀切”禁止,《房建市政管理办法》第 11 条将工程总承包单位的禁止性条件分为两类列出了区别性的条件:对于存在直接利益冲突的单位禁止成为工程总承包单位;对于存在间接利益冲突的单位有条件允许成为工程总承包单位。

1. 直接利益冲突单位禁止成为工程总承包单位

代建单位、项目管理单位、监理单位、造价咨询单位是建设工程监督管理单位，负有对项目质量、工期、造价、安全的监督责任，如果其同时成为工程总承包单位，可能导致工程建设全面失控。招标代理单位对工程招投标活动具有极大影响力，如果允许其担任工程总承包单位明显违反招投标法律法规。因此以上单位属于直接利益冲突，不应成为工程总承包单位。

2. 间接利益冲突单位有条件允许成为工程总承包单位

项目建议书、可行性研究报告、初步设计文件编制单位及其评估单位成为工程总承包单位的弊端主要在于两方面：一方面，前期咨询单位具有信息优势，允许其参与工程投标将破坏工程招投标市场的公平性；工程前期咨询单位自工程立项决策阶段就已介入工程项目，掌握大量基础资料，具有其他投标单位所不具有的信息优势；如果允许前期咨询单位进行工程投标，违反了招投标活动必须具备的公平竞争的基本原则，破坏了公平竞争的市场环境。另一方面，由于存在信息优势，前期单位的中标概率明显大于一般投标人；随之而来的就是虚增标的额的风险，很可能会发生前期单位为了得到更多的后期承包利益，通过不适宜的工程方案制订或其他手段，抬高工程总造价，借此取得不正当利益；对于政府投资项目而言，虚增造价将会对国家、社会利益造成损害。

因此，前期咨询单位成为工程总承包单位存在间接利益冲突，但这种利益冲突可以通过公开前期文件来消弭。如果公开前期文件，消除前期单位的信息优势，招投标市场的公平就可以得到保证。而且即使前期单位虚增造价，在其他投标单位掌握足够信息的前提下，也可以通过技术分析与市场竞争，使虚高的造价回到正常水平。因此《房建市政管理办法》以公开前期文件为前提，允许前期咨询单位参与政府投资项目的工程总承包活动。

（四）对于总包方的企业资质，《铁路管理办法》作了原则性的规定，《公路管理办法》和《房建市政管理办法》则主要基于对总承包定义的不同分别作出了较为详细的规定，《房建市政管理办法》还明确了总承包资质的互认制度

总包方的企业资质要求一直是企业特别关注的重点，《公路管理办法》《房建市政管理办法》的规定比较详细和具有可操作性。《公路管理办法》第6条规定：“总承包单位应当具备以下要求：（一）同时具备与招标工程相适应的勘察设计和

施工资质,或者由具备相应资质的勘察设计和施工单位组成联合体……”要求总包方具备勘察、设计和施工资质。《房建市政管理办法》第 10 条第 1 款规定:“工程总承包单位应当同时具有与工程规模相适应的工程设计资质和施工资质,或者由具有相应资质的设计单位和施工单位组成联合体……”,要求总包方具备设计和施工资质。这与两部办法对于总承包的定义是吻合的,《公路管理办法》的总承包涵盖了施工图勘察、施工图设计和施工等阶段,而《房建市政管理办法》的总承包涵盖了设计、施工等阶段,因此对于总包方的资质有了上述要求。

其实,工程总承包单位应当具有何种资质在《房建市政管理办法》起草过程中一直是热点问题,对此在前后两部征求意见稿中有较为充分的体现:2017 年 12 月 26 日发布的《房屋建筑和市政基础设施项目工程总承包管理办法(征求意见稿)》(建市设函〔2017〕65 号)第 11 条第 1 款规定:“工程总承包单位应当具有与工程规模相适应的工程设计资质(仅具有建筑工程设计事务所资质除外)或者施工总承包资质……” 2019 年 5 月 10 日发布的《房屋建筑和市政基础设施项目工程总承包管理办法(征求意见稿)》第 10 条第 1 款规定:“工程总承包单位应当具有与工程规模相适应的工程设计资质或者施工资质……”可以发现两部征求意见稿的要求都是设计或施工资质,而正式的《房建市政管理办法》则是需要设计和施工资质或者由具有相应资质的设计单位和施工单位组成联合体。

工程总承包单位仅需具有设计或施工资质之一的优势在于有利于实现工程总承包行业发展初期的平稳过渡,逐渐培养一批符合工程总承包要求的承包企业;劣势在于设计与施工本质上分离,融合度不足,难以充分发挥整合优势。

工程总承包单位需同时具有设计及施工双资质的优势在于工程总承包单位同时具有双资质,可以实现设计、施工深度融合,更易发挥行业上下游联动效应,发挥整合优势,有利于实现工程总承包的目标;劣势在于我国工程总承包市场还处于发展阶段,采用工程总承包模式的项目往往规模较大,而同时具有相应的设计、施工资质的企业较少,如果要求工程总承包单位同时具有双资质,极易造成工程总承包市场垄断,不利于工程总承包市场的充分竞争。

且按照我国资质管理规定,完成工程设计工作需具有相应设计资质,完成工程施工工作需具有相应施工资质,《房建市政管理办法》所称工程总承包,其范围内既包括设计阶段也包括施工阶段,最终,《房建市政管理办法》以深度融合作为基本要求，充分考虑行业发展，以双资质为基本要求，体现工程总承包设计施工深度融合的导向，同时允许联合体承包作为目前工程总承包市场初步阶段的过渡手段，使得单资质企业亦可以有条件的参与工程总承包，保证行业有序发展。因此，虽然《公路管理办法》和《房建市政管理办法》的资质规定条文里对勘察资质的要求明示度不同，但是思路却是相通的。也即，若房建和市政工程总承包范围里还包括勘查工作，则总包单位还应同时具备勘察资质。

虽然《铁路管理办法》只作了原则性的规定，如第15条规定："工程总承包单位的基本条件　一、工程总承包单位必须具有与工程总承包建设项目相适应的资质……"并未直接指出到底需要哪些资质。但根据上述讨论可知，铁路工程总承包商具有铁路工程相应的设计资质和施工资质是应有之义，也符合我国工程资质管理的规定。

（五）对于投标价格，《铁路管理办法》强调自主报价，《公路管理办法》的重点在于最高投标限价，而《房建市政管理办法》还规定了禁止低于成本价投标

对于投标报价，三部管理办法的侧重点各不相同。

《铁路管理办法》强调自主报价，第24条规定："工程总承包投标单位应在现场调查和优化施工图设计的基础上，研究工程措施，拟订施工方案，核实主要工程数量，自主报价，并提出甲供物资设备的供应时间。"由于我国历史上较长时期的"大铁路"体制，行政管理、建设、勘察、设计、施工等部门彼此联系紧密甚至于自成体系，招投标活动的公平性和公开性易受影响，所以需要特别强调自主报价，不得干涉的内容。其实并非仅仅《铁路管理办法》对此进行了规定，铁路部门的其他规范性文件也有体现，如《铁路建设管理办法》第23条第1款即规定："铁路建设工程招标投标活动不受地区或部门限制，任何单位和个人不得违法限制或排斥本地区、本系统以外的具备相应资格的企业或其他组织参加投标，不得以任何方式非法干涉招标投标活动。"

《公路管理办法》则更侧重于公路的公用性质且政府投资在项目实施过程中的重要作用，对于投标价格关注点体现在最高投标限价上，其第14条第2款："项目法人应当在初步设计批准概算范围内确定最高投标限价。"而且对于初步设计阶段的工作也提出了较高的要求，第16条第1款规定："采用总承包的项目，初步设计应当加大设计深度，加强地质勘察，明确重大技术方案，严格核定工程量和

概算。”

《房建市政管理办法》同样对最高投标限价进行了规定，第 9 条第 2 款规定：“建设单位可以在招标文件中提出对履约担保的要求，依法要求投标文件载明拟分包的内容；对于设有最高投标限价的，应当明确最高投标限价或者最高投标限价的计算方法。”此外还规定了禁止低于成本价投标，第 22 条规定：“建设单位不得迫使工程总承包单位以低于成本的价格竞标……”之所以作此规定，主要目的在于防止因为过度的低价竞争可能导致的工程质量下降，进而导致工程寿命缩短、安全质量事故等一系列问题。《建设工程质量管理条例》第 10 条即规定：“建设工程发包单位不得迫使承包方以低于成本的价格竞标，不得任意压缩合理工期。建设单位不得明示或者暗示设计单位或者施工单位违反工程建设强制性标准，降低建设工程质量。”中央治理工程建设领域突出问题工作领导小组在《关于印发〈加强工程建设实施和工程质量管理工作指导意见〉的通知》（中治工发〔2009〕6 号）中也明确指出：“建设单位不得将建设工程肢解发包，不得迫使承包方以低于成本的价格竞标，不得明示或暗示施工单位使用不合格建筑材料、建筑构配件和设备。”

（六）对于合同价格形式，《铁路管理办法》《公路管理办法》仅规定了总价形式，而《房建市政管理办法》则规定了还可以采用其他合理确定的价格方式

《铁路管理办法》和《公路管理办法》都规定了总价形式，未涉及其他价格形式。《铁路管理办法》第 26 条规定：“工程总承包合同总价中包括相关工程费、施工图设计阶段的勘察设计费和总承包风险费……”第 33 条规定：“工程总承包采用总价下的节点计价方式……”《公路管理办法》第 14 条第 1 款规定：“总承包费用或者投标报价应当包括相应工程的施工图勘察设计费、建筑安装工程费、设备购置费、缺陷责任期维修费、保险费等。总承包采用总价合同，除应当由项目法人承担的风险费用外，总承包合同总价一般不予调整。”

《房建市政管理办法》第 16 条第 1 款则规定：“企业投资项目的工程总承包宜采用总价合同，政府投资项目的工程总承包应当合理确定合同价格形式。采用总价合同的，除合同约定可以调整的情形外，合同总价一般不予调整。”《房建市政管理办法》的一大特点在于对企业投资项目和政府投资项目的监督管理进行了区分，其中合同价格形式的确定即是一个典型的情况。《房建市政管理办法》第 16

条第1款就根据企业投资项目与政府投资项目的不同，分别规定了宜采用的价格形式。

其实，工程总承包模式意在将设计施工深度融合，提高工程建设效率，虽然一般采用总价形式，但是也并非绝对要求。与企业投资项目发包人具有完全的自主性不同，政府投资项目因受到更多约束和监管，其价格形式的确定需要符合多方面的要求。根据《政府投资条例》规定，政府投资项目的项目单位应当编制初步设计，并将初步设计及其提出的投资概算报投资主管部门审批。虽然这意味着政府投资项目采用工程总承包模式发包时，初步设计及投资概算审批均已完成，此时发包可以结合经批准的概算签订总价合同。即便如此，按照《财政投资评审管理规定》的规定，财政部门仍然需要对工程预算的真实性、准确性、完整性和时效性进行审核，同时还需审核工程建设各项支付的合理性、准确性。如采用总价合同形式，且承包人在设计阶段进行设计优化，此时施工图预算与合同总价存在差异是否符合财政投资评审的准确性要求，容易产生争议。

而且就工程款支付事项而言，如果合同确定的是按照形象进度付款，则某一形象进度完成时实际完成的产值与合同约定的形象进度支付比例的工程款存在差异时，是否符合财政评审合理性、准确性要求同样也有争议。同时《政府投资条例》规定了“政府投资应当遵循科学决策、规范管理、注重绩效、公开透明的原则”，政府投资项目工程总承包项目发包时即便完成初步设计，但还不具备编制标准的施工图预算工程量清单条件，因此计价的透明度不强，如果一概要求固定总价，并不符合政府投资应遵循的透明原则。因此，对于政府投资项目采用何种价格形式，需要结合项目特征合理确定。

（七）对于合同范本，三部管理办法分别根据办法拟制所处的实际情况作出了相应的规定

《铁路管理办法》发布施行至今已有10余年，当时我国尚无有针对性的工程总承包合同示范文本，但是《铁路管理办法》仍然在拟制时考虑了发承包双方合同条款拟制的事项，第38条规定：“铁路建设项目工程总承包执行《建设项目工程总承包管理规范》（GB/T 50358 - 2005，简称《规范》），建设单位应将工程总承包单位执行《规范》的内容纳入工程总承包合同，并监督实施。”由此，发承包双方将该《规范》条款纳入合同有了明确的依据。

而《公路管理办法》和《房建市政管理办法》发布施行的时间距今较近，合同范本的情况已经大不相同，空白已被填补。《公路管理办法》第 7 条规定："总承包招标文件的编制应当使用交通运输部统一制定的标准招标文件。在总承包招标文件中，应当对招标内容、投标人的资格条件、报价组成、合同工期、分包的相关要求、勘察设计与施工技术要求、质量等级、缺陷责任期工程修复要求、保险要求、费用支付办法等作出明确规定。"《房建市政管理办法》第 9 条第 3 款则规定："推荐使用由住房和城乡建设部会同有关部门制定的工程总承包合同示范文本。"

由国家主管部门制定的示范合同文本属于行业交易习惯，这已成为建设领域和法律界的共识。在法律、法规没有规定时，行业交易习惯可以作为判案根据，这既是《合同法》的明确规定，也是各级人民法院审理相关案件时的通行裁量方法，最高人民法院《关于适用〈中华人民共和国合同法〉若干问题的解释（二）》第 7 条即规定："交易习惯是指在交易行为当地或者某一领域、某一行业通常采用并为交易对方订立合同时所知道或者应当知道的做法；或者指当事人双方经常使用的习惯做法。"对于建设工程而言，示范合同文本对于行业发展的规范作用是非常明显的。

目前我国通行的工程总承包示范文本的类型有两套。一套是 2011 年 12 月 20 日由国家发改委等九部委联合发布的《关于印发〈简明标准施工招标文件〉和〈标准设计施工总承包招标文件〉的通知》（发改法规〔2011〕3018 号），该标准文件的制定依据主要为《招标投标法实施条例》第 15 条第 4 款的规定"编制依法必须进行招标的项目的资格预审文件和招标文件，应当使用国务院发展改革部门会同有关行政监督部门制定的标准文本。"根据九部委的通知，该标准文件中的"投标人须知"（投标人须知前附表和其他附表除外）、"评标办法"（评标办法前附表除外）、"通用合同条款"部分，应当不加修改地引用，这其实是强制适用性的体现。交通部是联合发布该标准文件的九部委之一，《公路管理办法》第 7 条所指的统一制定的标准招标文件即应是该标准文件。

另一套则是 2011 年 9 月 7 日由住建部、原国家工商行政管理总局联合发布的《建设项目工程总承包合同示范文本（试行）》（GF－2011－0216）。该文本明确了工程总承包是指承包人受发包人委托，按照合同约定对工程建设项目的设计、采购、施工（含竣工试验）、试运行等实施阶段，实行全过程或若干阶段的工程承包。

对于文本效力，在开篇说明的“三、《示范文本》的性质”中予以了明确：“《示范文本》为非强制性使用文本。合同双方当事人可以依照《示范文本》订立合同，并按法律规定和合同约定承担相应的法律责任。”并未如九部委的标准文件一样要求应当不加修改地引用。

**三、由于建设领域的发展和工程总承包理念的更新，《房建市政管理办法》相较《铁路管理办法》《公路管理办法》增加了项目管理单位、资质互认、项目经理条件、建设单位责任、总包方及项目经理法律责任等规定**

从《铁路管理办法》到《公路管理办法》，再到《房建市政管理办法》，我国建设领域的发展和工程总承包理念的更新日新月异，这在《房建市政管理办法》相较于《铁路管理办法》《公路管理办法》增加的规定中得到了较为充分的展现。

（一）《房建市政管理办法》增加了项目管理单位的规定，有利于发包方对项目的管理

《房建市政管理办法》第 17 条规定：“建设单位根据自身资源和能力，可以自行对工程总承包项目进行管理，也可以委托勘察设计单位、代建单位等项目管理单位，赋予相应权利，依照合同对工程总承包项目进行管理。”在此之前，2016 年的住房城乡建设部《关于进一步推进工程总承包发展的若干意见》（建市〔2016〕93 号）即规定：“建设单位根据自身资源和能力，可以自行对工程总承包项目进行管理，也可以将项目的设计、监理、招标代理、造价咨询及项目管理等全过程委托给工程项目管理企业。”

《房建市政管理办法》作出项目管理单位的规定后，发包方可以委托全过程工程咨询单位对项目进行全过程的管理，也可以委托监理单位、勘察设计单位、招标代理单位、工程造价单位、法律服务单位等项目咨询单位，对工程项目的部分阶段或方面进行咨询管理，具体由发包方根据项目特征和需求，结合自身资源和能力决定并委托。

而《铁路管理办法》《公路管理办法》之所以未作出类似的规定，除了由于当时对于项目管理单位并未进行深入的研究论证，还在于原铁道部对于项目管理机构和交通行政管理部门对于公路总承包项目法人的严格规定。

原铁道部对于铁路工程项目建设设置了项目管理机构并提出了要求。《铁路建设项目管理机构管理办法》（铁建设〔2007〕177 号）第 7 条规定：“建设项目管理

机构人员应具备的专业技术条件：(一)项目管理机构负责人、总工程师、财务主管1.项目管理机构主要负责人应具有中级及以上专业技术资格，5年以上管理工作经历，2年以上铁路建设管理工作经验。客运专线和投资大于50亿元(含)普通铁路的项目管理机构主要负责人应具有高级专业技术资格。2.项目管理机构生产负责人应具有高级专业技术资格，担任过铁路大中型建设项目管理工作，具有3年以上建设项目管理工作经验。3.项目管理机构质量安全负责人应具有高级专业技术资格，担任过铁路大中型建设项目管理工作，具有5年以上建设项目管理工作经验。4.项目管理机构技术负责人(总工程师)应具有较为丰富的建设项目技术管理经验，具有高级工程系列专业技术资格，从事铁路工程建设技术工作10年以上，并从事过铁路大中型建设项目技术管理工作。5.项目管理机构应设置财务主管，财务主管人员必须具备会计师及以上专业技术资格，从事过大中型建设项目财务管理工作3年以上。项目管理机构主要负责人、总工程师、财务主管均为项目管理机构的正式职工。……”第13条进一步强调了项目管理机构及人员配备的必要性：“项目管理机构未按规定设置的，应按铁道部规定和铁道部《关于规范铁路建设项目管理机构的指导意见》(铁劳卫〔2007〕170号)进行调整，调整到位后方可组织项目建设。项目管理机构人员未按规定及时配置或影响建设工作的，按规定追究建设单位的责任。”

《公路建设项目法人资格标准(试行)》(交公路发〔2001〕583号)规定，对于甲级公路建设项目法人，负责项目管理的机构和人员必须具备以下条件：“(1)机构内设有计划、工程、财务等主要职能管理部门，部门职责分工明确，管理制度完善；(2)项目负责人具有高级职称，熟悉国家有关工程建设的法律法规，政治素质好，业务水平高，具有丰富的工程管理经验，担任过1项以上一级以上公路或特大桥工程项目或2项以上二级以上公路工程项目的负责人；(3)技术负责人具有公路工程专业高级职称，担任过1项以上一级以上公路或特大桥工程项目或2项以上二级以上公路工程项目的技术负责人；财务负责人具有中级以上会计职称。对经营性公路，项目法人还应具有中级以上职称的工程经济负责人；(4)具有公路工程专业中级以上职称的工程技术人员10人以上，初级以上会计职称的财务管理人员3人以上。对经营性公路，项目法人还应具有初级以上职称的工程经济管理人员2人以上。”

由于行政管理部门规定了铁路工程和公路工程实施要具备以上条件，项目管理单位确实不是必须。但是考虑到房建和市政基础设施种类繁多、规模各异，在不具备相应管理能力和人员配置的发包方中引入项目管理单位确实有项目管理单位的客观需求。

（二）《房建市政管理办法》增加了设计单位和施工单位资质互认的规定，有利于工程总承包模式的推广和行业内的企业参与市场竞争

《房建市政管理办法》规定了房建和市政基础设施项目工程总承包的设计、施工双资质要求，但由于此前较长时间的五方主体模式，很多有实力的企业只有单资质。为了衔接现有的资质管理和工程总承包的推广发展，《房建市政管理办法》设置了设计单位和施工单位资质互认条款，其第 12 条规定："鼓励设计单位申请取得施工资质，已取得工程设计综合资质、行业甲级资质、建筑工程专业甲级资质的单位，可以直接申请相应类别施工总承包一级资质。鼓励施工单位申请取得工程设计资质，具有一级及以上施工总承包资质的单位可以直接申请相应类别的工程设计甲级资质。完成的相应规模工程总承包业绩可以作为设计、施工业绩申报。"

这一资质互认制度是在《建设工程勘察设计资质管理规定实施意见》（建市〔2007〕202 号）基础上的进一步扩充。该实施意见规定："（七）具有一级及以上施工总承包资质的企业可直接申请同类别或相近类别的工程设计甲级资质。具有一级及以上施工总承包资质的企业申请不同类别的工程设计资质的，应从乙级资质开始申请（不设乙级的除外）。"《房建市政管理办法》第 12 条在该实施意见的基础上主要有两方面变化：一方面，除施工企业可以申请设计资质外，设计企业也可申请相应类别的施工资质；另一方面，工程总承包业绩可以作为施工、设计业绩申报。在此需要强调的是，虽然《房建市政管理办法》作了资质互认的规定，但企业仍应加强自身实质的管理能力建设，确保真正做到深度融合。

（三）《房建市政管理办法》增加了项目经理条件的规定，有利于强化行政执法部门和发包方对于项目的正常监管

《房建市政管理办法》对于项目经理条件提出了强制性的要求，其第 20 条规定："工程总承包项目经理应当具备下列条件：（一）取得相应工程建设类注册执业资格，包括注册建筑师、勘察设计注册工程师、注册建造师或者注册监理工程师

等;未实施注册执业资格的,取得高级专业技术职称;(二)担任过与拟建项目相类似的工程总承包项目经理、设计项目负责人、施工项目负责人或者项目总监理工程师;(三)熟悉工程技术和工程总承包项目管理知识以及相关法律法规、标准规范;(四)具有较强的组织协调能力和良好的职业道德。工程总承包项目经理不得同时在两个或者两个以上工程项目担任工程总承包项目经理、施工项目负责人。”

这当然有利于强化行政执法部门和发包方对于项目的正常监管。对该条款的解读需要注意三点:第一,该规定的四项要求属于强制标准,不满足上述要求的人员不能担任工程总承包项目经理;第二,工程总承包项目经理仅能在一个项目上担任项目经理、施工项目负责人;第三,严格的要求会导致办法施行后的一段时间内工程总承包项目经理成为稀缺资源。

虽然符合工程总承包资质要求的企业或者企业组成的联合体本身都有数量不少的项目管理人员,其中不少还是具有相当经验的资深专业人士,从《房建市政管理办法》规定本身而言可以担任工程总承包项目的项目经理。但《房建市政管理办法》的规定是项目经理的最低要求,这些管理人员一旦担任工程总承包项目经理,也就要求他们同时具有“双资质”前提下的设计和施工的双重管理、控制能力,这对当下绝大部分转岗担任工程总承包的管理人员而言,无疑是一个跨界、跨行业的新挑战、新考验和新要求。因此在今后的一段时间内,企业如何尽快培养一批切实具有管理工程总承包项目能力的项目经理,将成为抢占工程总承包市场的重要因素之一。

### (四)《房建市政管理办法》增加了建设单位责任的规定,有利于维护工程市场秩序和项目质量、安全

《房建市政管理办法》对于建设单位责任作了一系列的规定,主要包括了第22条第1款:“建设单位不得迫使工程总承包单位以低于成本的价格竞标,不得明示或者暗示工程总承包单位违反工程建设强制性标准、降低建设工程质量,不得明示或者暗示工程总承包单位使用不合格的建筑材料、建筑构配件和设备。”第23条第1款规定:“建设单位不得对工程总承包单位提出不符合建设工程安全生产法律、法规和强制性标准规定的要求,不得明示或者暗示工程总承包单位购买、租赁、使用不符合安全施工要求的安全防护用具、机械设备、施工机具及配件、消防设施和器材。”第24条第1款规定:“建设单位不得设置不合理工期,不得任意压

缩合理工期。”

上述规定并未否定发包方对总承包项目进行管理的权利,发包方当然有提出造价、工期、质量、安全等相关要求的权利,但前提是应当遵守法律规定和合同约定,尊重工程科学技术的客观规律,且自身的资源和能力能够达到要求。然而实践当中,还存在有的发包方虽然专业技术力量缺乏、管理观念滞后,却在项目实施过程中利用自身作为甲方的强势地位直接提出不合理的技术要求,最终引发争议纠纷甚至酿成了事故。可是一旦真的问题出现,承担责任的不仅仅是发包方,总包方、分包方甚至行政管理部门同样需要各负其责。由此可见,发包方如果不顾自身的能力,直接介入工程实施的具体过程中,将很有可能对项目推进产生负面的效果。

很明显,上述规定都是针对发包方的禁止性规定,要求发包方承担责任,限制其利用自身的强势地位影响工程总承包项目的正常实施。无论是总包方还是分包方,对此肯定持欢迎态度,实际上也有利于发承包双方权利义务的均衡。相较于合同的约定或者是技术部门的建议,行政管理部门的规范性文件使得其他参建各方在保证项目正常推进和质量、安全的工作方面增加了有力的保障。上述规定并非为禁止而禁止,根本目的在于贯彻工程总承包模式的定义和基本原则,充分发挥工程总承包模式的特有优势,所以《房建市政管理办法》在其第 24 条、第 25 条、第 26 条第 1 款明确建设单位责任、限制建设单位过于强势之后,都在其余条款对总包方、分包方提出了要求。

（五）《房建市政管理办法》增加了总包方及项目经理法律责任的规定,有利于对相关单位和人员的违法违规行为依法进行处理

《房建市政管理办法》第 27 条规定:“工程总承包单位和工程总承包项目经理在设计、施工活动中有转包违法分包等违法违规行为或者造成工程质量安全事故的,按照法律法规对设计、施工单位及其项目负责人相同违法违规行为的规定追究责任。”

本条款之所以规定总包方及其项目经理需要对设计、施工活动中的违法违规行为承担责任,是因为总包方需要对承揽项目的设计、采购、施工等阶段以及造价、工期、安全、质量等事项全面负责。因此,即使总包方仅自行实施了项目的主体和关键部分的工作,其余部分都依法依约分包出去,但是如果最终分包出去的

部分设计或者施工工作有违法违规的情况，总承包单位及其项目经理仍然是不能够免责的，需要按照法律法规对设计、施工单位及其项目负责人追究相同的法律责任。

本条款的制定，很大程度上是因为江西丰城电厂“11.24”事故发生后所暴露出来的工程总承包立法特别是责任追究方面的缺陷。我国目前尚没有一部全面的、统一的、具体的规范和管理工程总承包的法律或者行政法规层级的规范，因此缺乏对工程总承包项目安全生产、质量、工期、造价、试运行等的相关规制，缺乏对工程总承包项目各方主体责任的具体要求，缺乏强有力针对各种工程总承包违法活动的处罚措施。根据国务院江西丰城发电厂“11.24”事故调查组的事故调查报告，该事故中的工程总承包单位中南电力设计院作为以勘察设计为主业的企业，在经营业务延伸到工程总承包后，存在“对工程总承包安全生产管理的重要性认识不足，安全生产管理机制不完善，安全生产考核制度有效性不强”和“履行总承包施工管理职责缺位”等重要问题。由于事故发生后没有专门的工程总承包法律责任和处罚措施可作依据，因此最后仅能依据《建筑法》中针对传统施工企业的相关处罚规则进行处罚，既无法实现对工程总承包违法活动的专门性认定情形，也无法期待对将来可能发生的同类恶性事故进行预防性规制。所以，正式出台的《房建市政管理办法》中专门在第27条中强调了总包方及项目经理的责任，补上了之前相关规定缺乏的短板。

**四、基于上位法的规定和工程总承包的原则，《公路管理办法》和《房建市政管理办法》对于风险分担、资金落实和工程分包等事项作出了相似的规定，而《铁路管理办法》的相关规定则较为简单或者没有作出规定**

虽然《公路管理办法》和《房建市政管理办法》有诸多不同和区别，但由于两部办法均是规制工程总承包活动，“万变不离其宗”，在上位法规定和工程总承包原则的前提下，在风险分担、资金落实和工程分包等方面作出了类似的规定。由于制定时间较早、当时的铁路投资建设还有一定的计划经济时代特点、原铁道部关于铁路建设的规章已较为完善等原因，因此《铁路管理办法》规定较为简略或者未作出相关规定。

（一）对于发承包双方的风险分担，《公路管理办法》和《房建市政管理办法》作出了五项相似的规定

风险分担是工程总承包项目发承包双方都十分关注的事项之一，也是最容易

引发纠纷争议的事项。《铁路管理办法》对此在第26条第1款作了规定:“工程总承包合同总价中包括相关工程费、施工图设计阶段的勘察设计费和总承包风险费,除建设单位对建设标准、建设规模、建设工期作重大调整和不可抗力等原因造成重大损失外,合同总价不予调整。”以上规定主要集中于建设单位要求和不可抗力两大原因,而《公路管理办法》和《房建市政管理办法》的相关条款就要更加详细。

《公路管理办法》第13条第1款规定:“项目法人和总承包单位应当在招标文件或者合同中约定总承包风险的合理分担。风险分担可以参照以下因素约定:项目法人承担的风险一般包括:(一)项目法人提出的工期调整、重大或者较大设计变更、建设标准或者工程规模的调整;(二)因国家税收等政策调整引起的税费变化;(三)钢材、水泥、沥青、燃油等主要工程材料价格与招标时基价相比,波动幅度超过合同约定幅度的部分;(四)施工图勘察设计时发现的在初步设计阶段难以预见的滑坡、泥石流、突泥、涌水、溶洞、采空区、有毒气体等重大地质变化,其损失与处治费用可以约定由项目法人承担,或者约定项目法人和总承包单位的分担比例。工程实施中出现重大地质变化的,其损失与处治费用除保险公司赔付外,可以约定由总承包单位承担,或者约定项目法人与总承包单位的分担比例。因总承包单位施工组织、措施不当造成的上述问题,其损失与处治费用由总承包单位承担;(五)其他不可抗力所造成的工程费用的增加。”

《房建市政管理办法》第15条第2款规定:“建设单位承担的风险主要包括:(一)主要工程材料、设备、人工价格与招标时基期价相比,波动幅度超过合同约定幅度的部分;(二)因国家法律法规政策变化引起的合同价格的变化;(三)不可预见的地质条件造成的工程费用和工期的变化;(四)因建设单位原因产生的工程费用和工期的变化;(五)不可抗力造成的工程费用和工期的变化。”

归纳而言,两部管理办法规定由发包方承担的风险主要包括五类:一是材料价格波动超过约定的风险;二是国家法规政策导致价格变化的风险;三是不能预见的地质变化或条件引起的风险;四是发包方提出或引发的风险;五是不可抗力造成的风险。虽然两部管理办法对于风险分担作了类似的规定,但发承包双方仍应注意:

1. 发承包双方的风险承担原则上不应突破办法的限制

风险的分配应当以总包方在缔约时对工程项目的了解作为基础,发包方提供给总包方能对工程项目的了解基础资料越多，发包方就会要求总包方所需承担的风险责任越大；反之，承包商就不宜分配过多的风险责任。从国内的工程实践中来看，发包方很难提供足以让总包方对工程准确了解的工程资料，同时也很难施行总包方现场复核的制度。尤其是《招标投标法》严格限定了招标人与投标人的标前接触行为，在保证公平的同时也限制了总包方在缔约之前对工程进行足够的了解。而如果总包方对工程项目在缔约时缺乏足够的了解，没有合理时间对发包人提供的资料进行核查、验证，不能全方位评价项目成本及不可预见因素的影响，将项目履约风险过多地分配给总包方是不公平的，也不利于合同的稳定履行，因此，两部管理办法关于风险分担的规定符合实际情况，发承包双方原则上不应突破限制。

2. 两部管理办法的风险承担条款并非必然不可改变，但应当支付相应对价

《房建市政管理办法》第15条第3款规定风险可以通过合同约定来分配：“具体风险分担内容由双方在合同中约定。”《公路管理办法》也有类似的规定。笔者认为该款规定的主要目的是说明对前款规定中发包人承担的风险中的具体细化内容双方可以在合同中进行详细约定。若改变这种风险分配的情形时应附加前提条件，即发包方需支付足够的风险对价。《合同法》的基本原则是等价有偿，如果发包人将自身应当承担的风险通过合同转嫁给承包人，那么其应当支付相应对价；否则就破坏了等价有偿的基本原则，影响市场公平，如果发包人强制要求承包人承担过多的风险，则可能涉嫌显失公平，依据《合同法》第54条：“下列合同，当事人一方有权请求人民法院或者仲裁机构变更或者撤销：……（二）在订立合同时显失公平的……”和第55条：“有下列情形之 的，撤销权消灭：（ ）具有撤销权的当事人自知道或者应当知道撤销事由之日起一年内没有行使撤销权……”的规定，承包方有权主张撤销合同。

3. 在当前的市场环境下，总包方对于风险分担条款应予以更多的关注

总包方应当意识到，即使交通部和住建部的管理办法通过风险分担条款保障其权益，但作为市场主体，承担高利润所对应的高风险仍然是题中之义。《公路管理办法》第13条和《房建市政管理办法》第15条既规定建设单位承担五类风险，又明确了风险分担内容可以由双方通过合同约定。以目前市场竞争的残酷程度，很难保证发包方不把更多的风险通过合同条款的形式转嫁给总包方而并不一定

愿意支付合理对价，这是总包方在承揽工程和洽商合同时要反复权衡和考虑的最重要因素之一。

（二）对于项目资金的落实，《公路管理办法》和《房建市政管理办法》都进行了强调

《公路管理办法》第5条第3款规定：“公路工程总承包招标应当在初步设计文件获得批准并落实建设资金后进行。”第27条规定：“总承包单位完成合同约定的全部工程，符合质量安全标准，在缺陷责任期内履行规定义务后，项目法人应当按照合同完成全部支付。”《房建市政管理办法》第26条第2款规定：“政府投资项目所需资金应当按照国家有关规定确保落实到位，不得由工程总承包单位或者分包单位垫资建设。政府投资项目建设投资原则上不得超过经核定的投资概算。”相较于公路项目和房建市政项目，我国的铁路项目带有更强的计划性和指令性，《铁路管理办法》并未涉及资金落实的规定。

虽然关于项目资金问题《公路管理办法》针对的是公路工程，《房建市政管理办法》针对的是房建市政政府投资项目，名称不同，但考虑到公路工程的公共属性，其实两部管理办法都强调的是政府投资项目资金落实的重要性。《政府投资条例》第22条第2款规定：“政府投资项目不得由施工单位垫资建设。”第34条规定：“项目单位有下列情形之一的，责令改正，根据具体情况，暂停、停止拨付资金或者收回已拨付的资金，暂停或者停止建设活动，对负有责任的领导人员和直接责任人员依法给予处分：……（五）要求施工单位对政府投资项目垫资建设……”由此，在政府投资项目中发包方建设资金未落实要求垫资施工的，应当承担相应的行政处罚，但合同原则上应当有效，总包方应当对风险进行评估；非政府投资项目中，承包人更应合理评估发包方建设资金未到位的风险。

（三）对于工程分包事项，三部管理办法相关条款的要点都在于主体和关键工作不得分包的原则

《铁路管理办法》对于工程分包的规定仅为第37条：“工程总承包单位必须独立完成补充定测和施工图设计等工作，除特殊勘察业务经建设单位批准外，不得分包勘察设计业务。施工分包按铁道部有关规定办理。”而《公路管理办法》涉及分包的条款包括第7条、第9条、第23条，《房建市政管理办法》涉及分包的条款包括第9条、第21条、第22条、第23条、第25条、第26条、第27条。

对工程分包的原则，《公路管理办法》第23条规定："总承包单位应当加强对分包工程的管理。选择的分包单位应当具备相应资格条件，并经项目法人同意，分包合同应当送项目法人。"《房建市政管理办法》第21条规定："工程总承包单位可以采用直接发包的方式进行分包。但以暂估价形式包括在总承包范围内的工程、货物、服务分包时，属于依法必须进行招标的项目范围且达到国家规定规模标准的，应当依法招标。"这与《铁路管理办法》第37条及相关规定是相通的。

工程合同的分包事项历来是建设领域一个疑难复杂、纠纷频发的"老大难"法律问题，实际操作中的具体问题必将层出不穷。发包方和总包方对于管理办法相关条款的理解和应用也常常陷于"抠细节"的困境。摆脱这种尴尬情况的途径在于首先要解决一个问题：工程总承包项目中什么工作可以分包，什么工作不可以分包。对这个问题上位法有较为明确的规定，包括了《合同法》第272条的规定"建设工程主体结构的施工必须由承包人自行完成"，《招标投标法》第48条的规定："中标人按照合同约定或者经招标人同意，可以将中标项目的部分非主体、非关键性工作分包给他人完成。接受分包的人应当具备相应的资格条件，并不得再次分包……"《建设工程勘察设计管理条例》第19条规定："除建设工程主体部分的勘察、设计外，经发包方书面同意，承包方可以将建设工程其他部分的勘察、设计再分包给其他具有相应资质等级的建设工程勘察、设计单位。"

结合上述规定，对于铁路工程总承包的勘察、设计和施工的主体和关键工作原则上不得分包；公路设计施工总承包项目，施工图勘察、施工图设计和施工等阶段的主体和关键工作不得分包；对于房建和市政基础设施工程总承包项目，设计、施工等阶段的主体和关键工作不得分包。主体和关键工作不得分包的原则是开展后续总承包项目分包事项具体工作的前提。

**五、出于上位法已有相关规定和赋予市场主体灵活度等多方面的考虑，《房建市政管理办法》相较于《铁路管理办法》《公路管理办法》在招投标细节与设计变更管理等方面的规定更为概括和原则**

由于《铁路管理办法》《公路管理办法》所规制的项目类型都仅为一类，且行政监管部门对于铁路项目、公路项目建设过程的强监管，办法中对于招投标细节、设计变更管理等方面有较为详细的规定。但对于房建和市政基础设施而言，细分的工程类型繁多，出于上位法已有相关规定和赋予市场主体灵活度等多方面的考虑,《房建市政管理办法》对此未作出操作层面的详细规定,而是以概括性和原则性表述为主。

（一）《房建市政管理办法》并未如《铁路管理项目》《公路管理办法》规定到具体的投标文件编制时间、评标委员会人数等细节

《铁路管理办法》第 20 条规定:“工程总承包投标文件编制时间不少于 45 天。工程总承包的招标评标办法,由建设单位提出初步方案,报铁道部建设管理司批准后实施。”第 21 条规定:“建设单位应在招标文件售出 10 个工作日内,组织项目初步设计单位向工程总承包投标单位介绍建设项目以及初步设计的有关情况。”

《公路管理办法》第 10 条第 1 款:“招标人应当合理确定投标文件的编制时间,自招标文件开始发售之日起至投标人提交投标文件截止时间止,不得少于 60 天。”第 11 条规定:“招标人应当根据工程地质条件、技术特点和施工难度确定评标方法。评标专家抽取应当符合有关法律法规的规定。评标委员会应当包含勘察设计、施工等专家,总人数应当不少于 9 人。”

《房建市政管理办法》第 13 条规定:“建设单位应当依法确定投标人编制工程总承包项目投标文件所需要的合理时间。”第 14 条规定:“评标委员会应当依照法律规定和项目特点,由建设单位代表、具有工程总承包项目管理经验的专家,以及从事设计、施工、造价等方面的专家组成。”

由于《政府采购法》《招标投标法》《工程建设项目勘察设计招标投标办法》《建筑工程设计招标投标管理办法》《工程建设项目货物招标投标办法》等法律规范对工程项目的设计、采购、施工阶段的投标文件编制期限作了规定,《招标投标法》及《招标投标法实施条例》也已经对评标委员会成员的人员及要求进行了详细的规定,《房建市政管理办法》未再进行细节规定。

（二）《房建市政管理办法》并未如《铁路管理办法》《公路管理办法》规定到设计变更管理的具体操作

《铁路管理办法》直接规定设计变更的条款包括第 7 条:“建设单位对建设全过程实施管理,主要包括:……组织检查初步设计单位提交的勘察资料和初步设计文件,审核施工图,批准施工组织设计,审查变更设计……”以及第 36 条“建设实施过程中发生变更设计的,依据铁道部规定的变更设计程序进行变更。涉及初步设计批复变更的,由建设单位组织初审后报铁道部批准;其他变更设计由建设

单位组织审定;变更设计费用执行本办法第二十五条”。对于变更设计费,第25条规定:“工程总承包投标单位提交的施工图设计大纲与初步设计鉴定意见有较大差异时,如评标委员会认为施工图设计大纲符合项目实际的,建设单位应及时向初步设计审批单位报告批准。”

《公路管理办法》第25条规定:“总承包工程实施过程中需要设计变更的,较大变更或者重大变更应当依据有关规定报交通运输主管部门审批。一般变更应当在实施前告知监理单位和项目法人,项目法人认为变更不合理的有权予以否定。任何设计变更不得降低初步设计批复的质量安全标准,不得降低工程质量、耐久性和安全度。设计变更引起的工程费用变化,按照风险划分原则处理。其中,属于总承包单位风险范围的设计变更(含完善设计),超出原报价部分由总承包单位自付,低于原报价部分,按第二十四条规定支付。属于项目法人风险范围的设计变更,工程量清单与合同总价均调整,按规定报批后执行。项目法人应当根据设计变更管理规定,制定鼓励总承包单位优化设计、节省造价的管理制度。”

相比较而言,《房建市政管理办法》的相关规定是概括性和原则性的,其第16条第1款、第2款规定:“企业投资项目的工程总承包宜采用总价合同,政府投资项目的工程总承包应当合理确定合同价格形式。采用总价合同的,除合同约定可以调整的情形外,合同总价一般不予调整。建设单位和工程总承包单位可以在合同中约定工程总承包计量规则和计价方法。”该规定将变更和价格调整的事项交由发承包双方通过合同约定解决,从而赋予了房建和市政基础设施项目的工程总承包模式更大的灵活度,推进市场加速发展。

从《铁路管理办法》到《公路管理办法》,再到《房建市政管理办法》,十数载弹指一挥间,我国工程总承包模式的推广突飞猛进,建设领域的发展也是水涨船高。伴随着对各种工程项目类型进行工程总承包实践的日益纯熟,业界对于更高层级工程总承包立法工作的开展实施翘首以盼,相信这也将会为整个行业的发展提供新的更大的助力。

APPENDIX

# 附　录

# 政策法规

## 一、住房和城乡建设部《关于进一步推进工程总承包发展的若干意见》（建市〔2016〕93号　2016年5月20日）

为落实《中共中央国务院关于进一步加强城市规划建设管理工作的若干意见》，深化建设项目组织实施方式改革，推广工程总承包制，提升工程建设质量和效益，现提出以下意见。

**一、大力推进工程总承包**

（一）充分认识推进工程总承包的意义。工程总承包是国际通行的建设项目组织实施方式。大力推进工程总承包，有利于提升项目可行性研究和初步设计深度，实现设计、采购、施工等各阶段工作的深度融合，提高工程建设水平；有利于发挥工程总承包企业的技术和管理优势，促进企业做优做强，推动产业转型升级，服务于“一带一路”战略实施。

（二）工程总承包的主要模式。工程总承包是指从事工程总承包的企业按照与建设单位签订的合同，对工程项目的设计、采购、施工等实行全过程的承包，并对工程的质量、安全、工期和造价等全面负责的承包方式。工程总承包一般采用设计—采购—施工总承包或者设计—施工总承包模式。建设单位也可以根据项目特点和实际需要，按照风险合理分担原则和承包工作内容采用其他工程总承包模式。

（三）优先采用工程总承包模式。建设单位在选择建设项目组织实施方式时，应当本着质量可靠、效率优先的原则，优先采用工程总承包模式。政府投资项目和装配式建筑应当积极采用工程总承包模式。

**二、完善工程总承包管理制度**

（四）工程总承包项目的发包阶段。建设单位可以根据项目特点，在可行性研究、方案设计或者初步设计完成后，按照确定的建设规模、建设标准、投资限额、工程质量和进度要求等进行工程总承包项目发包。

（五）建设单位的项目管理。建设单位应当加强工程总承包项目全过程管理，督促工程总承包企业履行合同义务。建设单位根据自身资源和能力，可以自行对工程总承包项目进行管理，也可以委托项目管理单位，依照合同对工程总承包项目进行管理。项目管理单位可以是本项目的可行性研究、方案设计或者初步设计单位，也可以是其他工程设计、施工或者监理等单位，但项目管理单位不得与工程总承包企业具有利害关系。

（六）工程总承包企业的选择。建设单位可以依法采用招标或者直接发包的方式选择工程总承包企业。工程总承包评标可以采用综合评估法，评审的主要因素包括工程总承包报价、项目管理组织方案、设计方案、设备采购方案、施工计划、工程业绩等。工程总承包项目可以采用总价合同或者成本加酬金合同，合同价格应当在充分竞争的基础上合理确定，合同的制订可以参照住房城乡建设部、工商总局联合印发的建设项目工程总承包合同示范文本。

（七）工程总承包企业的基本条件。工程总承包企业应当具有与工程规模相适应的工程设计资质或者施工资质，相应的财务、风险承担能力，同时具有相应的组织机构、项目管理体系、项目管理专业人员和工程业绩。

（八）工程总承包项目经理的基本要求。工程总承包项目经理应当取得工程建设类注册执业资格或者高级专业技术职称，担任过工程总承包项目经理、设计项目负责人或者施工项目经理，熟悉工程建设相关法律法规和标准，同时具有相应工程业绩。

（九）工程总承包项目的分包。工程总承包企业可以在其资质证书许可的工程项目范围内自行实施设计和施工，也可以根据合同约定或者经建设单位同意，直接将工程项目的设计或者施工业务择优分包给具有相应资质的企业。仅具有设计资质的企业承接工程总承包项目时，应当将工程总承包项目中的施工业务依法分包给具有相应施工资质的企业。仅具有施工资质的企业承接工程总承包项目时，应当将工程总承包项目中的设计业务依法分包给具有相应设计资质的企业。

（十）工程总承包项目严禁转包和违法分包。工程总承包企业应当加强对分包的管理，不得将工程总承包项目转包，也不得将工程总承包项目中设计和施工业务一并或者分别分包给其他单位。工程总承包企业自行实施设计的，不得将工程总承包项目工程主体部分的设计业务分包给其他单位。工程总承包企业自行实施施工的，不得将工程总承包项目工程主体结构的施工业务分包给其他单位。

（十一）工程总承包企业的义务和责任。工程总承包企业应当加强对工程总承包项目的管理，根据合同约定和项目特点，制定项目管理计划和项目实施计划，建立工程管理与协调制度，加强设计、采购与施工的协调，完善和优化设计，改进施工方案，合理调配设计、采购和施工力量，实现对工程总承包项目的有效控制。工程总承包企业对工程总承包项目的质量和安全全面负责。工程总承包企业按照合同约定对建设单位负责，分包企业按照分包合同的约定对工程总承包企业负责。工程分包不能免除工程总承包企业的合同义务和法律责任，工程总承包企业和分包企业就分包工程对建设单位承担连带责任。

（十二）工程总承包项目的风险管理。工程总承包企业和建设单位应当加强风险管理，公平合理分担风险。工程总承包企业按照合同约定向建设单位出具履约担保，建设单位向工程总承包企业出具支付担保。

（十三）工程总承包项目的监管手续。按照法规规定进行施工图设计文件审查的工程总承包项目，可以根据实际情况按照单体工程进行施工图设计文件审查。住房城乡建设主管部门可以根据工程总承包合同及分包合同确定的设计、施工企业，依法办理建设工程质量、安全监督和施工许可等相关手续。相关许可和备案表格，以及需要工程总承包企业签署意见的相关工程管理技术文件，应当增加工程总承包企业、工程总承包项目经理等栏目。

（十四）安全生产许可证和质量保修。工程总承包企业自行实施工程总承包项目施工的，应当依法取得安全生产许可证；将工程总承包项目中的施工业务依法分包给具有相应资质的施工企业完成的，施工企业应当依法取得安全生产许可证。工程总承包企业应当组织分包企业配合建设单位完成工程竣工验收，签署工程质量保修书。

**三、提升企业工程总承包能力和水平**

（十五）完善工程总承包企业组织机构。工程总承包企业要根据开展工程总承包业务的实际需要，及时调整和完善企业组织机构、专业设置和人员结构，形成集设计、采购和施工各阶段项目管理于一体，技术与管理密切结合，具有工程总承包能力的组织体系。

（十六）加强工程总承包人才队伍建设。工程总承包企业要高度重视工程总承包的项目经理及从事项目控制、设计管理、采购管理、施工管理、合同管理、质量安全管理和风险管理等方面的人才培养。加强项目管理业务培训,并在工程总承包项目实践中锻炼人才、培育人才,培养一批符合工程总承包业务需求的专业人才,为开展工程总承包业务提供人才支撑。

(十七)加强工程总承包项目管理体系建设。工程总承包企业要不断建立完善包括技术标准、管理标准、质量管理体系、职业健康安全和环境管理体系在内的工程总承包项目管理标准体系。加强对分包企业的跟踪、评估和管理,充分利用市场优质资源,保证项目的有效实施。积极推广应用先进实用的项目管理软件,建立与工程总承包管理相适应的信息网络平台,完善相关数据库,提高数据统计、分析和管控水平。

**四、加强推进工程总承包发展的组织和实施**

(十八)加强组织领导。各级住房城乡建设主管部门要高度重视推进工程总承包发展工作,创新建设工程管理机制,完善相关配套政策;加强领导,推进各项制度措施落实,明确管理部门,依据职责加强对房屋建筑和市政工程的工程总承包活动的监督管理;加强与发展改革、财政、税务、审计等有关部门的沟通协调,积极解决制约工程总承包项目实施的有关问题。

(十九)加强示范引导。各级住房城乡建设主管部门要引导工程建设项目采用工程总承包模式进行建设,从重点企业入手,培育一批工程总承包骨干企业,发挥示范引领带动作用,提高工程总承包的供给质量和能力。加大宣传力度,加强人员培训,及时总结和推广经验,扩大工程总承包的影响力。

(二十)发挥行业组织作用。充分发挥行业组织桥梁和纽带作用,在推进工程总承包发展过程中,行业组织要积极反映企业诉求,协助政府开展相关政策研究,组织开展工程总承包项目管理人才培训,开展工程总承包企业经验交流,促进工程总承包发展。

## 二、国务院办公厅《关于促进建筑业持续健康发展的意见》(国办发〔2017〕19号 2017年2月21日)

各省、自治区、直辖市人民政府,国务院各部委、各直属机构:

建筑业是国民经济的支柱产业。改革开放以来,我国建筑业快速发展,建造能力不断增强,产业规模不断扩大,吸纳了大量农村转移劳动力,带动了大量关联产业，对经济社会发展、城乡建设和民生改善作出了重要贡献。但也要看到，建筑业仍然大而不强，监管体制机制不健全、工程建设组织方式落后、建筑设计水平有待提高、质量安全事故时有发生、市场违法违规行为较多、企业核心竞争力不强、工人技能素质偏低等问题较为突出。为贯彻落实《中共中央 国务院关于进一步加强城市规划建设管理工作的若干意见》，进一步深化建筑业“放管服”改革，加快产业升级，促进建筑业持续健康发展，为新型城镇化提供支撑，经国务院同意，现提出以下意见：

**一、总体要求**

全面贯彻党的十八大和十八届二中、三中、四中、五中、六中全会以及中央经济工作会议、中央城镇化工作会议、中央城市工作会议精神，深入贯彻习近平总书记系列重要讲话精神和治国理政新理念新思想新战略，认真落实党中央、国务院决策部署，统筹推进“五位一体”总体布局和协调推进“四个全面”战略布局，牢固树立和贯彻落实创新、协调、绿色、开放、共享的发展理念，坚持以推进供给侧结构性改革为主线，按照适用、经济、安全、绿色、美观的要求，深化建筑业“放管服”改革，完善监管体制机制，优化市场环境，提升工程质量安全水平，强化队伍建设，增强企业核心竞争力，促进建筑业持续健康发展，打造“中国建造”品牌。

**二、深化建筑业简政放权改革**

（一）优化资质资格管理。进一步简化工程建设企业资质类别和等级设置，减少不必要的资质认定。选择部分地区开展试点，对信用良好、具有相关专业技术能力、能够提供足额担保的企业，在其资质类别内放宽承揽业务范围限制，同时，加快完善信用体系、工程担保及个人执业资格等相关配套制度，加强事中事后监管。强化个人执业资格管理，明晰注册执业人员的权利、义务和责任，加大执业责任追究力度。有序发展个人执业事务所，推动建立个人执业保险制度。大力推行“互联网＋政务服务”，实行“一站式”网上审批，进一步提高建筑领域行政审批效率。

（二）完善招标投标制度。加快修订《工程建设项目招标范围和规模标准规定》，缩小并严格界定必须进行招标的工程建设项目范围，放宽有关规模标准，防止工程建设项目实行招标“一刀切”。在民间投资的房屋建筑工程中，探索由建设单位自主决定发包方式。将依法必须招标的工程建设项目纳入统一的公共资源交易平台，遵循公平、公正、公开和诚信的原则，规范招标投标行为。进一步简化招标投标程序，尽快实现招标投标交易全过程电子化，推行网上异地评标。对依法通过竞争性谈判或单一来源方式确定供应商的政府采购工程建设项目，符合相应条件的应当颁发施工许可证。

**三、完善工程建设组织模式**

（三）加快推行工程总承包。装配式建筑原则上应采用工程总承包模式。政府投资工程应完善建设管理模式，带头推行工程总承包。加快完善工程总承包相关的招标投标、施工许可、竣工验收等制度规定。按照总承包负总责的原则，落实工程总承包单位在工程质量安全、进度控制、成本管理等方面的责任。除以暂估价形式包括在工程总承包范围内且依法必须进行招标的项目外，工程总承包单位可以直接发包总承包合同中涵盖的其他专业业务。

（四）培育全过程工程咨询。鼓励投资咨询、勘察、设计、监理、招标代理、造价等企业采取联合经营、并购重组等方式发展全过程工程咨询，培育一批具有国际水平的全过程工程咨询企业。制定全过程工程咨询服务技术标准和合同范本。政府投资工程应带头推行全过程工程咨询，鼓励非政府投资工程委托全过程工程咨询服务。在民用建筑项目中，充分发挥建筑师的主导作用，鼓励提供全过程工程咨询服务。

**四、加强工程质量安全管理**

（五）严格落实工程质量责任。全面落实各方主体的工程质量责任，特别要强化建设单位的首要责任和勘察、设计、施工单位的主体责任。严格执行工程质量终身责任制，在建筑物明显部位设置永久性标牌，公示质量责任主体和主要责任人。对违反有关规定、造成工程质量事故的，依法给予责任单位停业整顿、降低资质等级、吊销资质证书等行政处罚并通过国家企业信用信息公示系统予以公示，给予注册执业人员暂停执业、吊销资格证书、一定时间直至终身不得进入行业等处罚。对发生工程质量事故造成损失的，要依法追究经济赔偿责任，情节严重的要追究有关单位和人员的法律责任。参与房地产开发的建筑业企业应依法合规经营，提高住宅品质。

（六）加强安全生产管理。全面落实安全生产责任，加强施工现场安全防护，特别要强化对深基坑、高支模、起重机械等危险性较大的分部分项工程的管理，以及对不良地质地区重大工程项目的风险评估或论证。推进信息技术与安全生产深度融合，加快建设建筑施工安全监管信息系统，通过信息化手段加强安全生产管理。建立健全全覆盖、多层次、经常性的安全生产培训制度，提升从业人员安全素质以及各方主体的本质安全水平。

（七）全面提高监管水平。完善工程质量安全法律法规和管理制度，健全企业负责、政府监管、社会监督的工程质量安全保障体系。强化政府对工程质量的监管，明确监管范围，落实监管责任，加大抽查抽测力度，重点加强对涉及公共安全的工程地基基础、主体结构等部位和竣工验收等环节的监督检查。加强工程质量监督队伍建设，监督机构履行职能所需经费由同级财政预算全额保障。政府可采取购买服务的方式，委托具备条件的社会力量进行工程质量监督检查。推进工程质量安全标准化管理，督促各方主体健全质量安全管控机制。强化对工程监理的监管，选择部分地区开展监理单位向政府报告质量监理情况的试点。加强工程质量检测机构管理，严厉打击出具虚假报告等行为。推动发展工程质量保险。

**五、优化建筑市场环境**

（八）建立统一开放市场。打破区域市场准入壁垒，取消各地区、各行业在法律、行政法规和国务院规定外对建筑业企业设置的不合理准入条件；严禁擅自设立或变相设立审批、备案事项，为建筑业企业提供公平市场环境。完善全国建筑市场监管公共服务平台，加快实现与全国信用信息共享平台和国家企业信用信息公示系统的数据共享交换。建立建筑市场主体黑名单制度，依法依规全面公开企业和个人信用记录，接受社会监督。

（九）加强承包履约管理。引导承包企业以银行保函或担保公司保函的形式，向建设单位提供履约担保。对采用常规通用技术标准的政府投资工程，在原则上实行最低价中标的同时，有效发挥履约担保的作用，防止恶意低价中标，确保工程投资不超预算。严厉查处转包和违法分包等行为。完善工程量清单计价体系和工程造价信息发布机制，形成统一的工程造价计价规则，合理确定和有效控制工程造价。

（十）规范工程价款结算。审计机关应依法加强对以政府投资为主的公共工程建设项目的审计监督，建设单位不得将未完成审计作为延期工程结算、拖欠工程款的理由。未完成竣工结算的项目，有关部门不予办理产权登记。对长期拖欠工程款的单位不得批准新项目开工。严格执行工程预付款制度,及时按合同约定足额向承包单位支付预付款。通过工程款支付担保等经济、法律手段约束建设单位履约行为,预防拖欠工程款。

**六、提高从业人员素质**

(十一)加快培养建筑人才。积极培育既有国际视野又有民族自信的建筑师队伍。加快培养熟悉国际规则的建筑业高级管理人才。大力推进校企合作,培养建筑业专业人才。加强工程现场管理人员和建筑工人的教育培训。健全建筑业职业技能标准体系,全面实施建筑业技术工人职业技能鉴定制度。发展一批建筑工人技能鉴定机构,开展建筑工人技能评价工作。通过制定施工现场技能工人基本配备标准、发布各个技能等级和工种的人工成本信息等方式,引导企业将工资分配向关键技术技能岗位倾斜。大力弘扬工匠精神,培养高素质建筑工人,到2020年建筑业中级工技能水平以上的建筑工人数量达到300万,2025年达到1000万。

(十二)改革建筑用工制度。推动建筑业劳务企业转型,大力发展木工、电工、砌筑、钢筋制作等以作业为主的专业企业。以专业企业为建筑工人的主要载体,逐步实现建筑工人公司化、专业化管理。鼓励现有专业企业进一步做专做精,增强竞争力,推动形成一批以作业为主的建筑业专业企业。促进建筑业农民工向技术工人转型,着力稳定和扩大建筑业农民工就业创业。建立全国建筑工人管理服务信息平台,开展建筑工人实名制管理,记录建筑工人的身份信息、培训情况、职业技能、从业记录等信息,逐步实现全覆盖。

(十三)保护工人合法权益。全面落实劳动合同制度,加大监察力度,督促施工单位与招用的建筑工人依法签订劳动合同,到2020年基本实现劳动合同全覆盖。健全工资支付保障制度,按照谁用工谁负责和总承包负总责的原则,落实企业工资支付责任,依法按月足额发放工人工资。将存在拖欠工资行为的企业列入黑名单,对其采取限制市场准入等惩戒措施,情节严重的降低资质等级。建立健全与建筑业相适应的社会保险参保缴费方式,大力推进建筑施工单位参加工伤保险。施工单位应履行社会责任,不断改善建筑工人的工作环境,提升职业健康水平,促进建筑工人稳定就业。

**七、推进建筑产业现代化**

(十四)推广智能和装配式建筑。坚持标准化设计、工厂化生产、装配化施工、一体化装修、信息化管理、智能化应用，推动建造方式创新，大力发展装配式混凝土和钢结构建筑，在具备条件的地方倡导发展现代木结构建筑，不断提高装配式建筑在新建建筑中的比例。力争用10年左右的时间，使装配式建筑占新建建筑面积的比例达到30%。在新建建筑和既有建筑改造中推广普及智能化应用，完善智能化系统运行维护机制，实现建筑舒适安全、节能高效。

（十五）提升建筑设计水平。建筑设计应体现地域特征、民族特点和时代风貌，突出建筑使用功能及节能、节水、节地、节材和环保等要求，提供功能适用、经济合理、安全可靠、技术先进、环境协调的建筑设计产品。健全适应建筑设计特点的招标投标制度，推行设计团队招标、设计方案招标等方式。促进国内外建筑设计企业公平竞争，培育有国际竞争力的建筑设计队伍。倡导开展建筑评论，促进建筑设计理念的融合和升华。

（十六）加强技术研发应用。加快先进建造设备、智能设备的研发、制造和推广应用，提升各类施工机具的性能和效率，提高机械化施工程度。限制和淘汰落后、危险工艺工法，保障生产施工安全。积极支持建筑业科研工作，大幅提高技术创新对产业发展的贡献率。加快推进建筑信息模型（BIM）技术在规划、勘察、设计、施工和运营维护全过程的集成应用，实现工程建设项目全生命周期数据共享和信息化管理，为项目方案优化和科学决策提供依据，促进建筑业提质增效。

（十七）完善工程建设标准。整合精简强制性标准，适度提高安全、质量、性能、健康、节能等强制性指标要求，逐步提高标准水平。积极培育团体标准，鼓励具备相应能力的行业协会、产业联盟等主体共同制定满足市场和创新需要的标准，建立强制性标准与团体标准相结合的标准供给体制，增加标准有效供给。及时开展标准复审，加快标准修订，提高标准的时效性。加强科技研发与标准制定的信息沟通，建立全国工程建设标准专家委员会，为工程建设标准化工作提供技术支撑，提高标准的质量和水平。

**八、加快建筑业企业“走出去”**

（十八）加强中外标准衔接。积极开展中外标准对比研究，适应国际通行的标准内容结构、要素指标和相关术语，缩小中国标准与国外先进标准的技术差距。加大中国标准外文版翻译和宣传推广力度，以“一带一路”战略为引领，优先在对外投资、技术输出和援建工程项目中推广应用。积极参加国际标准认证、交流等活动，开展工程技术标准的双边合作。到2025年，实现工程建设国家标准全部有外文版。

（十九）提高对外承包能力。统筹协调建筑业"走出去"，充分发挥我国建筑业企业在高铁、公路、电力、港口、机场、油气长输管道、高层建筑等工程建设方面的比较优势，有目标、有重点、有组织地对外承包工程，参与"一带一路"建设。建筑业企业要加大对国际标准的研究力度，积极适应国际标准，加强对外承包工程质量、履约等方面管理，在援外住房等民生项目中发挥积极作用。鼓励大企业带动中小企业、沿海沿边地区企业合作"出海"，积极有序开拓国际市场，避免恶性竞争。引导对外承包工程企业向项目融资、设计咨询、后续运营维护管理等高附加值的领域有序拓展。推动企业提高属地化经营水平，实现与所在国家和地区互利共赢。

（二十）加大政策扶持力度。加强建筑业"走出去"相关主管部门间的沟通协调和信息共享。到2025年，与大部分"一带一路"沿线国家和地区签订双边工程建设合作备忘录，同时争取在双边自贸协定中纳入相关内容，推进建设领域执业资格国际互认。综合发挥各类金融工具的作用，重点支持对外经济合作中建筑领域的重大战略项目。借鉴国际通行的项目融资模式，按照风险可控、商业可持续原则，加大对建筑业"走出去"的金融支持力度。

各地区、各部门要高度重视深化建筑业改革工作，健全工作机制，明确任务分工，及时研究解决建筑业改革发展中的重大问题，完善相关政策，确保按期完成各项改革任务。加快推动修订建筑法、招标投标法等法律，完善相关法律法规。充分发挥协会商会熟悉行业、贴近企业的优势，及时反映企业诉求，反馈政策落实情况，发挥好规范行业秩序、建立从业人员行为准则、促进企业诚信经营等方面的自律作用。

## 三、住房和城乡建设部《关于工程总承包项目和政府采购工程建设项目办理施工许可手续有关事项的通知》（建办市〔2017〕46号　2017年7月13日）

各省、自治区住房城乡建设厅，直辖市建委，新疆生产建设兵团建设局：

为贯彻落实《国务院办公厅关于促进建筑业持续健康发展的意见》（国办发

〔2017〕19号),进一步深化建筑业“放管服”改革,完善建筑工程施工许可制度,依法为工程总承包项目和政府采购工程建设项目办理施工许可手续,现将有关事项通知如下:

**一、关于工程总承包项目施工许可**

对采用工程总承包模式的工程建设项目,在施工许可证及其申请表中增加“工程总承包单位”和“工程总承包项目经理”栏目。各级住房城乡建设主管部门可以根据工程总承包合同及分包合同确定设计、施工单位,依法办理施工许可证。

对在工程总承包项目中承担分包工作,且已与工程总承包单位签订分包合同的设计单位或施工单位,各级住房城乡建设主管部门不得要求其与建设单位签订设计合同或施工合同,也不得将上述要求作为申请领取施工许可证的前置条件。

**二、关于政府采购工程建设项目施工许可**

对依法通过竞争性谈判或单一来源方式确定供应商的政府采购工程建设项目,应严格执行建筑法、《建筑工程施工许可管理办法》等规定,对符合申请条件的,应当颁发施工许可证。

## 四、《公路工程设计施工总承包管理办法》(中华人民共和国交通运输部令2015年第10号 2015年7月1日)

### 第一章 总 则

**第一条** 为促进公路工程设计与施工相融合,提高公路工程设计施工质量,推进现代工程管理,依据有关法律、行政法规,制定本办法。

**第二条** 公路新建、改建、扩建工程和独立桥梁、隧道(以下简称公路工程)的设计施工总承包,适用本办法。

本办法所称设计施工总承包(以下简称总承包),是指将公路工程的施工图勘察设计、工程施工等工程内容由总承包单位统一实施的承发包方式。

**第三条** 国家鼓励具备条件的公路工程实行总承包。

总承包可以实行项目整体总承包,也可以分路段实行总承包,或者对交通机电、房建及绿化工程等实行专业总承包。

项目法人可以根据项目实际情况,确定采用总承包的范围。

**第四条** 各级交通运输主管部门依据职责负责对公路工程总承包的监督管理。

交通运输主管部门应当对总承包合同相关当事方执行法律、法规、规章和强制性标准等情况进行督查,对初步设计、施工图设计、设计变更等进行管理。按照有关规定对总承包单位进行信用评价。

## 第二章 总承包单位选择及合同要求

**第五条** 总承包单位由项目法人依法通过招标方式确定。

项目法人负责组织公路工程总承包招标。

公路工程总承包招标应当在初步设计文件获得批准并落实建设资金后进行。

**第六条** 总承包单位应当具备以下要求:

(一)同时具备与招标工程相适应的勘察设计和施工资质,或者由具备相应资质的勘察设计和施工单位组成联合体;

(二)具有与招标工程相适应的财务能力,满足招标文件中提出的关于勘察设计、施工能力、业绩等方面的条件要求;

(三)以联合体投标的,应当根据项目的特点和复杂程度,合理确定牵头单位,并在联合体协议中明确联合体成员单位的责任和权利;

(四)总承包单位(包括总承包联合体成员单位,下同)不得是总承包项目的初步设计单位、代建单位、监理单位或以上单位的附属单位。

**第七条** 总承包招标文件的编制应当使用交通运输部统一制定的标准招标文件。

在总承包招标文件中,应当对招标内容、投标人的资格条件、报价组成、合同工期、分包的相关要求、勘察设计与施工技术要求、质量等级、缺陷责任期工程修复要求、保险要求、费用支付办法等作出明确规定。

**第八条** 总承包招标应当向投标人提供初步设计文件和相应的勘察资料,以及项目有关批复文件和前期咨询意见。

**第九条** 总承包投标文件应当结合工程地质条件和技术特点,按照招标文件要求编制。投标文件应当包括以下内容:

(一)初步设计的优化建议;

（二）项目实施与设计施工进度计划；

（三）拟分包专项工程；

（四）报价清单及说明；

（五）按招标人要求提供的施工图设计技术方案；

（六）以联合体投标的，还应当提交联合体协议；

（七）以项目法人和总承包单位的联合名义依法投保相关的工程保险的承诺。

**第十条**　招标人应当合理确定投标文件的编制时间，自招标文件开始发售之日起至投标人提交投标文件截止时间止，不得少于60天。

招标人应当根据项目实际情况，提出投标人在投标文件中提供施工图设计技术方案的具体要求。招标人在招标文件中明确中标人有权使用未中标人的技术方案的，一般应当同时明确给予相应的费用补偿。

**第十一条**　招标人应当根据工程地质条件、技术特点和施工难度确定评标方法。

评标专家抽取应当符合有关法律法规的规定。评标委员会应当包含勘察设计、施工等专家，总人数应当不少于9人。

**第十二条**　项目法人应当与中标单位签订总承包合同。

**第十三条**　项目法人和总承包单位应当在招标文件或者合同中约定总承包风险的合理分担。风险分担可以参照以下因素约定：

项目法人承担的风险一般包括：

（一）项目法人提出的工期调整、重大或者较大设计变更、建设标准或者工程规模的调整；

（二）因国家税收等政策调整引起的税费变化；

（三）钢材、水泥、沥青、燃油等主要工程材料价格与招标时基价相比，波动幅度超过合同约定幅度的部分；

（四）施工图勘察设计时发现的在初步设计阶段难以预见的滑坡、泥石流、突泥、涌水、溶洞、采空区、有毒气体等重大地质变化，其损失与处治费用可以约定由项目法人承担，或者约定项目法人和总承包单位的分担比例。工程实施中出现重大地质变化的，其损失与处治费用除保险公司赔付外，可以约定由总承包单位承担，或者约定项目法人与总承包单位的分担比例。因总承包单位施工组织、措施

不当造成的上述问题,其损失与处治费用由总承包单位承担;

(五)其他不可抗力所造成的工程费用的增加。

除项目法人承担的风险外,其他风险可以约定由总承包单位承担。

**第十四条** 总承包费用或者投标报价应当包括相应工程的施工图勘察设计费、建筑安装工程费、设备购置费、缺陷责任期维修费、保险费等。总承包采用总价合同,除应当由项目法人承担的风险费用外,总承包合同总价一般不予调整。

项目法人应当在初步设计批准概算范围内确定最高投标限价。

## 第三章 总承包管理

**第十五条** 项目法人应当依据合同加强总承包管理,督促总承包单位履行合同义务,加强工程勘察设计管理和地质勘察验收,严格对工程质量、安全、进度、投资和环保等环节进行把关。

项目法人对总承包单位在合同履行中存在过失或偏差行为,可能造成重大损失或者严重影响合同目标实现的,应当对总承包单位法人代表进行约谈,必要时可以依据合同约定,终止总承包合同。

**第十六条** 采用总承包的项目,初步设计应当加大设计深度,加强地质勘察,明确重大技术方案,严格核定工程量和概算。

初步设计单位负责总承包项目初步设计阶段的勘察设计,按照项目法人要求对施工图设计或者设计变更进行咨询核查。

**第十七条** 总承包单位应当按照合同规定和工程施工需要,分阶段提交详勘资料和施工图设计文件,并按照审查意见进行修改完善。施工图设计应当符合经审批的初步设计文件要求,满足工程质量、耐久和安全的强制性标准和相关规定,经项目法人同意后,按照相关规定报交通运输主管部门审批。施工图设计经批准后方可组织实施。

**第十八条** 总承包单位依据总承包合同,对施工图设计及工程质量、安全、进度负总责。负责施工图勘察设计、工程施工和缺陷责任期工程修复工作,配合项目法人完成征地拆迁、地方协调、项目审计及交竣工验收等工作。

**第十九条** 项目法人根据建设项目的规模、技术复杂程度等要素,依据有关规定程序选择社会化的监理开展工程监理工作。监理单位应当依据有关规定和合同，对总承包施工图勘察设计、工程质量、施工安全、进度、环保、计量支付和缺陷责任期工程修复等进行监理，对总承包单位编制的勘察设计计划、采购与施工的组织实施计划、施工图设计文件、专项技术方案、项目实施进度计划、质量安全保障措施、计量支付、工程变更等进行审核。

**第二十条** 总承包工程应当按照批准的施工图设计组织施工。总承包单位应当根据工程特点和合同约定，细化设计施工组织计划，拟定设计施工进度安排、工程质量和施工安全目标、环境保护措施、投资完成计划。

**第二十一条** 总承包单位应当加强设计与施工的协调，建立工程管理与协调制度，根据工程实际及时完善、优化设计，改进施工方案，合理调配设计和施工力量，完善质量保证体系。

**第二十二条** 工程永久使用的大宗材料、关键设备和主要构件可由项目法人依法招标采购，也可由总承包单位按规定采购。招标人在招标文件中应当明确采购责任。由总承包单位采购的，应当采取集中采购的方式，采购方案应当经项目法人同意，并接受项目法人的监督。

**第二十三条** 总承包单位应当加强对分包工程的管理。选择的分包单位应当具备相应资格条件，并经项目法人同意，分包合同应当送项目法人。

**第二十四条** 总承包工程应当按照招标文件明确的计量支付办法与程序进行计量支付。

当采用工程量清单方式进行管理时，总承包单位应当依据交通运输主管部门批准的施工图设计文件，按照各分项工程合计总价与合同总价一致的原则，调整工程量清单，经项目法人审定后作为支付依据；工程实施中，按照清单及合同条款约定进行计量支付；项目完成后，总承包单位应当根据调整后最终的工程量清单编制竣工文件和工程决算。

**第二十五条** 总承包工程实施过程中需要设计变更的，较大变更或者重大变更应当依据有关规定报交通运输主管部门审批。一般变更应当在实施前告知监理单位和项目法人，项目法人认为变更不合理的有权予以否定。任何设计变更不得降低初步设计批复的质量安全标准，不得降低工程质量、耐久性和安全度。

设计变更引起的工程费用变化，按照风险划分原则处理。其中，属于总承包单位风险范围的设计变更（含完善设计），超出原报价部分由总承包单位自付，低于原报价部分,按第二十四条规定支付。属于项目法人风险范围的设计变更,工程量清单与合同总价均调整,按规定报批后执行。

项目法人应当根据设计变更管理规定,制定鼓励总承包单位优化设计、节省造价的管理制度。

**第二十六条** 总承包单位应当按照有关规定和合同要求,负责缺陷责任期的工程修复等工作,确保公路技术状况符合规定要求。

**第二十七条** 总承包单位完成合同约定的全部工程,符合质量安全标准,在缺陷责任期内履行规定义务后,项目法人应当按照合同完成全部支付。

**第二十八条** 总承包单位应当按照交、竣工验收的有关规定,编制和提交竣工图纸和相关文件资料。

### 第四章 附 则

**第二十九条** 本办法自2015年8月1日起施行。

## 五、《铁路建设项目工程总承包办法》(铁建设〔2006〕221号 2006年12月10日)

**第一条** 为提高铁路建设水平,规范铁路建设项目工程总承包工作,依据国家和铁道部有关规定,制定本办法。

**第二条** 本办法所称铁路建设项目工程总承包,是指建设单位(或业主,下同)通过招标将建设项目的施工图设计、采购和施工委托给具有相应资质的工程总承包单位(或联合体,下同),工程总承包单位按照合同约定,对施工图设计、物资设备采购、工程实施实行全过程承包,对工程的质量、安全、工期、投资、环保负责的建设组织方式。

**第三条** 本办法适用于采用成熟技术的铁路大中型建设项目。能够在工程总承包合同中明确技术标准、质量标准、交验标准,合理确定工程投资的其他铁路建设项目可参照执行。

**第四条** 建设项目可以整体实行工程总承包,也可以对其中相对完整独立的综合工程区段、专业或单项工程实行工程总承包。综合工程区段长度一般不小于50公里,专业工程标段长度一般不小于100公里。

**第五条** 建设项目必须按规定完成初步设计，初步设计文件达到要求并按初步设计批复修改、补充后，方可进行工程总承包招标。

**第六条** 实施工程总承包的建设项目，采用建设单位负责建设管理、监理单位实施监理、工程总承包单位实行总承包的建设管理方式。

**第七条** 建设单位对建设全过程实施管理，主要包括：负责征地拆迁及外部协调工作；招标选择工程总承包单位、监理单位，签订工程总承包、施工监理合同；办理工程质量安全监督手续；组织检查初步设计单位提交的勘察资料和初步设计文件，审核施工图，批准施工组织设计，审查变更设计；确定节点工程；组织验工计价并拨付工程款；组织工程交工验收；负责协调既有线改造项目建设、运输关系。

**第八条** 工程总承包单位对施工图设计、采购、施工全过程负责，主要包括：完成补充定测、施工图设计、采购、施工、工程调试、安全生产等工作；受建设单位委托，具体负责征地拆迁、环保水保、耕地保护、文物保护等外部协调工作，编写工程总结等。

**第九条** 监理单位对施工监理负责，主要包括：审查工程总承包单位编制的施工组织设计，督促工程总承包单位按照批准的施工组织设计实施；对建设项目工程质量和施工安全实施监理，对物资设备（包括地材）进行检查；协助建设单位合理确定计价的节点，提出节点计价意见。

**第十条** 承担建设项目初步设计的单位应向建设单位提交按初步设计批复修改和完善后的初步设计文件，主要包括：

1. 初步设计文件的纸质文件和可编辑的电子文件；

2. 初步设计的总体设计原则和专业设计原则；

3. 大型和特殊结构设计的计算资料，特殊平面布置的计算资料；

4. 定测资料（含完整的工程地质勘察资料）。

**第十一条** 承担初步设计的单位对初步设计文件质量负责，对定测阶段的勘察资料的完整性和勘察质量负责，对初步设计中因勘察设计单位原因导致的重大失误承担责任并按规定予以赔偿。

提供资料份数由建设单位与承担项目初步设计的单位商定。

**第十二条** 建设单位应对初步设计总体设计原则和专业设计原则、设计文件以及资料进行审查，因勘察设计单位原因未完成钻探、勘察设计深度不够或资料不完整的，应责成初步设计单位补充完善。

**第十三条** 因拆迁等非勘察设计单位原因未完成定测钻探工作的，承担初步设计的单位应提交未完定测钻探的资料和完成上述定测钻探所需费用的计算资料等。

建设单位必须对初步设计单位应提交的未完定测钻探资料和完成上述定测钻探所需费用的计算资料等进行审查，确定钻探工作量并从初步设计勘察设计费中扣除完成上述定测钻探工作所需的费用。

**第十四条** 建设单位应按照国家和铁道部有关规定，依法公开招标选择工程总承包单位。

建设单位应根据铁道部有关规定招标选择监理单位。

**第十五条** 工程总承包单位的基本条件

一、工程总承包单位必须具有与工程总承包建设项目相适应的资质；

二、工程总承包单位不得与建设单位有直接利益关系，也不得与项目施工监理单位有直接利益关系；

三、承担项目初步设计的单位不得参与工程总承包联合体，其下属分公司、子公司及其控股公司也不得参与工程总承包联合体；

四、招标文件规定的其他条件。

**第十六条** 工程总承包单位为联合体的，原则上以施工单位为牵头人。联合体应成立以牵头人为主的项目实施机构，代表联合体各方对施工设计、工期、投资、质量、安全、环保、验工计价、工程交接、协调配合等进行统一管理。所有联合体成员均应严格遵守联合体协议，并承担各自的直接责任和相关连带责任。

**第十七条** 监理单位的基本条件

一、监理单位必须具有与建设项目相适应的工程监理资质；

二、监理单位不得与工程总承包单位有直接利益关系；

三、招标文件规定的其他条件。

**第十八条** 实施工程总承包招标时，建设单位应将按初步设计鉴定意见修改完善并经审查后的初步设计纸质文件、相关勘察资料、未完定测钻探工作量等作为招标文件的组成部分，随招标文件一并提交给工程总承包的投标单位。

工程总承包投标单位在递交标书时应返还建设单位招标时提供的初步设计文件及相关资料，不按时返还的，没收工程总承包投标单位的投标保证金。

**第十九条**　建设单位应在工程总承包招标文件中明确甲供物资设备的品名、供货地点，甲控物资设备的品名、数量、技术参数，以及物资设备的供应商资格等。

**第二十条**　工程总承包投标文件编制时间不少于45天。工程总承包的招标评标办法，由建设单位提出初步方案，报铁道部建设管理司批准后实施。

**第二十一条**　建设单位应在招标文件售出10个工作日内，组织项目初步设计单位向工程总承包投标单位介绍建设项目以及初步设计的有关情况。

**第二十二条**　工程总承包投标单位应认真研究和理解初步设计原则、勘察资料、初步设计文件，对初步设计文件中存在的问题应及时提出质疑，建设单位应抓紧研究并按规定对质疑进行解答。

**第二十三条**　工程总承包投标单位应在初步设计文件的基础上编制施工图设计大纲。施工图设计大纲作为投标文件的组成部分。

**第二十四条**　工程总承包投标单位应在现场调查和优化施工图设计的基础上，研究工程措施，拟订施工方案，核实主要工程数量，自主报价，并提出甲供物资设备的供应时间。

**第二十五条**　工程总承包投标单位提交的施工图设计大纲与初步设计鉴定意见有较大差异时，如评标委员会认为施工图设计大纲符合项目实际的，建设单位应及时向初步设计审批单位报告批准。

**第二十六条**　工程总承包合同总价中包括相关工程费、施工图设计阶段的勘察设计费和总承包风险费，除建设单位对建设标准、建设规模、建设工期作重大调整和不可抗力等原因造成重大损失外，合同总价不予调整。

因上述原因需要增加或调减费用的，按工程总承包合同约定的计费原则增加或调减费用，签订补充协议。

**第二十七条**　建设单位应及时向中标的工程总承包单位提交初步设计文件（包括电子文件）以及其他资料，同时组织项目初步设计单位向中标的工程总承包单位交接水准基点、中线桩、控制桩等，并会同中标单位进行复测。

**第二十八条**　工程总承包单位应尽快熟悉定测资料，完成定测剩余钻探工作和补充定测工作，全面系统掌握建设项目的工程地质资料，开展施工图设计。

工程总承包单位认为勘察资料不能满足施工图设计和施工需要的，应及时进行补充勘察工作。

**第二十九条** 工程总承包单位必须按初步设计批复、勘察资料、规程规范和相关规定进行施工图设计。

工程总承包单位在补充定测和施工图设计工作中，不得降低工程建设标准。

**第三十条** 工程总承包单位应在合同规定的时间内完成施工图设计，报建设单位审核，并按施工图审核意见补充勘察资料，修改设计文件。补充修改后的施工图重新送建设单位审核。

工程总承包单位必须按审核合格的施工图组织施工。施工图未经建设单位审核或审核不合格的，不得使用。

**第三十一条** 施工图审核不免除工程总承包单位应对施工图设计所承担的责任。工程总承包单位对审核意见有异议时，可以提请建设单位复议，建设单位应及时组织专家复议。工程总承包单位认为复议意见与国家技术政策或工程建设强制性标准不一致的，可以向铁道部申诉。

**第三十二条** 工程总承包单位应在合同规定的时间内完成施工组织设计，报建设单位审查，并按审查意见修改、实施。施工组织设计未经建设单位审查的，不得开工。

建设单位对施工组织设计审查，不免除工程总承包单位对施工组织设计所承担的责任。

**第三十三条** 工程总承包采用总价下的节点计价方式。计价节点一般按工点和工程类别设置，根据工点和工程类别的工作内容和工作量将总费用分劈到各节点，节点工程验收合格后，计价支付工程费。具体节点设定和相应费用根据项目实际在工程总承包合同中约定。

**第三十四条** 建设项目由联合体中标的，建设单位只对联合体的牵头人验工计价。

**第三十五条** 工程总承包单位应妥善保管建设单位提交的初步设计文件、勘察资料及其他资料，建设单位提供的上述资料只能用于本建设项目施工图设计，不得提供给第三方或用于其他建设项目。

建设单位应妥善保管工程总承包单位提供的施工图，不得提供给第三方或用于其他建设项目。

**第三十六条** 建设实施过程中发生变更设计的，依据铁道部规定的变更设计程序进行变更。涉及初步设计批复变更的,由建设单位组织初审后报铁道部批准;其他变更设计由建设单位组织审定;变更设计费用执行本办法第二十五条。

**第三十七条** 工程总承包单位必须独立完成补充定测和施工图设计等工作,除特殊勘察业务经建设单位批准外,不得分包勘察设计业务。

施工分包按铁道部有关规定办理。

**第三十八条** 铁路建设项目工程总承包执行《建设项目工程总承包管理规范》(GB/T 50358-2005,简称《规范》),建设单位应将工程总承包单位执行《规范》的内容纳入工程总承包合同,并监督实施。

**第三十九条** 建设项目遇有不可抗力影响工程总承包合同继续执行的,由建设单位与工程总承包单位另行签订补充协议。

**第四十条** 本办法未尽事宜执行国家和铁道部有关规定。

**第四十一条** 本办法由铁道部建设管理司负责解释。

**第四十二条** 本办法自2007年1月1日起施行。《铁路建设项目工程总承包暂行办法》(铁建设〔2004〕45号)同时废止。

# 后　记

历时两载有余，在上海市建纬律师事务所所有同仁的共同努力和见证下，本书终于付梓。回顾建纬所著书立说的峥嵘岁月，本书当是我所成稿历时最久的一部。自2017年12月27日《房屋建筑和市政基础设施项目工程总承包管理办法（第一次征求意见稿）》发布，2018年1月2日建纬所即正式成立了《〈房屋建筑和市政基础设施项目工程总承包管理办法〉理解与适用》编写组并开展编写工作。随着《管理办法》在2017年12月、2019年5月的两次征求意见工作的开展，全社会和行业各界都展开了热烈的讨论，形成了大量的真知灼见和诚恳建议。在《管理办法》修订的同时，配套的本书也在不断进行修改和完善，并最终不负期待，如约与广大读者见面。

在本书编写的两年多时光里，先后参与编写工作的作者共29人，均系上海市建纬律师事务所合伙人、专职律师和律师助理。他们是（以姓氏笔画排序）：王馨苡、王洋、王昕昕、石鹏、朱树英、朱洁、刘思俣、庄林冲、孙宁连、张春玲、张维帆、何郁宁、何学源、李玉、李晓航、陈然、陆宝成、汪铭、林隐、郑冠红、徐寅哲、徐燕君、顾增平、顾濛、耿超、曹珊、庹惠铭、韩如波、戴儒杰。尤其要感谢王馨苡、王洋、石鹏、朱洁、张维帆、何郁宁、何学源、李晓航、陈然、汪铭、林隐、郑冠红、徐寅哲、庹惠铭、戴儒杰这十五位律师及律师助理，他们在2020年春节新冠肺炎疫情期间加班加点，按审查要求重新做了大量的修改完善工作。本书稿现在呈现在大家面前，要感谢编写小组全体同仁的辛苦付出！同时对于参与本书资料收集、校对、汇总工作的律师助理池红美、张倩钰、郝运、颜妍一并表示致谢！

**上海市建纬律师事务所编写组**

**2020年3月**

**图书在版编目(CIP)数据**

房屋建筑和市政基础设施项目工程总承包管理办法理解与适用 / 朱树英主编. -- 北京 : 法律出版社, 2020(2022.4 重印)
ISBN 978-7-5197-4404-5

Ⅰ. ①房… Ⅱ. ①朱… Ⅲ. ①建筑工程-承包工程-法律-中国②市政工程-基础设施建设-承包工程-法律-中国 Ⅳ. ①D922.297

中国版本图书馆 CIP 数据核字(2020)第 063448 号

**房屋建筑和市政基础设施项目工程总承包管理办法理解与适用**
**FANGWU JIANZHU HE SHIZHENG JICHU SHESHI XIANGMU GONGCHENG ZONGCHENGBAO GUANLI BANFA LIJIE YU SHIYONG**

朱树英 主编

策划编辑 冯雨春
责任编辑 冯雨春 张 颖
装帧设计 李 瞻

**出版发行** 法律出版社
**编辑统筹** 法律应用出版分社
**责任校对** 朱海波
**责任印制** 刘晓伟
**经　　销** 新华书店

**开本** 710 毫米×1000 毫米 1/16
**印张** 33.5 **字数** 550 千
**版本** 2020 年 5 月第 1 版
**印次** 2022 年 4 月第 3 次印刷
**印刷** 天津嘉恒印务有限公司

地址:北京市丰台区莲花池西里 7 号(100073)
网址:www.lawpress.com.cn
投稿邮箱:info@lawpress.com.cn
举报盗版邮箱:jbwq@lawpress.com.cn

销售电话:010-83938349
客服电话:010-83938350
咨询电话:010-63939796



**书号**:ISBN 978-7-5197-4404-5
**定价**:128.00 元
凡购买本社图书,如有印装错误,我社负责退换。电话:010-83938349